Sammlung
Außerdeutscher Strafgesetzbücher

Herausgegeben von den Schriftleitungen

der

Zeitschrift für die gesamte Strafrechtswissenschaft

und der

Mitteilungen der Internationalen Kriminalistischen Vereinigung

XLV.

Die Auslieferungsgesetze Norwegens, Schwedens und Finnlands

Berlin und Leipzig 1928

Walter de Gruyter & Co.

vormals G. J. Göschen'sche Verlagshandlung — J. Guttentag, Verlagsbuchhandlung
Georg Reimer — Karl J. Trübner — Veit & Comp.

Die Auslieferungsgesetze Norwegens, Schwedens und Finnlands

Mit einer systematischen Darstellung
der Grundzüge des nordischen Auslieferungsrechts
im Hinblick auf den Erlaß eines deutschen
Auslieferungsgesetzes

von

Dr. iur. Ernst Wolgast
Privatdozent in Königsberg Pr.

Berlin und Leipzig 1928
Walter de Gruyter & Co.
vormals G. J. Göschen'sche Verlagshandlung — J. Guttentag, Verlagsbuchhandlung
Georg Reimer — Karl J. Trübner — Veit & Comp.

Herrn Professor Dr. Philipp Zorn

Geheimen Justizrat

in aufrichtiger Verehrung

Inhalt.

Vorbemerkung.

Diese Veröffentlichung ist in Rücksicht auf den bevorstehenden Erlaß eines Reichsauslieferungsgesetzes entstanden. Stellen, die an den Vorarbeiten zu diesem Gesetze beteiligt sind, konnte ich darauf hinweisen, daß unsere drei nordischen Nachbarn Norwegen, Schweden und Finnland, welche bereits Auslieferungsgesetze besitzen, dem Erlasse ihrer Gesetze — gedruckte — Vorarbeiten haben vorangehen lassen, die vortrefflich und, was Norwegen und Schweden betrifft, von besonders ausführlicher Gründlichkeit sind und die außerdem ein ungemein lebendiges und fesselndes Bild von der Anschauungsweise des Nordens auf diesem wichtigen und nicht eben leicht zu meisternden Gebiete enthalten. Dabei entstand der jetzt hier verwirklichte Plan, noch vor dem Erlaß unseres Auslieferungsgesetzes insbesondere dem Reichsrate und dem Reichstage, darüber hinaus aber auch den Praktikern (Staatsanwälten, Richtern usw.) und dem deutschen Publikum die nordischen Gesetze mit ihren Hauptmaterialien in Übersetzung vorzulegen und in einer »Einführung« über die nordische Stellungnahme zu fünf mir besonders bezeichneten, für unser eigenes Gesetzgebungswerk aus dem einen oder dem anderen Grunde besonders problematischen Einzelpunkten zu orientieren. Es sind dies die Fragen:

1. der staatsrechtlichen Behandlung der Auslieferungsverträge nach dem Erlaß des Auslieferungsgesetzes (s. u. S. 38 ff.);
2. der Zulässigkeit von Auslieferungen über einen Auslieferungsvertrag hinaus (ob im Rahmen des Auslieferungsgesetzes? s. u. S. 43 ff.);
3. des Umfanges der Prüfung des Straffalles, der zur Auslieferung Anlaß geben soll, und der Beteiligung der Gerichte an der Prüfung (Art und Bedeutung der Beteiligung, s. u. S. 92 ff.);
4. der Regelung des politischen Asyls (s. u. S. 66 ff);
5. der Sicherung der Spezialität (s. u. S. 60 ff.).

Die nordischen Auslieferungsgesetze und ihre Materialien verdienen eine Würdigung von solcher Gründlichkeit, wie sie etwa Ulrich Stutz kürzlich den Denkwürdigkeiten des Kardinals Domenico Ferrata hat zuteil werden lassen [1]). Nicht mit Unrecht könnte das deutsche Publikum sie von dem Herausgeber der deutschen Übersetzung erwarten. Doch stand nach Anfertigung der Übersetzung leider allzu kurze Zeit zur Abfassung einführender Bemerkungen zur Verfügung. Nicht mehr als die Orientierung über die nordische Regelung der genannten fünf Punkte und über die für uns zurzeit besonders interessanten Gründe für den Gesetzeserlaß im Norden sowie eine — zwar knappe, immerhin jedoch — systematische Darstellung der Grundzüge des nordischen Auslieferungsrechts als »Einführung« ließ sich geben. Diese Einführung soll durch ihre Gliederung die Stellung der fünf Punkte im nordischen Gedankensystem veranschaulichen und zugleich kurz über den wesentlichen weiteren Inhalt und die Art der nordischen Gesetze unterrichten. Bei allen Punkten haben infolge

---

[1]) Die päpstliche Diplomatie unter Leo XIII. Nach den Denkwürdigkeiten des Kardinals Domenico Ferrata. Abh. d. preuß. Akademie der Wissenschaften, Jahrg. 1925, philos.-hist. Klasse Nr. 3/4. Berlin 1926. In Kommission bei Walter de Gruyter u. Co.

der ungeheuren Kompliziertheit der Materie [1]) nur die Hauptnüancen zur Behandlung kommen können. Für die Nebennüancen muß auf die Gesetze und ihre Materialien selbst verwiesen werden. Vorschläge, betr. die Verwertung einzelner nordischer Einrichtungen in unserem Auslieferungsgesetze, waren nicht meine Aufgabe. Die Gesetze werden mit ihren Materialien für sich selbst sprechen. Nur im Schlußabschnitt und in vereinzelten Anmerkungen sind einige für uns m. E. beachtenswerte Punkte als solche unterstrichen worden. Weitere Anregungen hätten nur ins Blaue hinein erfolgen können, da der Entwurf des deutschen Auslieferungsgesetzes noch nicht zugänglich ist.

Untereinander weisen die nordischen Gesetze weitgehende sachliche Übereinstimmung auf, weil das norwegische Auslieferungsgesetz mit seinen Materialien denjenigen Schwedens und Finnlands in erheblichem Maße als Vorbild gedient hat und weil allen drei Gesetzen schließlich bewußt weitgehend die Resolutionen des Institut de droit international von 1880 (Oxford) zugrunde gelegt worden sind [2]). Vom deutschen Standpunkt aus dürfte es im Hinblick auf den bevorstehenden Erlaß eines Reichsauslieferungsgesetzes interessant sein, festzustellen, daß das Bild des Auslieferungsgesetzproblems, wie es in den nordischen Denkschriften sich spiegelt, äußerst weitgehend demjenigen entspricht, das der Referent für den Erlaß des deutschen Gesetzes im Reichsjustizministerium Ministerialrat Dr. Mettgenberg in seinen zahlreichen Artikeln im »Wörterbuche des Völkerrechts und der Diplomatie« bzw. im »Handwörterbuch der Rechtswissenschaft« sowie in seinem dem 34. Deutschen Juristentage zu Köln am 13./14. September 1926 erstatteten Gutachten über die Frage: »Gegenwärtiger Stand und künftige Ausgestaltung des Auslieferungsrechts« und in seinen sonstigen Schriften entworfen hat. Seine Gedanken werden bei der Bedeutung, die sie naturgemäß für das bevorstehende deutsche Gesetzgebungswerk besitzen, fortlaufend mit den nordischen Gedanken verglichen werden dürfen, ebenso diejenigen der beiden anderen Gutachter des 34. deutschen Juristentages zu dem genannten Thema Gustav Walker und Herbert Kraus. Interessant ist es zu sehen, und der Nachweis im einzelnen könnte Gegenstand einer fesselnden Sonderstudie sein, wie sehr die nordischen Gesetze und ihre Motive auf den Ergebnissen der großen wissenschaftlichen Arbeiten über das Auslieferungsrecht fußen. Häufig steigen insbesondere herauf die Schatten Heinrich Lammasch' (Auslieferungspflicht und Asylrecht, 1887) und Ferd. v. Martitz' (Internationale Rechtshilfe in Strafsachen. Beiträge zur Theorie des positiven Völkerrechts der Gegenwart, 1888 und 1897; vgl. dazu Heinrich Triepel, Ferdinand von Martitz. Ein Bild seines Lebens und seines Wirkens (Niem. Ztschr. f. int. R. Bd. 30 [1923], S. 155 ff.); fast wörtlich finden sich gelegentlich Ausführungen von ihnen in nordische Dokumente übernommen.

Zu dem besonderen Zwecke geschrieben, der Vorbereitung des Erlasses eines deutschen Auslieferungsgesetzes zu dienen, verarbeitet die unten gegebene »Einführung« die zu der Gesetzerlaßfrage erschienenen oder unmittelbarer dafür interessanten Schriften. Dies sind, je zeitlich geordnet [3]):

---

[1]) S. dazu neuestens etwa Kraus in seinem S. 5 Anm. 1 genannten Aufsatz und Mettgenberg in seiner gleich zu nennenden Schrift »Die Neugestaltung usw.« S. 12.

[2]) So ausdrücklich die norwegische Regierungsdenkschrift u. S. 129, diejenigen Schwedens z. B. S. 187 mit S. 200 und Finnlands u. S. 325 über ihren engen Anschluß an das norwegische bzw. schwedische Vorbild und damit ebenfalls an die Vorschläge des Instituts.

[3]) Die Aufführung ist unter den hier verfolgten Gesichtspunkten tunlichst vollständig. Die Schriften Mettgenbergs zum Auslieferungswesen sind so vollzählig als möglich aufgeführt worden, wenn der Autor vielleicht auch nur

Frank, Der Kampf um ein deutsches Auslieferungsgesetz unter besonderer Berücksichtigung des Gesetzes der Freien Stadt Frankfurt vom 6. Juni 1866 (Berlin 1905);

—, Empfiehlt sich für das Deutsche Reich der Erlaß eines Auslieferungsgesetzes? (Mitt. der IKV., 1907);

—, Artikel »Auslieferung« in Fleischmann-Stengels »Wb. d. dtsch. Staats- und VerwR.«, 1911);

—, Wesen und Tragweite der Auslieferungsgesetze (Liebmann-Festgabe S. 139, Berlin 1920);

—, Zum gegenwärtigen Stand und zur künftigen Ausgestaltung des Auslieferungsrechts (DJZ. 1926, Heft 17/18, S. 1270 ff.);

Frank und Rachfahl, Kann Kaiser Wilhelm II. ausgeliefert werden? 1919.

Mettgenberg. Die Attentatsklausel im deutschen Auslieferungsrecht (1906);

—, Die Auslieferungsvereinbarung der mittelamerikanischen Republiken (Ztschr. f. d. ges. Strafrechtswiss., Bd. XXVIII, 1908);

—, Die Praxis des deutschen Reichsgerichts in Auslieferungssachen (Ztschr. f. int. Privat- u. öff. R., Bd. IX, S. 398, 1908, u. Bd. XXIII, S. 278, 1913);

—, Josef Görres. Ein Beitrag zur Geschichte des Auslieferungsrechts (Niem. Ztschr. S. 40 ff., 1908);

—, Die Reziprozität im deutschen Auslieferungsrecht (Arch. öff. R. Bd. 25, S. 1 ff., 1909);

—, Georg Friedrich Rebmann. Ein Beitrag zur Geschichte des Auslieferungsrechts (Niem. Ztschr. Bd. 20, S. 46 ff., 1910);

—, Christian von Massenbach (Niem. Ztschr., Bd. XX, 1910);

—, Karl Heinrich Brüggemann (Niem. Ztschr., Bd. XX, S. 511, 1910);

—, Le Droit allemand de l'extradition (Revue de Droit int. priv. et de Droit pénal int., Bd. VI, S. 732 (1910) und IX (1913);

—, Die amerikanische Definition des polit. Verbrechens im Auslieferungsrecht (Arch. öff. R., Bd. XXVII, 1911);

—, Der Mädchenhandel im deutschen Auslieferungsrecht (ibid., Bd. XXXI S. 131, 1913);

—, Der Auslieferungsvertrag zwischen dem Deutschen Reiche und Bulgarien (Ztschr. f. d. ges. Strafrechtswiss., Bd. XXXV, S. 26, 1913);

—, Der Begriff des polit. Verbrechens im Asylrecht (DJZ., 1913);

—, Der deutsche Auslieferungsverkehr vor dem Kriege (Ann. d. Deutschen Reiches, 1915);

—, Das deutsche Auslieferungsrecht in der Praxis des Reichsmilitärgerichts (Ztschr. f. Völkerrecht, Bd. IX, S. 459, 1916);

—, Die Auslieferung anarchistischer Verbrecher nach deutschem Recht (Deutsche Strafrechtszeitung, Bd. III, S. 326, 1916);

—, Das deutsche Auslieferungsrecht und der Friede (Lpz. Ztschr. f. deutsch. Recht, Bd. X, S. 1284 (1916);

—, Der Auslieferungsvertrag zwischen dem Deutschen Reiche und Paraguay (Ztschr. f. d. ges. Strafrechtswiss., Bd. XXIX, S. 27, 1917);

—, James Napper Tandy (Niem. Ztschr., Bd. XXVII, S. 323, 1918);

—, Rechtsfragen zur Auslieferung Kaiser Wilhelms II. (Lpz. Ztschr. f. deutsch. Recht, Bd. XIII, 1919);

---

bei einem Teil von ihnen an die engere Gesetzerlaßfrage gedacht hat. Aus ihnen ergibt sich, wie sich Mettgenbergs Bild vom Auslieferungswesen und -recht an der Hand eigener Arbeiten entwickelt hat und daß somit die amtliche Vorbereitung unseres Gesetzgebungswerkes auf gründlicher Durchdenkung des Stoffes und des Problems ruht. Für die »Einführung« waren davon nur die unten jeweils genannten Schriften von Interesse.

Mettgenberg. Der Auslieferungsvertrag zwischen dem Deutschen und dem Osmanischen Reiche (Niem. Ztschr., Bd. XXVIII, S. 365, 1920);
—, Die Bedeutung des Strafantrags im deutsch-schweizerischen Auslieferungsverkehr (Schweiz. Jur.-Ztg., XVIII, 1922);
—, Die Reform des deutschen Auslieferungsrechts (Schweiz. Ztschr. f. Strafr. 1923, Bd. 36, S. 222);
—, Die Ausantwortung von Gegenständen im intern. Rechtshilfeverkehr in Strafs. (Ztschr. f. VöR., 1923, 12. Bd., S. 498);
—, Die Auslieferung der Mörder des spanischen Ministerpräsidenten Dato durch das Deutsche Reich (ibid. S. 300 ff.; s. dazu meine Bemerkungen zum Dato-Fall im Arch. öff. R. N. F. Bd. 5, S. 103 ff., Anm. 87, 1923); auch englisch u. spanisch;
—, Der Fall Hammerstein. Ein Beitrag zum deutschen Auslieferungsrecht (Ztschr. f. VöR., XII, 1923);
—, Der Auslieferungsvertrag zwischen dem Deutschen Reiche und der tschechoslovakischen Republik (Prager Archiv f. Gesetzgebung und Rechtsprechung, V. Jahrg., S. 105, 1923);
—, Die Zuständigkeiten für den zwischenstaatlichen Rechtshilfeverkehr nach der RV. (Lpzger Ztschr. f. dtsch. R., Jahrg. 18, 1924. S. 217);
—, Art. »Auslieferung«, »Anarchismus«, »Attentatsklausel«, »Mädchenhandel«, »Politische Verbrechen«, »Spezialität« (Wb. d. VöR. u. d. Dipl. 1923/4 daselbst auch viele Artikel zu Sonderfragen wie »Castioni (Auslieferungsfall)« usw.);
—, Die Verträge mit der Tschechoslovakei über Rechtshilfe in Strafsachen (1925);
—, Ein Deutscher darf nicht ausgeliefert werden! Art. 112 Abs. 3 der RV. (1925);
—, Ein französisches Auslieferungsgesetz (Ztschr. f. VöR., Bd. XIII, S. 218, 1925);
—, Art. »Auslieferungsrecht«, »Attentatsklausel« und »Rechtshilfe, zwischenstaatliche. B. in Strafsachen«. (In Hdwb. d. Rechtswiss., 1926);
—, Frankfurt und das deutsche Auslieferungsrecht (Frankfurter Zeitung, Nr. 615 v. 19. August 1926);
—, Völkerbund und Auslieferungsrecht, (Kölnische Zeitung Nr. 679 vom 11. Sept. 1926);
—, Das politische Asyl und seine Grenzen (Dtsch. Allg. Ztg., Beilage »Wirtschaft und Recht« Nr. 37 v. 12. Sept. 1926);
—, Gegenwärtiger Stand und künftige Ausgestaltung des Auslieferungsrechts (Gutachten zum 34. deutschen Juristentage; veröff. in den »Verh. d. 34. d. Juristentages« Bd. I, S. 30 ff., 1926);
—, Die Neugestaltung des deutschen Auslieferungsrechts (Kölnische Zeitung Nr. 868 und 890 vom 22. Nov. bzw. 1. Dez. 1926);
—, Verzeichnis der Verträge und Vereinbarungen über die Auslieferung und die sonstige Rechtshilfe in Strafsachen (1926);
— Die Neugestaltung des deutschen Auslieferungsrechts (1927);
Walker, Gustav[1]), Gegenwärtiger Stand und künftige Ausgestaltung des Auslieferungsrechts (Gutachten zum 34. deutschen Juristentage, 1926; veröff. in den »Verh. d. 34. d. Juristentages«, Bd. II, S. 1 ff.).
Kraus, Herbert[1]), dasselbe (ibid. S. 15 ff.);
—, unter der Überschrift seines Gutachtens im Bericht üb. d. Verh. d. 34. d. Juristentages zum Thema s. Gutachtens (Arch. öff. R., N. F. Bd. 12, Heft 1, S. 132 ff.);

[1]) Die Gutachten von Kraus und Walker waren mir in Sonderdrucken zugänglich; ob die angegebenen Seitenzahlen die endgültigen sind, ergab sich daraus nicht.

Kraus, Herbert, ein für das 2. Heft der »Revue de droit internat. et de législation comparée« 1927 bestimmter Aufsatz über »Neue Tendenzen im Auslieferungsrecht« (nach dem Ms.)[1].

Karl Sommer, Die Zuständigkeit zur Entscheidung über einen vom Ausland gestellten Auslieferungsantrag nach geltendem deutschen Recht (Lpzger Ztschr. f. dtsch. R. Bd. 19, S. 622 ff., 1925).

Lederle, Neue Staatsverträge mit der Tschechoslovakei. DJZ. 1925, 28. Jg., Heft 9/10, Sp. 296.

—, Die Zuständigkeiten des Reiches und der Länder im Auslieferungsverkehr (Arch. öff. R., N. F. Bd. XI, 3. Heft, S. 391 ff., 1926);

Pohl, Die Zuständigkeitsverteilung zwischen Reich und Ländern im Auslieferungswesen (Ztschr. f. VöR., Bd. XIV S. 1 ff., 1927; mir während der Korrektur zugänglich geworden).

Die ältere und weitere deutsche Literatur zum Auslieferungsrecht ist bei Mettgenberg, Art. »Anarchismus«, »Auslieferung«, »Mädchenhandel«, »Politische Verbrechen« im »Wb. der VöR. u. d. Dipl.« aufgeführt.

Die in Frage kommenden Haupttexte der nordischen Auslieferungsgesetze und ihrer Materialien sind mir von den auswärtigen Ämtern der drei nordischen Staaten bereitwillig zur Verfügung gestellt worden, ebenso die Texte vieler in den Gesetzen und ihren Motiven in bezug genommener älterer Bestimmungen, welch letztere in Übersetzung passenden Ortes in Anmerkungen wiedergegeben worden sind, soweit dies zum Verständnis der getroffenen fraglichen Regelungen notwendig erschien[2]. Bei der Fassung der Übersetzung einzelner schwer auf deutsch wiederzugebender Stellen gingen mir Angehörige der Konsulate der drei Länder freundlich zur Hand. Im allgemeinen habe ich mich bemüht, die rechtstechnischen Ausdrücke der Vorlagen in der deutschen Rechtssprache wiederzugeben; doch war dies nicht immer möglich, und in solchen Fällen habe ich es bei tunlichst genauer Übersetzung bewenden lassen, da mir schwerlich jene Freiheiten gestattet waren, deren Gebrauch bei der Übersetzung eines Werkes etwa der Dichtkunst geboten sein dürfte. So ist z. B. das norwegische Wort »fängslingsbeslutning« mit »Gefangensetzungsbeschluß« wiedergegeben worden. In Zweifelsfällen habe ich das entsprechende nordische Wort in Klammern dazugesetzt, so bei der Übersetzung des norwegischen Wortes »varetektsfengsel« mit »Untersuchungshaft«[3]), und eventuell eine Erklärung hinzugefügt, Gelegentlich, wo offizielle nordische Übersetzungen ins Französische vorlagen, ist der dort gewählte französische Ausdruck hinzugefügt worden. Wo wie von der norwegischen und finnländischen Verfassung amtliche oder von einem nordischen Gelehrten gebilligte Übersetzungen ins Deutsche vorhanden waren, habe

---

[1]) Der Aufsatz ist inzwischen a. a. O. 1927 Nr. 3 S. 161—181 unter dem Titel erschienen: »Observations concernant les tendances de l'évolution du droit international de l'extradition«.

[2]) Texte des Strafgesetzes und der Strafprozeßordnung Schwedens, die vollkommen à jour wären, habe ich nicht bekommen können, da zu viele Änderungen dazu ergangen sind. Für die Arbeit habe ich die 13. Aufl. des jährlich von Hjalmar Westring herausgegebenen Sammelwerkes »Sveriges Rikes Lag« benutzt (Stockholm 1913), das die beim Erlaß des schwedischen Auslieferungsgetzes in Geltung gewesenen Fassungen enthält.

[3]) Wo es sich um die »Auslieferungshaft« handelt verwendet das norwegische Gesetz je nach der Situation die Worte »paagripe«, »fängsle«, auch »varetäktsfängsel« (bzw. die entsprechenden Derivate); ich habe sie in der Regel mit »festnehmen«, »gefangensetzen« und »Untersuchungshaft« wiedergegeben. Das schwedische und das finnländische Gesetz kennen nur das Wort »häkta« (bzw. die entsprechenden Derivate), im Folgenden wiedergegeben mit »verhaften« usw.

ich tunlichst deren Ausdrücke übernommen (Die norwegische VU. bei Morgenstierne, Das Staatsrecht des Königreichs Norwegen, 1911, S. 218 ff.). Die nordischen Denkschriften sind zum großen Teil in schwer verständlichem und schwer wiederzugebendem »Juristen-Nordisch« abgefaßt. So viel als möglich hat die Übersetzung zu mildern versucht; doch stand das Streben nach Genauigkeit im Vordergrunde, danach der Wunsch, nordische Sprech- und Denkweise wiederzugeben. — Von der genannten Hilfe abgesehen, hat mir gütige Unterstützung nordischer Beamter und Gelehrter, wie besonders des norwegischen Gesandten in Berlin Herrn Scheel und des Direktors der Rechtsabteilung des schwedischen Auswärtigen Amtes Herrn Malmar sowie des Freiherrn Koskull von der Schwedischen Gesandtschaft in Berlin und des Auswärtigen Amtes in Helsingfors und der Gesandtschaft Finnlands in Berlin zur Seite gestanden. Allen danke ich aufrichtig.

Alles in allem erweist sich das Auslieferungsgesetzproblem in den drei nordischen Gesetzen und besonders in deren Materialien als so allseitig durchdacht, daß die Lektüre mit fast [1]) allen zu berücksichtigenden Fragen bekannt macht, m. a. W., daß sich aus ihnen ein bei aller Kürze doch fast vollkommenes Bild des Auslieferungsrechts bzw. des Auslieferungsgesetzproblems gewinnen läßt, zumal aus den die Führung besitzenden norwegischen und den besonders ausführlichen schwedischen Materialien, aus denen feine Patina aristokratisch-fachmännischer Tradition hervorleuchtet. Auch in diesem Sinne dürfen die nordischen Dokumente zur Lektüre empfohlen werden. Dem Bewußtsein, allseitige Orientierung durch solches Studium zu empfangen, wird sich der eigentümliche Reiz verbinden, der in der Beschäftigung mit maßgeblichen, politische Wirklichkeit zu werden bestimmten bzw. schließlich politische Wirklichkeit gewordenen Gedanken liegt.

Formell darf ich bemerken, daß der Sperrdruck in den einzelnen Absätzen der nordischen Materialien von mir herrührt, soweit nichts Besonderes [2]) bemerkt ist. — Wenn die in der »Einführung« zu den einzelnen Punkten derselben aus den nordischen Gesetzen und ihren Materialien zusammengetragenen Zitate im Wortlaute (Wortstellung und dergl.) nicht genau mit der unten S. 119 ff. gegebenen Hauptübersetzung übereinstimmen, so rührt dies daher, daß diese vor der »Einführung« fertiggestellte Übersetzung aus Gründen der Eilbedürftigkeit vor der »Einführung« in den Druck gegeben werden mußte. Während der Abfassung der »Einführung« befand sie sich im Druck. Für die Anführung einzelner Stellen in der »Einführung« mußte daher jeweils eine neue Übersetzung angefertigt werden. Bei dem Umfang und der Subtilität der Texte entsann ich mich der ersten Übertragung nicht mehr überall so genau, daß die zweite der ersten Übertragung vollkommen hätte gleich werden können.

Das neue französische Auslieferungsgesetz vom 10. März 1927, (Journal Officiel« vom 11. März 1927 S. 2874) und seine Motive haben für diese Publikation wegen Platzmangels keine Berücksichtigung mehr finden können, desgleichen nicht der deutsche Entwurf zu einem Auslieferungsgesetz. Nur der Abdruck im Anhang ließ sich noch ermöglichen.

In der Hinzufügung von Erklärungen nordischer Einrichtungen, von Literatur usw. geht diese Publikation über die wissenschaftlichen Bedürfnisse hinaus, einerseits mit Rücksicht auf ihren besonderen Zweck, andererseits aber auch aus allgemeinerem Grunde: wir wissen von dem öffentlichen Leben und Denken der nordischen Staaten viel zu wenig; geeignete Gelegenheiten werden darum dazu benutzt werden dürfen, weitere Einblicke zu gewinnen, und eine solche Gelegenheit schien hier vorzuliegen.

Z. Zt. Bonn, im April 1927.

---

[1]) Nicht erörterte Fragen sind am Schlusse S. 111 unten genannt; vgl. auch S. 9.

[2]) In der Regel Einschluß in Asterisken.

Nachtrag.

Bis zum Abschlusse der »Einführung« und der vorstehenden »Vorbemerkung« ist darauf gerechnet worden, unser Auslieferungsgesetz-Entwurf werde vom Reichsrate bis Ende Mai verabschiedet sein, um danach sofort an den Reichstag zu geben. Alles ist daher darauf abgestellt worden, bis spätestens Mitte Mai diese Publikation fertig zu stellen. Dies hatte die negative Bedeutung, daß nur diejenigen Stücke der nordischen Materialien Übersetzung und Verarbeitung finden konnten, die bis Mitte März von den nordischen Staaten zur Verfügung gestellt waren; damals durfte angenommen werden, daß Stücke von wesentlicher Bedeutung nicht fehlten. Im Laufe des Monats Mai zeigte sich indessen, daß unsere an der Gesetzgebung beteiligten Faktoren den Entwurf nicht, wie vorgesehen, zu verabschieden in der Lage sein würden, und erst am 27. Juli ist der Entwurf, nach Verabschiedung durch den Reichsrat am 14. Juli, dem Reichstage zugeleitet worden. Die so der Fertigstellung dieser Publikation erwachsene Fristverlängerung wurde sofort dazu benutzt, noch fehlende Stücke der nordischen Materialien aus dem Norden zu erbitten und zu übersetzen. Im Laufe der Monate Juli und August gingen sie ein. Die Annahme, es befänden sich darunter keine Stücke von wesentlicher Bedeutung, hat sich nur in einer Richtung als unrichtig erwiesen: die Verhandlungen der Zweiten schwedischen Kammer gehören zu dem auslieferungs- und verfassungsrechtlich wie auch allgemein-staatsrechtlich, politisch und menschlich Interessantesten, das man sich vorstellen kann (s. u. S. 261 ff.). Von Erregung über die Bedeutung der Sache sind diese Verhandlungen durchzittert, und dies hat in der Diktion der Reden Ausdruck gefunden; die Übersetzung bemüht sich die Eigenart der Sprechweise der Redner, von denen einige sich durch besondere Energie der Form auszeichnen, wiederzugeben. Die Reden sind »Diskussion« [1]) in dem prägnanten Sinne gewesen, den dies Wort durch die Arbeiten Carl Schmitts erlangt hat: unter der Wucht der Argumente und wohl auch der Persönlichkeit des Außenministers Grafen Ehrensvärd (s. u. S. 268 ff.) hat *im Plenum* die liberale Partei ihre Stellung geändert, drei bewegenden Reden Brantings zum Trotz (s. u. S. 281 ff.), und so ist erst im Plenum der Zweiten Kammer die »Entscheidung« gefallen — ein fesselnder Beitrag zum Wesen des Parlamentarismus und damals unter den Teilnehmern an der Diskussion als solcher umstritten. Kein Wunder, daß diese Verhandlungen jetzt in Schweden vergriffen sind! [2]).

Da die Arbeit in Fahnen insoweit vollständig ausgedruckt war, als die noch fehlenden Dokumente eingingen [3]), hat, neben dem Abdrucke der neuen Übersetzungen, nur teilweise Verwertung in der »Einführung« stattfinden können. Die »Einführung«, die nur in einem Fahnenabzuge der ersten Fassung mit den damals vorhandenen Übersetzungen dem Berichterstatter des Reichsrates zugeleitet werden konnte, orientiert daher über die nachträglich eingegangenen

[1]) Vgl. dazu neuestens Heinrich Triepel, Die Staatsverfassung und die politischen Parteien (Rede bei der Feier der Erinnerung an den Stifter der Berliner Universität König Friedrich Wilhelm III. am 3. August 1927). Berlin 1927. Die Verhandlungen der Zweiten schwedischen Kammer bilden einen der interessantesten Belege für die Ausführungen Triepels über die liberalen Elemente im Parlamentarismus.

[2]) Für diese Arbeit hat die Staatsbibliothek in Berlin ihr Exemplar in einer so liebenswürdigen und schnellen Weise zur Verfügung gestellt, daß ich ihr ganz besonderen Dank abstatten muß; das Gleiche gilt für die Bibliothek des Reichstages hinsichtlich der norwegischen Parlamentsverhandlungen und für die Bonner Universitätsbibliothek, die mir während der ganzen Arbeit freundlichst zur Hand gegangen ist.

[3]) Es sind dies in der u. S. 19 ff. gegebenen Materialienliste die Stücke: A I 2—8, A II 2—7 und B 5.

Dokumente nicht in gleichem Maße wie über die Masse der anderen Stücke. Das auf Grund der letzteren gewonnene Gesamtbild ist durch die Nachträge indessen nicht erschüttert, sondern nur bestätigt worden. — Obwohl dergestalt — außer den Verhandlungen der Zweiten Schwedischen Kammer — die Nachträge unter den Gesichtspunkten des Auslieferungsrechts nichts wesentlich Neues bringen, dürfte ihr unverkürzter Abdruck doch wertvoll sein, da aus ihnen dokumentarisch der äußere Weg der Gesetzgebung im Norden in den Haupteinzelheiten sowie ferner die Arbeitsweise der nordischen Parlamente erhellt [1]). Darüber war man bei uns bisher nur unvollkommen unterrichtet, und so kann die Publikation nicht nur sub specie des Auslieferungsrechts, sondern auch verfassungsrechtlich und nach manchen anderen Richtungen interessant sein und das Verständnis der Darstellungen des nordischen Staatsrechts [2])

---

[1]) Finnland jedoch insofern ausgenommen, als die finnländischen Reichstagsprotokolle mir nicht zur Verfügung gestanden haben und daher nicht übersetzungsweise wiedergegeben werden konnten. Die Protokolle sind bei der Bibliothek des Reichstags, Eduskunnan kirjasto, in Helsingfors zugänglich. Alle anderen finnländischen Materialien haben unten Wiedergabe gefunden. — Eine Übersetzung der gesetzlichen Bestimmungen je der drei nordischen Staaten über den Weg der Gesetzgebung mußte aus dem Manuskript aus Platzmangel leider wieder herausgenommen werden, ebenso übrigens auch eine Würdigung der Verhandlungen der Zweiten schwedischen Kammer, ferner je ein noch nachträglich angestellter Vergleich des französischen Auslieferungsgesetzes und des deutschen Entwurfes mit den drei nordischen Gesetzen u. a. m.

[2]) Hauptwerke sind für

I. Norwegen:

1. F. Stang, Systematisk fremstilling af kongeriket Norges constitutionelle eller grundlovbestemte ret (1833).
2. Munch-Raeder, Den norske statsforfatnings historie og vaesen (1841); dazu die Recension von Örsted in »Tidskrift for literatur og kritik« (1841).
3. P. K. Gaarder, Fortolkning over grundloven (1845); dagegen
4. B. Dunker, Om den norske konstitution (1845).

Aus der neueren Zeit:

5. T. H. Aschehoug, Norges nuvaerende statsforfatning. 3 Bde. 1. Aufl. 1875—83, 2. Aufl. 1891—93.
6. —, Das Staatsrecht der vereinigten Königreiche Schweden und Norwegen (Marquardsens Handbuch des öffentlichen Rechts, IV, II, 2; 1886). Nach Fahlbeck (s. u. S. VIII) ist diese Darstellung hinsichtlich Schwedens »für das volle Verständnis durchaus unzureichend«.
7. Blomberg, Den nordiska förvaltningsrätten (Nordisk Retsencyclopädi V; 1887—89).
8. Bredo Morgenstierne, Das Staatsrecht des Königreichs Norwegen (in »Das öffentliche Recht der Gegenwart«, herausg. v. G. Jellinik, P. Laband und R. Piloty; Bd. XIII, 1911).
9. A. Taranger, Norwegische Bürgerkunde (1925).
10. Bredo Morgenstierne, Laerebok i den norske Statsforfatningsret. 3. Aufl., 2 Bde, 1926 und 1927; vgl. dazu die Bemerkungen in der »Einführung«.

II. Schweden.

1. C. Naumann, Sveriges statsforfattningsrätt. 4 Bde (1844, 1856/7, 1863/74).
2. H. L. Rydin, Svenska Riksdagen, dess sammansättning och verksamhet 1873—79).
3. G. Thulin, Om konungens ekonomiska lagstiftning (1890).

fördern helfen. Mit Bewunderung und Ergriffenheit wird das Bild nordischen Staats- und Nationalgefühls betrachtet werden können, das insbesondere die Verhandlungen der Zweiten schwedischen Kammer entrollen, bei allen Parteien; vgl. z. B. den stolzen Schluß der ersten Rede Brantings u. S. 285. Wenn — worauf am Schlusse der »Einführung« hingewiesen ist — ein Östen Undén in internationalen Verhältnissen so mutig und pupillarisch sicher aufgetreten ist, so erhellen aus jenen Verhandlungen die Voraussetzungen solchen Auftretens.

Heister bei Unkel a. Rh., Ende August 1927.

---

4. H. Blomberg, Svensk Statsrätt (1904/06).
5. —, Ur föreläsningar i svensk statsrätt. 2. Aufl. (1911).
6. Pontus E. Fahlbeck, Die Regierungsform Schwedens. 1911.
7. R. Malmgren, Sveriges Grundlagar och tillhörande författningar med förklaringar (1921).
8. J. Ask, Föreläsningar i svensk förvaltningsrätt (1902—06).
9. C. A. Reuterskiöld, Föreläsningar i svensk stats-och förvaltningsrätt. 1. Statsregementet (1914).

Die beste und modernste deutsche, in Kürze über das schwedische Staatsrecht orientierende Darstellung ist der Vortrag von Felix Genzmer, Die schwedische Verfassung in »Aus Schwedens Staats- und Wirtschaftsleben« (Heft 6—11 der »Schriften der Vereinigung für staatswissenschaftliche Fortbildung«); s. daselbst auch Nils Herlitz, Die Grundzüge der schwedischen Staatsverwaltung (S. 52 ff.).

III. Finnland.
1. Rafael, Erich, Suomen valtico-oikeus (1924/25).
2. Robert Hermanson, Finlands statsförfattningsrätt (1924).
3. Karl Willgren, Förvaltningsrättens allmänna läror. (1925).

Nachträglich sind mir noch folgende Aufsätze von Interesse für diese Schrift bekannt geworden:

Ernst Delaquis, Unzulänglichkeiten im internationalen Auslieferungsrecht der Gegenwart (Schweiz. Ztschr. f. Strafr., 40. Jahrg. 1927, S. 155); zu vergleichen namentlich für S. 111 (Nicht behandelte Fragen);

Buzengeiger, Das künftige Deutsche Auslieferungsgesetz (Deutsche Richterzeitung, 19. Jahrg., 1927, Heft 11 S. 409 ff.);

Rudolf Breitscheid, Asylrecht und Auslieferung (Leipz. Volkszeitung, 34. Jahrg. Nr. 200 vom 27. August 1927); der Aufsatz bespricht den deutschen Entwurf vornehmlich unter dem Gesichtspunkt seines ersten Satzes: »Die Zustände, die in den Ländern der Diktatur, vor allem in Rußland, Italien und Ungarn, herrschen, haben die Frage des politischen Asylrechts wieder stark in den Vordergrund treten lassen.«

Einführung.

Die Grundzüge des nordischen Auslieferungsrechts.

Disposition der Einführung.

A. Einleitung.

IV. Nebenfragen.

V. Nichtbehandelte Fragen.

C. Schluß.

A. Einleitung.

I. Über den allgemeinen Wert der nordischen Gesetze für uns.

Wenn im Zusammenhange mit den Vorarbeiten zu einem Gesetze in solchem Maße wie mit dieser Publikation darauf gesehen wird, wie fremde Staaten gesetzlich die gleiche Angelegenheit geordnet haben, die das zu erlassende Gesetz regeln soll, so ist dies gewiß ein großer Aufwand. Hier handelt es sich indessen um einen Gegenstand, auf den es sich lohnt, den Aufwand zu verwenden. Erachtete doch der Reichskanzler Dr. Marx in der Regierungserklärung vom 3. Februar 1927 nach der letzten Neubildung des Kabinettes die Frage des Erlasses eines Auslieferungsgesetzes für bedeutend genug, um mit folgenden Worten darauf zu sprechen zu kommen:

Ein wichtiges Gesetzgebungswerk liegt dem Reichsrat ferner [1]) in Gestalt des Entwurfes eines deutschen Auslieferungsgesetzes vor. In der tätigen Mitarbeit an der Gestaltung und Fortbildung der zwischenstaatlichen Beziehungen sieht die Reichsregierung eine wichtige Gegenwartsaufgabe.

Unter dem Gedanken des zweiten Satzes des Reichskanzlers schloß auch Walker sein Gutachten auf dem 34. deutschen Juristentage (Köln, 13./14. September 1926 [2])) mit dem Thema »Gegenwärtiger Stand und künftige Ausgestaltung des Auslieferungsrechts«: »Die Anerkennung einer Pflicht zur Auslieferung, die Ausgestaltung des Rechtes der Auslieferung beruht auf dem Gedanken einer internationalen Rechtsgemeinschaft der Kulturstaaten, einer Kulturgemeinschaft, die durch den Krieg zerrissen wurde und nur langsam als in den schweren Jahren nach dem Kriege wieder auflebt. Ein gutes Auslieferungsgesetz kann dazu beitragen, diese Gemeinschaft zu stärken, und auch aus diesem Grunde wäre ein solches Gesetz zu begrüßen.« »Mitarbeit an der Gestaltung und Fortbildung der zwischenstatlichen Beziehungen« durch ein Gesetz wie das zur Diskussion stehende ist zu erheblichem Teile Anpassung an fremde Rechte und setzt jedenfalls Kenntnis der fremden Rechte voraus. Schon darum darf diese Publikation unternommen werden. Aus der Gesamtheit der Anlagen und dieser Darlegungen, insbesondere derjenigen über das Problem der Regelung des sogenannten politischen Asyls, wird des ferneren aber auch in Einzel-

---

[1]) Neben Entwürfen eines allgemeinen deutschen Strafgesetzbuches und eines Strafvollzugsgesetzes.

[2]) Berlin, Walter de Gruyter & Co., 1926, S. 14.

heiten evident werden, daß der Aufwand dieser Publikation sich lohnt, d. h. daß im Stadium vor dem Erlasse eines so bedeutenden Gesetzes wie eines Auslieferungsgesetzes die Augen sich auf bereits vorhandene Auslieferungsgesetze fremder Staaten richten dürfen, die, negativ oder positiv, als Vorbilder dienen könnten und deren Studium in die legislatorisch-praktische Problemlage des Auslieferungswesens einzuführen vermöchte — eine Problemlage, deren Kompliziertheit ebenso bekannt ist wie diejenigen, die es angeht, sich der großen Bedeutung des Gesetzes bewußt sind [1]). Doppelt natürlich ist aber die Wendung der Aufmerksamkeit auf das Ausland, wenn — ein aprioristischer Grund — das so bedeutende und schwierig zu erlassende Gesetz ein Auslieferungsgesetz ist; denn mag auch immer ein Gesetzerlaß ein autonomer Staatsakt sein, den im Gegensatze insbesondere zu zwischenstaatlichen Verträgen der einzelne Staat, formal gesehen, vornehmen kann, ohne mit einem anderen Staate in irgendwelches Benehmen getreten zu sein, so liegt es doch in der Natur dieser Sache, daß ein Auslieferungsgesetz nicht ohne bewußteste Berücksichtigung der Art und Weise erlassen werden kann, wie andere Staaten ihre Einrichtungen und ihr Verhalten im Auslieferungswesen gestalten, wenn, von innenpolitischen Spannungen ganz abgesehen, außenpolitische Spannungen vermieden werden sollen und wenn es die Erreichung reibungslosen Ablaufes bei der Regelung der praktischen Fälle gilt, ganz abgesehen auch davon, daß beim Erlaß eines Auslieferungsgesetzes auch die Frage zur Diskussion steht, ob und in welchem Umfange das Gesetz den Rahmen enthalten soll, in dem künftig Auslieferungs**verträge** abzuschließen sind.

Die Notwendigkeit solcher Rücksicht auf das Ausland hat bei den Verhandlungen in der Ersten schwedischen Kammer über die Frage der Regelung des **politischen Asyls** das Kammermitglied **af Ekenstam** in glücklicher Ausdrucksweise hervorgehoben (s. u. S. 256): »Es ist ja doch so, daß, wenn wir eine Angelegenheit wie die vorliegende gesetzlich ordnen, wir nicht nur Rücksicht auf das zu nehmen haben, was wir selbst im eigenen Lande wünschen und wollen, sondern wir müssen natürlich in einem solchen Falle unablässig daran denken, wie es sich gegen fremde Mächte ausnehmen wird, zu denen wir in Beziehungen stehen, ...« Der Grund, aus dem sich dies so verhält, ist nicht nur die Tatsache, daß die Staatenwelt heute insoweit ein Organismus ist, daß eine gewisse Gleichartigkeit der inneren Einrichtungen und Regierungsweisen der Staaten erforderlich ist. Es handelt sich nicht bloß um jenen Zustand des öffentlichen Bewußtseins, dem z. B. die allgemeine Demokratisierung der Staaten entsprungen ist, und es handelt sich ferner nicht allein um solche Verhältnisse, die Parallelgesetzgebungen in den einzelnen

[1]) Es wird der Hinweis genügen, daß sicher nicht ohne Zutun des Referenten für den Erlaß des Auslieferungsgesetzes im Reichsjustizministerium Ministerialrats Dr. Mettgenberg der 34. deutsche Juristentag die oben genannte große Aussprache über den »gegenwärtigen Stand und die künftige Ausgestaltung des Auslieferungsrechtes« herbeigeführt hat.

Staaten bewirken, wie z. B. jene »reziproke Gesetzgebung« in Kanada und den Vereinigten Staaten von Amerika zwecks Schaffung beiden Staaten nützlicher Anstalten (Brückenbauten, gemeinsame Zollbegünstigung und Zolltarife) ohne jede Vertragsvereinbarung [1]). Ein besonderes Moment tritt vielmehr noch hinzu, das in der Natur des Auslieferungswesens ruht und welches letzten Endes darin beschlossen liegt, daß jeder konkrete Auslieferungsfall mindestens zwei Staaten angeht und von den beteiligten Staaten als solchen aufeinander bezogenes Tätigsein fordert. Bildlich gesprochen, läßt sich sagen, daß die Staaten wie auf anderen so auf dem Gebiete des Auslieferungswesens gleichsam von metameren, spiegelbildlich gleichen Linien umschlossen seien [2]), so daß jeder Ausbuchtung hier eine Einbuchtung dort und umgekehrt entsprechen müsse, und parallele Institutionen wie Parallelgesetzgebungen sind darum hier doppelt erfordert. Verschiedene Typen sind dabei allerdings möglich, wie bekannt ist und wie noch an besonderen Beispielen gezeigt werden wird, wie denn überhaupt der Sinn dieser Bemerkungen durch das Folgende nähere Bestimmung erfahren wird.

Wenn die nordischen Auslieferungsgesetze insbesondere zum Gegenstande der Aufmerksamkeit genommen werden, so bewegen dazu zwei Gründe. Auf der einen Seite handelt es sich um Auslieferungsgesetze räumlich und verkehrstechnisch nächster wie geistig und völkisch der nächsten Nachbarn, deren Gesetzgebung gerade hinsichtlich des im Auslieferungsrechte eine so große Rolle spielenden Verhältnisses »Staat und Mensch« [3]) als modern bekannt ist. Ist doch die norwegische Regelung des Strafrechts, in dem das Problem »Staat und Mensch« für Friedenszeiten am meisten akut ist, geradezu berühmt, seitdem unter der Führung Getz' im Jahre 1902 das neue norwegische Strafgesetzbuch erlassen worden ist. Auf der anderen Seite liegen zu diesen Gesetzen — wie im Vorworte bemerkt — vortreffliche Begründungen und andere Materialien vor, die durch Gunst der Umstände dem Verfasser zugänglich waren, sonst aber — nicht zum wenigsten wegen der verhältnismäßig geringen Verbreitung der Kenntnis der nordischen Sprachen in den interessierten Kreisen — ziemlich unbekannt sein dürften.

Aus dem letzten Grunde werden die nordischen Gesetze und Materialien — von ganz geringen Verkürzungen abgesehen — im Anhange in vollständiger Übersetzung mitgeteilt. Die Gesetzestexte sind freilich schon in deutscher Übersetzung bekannt [4]). Aber die Gründe der in ihnen ge-

---

1) S. z. B. Hatschek, Völkerrecht 1923, S. 5.

2) Derselbe Gedanke, nur etwas anders gewendet und auf das Privatrecht bezogen bei Burckhardt, Die Organisation der Rechtsgemeinschaft, Basel 1927, S. 108 ff.

3) Vgl. dazu etwa die sehr guten Referate in der »Kieler Zeitung« über Vorträge, die Niemeyer im Oktober 1922 in Kiel über das Thema »Der Staat und die Menschenseele« gehalten hat.

4) Allerdings nicht gedruckt; die Übersetzung unten wird unmittelbar nach den Originalen gegeben.

troffenen Entscheidungen für diese oder jene Art der Regelung sowie der Grad der Bewußtheit, mit welcher man in Norden den Problemen gegenübergetreten ist und seine Stellung eingenommen hat, erhellen doch erst ganz aus den Materialien. Die Führung hat zeitlich Norwegen gehabt, eine Führung, die, wie in den schwedischen und finnländischen Materialien wiederholt ausgedrückt, zum großen Teil auch eine geistige gewesen ist.

II. Die Materialien.

Die Materialien der nordischen Auslieferungsgesetze sind bei den einzelnen staatlichen Instanzen (bzw. Teilen von ihnen) erwachsen, die mit dem Gesetzeserlaß beschäftigt gewesen sind und die sich dazu geäußert haben. Für Norwegen, das seinem Auslieferungsgesetze vom 13. Juni 1908 unter dem 16. Juni 1922 noch eine durch seinen Eintritt in den Völkerbund veranlaßte Novelle hat folgen lassen, liegen Äußerungen zu jedem der beiden Gesetze vor von:

1. dem Chef des Justizdepartements im Staatsrate (Ministerium),
2. dem Justizkomitee des Stortings,
3. Mitgliedern des Odelstings bezw. den resp. Justizministern in den Verhandlungen des Tings,
4. vom Lagting (einfache Annahme der Odelstingsbeschlüsse).

In Schweden haben sich außer

1. dem Chef des Justizdepartements (im Staatsrate)

zu dem Gesetzgebungswerke geäußert:

2. der Gesetzgebungsrat [1]), zu dessen Kritik
3. der Justizminister besonders Stellung nahm, ferner
4. in einer »Motion« die Mitglieder der Zweiten Kammer Persson und Sandler,
5. der Gesetzgebungsausschuß des Reichstages [2]) in seiner Majorität und

---

[1]) Über Wesen und Stellung des Gesetzgebungsrates s. C. A. Reuterskiöld, Die öffentlich-rechtliche Gesetzgebung Schwedens 1906—1910, im »Jahrb. d. öff. R.« Bd. V (1911), S. 652 f. Gesetzgebungsrat des Königs war nach der Regierungsform von 1809 ursprünglich das Reichsgericht. Diesem mußte der König alle Gesetzentwürfe auf dem Gebiete des allgemeinen Privatrechts, des Straf- und Prozeßrechts vorlegen. Er konnte seinen Beschluß nicht fassen, ehe das Gericht einen Bericht erstattet hatte. Durch die Verfassungsreform des Jahres 1909 ist ein besonderer Gesetzgebungsrat eingerichtet worden, der die Funktionen des Reichsgerichts in Gesetzesfragen übernommen hat. Er besteht aus Mitgliedern des Reichsgerichts (3) und des Regierungsgerichts (1), d. i. des höchsten Verwaltungsgerichts. Durch die Einrichtung des Gesetzgebungsrates soll die Verbindung zwischen Gerichtspraxis und Gesetzgebung bewahrt werden, die sich früher von selbst ergab, als das Reichsgericht als Gesetzgebungsrat fungierte.

[2]) Der Gesetzgebungsausschuß ist die Gesetzeskommission des Reichstages für Fragen der allgemeinen Gesetzgebung und gehört zu den sogen. ordentlichen Kommissionen des Parlaments. Diese Kommissionen, die für beide Kammern gemeinsam sind, bereiten alle Sachen von Wichtigkeit für die

6. Minorität,
7. Mitglieder der Ersten und der Zweiten Kammer bei der Plenarverhandlung über das Gesetz sowie schließlich der
8. Reichstag als solcher in einem besonderen Schreiben an den König.

In Finnland waren es:

1. die Regierung in einer Proposition an den Reichstag,
2. das Höchste Gericht auf einen Beschluß des Staatsrates (Ministerium),
3. das Justizministerium im Staatsrat zu dem Gutachten des Höchsten Gerichts,
4. der Gesetzgebungsausschuß,
5. der Große Ausschuß des Reichstages,
6. der Reichstag in einem Schreiben an die Regierung.

Ausführlich sind hiervon allein die unter Nr. 1, 2, 3, 4 genannten Äußerungen. Vgl. ferner die Bemerkung S. 8 Anm. 1.

Im einzelnen handelt es sich um folgende Materialien und Gesetze:

A. Norwegen.

I. Das Gesetz vom 13. Juni 1908.

1. Die Drucksache »Ot. prp. nr. 26 (1906/7)« [1]), enthaltend
   a) die Begründung des Gesetzes durch den Justizminister Bothner mit der angeschlossenen Empfehlung an den König, dem Storting eine entsprechende Proposition zugehen zu lassen (im folgenden als Regierungsbegründung bezeichnet; S. 1—17 d. Drcks.).
   b) die Proposition des Königs vom 25. April 1907 (S. 18);
   c) den Entwurf des Auslieferungsgesetzes (S. 19—23);
2. die Verhandlungen des Odelstings [2]) vom 1. Mai 1907 (S. 385);

Volksvertretung vor. Gebildet werden sie von einer gleichen Anzahl Abgeordneter der Ersten und der Zweiten Kammer des Reichstages. Sie erstatten beiden Kammern ihre Berichte, und beide Kammern behandeln die Berichte, wenn möglich gleichzeitig; auch müssen die Kommissionen eventuell versuchen, Verschiedenheiten der Kammerbeschlüsse auszugleichen und zu beseitigen. Die Verfassungsreform von 1909 hat den Gesetzgebungsausschuß von den Kommunalgesetzen, den Gesetzen über das Geldwesen u. a. entlastet. Vgl. C. A. Reuterskiöld a. a. O. S. 651 f. Es dürfte im Hinblick darauf, daß in den Erörterungen über den Erlaß eines deutschen Auslieferungsgesetzes die Frage aufgeworfen ist, ob das Gesetz mit Rücksicht auf die einzuführende Beteiligung der Gerichte am Auslieferungsverfahren verfassungsändernden Charakters sei, interessant sein, festzustellen, daß in Schweden der Gesetzgebungs-, nicht aber der Verfassungsausschuß (Konstitutionskommission für Grundgesetze und andere konstitutionelle Fragen) das Auslieferungsgesetz behandelt hat. An keiner Stelle der vorbereitenden Arbeiten ist in Schweden die genannte Frage aufgeworfen worden, ebenso nicht in Norwegen und Finnland.

[1]) Erklärung dieser und der folgenden ähnlichen Bezeichnungen u. S. 119.

[2]) Die Odels- und Lagtingsverhandlungen sind abgedruckt in »Kongeriget Norges seks og femtiende (56) bzw. syv og femtiende (57.) und enogsyttiende (71.) ordentlige Stortings forhandlinger« (1906/7, 1908, 1922), Ottende del (8. Teil), indeholdende I. Forhandlinger i Odelstinget, II. Forhandlinger i Lagtinget. Kristiania 1907, 1908, 1922; »Stortingstidende indeholdende seks og femtiende (usw.) ordentlige Stortings forhandlinger«, 1906/7. I. Forhand-

3. der Bericht des Justizkomitees »Indst. O. XIV.« 1906—1907);
4. die Verhandlungen des Odelstings vom 2. Juli 1907 (S. 968—73) und vom 29. Mai 1908 (S. 89—95);
5. der Beschluß des Odelstings »Besl. O. nr. 64« vom 29. Mai 1908;
7. die Verhandlungen des Lagtings vom 1. und 3. Juni 1908 (S. 26);
8. die Verhandlungen des Odelstings vom 11. und 15. Juni 1908 (S. 161 u. 251);
9. das »Gesetz über Auslieferung von Verbrechern« vom 13. Juni 1908 (Norsk Lovtidende nr. 24, ausgegeb. am 13. Juni 1908, S. 148 bis 154).

II. Das Gesetz vom 16. Juni 1922.

1. Die Drucksache »Ot. nrp. nr. 33 (1922)«, enthaltend
   a) die Begründung des Gesetzes durch den Justizminister Amundsen mit der angeschlossenen Empfehlung an den König, dem Storting eine entsprechende Proposition zugehen zu lassen (im folgenden als Regierungsbegründung bezeichnet; S. 1/2 d. Drcks.);
   b) die Proposition des Königs vom 31. März 1922 (S. 3);
   c) den Entwurf des Gesetzes (S. 4);
2. die Verhandlungen des Odelstings vom 5. April 1922 (S. 111);
3. der Bericht des Justizkomitees »Innst. O. nr. 40, 1922«;
4. die Verhandlungen des Odelstings vom 29. Mai 1922 (S. 175);
5. der Beschluß des Odelstings »Besl. O. nr. 65« vom 29. Mai 1922;
6. die Verhandlungen des Lagtings vom 1. Juni 1922 (S. 88);
7. die Verhandlungen des Odelstings vom 16. und 22. Juni 1922 (S. 214 u 238);
8. das »Gesetz über Abänderung des Gesetzes über Auslieferung von Verbrechern vom 13. Juni 1908« vom 16. Juni 1922 (Norsk Lovtidende Nr. 26, ausgegeb. am 19. Juni 1922, S. 290/1.

B. Schweden.

1. Anlage zum Protokoll des Reichstages 1913; Sammlung 1, Heft 23, Nr. 50, enthaltend:
   a) die Königliche Proposition Nr. 50 vom 31. Januar 1913 an den Reichstag, betr. den Erlaß des Auslieferungsgesetzes und eines Gesetzes über entsprechende Änderung des Strafgesetzbuches (S. 1 d. Drcks.);
   b) der Text des Auslieferungsgesetzes in der dem Reichstage unter dem 31. Januar 1913 vorgelegten Fassung (S. 2—13);
   c) der Text des Gesetzes, betr. die durch das Auslieferungsgesetz erforderte Änderung des Strafgesetzbuches, in der Fassung wie zu b (S. 14).
   d) die Vertretung des Gesetzentwurfes des Justizdepartements durch den Chef des Departements Staatsrat Sandström im Staatsrate (Ministerium); gedruckt in der Wiedergabe des »Auszugs aus dem Protokoll über Justizdepartements-Angelegenheiten« der Staatsratssitzung vom 3. Mai 1912 und im folgenden als »Regierungsbegründung« bezeichnet (S. 15—45);
   e) der Text des Auslieferungsgesetzes in der Fassung des Entwurfs des Justizdepartements; Anlage zu d S. 46—57);
   f) eine Darstellung der Grundzüge des Verfahrens in Auslieferungssachen in einigen fremden Ländern; Anlage zu d; 58—68).

---

linger i Odelstinget; II. Forhandlinger i Lagtinget.« Die oben angegebenen Seitenzahlen sind diejenigen dieser Stortingstidende, die für die Odels- und Lagtingsverhandlungen je besonders paginiert ist.

g) das Gutachten des Gesetzgebungsrates, d. i. zum Gesetzentwurfe des Justizdepartements, gedr. in der Wiedergabe des »Auszugs aus dem Protokoll des Gesetzgebungsrates« vom 20. Juni 1912; (S. 69—79);

h) die Stellungnahme des Justizministers zum Gutachten des Gesetzgebungsrates, gedruckt in der Wiedergabe des »Auszuges aus dem Protokoll über Justizdepartements-Angelegenheiten« der Staatsratssitzung vom 31. Januar 1913 (S. 80—82).

2. Anlage zum Protokoll des Reichstags 1913; Sammlung 4, Heft 120 (Nr. 274), enthaltend: eine Motion der Herren Persson in Norrköping und Sandler zur Königlichen Proposition Nr. 50 von 1913 (S. 1—5 d. Drcks.).

3. Anlage zum Protokoll des Reichstages 1913; Sammlung 9, Heft 24 (Nr. 25), enthaltend:

a) das Gutachten des Gesetzgebungsausschusses zur Königlichen Proposition Nr. 50 von 1913, eingegangen in der Reichstagskanzlei am 18. April 1913 (S. 1—18 d. Drcks.);

b) die Fassung des Auslieferungsgesetzentwurfs des Gesetzgebungsausschusses in Gegenüberstellung mit derjenigen der Königlichen Proposition (S. 18—35);

c) den oben unter 1 b genannten Text des Abänderungsgesetzes zum Strafgesetzbuche (S. 35/6);

d) Reservationen einzelner Ausschußmitglieder (S. 36—41).

4. Die Verhandlungen der Ersten Kammer über das Auslieferungsgesetz vom 23. April 1913, abgedruckt in »Riksdagens Protokoll, Första Kammaren«, 1913 Nr. 25, S. 48—55.

5. die Verhandlungen der Zweiten Kammer über das Auslieferungsgesetz vom 23. April 1913, abgedruckt in »Riksdagens Protokoll, Andra Kammaren«, 5. Bd., Nr. 36, S. 14—66.

6. Anlage zum Protokoll des Reichstags 1913, Sammlung 14, Heft 35 (Nr. 102); enthaltend ein Schreiben des Reichstages an den König vom 14. Mai 1913, betr. die Stellungnahme zur Königlichen Proposition Nr. 50, sowie die vom Reichstage angenommene Fassung des Auslieferungsgesetzes (S. 1—13).

7. Der endgültige Text des Auslieferungsgesetzes vom 4. Juni 1913, abgedr. in »Svensk Författningssamling«[1]), 1913, Nr. 68, S. 124—130.

8. Der endgültige Text des Gesetzes, betr. die durch das Auslieferungsgesetz erforderte Änderung des Strafgesetzbuches, abgedruckt in Svensk Författningssamling, 1913, Nr. 69, S. 130.

C. Finnland.

1. Die Drucksache[2]) »1921 aars riksdag Nr. 3« (Reichstag des Jahres 1921, Nr. 3), enthaltend:

a) »die Proposition der Regierung an den Reichstag, betr. ein Gesetz über Auslieferung von Verbrechern«, und zwar

aa) die Denkschrift der Regierung (S. 1—4), ferner in erster Fassung je

bb) den Entwurf des Auslieferungsgesetzes, (S. 4—9),

---

[1]) D. i. dem schwedischen Reichsgesetzbl.; das Wort „Författning" bedeutet außer „Verfassung" auch „Gesetz".

[2]) Alle diese Drucksachen sind enthalten in »Riksdagen. 1921. Handlingar (Dokumente). Första Delen (Erster Teil). Helsingfors 1922«, und zwar je mit eigener Paginierung, wie bei den entsprechenden schwedischen Dokumenten.

cc) den Entwurf eines Gesetzes, betr. die durch das Auslieferungsgesetz erforderte Änderung des Strafgesetzbuches, (S. 9),
dd) den Entwurf eines Gesetzes, betr. veränderte Fassung der Verordnung vom 21. März 1892 über Entschädigungen aus öffentlichen Mitteln an Zeugen im Strafprozeß (S. 10);
b) Stellungnahme des Höchsten Gerichts zur Regierungsproposition, und zwar
aa) ein motiviertes Gutachten (S. 11/2), unter Mitteilung
bb) des Textes der Paragraphen 13 und 15 des Auslieferungsgesetzes in der ursprünglichen Fassung des Regierungsentwurfs (S. 13);
c) Stellungnahme des Justizministers Granfelt zum Gutachten des Höchsten Gerichts (S. 14/5).

2. Die Drucksache »1921 Rd. — U. B. — Prop. Nr. 3« (Reichstag des Jahres 1921. — Gutachten des Gesetzgebungsausschusses. — Prop. Nr. 3), enthaltend:
a) das motivierte Gutachten des Gesetzgebungsausschusses; (S. 1/2),
b—d) die oben unter 1 a bb—dd genannten Gesetzentwürfe in zum Teil derjenigen des Regierungsentwurfs gegenüber leicht veränderter Fassung (3—9).

3. Die Drucksache »1921 Rd. — S. U. B. — Prop. Nr. 3« (Reichstag des Jahres 1921. — Gutachten des großen Ausschusses. — Prop. Nr. 3), enthaltend:
die Stellungnahme des Großen Ausschusses zur Regierungsproposition unter Berücksichtigung der weiteren vorgenannten Materialien (S. 1).

4. Die Drucksache »1921 Rd. — Riksd. sv. — Prop. Nr. 3« (Reichstag des Jahres 1921. — Antwort des Reichstages. — Prop. Nr. 3), enthaltend:
a) die Antwort des Reichstages auf die Regierungsproposition; (S. 1),
b) die oben unter 1 a bb—dd genannten Gesetzentwürfe in der vom Reichstage angenommenen Fassung (S. 1—7)

5. Der endgültige Text der oben unter 1 a bb—dd genannten Gesetze in »Finlands Författningssamling«, 1922, Nr. 43—45, S. 228—236.

III. Gliederung der Einführung.

Eine Einführung in Gesetzgebungswerke fremder Staaten wird nicht nur geordnete Mitteilung der positiv-rechtlichen Grundgedanken, sondern auch Veranschaulichung der Sehweise der fraglichen Gesetzgebungswerke zur Aufgabe haben. Denn durch die Sehweise [1]) bleibt es bedingt, welche Gedanken in ein Gesetz Aufnahme finden und wie sie positiv gestaltet werden, ja, ob überhaupt eine Regelung stattfindet. Die Sehweise aber spricht sich in der Ordnung aus, die dem Gesetze gegeben worden ist [2]). Es kann sich dabei gelegentlich um so subtile und unterhalb der Grenzen der Bewußtheit sich abspielende Vorgänge handeln, daß eine Einführung gut tut, nicht nur zu sagen, so oder so sei die Anordnung der Gedanken in dem oder den darzustellenden Gesetzen beschaffen, um sodann in eigener

---

[1]) Vgl. zu diesem Problem vortrefflich Schmalenbach im Weltwirtschaftlichen Archiv 1926, Heft 1, (Literatur S. 1 ff.).

[2]) Ausgezeichnet hierüber Hänel bei der Besprechung der Disposition der verschiedenen deutschen Reichsverfassungen und ihrer Entwürfe sowie der anderen Bundesstaatsverfassungen, in »Deutsches Staatsrecht« I, S. 211 ff.

Gruppierung die Gedanken vorzuführen, sondern vielmehr auch die Gedanken eben in der Ordnung vorzuführen, welche das fremde Gesetz aufweist, um auch dadurch die Sehweise der darzustellenden Gesetze zu veranschaulichen.

Die Ordnung und damit die Sehweise aller drei nordischen Auslieferungsgesetze ist im wesentlichen vollkommen gleich. Die Materialien, besonders die norwegische und die schwedische Regierungsdenkschrift, geben zunächst eine historische Übersicht über die bisherige Ordnung des Auslieferungswesens je ihrer Länder, die schwedische Regierungsdenkschrift auch über die Entwicklung des Auslieferungswesens überhaupt. Auf dieser Grundlage entwickeln und begründen sie die konkreten Regelungen der respektiven Gesetze, und zwar zunächst hinsichtlich der Auslieferungsbedingungen, sodann der Verfahrensweise, um danach Sonderpunkte wie die Fragen des Verhaltens vor Einlaufen eines formellen Auslieferungsersuchens, der Durchlieferung, des unmittelbaren Grenzverkehrs, der Auslieferung von Gegenständen, der Übergangsbestimmungen usw. zu besprechen. Entsprechend disponieren schließlich die Gesetze selbst den Stoff[1]). In dem allen spricht sich aus, daß die Sehweise der nordischen Gesetze durchaus moderne wissenschaftliche Sehweise in diesen Dingen ist, so daß auch vom rein wissenschaftlichen Standpunkte nichts dagegen zu erinnern ist, wenn die „Einführung" in die drei nordischen Auslieferungsgesetze sich an deren Gruppierung sowie an diejenige ihrer Materialien, insbesondere der Regierungsbegründungen, anlehnt[2]). Dabei kann einer Wiedergabe der Gedanken der historischen Teile der Materialien hier mit Rücksicht auf den Zweck dieser Publikation im wesentlichen entraten und insofern auf die Materialien selbst verwiesen werden.

Demgemäß werden die Hauptteile dieser Einführung die Darstellung der »Auslieferungsbedingungen« bzw. des »Auslieferungsverfahrens« zum Gegenstande nehmen, d. i. zunächst das materielle, danach das formelle Auslieferungsrecht. Ein dritter Teil wird sich kurz mit den Nebenfragen beschäftigen. Ein vierter Teil wird ganz kurz von den nordischen Gesetzen nicht behandelte Fragen nennen. Dem allen aber wird ein besonderer Teil vorauszuschicken sein, der allgemeine Grundlagen behandelt, auf denen die drei nor-

[1]) Das norwegische Gesetz beginnt die Vorschriften über die »Verfahrensweise« mit den Bestimmungen über die formellen Auslieferungsbedingungen, sie also dem Verfahren zurechnend, ebenso die Regierungsdenkschrift. Materialien wie Gesetze in Schweden und Finnland hingegen behandeln die formellen Auslieferungsbedingungen z. T. zusammen mit den materiellen Auslieferungsbedingungen, stellen einander also z. T. in diesem Sinne Bedingungen und Verfahrensweise gegenüber. In die resp. Systeme passen wiederum nicht recht § 5 No. AG, § 14 Schw AG, § 11 FiAG., so daß eine gewisse Unsicherheit festzustellen ist.

[2]) Eine andere Disposition wäre durchaus möglich, indem z. B. in einem ersten Abschnitt Aus- und Durchlieferung zusammengefaßt würden, sodann Behandlung der Ausantwortung von Gegenständen und schließlich sonstiger Rechtshilfe stattfände.

dischen Auslieferungsgesetze ruhen, wie z. B. die Gründe, aus denen man im Norden überhaupt zu einer gesetzlichen Regelung des Auslieferungswesens geschritten ist.

Diese Einführung wird danach in die Abschnitte

I. Grundlagen,
II. Die Auslieferungsbedingungen,
III. Das Auslieferungsverfahren,
IV. Nebenfragen
V. Nicht behandelte Fragen.

gegliedert sein.

B. Ausführung.

Die nordischen Auslieferungsgesetze.

I. Allgemeine Grundlagen.

1. Die Grundauffassung der Auslieferung.

Zu den allgemeinen Grundlagen der nordischen Auslieferungsgesetze gehört naturgemäß in erster Linie die Anschauung, die die nordischen Staaten vom Wesen der Auslieferung haben. Maßgebend für ihre Anschauung ist ihnen das Bewußtsein der Tatsache, daß sie mit und neben anderen Staaten als autonome Rechtshoheiten dastehen, die einander eigentümliche Rechtshilfe in Strafsachen durch Auslieferung von Verbrechern leisten. Ist ihnen Auslieferung sonach Rechtshilfe, so jedoch mit einer besonderen Nuancierung insofern, als sie diese Rechtshilfe den anderen Staaten grundsätzlich nicht durch ihre besonderen Justizbehörden als solche leisten lassen, sondern als sie diese Rechtshilfe vielmehr als geschlossene Einheiten, als entités politiques indépendantes, leisten. Dies ist eine Folge der Auffassung, daß insofern die Auslieferung politischer Staatsakt[1]) im Sinne einer völkerrechtlichen Angelegenheit

[1]) So allgemein diese Auffassung heute auch herrscht, so bestand sie doch nicht immer; vgl. zuletzt z. B. Walker a. a. O. Einleitung. Die heute herrschenden Anschauungen vom Auslieferungswesen sind Ergebnis einer besonderen Entwicklung und eine der Weisen, in denen — freilich seltener so beachtet und verwertet — das Denken über den modernen Staat zum Ausdruck gelangt ist und sich ausdrückt, damit der moderne Staat selbst. Einer der Hauptzüge der Entwicklung des modernen Staates in seinen auswärtigen Verhältnissen, wenigstens in Deutschland, kann sogar an der Entwicklung des Auslieferungswesens beobachtet werden. Wenn nämlich das Wesen dieser Entwicklung Ausbildung steigend schärferer Konturen ist, indem hinsichtlich der Konturen nach außen z. B. ständisches Gesandtschaftswesen zugunsten der Vertretung des Gemeinwesens nach außen allein durch den »Staat« (im Sinne der Organisation in der Zentralgewalt) unterdrückt wurde, so hat an diesem Integrationsprozeß die Entwicklung des Auslieferungswesens teil. Mit hierin mag es begründet sein, daß Gelehrte von höchstem Range wie Ferdinand von Martitz, Heinrich Lammasch, v. Liszt, Otto Mayer um nur Heimgegangene zu nennen, sich von den Problemen des Auslieferungswesens angezogen fühlten. Am Integrationsprozeß des Staates scheint mir die Ent-

von Staat zu Staat sei, mit der Folge, daß für den Verkehr mit anderen Staaten in Auslieferungssachen grundsätzlich der diplomatische Weg vorgesehen ist [1]), daß die diskretionären Entscheidungen letzten Endes bei den die Politik des Landes bestimmenden Faktoren liegen [2]) und daß übrigens die Motive wiederholt für die Behandlung von Auslieferungsangelegenheiten jene Behutsamkeit voraussetzen, die politische im Gegensatz zu reinen Rechtsangelegenheiten beanspruchen [3]). Daß Auslieferung dergestalt politischer Staatsakt sei [4]), ist heute die allgemeine Auffassung,

---

wicklung des Auslieferungswesens dergestalt Anteil zu haben, daß aus der Auslieferung als Rechtshilfe zwischen den beteiligten Gerichten in direktem gegenseitigem Geschäftsverkehr Auslieferung als Akt von Staat zu Staat, als politischer Staatsakt, geworden ist, der maßgeblich allein auf dem diplomatischen Wege erfolgt, letzten Endes unter organischer Konzentration bei den auswärtig-politischen Instanzen der Gemeinwesen. In dieser zunehmenden Konzentration hat die Ausbildung steigend schärferer Konturen ihren Weg genommen. Die Entwicklung, das Festwerden der heute herrschenden Anschauung, ist deutlich sichtbar; vgl. als Beispiele vortrefflich die von Mettgenberg (Gutachten S. 37) angeführten Momente aus der Entwicklung in Preußen oder — schwächer — für Norwegen das S. 127 zitierte Schreiben vom 22. Juni 1896. Mindestens Anachronismus wäre es darum — gemessen an der allgemeinen Entwicklung —, wenn das deutsche Auslieferungsgesetz den einzelnen deutschen Ländern entscheidende Kompetenzen nach außen in Auslieferungssachen geben wollte. Die Folgen aber könnten schlimmer als die eines bloßen Schönheitsfehlers oder eines Mangels an formaler Logik sein. Nicht umsonst ist in den festesten der heutigen Bundesstaaten, in der amerikanischen Union und in der Schweiz, das Auslieferungswesen heute Sache der Gesamtmacht. Die nordischen Staaten lassen in Auslieferungssachen grundsätzlich nicht einmal Vermittlung durch Konsuln zu, dies vielmehr nur, wo es im Gesetz ausdrücklich vorgesehen ist; vgl. auch den norw.-amerik. Vertrag vom 7. Juni 1893 u. S. 147. Ausnahmen zugunsten direkten Geschäftsverkehrs zwischen den Justizbehörden zweier Staaten, wie u. S. 111, haben immer besondere Verhältnisse zur Voraussetzung, solche nämlich, die grundsätzlich nicht hochpolitischen Charakters sind oder berechenbarerweise es nicht werden können, wie zwischen den drei nordischen Staaten oder dem Deutschen Reich und Danzig (s. dazu Kraus, Gutachten, am Schluß). — Vgl. ähnlich, aber nicht so prinzipiell gefaßt Mettgenberg, Art. »Rechtshilfe, zwischenstaatliche« im Hdwb. d. Rechtswissensch. S. 696.

[1]) S. NoAG. § 9[1], SchwAG. § 14, FiAG. § 11.

[2]) Cf. für Preußen sehr gut Mettgenberg, Gutachten S. 37.

[3]) S. z. B. NoReg. Denkschr. u. S. 146.

[4]) Karl Sommer bestreitet gegen mich in seinem Aufsatze »Die Zuständigkeit zur Entscheidung über einen vom Ausland gestellten Auslieferungsantrag nach geltendem deutschen Rechte« (1925 in Lpzger Ztschr. f. deutsches R., Jahrg. XIX, Sp. 628), daß die Auslieferung an sich eine auswärtige Angelegenheit schlechthin oder, wie ich es nenne, ein Akt der »primären auswärtigen Gewalt« sei. Ohne durch seine Beweisführung überzeugt worden zu sein und ohne hier näher auf das Problem eingehen zu können, möchte ich an dieser Stelle nur auf den Satz der Norw. Reg.-Denkschr. verweisen: »Da die Auslieferung nach ihrer Natur eine Regierungshandlung ist, soweit sie das Verhältnis zu einem fremden Staate betrifft....« (s. u. S. 143). Ferner darf ich auf die Konzentration der Entscheidung über Auslieferungen beim König in Schweden und beim Staatsrat in Finnland verweisen (SchwAG. § 23 bzw. FiAG. § 16), die mir in der Weise ihrer Ordnung und nach den Motiven besonders für meine Auffassung zu sprechen scheinen. Vgl. neuestens die ausgezeichneten Belege, die Pohl in

indes nicht in allen Staaten mit den von den nordischen Staaten gezogenen Konsequenzen [1]).

2. Die Nützlichkeit als Leitgedanke.

Zweck der Rechtshilfe, die durch Auslieferung von Verbrechern geleistet wird, ist den nordischen Staaten, wie allgemein, die Bekämpfung des Verbrechertums. Leitend ist ihnen dabei nun nicht oder doch nur kaum sichtbar der auf dem 34. deutschen Juristentage zu Köln (1926) bei der Besprechung des Auslieferungsproblems äußerst stark in den Vordergrund gestellte internationale Rechtsgedanke, sondern fast ganz ausschließlich der Gedanke der Nützlichkeit, und zwar in der Form des Solidarinteresses, des Interesses, das ein Staat an der Erhaltung der Rechtsordnung in seinen Mitstaaten besitzt [2]). Wirkung dessen ist — bei allem humanitären Ethos vor allem — eine nicht bloß wissenschaftliche, sondern auch kalkülmäßige Nüchternheit der Gesetze wie ihrer Motive [3]), in einzelnen Punkten auch eine besondere Gestaltung bestimmter Auslieferungsbedingungen, so in der Frage der Auslieferung wegen Verbrechen

---

seinen im Vorworte genannten Gutachten bringt. Im übrigen liegt es für das Auslieferungswesen so wie für die Staats- und wohl auch für die meisten menschlichen Angelegenheiten: in dem Maße wie das menschliche Bewußtsein die Fähigkeit besitzt, in bezug auf dieselbe Sache Verschiedenes und sogar Gegensätzliches in sich zu hegen, sind verschiedene Gesichtspunkte über das Auslieferungswesen mächtig, so daß es auf die jeweils vorwiegende Relation ankommt. S. ferner u. S. 106 ff. — Aus mannigfachen, hier nicht zu erörternden Gründen wird sich empfehlen, die Auslieferung als Gebiet sui generis zu behandeln; vgl. S. 106 ff.

[1]) Den nordischen Staaten ist die Auslieferung »politische« Angelegenheit nicht nur formal als Angelegenheit von Staat zu Staat, sondern u. a. auch darüber hinaus, soweit das freie Ermessen der Exekutive über eine Auslieferung entscheidet. Das politische Moment in diesem Sinne ist allein da ganz ausgeschaltet, wo die Gerichte bindend entscheiden, ob gesetzlich Hindernisse gegen eine Auslieferung bestehen (s. u. S. 91 ff.).

[2]) Zum Begriff des Solidarinteresses vgl. das Werk von Kraus »Gedanken über Staatsethos im internationalen Verkehr«, Berlin 1925, bes. S. 89. S. auch Mettgenberg, Die Neugestaltung usw., S. 6: »Völlig überwunden ist heute die Auffassung, daß es genüge, wenn jeder Staat für Recht und Sicherheit in seinen Grenzen sorge, und daß es vielleicht nicht gerade erwünscht, aber jedenfalls gleichgültig sei, wenn es beim Nachbar weniger geordnet zugehe.« Vgl. dazu wieder Schwed. Reg.-Denkschr. u. S. 179: »Die Auffassung, daß der Rechtszustand in dem einen Staate sicherlich nicht ohne Bedeutung für den anderen sei oder sein könne, daß im Gegenteil die Staaten unter rechtlichem Gesichtspunkt verpflichtet seien [eine nicht wörtlich zu nehmende Wendung. Wo.], miteinander zur Bekämpfung des Verbrechertums zusammenzuarbeiten, und daß dergestalt der eine Staat sich Verbrechen gegenüber nicht gleichgültig stellen darf, die außerhalb seines Gebietes verübt sind, diese Auffassung wird heute allgemein in der zivilisierten Welt als die richtige anerkannt« — Ferner auch daselbst zum § 6 Schw AG. (§ 5 des Entw.): »Man sieht die Aufrechterhaltung der Ordnung und Disziplin in der Wehrmacht des einen Staates für den anderen nicht als von zureichender Bedeutung an, um Auslieferung in solchem Falle zu motivieren« (s. u. S. 194).

[3]) Vgl. z. B. Norw. Reg.-Denkschr. u. S. 144.

gegen Strafgesetze für die Wehrmacht [1]). Für die Gestaltung der Klausel über das politische Asyl in Schweden scheint das reine Eigeninteresse von erheblichem Gewicht gewesen zu sein; vgl. u. S. 268 ff. die Rede des Grafen Ehrensvärd.

3. Grundsätzliche völkerrechtliche Freiheit.

Mit der Anschauung, daß die Staaten als autonome Rechtshoheiten isoliert nebeneinander stehen und daß das Solidarinteresse die Kraft sei, die Auslieferung von Verbrechern bewirke, huldigen die nordischen Staaten wie alle Staaten der Überzeugung, daß a priori keine völkerrechtlichen Rechtspflichten für sie im Auslieferungswesen bestehen, daß sie vielmehr völkerrechtlich grundsätzlich frei dastehen, gebunden nur, soweit sie sich durch Kontrakt oder sonst etwa stillschweigend gebunden haben [2]). Als rechtlich vollkommen frei haben sie sich folglich auch in der Frage des Erlasses und der Ausgestaltung ihrer Auslieferungsgesetze angesehen, wenngleich sie tatsächlich äußerste Rücksicht auf Verhalten und Einrichtungen anderer Staaten genommen und insbesondere den das Völkerrecht beherrschenden Grundsatz der Gegenseitigkeit zu einem Grundsatze auch ihrer Auslieferungsgesetze erhoben haben [3]).

4. Staatsrechtliche Freiheit und Bindung der Staatsorgane.

Ist die Freiheit, von der eben die Rede, wesentlich Freiheit von Bindungen internationalen Rechts, so lassen die nordischen Auslieferungsgesetze auch nach innen eine Freiheit weitgehend unangetastet, mit der die staatlichen Organe im Auslieferungswesen ausgestattet sind, seit es überhaupt zur staatlichen Auslieferung von Verbrechern gekommen ist: die dolizeistaatliche Freiheit und Gesetzesungebundenheit der Staatsorgane [4]). Aber gerade hier haben die neuen Gesetze doch auch Wandel geschaffen, indem sie in das Auslieferungsverfahren die Gerichte in ihrer eigentümlichen verfassungsmäßigen Stellung als nur dem Gesetze unterworfen eingeschaltet und manche Bestimmung der allgemeinen Justizgesetze über

---

[1]) Vgl. zu diesem ganzen Punkte neuestens Mettgenberg, Die Neugestaltung, S. 6, und seinen Artikel »Auslieferung« im Wörterb. des VöR. u. d. Dipl. I, S. 83.

[2]) oder etwa durch den Eintritt in den Völkerbund; s. die norw. Novelle von 1922 und die Reg.-Denkschr. dazu u. S. 349 bzw. 166 ff..

[3]) Über eine Ausnahme im norwegischen Auslieferungsrecht siehe unten die norwegische Regierungsdenkschrift S. 130; ferner S. 190. Zur Frage der völkerrechtlichen Freiheit oder Gebundenheit klar Frank, Der Kampf usw. S. 8: »In der Gegenwart wenigstens ist es außer Zweifel, daß eine lediglich auf Rechtsatz beruhende Pflicht zum Einschreiten gegen fremde Verbrecher im allgemeinen und zu ihrer Auslieferung im besonderen nicht besteht. Der Beweis dafür liegt in der Tatsache des Abschlusses von Auslieferungsverträgen, die sämtlich von dem Gedanken beherrscht werden, daß die Existenz einer Auslieferungspflicht von ihrer vertragsmäßigen Vereinbarung abhängig ist«. Die unten S. 42 in Übersetzung mitgeteilte Bemerkung Morgenstiernes kann nicht wörtlich zu nehmen sein, soweit darin von einer Auslieferungspflicht die Rede ist.

[4]) Jetzt natürlich im rechtsstaatlichen Sinne umzudeuten.

Instanzenzug und Verfahrensweise auf die Auslieferungsangelegenheiten für anwendbar erklärt haben [1]).

5. Die Gründe für den Gesetzeserlaß. [2])

Ja, es ist nicht sehr übertrieben zu sagen, daß eben dies, die Überzeugung von der Notwendigkeit, den Rechtsstaatsgedanken in das

[1]) Sie haben für ihren Bereich auch weitgehend für das nordische Recht erfüllt, was Mettgenberg für das deutsche Recht vom deutschen Auslieferungsgesetz erwartet: »Eine größere Klarheit und Rechtssicherheit würde für die Rechtshilfe gewonnen sein, wenn im Wege der Gesetzgebung bestimmt wäre, daß die Vorschriften, die für die Rechtshilfe in Strafsachen vor deutschen Behörden gelten, auch auf Rechtshilfemaßnahmen für fremde Rechtshoheiten sinngemäß anwendbar sind. Dadurch wird sichergestellt, daß Rechtshilfeleistungen für das Ausland in derselben Weise, mit denselben Mitteln und mit dem gleichen Wert durchgeführt würden, wie für eine andere deutsche Behörde. Es ist zu erwarten, daß auch dieses Ziel durch das der Verabschiedung harrende deutsche Auslieferungsgesetz erreicht wird« (Art. »Rechtshilfe« im Hdwb. d. Rwiss. S. 704). Vgl. ferner besonders den S. 433 u. abgedruckten finnländisch-norwegischen Auslieferungsvertrag vom 10. Nov. 1925.

[2]) Die »Gründe für den Gesetzeserlaß« im Norden werden im Text lediglich nach den Materialien wiedergegeben. Daten über die Vorgeschichte der drei Gesetze (die ersten Anregungen zum Gesetzeserlaß, etwaige Ankündigungen, Beginn und Art der amtlichen Vorarbeiten u. a. m.) stehen außerhalb der Materialien nicht zur Verfügung. Eine solche Vorgeschichte hätte sich, wenn überhaupt, wohl nur auf Grund eines Aufenthaltes im Norden schreiben lassen. Presseäußerungen dürften jedenfalls vorliegen, wie die Erwähnung der schwedischen Zeitung »Sozialdemokraten« vom 23. April 1913 durch den Abgeordneten Pettersson in Lidingö villastad zeigt (u. S. 277). Vermutlich aber wäre man darüber hinaus auf die — Fremden sicher nicht zugänglichen — Akten der Auswärtigen Ämter usw. und auf persönliche Erinnerungen der s. Zt. Beteiligten angewiesen gewesen, und von den letzteren ist eine der schwedischen Hauptpersonen, der Außenminister von 1913 Graf Ehrensvärd, z. Zt. von seiner Heimat als Gesandter in Paris abwesend. Vielleicht, daß durch interessierte Persönlichkeiten etwa je in den drei nordischen Auswärtigen Ämtern uns solche Studien über die Vorgeschichte beschert werden? Lebhaften Interesses wären sie sicher, diejenige über die Vorgeschichte des finnländischen Gesetzes zumal, wenn sie Näheres über die Geschichte der finnländischen Klausel über das politische Asyl mitteilte. Über den Anstoß zum Erlaß der drei Gesetze kann hier nach dem z. T. unausgesprochenen Gehalt der Materialien nur das Folgende vermutet werden:

I. Norwegen.

Der Erlaß des Auslieferungsgesetzes kurz nach der 1905 erfolgten Trennung von Schweden dürfte mit der durch die Unionsauflösung erforderlich gewordenen weiteren Konsolidierung der staatlichen Einrichtungen zusammenhängen. Bei der Beherrschung des öffentlichen Denkens Norwegens durch die Rechtsstaatsidee mußte als eines der ersten in Frage kommenden Gebiete das Auslieferungswesen erscheinen, wo die Rechtsstaatsidee 1905 vergleichsweise am wenigsten etabliert war. Bezeichnend dürften dafür die Ausführungen der Regierungsdenkschrift (u. S. 128) mit ihrer Bezugnahme auf den § 99 der Verfassung sein. Streben nach weiterer innerer Konsolidierung durch Gewährung von Rechtsschutz an Staatsfremde, Motive der inneren Politik in diesem Sinne, werden somit die primären Antriebskräfte gewesen sein (vgl. auch ibid. u. S. 127). Die auch von Wirkung gewesenen Rücksichten auf die auswärtige Politik scheinen — schon nach ihrer Fassung

Auslieferungswesen einzuführen, eines der bewegenden Hauptmotive für den gesamten Gesetzeserlaß gewesen ist. Die Motive, die im einzelnen den Gesetzeserlaß bewirkt haben, sind vom deutschen Standpunkte aus gegenwärtig besonders interessant. Auch diese Gründe gehören zu den Grundlagen der Auslieferungsgesetze. Denn daß Überzeugung von der Notwendigkeit gesetzlicher Regelung vorhanden sein muß, damit ein Auslieferungsgesetz ergehen kann, bedarf weiteren Beweises nicht. Bestünde diese Überzeugung nicht, so könnte es schlechterdings nicht zum Erlaß eines Auslieferungsgesetzes kommen. Da die drei nordischen Auslieferungsgesetze vorhanden sind, so ist kein Wort darüber zu verlieren, daß im Norden die Überzeugung vorhanden war, das Auslieferungswesen gesetzlich regeln zu müssen. Eine andere Frage aber ist es — und ihr wohnt für einen Staat, der sich wie das Deutsche Reich im Stadium der Erwägung befindet, ob er ein Auslieferungsgesetz erlassen solle, höchstes Interesse inne —, welches die Gründe waren, die im Norden die Entscheidung zugunsten des Gesetzerlasses herbeiführten. Alle drei nordischen Regierungsdenkschriften entwickeln, von den später an dem Gesetzerlaß beteiligten Instanzen nicht angefochten, jeweils zunächst leitend gewesene Erwägungen.

(ibid. u. S. 142) — die zweite Rolle gespielt zu haben. Bei der Verflechtung des Auslieferungswesens mit dem der auswärtigen Angelegenheiten wäre vor 1905 der Erlaß eines Auslieferungsgesetzes in der nun vorliegenden Form ohne weiteres nicht möglich gewesen, da nach dem Unionsrecht die Wahrnehmung der auswärtigen Angelegenheiten beider Reiche durch den schwedischen Außenminister erfolgte — einer der damaligen Hauptstreitpunkte.

II. Schweden.

Auch in Schweden dürfte der Anstoß aus der inneren Politik (im genannten Sinne) gekommen sein. Darauf deuten die Ausführungen der Regierungsdenkschrift (u. S. 183), wonach das Auslieferungsgesetz bewußt mit einem Gesetz über den Zuzug Fremder in Verbindung gedacht wird: Beide Gesetze in Verbindung mit den allgemeinen Bestimmungen der Strafgesetzgebung würden das Verhältnis zwischen Staatsgewalt und Fremden in gewissen Hinsichten allseitig regeln. Die ebenfalls angeführten Rücksichten auf die auswärtigen Beziehungen (s. o. im Text) scheinen auch in Schweden sekundärer Natur gewesen zu sein.

III. Finnland.

Anders als in diesen beiden Staaten dürfte hier der primäre Anstoß zum Erlaß eines Auslieferungsgesetzes in Rücksichten auf die äußere Konsolidierung des Staats nach seinem Selbständigwerden von Rußland liegen. Jedenfalls werden die Notwendigkeiten und Vorteile in auswärtig-politischer Beziehung in der Regierungsdenkschrift (u. S. 325) vergleichsweise weit überwiegend in den Vordergrund gestellt.

Daß in Norwegen und Finnland der Gesetzeserlaß mit dem Streben nach Konsolidierung des Staats im Anschluß an bedeutende Veränderungen in der Situation des Staats zusammenhängt, wird sicher sein, und dies ist für uns insofern ein interessanter Vergleichspunkt, als auch das Deutsche Reich heute, nach dem Weltkriege, im Zeichen innerer und äußerer Konsolidation steht. Auch für das Reich kann ein gutes Auslieferungsgesetz zur Konsolidation Wesentliches beitragen, ein schlechtes Auslieferungsgesetz allerdings Entscheidendes schaden.

Die **norwegische** Regierungsdenkschrift führt nach einer Darstellung der bisherigen Ordnung des Auslieferungswesens in Norwegen folgende Gedanken als die Schaffung eines Auslieferungsgesetzes nahelegend an (s. u. S. 127):

»Der Rechtszustand, welcher dergestalt jetzt bei uns herrscht, scheint in mehreren Hinsichten weniger zufriedenstellend zu sein. Was die materiellen Bedingungen der Auslieferung betrifft, so wird angenommen, es sei wenig sinnvoll, daß es in der Macht eines Departements oder sogar einer untergeordneten Behörde soll stehen können, Auslieferung jeder beliebigen Person zu bewilligen, welche nicht norwegischer Staatsbürger ist, ohne Rücksicht auf die Höhe der Strafe, die die behauptete strafbare Handlung im Gefolge haben könnte, und daß in dieser Hinsicht von der Regierung dem Reiche vertragsmäßige Verpflichtungen sollen auferlegt werden können. Auch was die Verfahrensweise betrifft, die hier im Lande zu befolgen ist, um eine Auslieferung bewerkstelligt zu bekommen, nimmt man an, daß es erforderlich sei, eine gesetzliche Ordnung zustande zu bringen. Da unleugbar eine »faengslig anholdelse« — so viel wie etwa »Verhaftung« — vorliegt, wenn eine Person festgenommen und in einer bisweilen doch ganz langdauernden Haft gehalten wird, um danach einer ausländischen Strafverfolgung zur Verfügung gestellt zu werden, so könnte gewiß mit Fug der Zweifel aufgeworfen werden, ob es ganz mit dem Satze der Verfassung § 99 Abs. 1 — Text s. unten S. 128[1] — übereinstimmt, daß ein Regierungsdepartement oder sogar eine untergeordnete Behörde die Auslieferung einer eines Verbrechens beschuldigten Person ins Werk setzen läßt, ohne daß dies im Gesetz begründet wäre. Selbst wenn man auch annimmt, daß die gegenwärtig befolgte Praxis nicht gerade mit der Verfassung im Widerspruch steht, wird doch eingeräumt werden müssen, daß es schlecht zu der Voraussetzung des genannten Verfassungssatzes und überhaupt zu dem Schutz der persönlichen Freiheit stimmt, auf welche in einem konstitutionellen Staate sowohl dessen eigene Bürger als auch Ausländer Anspruch haben müssen, daß die administrativen Behörden eine Auslieferung ohne andere gesetzliche Schranke als die ins Werk setzen können, welche sich aus dem § 7 Abs. 2 des Staatsbürgerrechtsgesetzes (Text s. unten S. 120[1]) ergibt, und ohne an eine formale Verfahrensweise gebunden zu sein.« — Zur Begründung des Gesetzerlasses ist a. a. O. ferner die Autorität des Institut de droit international angerufen, das auf seiner im Jahre 1880 abgehaltenen Versammlung eine Reihe das Auslieferungswesen betreffender Resolutionen angenommen habe. Von diesen wird Nr. 4 im Wortlaut wiedergegeben: »Es ist zu wünschen, daß in jedem Staate ein Gesetz die Verfahrensweise in diesen Angelegenheiten sowohl als auch die Bedingungen ordne, unter denen die Personen, um deren Auslieferung als Verbrecher ersucht wird, an eine Regierung ausgeliefert werden sollen, mit der kein Vertrag besteht.« In diesem Zusammenhange wird sodann darauf verwiesen, daß bereits eine Reihe von Staaten, nämlich Belgien, die Niederlande, Luxemburg, Großbritannien und Irland, die Schweiz, Argentinien, Peru, Mexiko, der Kongostaat, Liberia, Japan Auslieferungsgesetze besäßen, gesetzliche Regelung einzelner Seiten des Auslieferungswesens auch die Vereinigten Staaten von Amerika. »Was unser eigenes Land betrifft, heißt es weiter, so ist bei der Schaffung des neuen Strafgesetzes vorausgesetzt worden, daß das hier behandelte Verhältnis durch besonderes Gesetz geordnet werde. In ihren Motiven zum Strafgesetzentwurf (S. 21) führte die Strafgesetzkommission an, daß alle Aufforderung hierzu bestehe, weil die Frage, welche Personen sollten ausgeliefert werden können sowie wegen welcher Verbrechen, an welchen Staat und unter welchen Garantien deren Auslieferung solle stattfinden können, viele Punkte enthalte, die ebenso zweifelhaft wie wichtig seien und deshalb gesetzlich geordnet werden müßten.« — Im weiteren Verlauf werden dann folgende Gedanken gebracht, die die Ordnung des Auslieferungswesens durch Gesetz rätlich erscheinen ließen. Wenn, wie der Entwurf es vorsehe, eine Beteiligung der Gerichte als Glied in das Auslieferungsverfahren eingefügt werde, so sei der leitende Gedanke dabei, das vollkommen freie Ermessen der Verwaltungsbehörden (Regierung, Regierungsdepartement, Oberobrigkeit, Polizei), wie es bisher geherrscht habe, auszuschließen. Auf jeden Fall sei die Möglichkeit zu beseitigen, daß die Polizei Auslieferungen bewillige, denn »Auslieferung [1]) ist eine so wichtige Veranstaltung und die Entscheidung eines Auslieferungsersuchens kann so schwierige Fragen hervorrufen, daß die Überlassung der Entscheidung an die Polizeibehörden nicht in jedem Falle als voll garantierend wird angesehen werden können. Nach Ansicht des Departements besteht indessen Grund, weiter zu gehen und in Übereinstimmung mit dem, was in den Auslieferungsgesetzen anderer Staaten vorgeschrieben ist, ganz das ungemischte administrative System der Entscheidung zu verlassen. Es ist stets als eine der ersten Aufgaben eines konstitutionellen Staates angesehen worden, die Einwohner gegen administrative Willkür zu sichern und Einschränkungen ihrer persönlichen Freiheit von gerichtlicher Entscheidung abhängig zu machen. Und wenn das Strafprozeßgesetz dementsprechend eine Gerichtsentscheidung zur Bedingung der Anwendung von Untersuchungshaft [2]) gemacht hat, so erscheint es als noch mehr erfordert, die Möglichkeit der Auslieferung von der Entscheidung eines Gerichts abhängig zu machen. Denn teils ist Auslieferung eine strengere Maßregel als gewöhnliche Gefangensetzung und teils wird die Entscheidung, ob die in dem beigefügten Entwurfe aufgestellten Auslieferungsbedingungen vorliegen, die Lösung einer Reihe von Rechtsfragen voraussetzen, die bisweilen recht schwierig werden sein können und die zu lösen die Gerichte als am besten imstande angesehen werden«. Der Leitgedanke dabei ist, daß eine solche Erweiterung der Zuständigkeit der Gerichte nur auf gesetzlichem Wege erfolgen könne. Wenn, wie der Entwurf es vorsehe, diese Entscheidung der Gerichte bindenden Cha-

[1]) S. u. S. 142.
[2]) varetägtstängsel.

rakter haben solle, so werde dies auch in auswärtig-politischer Beziehung Vorteile [1]) bieten, »weil eine Weigerung, einem Auslieferungsersuchen zu entsprechen, bei dem betreffenden fremden Staat leichter Verstimmung wird hervorrufen können, wenn die Weigerung von der Regierung selber herrührt, als wenn sie auf der Entscheidung eines unabhängigen Gerichtes beruht. Dabei wird ja der Schutz der reklamierten Person, der in der gerichtlichen Mitwirkung liegen würde, in einigem Grade abgeschwächt werden, wenn die administrativen Behörden in der Lage wären, nach eigenem Ermessen unabhängig von gerichtlicher Äußerung Beschlüsse zu fassen« [2]).

Im wesentlichen dieselben Gründe sind es, die Schweden zum Erlaß eines Auslieferungsgesetzes bewogen haben. Die Weise der Motivierung der schwedischen Regierungsdenkschrift ist dabei derjenigen Norwegens ganz ähnlich. Auch sie beginnt mit einer Darstellung des bisherigen Auslieferungsverfahrens, schickt dem jedoch eine Skizze des allgemeinen gegenwärtigen Rechtsbewußtseins sowie der Entwicklung voraus, die dazu geführt hat, daß heute der Auslieferungsgedanke international herrschend geworden ist. Ganz ähnlich wie in der norwegischen Denkschrift lautet dann der konkludierende Satz [3]): »Deutlich ist, daß die Verhältnisse, welche nach den bisherigen Ausführungen auf dem Gebiet des Auslieferungswesens in Schweden herrschen, nicht als zufriedenstellend angesehen werden können. — Dergestalt ragt u. a. als ein erwünschtes Ziel hervor, in einem besonderen Gesetz die Voraussetzungen dafür festzulegen, daß von schwedischen Behörden Auslieferung bewilligt werden darf. Erst hierdurch erhält man die Grundlage, auf welcher das Auslieferungswesen sowohl hinsichtlich des Abschlusses von Auslieferungsverträgen als auch hinsichtlich der Bewilligung von Auslieferungen sich planmäßig entwickeln kann [4]). — Was das Verfahren in Auslieferungsangelegenheiten angeht, so ist die Prüfung in diesen Angelegenheiten bisweilen unzweifelhaft von der Bedeutung, daß die Einbeziehung gerichtlicher Mitwirkung für gewisse Fälle als erforderlich anzusehen sein dürfte. Die Regeln darüber können klarerweise nicht anders als in der Form eines Gesetzes erlassen werden. — Grundsätzlich scheint Auslieferung für den, den sie betrifft, unter rechtlichem Gesichtspunkt von der großen Bedeutung zu sein, daß die Auslieferungsregeln prinzipiell in einem Gesetz erlassen werden müssen. Die bekannte Ver-

[1]) Über die Vorteile, die Holland bei der Frage der Auslieferung Kaiser Wilhelms II. aus dem Vorhandensein eines Auslieferungsgesetzes zog, eindrucksvoll Frank in Liebmann-Festgabe S. 142/3 und DJZ. 1926, S. 1273 (Heft 17/8).

[2]) u. S. 142.

[3]) u. S. 182.

[4]) Ähnlich Mettgenberg, Die Neugestaltung usw. S. 14. In derselben Weise (Bewilligung der einzelnen Auslieferungen wie Abschließung von Auslieferungsverträgen) hat schon im Jahre 1892 der deutsch-freisinnige Antrag v. Bar u. Gen. auf eine Reichstagsresolution die dem Reiche in Auslieferungssachen zu gebende Kompetenz umschrieben (s. Frank, Der Kampf usw. S. 4).

einigung hervorragender Rechtsgelehrter verschiedener Länder, Institut de droit international, hat gleichfalls die Erwünschtheit hervorgehoben, daß das Auslieferungswesen in den verschiedenen Staaten durch Gesetz geordnet werde.« Nach einer Aufzählung von Staaten, welche bereits Auslieferungsgesetze besitzen [1]), wird dann der interessante und bedeutende Gedanke angeführt [2]): »Es dürfte kaum ein Zufall sein, daß vorzugsweise es Mächte zweiten oder dritten Ranges sind, die es als notwendig angesehen haben, ihr Auslieferungswesen rechtlich zu ordnen. Denn für einen solchen Staat muß es als besonders wichtig angesehen werden, daß seine Beschlüsse in Auslieferungsfragen von jenem Schein der Willkür freibleiben, der, wenn die betreffende Regierung ungebunden durch rechtliche Schranken und ohne Mitwirkung eines Gerichtshofes den Beschluß mitgeteilt hat, demselben leicht zuwächst. Kann eine Regierung bei Abweisung eines Auslieferungsersuchens sich auf gesetzliche Bestimmungen und Gerichtsentscheidungen stützen, so verliert die Auslieferungsfrage den besonders für einen kleinen Staat gefährlichen und heiklen politischen Charakter, den solche Fragen gelegentlich annehmen können. — Besonderer Anlaß scheint mir vorzuliegen, bei uns jetzt die Frage der gesetzlichen Ordnung dieser Angelegenheit in Angriff zu nehmen. In untertänigem Schreiben regte der Reichstag im Jahre 1907 die Ausarbeitung von Gesetzesbestimmungen an, wodurch für das Land schädliche Einwanderung soweit als möglich verhindert und im übrigen Zuzug und Niederlassung von Ausländern im Lande zweckmäßig geordnet würden; anläßlich dessen ist ein Gesetzentwurf in dieser Angelegenheit im Zivildepartement ausgearbeitet worden, der nach Unterbreitung unter die Kritik des Gesetzgebungsrates gegenwärtig der Prüfung Euerer Königlichen Majestät unterliegt. Wenn dergestalt die Frage der Rechtsstellung der Ausländer gegenüber der Staatsgewalt unter diesem Gesichtspunkt Gegenstand rechtlicher Regelung werden soll, so erscheint es als folgerichtig, zu verlangen, daß auch die Seite der Frage nach der Rechtsstellung der Ausländer, um die es sich im Auslieferungswesen handelt, gesetzlich geordnet werde. Durch Gesetze in diesen beiden Angelegenheiten in Verbindung mit den allgemeinen Bestimmungen unserer Strafgesetzgebung erhält die Frage des Verhältnisses der Staatsgewalt Ausländern gegenüber, die sich hier im Reiche aufhalten und welche entweder hier oder außerhalb des Landes sich gesetzwidrigen oder sonst ungebührlichen Verhaltens schuldig gemacht haben, eine allseitige Regelung. — Aus Gründen, die damit angedeutet sind, ist die Frage der Gesetzgebung, betr. Auslieferung, im Justizdeparte-

---

[1]) Gegenüber der norwegischen Aufzählung fehlen die außereuropäischen Staaten Peru, Mexiko, der Kongostaat, Liberia, Japan. Hinzugefügt ist natürlich Norwegen sowie auch, daß Italien, Österreich und Rußland in ihre Strafprozeßgesetze Bestimmungen über das Auslieferungsverfahren aufgenommen hätten.

[2]) u. S. 182.

ment in Behandlung genommen worden, und es ist dabei der Entwurf zu einem Gesetz über Auslieferung von Verbrechern ausgearbeitet worden, den ich jetzt vertrete.« — Der Gedanke, daß es aus außenpolitischen Gründen erwünscht sein könne, das Auslieferungswesen gesetzlich zu ordnen, kehrt später bei der Frage, ob und wie gerichtliche Mitwirkung als Glied in das Auslieferungsverfahren einzuflechten sei, in folgender Form wieder [1]: »Es scheint mir kein Zweifel walten zu können, daß das Richtigste sein muß, in der Weise der vier letztgenannten Gesetze (die Schweiz, Luxemburg, Norwegen, Italien) den Gerichten die Befugnis der Entscheidung beizulegen, ob das Gesetz in einem bestimmten Falle Auslieferung zulasse oder nicht. Außer prinzipiellen Gründen dürften auch reine Zweckmäßigkeitsgründe für diese Ansicht sprechen. Eine Regierung, die mit einem Auslieferungsersuchen halbpolitischer Art beschwert wird, kommt dem fremden Staate gegenüber in eine unbehagliche Zwischenstellung, wenn sie, obwohl das Gericht in seiner Äußerung gefunden hat, daß Auslieferung nicht stattfinden dürfe, gleichwohl befugt ist, Auslieferung zu bewilligen. Je mehr die Auslieferungsangelegenheiten als reine Rechtsfragen behandelt werden, desto geringerer Anlaß liegt für die fremde Regierung vor, auf die Regierung Druck auszuüben, an die ein Auslieferungsersuchen gerichtet worden ist.« Diese Gründe, welche der Justizminister für den Erlaß eines Auslieferungsgesetzes entwickelt hat, sind in allen ferneren schwedischen Dokumenten anerkannt und zur Voraussetzung genommen worden, zum Teil so sehr, daß sie gar nicht wieder angeführt worden sind. Der Gesetzgebungsrat hat in seinen Ausführungen zu den §§ 17—27 des Gesetzgebungsentwurfes, betr. die Einfügung gerichtlicher Mitwirkung in das Auslieferungsverfahren, den allgemeinen Gedanken, der dem zugrunde liegt, in die knappe und klare Formulierung gebracht [2]: »Mit der Anwendung dieses Prinzips ist beabsichtigt, den Gesetzesbestimmungen über Auslieferung eine autoritative und bindende Auslegung zu geben, auf der einen Seite zum Schutz der Person, auf die das Auslieferungsersuchen sich bezieht, und auf der anderen Seite zur Stütze der Regierung gegenüber dem um Auslieferung ersuchenden Staate bei Ablehnung eines solchen Ersuchens.« Den erwähnten außenpolitischen Grund hat schließlich noch das Mitglied der Ersten Kammer af Ekenstam wieder aufgegriffen und bei der Frage der Regelung des politischen Asyls ausgeführt [3]: »Es ist doch für einen kleinen Staat, wo man Beeinflussungen oder rückwirkendes Verhalten seitens größerer und mächtigerer Grenzstaaten befürchten kann, gut, viel sicherer solche Verhältnisse im Gesetz klar präzisiert zu haben, so daß sie sich von selbst lösen und daß man nicht nötig hat, darauf Rücksicht zu

[1]) u. S. 188. [2]) u. S. 227. [3]) u. S. 259. Die Verhandlungen der Zweiten Kammer enthalten eine ganze Reihe solcher außenpolitischer Gründe, bes. die Rede des Grafen Ehrensvärd, u. S. 268. Darauf kann hier aus den in der Vorbemerkung genannten Gründen nur verwiesen werden.

nehmen, worüber hier gesprochen worden ist: den mehr oder minder überwiegenden Grad der politischen Absicht.«

Auch die Erwägungen der finnländischen Dokumente weichen von denen der norwegischen sowie von denen der schwedischen Drucksachen nicht ab. Fast wörtlich gleich mit der schwedischen heißt es in der finnländischen Regierungsdenkschrift u. a.[1]: »Erst hierdurch (durch gesetzliche Ordnung) würde man die Grundlage erhalten, auf welcher das Auslieferungswesen sowohl hinsichtlich des Abschlusses von Auslieferungsverträgen als auch hinsichtlich der Bewilligung von Auslieferungsersuchen sich planmäßig entwickeln könnte. Für diejenigen, denen es zukommt, Auslieferungsangelegenheiten zu behandeln oder Verträge zu schließen, würde ein solches Gesetz außerdem den Vorteil bieten, bei eventuellem Druck seitens fremder Staaten sich auf die bindende Kraft des Gesetzes berufen zu können.« Bei der Begründung, daß gerichtliche Mitwirkung in das Auslieferungsverfahren einzuflechten und die Kompetenz der zu fällenden Entscheidung dem Höchsten Gerichte zu übertragen sei, heißt es[2]: »Durch ein solches Verfahren würde auch die Entscheidung solcher Angelegenheit dem Auslande gegenüber die größtmögliche Autorität erhalten.« — In der Regierungsdenkschrift sowohl als auch in dem Gutachten des Gesetzgebungsausschusses ist ferner der Gedanke entwickelt worden, daß ein Auslieferungsgesetz auch der Tatsache am besten entspreche, daß Finnland ein unabhängiger und souveräner Staat geworden sei; denn die früher von Rußland mit fremden Mächten in Auslieferungsangelegenheiten abgeschlossenen Verträge, die nach Promulgierung in gesetzlicher Form für Finnland verbindlich gewesen seien, könnten nicht ohne weiteres für das jetzige Finnland als verbindlich angesehen werden. Eine Reihe von Auslieferungsverträgen sei abzuschließen. Allerdings könne man es dabei an und für sich sein Bewenden haben lassen. Aber in mehreren Ländern seien gleichwohl die allgemeinen Grundsätze gesetzlich festgelegt worden, nach denen Verbrecher von den Behörden ausgeliefert würden. Dies bewirke nämlich auf der einen Seite den Vorteil, daß die Grundsätze in dieser Angelegenheit größere Gleichförmigkeit erhielten, und auf der anderen Seite, daß die Behörden, in deren Händen die Handhabung der Auslieferungsverträge liege, eventuell, bei Druck seitens fremder Staaten, sich auf die bindende Kraft des Gesetzes berufen könnten. Da allgemeine Bestimmungen über Auslieferung von Verbrechern in Finnland nicht vorhanden seien, so sei es nach Ansicht des Ausschusses begründet, auch für Finnland solche zu erlassen[3].

Ein Überblick über die in den nordischen Drucksachen für den Erlaß eines Auslieferungsgesetzes angeführten Gründe zeigt, daß diese Gründe durchgehend dieselben und eben diejenigen sind, die bereits die norwegische

[1]) u. S. 325.
[2]) u. S. 328.
[3]) u. S. 324 ff.

Denkschrift angeführt hat. Wenn die finnländische Regierungsdenkschrift und das Gutachten des finnländischen Gesetzgebungsausschusses insofern einen besonderen Grund anführen, als sie auf die veränderte staats- und völkerrechtliche Stellung Finnlands hinweisen, so ist dies ein durchaus singulärer Grund, der allgemeinerer Bedeutung entbehrt und der für den Erlaß eines deutschen Auslieferungsgesetzes nicht angezogen werden kann. Beachtlich aber dürfte für den deutschen Gesetzgeber der nur in der norwegischen Denkschrift zu klarerem Ausdruck gelangte Zweifel sein, ob die bisherige rein administrative Ordnung des Auslieferungsverfahrens dem in der Verfassung aufgestellten Prinzip bürgerlicher Freiheit gegenüber Eingriffen von Verwaltungsbehörden vollkommen entspreche. Auch für das deutsche Recht wird es in Zweifel gezogen werden können[1]), ob eine Person, und sei sie auch Ausländer, ohne Vorhandensein ausdrücklicher Grundlage in Gesetz oder Verfassung von Exekutivbehörden verhaftet, also ihrer Freiheit beraubt werden könne, um an einen fremden Staat zur Bestrafung ausgeliefert zu werden[2]).

Insgesamt waren für den Erlaß der Auslieferungsgesetze in den nordischen Staaten folgende allgemeine (d. i. nicht bloß singuläre, nur für einen Staat wegen besonderer Verhältnisse gültige) Gedanken leitend, um sie der Übersichtlichkeit halber in der Unterscheidung der schwedischen Regierungsdenkschrift in prinzipielle und Zweckmäßigkeitsgründe noch einmal kurz aufzuführen:

I. Prinzipielle Gründe:

1. Es ist nicht sinnvoll, daß die Exekutive ohne Rücksicht auf die Höhe der zu erwartenden Strafe einen Ausländer ausliefere und
2. dem Staate in dieser Hinsicht vertragsmäßige Verpflichtungen auferlege.
3. Die Verfahrensweise erfordert gesetzliche Regelung, da bei der Festnahme zum Zwecke der Auslieferung eine Freiheitsentziehung vorliegt.
4. Die Beteiligung der Gerichte am Auslieferungsverfahren erfordert gesetzliche Regelung.

II. Zweckmäßigkeitsgründe:

1. Das Vorbild anderer Staaten,
2. Vorteile in außenpolitischer Hinsicht, zumal weil Gerichtsbeteiligung (Beseitigung der Gefahr politischen Druckes und des Mißtrauens, ferner Unabhängigkeit der Unterhändler bei Vertragsverhandlungen) besonders für Mächte zweiten und dritten Ranges wichtig.
3. Erst auf der Grundlage eines Gesetzes können die Grundsätze des Auslieferungswesens sowohl hinsichtlich
   a) des Abschlusses von Auslieferungsverträgen als auch

---

[1]) Ebenso Frank in DJZ 1926, Heft 17/18, Sp. 1272 und früher Art. »Auslieferung« in Fleischmann-Stengels Wb. d. d. St. u. VerwR.

[2]) Vgl. für das deutsche Recht Anschütz, Die Verfassung des Deutschen Reiches, 2. Aufl., 1926, S. 300/1.

b) der Bewilligung von Auslieferungen
sich planmäßig entwickeln, und es vermag »größere Gleichmäßigkeit der Grundsätze in dieser Angelegenheit erreicht zu werden«.

4. Das Gesetz ein Schritt auf dem Wege zur grundsätzlichen Regelung der Rechtsstellung der Ausländer gegenüber der Staatsgewalt.
5. Die Autorität des Institut de droit international.

Zu diesen allgemein von allen drei nordischen Gesetzen in der einen oder der anderen Form angeführten sind noch folgende Gründe getreten:

I. für Norwegen:
Das allgemeine bürgerliche Strafgesetz setzt eine gesetzliche Regelung voraus;

II. für Schweden:
Der Erlaß des Auslieferungsgesetzes ist auch darum erfordert, damit es zugleich mit einem in Vorbereitung befindlichen Gesetz, betr. Zuzug und Niederlassung Fremder, ergehen kann; durch diese Gesetze in Verbindung mit den allgemeinen Bestimmungen des schwedischen Strafrechts würde das Verhältnis zwischen Staatsgewalt und Fremden in Schweden eine allseitige Regelung erhalten;

III. für Finnland:
Die veränderte Staats- und völkerrechtliche Lage des Landes als nunmehr selbständigen souveränen Staates.

Vergleicht man diese Gründe[1]) im einzelnen und in ihrer Gesamtheit mit denjenigen, die z. B. Kraus auf dem 34. deutschen Juristentage (1926) in seinem Gutachten zu einer Unterfrage seines Themas, der Frage der Erwünschtheit eines deutschen Auslieferungsgesetzes, anführte, so offenbart sich die gewiß bemerkenswerte, oben schon in anderem Zusammenhange beachtete Tatsache, daß seine beiden Hauptgesichtspunkte in der Frage des Gesetzeserlasses in den nordischen Ländern fast gar keine Rolle gespielt haben: »einmal die Frage danach, wieweit geltendes Recht bei der Ausgestaltung des deutschen Auslieferungswesens zu beachten, und zum anderen danach, welche Bedeutung dabei dem Rechtsgedanken, seiner Verbreiterung, Vertiefung und Herrschaft im Bereiche der Materie der Auslieferung einzuräumen sei.« Die erste Frage ist an anderer Stelle in Rücksicht gezogen und in den Übergangsbestimmungen Norwegens und Schwedens dahin geregelt worden, daß in Kraft stehende Verträge den Gesetzen vorgehen sollen. Der schwedische Reichstag hat dabei dem

---

[1]) Der Überblick ergibt, daß die nordischen Staaten — um in der Unterscheidung Franks (Der Kampf usw. S. 45) zu sprechen — die Einführung des »Rechtsprinzips« in das Auslieferungsrecht neben anderem weder nur aus der Person des Verfolgten und aus der »Ehrenpflicht« des Staates, allen unschuldig Verfolgten Asyl zu gewähren, noch aus dem Staatsinteresse, sondern aus beiden begründen. — Ganz im Sinne Franks (z. B. a. a. O. S. 46) behalten sie sich daneben die Ausweisung von Nicht-Nationalen vor; vgl. für Norwegen neuestens Morgenstierne S. 99 ff. der 3. Aufl. seines o. S. 8 genannten Werkes, wo auch die neuesten norwegischen Gesetze berücksichtigt sind.

Könige in besonderen Schreiben (s. u. S. 319) den Wunsch unterbreitet, auf eine Anpassung des bestehenden Vertragsrechtes an das Gesetz bedacht zu sein (s. u. S. 321)[1]. Finnland scheint von der Voraussetzung auszugehen, daß die früheren russischen Verträge für Finnland nicht gelten (s. u. die Reg.-Denkschr. S. 324 u. u. S. 460); jedenfalls weist sein Auslieferungsgesetz keine Übergangsbestimmungen von der Art der norwegischen und schwedischen auf. Der Rechtsgedanke als solcher, vor allem in der Färbung, die ihm seit dem Entstehen des Völkerbundes und zumal seit Locarno innewohnt, ist überhaupt nicht angeführt worden.

6. Auslieferungsgesetz und Auslieferungsverträge.

Weniger zu den Spezialproblemen eines Auslieferungsgesetzes als vielmehr auch zu seinen Vorfragen und Grundlagen gehört ferner Entscheidung in der Frage, in welches Verhältnis von vornherein das Auslieferungsgesetz eines Staates zu seinen Auslieferungsverträgen zu setzen sei. An diesem Problem interessieren hier die folgenden vier Fragen

a) der staatsrechtlichen Behandlung der Auslieferungsverträge nach dem Erlasse eines Auslieferungsgesetzes;

b) der Zulässigkeit von Auslieferungen über einen Auslieferungsvertrag hinaus (ob im Rahmen des Gesetzes?).

Diese beiden Fragen gehören zu den im Vorworte genannten, in dieser Einführung sub specie der nordischen Gesetze besonders zu beantwortenden Fragen;

c) der Behandlung der beim Erlaß des Auslieferungsgesetzes gegebenenfalls bereits in Geltung stehenden Auslieferungsverträge;

d) der Gewährung von Freiheiten an die Exekutive zum und beim Abschluß von Auslieferungsverträgen durch das Auslieferungsgesetz.

Reflexe der zu diesen Fragen getroffenen Entscheidungen werden sich in jedem Auslieferungsgesetze finden, wenn sie auch nicht immer ausdrückliche Formulierung gefunden haben, sondern zum Teil durch Auslegung zu erschließen sein mögen.

a) Die staatsrechtliche Behandlung von Auslieferungsverträgen nach Erlaß des Auslieferungsgesetzes.

Antwort auf die Frage nach der staatsrechtlichen Behandlung der Auslieferungsverträge nach Erlaß des Auslieferungsgesetzes ist in keinem der drei nordischen Auslieferungsgesetze ausdrücklich erfolgt, auch nicht in den Motiven, sondern aus der Tatsache des Schweigens im Hinblick auf das Wesen des Problems und der nordischen Verfassungen zu erschließen.

Das Wesen des Problems erhellt aus der These Nr. 11, die der Referent des Reichsjustizministeriums für die amtlichen Vorarbeiten zu einem

[1]) Vgl. auch u. S. 253 die Reservationen schwedischer Kammermitglieder, ferner S. 317 ff.

deutschen Auslieferungsgesetz Dr. Mettgenberg in seinem Gutachten für den 34. deutschen Juristentag formuliert hat:

> Der Erlaß eines solchen Gesetzes mit einheitlichen Richtlinien für die Auslieferungsverträge kann deren gesetzgeberische Behandlung vereinfachen.

Es handelt sich danach, auf das deutsche Recht zugeschnitten, um die Frage, ob der Erlaß eines Auslieferungsgesetzes mit einheitlichen Richtlinien für die Auslieferungsverträge dazu ermächtige, die Exekutive im Rahmen des Auslieferungsgesetzes freier zu stellen und von der Legislative unabhängiger zu machen als bisher, deutlicher ausgedrückt, ob entgegen Art. 45 Abs. 3 der Abschluß derartiger Verträge in Zukunft ohne parlamentarische Mitwirkung zu vollziehen sei [1]). Nach deutschem Recht bedürfen Verträge gemäß Art. 45 Abs. 3 RV. der Zustimmung des Reichstages, wenn und soweit sie Angelegenheiten ordnen, die nur im Wege der Gesetzgebung (Art. 68 Abs. 2 RV.) geregelt werden können. Auslieferungsverträge müssen hiernach im allgemeinen dem Reichstage zur Genehmigung vorgelegt werden, da sie regelmäßig Beschränkungen der deutschen Gerichtsgewalt enthalten, die ohne gesetzliche Grundlage für die Gerichte unbeachtlich sein würden [2]).

Alle drei nordischen Staaten verfahren anders, wie Mettgenberg richtig bemerkt [3]). Sie sehen es als unnötig an, solche Verträge, die mit den Vorschriften des resp. Auslieferungsgesetzes übereinstimmen, den gesetzgebenden Körperschaften zur Genehmigung vorzulegen. Die Erwägungen, aus denen man im Norden zu diesem Schlusse gekommen ist, sind mir nur für Schweden und Finnland zuverlässig bekannt. Argumentationsweise und Verfahren sind dort so [4]):

---

[1]) Formuliert im Anschluß an Kraus, Gutachten S. 33. S. auch Mettgenberg, Gutachten S. 54 ff., und »Die Neugestaltung usw.« S. 14 ff., auch »Die Verträge mit der Tschechoslowakei usw.« S. 59.

[2]) So Mettgenberg, Gutachten S. 55.

[3]) Gutachten S. 55 und »Die Neugestaltung usw.« S. 16.

[4]) Vgl. dazu Frank, Der Kampf usw. S. 12 über das belgische Auslieferungsgesetz: »Zugleich aber hat das Gesetz die Bedeutung einer Ermächtigung, welche die souveräne Kammer dem Könige erteilt: sie gestattet ihm, Auslieferungsverträge zu schließen, ohne daß sie selbst in jedem Einzelfalle befragt zu werden brauchte. Sie hat ja ein für allemal erklärt, in welchem Sinne sie mit dem Abschlusse von Auslieferungsverträgen einverstanden sei.« Ob die Verabschiedung unseres Auslieferungsgesetzes, wenn es als gleiche »Ermächtigung« gedacht werden sollte, ohne die für Verfassungsänderungen vorgeschriebene Mehrheit möglich sein wird, ist angesichts des Wortlautes von a. 45 III RV. zweifelhaft. Frank hält diese ganze Frage für von verhältnismäßig untergeordneter Bedeutung, verschließt sich aber nicht der Einsicht, daß gegebenenfalls eine erhebliche Vereinfachung des Geschäftsganges möglich sein würde (a. a. O. S. 51). — Ob die oben im Text wiedergegebenen Erwägungen der nordischen Staaten je nach deren Verfassungssystem richtig sind, zu entscheiden, möchte ich hier nicht unternehmen. Jnterpretation einer fremden Verfassung ist gerade in den fraglichen Hinsichten immer ein gefährliches Ding, zumal bei einer so gewachsenen und eigenartigen wie der schwedischen Verfassung. Hat sich doch selbst eine so hohe nordische

I. Schweden.

Verträge über Auslieferung von Verbrechern, durch die Schweden sich nicht verpflichtet, Auslieferung in anderen Fällen oder auf andere Bedingungen zu bewilligen, als wie sie nach dem Auslieferungsgesetze erfolgen darf, können ohne Anhörung des Reichstages abgeschlossen werden. Die entscheidende Norm enthält § 12 der Regierungsform (Verfassung), die im Jahre 1913, in dem das Auslieferungsgesetz erging, folgende Fassung hatte:

> Der König schließt Verträge und Bündnisse mit fremden Mächten nach Anhörung des Staatsrats,

und welche heute, seit dem Jahre 1921, folgendermaßen lautet:

> Der König schließt Übereinkommen mit fremden Mächten nach Anhörung des Staatsrates. Ein solches Übereinkommen soll, sofern es Fragen betrifft, deren Entscheidung dem Reichstage nach dieser Verfassung allein oder mit dem Könige zusteht, oder welches, ohne daß es solche Fragen angeht, von größerer Bedeutung ist, dem Reichstage zur Zustimmung vorgelegt werden; in dem Übereinkommen soll ein Vorbehalt gemacht werden, wodurch dessen Gültigkeit von der Zustimmung des Reichstages abhängig gemacht wird.
>
> Sollte gegebenenfalls das Interesse des Reiches verlangen, daß ein Übereinkommen von größerer Bedeutung, das aber nicht Fragen betrifft, welche der Reichstag zu entscheiden hat, ohne die Zustimmung des Reichstages abgeschlossen wird, so darf dies geschehen, jedoch mit der Maßgabe, daß in solchem Falle der im § 54 genannte Ausschuß für auswärtige Angelegenheiten in der Weise, wie es dort bestimmt ist, Gelegenheit erhält, sich zu äußern, bevor das Übereinkommen eingegangen wird.

Die Formel: »deren Entscheidung dem Reichstage nach dieser Verfassung allein oder mit dem Könige zusteht«, bezieht sich in diesem Zusammenhange in erster Linie auf die Angelegenheiten, über welche in den §§ 57 und 87 der Regierungsform Bestimmung getroffen wird. Für die hier vorliegende Frage interessiert nur der § 87 [1]):

> Der Reichstag besitzt gemeinsam mit dem Könige die Befugnis, allgemeine Zivil- und Kriminalgesetze sowie Kriminalgesetze für die Wehrmacht zu erlassen und solche zuvor erlassenen Gesetze zu ändern und aufzuheben. .....

In der Praxis hat man es nicht für erforderlich erachtet, Verträge, welche die Angelegenheiten betreffen, über welche in diesem Paragraphen bestimmt wird, dem Reichstage vorzulegen, weil ihre Anwendung keine Änderung schon geltender Gesetze voraussetzt. In einer großen Anzahl von Gesetzen, die Angelegenheiten von internationalem Charakter betreffen, ist im übrigen der König ausdrücklich ermächtigt worden, mit fremden Staaten Übereinkommen abzuschließen, die Abweichungen von den

---

Autorität wie Aschehoug in sehr nachdrücklicher Weise von Fahlbeck sagen lassen müssen, seine Darstellung des schwedischen Staatsrechts sei »für das volle Verständnis durchaus unzureichend« (s. o. S. 8).

[1]) § 57: Das uralte Recht des schwedischen Volkes, sich zu besteuern, wird vom Reichstage allein ausgeübt. — Auf welche Weise einzelne Gemeinden für eigenen Bedarf sich besteuern dürfen, wird durch Kommunalgesetze bestimmt, die vom Könige und vom Reichstage gemeinsam erlassen werden.

Bestimmungen der resp. Gesetze enthalten. Eine Bestimmung von solcher Art enthält u. a. § 8 letzter Absatz des Auslieferungsgesetzes. — Die andere Klausel des § 12: Übereinkommen »von größerer Bedeutung«, bezieht sich in erster Linie auf Übereinkommen rein politischen Inhalts (Handelsverträge usw.). Ein Auslieferungsvertrag wird vom Könige nach gemeinsamer Vorbereitung durch den Außenminister und den Justizminister genehmigt. Der Gesetzgebungsrat ist nicht beteiligt, da er sich nur zu Gesetzentwürfen zu äußern hat, die dem Reichstage vorgelegt werden sollen.

II. Finnland.

Mitwirkung und Genehmigung des Reichstages sind für den Abschluß von Verträgen über Auslieferung von Verbrechern nicht erforderlich. Der Abschluß eines Vertrages, der mit Bestimmungen des Auslieferungsgesetzes in Widerspruch stünde, wäre selbst unter Mitwirkung des Reichstages ohne vorherige Änderung des Gesetzes nicht einmal denkbar. Das Recht der Regierung, die in Frage stehenden Verträge zu schließen, ohne die Genehmigung des Reichstages einzuholen, gründet sich auf den § 33 der Regierungsform (Verfassung) Finnlands vom 17. Juli 1919:

> Die Beziehungen Finnlands zu auswärtigen Staaten regelt der Präsident; indessen bedürfen Verträge mit fremden Staaten der Zustimmung des Reichstages, insofern sie Bestimmungen enthalten, die zum Gebiete der Gesetzgebung gehören oder sonst nach der Verfassung die Annahme durch den Reichstag erfordern. Über Krieg und Frieden beschließt der Präsident mit Zustimmung des Reichstages.
>
> Alle Mitteilungen an fremde Mächte oder an die Vertreter Finnlands im Auslande sollen durch denjenigen Minister erfolgen, zu dessen Bereich die auswärtigen Angelegenheiten gehören [1]).

Da die Verträge, betr. Auslieferung von Verbrechern, keine gesetzgeberischen Maßnahmen voraussetzen, so erfordern sie nach finnländischer Auffassung gleich zahlreichen anderen Verträgen, nicht die Einwilligung des Reichstages. Über den Abschluß des fraglichen Vertrages und dessen Ratifizierung beschließt der Präsident der Republik im Staatsrate auf Grund eines Vortrages des Ministers der auswärtigen Angelegenheiten.

III. Norwegen.

Für Norwegen ist die ganze Frage, formalrechtlich gesehen, einfacher zu beantworten. Die hauptsächlichen Verfassungsbestimmungen über Vertragsschlüsse mit fremden Staaten lauten nach der offiziellen französischen Ausgabe der Verfassung (Kristiania 1923, Gröndahl og Sön):

> Art. 26. Le Roi a le droit ... de conclure ... des traités ...
>
> Art. 75: Il appartient au Storthing:
>
> a) ......
>
> b) ......
>
> f) de se faire présenter les procès-verbaux du Conseil des ministres et tous les rapports et documents publics; toutefois les procès-verbaux relatifs aux affaires diplomatiques ... traités en secret, seront présentés à un comité ....

---

[1]) Amtliche Übersetzung. Helsingsfors 1924.

g) de se faire communiquer les conventions et traités que le Roi aura conclus au nom du Royaume avec des puissances étrangères. Les dispositions de l'aliéna f. relatives aux affaires traitées en secret s'appliqueront aux articles secrets des conventions; lesquels ne devront toutefois pas être en contradiction avec les articles publics.

Aus diesen Artikeln ergibt sich unmittelbar, daß der König das Recht des Vertragsschlusses grundsätzlich allein besitzt und daß das Storthing nur berechtigt ist, abgeschlossene Verträge sich vorlegen zu lassen. Damit ist es nicht nur vereinbar, sondern dem entspricht es exakt, wenn Auslieferungsverträge in Norwegen ohne Beteiligung des Parlamentes abgeschlossen werden. Nicht also wäre der Grund solcher Behandlung das Vorhandensein des Auslieferungsgesetzes vom Jahre 1908/22, sondern die allgemeine Ordnung des Vertragsrechts durch die Verfassung, wie Mettgenberg wohl annimmt. Aus dem norwegischen Recht kann also insoweit schwerlich der Schluß abgeleitet werden, den Mettgenberg ziehen zu wollen scheint, sobald das deutsche Auslieferungsgesetz vorliegen wird [1]). Immerhin ist nach norwegischen Recht ein Vertrag keine inländische Rechtsquelle. Zu seiner Inkraftsetzung ist je nach seiner Art ein Gesetz oder eine königliche Resolution erforderlich. Wenn durch einen vom Könige abgeschlossenen Vertrag dem Staate Verpflichtungen auferlegt werden, die in dem Rahmen nicht erfüllt werden können, den das Auslieferungsgesetz aufstellt, so ist — dies ist sicher — eine Änderung des Gesetzes erforderlich, um der fraglichen Vertragsbestimmung die erforderliche innerstaatliche Verbindlichkeit zu geben.

Das parlamentarische Regime, das auch in den nordischen Staaten sich mehr oder weniger durchgesetzt hat, hat anscheinend in der hier fraglichen Hinsicht keine Änderung bewirkt [2]). Tatsache ist es jedenfalls,

---

[1]) Ein dem schwedischen und dem finnländischen analoges Gesetz, nach dem bei Auslieferungen eingegangene Bedingungen im Inlande zur Nachachtung gereichen sollen, besitzt Norwegen nicht; s. u. S. 62.

[2]) Literatur zu den Auslieferungsgesetzen ist in Schweden und Finnland nicht erschienen; für Norwegen ließ sich keine Feststellung machen. Die ältere bekannte staatsrechtliche Literatur vermag da natürlich keine Auskunft zu geben, und neuere Literatur ist m. W. nicht vorhanden. Während der Korrektur habe ich eine neue (3.) Auflage von Morgenstiernes »Laerebok i den norske Statsforfatningret« erhalten (2 Bde., Oslo 1926 und 1927). Vom Auslieferungsrecht handelt lediglich eine knappe Seite (I, 99/100). Das Recht des Abschlusses von Staatsverträgen ist in II S. 328—342 übereinstimmend mit obigen Ausführungen dargestellt. Dies Werk ist jetzt als die Hauptdarstellung des norwegischen Staatsrechts anzusehen. — Die auf das Auslieferungsrecht bezüglichen Feststellungen sind: Allein norwegische Staatsbürger sind gegen Auslieferung geschützt. Nach dem Auslieferungsgesetz »bildet es kein Auslieferungshindernis, daß das Verbrechen unter die Herrschaft (s. auch die Ausnahme im Str. GB. § 12 II u. S. 12[1]) des norwegischen Strafgesetzes fällt. Dagegen kann nicht ausgeliefert werden wegen hier im Reiche begangener oder wegen politischer Verbrechen. — Innerhalb der Grenzen des Gesetzes können die Auslieferungsverträge mit einzelnen fremden Staaten natürlich die Pflicht zur Auslieferung weiter begrenzen. Namentlich kann man davon ausgehen, daß die Einwohner ebensowenig infolge zukünftiger wie eines schon geltenden Ver-

daß die nordischen Staaten Auslieferungsverträge den gesetzgebenden Körperschaften nicht zur Genehmigung vorlegen, trotz parlamentarischer Machtkonzentration, wie auch, daß weder eine Klausel der Auslieferungsgesetze zu der »freieren« Behandlung der Auslieferungsverträge ermächtigt noch eine insofern besondere Gestaltung der Parlamentskompetenz.

b) Die Zulässigkeit von Auslieferungen über einen Auslieferungsvertrag hinaus (im Rahmen des Auslieferungsgesetzes?) [1].

Die Frage der Zulässigkeit von Auslieferungen über einen Auslieferungsvertrag hinaus, insbesondere, ob eine Auslieferung sich im Rahmen eines ergangenen Auslieferungsgesetzes zu halten habe, gehört ebenfalls dem engeren Fragenkreis an, zu dem von einem Auslieferungsgesetze Stellungnahme zu erwarten ist [2]. Die Stellungnahme auch zu diesem Problem braucht nicht durch ausdrücklichen Ausspruch zu erfolgen. Wenn darum ein Auslieferungsgesetz sich zu der gestellten besonderen Frage nicht in ausdrücklicher und bejahender Weise geäußert hat, so darf daraus hinsichtlich seiner Stellungnahme nicht ohne weiteres ein Schluß im verneinenden Sinne gezogen werden. Möglich ist vielmehr, daß die Entscheidung etwa im System der Gesetzesanlage liegt oder sonst durch Auslegung zu erschließen ist. Vor der Antwort bedarf es hier daher sorgfältiger Untersuchung. Tatsächlich hat keines der drei nordischen Gesetze sich zu einer der Fragen ausdrücklich geäußert. Nichtsdestoweniger haben alle Entscheidung getroffen, wenn auch vielleicht nicht in jeder der beiden Fragen bewußte Entscheidung. Bewußt ist nur die zweite Frage entschieden worden, und dies ist — wie gesagt — nicht durch ausdrückliche Formulierung, sondern durch die Art der Formulierung und durch den Aufbau der Gesetze geschehen. Die Motive zu allen drei Gesetzen erweisen zudem die Bewußtheit der Entscheidung. Die erste Frage hingegen scheint als solche keinem der drei nordischen Staaten bewußt gewesen zu sein, wenigstens finden sich Äußerungen zu der Form, in der sie hier gestellt ist, in den Motiven nicht. Dennoch ist in Tatsache und Art der drei Auslieferungsgesetze auch zu dieser Frage Entscheidung enthalten.

Was nun die zweite Frage betrifft, ob eine Auslieferung sich im Rahmen des Auslieferungsgesetzes zu halten habe, so ist sie von allen drei nordischen Gesetzen bejaht worden, und zwar technisch in der gleichen Weise. Ohne die Bejahung ausdrücklich etwa durch den Satz: »Jede Auslieferung muß den Bedingungen dieses Gesetzes entsprechen« oder: »Auslieferung darf nur gemäß diesem Gesetze erfolgen« auszusprechen, sagen alle drei Gesetze im § 1, daß nach den Bestimmungen dieses Gesetzes eine

---

trages werden ausgeliefert werden. Praktisch gesprochen, sind also die Einwohner in dieser Hinsicht den Staatsbürgern gleichgestellt« (dazu 2 Anmerkungen, betr. § 12 NoStrGB. bzw. den Kreis der nichtauslieferungsbaren Personen im Sinne des zitierten Textes).

[1]) Vgl. dazu Mettgenberg, Die Neugestaltung, S. 14/5.

[2]) Vgl. Frank in DJZ. 1926, Heft 17/18, S. 1274.

näher bestimmte Person ausgeliefert werden könne oder dürfe. Dem bei solcher Formulierung logisch möglichen Schlusse, daß, wenn zwar nach den Bestimmungen des Gesetzes ausgeliefert werden dürfe, damit noch nicht gesagt sei, daß nicht auch sonst, über das Gesetz hinaus, Auslieferung erfolgen dürfe, wirkt die Art der Formulierung des § 1 der drei Gesetze sowie ferner der Umstand entgegen, daß ausdrücklich in den folgenden Paragraphen die Fälle aufgezählt werden, in denen nicht ausgeliefert werden darf: eine Form des sog. speziellen Vorbehaltes des Gesetzes![1]) Dies hat die Wirkung, daß in den §§ 1 jeweils gleichsam ein »nur« eingeschoben zu denken ist. Dergestalt sind die drei §§ 1 der Gesetze folgendermaßen zu lesen:

1. Das norwegische Gesetz:

   Wer in einem fremden Staate wegen einer strafbaren Handlung beschuldigt ... ist, kann ... (nur) unter Beachtung der in diesem Gesetz erlassenen Bestimmungen hier im Lande festgenommen und an den betreffenden Staat ausgeliefert werden.

2. Das schwedische und das finnländische Gesetz (hier wesentlich gleichlautend):

   Auf Ersuchen ... darf eine Person ... (nur) nach den Bestimmungen dieses Gesetzes ... ausgeliefert werden.

Entsprechend heißt es, die Richtigkeit des vorgeführten Schlusses erweisend, in der norwegischen Regierungsdenkschrift zum § 1: »Nach der Form, die der Paragraph erhalten hat, werden die Regeln des Gesetzes auf jede Auslieferung zur Anwendung kommen, die nach dessen Inkrafttreten stattfinden könnte, mit der alleinigen Ausnahme, welche aus § 25 (Übergangsbestimmung) folgt und wonach möglicherweise entgegenstehende Bestimmungen schon bestehender Verträge dem Gesetze vorgehen sollen.«

Die schwedische Regierungsdenkschrift erörtert das Verhältnis zwischen Auslieferungsgesetz und -vertrag systematischer (s. u. S. 184): »Hinsichtlich des Verhältnisses zwischen Auslieferungsgesetzen und Verträgen kommen zwei Systeme vor. Nach dem einen, das u. a. England befolgt, gestattet das Gesetz Auslieferung nicht, ohne daß ein besonderer Vertrag dies veranlaßte; das Gesetz enthält dergestalt nur die Normen, nach denen Verträge abgeschlossen werden dürfen. Nach dem anderen System ist es vom Standpunkte des Gesetzes aus gleichgültig, ob das

---

[1]) Vgl. dazu Perels, Darf die Verwaltungsbehörde die Erteilung einer in ihr freies Ermessen gelegten Genehmigung von der Zahlung einer gesetzlich nicht vorgesehenen »Gebühr« abhängig machen? (Arch. öff. R., N. F. 6, Heft 1 S. 99 f.). Perels' Erwägungen dürften mut. mut. in unserem obigen Falle anwendbar sein. Den allgemeinen Vorbehalt des Gesetzes hat in den nordischen Staaten der Erlaß eben des Auslieferungsgesetzes auch für das Auslieferungswesen, wo er — wie bei uns — bisher nicht galt, zum Grundsatz erhoben. Darin liegt letzten Endes ein, wenn nicht der Hauptsinn eines Auslieferungsgesetzes, jedenfalls hinsichtlich des Verhältnisses zwischen Staat und einzelnem.

Auslieferungsersuchen auf Vertrag gegründet wird oder nicht. Wenn nur die Bedingungen erfüllt sind, die das Gesetz aufstellt, so beruht es bei den prüfenden Behörden zu entscheiden, ob Auslieferung stattfinden soll oder nicht, und der Umstand, daß ein Vertrag vorliegt, hat nur die Bedeutung, daß die Behörden in dem besonderen Falle, völkerrechtlich gesehen, nicht die Möglichkeit haben, ein Auslieferungsersuchen abzuschlagen, wenn die Voraussetzungen vorliegen, die der Vertrag enthält. Der (insofern Gesetz gewordene) Entwurf nimmt in Übereinstimmung mit den moderneren Auslieferungsgesetzen diesen letzteren Standpunkt ein.«[1])

Die finnländische Regierungsbegründung wiederholt, nur etwas kürzer, aber sonst fast wörtlich die Wendungen der schwedischen Denkschrift (s. u. S. 325).

Alle drei Gesetze stehen in unserer zweiten Frage somit auf dem Standpunkte, daß nach Erlaß des Auslieferungsgesetzes — vorbehaltlich der Übergangsbestimmungen — jegliche Auslieferung sich im Rahmen des Gesetzes zu halten habe. Dabei ist allerdings zu bemerken, daß der Rahmen des Gesetzes in allen drei Fällen bewußt frei und elastisch gehalten ist, — da — wie es in der schwedischen Reg.-Denkschr. wörtlich heißt[2]) und wie es auch der Gedanke der norwegischen und der finnländischen Regierungsbegründung ist, »ein Gesetz sich damit begnügen muß, gewisse Mindestbestimmungen aufzustellen, und nur einen Rahmen angibt, in dem die fraglichen Behörden sich zu bewegen haben«[3]). Mag der Rahmen nun auch in allen drei Gesetzen weit und elastisch gestaltet sein, so daß erhebliche Möglichkeit zu freier Gestaltung eines Auslieferungsvertrages nach etwaigen besonderen Umständen oder Wünschen der Gegenseite bleibt, — festzustellen ist, daß grundsätzlich alle drei nordischen

---

[1]) Dergestalt verfahren auch Norwegen und Finnland. Alle drei nordischen Gesetze schlagen also nicht den von Frank für Deutschland empfohlenen Weg ein, daß »eine Auslieferung nicht ohne generellen Vertrag und nicht über einen solchen hinaus« gewährt werden soll (Der Kampf usw. S. 48/9).

[2]) S. u. S. 184.

[3]) Ebenso auch der Gedanke der norwegischen Reg.Denkschr. zum § 1: »daß ein neues Gesetz über diese Angelegenheit durch positive Bestimmungen der Möglichkeit der Staatsbehörden, solche Übereinkommen abzuschließen, keine allzu starken Fesseln anlegen darf«. So werden denn freie Vertragsschlüsse auch nach dem Erlasse des Gesetzes überall da noch möglich sein, wo eine Einzelauslieferungsmaßnahme gegenüber einem fremden Staate in das diskretionäre Ermessen der Behörden gestellt ist. Denn allen solchen Maßnahmen wohnt ein vertragliches Element inne, und nur um die Verallgemeinerung desselben handelt es sich in einem generellen Auslieferungsvertrage; vgl. Kraus, Gutachten S. 36 und Frank in DJZ. 1926, Heft 17/18, Sp. 1272. Eine Schranke dürfte diese Freiheit hinwiederum an solchen Bestimmungen finden, die ein bestimmtes Verhalten als Regel vorschreiben, wie § 7 des norwegischen Auslieferungsgesetzes, dem gemäß nur in Ausnahmefällen ein Abweichen möglich sein soll. Die Freiheit zu solchem ausnahmsweisen Verhalten wird nicht leicht schlechthin als allgemeine Norm in einen generellen Auslieferungsvertrag aufgenommen werden dürfen; vgl. z. B. schwed. Reg.denkschr. zum § 2 u. S. 191.

Gesetze absolute Schranke jeder Auslieferung (und übrigens auch jedes künftigen Auslieferungsvertrages) sein wollen.

In den hiermit vorgeführten Grundgedanken der drei nordischen Auslieferungsgesetze ist auch die Antwort auf die oben genannte erste Frage enthalten, ob staatsrechtlich Auslieferung über einen Auslieferungsvertrag hinaus zulässig sei. Diese Antwort lautet dahin: Wenn das Ausgesetz einen weiteren Rahmen als ein Auslieferungsvertrag enthält, so sind staatsrechtlich auch über einen Auslieferungsvertrag hinaus Auslieferungen gestattet. Denn einzige Schranke von Auslieferungen ist ja das Gesetz. Derselbe Schluß ergibt sich auch bei Zugrundelegung eines anderen Elementes der drei Verträge: Nach der angeführten Ausdrucksweise der schwedischen Regierungsdenkschrift »ist es vom Standpunkte des Gesetzes aus gleichgültig, ob eine Auslieferung auf Vertrag gegründet wird oder nicht«, m. a. W.: »Auslieferung darf auch erfolgen, wenn zur Stütze des Ersuchens darum kein Übereinkommen vorliegt« (§ 1 des SchwAG.). In solchen Fällen ist also, vorbehaltlich der Einhaltung des Gesetzesrahmens (und regelmäßig der Garantie der Gegenseitigkeit) die Freiheit der Auslieferung unbeschränkt. Besteht aber hier, d. i. für einen Einzelfall, unter Voraussetzung der Einhaltung des Gesetzes uneingeschränkte Freiheit, so wird sie — staatsrechtlich gesehen — in gleicher Weise auch in Fällen anzunehmen sein, in denen ein Vertrag vorliegt. Wo also der — stets einzuhaltende — Rahmen des Gesetzes weiter als der eines Vertrages ist, da wird auch Auslieferung über einen Auslieferungsvertrag hinaus möglich sein; vgl. SchwRegbegr. u. S. 181.

c) Behandlung der beim Erlaß des Auslieferungsgesetzes gegebenenfalls bereits in Geltung stehenden Auslieferungsverträge.

Wenn ein Staat es unternimmt, sein Auslieferungsrecht durch ein Auslieferungsgesetz auf generelle Grundlage zu stellen, so liegt es in der Natur der Sache, daß er sich Rechenschaft darüber ablegt, in welches Verhältnis er das System der neuen Normen zu etwa bereits für ihn bestehenden Rechten und Pflichten setzen will, die auf generellen Auslieferungsverträgen oder anderen Abmachungen mit fremden Staaten ruhen [1]). Auf dieses Problem haben denn auch Norwegen und Schweden ausdrücklich ihre Aufmerksamkeit gerichtet. Ihre Auslieferungsgesetze enthalten ausdrückliche darauf bezügliche Bestimmungen, da beide Staaten

[1]) Zu sagen, es bedürfe einer solchen Vergegenwärtigung und entsprechenden Bestimmung nicht, weil nach dem Wesen insbesondere zwischenstaatlicher Verträge die vertraglichen Verpflichtungen durch einseitige gesetzgeberische Maßnahmen nicht beeinträchtigt werden können, wäre unrichtig. Mag auch z. B. die Rechtsprechung der Cour Permanente de Justice internationale auf diesem Standpunkte stehen, so hindert er doch eine Diskrepanz zwischen »Völkerrecht und Landesrecht« nicht. Soll jeder Zweifel ausgeschlossen werden, so wird eine der norwegischen und der schwedischen analoge Be-

schon vor dem Erlaß des Auslieferungsgesetzes eine Reihe von Auslieferungsverträgen eingegangen waren. Finnland hingegen hat als selbständiger souveräner Staat beim Erlaß des Auslieferungsgesetzes im Jahre 1922 noch keine eigenen Auslieferungsverträge mit fremden Mächten besessen. Es sah sich lediglich vor die Erwägung gestellt, ob etwa die früher von Rußland mit fremden Staaten eingegangenen Auslieferungsverträge für es, Finnland, etwa als Nachfolgestaat Geltung besäßen. Diese Frage scheinen die finnländischen gesetzgebenden Instanzen verneint zu haben. Denn das finnländische Auslieferungsgesetz enthält keine Bestimmung, die sich zu der Frage der Geltung bereits bestehender Auslieferungsverträge äußert. In der finnländischen Regierungsdenkschrift lautet zudem ein — schon erwähnter — auf die Frage bezüglicher Passus (s. u. S. 324): »Eine Folge der früheren staatsrechtlichen Stellung Finnlands ist ... gewesen, daß die Verträge, welche über die gegenseitige Auslieferung von Verbrechern seitens Rußlands mit fremden Mächten abgeschlossen waren, grundsätzlich auch für finnländische Behörden bindend waren, sobald die Verträge hierzulande in gesetzmäßiger Weise promulgiert waren. Solche Verträge hatte Rußland mit mehreren verschiedenen Staaten abgeschlossen. — Da gleichwohl die genannten, von Rußland abgeschlossenen Verträge nunmehr, nachdem Finnland ein unabhängiger, souveräner Staat geworden ist, nicht ohne weiteres als bindend für uns angesehen werden können, so ist es wahrscheinlich, daß zwischen Finnland und fremden Staaten eine Reihe neuer Verträge über Auslieferung von Verbrechern eingegangen werden wird.« Die spätere Äußerung des Gesetzgebungsausschusses (s. u. S. 335) nimmt diesen Gedanken, und zwar in seiner eigentümlichen Formulierung, lediglich wieder auf, ohne sich sonst irgendwie zu der Frage zu äußern. Sie ist neben derjenigen der Regierungsdenkschrift die einzige ausführlichere Äußerung einer der am Gesetzgebungsprozeß beteiligten Instanzen. Vgl. ferner den sehr wichtigen schwedisch-finnländischen Notenwechsel u. S. 460.

Anders Norwegen und Schweden. Da diese beiden Staaten, wie erwähnt, durch eine Reihe von Auslieferungsverträgen mit fremden Mächten verbunden waren, als sie ihr Auslieferungsgesetz erließen, so mußten sie in ihrem Gesetz eine Bestimmung darüber treffen, ob und wieweit eventuell das Bestehen dieser Verträge auf das Gesetz Einfluß üben solle oder umgekehrt.

Die norwegische Bestimmung, die sich auf die bereits in Geltung stehenden Auslieferungsverträge bezieht, ist im § 25 II enthalten und lautet:

> Die in bestehenden Verträgen enthaltenen Bestimmungen bleiben weiter in Geltung, auch wenn sie mit diesem Gesetze in Widerspruch stehen sollten.

---

stimmung zu erlassen sein. Eventuell könnte unser Reichstag durch einen Beschluß der Regierung eine ähnliche Direktive geben wie der schwedische Reichstag der schwedischen Regierung durch das unten zu besprechende Schreiben.

Die Regierungsbegründung kommt an zwei Stellen auf die Frage zu sprechen, einmal in den Bemerkungen zum § 1, sodann in denjenigen zum § 25. Die erste, z. T. schon zitierte, dieser beiden Bemerkungen lautet: »Nach der Form, die der Paragraph erhalten hat, werden die Regeln des Gesetzes auf jede Auslieferung zur Anwendung kommen, die nach dessen Inkrafttreten stattfinden könnte, mit der einzigen Ausnahme, welche aus dem § 25 folgt und wonach möglicherweise entgegenstehende Bestimmungen in schon bestehenden Verträgen dem Gesetz vorgehen sollen. Als Folge dessen müssen bei künftigen Vertragsschlüssen die Regeln des Gesetzes dafür entscheidend werden, was Norwegen als Pflicht mit Rücksicht auf die Auslieferung von Verbrechern gültig auferlegt werden kann.« Die zweite Bemerkung entspricht der ersten und führt sie vertiefend aus: »Nach dem Absatze 2 des Paragraphen will das Gesetz es nicht wie einzelne fremde Auslieferungsgesetze der Regierung zur Pflicht machen, sofort Änderung der älteren Verträge herbeizuführen, deren Bestimmungen dem Gesetze widersprechen sollten. Der Entwurf führt nämlich keine neuen Grundsätze von solcher Bedeutung ein, daß es aus Rücksicht hierauf als notwendig angesehen wird, eine Vorschrift, betr. Revision der bestehenden Verträge, zu erlassen.«

Während auf diese Weise die norwegische Entscheidung der Frage, wenn auch erwogen, so doch einfach erfolgt ist, d. i. ohne weitere Diskussion der von der Regierung geltend gemachten Gesichtspunkte, ist die schwedische Regelung das Ergebnis eines immerhin recht lebhaften Meinungsaustausches gewesen. Sie ist nicht in einen besonderen Paragraphen gefaßt worden, sondern steht in einem besonderen durch einen Strich von dem übrigen Gesetz getrennten Absatz, dem Schlußabsatz, und lautet:

> »Dies Gesetz tritt am 1. Juli 1913 in Kraft. Ist nach einer Bestimmung eines Vertrages, welcher dann in Kraft steht, eine Verpflichtung zur Auslieferung in Fällen bestimmt, in denen nach diesem Gesetz Hindernisse bestehen, oder steht sonst eine Bestimmung eines solchen Vertrages mit Vorschriften dieses Gesetzes im Widerspruch, so soll die Bestimmung zur Nachachtung gereichen.«

Diese Art der Regelung ist also derjenigen Norwegens sachlich vollkommen gleich. Für sie hat bereits die Regierungsdenkschrift die Erwägung angeführt [1]: allerdings könne der Erlaß des Gesetzes die Kündigung sämtlicher Verträge nahelegen, da nichtzuleugnenderweise zwischen den Bestimmungen dieses Gesetzes und einzelner Auslieferungsverträge verschiedene (beispielsweise aufgeführte) Unterschiede bestünden. Indessen seien diese Unterschiede doch nicht von der Bedeutung, um eine so gewaltsame Maßnahme wie die Annullierung sämtlicher Auslieferungsverträge zu motivieren. Lebhaften Widerspruch gegen die vorgeschlagene Regierung des Regierungsentwurfs hat die Motion Persson-Sandler erhoben (s. u. S. 328). Unter Hinweis auf einzelne Punkte führt sie aus: »Hieraus geht hervor, daß mehrere von den allerwichtigsten Bestimmungen des

[1]) U. S. 208.

Gesetzes sozusagen tote Buchstaben bleiben, wenn die gegenwärtigen Vertragsbestimmungen den Gesetzesbestimmungen vorgehen sollen. Wir halten dies für eine unrichtige Ordnung, die mit einer mehr gesetzgebundenen zu vertauschen ist, welche dadurch gewonnen werden kann, daß die Verträge gekündigt sowie nach Verhandlungen mit den Vorschriften des Gesetzes in Übereinstimmung gebracht werden. Und es sind die Schlußbestimmungen in Übereinstimmung hiermit umzuredigieren. — Auf Grund dieser Ausführungen kommen wir zu dem Anheimstellen ... »daß der Reichstag solche Änderungen in dem vorliegenden Entwurfe eines Gesetzes, betr. Auslieferung von Verbrechern, beschließen wolle, daß ... Bestimmungen in Verträgen und Übereinkommen nicht mit den Bestimmungen des vorliegenden Gesetzes in Widerspruch geraten.«« Der Gesetzgebungsausschuß des Reichstages hat sich wiederum auf den Standpunkt der Regierungsbegründung gestellt, indem er ausführte (s. u. S. 248): »Ebenso wie der Departementschef sieht der Ausschuß es als offenbar an, daß eine Kündigung sämtlicher Verträge, um unmittelbare Anwendbarkeit der Bestimmungen des vorliegenden Gesetzes zu gewinnen, nicht in Frage kommen kann und daß es auf keinen Fall angeht, in die Übergangsbestimmung eine Bestimmung einzuführen wie die von den Antragstellern in Frage gestellte. Der Ausschuß hat dergestalt nicht empfehlen zu können geglaubt, dem Anheimstellen der Motionäre in diesem Punkte zuzustimmen. — Was die Ungelegenheiten betrifft, welche auch nach Ansicht des Departementschefs in gewissem Grade damit verbunden sein können, daß Bestimmungen des vorliegenden Gesetzes nicht mit geltenden Verträgen in Übereinstimmung stehen, so wird es übrigens als gewiß vorausgesetzt werden können, daß die Königl. Majestät ihre Aufmerksamkeit auf diese Angelegenheit gerichtet halten und infolgedessen, in dem Umfang, wie es zweckmäßig erscheint und sich tun läßt, die erforderlichen Maßnahmen zu dem Zwecke treffen wird, daß unsere Auslieferungsverträge mit den Bestimmungen des vorliegenden Gesetzes in Übereinstimmung gebracht werden.« Eine Minderheit des Ausschusses hat sich grundsätzlich hingegen auf den Standpunkt der Motion Persson-Sandler gestellt und — die Konklusion daraus allerdings modifizierend — ausgeführt [1]): »Wenn die beabsichtigte Gesetzgebung von einiger Bedeutung werden und es nicht bei Vorschriften auf dem Papier bleiben soll, so müssen unsere gegenwärtig geltenden Auslieferungsverträge damit in Übereinstimmung gebracht werden. Wir sind daher der Ansicht, daß der Reichstag bei der Annahme des Gesetzentwurfes aufgefordert werden müsse, die Aufmerksamkeit der Königl. Majestät zu vermehrter Gewißheit auf den vorgenannten Umstand zu lenken. Wir stellen daher anheim: »Daß der Reichstag auf die Weise der Motion der Herren Persson und Sandler zustimme, daß der Reichstag in einem Schreiben an die Königl. Majestät ersuche, daß die Königl. Majestät tunlichst Maßnahmen zu dem Zwecke treffe, daß unsere Auslieferungsverträge mit den Bestimmungen

[1]) U. S. 253/4.

des vorliegenden Gesetzes in Übereinstimmung gebracht werden.« »Dem hat der Reichstag sich angeschlossen und in dem unten Seite 319 wiedergegebenen Schreiben an den König ausgeführt [1]): »Hinsichtlich ... der Anwendbarkeit des fraglichen Gesetzes sieht der Reichstag es zwar als offenbar an, daß eine Kündigung sämtlicher Verträge zwecks Gewinnung unmittelbarer Anwendbarkeitder Bestimmungen des vorliegenden Gesetzes nicht in Frage kommen kann. Was die Ungelegenheiten betrifft, die in gewisser Ausdehnung damit verbunden sein können, daß die Bestimmungen des vorliegenden Gesetzes mit geltenden Verträgen nicht in Übereinstimmung stehen, so hat der Reichstag es jedoch als sicher angenommen, daß Euere Königl. Majestät Ihre Aufmerksamkeit auf diese Angelegenheit gerichtet halten und infolgedessen, in dem Umfange wie es zweckmäßig erscheint und sich tun läßt, die erforderlichen Maßnahmen zu dem Zwecke treffen werden, daß unsere Auslieferungsverträge mit den Bestimmungen des vorliegenden Gesetzes in Übereinstimmung gebracht werden.«

Wenn demnach die gesetzliche Regelung der Frage des Verhältnisses zwischen Auslieferungsgesetz und bestehenden Verträgen im norwegischen und schwedischen Auslieferungsgesetz, formal gesehen, die gleiche ist, so ist doch für Schweden die erhebliche Abweichung festzustellen, daß durch das Schreiben des Reichstages der Regierung nahegelegt worden ist, bereits bestehende Auslieferungsverträge mit den Bestimmungen des Gesetzes in Einklang zu bringen. Dies ist bisher in Deutschland nicht bekannt.

d) Gewährung von Freiheiten zum und beim Abschluß von Auslieferungsverträgen durch das Auslieferungsgesetz.

Überblickt man die positiven Bestimmungen der drei nordischen Auslieferungsgesetze, so wird man keine grundsätzliche und formelle Einzelbestimmung finden, aus der hervorginge, daß das Auslieferungsgesetz als Rahmen zu künftigen Auslieferungsverträgen in einer Beziehung gedacht worden sei. Nichtsdestoweniger ist dies, wie erwähnt, doch der Fall. Es ist eine selbstverständliche Voraussetzung der drei Gesetze, daß künftig Auslieferungsverträge nur im Rahmen des Auslieferungsgesetzes sollen abgeschlossen werden dürfen, wahrscheinlich oder so gut wie sicher jedoch mit dem Vorbehalte, daß, in etwaigen ganz besonders gelagerten Fällen, wie etwa, wenn jetzt ein Auslieferungsvertrag mit Rußland zur Frage stehen sollte, die Möglichkeit vorbehalten bliebe, eine durchaus singuläre Regelung zu treffen, — eine Regelung, wie sie selbstverständlich nicht ohne Beteiligung aller verfassungsmäßigen Instanzen und normalerweise nicht ohne Änderung des resp. Auslieferungsgesetzes [2]) erfolgen könnte. Dieser Fall wäre

---

[1]) Über das Schicksal der Frage in der Zweiten Kammer s. u. S. 317 f.

[2]) Nach dem finnländischen Verfassungssystem ist jedenfalls sicher die Antwort zu geben, daß der Abschluß eines Vertrages, der mit Bestimmungen des Aulieferungsgesetzes in Widerspruch stünde, auch unter Mitwirkung des

den Gedanken des Gesetzes gegenüber jedoch als ein vollkommen anormaler anzusehen. Für den Regelfall ist festzustellen, daß jedes der drei Gesetze Schranke für künftige Auslieferungsverträge bilden soll. Findet sich darüber auch kein ausdrücklicher Ausspruch in den drei Gesetzen, so kann dieser Sinn, abgesehen davon, daß er in den Motiven mehr oder weniger deutlich ausgesprochen ist, durch Auslegung erschlossen werden. Wenn es nämlich in den Schlußbestimmungen des norwegischen und des schwedischen Gesetzes heißt, daß bisher geltende Verträge dem Gesetze vorgehen sollen, so ist aus dieser Ausnahme zu schließen, daß künftige Verträge dem Gesetze entsprechen müssen. Für Finnland ergibt sich derselbe Sinn aus der modernen Anschauung schlechthin von dem Vorhandensein eines Auslieferungsgesetzes, und außerdem liegen dafür auch Andeutungen in den Motiven vor.

Was nun die fraglichen Stellen in den Motiven betrifft, so ist der entsprechende Satz der norwegischen Regierungsdenkschrift schon oben Seite 130 angeführt worden: »... Bei zukünftigen Vertragschlüssen müssen die Regeln des Gesetzes dafür entscheidend werden, was Norwegen hinsichtlich der Auslieferung von Verbrechern gültigerweise als Pflicht auferlegt werden kann.«

Die schwedischen Motive bemerken an der hauptsächlich in Frage kommenden Stelle [1]: »Erst hierdurch (durch den Erlaß eines Auslieferungsgesetzes) erhält man die Grundlage, auf der das Auslieferungswesen sowohl hinsichtlich des Abschlusses von Auslieferungsverträgen als auch der Bewilligung von Auslieferungen sich planmäßig entwickeln kann.«

Daß die finnländischen Motive es als selbstverständlich ansehen, daß künftige Auslieferungsverträge den Bestimmungen des Gesetzes zu entsprechen haben, ergibt sich aus einem Gedanken, der wie derjenige der schwedischen Regierungsdenkschrift zur Begründung für den ganzen Gesetzerlaß angeführt wird und der in seinem ersten Teile den schwedischen Gedanken wörtlich aufnimmt (u. S. 325): »Erst hierdurch würde man die Grundlage erhalten, auf welcher das Auslieferungswesen sowohl hinsichtlich des Abschlusses von Auslieferungsverträgen als auch hinsichtlich der Bewilligung von Auslieferungen sich planmäßig entwickeln könnte. Für diejenigen, denen es zukommt, Auslieferungsangelegenheiten zu behandeln oder Verträge einzugehen, würde ein solches Gesetz außerdem den Vorteil bieten, daß sie bei eventuellem Drucke seitens fremder Staaten sich auf die bindende Kraft des Gesetzes berufen könnten.« Den gleichen Gedanken führt das Gutachten des Gesetzgebungsausschusses (s. u. S. 335) an.

Zu demselben Ergebnis kommt für alle drei Gesetze ein Schluß aus der Grundanlage der Gesetze. Die Grundanlage ist, wie erwähnt, die, daß

Reichstages ohne vorherige Änderung des Auslieferungsgesetzes undenkbar wäre; S. o. Ein Sondergesetz dürfte in solchem Falle jedoch nach dem Rechte aller drei Staaten auch möglich sein.

[1]) u. S. 182.

Auslieferungen auch ohne Vertrag möglich sind, wenn sie nur dem Auslieferungsgesetze entsprechen. Da nun jede Einzelauslieferung stets eine vorherige Verständigung zwischen ersuchtem und ersuchendem Staate voraussetzt, also ein Verhandeln, und also ein vertragsmäßiges Element enthält, und da ferner ein genereller Auslieferungsvertrag eine Normalisierung von Grundsätzen für eine Reihe von Einzelauslieferungsfällen bedeutet, so muß, wenn den Regierungen durch das Auslieferungsgesetz für die Durchführung von Einzelauslieferungen freie Hand gelassen wird, die Regierung ermächtigt sein, die Grundsätze für Auslieferung in einer Mehrheit von Einzelfällen zu normalisieren und zu generalisieren, wie es eben Sinn und Zweck eines generellen Auslieferungsvertrages ist.

Für solchen künftigen Abschluß von Auslieferungsverträgen spielt das Auslieferungsgesetz mit seinen Bedingungen eine vergleichsweise ähnliche Rolle, wie ein Handelsvertragstarifgesetz für den Abschluß von Handelsverträgen. Es stellt das Höchstmaß dessen fest, was in Spezialverträgen mit einzelnen Staaten bewilligt werden darf, und bezeichnet andererseits das Mindestmaß der zu stellenden Bedingungen und Vorbehalte. Es ist also nicht so, daß ein künftiger Auslieferungsvertrag alle die Klauseln enthalten muß, die das Gesetz aufstellt, vielmehr kann auch weniger bewilligt werden [1]).

Ist schon auf diese Weise grundsätzlich der Regierung für künftige Auslieferungsverträge Spielraum gegeben, so erweist sich dieser Spielraum noch größer, wenn man in einzelne Bestimmungen der Gesetze hineinsieht. Wiederholt ist nämlich in allen drei Gesetzen der Regierung ausdrücklich Handlungsfreiheit bewilligt worden, indem das Gesetz hinsichtlich einzelner Punkte zwar eine Regel aufstellt, die bei einem Vertragsschlusse normalerweise zu beobachten sein soll, jedoch der Regierung gestattet, nach den Umständen in bestimmter Weise davon abzuweichen [2]). So im

NoAG. § 7, § 8, § 9 Abs. III, § 19 IV und wohl auch § 24,
SchwAG. § 8 Abs. II, § 12, § 24 II u. IV,
FiAG. § 6 II, § 10 I, § 17 II, IV.

Die Einfügung von Meistbegünstigungsklauseln in etwaige zukünftige Auslieferungsverträge ist in keinem der Gesetze vorgesehen.

Sinn aller dieser Freiheitsgewährungen an die Exekutive beim Abschluß zukünftiger Auslieferungsverträge ist die Absicht, die Regierung weder bei der Durchführung von Einzelauslieferungen noch auch beim Abschluß von Auslieferungsverträgen allzu sehr die Hände zu binden. Alle drei nordischen Gesetze sind von der Auffassung beherrscht, die die norwegische Regierungsdenkschrift — auszugsweise oben schon

---

[1]) Auf die beim Vorliegen eines Auslieferungsgesetzes vorhandene Gefahr, daß ungeschickte Hände der Routine verfallen und dem Verhandlungsgegner ohne die gebotene Differenzierung jeweils das Höchstmaß von Konzessionen machen, hat letztlich Kraus, Gutachten S. 32, im Anschluß an Lammasch, Auslieferungspflicht usw., 1887, S. 108 ff., aufmerksam gemacht. [2]) S. aber S. 45 A. 3.

zitiert — Seite 130 unten so ausdrückt: »... das Departement möchte ... hier die Bemerkung machen, daß ein neues Gesetz über diese Angelegenheit durch positive Bestimmungen die Möglichkeit der Staatsbehörden nicht durch all zu starke Fesseln einschränken darf[1]), solche Übereinkommen abzuschließen. Wenn man zu sehr davon abweicht, was allgemein in diesen internationalen Verhältnissen angenommen ist, so wird man nämlich die Gefahr laufen, daß ein fremder Staat auf die norwegischerseits gestellten Forderungen nicht eingehen wird und daß der Abschluß eines neuen Vertrages, der im übrigen auch Norwegen zum Vorteil gereichen würde, unmöglich gemacht werden könnte.« Vgl. im selben Sinne die schwedischen Motive S. 190 unten.

7. Quellen und Auslegung des nordischen Auslieferungsrechtes.

Über Quellen und Auslegung des nordischen Auslieferungsrechtes kann mut. mut. gesagt werden, was Mettgenberg hinsichtlich der Quellen und der Auslegung des deutschen Auslieferungsrechtes in seinen beiden Artikeln »Auslieferung« im »Wörterbuche des Völkerrechts und der Diplomatie« und im »Handwörterbuche der Rechtswissenschaft« ausführt. Quellen sind jedoch heute in erster Linie die neuen Auslieferungsgesetze mit ihren Nebengesetzen und den Motiven, ferner einzelne Gesetze und Verordnungen, wie sie in den Motiven angeführt sind, sodann die Verträge und Abmachungen der nordischen mit anderen Staaten, einschl. etwaiger Begründungen, Denkschriften usw., amtliche Anweisungen, wie das unten S. 127 genannte Schreiben des norwegischen Justizdepartements von 1896, endlich die Rechtsprechung der Gerichte, in erster Linie der Höchsten Gerichte in den drei Staaten[2]).

Die Auslegung kann, wie für das deutsche Recht, nur darüber Aufschluß geben, wieweit die eigenen vertraglichen Verbindlichkeiten reichen, und sie kann ferner feststellen, wieweit die — nach den üblichen Regeln auszulegenden —Auslieferungsgesetze[3]) jetzt nationale Grenzen der Auslieferungsberechtigung aufstellen. Auch die nordischen Gesetze lassen das Recht zur Auslieferung nicht da enden, wo die völkerrechtliche Pflicht zur Auslieferung aufhört, anders als z. B. in England, wo eine Auslieferung nur gewährt werden kann, wenn ein entsprechender Vertrag die Verpflichtung da-

---

[1]) Ebenso Mettgenberg, Die Neugestaltung usw. S. 14.

[2]) Das finnländische Höchste Gericht hat, wie sich feststellen ließ, seit dem Erlaß des Auslieferungsgesetzes noch keine Auslieferungsfrage behandelt. Das schwedische Höchste Gericht hat zwei Entscheidungen gefällt (1916 und 1919, abgedruckt in »Nytt Juridiskt Arkiv«, Jahrg. 1916 S. 604 und 1919 not. B. n: 10). Ich hoffe, sie demnächst im »Auslieferungsrechtshefte« der Ztschr. f. d. ges. Strafrechtswiss. deutsch mitteilen zu können.

[3]) Über den Unterschied eines Auslieferungsgesetzes von einem Auslieferungsvertrage knapp und scharf Frank in Liebmann-Festgabe S. 139 f. — Wegen der Anschauung, daß Auslieferungspflicht nur besteht, soweit sie übernommen worden ist, ist extensive Interpretation nicht zulässig; vgl. Mettgenberg, Art. »Rechtshilfe« im Hdwb. der Rechtswissensch. S. 699.

zu ausspricht. Für die nationalen Grenzen der Auslieferungsberechtigung ist der Grundsatz entscheidend, nach dem die nordischen Gesetze die Beteiligung der Gerichte am Auslieferungsverfahren bemessen haben und der — wie schon hier bemerkt werden darf — in allen drei Staaten dahin lautet, daß die Gerichte festzustellen haben, ob Hindernisse gegen eine Auslieferung bestehen. Bejahendenfalls darf keine Auslieferung stattfinden [1]). Die Gesetze bestimmen nicht, daß, wenn die Auslieferungsbedingungen vorliegen, Auslieferung stattzufinden habe. Ob Hindernisse gegen eine Auslieferung bestehen, ist grundsätzlich nach den Auslieferungsgesetzen, bei Vorliegen älterer Verträge jedoch nach diesen zu beurteilen. Wieweit über die Verpflichtungen hinaus Auslieferungen bewilligt werden dürfen, darüber bestehen rechtliche Vorschriften i. ü. so wenig wie darüber, wann, trotz Nichtvorliegens von Hindernissen eine Auslieferung verweigert werden darf. Hier entscheidet das Ermessen der Exekutive; vgl. die für diese Regelung angeführten Gründe der schwedischen Denkschrift unten S. 188f. Die Bedeutung der nordischen Auslieferungsgesetze liegt hier darin, daß das völkerrechtlich grundsätzlich unbegrenzte Recht zur Auslieferung staatsrechtlich insoweit eingeschränkt worden ist, als die Gerichte eventuell auf Vorliegen gesetzlicher Auslieferungshindernisse zu erkennen haben. Wissenschaftliche Theorien, völkerrechtliche Grundsätze außer etwa dem der Gegenseitigkeit (s. aber norw. u. schw. Reg.-Denkschr. u. S. 130 u. 190) kommen als Auslegungsmittel grundsätzlich nicht in Betracht, außer wo, wie im Falle des politischen Verbrechens, die Motive darauf verweisen bzw. wo es von den Gesetzen vorausgesetzt wird; s. u. dazu die norwegische und die schwedische Regierungsdenkschrift S. 134 bzw. S. 197.

II.

Die Auslieferungsbedingungen.

Auf den entwickelten Grundlagen erhebt sich der konkrete Bau der drei nordischen Auslieferungsgesetze. Es werden zuerst die (materiellen) [2]) Auslieferungsbedingungen behandelt, das sog. materielle Auslieferungsrecht.

1. Die Methode der Bestimmung.

Die Methode der Bestimmung und Formulierung der Auslieferungsbedingungen ist in den nordischen Gesetzen die, daß zunächst gesagt wird (§ 1), nach den nachfolgenden Bestimmungen dürfe ausgeliefert werden, in dem norwegischen Gesetze schon hier mit dem Vorbehalte insbesondere nach der persönlichen Seite, daß eigene Staatsangehörige nicht ausgeliefert werden dürfen. Die eigentlichen Auslieferungsbedingungen

---

[1]) S. bes. u. S. 91 ff.

[2]) in die allerdings im schwedischen und finnländischen Auslieferungsgesetze die formellen Auslieferungsbedingungen z. t. hineingestellt sind (§ 8 bzw. § 6); s. o.

werden dann nach der Eliminationsmethode bezeichnet, d. h. es wird nicht, wie nach der Enumerationsmethode, ein Katalog der auslieferungswürdigen Verbrechen und Vergehen gegeben, sondern neben einer allgemeinen Umschreibung der auslieferungswürdigen Straftaten werden die Verbrechen bezeichnet, wegen derer Auslieferung nicht erfolgen darf [1]. Und zwar ist grundsätzlich Auslieferung zulässig, wenn die fragliche Straftat mit strengerer Strafe als mit einem Jahr Gefängnis (Norwegen) [2] oder schlechthin mit schwererer Strafe als Gefängnis (Schweden, Finnland) bedroht ist.

2. Abgrenzung nach der persönlichen Seite.

Nach der persönlichen Seite ist die Auslieferung beschränkt, insofern kein Staatsangehöriger ausgeliefert werden darf [3]. Über die Anschauungen, aus der diese Regelung erfolgt und insbesondere die fragliche Resolution des Institut de droit international abgelehnt worden ist, vgl. die norwegische Regierungsdenkschrift unten S. 130 und die schwedische Regierungsdenkschrift unten S. 190. Wer Staatsangehöriger ist, bestimmt sich nach den über die Staatsangehörigkeit geltenden besonderen Bestimmungen, für Norwegen und Schweden nach den Gesetzen über das Staatsbürgerrecht vom 11. Juni 1906 bzw. vom 23. Mai 1924. Entscheidend ist danach je lediglich der Besitz oder Nichtbesitz einer der nordischen Staatsangehörigkeiten, so daß auch ein sujet mixte nicht ausgeliefert wird, wenn es jeweils eine nordische Staatsangehörigkeit besitzt, mag es auch Untertan des ersuchenden Staates sein. Über die streng formale Auffassung Norwegens [4] siehe die norwegische Regierungsdenkschrift zum § 1 u. S. 132. Siehe im übrigen auch NoAG. § 22, SchwAG. § 28, FiAG. § 22 [5].

---

[1]) Übrigens nicht immer in der Formulierung: »Auslieferung darf nicht erfolgen .....«, sondern gelegentlich, wie im § 6 SchwAG., auch so: »Auslieferung darf erfolgen ...., wenn nicht ..«.

[2]) Siehe aber die Ausnahme in der Novelle von 1922 unten S. 350.

[3]) Vgl. zur Frage der Auslieferung von Angehörigen dritter Staaten Frank in Liebmann-Festgabe S. 146 und in DJZ. 1926, Heft 17/18, S. 1275. Dies Problem hat die schwedische Regierungsdenkschrift in seiner vollen Bedeutung gesehen, jedoch die von Frank geforderte Konsequenz nicht gezogen, immerhin aber ausgesprochen: beim Abschluß von Verträgen sei mit großer Vorsicht vorzugehen und keinesfalls in solchen Fällen Auslieferung als Regel zuzugestehen (zum § 2 u. S. 191; NoRgbgr. u. S. 137).

[4]) S. dazu Morgenstierne a. a. O. S. 39: »Man darf ... davon ausgehen, daß die festansässigen Bewohner des Landes niemals ausgeliefert werden, selbst wenn sie das Staatsbürgerrecht nicht besitzen.«

[5]) Ob eine reklamierte Person Staatsbürger des ersuchten Staats ist, ist dessen Regierung — staatsrechtlich, nicht völkerrechtlich — verpflichtet von Amts wegen zu prüfen und eventuell sich weitere Unterlagen zur Prüfung zu beschaffen, über die vom ersuchten Staate beigebrachten hinaus, wenn Grund zu der Annahme vorliegt, es könne sich um einen Staatsangehörigen handeln. Liegt solche Annahme nicht vor oder nahe, besteht hingegen Zweifel, ob der Reklamierte die vom ersuchten Staate angegebene Staatsangehörigkeit besitze, so ist die ersuchte Regierung aus allgemein-völkerrechtlichen Gründen gar nicht,

3. Abgrenzung nach der sachlichen Seite.

Nach der sachlichen Seite ist zunächst festzustellen, daß grundsätzlich nur wegen Straftaten ausgeliefert wird, die mit öffentlicher, im allgemeinen Strafgesetze des Landes, für Schweden und Finnland auch im respektiven Seegesetze, bestimmter Strafe bedroht sind. Eine Ausnahme ist für gewisse Militärverbrechen und in Schweden für gewisse Beamtendelikte gemacht, sofern es sich au fonds um Straftaten des allgemeinen Strafrechts handelt, die aus militärischen oder Gründen des Beamtenrechts umgestaltet worden sind; für Norwegen s. Reg.-Denkschr. zum § 2. S. auch die interessanten Erwägungen in dem Gutachten des finnländischen Höchsten Gerichts u. S. 330 und die Erwiderung des finnländischen Justizministers darauf u. S. 333; vgl. dazu NoAG. § 2 Abs. 2, SchwAG. § 6, FiAG. § 4 Abs. 2 und die Begründungen dazu in den respektiven Materialien, bes. fesselnd in den Verhandlungen der Zweiten schwedischen Kammer u. S. 262 ff.

Schweden macht bemerkenswerterweise für Preßfreiheitsdelikte einen besonderen Vorbehalt; SchwAG. § 5; vgl. dazu die Materialien unten S. 223. Der Grund ist der, daß die schwedische Preßfreiheitsverordnung vom 16. Juli 1812 zu den Grundgesetzen des Landes gehört [1]).

Keine Anwendung finden — moderner Auffassung entsprechend — die nordischen Auslieferungsgesetze auf Ersuchen um Festnahme und Rückführung entwichener Schiffsmannschaften; denn hier handelt es sich auch nach der nordischen Auffassung nicht um die Frage öffentlicher Strafe, sondern um eine Frage seemännischer Dienstzucht und privatrechtlicher Vertragserfüllung. Vgl. NoAG. § 25 Abs. 1, SchwAG. § 30, FiAG. § 23.

Schweden und Finnland nehmen von der Auslieferung ausdrücklich auch Verbrechen aus, die an Bord nationaler Schiffe begangen sind; vgl. SchwAG. § 3, FiAG. § 3.

Versuch wird sub specie der Auslieferung in allen drei Gesetzen der vollendeten Straftat gleichgestellt. Dasselbe gilt für die Teilnahme; vgl. die norwegische Regierungsbegründung zum § 2 Schlußabsatz, die schwedische Regierungsbegründung zum § 4, die finnländische Regierungsbegründung zum § 4.

---

aus staatsrechtlichen Gründen aber eventuell zu genauer Prüfung und eventuell zur Forderung der Beibringung weiterer Unterlagen seitens des ersuchenden Staates unter Umständen verpflichtet, wie sie die schwed. Reg.denkschr. zum § 2 Schw. AG. vorsieht. Die Beweispflicht liegt grundsätzlich dem ersuchenden Teile ob, während das Recht des ersuchten Teils, sich selbst Aufklärung zu verschaffen, völkerrechtlich uneingeschränkt ist; vgl. Mettgenberg, Art. »Rechtshilfe« im Hdwb. d. Rwiss. S. 701 f.

[1]) Siehe § 85 der schwedischen »Regierungsform« vom 6. Juni 1809: »Als Grundgesetze sollen angesehen werden: diese Regierungsform samt der Reichstagsordnung, die Sukzessionsordnung und die Preßfreiheitsverordnung, die in Übereinstimmung mit den Grundsätzen, welche in dieser Regierungsform bestimmt werden, der Reichstag und der König gemeinsam feststellen.«

4. Prinzipielle Sätze.

An großen prinzipiellen Sätzen beherrschen die nordischen Auslieferungsbedingungen

a) das Prinzip der identischen Normen oder die Klausel der beiderseitigen (oder »entsprechenden«: Kraus, Gutachten S. 43) Strafbarkeit, d. h. eine Straftat soll nur dann Auslieferung veranlassen, wenn sie nach dem Rechte des ersuchten wie des ersuchenden Staates strafbar und verfolgbar, d. i. z. B. nicht verjährt ist[1]). Vgl. NoAG. § 2 mit § 4 Nr. 3, SchwAG. § 4 mit § 9 Abs. 2, FiAG. § 24 mit § 7 Abs. 2 und die darauf bezüglichen Ausführungen der Materialien. — Wie es Sinn dieses Prinzips ist, den Grundsatz der Gegenseitigkeit zu wahren, so beherrscht auch dieser letztere das gesamte zwischenstaatliche Leben überschattende

b) Grundsatz der Gegenseitigkeit (Reziprozität) die nordischen Auslieferungsbedingungen; s. o. und ausdrücklich etwa NoAG. § 24, vornehmlich aber die Regierungsdenkschrift S. 130 unten, SchwAG. § 1 Abs. 2, § 8 Abs. 2, § 24 Abs. 2, § 29 Abs. 1 und die Regierungsbegründung unten S. 189 f., FiAG. §§ 6 Abs. 2, 17 Abs. 2. Der Grundsatz beherrscht die nordischen Auslieferungsbedingungen jedoch nicht schlechthin. Für Norwegen erwähnt die genannte Stelle der Regierungsdenkschrift eine Ausnahme, für Schweden zum § 1 Abs. 2 des Gesetzes[2]).

c) Ein drittes großes Prinzip der nordischen Auslieferungsbedingungen ist der Grundsatz der Spezialität. Über das Wesen desselben sagt Mettgenberg[3]), dessen Ansicht die entsprechende Formulierung des deutschen Auslieferungsgesetzes maßgeblich beeinflussen dürfte, wenigstens im Entwurfe: »Der ersuchte Staat zieht der Zulässigkeit der Strafmaßnahmen gegen den Ausgelieferten Schranken, indem er spezialisiert, wegen welcher vor der Auslieferung begangenen Straftaten

---

[1]) Das norwegische Gesetz (§ 4 Nr. 3) kennt nur den Fortfall durch Verjährung. Die Klausel des schwedischen Gesetzes bedeutet nach den Motiven dasselbe (s. u. S. 199), desgleichen die finnländische Klausel. Nicht berücksichtigt wären also Fälle der Niederschlagung des Strafverfahrens, der Begnadigung usw. — Daß die Straftat auch nach dem Rechte des ersuchenden Staats strafbar sein muß, tritt in den nordischen Gesetzen an dieser Stelle natürlich nicht besonders hervor, da ein Auslieferungsgesetz sich nur auf das subjektive Auslieferungsrecht bezieht; s. aber NoAG. § 9 Abs. II Nr. 3, wonach einem fremden Auslieferungsersuchen eine Abschrift der Strafbestimmungen beigefügt sein muß, nach denen die angegebene Handlung strafbar sein soll.

[2]) Vgl. i. ü. zum Problem der Gegenseitigkeit Mettgenberg, Gutachten S. 45, der für den Nutzen des Prinzips u. a. anführt den Antrieb zur Selbstzucht, zur Stärkung des Verantwortlichkeitsgefühls, zur Anpassung der Auslieferungsrechte der einzelnen Staaten, zur Angleichung der gegenseitigen Rechtsanschauungen. Grundsätzlich: ein Staat könne die zu leistende Hilfe ohne Verleugnung seiner Rechtsanschauungen nur gewähren, wenn eine gewisse Übereinstimmung der Rechtsanschauungen bestehe. Für gewisse Einschränkungen des Gegenseitigkeitsprinzips Kraus, Gutachten S. 44 f.

[3]) Art. »Auslieferung« im Hdw. d. Rechtswiss. S. 450; vgl. auch s. Art. »Spezialität« im »Wb. d. VöR. u. d. Dipl.«, II, S. 565.

Verfolgung, Bestrafung und Weiterlieferung freigegeben wird.« Danach scheint das Wesen dieses Grundsatzes sehr einfach zu sein und einfach zu besagen: Der Ausgelieferte wird dem ersuchenden Staate nicht ausgeliefert, damit dieser mit ihm nach seinem Belieben verfahre — ut de eo statuat, quod voluerit, wie Grotius sagte —, nicht bedingungslos, sondern mit der aus der Natur der Sache folgenden Bedingung, i. W. nur wegen des Deliktes bestrafen zu dürfen, wegen dessen die Verhandlungen mit dem ersuchten Staat stattgefunden haben; ein großer Aufwand wäre sonst nutzlos vertan. Nichtsdestoweniger ist der Satz nicht einfach. Im Gegenteil! Gehört das gesamte Auslieferungswesen schon zu den kompliziertesten Materien, so erreicht in der Uneinigkeit der rechtlichen Vorstellung über das, was unter Spezialität zu verstehen sei, die Kompliziertheit der Gesamtlage einen Höhepunkt. Kraus, der im Anschluß an Mettgenberg bisher die meisten Nuancen in dem Fragenkomplex der Spezialität sehen dürfte, unterscheidet in seinem demnächst in der de Visscherschen Revue générale erscheinenden Aufsatz drei verschiedene Formen, nämlich

»einmal die Strafverfolgung beschränkend auf die Tatsachen, wegen deren die Auslieferung erfolgte,

sie zu anderen beschränkend auf die Tatsachen, die die Auslieferung veranlaßt haben,

und drittens sie ausdehnend auf alle Straftaten, wegen deren inter partes nach dem Inhalte des zwischen ihnen bestehenden Auslieferungsvertrages eine Auslieferung zu erfolgen hat«[1]).

---

[1]) Bei solcher Differenz der Ansichten über den näheren Begriff der Spezialität muß es im höchsten Maße zweifelhaft erscheinen, ob der Grundsatz der Spezialität als völkerrechtlicher Rechtssatz angesprochen werden kann. Da nun, wenn bei Auslieferungen an Deutschland der Spezialitätsvorbehalt gemacht wird, dieser regelmäßig Beschränkungen der deutschen Gerichtsgewalt enthalten wird, so erscheint es mir, wenn auch nur um zweifellose Klarheit herbeizuführen, notwendig, in das deutsche Auslieferungsgesetz oder besser in das neue Strafgesetzbuch eine Bestimmung aufzunehmen, der gemäß bei Auslieferungen an Deutschland vom Auslande gestellte und deutscherseits angenommene Spezialitätsbedingungen von den innerstaatlichen Instanzen zu beachten sind. Mettgenberg (Art. »Auslieferung« im Hdwb. d. Rw. S. 450) ist zwar der Ansicht, daß »ihre Beobachtung heute durch Art. 4 der RV. vom 11. VIII. 1919 (RGBl. 1383) gesichert« sei. Dem vermag ich indessen bei der Unsicherheit, ob der Spezialitätsgrundsatz Völkerrechtssatz sei, mit der gleichen Sicherheit nicht zuzustimmen und halte darum die Befolgung des u. S. 418 wiedergegebenen schwedischen Beispiels für notwendig, in das Strafgesetz eine entsprechende Klausel einzufügen. Ich habe nicht feststellen können, daß das besondere, neben dem schwedischen Auslieferungsgesetz ergangene schwedische Gesetz (entspr. Finnland; s. u. S. 429) in der deutschen Literatur beachtet worden sei. Zur Begründung der Notwendigkeit, auch in das deutsche Recht eine solche Klausel einzuführen, genügt die Unsicherheit, ob bzw. wie der Spezialitätsgrundsatz Völkerrechtssatz sei. Mittel, diese Unsicherheit zu beseitigen, stehen in der verfassungslosen Gelehrtenrepublik nicht zur Verfügung. Auf Entscheidungen des Gelehrten-Gerichtshofes aber wäre die Interpretation des Art. 4 RV. mit in erster Linie angewiesen. Konsequenz kann m. E. nur die Willens-Entscheidung des deutschen Staates sein, daß bei

Alle drei nordischen Gesetze enthalten Spezialitätsklauseln; s. NoAG. § 5, SchwAG. § 11 und FiAG. § 9. Die schwedische und die finnländische Fassung weichen voneinander nur in ihrem letzten Absatze ab und lauten im übrigen wörtlich gleich. Am einfachsten ist die norwegische Fassung. Sie gebietet im Hauptpunkte die Stellung der Bedingung, daß der Ausgelieferte nicht wegen einer anderen vor der Auslieferung begangenen Straftat als der oder derer bestraft wird, wegen welcher er ausgeliefert worden ist — also die oben erstunterschiedene Form — sowie daß er an einen dritten Staat nicht weiter ausgeliefert wird. Nicht so scharf wie die schwedische und die finnländische Bestimmung gebietet sie ferner die Stellung der Bedingung, daß der Ausgelieferte binnen Monatsfrist nicht behindert werde, das Land zu verlassen (sogenanntes freies Geleit) nicht aber, daß er — kurz gesagt — nicht vor ein Ausnahmegericht gestellt werde; besonders behandeln die beiden letzten Gesetze ferner im letzten Absatze Fälle, in denen ausgeliefert worden ist wegen Verbrechens gegen das Strafgesetz für die Wehrmacht [1]) sowie wegen politischen Verbrechens, das schwedische Gesetz außerdem noch Fälle von Auslieferung wegen Verbrechens gegen den öffentlichen Dienst

---

Auslieferungen gestellte Spezialitätsbedingungen im Inlande zur Nachachtung gereichen sollen. Diese Entscheidung hat durch ein Gesetz zu erfolgen. Den Gesetzgeber vermöchte zu seinem Willensentschlusse die Überlegung bewegen, daß bei dem elementaren Verhältnis zwischen Staat und Menschenseele, das in diesen Bereichen zur Diskussion steht, durch keine Aktion der Exekutive oder der Gerichte je der Glaube erschüttert werden darf, es geschehe Recht. Dies aber könnte geschehen, wenn die gedachte besondere Gesetzesbestimmung fehlte. Denn wie der Abgeordnete der ersten schwedischen Kammer af Ekenstam bei der Diskussion über die Frage der Einführung der Attentatsklausel in das schwedische Auslieferungsgesetz bemerkte (s. u. S. 257), so kann hier gesagt werden: Es gibt eine große Zahl von Menschen in unserem Lande, die nicht Gelegenheit haben, mit allen diesen theoretischen Spekulationen in Berührung zu kommen, die zur Frage der Sicherung der Spezialität geäußert worden sind; für sie würde, wenn beim Fehlen einer zweifelsfreien Gesetzesbestimmung deutsche Exekutiv- und Gerichtsbehörden auf vom Auslande gestellte Spezialitätsbedingungen deutsche Gesetze außer Anwendung lassen würden, wie etwa den Satz, daß der Staatsanwalt gegen jedes zu seiner amtlichen Kenntnis gelangte Verbrechen einzuschreiten habe — dies würde für sie sich als Willkürakt darstellen. Erinnert sei an die allerdings auf einem anderen Gebiete liegende Auslieferung der Dato-Mörder an Spanien, die weiten Kreisen als Willkürakt erschien, obwohl sie es juristisch nicht war. Welcher »Spekulationen« bedurfte damals die Begründung! Vgl. Mettgenberg in Ztschr. f. VöR. Bd. XII, Heft 3, bes. S. 310, und Wolgast, im Arch. öff. R N. F. 5. Bd., Heft 1, S. 103, Anm. 87. Zumal in der gegenwärtigen Zeit, wo das Rechtsbewußtsein im Volke so sehr erschüttert ist, kann auf diesem Gebiete des elementaren Verhältnisses zwischen Staat und Menschenseele nicht leicht zu viel geschehen, um dem Volke den Glauben und die Überzeugung zu erhalten oder wiederzugeben, es geschehe Recht in den Akten der Staatsorgane, und es jeden Zweifels daran zu entheben. — Vgl. zu der hier berührten Nüance des Spezialitätsproblems auch Kraus, Gutachten S. 45 ff.

[1]) Vgl. entsprechend NoAG. § 2 Abs. 2.

(§ 4 Abs. 2). Für die Einzelheiten darf auf die Gesetze und ihre Motive verwiesen werden [1]).

Hier interessiert das Problem der Spezialität stärker, weil die Frage der »**Sicherung der Spezialität**« zu den im Vorworte genannten Punkten gehört, deren nordische Regelung besonders zu besprechen ist. Die »Sicherung der Spezialität« wird gemeinhin als gegeben angesehen, wenn die ersuchende Regierung in rechtlich bindender Weise zugesagt hat, eine Strafverfolgung, Strafvollstreckung oder Weiterauslieferung gegen den Ausgelieferten, soweit es sich um vor der Auslieferung begangene Straftaten handelt, nur wegen der Straftaten vorzunehmen, für die ihr Auslieferung bewilligt ist, und ferner den Ausgelieferten aus vor der Auslieferung eingetretenen sonstigen Rechtsgründen keinen Beschränkungen seiner persönlichen Freiheit zu unterwerfen [2]). Hieran gemessen, haben die nordischen Gesetze für die »Sicherung der Spezialität« gesorgt, das norwegische Gesetz, indem es vorschreibt, Auslieferung dürfe nur auf die Bedingung der genannten Beschränkung der Bestrafung erfolgen, das schwedische und das finnländische Gesetz, indem sie dem Sinne nach gleich, aber noch etwas schärfer vorschreiben, daß bei einer Auslieferung die genannten Bedingungen formell gestellt werden. Die Erweiterung des Spezialitätsvorbehaltes, wonach der Ausgelieferte aus vor der Auslieferung eingetretenen »sonstigen Rechtsgründen« keinen Beschränkungen seiner persönlichen Freiheit unterworfen werden soll, kennen sie indessen nur beschränkt oder wenigstens nicht so: sie gebieten lediglich die Stellung der Bedingung, daß bei Auslieferung wegen eines Militärverbrechens die Tat nicht als Militärverbrechen behandelt wird (NoAG. § 2 Abs. 2 Satz 2, SchwAG. § 11 Abs. 2 S. 1, FiAG. § 9 Abs. 2 S. 1), ein Delikt mit politischem Einschlage, aber von überwiegend nichtpolitischem Charakter nicht als politisches Delikt (nur SchwAG. § 11 Abs. 2 S. 2, FiAG. § 9 Abs. 2 S. 2), ein Beamtendelikt nicht als solches, sondern nur nach seiner allgemein strafrechtlichen Beschaffenheit (nur SchwAG. § 11 Abs. 2 S. 1). Bestrafung aus der Dienststrafgewalt, aus der Militärhoheit, Inhaftnahme aus bürgerlich-rechtlichen Gründen und Schutzhaft

[1]) u. S. 192 ff. Eine Spezialisierung der Strafarten (neben derjenigen der Straftaten), die gegen den Ausgelieferten angewendet werden dürfen, kennen die nordischen Gesetze nicht, wie etwa § 5 des schweizerischen Auslieferungsgesetzes, nach welchem Auslieferung wegen mit körperlicher Strafe bedrohter Taten nur unter Stellung der Bedingung erfolgen darf, daß die Strafe event. in eine Freiheits- oder Geldstrafe umgewandelt werde.

[2]) Der Zusammenhang zwischen den Grundsätzen Gegenseitigkeit und der Spezialität ist auch unter dem Sehwinkel des Sicherungsproblems sichtbar. Gesichert nämlich oder »verbürgt ist dieses Erfordernis der Gegenseitigkeit, wenn die Gesetzgebung oder eine rechtlich bindende Zusage des ersuchenden Teils dem anderen Teil einen Rechtsanspruch auf die Gegenleistung geben« (Mettgenberg, Art. »Rechtshilfe« im Hdwb. d. Rw. S. 701). Im Sicherungsproblem sind aber verschiedene Seiten zu unterscheiden. Eindeutig ist der Begriff der Sicherung so wenig wie der der Spezialität, wie sogleich der nächste Absatz des Textes ergeben wird.

sowie weitere Freiheitsbeschränkungen aus »sonstigen Rechtsgründen« dürften jedoch § 11^{II} SchwAG und § 9^{II} FiAG verhindern sollen. Vgl. Mettgenberg, Gutachten, S. 53, und eindrucksvoll Kraus, Gutachten S. 48.

Darüber hinaus aber haben die gesetzgebenden Faktoren der drei nordischen Staaten sich noch vergegenwärtigt, daß die Stellung solcher »Bedingungen in der Regel Forderungen auf Reziprozität veranlassen werden« (so der schwedische Gesetzgebungsrat zum § 11 des Entwurfs). M. a. W.: sie haben die Situation in Rücksicht gezogen, daß je ihr Staat ersuchender Staat sei und daß ihm die Spezialitätsbedingungen gestellt würden. Dabei haben sie sich klar gemacht, daß die Zusage bzw. die Erfüllung dieser Bedingungen unter Umständen mit Rücksicht auf das inländische Straf- usw. Recht nicht ohne weiteres möglich zu sein vermöchte, so in dem Falle, daß der Ausgelieferte vor der Auslieferungstat noch andere Straftaten verübt hätte, deren Verfolgung einerseits das inländische Strafrecht fordere, die vom ersuchten Staate bei der Auslieferung gestellten Bedingungen aber verbieten würden. In den aus diesen Überlegungen gezogenen Konsequenzen verhalten sich, formal gesehen, das norwegische Recht auf der einen, das schwedische und das finnländische Recht auf der andern Seite verschieden.

Wenn die Spezialität in dem jetzt erörtertem Sinne eigens sichergestellt werden sollte, so kam der Erlaß einer Bestimmung von der Art des bayerischen Gesetzes vom 16. Mai 1868, die Auslieferung von Verbrechern betreffend, in Frage:

> Ist eine in einem fremden Staate sich befindende Person mehrerer strafbarer Handlungen angeschuldigt, und hat die Staatsregierung dem um Auslieferung angegangenen Staate die Zusicherung erteilt, daß eine strafrechtliche Verfolgung wegen einer dieser strafbaren Handlungen nicht eintrete, so dürfen die Gerichte bei der strafrechtlichen Verfolgung und Aburteilung des Ausgelieferten die in der Zusicherung begriffenen Reate nicht berücksichtigen [1]).

Eine solche Bestimmung wies das norwegische Recht beim Erlaß des Auslieferungsgesetzes nicht auf und hat sie auch nicht erhalten, obwohl ausweislich der Regierungsdenkschrift jene oben angeführten Überlegungen angestellt worden sind. Auf Grund besonderer Erwägungen ist man vielmehr zu dem Schlusse gelangt, eine solche Bestimmung erübrige sich, hat also von ihrem Erlasse bewußt abgesehen — ein Faktum, das ebenso wie das entgegengesetzte in Schweden und Finnland gegenwärtig für das Deutsche Reich von beachtlichem Interesse sein dürfte. Die norwegische Regierungsdenkschrift bewegt sich in folgenden Gedanken:

> Es kann wohl nicht zweifelhaft sein, daß norwegischerseits ein Auslieferungsersuchen wegen anderer Verbrechen als solcher nicht gestellt werden darf, wegen derer Norwegen nicht selbst Auslieferung bewilligt (§§ 2 u. 3), und daß die im § 5 aufgestellte Bedingung entsprechend Anwendung gegenüber Personen finden muß, welche an Nor-

[1]) Zitiert nach Mettgenberg a. a. O. S. 450. Diese Nüance des Problems der »Sicherung der Spezialität« kann vielleicht als die der »staatsrechtlichen Sicherung der Spezialität« bezeichnet werden.

wegen ausgeliefert worden sind. Das Departement hat es indessen als unnötig angesehen, eine ausdrückliche Bestimmung hierüber aufzunehmen, teils weil man voraussetzt, daß diese Regeln gleichwohl werden befolgt werden, und teils, weil es ja in erster und letzter Linie auf dem mit dem betreffenden fremden Staate abgeschlossenen Übereinkommen und den sonst für Auslieferung geltenden Rechtsregeln beruhen wird, unter welchen Bedingungen und nach welchen Richtlinien Norwegen Auslieferung von Verbrechern vom Auslande erhalten kann ...[1])

Diese Ausführungen sind so allgemein gehalten und dürfen sich mit ihrer Berufung auf die von fremden Staaten bei einer Auslieferung erwarteten Richtlinien außerdem in einem circulus vitiosus bewegen, daß sie nicht überzeugend wirken, wie sie denn auch auf Schweden und Finnland ohne Eindruck geblieben sind.

In Schweden hat der Gesetzgebungsrat die Frage aufs Tapet gebracht. In der Regierungsdenkschrift war sie noch nicht berührt. Auf die Kritik des Gesetzgebungsrates hin hat der Justizminister eine der angeführten bayrischen ähnliche Bestimmung ausarbeiten lassen, und zwar, entsprechend der Kritik des Gesetzgebungsrates, als »Entwurf eines Gesetzes über eine Änderung des Kap. I des Strafgesetzes«. Die so entworfene Formel hat widerspruchlos die Billigung aller ferneren Instanzen erhalten. Sie lautet:

§ 5[2]).

In welchen Fällen Auslieferung von Verbrechern an einen fremden Staat erfolgen darf, darüber ist besonders bestimmt.

Ist jemand als eines Verbrechens verdächtig, angeklagt oder verurteilt von einem fremden Staate an Schweden ausgeliefert worden und sind bei der Auslieferungsbewilligung besondere Bedingungen hinsichtlich seiner Anklage und Bestrafung von dem fremden Staate gestellt worden, so sollen sie hier im Reiche zur Nachachtung gereichen

Die Bemerkung des Gesetzgebungsrates, die diese Bestimmung veranlaßt hat, ist kurz. Erfolgt ist sie zum § 11 des Entwurfes, der die bei Auslieferungen zu stellenden Spezialitätsbedingungen aufführt[3]):

Die genannten Bedingungen werden in der Regel Forderungen auf Reziprozität veranlassen. Mit Rücksicht darauf dürfte in das Strafgesetz eine Bestimmung des Inhaltes aufzunehmen sein, daß, wenn bei Bewilligung einer Auslieferung an Schweden von dem aus-

---

[1]) Daß die Bedingungen, die ein fremder Staat Norwegen bei der Auslieferung eines Verbrechers gestellt hat, von den Gerichten beachtet werden, ergibt sich nach norwegischer Auffassung aus Gewohnheitsrecht und aus dem § 12 der Strafprozeßordnung: »Norwegisches Strafrecht findet, soweit nichts anderes besonders bestimmt oder durch Übereinkommen mit fremden Staaten festgelegt ist, Anwendung auf Handlungen, welche ...«. Mit dem Ausdrucke »die sonst ... geltenden Rechtsregeln« sind die Regeln des Auslieferungsgesetzes des fremden Staats gemeint.

[2]) Der ursprüngliche § 5 wies hinsichtlich des Verhältnisses zwischen Schweden und Norwegen in Strafsachen auf besondere Bestimmungen hin und ist außer Kraft getreten; siehe Gesetz vom 27. April 1906.

[3]) U. S. 226.

liefernden Staate gewisse Bedingungen aufgestellt worden sind, diese bei der Anklage und Bestrafung des Ausgelieferten zur Nachachtung in Schweden gereichen sollen.

Bei der Besprechung der Kritik des Gesetzgebungsrates im Staatsrate bemerkte der Justizminister nur kurz, er habe, der Anregung entsprechend, einen (den Gesetz gewordenen) Entwurf zu einem Gesetz über eine Änderung des Kap. I des Strafgesetzes ausarbeiten lassen; s. u. S. 234.

Die endgültige finnländische Bestimmung über die staatsrechtliche »Sicherung der Spezialität« in Finnland, falls dieses ersuchender Staat sein sollte, ist mut. mut. mit dem Absatz 2 der schwedischen Bestimmung gleichlautend. Durch besonderes Gesetz ist sie als § 7 in Kap. I des finnländischen Strafgesetzes eingefügt worden (s. u. S. 429). Den Absatz 1 hat man in Finnland gestrichen; über den Grund siehe Seite 337[1]).

5. Die nicht auslieferungswürdigen Verbrechen.

Bei der Anlage der nordischen Auslieferungsgesetze, grundsätzlich Auslieferung zu gewähren und nur für einzelne besonders geartete Tatbestände zwingende generelle, Auslieferung untersagende Ausnahmen zu formulieren, beanspruchen diese nichtauslieferungswürdigen Ausnahmen so viel Interesse, daß sie in dieser orientierenden Einführung besonders aufzuführen sind. Die Aufführung wird weitere allgemeine, das nordische Auslieferungsrecht beherrschende Grundsätze, über die unter Nr. 4 genannten hinaus, hervortreten lassen.

Die zwingenden materiellen Ausnahmen der nordischen Auslieferungsgesetze (der Vollständigkeit halber unter Wiederholung der schon genannten und der Übersichtlichkeit halber unter Fortlassung ihrer Nebennüancen) sind:

Lfd. Nr.	Norwegisches Auslieferungsgesetz:	Schwedisches Auslieferungsgesetz:	Finnländisches Auslieferungsgesetz.
1.	Der Täter ist *norwegischer Staatsbürger* § 1.	Entsprechend (§ 2.)	Entsprechend (§ 2).
2.	Nach dem norw. allg. bürg. Strafgesetz ist die Straftat ev. mit *Gefängnis nur bis zu 1 Jahr* bedroht (§ 2 Abs. 1, 1. Satzhälfte).	Nach dem schwedischen allg. Strafgesetz oder dem Seegesetz ist die Straftat nicht *mit schwererer Strafe als Gefängnis* bedroht (§ 4 Abs. 1 Satz 1).	M. m. wie die schwedische Regelung (§ 4 Abs. 1 Satz 1).

[1]) Bemerkenswert ist, daß weder das norwegische noch auch das schwedische und das finnländische Recht, obwohl sie doch diese besondere Klausel über die Sicherung der Spezialität ausdrücklich erwogenerweise besitzen, keine Klausel aufweisen, durch die sichergestellt würde, »daß eine Auslieferung nur dann erfolgen dürfe, wenn (bei einer Auslieferung an das Ausland) das fremde Gericht das Spezialitätsprinzip nach der für es maßgebenden fremden Rechtsordnung beachten muß«; vgl. Kraus, Gutachten S. 47.

Lfd. Nr.	Norwegisches Auslieferungsgesetz:	Schwedisches Auslieferungsgesetz:	Finnländisches Auslieferungsgesetz:
3.	Die Straftat würde, *wenn in Norwegen* unter entsprechenden Verhältnissen *begangen*, nach dem bürg. Strafg. nicht als *Verbrechen anzusehen* sein und höchstens *Gefängnis* bis zu 1 Jahre im Gefolge haben können (§ 2 Abs. 1, 2. Satzhälfte).	Entsprechend, doch nach dem schwed. allg. Strafgesetz oder dem Seegesetz mit nicht schwererer Strafe als Gefängnis bedroht (§ 4 Abs. 1 S. 1).	M. m. wie die schwedische Regelung (§ 4 Abs. 1 S. 1).
4.	Die Straftat verstößt gegen das Strafgesetz für die *Wehrmacht* und böte keinen Anlaß zur Auslieferung, wenn von der Stellung des Täters oder den Verhältnissen abgesehen würde, unter denen sie begangen wurde (§ 2 Abs. 2).	Die Straftat verstößt gegen das Strafgesetz für die *Wehrmacht* und böte keinen Anlaß zur Auslieferung, wenn die Tat eine solche wäre, daß, sofern der Täter dem gen. Gesetz nicht unterworfen wäre, sonst (nach § 4) Auslieferung nicht stattfinden könnte (§ 6).	M. m. wie die schwedische Regelung (§ 4 Abs. 2).
5.	Wohl wie Schweden; s. u. S. 132.	Die Straftat ist ein *Beamtendelikt*, im übrigen aber kein auslieferungswürdiges Delikt (§ 4 Abs. 2).	Wie Schweden?
6.	Die Straftat ist *politisches Verbrechen*, vorbehaltlich der Attentatsklausel (§ 3.)	Entsprechend (§ 7).	Entsprechend (§ 5); zu beachten die bes. Fassung.
7.	— — —	Die Straftat ist ein *Preßfreiheitsdelikt* (§ 5).	— — —
8.	Die Straftat ist nach norw. Recht *als in Norwegen begangen* anzusehen (§ 4 Nr. 1).	Die Straftat ist *in Schweden oder auf schwed. Fahrzeuge* außerhalb des Reiches verübt (§ 3).	Die Straftat ist *in Finnland oder auf finnländ. Fahrzeuge auf hoher* See verübt (§ 3); vgl. u. S. 264.
9.	*Vor dem Einlaufen des Auslieferungsersuchens* ist *in Norwegen bereits* wegen der Straftat ein *Urteil* ergangen oder *Anklage* erhoben (§ 4 Nr. 2).	Entsprechend (§ 9 Nr. 1).	Entsprechend (§ 7 Nr. 1).

Lfd. Nr.	Norwegisches Auslieferungsgesetz:	Schwedisches Auslieferungsgesetz:	Finnländisches Auslieferungsgesetz:
10.	Die Möglichkeit der *Anklage*, *Verurteilung* oder *Strafvollstreckung* ist nach den Verjährungsvorschriften des allg. bürg. Strafgesetzes *durch Verjährung fortgefallen* (§ 4 Nr. 3).	Die Strafe ist nach schwedischem Recht *verfallen* (§ 9 Nr. 2).	Das Recht der Anklage oder der Strafvollstreckung ist nach finnl. Recht *verfallen* (§ 7 Nr. 2).
11.	Der fremde Staat geht auf die *Spezialitätsbedingungen* nicht ein (§ 5).	Entsprechend (§ 11).	Entsprechend (§ 9).
12.	Der Reklamierte ist *in Norwegen* wegen einer anderen Straftat als derjenigen, wegen der um Auslieferung ersucht wird, verurteilt oder unter Verfolgung. Hier darf Auslieferung erst nach Beendigung der Verfolgung oder Strafverbüßung erfolgen (§ 6).	Der Reklamierte ist *in Schweden* wegen einer *anderen* Straftat als derjenigen, wegen der um Auslieferung ersucht wird, verurteilt oder unter Anklage. Hier darf Auslieferung erst nach der Strafverbüßung oder der Entscheidung erfolgen (§ 10 Abs. 1 u. 2; wegen provisorischer Auslieferung s. daselbst).	M. m. i. W. wie die schwedische Regelung (§ 8).
13.	*Mehrere Staaten* ersuchen zugleich um Auslieferung einer Person wegen *derselben* Straftat; hier ist als Regel dem Staate der Vorzug zu geben, wo die Tat, bzw. bei Begehung in mehreren Staaten, wo die Haupthandlung begangen ist (§ 7).	Entsprechend (§ 12; eine Ausnahme wegen ev. Bevorzugung des Heimatstaates [1]) s. daselbst).	M. m. wie die schwedische Regelung, aber ohne Rücksicht auf ev. Begehung in mehreren Staaten (§ 10 Abs. 1).
14.	*Mehrere Staaten* ersuchen um Auslieferung einer Person wegen *verschiedener* Straftaten. Hier ist als Regel der Vorzug dem Staate zu geben, dessen Ersuchen zuerst eingelaufen ist (§ 8).	Entsprechend (§ 13 Abs. 1; daselbst auch eine Ausnahme mit Rücksicht auf die Lage der Staaten u. a.).	Entsprechend; doch ist der Vorzug dem Staate zu geben, wo das schwerste Delikt begangen ist (§ 10 Abs. 2).

[1]) Wohl ein Rest der älteren Auffassung, daß überhaupt entscheidender Wert darauf zu legen sei, ob der Verfolgte dem Staate angehöre, dem er ausgeliefert werden soll.

Von den hier aufgeführten Ausnahmen von den auslieferungswürdigen Verbrechen ist diejenige des **politischen Verbrechens** als Frage des »**Regelung des politischen Asyls**« und insbesondere der »Einschränkungen des politischen Asyls«[1]) entsprechend dem im Vorworte Bemerkten ausführlicher zu behandeln.

Die Frage der Regelung des politischen Asyls (insbesondere diejenige der Einschränkungen desselben) gehört zu den Schmerzenskindern der Lehre vom Auslieferungsrecht. Denn über den Begriff des politischen Verbrechens, für das Asyl gewährt werden soll, besteht so wenig Einigkeit, daß Mettgenberg den Begriff des politischen Verbrechens als einen Blankettbegriff bezeichnet, der je besonderer Ausfüllung bedürfe. Diese allgemeine Unsicherheit spiegelt sich nicht nur in den Bestimmungen jedes der drei nordischen Auslieferungsgesetze wider, ganz besonders auch je in den Motiven, viel mehr noch wird sie veranschaulicht durch die Abweichungen der drei nordischen gesetzlichen Fassungen voneinander.

Die Fassungen lauten (unter Gegenüberstellung mit der bei dem Gesetzerlaß in Rücksicht gezogenen belgischen bzw. schweizerischen Klausel):

[S. nebenstehende Tabelle.]

Die im Norden fast sprichwörtliche Gleichheit des öffentlichen Denkens in den skandinavischen Ländern, zu denen von diesen selbst jetzt auch Finnland gerechnet wird [2]), bewahrheitet sich in diesem Falle nicht. Nicht einmal die doch zeitlich voneinander nicht sehr weit entfernten Fassungen der norwegischen und der schwedischen Bestimmung sind gleich, obwohl das norwegische dem schwedischen Auslieferungsgesetz ausgesprochen als Vorlage gedient hat. In der finnländischen Bestimmung dürften Einwirkungen der neueren Entwicklung des Denkens über diese Probleme sichtbar sein. An dieser Bestimmung ist im besonderen das Fehlen der Attentatsklausel in ihrer traditionellen Fassung interessant. Allgemein interessant aber dürfte es sein, in den Motiven der drei Gesetze

---

[1]) An grundsätzlichen Einschränkungen kennen die nordischen Gesetze nur die »Attentatsklausel«, nicht insbesondere auch die »Anarchistenklausel«. Auf die eigentümliche Fassung der finnländischen »Attentatsklausel« darf besonders aufmerksam gemacht werden.

[2]) Vgl. z. B. den Schlußsatz aus der prachtvollen Begründung mit der Östen Undén als Außenminister Schwedens in der Staatsratssitzung vom 2. Februar 1926 »zwischen Schweden und Norwegen, Dänemark sowie Finnland unterzeichnete Konventionen über friedliche Entscheidung von Streitigkeiten« vertrat: »Die mit Norwegen, Dänemark und Finnland geführten Verhandlungen haben auch bekräftigt, daß das Verhältnis zwischen den Ländern des Nordens eine solche Festigkeit erreicht hat und von einem so aufrichtigen Verständigungswillen getragen wird, daß die Voraussetzungen des Abschlusses vorbehaltsloser Verträge über Schiedsgerichtsverfahren zwischen diesen Ländern vorliegen. Die kürzlich unterzeichneten Abkommen scheinen in bester Übereinstimmung mit den Traditionen auf dem Gebiete des Völkerrechts zu stehen, für die die nordischen Staaten zu wirken gesucht haben« (Bihang till riksdagens protokoll 1925. 1 saml., 51 häft (No. 62), S. 7). — Es darf hier vielleicht bemerkt werden, daß die nordischen Vergleichs- und Schiedsverträge mit ihren Motiven eine Würdigung durch eine Sonderstudie verdienen.

Belgien (1833 bezw. 1856).	Die Schweiz (1892).	Norwegen (1908).	Schweden (1913).	Finnland (1922).
Art. 6. Il sera expressément stipulé dans ces traités que l'étranger ne pourra être poursuivi ou puni pour aucun délit politique antérieur à l'extradition, ni par aucun fait connexe à un semblable délit . . . Ne sera pas réputé délit politique, ni fait connexe à un semblable délit, l'attentat contre la personne du chef d'un gouvernement étranger ou contre celle des membres de sa famille, lorsque cet attentat constitue le fait soit de meurtre, soit d'assassinat, soit d'empoisonnement[1]).	Art. 10. Wegen politischer Verbrechen und Vergehen wird die Auslieferung nicht bewilligt. Die Auslieferung wird indessen bewilligt, obgleich der Täter einen politischen Beweggrund oder Zweck vorschützt, wenn die Handlung, um deren willen die Auslieferung verfolgt wird, vorwiegend den Charakter eines gemeinen Verbrechens oder Vergehens hat. Das Bundesgericht entscheidet im einzelnen Falle nach freiem Ermessen über die Natur der strafbaren Handlung auf Grund des Tatbestandes. Wenn die Auslieferung bewilligt wird, so stellt der Bundesrat die Bedingung, daß der Auszuliefernde weder wegen eines politischen Verbrechens, noch wegen seines politischen Beweggrundes oder Zweckes verfolgt oder bestraft werden dürfe[1]).	§ 3. Auslieferung darf nicht wegen eines politischen Verbrechens erfolgen, auch nicht wegen eines gemeinen Verbrechens, das in Verbindung mit einem politischen Verbrechen u. in der Absicht verübt worden ist, den mit diesem erstrebten Zweck zu fördern. Ein Verbrechen, das auf Mord oder Körperverletzung an einem Staatsoberhaupt oder einer zu seiner Familie gehörenden Person ausgeht, kann Auslieferung begründen, soweit es nicht in Verbindung mit einem anderen politischen Verbrechen begangen worden ist.	§ 7. Auslieferung darf wegen politischen Delikts nicht erfolgen. Jedoch darf, wenn die Handlung, wegen derer um Auslieferung ersucht wird, zugleich ein Delikt von nicht-politischer Beschaffenheit umfaßt, Auslieferung bewilligt werden, soweit festgestellt wird, daß die Handlung mit Rücksicht auf die Umstände[2]) im besonderen Falle überwiegend den Charakter eines nicht-politischen Delikts besitzt. Als politisches Delikt ist in keinem Falle Mord, Mordversuch oder Totschlag an einem fremden Staatsoberhaupt oder einer zur Familie eines fremden Suveräns gehörenden Person anzusehen.	§ 5. Auslieferung darf wegen politischen Delikts nicht erfolgen. Jedoch darf Auslieferung bewilligt werden, wenn das Delikt besondere Roheit bei dem Verbrecher beweist, wie auch, wenn die Handlung zugleich ein Delikt von nicht-politischer Beschaffenheit umfaßt und wenn festgestellt wird, daß sie mit Rücksicht auf die Umstände[2]) im besonderen Falle überwiegend den Charakter eines nicht-politischen Delikts besitzt. Als politisches Delikt ist in keinem Falle Mord oder Mordversuch anzusehen, der nicht in offenem Kampfe begangen ist.

[1]) Der Text der belgischen und der schweizerischen Fassung ist hier nach dem Abdrucke der resp. Auslieferungsgesetze bei v. Martitz a. a. O. II S. 772, 773 bzw. 812 wiedergegeben.

[2]) Schwedisch: »omständigheterna«. Mit diesem Worte gibt die Regierungsdenkschrift (u. S. 197) und der Abgeordnete Söderbergh (u. S. 257) bei Mitteilung der schweizerischen Formel das Wort »Tatbestand« wieder. Die Übersetzung ins Schwedische ist an beiden Stellen nicht scharf wörtlich; s. a. a. O.

zu untersuchen, warum die Entscheidung für die gewählte Fassung gefallen ist. Durch diese Vergegenwärtigung werden zugleich jeweils Sinn und Tragweite der gewählten Fassungen ersichtlich werden.

I. Norwegen.

Die Erwägungen der norwegischen Motive (die Reg.-Denkschr. zum § 3) sind klar und verhältnismäßig einfach: Was in das Gesetz aufgenommen worden ist, ist in der Hauptsache zunächst die alte, sogenannte »belgische Klausel« (Abs. 1 des § 3), und diese Aufnahme ist nach den Worten der Denkschrift (s. u. S. 135) offenbar auf die Energie der Konstanz zurückzuführen, mit der diese Klausel sich seit 1833 in Auslieferungsgesetze wie -Verträge eingebürgert hat. Zwar hat man sich in neuerer Zeit erhobene Einwände gegen die in der Klausel liegende Einschränkung wohl vergegenwärtigt. Jedoch ist diese Vergegenwärtigung gegenüber derjenigen von der »eigentümlichen Beschaffenheit« der politischen Verbrechen nicht von Wirkung gewesen. Der Begriff des politischen Verbrechens sei umstritten, namentlich hinsichtlich der Frage, wie weit dem politischen Zweck für die Entscheidung Bedeutung beizulegen sei, ob ein Verbrechen als politisch anzusehen sei. Richtiger Ansicht nach, von mehreren deutschen Schriftstellern hervorgehoben [1]), sei der Begriff rein objektiv zu bestimmen, ohne daß es auf Absicht oder Zweck des Täters im einzelnen Falle ankomme, also: Politische Verbrechen = »die unmittelbar gegen den Staat [2]) gerichteten verbrecherischen Angriffe. Hierunter fallen die Verbrechen gegen die Selbständigkeit und äußere Sicherheit des Staates, gegen die Staatsverfassung und gegen die innere Sicherheit des Staates, darunter in monarchischen Staaten Angriffe auf Leben, Freiheit, Körper und Ehre [3]) des Staatsoberhauptes und seiner Familienmitglieder, also im wesentlichen die Verbrechen, die bei uns im allgemeinen bürgerlichen Strafgesetze Kapitel 8, 9 und 10 [4]) behandelt worden sind«. Eine genauere Begriffsbestimmung im Gesetz hat man nicht für nötig oder zweckmäßig erachtet.

Mit der alten belgischen Klausel von 1833 hat das norwegische Gesetz die Unterscheidung des absolut- vom relativ-politischen Verbrechen übernommen, dergestalt, daß wegen absolut-politischen Verbrechens, vorbehaltlich der Attentatsklausel (s. u.), nie Auslieferung bewilligt werden darf. Hierin stimmt es grundsätzlich nicht nur mit dem belgischen, sondern auch mit dem schwedischen und dem finnländischen Auslieferungsgesetz überein, darüber hinaus aber auch darin, daß ebenfalls wegen relativ-politischen Verbrechens Auslieferung unter bestimmten Bedingungen zu verweigern ist, d. h. wegen gemeinen Verbrechens,

---

[1]) so vor allem von v. Martitz, Internationale Rechtshilfe in Strafsachen.

[2]) An diesem Punkte erweist sich, wie notwendig der Staatsbegriff ist. Wie vieldeutig der Staatsbegriff ist, darüber vgl. Kelsen, Allgemeine Staatslehre S. 3 ff., ferner auch Thoma Art. »Staat« im Hdwb. d. Stw. S. 724 ff.

[3]) Freiheit und Ehre sind im Gesetze nicht genannt.

[4]) S. u. S. 135 Anm. 1.

das in Verbindung mit einem politischen Verbrechen begangen worden ist (sog. konnexes Verbrechen oder Zusammenhangstat). Von diesem Punkte an geht es indessen seine eigenen Wege. Es bestimmt zunächst nicht, wie die alte belgische Klausel, daß wegen jeden relativ-politischen Verbrechens Auslieferung zu verweigern sei, sondern — wie das schwedische und das finnländische Gesetz — nur wegen einer bestimmten Art desselben, auch in der Bestimmung dieser Art seine eigenen Wege gehend. Die beiden nordischen Schwestergesetze — s. i. e. u. — definieren nämlich diese Art nicht selbst, sondern überwälzen die Bestimmung auf die Gerichte dergestalt, daß diese im Einzelfalle nach den Umständen zu bestimmen haben, ob das fragliche Verbrechen überwiegend politischen oder nicht-politischen Charakter besitze (so auch das schweizerische Gesetz). Das norwegische Gesetz hingegen bestimmt die Art selbst, und zwar durch den Zusatz, daß wegen relativ-politischen Verbrechens Auslieferung zu verweigern sei, wenn es »in der Absicht verübt worden ist, den mit diesem (dem politischen Verbrechen) erstrebten Zweck zu fördern«. Nach zwei wesentlichen Richtungen sollen diese wenigen Worte den Begriff des auslieferungswürdigen relativ-politischen Verbrechens einschränken: erstens soll äußere Konnexität nicht genügen, um Auslieferung zu verweigern, vielmehr soll auch die Absicht des Täters darauf gerichtet gewesen sein, den mit dem politischen Verbrechen verfolgten Zweck zu fördern; sodann: die konnexe Tat muß mit einem nicht nur geplanten, sondern mit einem auch wirklich begangenen oder doch versuchten politischen Verbrechen im Zusammenhange stehen, »da eine Ausnahme zugunsten jeden Verbrechens mit politischem Zweck zu unbestimmt oder zu weitgehend sein würde« (Reg.-Begr. S. u. S. 136).

Wie die alte belgische Klausel von 1833 hat das norwegische — und so auch das schwedische, nicht aber das finnländische — Gesetz im Prinzip auch die belgische Attentatsklausel von 1856 übernommen, auch sie mit eigenen und interessanten Modifikationen, da es sie einerseits als *zu weit*, andererseits als *zu eng* ansieht [1]). *Zu weit*, wenn sie bestimme, daß ein Attentat auf den Staatschef auch nicht als eine mit einem politischen Verbrechen konnexe Handlung angesehen werden solle, d. h. daß Auslieferung erfolgen solle, selbst wenn das Attentat mit einem anderen politischen Verbrechen konnex sei. Denn die Gründe, die für Verweigerung der Auslieferung wegen Verbrechen überhaupt sprächen, die mit politischen Verbrechen im Zusammenhang verübt worden seien, müßten dieselbe Berechtigung haben, möge das konnexe Verbrechen gegen den Staatschef oder eines seiner Familienmitglieder oder gegen andrere Personen verübt sein. *Zu eng* zumal angesichts der neueren Erweiterung des Kreises der auslieferungspflichtigen Verbrechen während der letzten Zeit: Wenn man nämlich sich vor Augen halte, daß, wer ein Staatsoberhaupt oder eines seiner Familienmitglieder töte oder zu

---

[1]) S. u. S. 136. — Über die Entstehungsgeschichte der belgischen Attentatsklausel s. u. den ausgezeichneten Bericht des Grafen Ehrensvärd (S. 271).

töten versuche, nicht von der Auslieferung ausgenommen werde aus dem Grunde, daß sein Verbrechen zu den politischen gerechnet werde, so müsse dasselbe für das nach dem Strafgesetze ebenfalls politische Verbrechen der Körperverletzung an einer der genannten Personen gelten, da Körperverletzung im allgemeinen Auslieferung solle begründen können.

Ihrer krausen Fassung entkleidet, dürften die beiden Gedanken in Anlehnung an den Gedankengang der Fassung so zu formulieren sein:

1. Die belgische Attentatsklausel ist zu weit; denn:
   a) gemeine Verbrechen sind auslieferungspflichtig;
   b) politische Verbrechen dagegen sind nicht auslieferungspflichtig, einschließlich der mit einem politischen Verbrechen konnexen, sonst auslieferungspflichtigen gemeinen Verbrechen;
   c) Attentate, obwohl an sich politische Verbrechen, sind wiederum nach der belgischen Attentatsklausel auslieferungspflichtig;
   d) auch Attentate, die mit einem anderen politischen Verbrechen konnex sind, sind nach der belgischen Attentatsklausel auslieferungspflichtig;
   e) letzteres ist falsch; denn wenn Konnexität mit einem politischen Verbrechen sonst Nichtauslieferung bewirkt, so muß sie sie auch bei Verbrechen gegen Fürsten usw. und andere Personen bewirken. Folglich ist die belgische Attentatsklausel zu weit;
   f) Wirkung dieses Schlusses: Es soll weniger ausgeliefert werden. Oder: Fürsten sollen bei reinen Attentaten ebenso gut wie andere Personen, bei Konnexität nicht besser als diese gestellt werden;
   g) Entsprechend die Fassung des § 3 Abs. 2:
      »Ein Verbrechen, das auf Mord... an einem Staatsoberhaupte ... ausgeht, kann Auslieferung begründen, soweit es nicht in Verbindung mit einem anderen politischen Verbrechen begangen ist.«.

Dies Ergebnis der Einschränkung des Kreises der Auslieferungsverbrechen läuft dem neueren Zuge der Erweiterung dieses Kreises entgegen. Zu erklären ist es au fonds vielleicht aus der Wirksamkeit jener demokratisch-revolutionären Gesinnung, die im Jahre 1905, also kurz vor dem Erlasse des norwegischen Auslieferungsgesetzes von 1908 (die Vorlage ist von 1906/7!), die Auflösung der norwegisch-schwedischen Union bewirkt hatte — politisch-historisch unzweifelhaft ein Akt revolutionären Charakters. Die Auflösung war das Werk der demokratischen Venstre-Partei [1]).

2. Die belgische Attentatsklausel ist zu eng; denn:
   a) Gemeine Verbrechen sind auslieferungspflichtig;
   b) politische Verbrechen sind nicht auslieferungspflichtig;

[1]) Vgl. z. B. außer den Werken der Norweger Morgenstierne, Das Staatsrecht des Königreichs Norwegen, 1911, und Aall und Gjelsvik, Die norwegisch-schwedische Union 1912, besonders Hasbach, Die parlamentarische Kabinettsregierung, 1919, S. 234 ff.

c) Attentate wiederum sind auslieferungspflichtig, obwohl an sich politische Verbrechen;

d) auch Attentate, die mit einem anderen politischen Verbrechen konnex sind, sind, sofern Mord oder Mordversuch, nach der herkömmlichen Fassung der belgischen Attentatsklausel auslieferungspflichtig;

e) dies ist falsch; denn wie ein Attentat durch Mord oder Mordversuch als und obwohl Angriff auf den Staat und also als und obwohl politisches Verbrechen auslieferungspflichtig ist, so muß es auch Körperverletzung an einem Fürsten sein, die nach dem Strafgesetz politisches Verbrechen ist. Folglich ist die belgische Attentatsklausel zu eng;

f) Wirkung dieses Schlusses: Es soll mehr ausgeliefert werden. Oder: Fürsten sollen bei Körperverletzungen ebenso gut geschützt werden wie andere Personen;

g) entsprechend die Fassung des § 3 Abs. 2:

»Ein Verbrechen, das auf ... Körperverletzung an einem Staatsoberhaupt ausgeht, kann Auslieferung begründen....«

Dies ist also ebenfalls ein Ergebnis, das sich vor dem Forum demokratischen Denkens rechtfertigen könnte, da es die Fürsten usw., obwohl besser als bisher, so doch nur ebenso gut wie andere Personen stellt. Der Gedanke der Gleichheit kommt darin zum Ausdruck, und die Formulierung entspricht einem Gedankengange, der in Norwegen einmal auf die Formel gebracht worden ist: Wir sind Demokraten genug, um auch im Aristokraten den Menschen anzuerkennen [1]).

Wäre die demokratische Gesinnung der tiefere Grund der norwegischen Modifikation der belgischen Attentatsklausel, so hätte sie, im ersten Falle die bisherige Stellung der Fürsten verschlechternd, im zweiten Falle sie verbessernd, beide Male aber im Sinne der allgemeinen Gleichheit gewirkt, wie es ihr Wesen ist. Die logische Beweisführung der Regierungsdenkschrift wäre das Sekundäre, und an dem ganzen Vorgange könnte die Wahrheit des Schopenhauerschen Wortes studiert werden, daß der Wille sich den Intellekt zu seinem Dienste schaffe, in dem Sinne, daß die Ideen leicht Waffen des politischen Willens werden und den Zielen diese Willens die theoretischen Folgerungen entsprechen [2]). Mag das konkrete Motiv aber welches auch immer gewesen sein, die Wirkung ist jene Erweiterung ins Allgemeine gewesen, die das neuere Denken fordert und die im finnländischen Auslieferungsgesetze starken Ausdruck gefunden hat. Dies dürfte die norwegische Formel mit ihren Motiven auch vor einem tieferen Hintergrunde interessant erscheinen lassen.

---

[1]) Vgl. damit die bekannte sarkastische Bemerkung des Grafen Brockdorff-Rantzau als Außenminister in der deutschen Nationalversammlung.

[2]) Vgl. Hasbach, Die moderne Demokratie usw., 1912, S. 5.

II. Schweden.

In Schweden ist die Frage der Regelung des politischen Asyls in fast allen Instanzen des Weges der Gesetzgebung äußerst lebhaft umstritten worden. Es liegen je besondere, z. T. ausführliche Äußerungen vor:

1. in der Regierungsdenkschrift; s. u. S. 194 ff.;
2. von zwei Mitgliedern des Reichstages (Persson und Sandler; s. u. S. 235 f.);
3. vom Gesetzgebungsausschuß; s. u. S. 242;
4. von Minderheiten desselben; s. u. S. 251;
5. von verschiedenen Reichstagsmitgliedern während der Plenarverhandlungen, und zwar
   a) in der Ersten Kammer; s. u. S. 255 ff.;
   b) in der Zweiten Kammer; s. u. S. 267 ff.

Das endgültige Ergebnis war die Annahme der Formel der Regierungsvorlage. Für sie stimmten in der Ersten Kammer 89, gegen sie 38, in der Zweiten Kammer resp. 123 und 73 Mitglieder. Diese Klausel war übrigens in der Ersten Kammer die einzige aus dem ganzen Gesetze, über die besonders votiert worden ist. Welche Gründe bei allen jenen 89 bezw. 123 Abgeordneten im Einzelnen für die Zustimmung maßgebend waren, läßt sich natürlich nicht sagen und entsprechend hier auch nicht wiedergeben. Doch darf angenommen werden, daß es diejenigen Gründe waren, die die Regierungsdenkschrift selbst für ihre Entscheidung anführt, ferner auch die von einer Minderheit des Gesetzgebungsausschusses (af Ekenstam usw.) sowie die von den Rednern angeführten Gründe, die in den Verhandlungen der beiden Kammern für die Formel der Regierungsvorlage eingetreten sind. Das vielfältige Für und Wider die Regierungsformel in allen Materialien läßt sich hier leider nicht vorführen, obwohl wenig mehr geeignet wäre, die vorgestellte Tragweite des § 7 SchwAG. zu veranschaulichen, als eine solche systematisierte, auf wissenschaftliche Würdigung angelegte Vorführung. Es muß, zumal hinsichtlich der Verhandlungen der Zweiten Kammer, auf die Materialien selbst verwiesen werden. Nur ein Überblick über die Hauptargumentationen und damit ein Überblick über die wesentlichen Punkte der vorgestellten Tragweite läßt sich hier geben. Hervorgehoben sei bereits hier, daß der Haupteinwand gegen den Regierungsentwurf eben gegen die belgische Attentatsklausel gerichtet und daß es keine geringere Instanz als der Gesetzgebungsausschuß des Reichstages war, der für deren Streichung eintrat,

Die Regel über die Behandlung der politischen Verbrecher und damit über das politische Asyl ist in § 6 der Regierungsvorlage (§ 7 des Auslieferungsgesetzes) enthalten und hat dort bereits, wie erwähnt, den endgültigen Wortlaut. Die Regierungsdenkschrift verbreitet sich in der Begründung zunächst über die Geschichte und den Begriff des politischen Verbrechens sowie über die Gestaltung in einigen fremden Ländern, nämlich Norwegen, die Niederlande, England, Nordamerika sowie der

Schweiz; hinsichtlich Rußlands wird die Aufnahme der Anarchistenklausel in einige Auslieferungsverträge erwähnt. Während nun wegen absolut-politischen Verbrechens grundsätzlich nie, wie oben gesagt, Auslieferung gewährt werden darf, entscheidet sich die Regierungsbegründung, und mit ihr das endgiltige Gesetz, in der Wahl der Formel für die in das Gesetz aufzunehmende Bestimmung des relativ-politischen Verbrechens, unter Ablehnung der auf die objektive Theorie gegründeten belgischen und norwegischen Formel, für das freiere schweizerische Vorbild [1]), und zwar aus den in der Schweiz seinerzeit geltend gemachten, kurz zuvor angeführten Gründen (s. u. S. 196 f.), indem es heißt:

»Aus der hier gegebenen Darstellung dürfte hervorgehen, welche Schwierigkeiten dem Unternehmen entgegenstehen, in zufriedenstellender Weise durch Gesetzesbestimmungen die Frage der Behandlung des relativ-politischen Delikts zu lösen. Mir erscheint es daher als das Zweckmäßigste, sich auf den Standpunkt des schweizerischen Gesetzes zu stellen und so dem Gerichte zu überlassen, unter Berücksichtigung (Leitung, ledning) von Doktrin und Praxis im einzelnen Falle zu entscheiden, ob die Handlung als überwiegend politisch anzusehen sei oder nicht, mit der Folge, daß Auslieferung im ersten Falle verweigert, im zweiten dagegen bewilligt wird. Zu bemerken ist, daß die Praxis die das schweizerische Bundesgericht befolgt, anscheinend in der Richtung geht, den objektiven Umständen bei der Verübung des Delikts eine entscheidende Bedeutung zuzuerkennen, so daß z. B. Mord aus politischer Rache oder ein Delikt (Mord oder Diebstahl), das im übrigen ohne Zusammenhang mit einem wirklichen Versuch begangen wurde, die bestehende politische Ordnung umzustoßen, nicht so angesehen worden ist, daß es Freiheit von Auslieferung im Gefolge haben dürfe«.

Wenn somit die Regierungsvorlage nach dem schweizerischen Vorbilde die Entscheidung im einzelnen Falle, ob eine Handlung als überwiegend politisch anzusehen sei oder nicht, dem Gerichte überwiesen wissen will, so hat sie damit diesem »eine Aufgabe von besonders schwerer und heikler Beschaffenheit« übertragen. Darüber hat sie sich bewußt Rechenschaft abgelegt (S. 189 u. 198) und darum die endgültige Entscheidung dem Höchsten Gerichte des Reiches übertragen wissen wollen [2]), während in allen anderen Auslieferungsfällen, außer den politischen, die Rathausgerichte entscheiden sollten [3]).

Die belgische Attentatsklausel ist unter leichter, aus der Gegenüberstellung S. 67 ersichtlicher, aber nicht besonders besprochener

---

[1]) Abgelehnt ist damit natürlich auch die englisch-amerikanische Lösung (s. u. S. 196; vgl. auch Mettgenberg, Gutachten, S. 48 ff.).

[2]) Die Schwierigkeiten sind in der Tat sehr groß, sofern die Asylwürdigkeit nur davon abhängig gemacht wird, ob der politische oder der gemeine Charakter der Straftat überwiegt. Die damit gebotenen Anhaltspunkte sind so gering, daß selbst ein höchstes Gericht oft schwer wird das Richtige treffen können.

[3]) Im Gesetze selbst geändert dahin, daß alle Auslieferungsfälle durch das Höchste Gericht entschieden werden sollen, soweit gerichtliche Mitwirkung vorgesehen ist. S. u. S. 308 ff.

Modifikation, beibehalten worden, obwohl man absoluten Zwang dazu nicht sah, mit folgenden Gründen (u. S. 198 u. bes. S. 268 ff.):

»Da ... diese Klausel nicht bloß in unserem eigenen, sondern auch in dem Auslieferungsrechte der meisten europäischen Staaten herkömmlich ist und da man gegen die mit der Klausel verfolgte Absicht kaum einen berechtigten Einwand anführen kann, so halte ich es für minder dienlich, diese Regel zu verlassen. Der besondere Grund, der nach dem eben Ausgeführten in den schweizerischen Motiven gegen die Annahme der Klausel speziell in der Schweiz angeführt worden ist, liegt ja hier nicht vor«. (Es handelt sich um den Gedanken, »daß sie (die Klausel) für die Schweiz infolge ihrer staatsrechtlichen Organisation eine einseitige Verpflichtung zugunsten des Mitkontrahenten mit sich bringen würde, da die Möglichkeit der Reziprozität auf Grund der Verhältnisse ja ausgeschlossen sei«).

Die Gründe, die in der Ersten Kammer für die gewählte Formel des Auslieferungsgesetzes angeführt worden sind, haben die Abgeordneten af Ekenstam[1]) und Trygger[2]) vorgebracht. Selsbtändig, d. h. nicht oder doch nur minder deutlich in der Regierungsbegründung enthalten, sind darunter wesentlich folgende Gedanken, zunächst af Ekenstams (u. S. 256):

Es sei theoretisch unsicher, ob das in den Absatz 2 aufgenommene zu den politischen Verbrechen zu rechnen sei oder nicht. Um diese Unsicherheit zu beheben, sei die belgische Attentatsklausel in eine Reihe ausländischer Gesetzgebungen eingeführt. »Nun ist es ja doch so, daß, wenn wir eine Angelegenheit, wie die vorliegende, gesetzlich ordnen, wir nicht nur Rücksicht auf das zu nehmen haben, was wir selber im eigenen Lande wünschen und wollen, sondern wir müssen in einem solchen Falle natürlich unablässig daran denken wie es sich gegen fremde Mächte ausnehmen wird, zu denen wir in Beziehungen stehen, und daß, sofern eine solche Klausel, wie die vorliegende, gestrichen wird — und dies dürfte hier oder da eifrig verlangt werden, — es ohne Zweifel weit schwerer sein wird, mit einer solchen Macht zu einer zweckmäßigen Regelung zu gelangen. Da die Königl. Majestät der Ansicht ist, daß diese Klausel hier in § 7 stehen muß, so würde es sich doch wohl für das Ausland ganz eigentümlich ausnehmen, wenn das loyale schwedische Volk der Meinung sein sollte, daß sie ohne weiteres gestrichen werden könnte. Und in unserem eigenen Lande findet sich ja eine große Zahl von Menschen, die nicht Gelegenheit haben, in nähere Berührung mit allen diesen theoretischen Spekulationen zu kommen, die hinsichtlich des Wortlautes des vorliegenden Paragraphen aufgetaucht sind, und für sie würde diese Weise, die Sache zu lösen, sich ganz einfach als eine Preisgabe der fraglichen Personen darstellen, welche hier in § 7 Abs. 2 behandelt werden.«

Die Streichung der belgischen Attentatsklausel nach dem

---

[1]) S. u. S. 256 ff.
[2]) S. u. S. 257 ff.

Ausschußentwurfe ist, wie bemerkt, durch den Abgeordneten Söderbergh vertreten worden:

Der Ausschuß sei der Ansicht, man solle sich auf den Standpunkt des schweizerischen Auslieferungsgesetzes stellen, wie es die Regierungsvorlage ja auch hinsichtlich des ersten Absatzes der vorliegenden Bestimmung tue. Das schweizerische Gesetz habe die Attentatsklausel indessen nicht aufgenommen; der Abs. 1 genüge vollkommen. Die Aufnahme der Klausel sei prinzipiell unrichtig. Die Regierungsbegründung habe selbst Zweifel geäußert, ob die Attentatsklausel aufzunehmen sei, und die Aufnahme für nötig nur erachtet, soweit man sich zu der Theorie bekenne, daß jedes Attentat auf einen Souverän oder Staatschef zu den politischen Verbrechen zu rechnen sei; denn dann genieße jeder Attentäter Asylrecht und das Leben der Souveräne usw. werde weniger als dasjenige einfacher Privater geschützt sein. »Man bemerke wohl, eine solche Theorie hat hier ja gar nicht Berücksichtigung gefunden. Nach der in dem vorgelegten Gesetzentwurfe befolgten schweizerischen Regel braucht man gewiß nicht, wie ich zuvor gesucht habe anzugeben, solche Delikte immer als politische aufzufassen. Es beruht ja vollkommen auf den Umständen, unter denen sie verübt worden sind [1]. Dergestalt würde man den kürzlich verübten Mord an dem griechischen Könige nicht als politisches Delikt auffassen können und wohl auch nicht das letzte Attentat auf den König von Spanien, wenigstens nach den Nachrichten, die bis jetzt hierher gekommen sind.« Nach dem Vorredner finde die Attentatsklausel sich in der Gesetzgebung der meisten Staaten; dies sei gewiß richtig, doch komme sie wie in dem schweizerischen so auch in dem englischen, dem der nordamerikanischen Union und dem niederländischen Auslieferungsgesetze nicht vor. Die Illoyalität, die in der Streichung der Klausel liegen sollte, könne er nicht sehen. »Eine genaue Prüfung soll in jedem Falle stattfinden. Es ist unseres Landes höchste urteilende Behörde — wiederholte der Redner —, welche das entscheidende Wort aussprechen soll. Hierin liegt, vermute ich, eine vollkommen sichernde Garantie dafür, daß keine Auslieferung unzulässig bewilligt wird, wenn sie nicht erfolgen darf, aber auch dafür, daß Auslieferung bewilligt werden wird, wenn sie nach Doktrin und Praxis stattfinden muß«.

Hierauf erwiderte der Abgeordnete af Ekenstam (S. u. S. 259):

Richtig habe der Vorredner betont, daß es sich hier um eine heikle Aufgabe handle. »Die Lösung der Aufgabe kann nach seiner Ansicht mit

[1]) Dies war der Tenor der früheren Ausführungen des Redners. Sie waren von ihm zur Erläuterung des 1. Absatzes des § 6 gemacht worden, und das von ihm am meisten dabei hervorgehobene Argument war, daß es keine geringere Instanz als das Höchste Gericht sei, welchem die Entscheidung über die Bewertung der Umstände zukommen solle. Bei dem hohen Ansehen, in dem das Höchste Gericht in Schweden wie auch in Norwegen steht, ist dies in beiden Ländern immer ein besonders gewichtiges Argument, wie übrigens für Schweden auch aus der Antwort af Ekenstams ersichtlich; siehe oben sogleich im Text. Für die Stellung des Höchsten Gerichts in Norwegen vgl. Wolgast, Die richterliche Prüfungszuständigkeit in Norwegen, in Ann. d. D. Reiches, 1922/23.

voller Sicherheit in die Hand des höchsten Gerichtshofes des Reiches gelegt werden. Dies ist natürlich etwas, was ich nicht bestreiten will, aber ich behaupte, daß, wenn es eine sehr heikle Aufgabe ist, sie auch sehr schwer ist und natürlich die Möglichkeit verschiedener Auslegungen enthält. Es ist doch für einen kleinen Staat, wo man Beeinflussungen oder rückwirkendes Verhalten seitens größerer und mächtigerer Grenzstaaten befürchten kann, gut, viel sicherer solche Verhältnisse klar im Gesetz präzisiert zu haben so daß sie sich von selbst lösen und man nicht nötig hat, Rücksicht darauf zu nehmen, worüber hier gesprochen worden ist: Den mehr oder minder überwiegenden Grad politischer Absicht«.

Dem fügte der Abgeordnete Trygger hinzu (s. u. S. 259): Die theoretischen Bedenken des Ausschusses, so verständlich auch immer, können gegen die Gesichtspunkte der Regierungsvorlage nicht aufkommen. »Ohne Zweifel würde es sich recht eigentümlich ausnehmen, wenn diese Kammer eine königliche Vorlage verwerfen würde, in der bestimmt steht, daß als politisches Delikt in keinem Falle Mord, Mordversuch oder Totschlag an einem fremden Staatsoberhaupte ... angesehen werden soll. Man sollte sich unmöglich denken können, wir theoretisierten so sehr, daß wir wegen irgendeiner gedachten Möglichkeit eine so zweckmäßige und praktische Regel streichen wollten, wie die Königl. Majestät sie hier vorschlägt.«

Überblickt man die schwedische Formel der ganzen Regel über das politische Asyl und die in der Ersten Kammer darum geführten Verhandlungen in ihrer Gesamtheit, so dürfte zunächst dies bemerkenswert sein: Man hat die Begründung der norwegischen Modifikationen nicht verwertet, weder insoweit man in Norwegen die altebelgische Klausel änderte, noch auch soweit man dort die belgische Attentatsklausel einerseits für zu weit, andererseits für zu eng gehalten und den Staatsoberhäuptern auch gegen Körperverletzungen Schutz zugebilligt hat — dies, obwohl doch die norwegische Regelung mit ihrer Begründung in sehr weitem Maße sonst als Vorbild benutzt worden ist.

Gegen die Einführung der belgischen Attentatsklausel in das Gesetz ist, von allem mehr Nebensächlichen entkleidet, ins Feld geführt worden: Der § 6 wird dem Schutze der Staatsoberhäupter usw. auch ohne die Klausel (des Absatzes 2) gerecht, was möglich ist, da der Absatz 1 auf die Berücksichtigung der jeweiligen Umstände abgestellt ist, und was vertretbar ist, da keine geringere Instanz zur Entscheidung berufen ist als das Höchste Gericht (Söderbergh). Im übrigen hat man sich auf die schweizerische Begründung berufen, siehe Seite 257.

Für die Einfügung der belgischen Attentatsklausel ist ins Feld geführt worden:

I. Die Regierungsbegründung:

1. Bei Zugrundelegung der objektiven Theorie, wozu auch die Praxis der sonst zum Muster genommenen Schweiz zu neigen scheint (s. u. S. 198), ist die Klausel notwendig, da, wenn jedes Attentat als politisches Delikt anzusehen ist, keine Auslieferung

deswegen stattfindet und also das Leben der Staatshäupter usw. weniger als dasjenige von Privaten geschützt ist. Zwang zu solcher Auffassung besteht indessen nicht, wie denn die Schweiz auch Königsmörder ausgeliefert hat.

2. Die meisten europäischen Staaten haben die Klausel.
3. Gegen die Klausel selbst läßt sich kaum etwas einwenden, insbesondere nicht die besonderen Gründe der Schweiz auf Grund ihrer staatsrechtlichen Organisation (siehe unten S. 197).

II. af Ekenstam:

A. 1. Rede:

1. Der Erlaß eines Auslieferungsgesetzes zwingt nach dessen Natur zur Rücksicht auf das Verhalten des Auslandes; eventuell wird der Abschluß von Verträgen erschwert (also wohl der unter I, 2 genannte Gedanke der Regierungsbegründung).
2. Es wäre illoyal, die Klausel abzulehnen, nachdem der König sie vorgeschlagen hat.
3. Für den einfachen Menschen würde die Ablehnung der Klausel die »Preisgabe« der Staatsoberhäupter usw. bedeuten.

B. 2. Rede:

4. (Negativ): Bei Nichtvorhandensein der Klausel würde die Beurteilung des Einzelfalles von Auslegung abhängig (Beurteilung der Umstände) und, da dabei verschiedene Auffassungen möglich sind, das kleine Schweden die Gefahr der Beeinflussung seitens mächtigerer Grenzstaaten laufen.
5. (Positiv): Die Aufnahme der Klausel würde diese Gefahr beseitigen, da dann die Einzelfälle sich von selbst lösen; also etwa der Gedanke der Entpolitisierung durch Berechenbarmachung vermittelst Justifizierung (vgl. die Ideen von »London 1924« und »Locarno«).

III. Trygger:

1. Die Gründe der Regierungsdenkschrift. Die Gründe der Regierungsdenkschrift für die Einführung der Klausel sind stärker als die des Ausschusses (Söderbergh) gegen die Einführung.
2. Der unter II A 2 genannte Gedanke.
3. Der dem unter II A 3 genannten verwandte, aber doch auch ein selbständiges Element enthaltende Gedanke: man dürfe nicht zu sehr theoretisieren.

Diese Gründe im Für und Wider die gewählte Regelung des politischen Asyls sind nicht ganz gleichmäßig. Es handelt sich nicht nur, wie erwartet werden könnte, um sachlich-rationale Erwägungen. Bei näherem Zusehen werden vielmehr Unterschiede der Richtung, Tönung und Farbe sichtbar, und nach ihnen lassen sich folgende Gruppen unterscheiden, nicht ohne indessen, daß nicht manchen Punkten mehrere Qualitäten zugleich innewohnten.

Zunächst sind rational-sachliche Gründe ins Feld geführt

worden, d. h. solche, die die Art und Eigenart der zu regelnden Materie zum Maßstabe nehmen. Sie sind in erster Linie strafrechtlicher und rechtstechnischer Art. Dahin gehört die Erwägung Söderbergh's und des Gesetzgebungsausschusses, daß die Attentatsklausel des Absatzes 2 des § 6 (7) nicht notwendig sei, da der Abs. 1 allein dem verfolgten Zwecke gerecht werde. Ferner: Der Gedanke der Regierungsdenkschrift, daß bei Zugrundelegung der objektiven Theorie die Attentatsklausel als notwendig erscheine, wenngleich doch auch Zweifel bestehen könnten, und daß gegen die Klausel selbst sich ja kaum etwas einwenden lasse, insbesondere nicht die besonderen Gründe der Schweiz. Ferner: Der Gedanke Tryggers, daß die Gründe der Regierungsdenkschrift stärker als die des Ausschusses seien. Auch der andere Gedanke Söderberghs darf, wenn er auch zugleich ein anderes Moment in sich trägt, ebenfalls hier genannt werden, daß nämlich die Streichung der Attentatsklausel nichts Bedenkliches an sich habe, da die unter Berücksichtigung der Umstände des einzelnen Falles zu treffende Entscheidung über einen Auslieferungsfall in die Hände des ersten Gerichtshofes, des Höchsten Gerichts, gelegt sei.

Anderer und jedenfalls solcher Art, wie sie nicht bei jedem und den meisten Gesetzen eines Staates vorkommt, ist die Erwägung der Regierungsdenkschrift, daß die meisten europäischen Staaten die Attentatsklausel besitzen. Wie sie Erläuterung durch die oben zuerst aufgeführte Erwägung af Ekenstams finden dürfte, so gehört auch diese Erwägung hierher, daß nämlich beim Erlaß eines Auslieferungsgesetzes Rücksicht darauf zu nehmen sei, wie das Ausland bei Regelung der Angelegenheit verfahre, weil sonst der Abschluß von Verträgen erschwert sei. Es ist also das auswärtige Interesse, und zwar nicht so sehr das auswärtig-politische Interesse i. e. S., das hier zur normativen Idee genommen wird, sondern mehr das auswärtig-technische Interesse, welches dadurch gegeben ist, daß an jeder Auslieferungsfrage, handle es sich um den Abschluß eines Vertrages oder um einen Auslieferungseinzelfall, außer dem eigenen noch wenigstens ein weiterer Staat beteiligt und also autonome Regelung nicht möglich ist.

Einen noch anderen Gedanken hat Trygger in die Debatte geworfen: Man dürfe nicht zu sehr theoretisieren und um einer bloß gedachten Möglichkeit willen eine offenbar nicht zweckmäßige und praktische Bestimmung streichen. Damit hat er eine Notwendigkeit unterstrichen, die beim Erlaß jedes Gesetzes zu beachten ist, d. h. daß das Normale und Natürliche immer normativ zu sein hat, wie ja Gesetze weder im einzelnen noch in der Art ihrer Gedanken zu kompliziert und »theoretisch« und also unnormal und unnatürlich werden dürfen, wenn sie wirklich »Recht« zu werden und zu gelten zu vermögen imstande sein sollen. Die Grade können je nach dem Gegenstande der Gesetze verschieden sein. Ein Gesetz, das Feinheiten des Bank- und Geldwesens regelt, kann komplizierter und subtiler sein, entsprechend dem Auffassungsvermögen der Kreise, die es angeht und die ihm Geltung geben sollen dadurch, daß sie es befolgen. Ein Auslieferungsgesetz hingegen, das in seinen Wirkungen gegebenenfalls die Anteilnahme der breiten Öffentlichkeit auszulösen vermag, muß so einfach sein, daß es der breiten Öffentlichkeit verständlich bleibt — ein Gedanke, den in dieser Nuance af Ekenstam hervorhob, als er ausführte, der einfache, nicht mit den »theoretischen Spekulationen« vertraute Mann werde in der Streichung der Attentatsklausel nur die »Preisgabe« der Fürsten sehen. Das Gesetz der Regierungskunst, sofern Regieren Regulieren der Bewußtseinsinhalte bedeutet, bzw. die Möglichkeit seiner Verwirklichung ist hier also zur notwendig zu beachtenden normativen Idee erklärt worden.

Hiermit berührt sich der andere Gedanke af Ekenstams: Die Gestaltungsfreiheit des schwedischen Gesetzgebers finde eine Grenze an der »loyalen« Gesinnung des schwedischen Volkes. Doch dürfte diese Nuance als rationale nicht das Entscheidende an seiner Äußerung, Hauptnuance wird vielmehr ihr emotionales Element sein. Doch dies steht hier noch nicht zur Erörterung.

Rational ist vielmehr noch die Erwägung, die af Ekenstam in negativer und positiver Form darbot. Er erklärte das auswärtig-politische Interesse als einen vom Gesetzgeber notwendig in Rücksicht zu nehmenden Maßstab, als er dem Gedanken nach ausführte: Fehle die Attentatsklausel, so werde der einzelne Auslegungsfall von Auslegung abhängig. Und sei es auch das Höchste Gericht, welches auslege und entscheide — andere Ansichten blieben möglich, damit aber Beeinflussungen des Staates seitens mächtigerer Nachbarn. Dies werde vermieden, wenn man die Attentatsklausel habe; bei ihrer Klarheit werde das Ergebnis im Einzelfall berechenbar, so daß der Fall sich dann von selbst löse und die Möglichkeit auswärtiger Einflüsse hinwegfalle. Es war also in gewissem Sinne auch der Rechts- als Befriedigungsgedanke, der hier zur notwendig normativen Idee erklärt wurde, sofern er nämlich in das abstrakte auswärtig-politische Interesse eingeht.

Diese Erwägung rührte somit an Staatsgrundfragen und war vielleicht nicht mehr nur rational, sondern schon von der anderen grundsätzlichen Art, die in den vorgebrachten Argumenten zu erblicken sein wird, nämlich emotional, dies einmal in dem Sinne, daß an das hohe Selbständigkeitsgefühl des schwedischen Volkes als zu beachten erinnert wurde, sodann auch in dem anderen Sinne, daß die rationalen Spannungen, die unserem Zeitalter eigentümlich sind und die gerade im Verhältnis zwischen den Staaten stattfinden, nicht nur intellektuell sind und bleiben, sondern daß sie auch zu Spannungen des Gemütes werden. So mag die Erinnerung an mögliche auswärtige Beeinflussungen Schwedens und über sie an den ungemein hohen Stolz des schwedischen Volkes auch als Appell an dasselbe Gefühl bei den Abgeordneten gemeint gewesen sein, wenn auch vielleicht nicht mit derselben Bewußtheit mit der hier unterschieden wird. Ist dem so gewesen, dann lag darin tiefstens eine Berufung an das Volks- und

Staatsethos, an den mächtigsten Impuls also, der Völker und Staaten beseelen kann, mit dem sie alles, ohne den sie nichts zu sein vermögen.

Mag es hier zweifelhaft sein, wie sehr af Ekenstam an solche emotionalen Impulse dachte, sicher dachten er sowohl als auch Trygger daran, als sie ausführten: Es werde sich eigentümlich ausnehmen, wenn das loyale schwedische Volk dastehe, als glaube es, die vom Könige vorgeschlagene Attentatsklausel streichen zu können, und nicht verständlich werde dem gemeinen Manne die »Preisgabe« der Fürsten sein, die er allein in der Streichung der Attentatsklausel werde zu sehen vermögen.

Aber auch Söderbergh hat die Frage des Auslieferungsgesetzes und insbesondere der Attentatsklausel für groß genug erachtet, um zu glauben, nicht ohne einen emotionalen Appell auskommen zu können. Ein anderes Element des schwedischen Staatsethos und Staatsglaubens und Staatsgedankens rief er an: das Höchste Gericht und sein Ansehen. Es ist gemeinhin in Deutschland nicht bekannt und, weil das Reichsgericht in Deutschland nicht die gleiche gefühlsmäßige Stellung hat, nicht leicht verständlich, daß der Glaube an das Höchste Gericht in Schweden, und übrigens und vielleicht noch mehr auch in Norwegen, geradezu fast Glauben im Sinne des Apostels Paulus ist und ein Element des Staatsethos ausmacht. Doch darf an den Supreme Court der amerikanischen Union erinnert werden, von dem wenigstens auch in Deutschland doch allgemeiner bekannt ist daß er das »Schwungrad« der Verfassung dieses mächtigen Staates sei [1]). Aber ich meine, es ist aus Söderberghs Rede, wenn sie im Zusammenhange gelesen wird, wohl fühlbar, daß er der Stelle über das Höchste Gericht eine besondere Energie der Form zu geben beflissen war: »Es ist das Höchste Gericht, das entscheiden soll ...« und entsprechend klingt es aus af Ekenstams für notwendig gehaltener Entgegnung auf diesen Apell, der in Schweden immer von Wirkung ist: »Die Lösung der Aufgabe, meint er (Herr Söderbergh), könne mit voller Sicherheit in des Reiches höchsten Gerichtshofes Hand gelegt werden. Dies ist natürlich etwas, was ich nicht bestreiten will ...« Für so autonom im Staatsethos erachtete er den Appell, daß er ihm kein Argument entgegensetzte, sondern seine Wirkung sich abzuleiten bemühte durch jenes andere Argument, mit dem er die Befürchtung möglicher Beeinflussungen Schwedens seitens mächtigerer Grenzstaaten bei Streichung der Attentatsklausel heraufbeschwor und gleichsam, verdeckt, den Primat der auswärtigen Politik oder doch des auswärtigen Interesses anrief [2]).

---

[1]) S. darüber ausgezeichnet James M. Beck, Die Verfassung der Vereinigten Staaten von Nordamerika (deutsch von A. Friedmann, Berlin 1926), S. 261 ff.; s. auch die Vorrede des Reichsgerichtspräsidenten Dr. Simons dazu S. V und eine Kritik von Thoma in der »Frkfter Ztg.«, Literaturblatt, v. 30. Jan. 1927, Nr. 5.

[2]) Vgl. dazu etwa Windelband, Die auswärtige Politik der Großmächte in der Neuzeit, 1922, S. 2 ff.; ferner auch Senator William E. Borah, Geheimdiplomatie und Weltfrieden (Kölner Tageblatt Nr. 401 vom 27. August 1927), der ebenfalls auf den Primat der auswärtigen Politik in der Gegenwart verweist, in nachdrücklicher und eigenartiger Form.

In der Zweiten Kammer sind für die Fassung der Klausel über das politische Asyl nach der Regierungsvorlage, also mit der Attentatsklausel, eingetreten

1. der Außenminister Graf Ehrensvärd,

ferner die liberalen Abgeordneten

2. Pettersson in Södertälje (in zwei Äußerungen),
3. Widén,
4. Edén (in zwei Reden),

die konservativen Abgeordneten

5. Pettersson in Lidingö villastad,
6. Pettersson in Bjälbo,
7. Lundström,
8. Nydal.

Dagegen treten auf die sozialdemokratischen Abgeordneten

1. Lindhagen (in drei Reden),
2. Branting (in drei Reden),
3. Winberg

und

4. Wallin [1]).

Die Verhandlungen dieser Kammer gehören, wie im Vorworte ausgedrückt, zu dem Interessantesten, was man sich an parlamentarischen Vorgängen denken kann, nicht nur wegen der Gründlichkeit der Diskussion, der Qualität der Argumente und wegen der Persönlichkeiten der Redner, sondern auch, weil sie einen Stellungswechsel der Parlamentsmehrheit im Plenum unter dem Einflusse von (sachlichen) Argumenten vor Augen führen — ein heute jedenfalls in Deutschland selten gewordener und in celebren Sachen wohl kaum noch möglicher Vorgang. Die Eigenart der Situation erscheint dadurch noch gesteigert, daß die Liberalen, die in den Jahren 1911—1914 die Regierung gestellt hatten, im Gesetzgebungsausschuß in dem hier fraglichen hochbedeutsamen Punkte einen Entwurf ihres eigenen Außen- und Justizministers aus sachlichen Gründen abgelehnt hatten und nun, unter der Wucht der sachlichen Argumente ihres Außenministers, also nicht aus Gründen der Parlamentstaktik, wenn auch z. T. vielleicht aus Gründen der Parlamentstechnik [2]), ihre Stellung änderten und dem Regierungsentwurfe zustimmten, während für diesen vorher die konservative Opposition eingetreten war und auch weiter dafür eintrat. Schon hieraus ist ersichtlich, daß die Argumentationen des Grafen Ehrensvärd im Vordergrunde gestanden haben und bedeutend gewesen sein müssen; sie waren es nach ihrem sachlichen Gehalte sowohl als auch ganz besonders nach der Energie der Form. Aber auch die Auslassungen der meisten anderen Redner haben sich

[1]) dessen Parteizugehörigkeit ich nicht habe feststellen können.

[2]) Rücksicht auf die gleichzeitige Behandlung des Regierungsentwurfs in der Ersten Kammer und auf die eventuelle Schwierigkeit, einen übereinstimmenden Beschluß beider Kammern herbeizuführen vgl. u. S. 314.

durch beide Eigenschaften ausgezeichnet, vor allem die drei Reden Branting's. Infolge der im Vorworte genannten Umstände lassen die Verhandlungen der Zweiten Kammer sich hier leider nicht so genau besprechen wie diejenigen der Ersten Kammer. Nur eine kurze allgemeine Charakteristik der auf die Frage des politischen Asyls bezüglichen Teile ist möglich, unter Verweisung auf die Verhandlungen selbst, ganz besonders auch hinsichtlich der angedeuteten parlaments-rechtlichen und -politischen Nüancen.

In weitem Maße weisen die Verhandlungen der Zweiten Kammer naturgemäß dieselben Argumentationen wie die der Ersten Kammer auf. Indessen bestehen doch auch Unterschiede, neben dem der größeren Ausführlichkeit. Die Unterschiede werden sich in drei Gruppen zusammenfassen lassen:

1. in der Zweiten Kammer hat das Moment der Sachkunde eine entscheidende Rolle gespielt (Rede des Außenministers Grafen Ehrensvärd, der nur hier sprach; vgl. dazu die Reflexe in den anderen Reden, zumal denen der Konservativen und der Liberalen);
2. mehr in den Vordergrund wurde auch das emotionale Moment geschoben, und zwar wesentlich von der sozialdemokratischen Opposition (Branting, Lindhagen);
3. erörtert wurde ausführlich nicht nur das Problem der Attentatsklausel, sondern auch der Abs. 1 der gesamten schwedischen, an die schweizerische angelehnten Klausel, wonach unter Aufstellung einer Entscheidungsdirektive den Gerichten die Entscheidung des Einzelfalles je nach dem Überwiegen des politischen oder nicht-politischen Elements in einer Handlung übertragen ist.

Die gegen den Regierungsentwurf auftretenden Redner haben sich im tiefsten Grunde gegen die absolute Ausnahme von der Nichtauslieferung zugunsten bestimmter Personengruppen (Staatshäupter usw.) gesträubt und damit unter Anrufung der Beispiele Englands, Amerikas und der Schweiz im Sinne der allgemeinen Gleichheit gesprochen [1]); bemerkenswert ist in diesem Zusammenhange der stolze Appell Branting's an das schwedische Selbständigkeitsgefühl unter Anspielung auf Rußlands mächtige Nachbarschaft. Für den Abs. 1 der schwedisch-schweizerischen Klausel traten auch diese beiden großen Politiker ein, getragen von der Überzeugung, daß im Leben eines Volkes wichtiger als Kalkül seien »die großen Überlieferungen eines Volkes, seine Freiheit, sein Wille zum Leben und zur Entwicklung« (Trautmann) und sein Glaube.

Die Verteidiger des Regierungsentwurfs arbeiteten weniger emotional als nüchtern-kalkülmäßig. Insbesondere wies die erste, wichtigste und eindrucksvollste Debattenrede, die des Grafen Ehrensvärd, kaum ein einzelnes emotionales Element auf. Sachlich lag ihr Hauptpunkt in der Verteidigung der Attentatsklausel. Sachlichkeit und auswärtig-

---

[1]) s. bes. u. S. 274 Lindhagen's Schlußworte seiner zweiten Rede: »Ich wende mich an alle welche glauben, daß England usw. sich würdig erwiesen haben, Nachfolger in ihrem Streben zu finden, die Freiheitsprinzipien ..... zu behaupten.«

politische Sachkunde sind die gewollten Charakteristika dieser Rede in solchem Maße, daß alle ihr folgenden Reden zur Verteidigung des Regierungsentwurfs sich des gleichen Strebens befleißigt haben. In diesem Sinne kann die Rede als Ganzes als emotional angesprochen werden, d. h. mit ihrer verhaltenen leidenschaftlichen Empörung über die »unsachliche« Ablehnung des Entwurfs im Ausschusse und über Gründe, die der Redner in der Kammer erwartet haben mag; daher wohl das leidenschaftliche In-den-Vordergrund-Stellen der Sachlichkeit und Sachkunde und des Anspruches auf schlechthinige Anerkennung solcher Autorität und auf Annahme des Regierungsentwurfs »ohne irgendwelche Modifikationen«. Dadurch wird diese Rede ihre Wirkung gehabt haben. Letzten Endes hat der Rede als Tenor unausgesprochen der Satz zugrunde gelegen: »In auswärtigen Angelegenheiten ist der Luxus parteipolitischer Behandlung nicht so wie in der inneren Politik erlaubt. Maxime sind nicht logische Doktrinen, sondern darf allein die Zweckmäßigkeit sein, mag das Ergebnis auch »logische Risse« haben. Auswärtige Angelegenheiten wie die vorliegenden dürfen nicht Parteisache sein.« Nur Widerschein, wenn auch z. T. starker Widerschein von eigenen Farben, waren die Reden, die an diese sich anschlossen.

Alles in allem waren es also sehr verschiedene Argumente, die von beiden Seiten für und wider die Attentatsklausel angerufen worden sind. Verschieden werden danach auch die Argumente gewesen sein, aus denen die Abgeordneten und die Parteien schließlich die Fassung des Regierungsentwurfes annahmen. Das Studium des Werdeganges der schwedischen Klausel über das politische Asyl ist um deswillen ungemein interessant. Veranschaulicht es doch in einer besonders prägnanten Weise die Wahrheit des Satzes, daß Völker ebenso wie der einzelne sehr selten aus einem einzigen, sondern meistens aus mehreren und oft verschiedenartigen Motiven zugleich handeln und daß die menschliche Seele die eigentümliche Ausstattung besitzt, in bezug auf dieselbe Sache Verschiedenartiges in sich zu hegen, eine Tatsache, die bei juristischen Konstruktionen und zumal bei der Konstruktion des Staatsbegriffes ebenso selten beachtet wird [1]. Ihre Nichtbeachtung wird leicht die Folge nach sich ziehen, daß die Konstruktion eine Abstraktion wird, die der Realität nicht entspricht.

Näheres über System und Sinn der schwedischen Klausel wird aus den Darlegungen über die finnländische Klausel ersichtlich sein.

III. Finnland.

Die finnländische Fassung der Regel über die Behandlung politischer Verbrechen weicht — wie die Zusammenstellung oben S. 67 zeigt — am meisten von der traditionellen Fassung ab und unterscheidet sich damit auch wesentlich von der norwegischen und schwedischen Regelung des

[1]) S. dazu meine Kritik des Werkes von Verdroß, Die Verfassung der Völkerrechtsgemeinschaft (Wien 1926)«, in »Ztschr. f. öff. R.«, Bd. VII, Heft 1 S. 130 ff.

politischen Asyls. Wie der Wortlaut zeigt, gestattet die finnländische Fassung Auslieferung schlechthin, auch bei politischen Verbrechen, »wenn das Verbrechen besondere Roheit bei dem Verbrecher beweist«. Sie geht insofern also ganz wesentlich über die alte belgische und auch über die norwegische und schwedische Hauptregel hinaus. Im übrigen ist die Fassung der Hauptregel an die der schwedischen und damit über sie an die der schweizerischen Hauptregel angelehnt.

Noch stärker, ja grundsätzlich weicht die finnländische Ausnahmeregel, betreffend die Delikte, die nicht als politische anzusehen sind, von allen früheren Fassungen ab. Es ist an der Fassung kaum noch zu erkennen, daß es sich um die alte Attentatsklausel handelt, wenn sie lautet:

> Als politisches Delikt ist in keinem Falle Mord oder Mordversuch anzusehen, der nicht in offenem Kampfe begangen ist [1]).

Leider sind die begründenden Bemerkungen der finnländischen Regierungsdenkschrift so überaus kurz gehalten, daß aus ihnen die Gründe nicht erkennbar sind, die zu der genannten, von der früheren so stark abweichenden Formulierung der Haupt- wie der Ausnahmeregel geführt haben. Nicht einmal über die vorgestellte Tragweite der gewählten Formulierungen ist in der Regierungsdenkschrift ein Wort enthalten. Die übrigen Motive schweigen vollkommen, abgesehen von einer flüchtigen, bloßen Erwähnung im Gutachten des Gesetzgebungsausschusses (s. u. S. 337). Die wenigen Zeilen der Regierungsdenkschrift lauten:

> In den Gesetzen über das Auslieferungswesen gilt allgemein, daß Auslieferung wegen politischer Verbrechen nicht bewilligt wird; eine Bestimmung darüber ist in § 5 des Gesetzentwurfes aufgenommen. Politisches Asylrecht dürfte gleichwohl nicht allen Verbrechern zugute kommen, die sich auf ein politisches Motiv berufen können. Gewisse Ausnahmen von der vorgenannten Hauptregel sind darum in den Entwurf aufgenommen worden.

Danach ist das Bemühen um Verständnis allein auf den Text des Gesetzes angewiesen.

Rein an der Hand der Gesetzesbestimmungen wird sich die Tragweite des gesamten § 5 FiAG. durch folgende Erwägungen näher bestimmen lassen.

Das finnländische System der Regelung des politischen Asyls besteht unter Verwertung der Unterscheidung von absolut- und relativ-politischen Delikten aus vier Regeln, einer Hauptregel und drei Nebenregeln, die — in eigenartigem Verhältnis zueinander — der Hauptregel gegenüber Ausnahmeregeln von verschiedener Art mit der daraus folgenden Bedeutung für die juristische Interpretation sind, und zwar in folgender Weise:

1. Die Hauptregel lautet wie bisher:

---

[1]) Vgl. Walker, Gutachten, S. 11 ff. und auch die kleine interessante Studie Mettgenbergs zum 34. Deutschen Juristentag in der »Deutschen Allgemeinen Zeitung« (Beilage »Wirtschaft und Recht« vom 12. IX. 1926) mit der Überschrift »Das politische Asyl und seine Grenzen«.

Wegen politischen Delikts darf Auslieferung nicht erfolgen. Diese Regel sagt über eine etwa verschiedene Behandlung der absolut- und relativ-politischen Delikte noch nichts aus.

Das gleiche ist der Fall mit der

2. ersten Nebenregel, die als Ausnahmeregel Auslieferung auch wegen politischen Delikts zuläßt:

Wegen politischen Delikts darf Auslieferung erfolgen, wenn das Delikt besondere Rohheit bei dem Täter beweist.

Das Moment einer besonderen Verwerflichkeit beraubt also offenbar nach dieser Regel auch ein politisches Delikt der sonst zugebilligten Asylwürdigkeit. Wegen ihrer allgemeinen Fassung dürfte die Regel schlechthin auf alle politischen Delikte, absolut- wie relativpolitischen Delikte, zu beziehen sein. Dies wird auch ihre sprachliche Verbindung mit der zweiten, die relativ-politischen Delikte betreffenden Nebenregel durch den Ausdruck »wie auch« (*så ock*) bedeuten. Nach der ersten Nebenregel werden also die sonst immer asylwürdigen absolut-politischen Verbrechen bei besonderer Rohheit des Täters asylunwürdig.

Bei besonderer Rohheit des Täters wird auch der Kreis der sonst asylwürdigen relativ-politischen Delikte über das Maß eingeschränkt, das enthalten ist in der

3. zweiten Nebenregel:

Wegen politischen Delikts darf Auslieferung erfolgen, wenn das Delikt zugleich ein Delikt von nicht-politischer Beschaffenheit umfaßt und wenn festgestellt wird, daß es mit Rücksicht auf die Umstände im besonderen Falle überwiegend den Charakter eines nicht-politischen Delikts besitzt.

Dies ist die schwedische und, soweit diese es ist, auch die schweizerische Regel und es gilt folgeweise und entsprechend von ihr, was über jene gesagt worden ist, jedoch eben mit der Ausnahme, daß auch ein relativpolitisches Delikt von überwiegend politischem Charakter asylunwürdig wird, wenn auf Seiten des Täters besondere Rohheit vorliegt, vorbehaltlich natürlich, hier wie i. d. R. überall in den nordischen Gesetzen, daß die Bedingungen der Reziprozität usw. erfüllt sind. Ob besondere Rohheit beim Täter vorliegt, entscheidet das Höchste Gericht nach freiem Ermessen ebenso wie die Frage des überwiegenden politischen bzw. nichtpolitischen Charakters des Delikts, zwei nicht immer eben leichte Aufgaben. In ihre Lösung können subjektive Momente eingehen, so daß also erhöhte Möglichkeit der Kritik mit allen ihren Gefahren auswärtig politischen Drucks, innerer Unruhen usw. besteht. Diese Eventualität besteht auch bei der

4. dritten Nebenregel:

Ein an sich zwar (absolut- oder relativ-)politisches Delikt soll doch in keinem Falle als solches angesehen werden, wenn es sich um Mord oder Mordversuch handelt, der nicht in offenem Kampfe begangen ist; oder:

Wegen politischen Delikts darf Auslieferung erfolgen, wenn das Delikt ein politischer Mord oder Mordversuch ist, der nicht in offenem Kampfe begangen ist.

Diese Regel bezieht sich nach ihrer Fassung (»in keinem Falle«) und nach ihrer Stellung (besonderer, auf den ganzen ersten Absatz bezüglicher Absatz) auf sowohl absolut- als auch relativ-politische Delikte, wie die erste Nebenregel. Ihrer Fassung im Gesetze nach unterscheidet sie sich im Effekt anscheinend von der ersten Nebenregel, insofern sie sich als Muß-Vorschrift gibt, jene hingegen als Kann-Vorschrift. In Wahrheit besteht dieser Unterschied jedoch nicht. Allerdings enthält sie eine bindende Direktive wie eine Muß-Vorschrift, jedoch nicht des Inhalts, daß in den fraglichen Fällen stets auszuliefern sei, sondern nur eine bindende Direktive für die Beurteilung der Straftat, d. h. für die Beurteilung der Frage, ob im Sinne des Gesetzes überhaupt ein politisches Delikt vorliege. Über ihr bleibt wie über der ersten Nebenregel der erste Satz des ganzen Gesetzes bestehen: »Auf Ersuchen eines fremden Staates kann (darf, *må*) eine Person ... nach den Bestimmungen dieses Gesetzes ausgeliefert werden.« Bestehen bleibt über ihr vor allem die Generalregel des Erfordernisses der Reziprozität, so daß hier wie in allen anderen Fällen die Exekutive eventuell Auslieferung verweigern kann, auch wenn ein politischer Mord usw. nicht in offenem Kampfe verübt worden ist, wenigstens für den Regelfall.

Nach dieser Seite hat die dritte Nebenregel also dieselbe Stellung wie die alte belgische Attentatsklausel, aus der sie offenbar hervorgegangen ist; vgl. a. 1 des belgischen Auslieferungsgesetzes vom 1. Oktober 1833/15. März 1874: »Le gouvernement pourra livrer aux gouvernements des pays étrangers, à charge de réciprocité, tout étranger... pour l'un des faits ci-après énumérés....« Jedoch unterscheidet sie sich von dieser nach zwei Richtungen, durch eine Erweiterung und durch eine Verengerung. Weiter als die belgische Attentatsklausel ist sie durch ihre »Erweiterung ins Allgemeine«, d. h. durch ihr Absehen von dem Schutze bestimmter Personenklassen. Insofern wird sie, wie die erste Nebenregel im übrigen, offenbar auf ein allgemein Verwerfliches einer Straftat abgestellt, und dies wird augenscheinlich in dem Moment des Heimlichen gesehen, das einen Mord zum Meuchelmord macht — vielleicht eine Anlehnung an den Bericht der 1868 in England eingesetzten Kommission, deren Vorschlag aber in diesem Punkte in das englische Auslieferungsgesetz vom 2. August 1870 nicht aufgenommen worden ist; die englische Klausel über das politische Asyl bei v. Martitz a. a. O. II, S. 791. Wegen dieses Absehens von dem Schutz bestimmter Personenklassen wird die finnländische Klausel Auslieferung in einer größeren Zahl von Fällen als die belgische Attentatsklausel zulassen. Enger als diese ist sie, insofern sie nicht jeden Mord usw. betrifft, sondern nur den Mord usw., der nicht in offenem Kampfe begangen ist. Insofern wird sie in einer geringeren Zahl von Fällen als jene Auslieferung zulassen, nämlich in allen den Fällen nicht, wo ein Mord in offenem Kampfe begangen ist (dagegen doch wohl wiederum, wenn das Moment besonderer Rohheit beim Täter vorliegt); nach der belgischen Klausel ist Auslieferung dagegen auch bei einem an einem Staatsoberhaupte in offenem Kampfe begangenen Morde zulässig [1]).

Mit dem allen wird sich das neuartige finnländische neben dem norwegischen und seinem Muster, dem schwedischen System der Regelung des politischen Asyls in den Hauptpunkten und kurz ausgedrückt so darstellen lassen:

Finnland	Schweden	Norwegen
I. Wegen politischen Delikts wird Auslieferung grundsätzlich nicht gewährt.	I. Wie Finnland.	I. Wie Finnland.
II. Jedoch kann Auslieferung auch wegen politischen Delikts gewährt werden, nämlich	II. Wie Finnland,	II. Wie Finnland,
1. wegen relativ-politischen Delikts bei Überwiegen des nichtpolitischen Momentes darin;	1. wie Finnland,	1. wegen relativ-politischen Delikts, verübt in der Absicht der Förderung nur des mit dem gemeinen Delikt verfolgten Zweckes,
2. bei besonderer Verwerflichkeit des Delikts, sei es a) verwerflich wegen besonderer Roheit auf Seiten des Täters, und zwar auch α) im Falle relativ-politischen Delikts bei Überwiegen des politischen Momentes in der Handlung, β) im Falle offenen politischen Mordes usw.; sei es b) verwerflich wegen des Momentes der Heimlichkeit eines Mordes usw., und zwar auch α) im Falle eines relativ-politischen Delikts bei Überwiegen des politischen Momentes, in der Handlung, β) im Falle Nichtvorliegens besonderer Roheit.	2. wegen Mordes usw. an einem fremden Staatsoberhaupt usw.	2. wegen Mordes usw. an einem fremden Staatsoberhaupt usw., der nicht mit einem anderen politischen Delikt konnex ist.

[1]) Das vorgeführte Bild ist das Ergebnis außerordentlich komplizierter Erwägungen, wie sie durch die Anlage der finnländischen Klausel insgesamt notwendig geworden sind. Im Prinzip hat Finnland einfach die schwedische Klausel übernommen, jedoch die Attentatsklausel derselben wesentlich ver-

IV. Zusammenfassung.

Die vergleichende Vergegenwärtigung der drei nordischen Klauseln über das politische Asyl, die als die modernsten gelten, hat für das deutsche Gesetzgebungswerk den Wert zu zeigen, daß es auch heute, nach etwa 100-jähriger grundsätzlicher Anerkennung des politischen Asyls, nicht gelungen ist, eine nach allen Seiten zufriedenstellende Lösung zu finden, und daß somit ein Staat, der im Begriffe steht, sein Auslieferungsrecht gesetzlich zu ordnen, gezwungen ist, das ganze Problem erneut zu durchdenken. Unabhängig von Zeitströmungen — außer etwa von der Bewegung, die auf Übernahme der Zusammenhangstaten gerichtet ist — wird er die Lösung erstreben, die mit Rücksicht auf die Natur der Sache als die beste erscheint. Er wird sich dabei auf die obersten Tatsachen besinnen, die zu berücksichtigen sind. Dies sind die internationalen Verhältnisse mit ihrem »empfindlichen Charakter«, und es wird darauf ankommen, auf dasjenige abzustellen, was in diesen internationalen Verhältnissen das Entscheidende ist: die Sicherheit der Entscheidung; vgl. dazu unten die Verhandlungen der Zweiten schwedischen Kammer, insbesondere die Ausführungen des Grafen Ehrensvärd. Vor dem Erfordernis dieser Sicherheit müssen die humanitären Rücksichten des Einzelfalles zurücktreten, damit das Moment der Empfindlichkeit in den internationalen Verhältnissen so wenig als möglich der Gefahr ausgesetzt werde, gereizt zu werden. Jene Sicherheit wird sich als Humanität im Großen erweisen. Zumal in der gegenwärtigen Zeit, wo Gerichtsurteile zur Aufpeitschung politischer Leidenschaften benutzt (vgl. z. B. den sonst gar nicht hierher gehörigen Fall Sacco-Vanzetti) und wo die Staaten dadurch der Gefahr der Erschütterung ausgesetzt werden, ist die äußerste Vorsicht geboten, daß nicht das letzte einigermaßen Sichere in diesem Zeitalter der Relativität unnötig erschüttert werde, die Autorität der Gerichte! Erschütterung aber wäre möglich, wenn die Klausel über das politische Asyl nicht einfach und klar wäre, zu sehr auf das Ermessen der Gerichte abstellte. So gut wie immer wird in diesen Bereichen dies Ermessen von subjektiven Anschauungen abhängen (vgl. z. B. die Aufgabe, die Frage des Mordes im offenen Kampfe [1]) im Einzelfall zu entscheiden), bei allem Willen zur Objektivität und bei aller Abwesenheit von Klassenjustiz, und leicht wird darum bei solcher

ändert und außerdem seine zweite Nebenregel hineininterpoliert. Diese Interpolation hat jene außerordentlichen Schwierigkeiten für das Verständnis im Gefolge, die dem Romanisten so wohlbekannt sind. Um zum Verständnis zu gelangen, muß eine ganze Skala verschiedenartiger Schlüsse angewendet werden, von dem einfachen Umkehrungsschluß bis zur deductio ad absurdum. Aus Platzmangel läßt dies alles sich hier nicht vorführen; es konnte nur das Ergebnis mitgeteilt werden.

[1]) Dieser Begriff des § 5 FiAG. ist unserem Strafrecht nicht bekannt; er wird den besonderen finnländischen Verhältnissen nach der Staatsgründung (Bürgerkrieg usw.) entsprungen sein; indessen finde ich ihn nicht in den Novellen zum FiStrGB. wie auch nicht in diesem selbst oder im FiMilStrGB.

Klausel ein konkreter Fall der Kritik und der Staat auswärtigem Drucke oder innerer Unruhe ausgesetzt sein. Einfachheit und Klarheit der Klausel sind darum das oberste Gebot.

Und noch ein Zweites zeigt die Rechtsvergleichung: alle drei nordischen Klauseln über das politische Asyl tragen jener Bewegung Rechnung, die auf Übernahme des Begriffes der Zusammenhangstaten gerichtet ist. Die norwegische Klausel tut es mit ihrer Anlehnung an die belgische Klausel, indem sie sie in der gezeigten erwogenen Weise vorsichtig modifiziert. Die schwedische und die finnländische Klausel übernehmen die Zusammenhangstaten, indem sie — unmittelbar nach dem Muster der schweizerischen Regel und wie die belgische und die norwegische Regel — zwischen absolut- und relativ-politischen Delikten unterscheiden und sodann — wie die schweizerische Regel — dem Gerichte die Entscheidung darüber übertragen, ob in der relativ-politischen Handlung das politische oder das nichtpolitische Element überwiege; erklärt das Gericht, das nicht-politische Element überwiege, so ist die Handlung damit asylunwürdig. Mir scheint, es bedürfe hier der Hervorhebung, daß dies Verfahren gar keine Begriffsbestimmung enthält, sondern im Gegenteil geradezu den Verzicht darauf, sofern das Gericht im Einzelfall zu entscheiden hat, ob ein asylwürdiges Verbrechen vorliege, allerdings, aber doch auch lediglich unter einer im Gesetz gegebenen allgemeinen und nicht im mindesten spezialisierten Direktive und unter Voraussetzung des — auch nicht in irgendeiner Richtung genauer bestimmten — Begriffes des absolut-politischen Delikts. Auch das norwegische Gesetz läßt das absolut-politische Delikt in der gleichen Weise unbestimmt, im Hinblick auf welches allein doch der Begriff des relativ-politischen Delikts nähere Umschreibung erfahren kann. Dem Zusatz des § 3: »und in der Absicht verübt worden ist, den mit diesem erstrebten Zweck zu fördern«, der scheinbar ein wesentliches Element zur Bestimmung des Begriffs des relativ-politischen Delikts enthält, wohnt damit eine wesentlich geringere Leistungsfähigkeit inne, als es den Anschein hat. Es will scheinen, daß die Entwickelung in der Richtung gehen müsse, in der Klausel über das politische Asyl zunächst eine Begriffsbestimmung des absolut-politischen Delikts zu wagen und sodann die Elemente tunlichst genau zu bezeichnen, die als »Zusammenhang« und damit Asylwürdigkeit bewirkend angesehen werden sollen, um schließlich in einfacher und klarer Formulierung dem Wesentlichen dessen gerecht zu werden, was bisher für ihren Bereich die sog. Attentatsklausel bezweckte. Daß diese umzugestalten ist, folgt nicht nur aus der fortschreitenden Republikanisierung, sondern auch aus der fortschreitenden Demokratisierung der Staaten und der damit gegebenen Erweiterung vitaler politischer Rechte, an deren Sicherung alle Staaten Interesse haben (vgl. hierzu z. B. die Reden Branting's und Lindhagen's u. S. 274 ff. und 281 ff.). Vgl. auch die häufigen »Attentate« auf Diplomaten der letzten Zeit.

III.

Das Auslieferungsverfahren.

1. Das Wesen nach den nordischen Gesetzen.

Vom Auslieferungsverfahren oder vom formellen Auslieferungsrecht handelt in den drei nordischen Auslieferungsgesetzen je der zweite Teil, im schwedischen und im finnländischen Gesetze in besonderem Kapitel mit eigener Überschrift, wobei jedoch, wie oben schon geschehen, zu bemerken ist, daß beide Gesetze die formellen Auslieferungsbedingungen (Unterlagen), welche auch zum formellen Auslieferungsrecht gerechnet werden, z. T. in das Kapitel der materiellen Auslieferungsbedingungen eingefügt haben [1]). Während das norwegische Gesetz in diesem Teile auch die Unterlagen anführt, die dem Auslieferungsersuchen eines fremden Staates beizufügen sind, nehmen das schwedische und das finnländische Gesetz sie im ersten Paragraphen des Kapitels 2 lediglich in bezug, nachdem sie sie im Kapitel 1 über die Auslieferungsbedingungen aufgeführt haben. Dieser Teil der nordischen Gesetze enthält im übrigen die Regeln, nach denen von fremden Staaten gegenüber den einzelnen Ländern sowie in den einzelnen Ländern verfahren werden soll, wenn sie von einem fremden Staate um Auslieferung ersucht werden, nicht dagegen auch eingehendere Vorschriften über die Verfahrensweise bei eigenen Auslieferungsersuchen [2]), wohl aber auch über vorläufige Verhaftung vor Einlaufen eines formellen Auslieferungsersuchens sowie über Nebenfragen wie die der Auslieferung von Gegenständen, die sich im Besitze des Reklamierten befinden. Hauptgegenstand dieses Teiles ist die Regelung der Frage, die mit in erster Linie den gesamten Gesetzerlaß veranlaßt hat, nämlich der Beteiligung der Gerichte am Auslieferungsverfahren.

2. Die Verkehrsformen.

Als Form des Verkehrs mit fremden Staaten in Auslieferungssachen ist grundsätzlich von allen drei Gesetzen die diplomatische bestimmt; s. NoAG. § 9 Abs. 1, SchwAG. § 14 Abs. 1, FiAG. § 11 Abs. 1. Ausnahmen sind für den Fall provisorischer Festnahme vor Einlaufen eines fremden Auslieferungsersuchens vorgesehen, damit nicht an der Langsamkeit und Schwerfälligkeit des offiziellen diplomatischen Weges die Verfolgung eines Verbrechers zunichte werde; bei der Entwicklung der modernen Verkehrsverhältnisse könnte sich ja ein Verbrecher leicht jeder Festnahme entziehen, wenn nicht ein Abweichen von der Normalform für eilige Fälle zugelassen wäre; vgl. auch die Sonderbestimmungen im NoAG. § 20, SchwAG. § 25, FiAG. § 18 über die Festnahme Verfolgter (efterlyst), ohne daß ein Festnahmeersuchen vorliegen müßte.

---

[1]) Das norwegische Gesetz tut dies nicht, sondern läßt mit den formellen Auslieferungsbedingungen einen neuen Teil des Gesetzes beginnen, wie sich ganz klar aus der Regierungsdenkschrift, siehe unten S. 141 ff., ergibt.

[2]) S. NoAG. § 23, FiAG. § 20; im SchwAG. fehlt eine solche Bestimmung.

3. Die Unterlagen eines Auslieferungsersuchens.

Die nordischen Staaten liefern — wie allgemein üblich — Verbrecher nicht einfach auf die Angabe der Person und der Bezeichnung der fraglichen Straftat durch eine diplomatische Vertretung beim Auswärtigen Amte aus, sondern verlangen bestimmte formelle Unterlagen. Im Regelfalle werden verlangt ein Urteil oder ein Haftbefehl einer zuständigen Behörde, genaue Angabe der Art, der Zeit und des Ortes der Straftat, ferner eine Nachweisung über die Staatsangehörigkeit des Reklamierten; tunlichst ist auch eine Personalbeschreibung beizufügen. Das norwegische Gesetz verlangt ferner die Beifügung der fraglichen Strafvorschriften in Abschrift sowie das Urteil oder den Haftbefehl im Original oder in beglaubigter Abschrift. Es verlangt auch, wenn nicht vertraglich etwas anderes bestimmt ist, Beibringung solcher Beweise für die Schuld des Reklamierten, aus denen sich begründeter Verdacht ergibt. Das schwedische und das finnländische Gesetz verlangen dies für den Fall, daß das Ersuchen anders als mit einem Urteil oder einem solchen Beschluß begründet wird, dem eine Voruntersuchung vor Gericht oder Untersuchungsrichter vorangegangen ist, sofern der Reklamierte seine Schuld bestreitet; siehe NoAG. § 9, SchwAG. § 14 mit § 8, FiAG. § 11 mit § 6[1]). Entbehren die beigebrachten Unterlagen der Vollständigkeit oder sind sonst weitere Angaben nötig, so ist dem fremden Staate die Beibringung des Erforderlichen anheimzustellen; siehe norw. Reg.-D. unten S. 145, SchwAG. § 14 Abs. 4, FiAG. § 11 Abs. 3.

4. Die Beteiligung der Gerichte am Auslieferungsverfahren[2]).

Die Regeln über die Beteiligung der Gerichte am Auslieferungsverfahren bilden einen der Kernpunkte der drei nordischen

---

[1]) bes. auch wegen der Möglichkeit der Begründung von Ausnahmen durch Vertrag.

[2]) Vgl. Mettgenberg, Artikel »Auslieferung« im Wb. des VöR. u. d. Dipl. S. 85 f. und im Hdw. d. Rw. S. 448 ff., ferner» Gutachten« S. 38 ff. und »Die Neugestaltung« S. 17 ff. Die Äußerung Walkers a. a. O. S. 4: »Wenn wir den bestehenden Rechtszustand überblicken, so finden wir, daß *überall* im Auslande die Mitwirkung der ordentlichen Gerichte bei der Bewilligung einer Auslieferung eingeführt ist«, trifft in dieser Allgemeinheit nicht zu. Vgl. insb. den unten S. 209 wiedergegebenen Bericht des schwedischen Außenministers Grafen Ehrensvärd über das Auslieferungsverfahren in einigen fremden Ländern. — Zur Frage der Gerichtsbeteiligung im deutschen Auslieferungsrecht s. unter den Neueren außer den zitierten Gutachten von Walker und Kraus vor allem Frank 1. in Liebmann Festgabe S. 139 ff., 2. in DJZ. 1926, Heft 17/18, S. 1270 ff., 3. Der Kampf um ein deutsches Auslieferungsgesetz (1905), 4. auch s. Artikel »Auslieferung« in Fleischmanns »Wörterbuch d. D. Staats- und Verwaltungsrechts« I (1911). Die Schrift von Frank und Rachfahl, Kann Kaiser Wilhelm II. ausgeliefert werden? (1919), habe ich mir nicht mehr beschaffen können. — Die Einschaltung der Gerichte in das Auslieferungsverfahren bedeutet in den nordischen Gesetzen die formelle Gewährleistung des »Rechtsprinzips« im Sinne Franks (s. o. S. 37, Anm. 1). Es ist aber nicht, wie Frank (Der Kampf usw. S. 49) es vorsieht, ein Antrag des Verfolgten, der das Eingreifen der Ge-

Auslieferungsgesetze. Sie sind mit besonderer Sorgfalt ausgearbeitet worden, nicht ohne daß wie in Schweden die endgültigen Gesetzesbestimmungen Ergebnis lebhafter Diskussion unter den am Gesetzgebungsverfahren beteiligten Instanzen wären. Besonders darf unter den Vorarbeiten auf den orientierenden »Bericht über die Grundzüge des Verfahrens in Auslieferungssachen in gewissen fremden Staaten« des schwedischen Außenministers Grafen Ehrenswärd hingewiesen werden [1]). In der Einleitung dieses Berichtes werden »zwecks Anschaulichkeit diese (die Verfahrensweisen der verschiedenen Staaten) in drei verschiedene Hauptsysteme zusammengefaßt«, nämlich

I. das rein administrative (oder preußische) [2]) System,

II. das britisch-amerikanische System,

III. das gemischte System«.

Gemäß dieser Unterscheidung wird sodann über die einzelnen Länder berichtet.

Da die Frage des Umfanges der Prüfung des Straffalles, der zur Ausführung Anlaß geben soll, und der Beteiligung der Gerichte an der Prüfung (Art und Bedeutung der Beteiligung) zu den Punkten gehört, über die diese Einführung besonders orientieren soll, so hat hier eine ausführlichere Darstellung stattzufinden. Dabei werden die beiden hervorgehobenen Fragen nach der hier vorzu-

---

richte in ein Auslieferungsverfahren bewirkt. Doch entspricht es der Frankschen Forderung wieder, wenn schlechthin Auslieferung verboten wird, sobald die Gerichte das Vorliegen gesetzlicher Hindernisse ausgesprochen haben.

[1]) S. u. S. 209. Berichte über das Auslieferungsverfahren in einzelnen Ländern enthalten wohl nur Lammasch, Auslieferungspflicht und Asylrecht (1887) und I. B. Moore, Treatise on extradition and interstate rendition (2 vols. 1891). Neuere solche Darstellungen rechtsvergleichender Art sind mir nicht bekannt, so daß also dem Berichte des Grafen Ehrensvärd besonderes Interesse zukommt.

[2]) Vgl. dazu den Bericht des Ministers über das Verfahren nach dem »preußischen System« u. S. 211. Zurzeit wird bei Auslieferungen aus Deutschland an das Ausland folgendes Verfahren beobachtet: Die dem Auswärtigen Amte durch die fremde Vertretung in Berlin zugehenden Auslieferungsersuchen werden vom Auswärtigen Amte regelmäßig mit dessen Stellungnahme an die Regierung des deutschen Landes weitergeleitet, wo die beanspruchte Person festgenommen worden ist oder vermutet wird. Auch die beim Auswärtigen Amt eingehenden Ersuchen um vorläufige Festnahme eines ausländischen Justizflüchtlings werden der Zentralstelle des vermutlichen Aufenthaltslandes zugeleitet. Das Reichsjustizministerium wird in Einzelfällen mit der Angelegenheit nur dann befaßt, wenn es sich um die Erörterung grundsätzlicher Fragen handelt. Es hat grundsätzlich nur die Generalia (Gesetze und Verträge). Eine parlamentarische Behandlung findet nicht statt. —

Der Bericht des schwedischen Außenministers von 1912 berücksichtigt natürlich noch nicht, daß das Auswärtige Amt heute Reichsministerium, der Minister des Innern, von dem die Rede, aber Landesminister ist. Vgl. ferner Wolgast, Die Auswärtige Gewalt des Deutschen Reiches, im Arch. öff. R., N. F. 5. Bd., S. 103, Anm. 87, wo anläßlich der Besprechung des Dato-Falles das heutige deutsche Auslieferungsverfahren und -recht erörtert wird. Dagegen eine korrigierende Bemerkung bei Sommer a. a. O. Sp. 628, beides von Pohl a. a. O. S. 11 im Sinne dieser Anmerkung richtig gestellt.

führenden Art und Weise ihrer Behandlung beim Erlaß der nordischen Auslieferungsgesetze zu plastischer Darstellung nur vor dem Hintergrunde einer Darstellung des gesamten Auslieferungsverfahrens nach den nordischen Gesetzen gelangen können, weil die Prüfungsfrage — neben derjenigen nach den formellen und materiellen Auslieferungsbedingungen die eine Hauptfrage des gesamten Auslieferungsrechtes — eine Wesensunterfrage der ganzen Verfahrensfrage ist. Infolgedessen und da gerade das bisherige deutsche Auslieferungsverfahren durch Einfügung einer Gerichtsbeteiligung grundsätzlichem Wandel unterworfen werden soll, wird zweckmäßig ihre Darstellung hier aus einer solchen der drei nordischen Auslieferungsverfahren zu entwickeln sein. Da diese, wenn auch wesentlich, so doch nicht in allen Punkten gleich sind und schon wegen der Verschiedenheit der Staatsverfassungen auch nicht gleich sein können, so ist eine Sonderung nach den Regelungen der drei nordischen Staaten geboten. Voranzustellen ist die Darstellung der norwegischen Regelung als der zeitlich-ersten und des — in mehr oder minder großem Umfange — Musters der schwedischen und der finnländischen Regelung. Überall wird die Darstellung auf den eigentlichen und normalen Auslieferungsfall beschränkt bleiben müssen und insbesondere Fälle nicht berücksichtigen können, in denen ein älterer Auslieferungsvertrag vorliegt oder in denen es sich wie nach § 19 des NoAG. um bloß vorläufige Festnahme einer Person vor Einlaufen des formellen Auslieferungsersuchens handelt. Grundsätzlich darf aber schon hier als Grundsatz der nordischen Gesetze in der Frage der Anteilsverteilung am Auslieferungsverfahren zwischen Administration und Gerichten festgestellt werden, daß den Gerichten alles, aber auch nur das zustehen soll, was ihnen — eventuell durch Auslegung zu erschließen — zugewiesen worden ist, der Administration hingegen der gesamte »Rest«. M. a. W.: die Vermutung dürfte im Zweifelsfalle für die Zuständigkeit der Administration sprechen. Ein ausdrücklicher Anspruch findet sich darüber freilich weder in den Gesetzen noch in den Motiven. Doch dürfte der Grundsatz zweifelsfrei daraus folgen, daß die Gesetze die Gerichtszuständigkeiten »enumeriert« haben, wie sich die Gesamtregelung ja auch nur als eine, wenn auch weitgehende, so doch nur als eine Modifikation des Bisherigen darstellt (»Umbildung des Verwaltungs- zu einem gerichtlichen Verfahren« (Mettgenberg, Gutachten, S. 54).

I. Norwegen.

Ein glücklicher Umstand fügt es, daß das Bild des norwegischen Auslieferungsverfahrens genau so gegeben werden kann, wie es seinerzeit den schwedischen und dem finnländischen gesetzgebenden Faktoren vor Augen gestanden hat. Denn in der oben S. 20 B 1 f genannten »Darstellung der Grundsätze des Verfahrens in Auslieferungsangelegenheiten in einigen fremden Ländern«, die vom schwedischen Außenminister gegeben und den schwedischen Materialien einverleibt worden ist, ist auch eine Darstellung des norwegischen Auslieferungsverfahrens enthalten. Sie sei darum hierher gestellt:

»Nach dem norwegischen Gesetze hat das Auswärtige Amt, sobald ein Auslieferungsersuchen auf diplomatischem Wege bei ihm eingegangen ist, die Urkunden dem Justizdepartement zu übersenden. Findet dies Departement, daß das gestellte Ersuchen die im Gesetze aufgestellten Forderungen hinsichtlich der Ersuchensurkunden nicht erfüllt, d. h. daß diese nicht enthalten das Signalement des Verbrechers, Angabe von dessen Nationalität, ein Urteil oder eine andere Zeit und Ort des Deliktes angebende Gerichtsurkunde, Abschrift angezogener Strafgesetzparagraphen usw. oder daß aus dem Ersuchen im übrigen sich die Unmöglichkeit ergibt, ihm zu entsprechen, so wird hiervon sofort die fremde Regierung auf diplomatischem Wege unterrichtet [1]).

Wenn jedoch diese im Justizdepartement vorgenommene Untersuchung eine Handhabe bietet, dem Ersuchen zu entsprechen, so werden die Akten der höchsten Anklagebehörde mit dem Ersuchen übersandt, Nachforschungen nach dem Flüchtling, wenn dieser nicht schon auf direktes Ersuchen der Polizeibehörden des fremden Landes verhaftet worden ist, anstellen und ihn festnehmen zu lassen sowie die erforderlichen gerichtlichen Maßnahmen für die Ermittelung zu treffen, ob Auslieferung stattfinden kann.

Nach erfolgter Verhaftung wird der Verhaftete durch Vermittlung des Staatsanwaltes vor den nächsten Verhörsrichter [2]) gestellt. Stimmt er der Auslieferung zu, so verkündet das Gericht sofort Beschluß, daß Hindernisse dagegen nicht bestehen, und setzt das Justizdepartement von diesem Beschlusse in Kenntnis.

Widerspricht hingegen der Verhaftete der Auslieferung, so wird die Sache zu neuer Verhandlung ausgesetzt, bei der die Anklagebehörde zugegen sein und der Verhaftete den Beistand eines Verteidigungsadvokaten genießen soll. Sobald das Verhör stattgefunden hat, entscheidet das Gericht ohne Aufschub, ob das Gesetz im vorliegenden Falle Auslieferung zulasse. Bei der Prüfung dieser Frage berücksichtigt das Gericht nur, ob die all-

---

[1]) Eventuell zwecks Komplettierung; siehe unten S. 145.

[2]) Das Verhörsgericht (forhörsretten), besetzt mit einem Unterrichter und zwei Gerichtszeugen (rettsvidner), gehört mit dem Schöffengericht (medomsretten: Unterrichter und zwei Mitrichter), dem Lagmannsgericht oder Geschworenen-Gericht (Lagmannsretten: Vorsitzender und zwei Unterrichter samt dem Geschworenen-Ausschuß, »lagretten«) und dem Kassationsgericht (Kjaeremaalsutvalget) des Höchsten Gerichts (3 Assessoren) zu den durch das Gesetz von 1887 eingeführten Gerichtshöfen Norwegens [s. Taranger, Norwegische Bürgerkunde, Greifswald 1925, S. 39]. Es hat im Strafprozeß »die Voruntersuchung zu leiten und besitzt in kleineren Sachen, wo ein Geständnis vorliegt, urteilsprechende Macht .... Mit gewissen Beschränkungen kann vom Verhörsgericht und Schöffengericht an das Geschworenengericht appelliert werden. Die Urteilssprüche des letzteren sind bezüglich der Schuldfrage inappellabel. Gegen die sonstigen reellen und formellen Seiten des Urteils kann teils beim Höchsten Gericht, teils bei einem besonderen Kassationsgericht (Kjaeremaalsutvalget) appelliert werden, das aus einem Ausschuß des Höchsten Gerichts besteht« (Morgenstierne, Das Staatsrecht des Königreiches Norwegen, Tüb. 1911, S. 91). Eine größere Strafprozeßform ist am 1. Juli 1927 in Kraft getreten.

gemeinen Auslieferungsvoraussetzungen vorliegen, tritt jedoch nicht in eine Untersuchung der Schuld des Verhafteten ein, wenn nicht im entsprechenden Vertrage besondere Vereinbarungen hierüber getroffen worden sind [1]). Gegen den Beschluß des Gerichts, der ohne Aufschub zu verkünden ist und von dem ein Protokollauszug dem entsprechenden Departement zugestellt wird, kann in derselben Weise wie in Kriminalsachen Beschwerde eingelegt werden. Die endgültige Entscheidung des Gerichtes ist, soweit darin bestimmt wird, daß das Gesetz Auslieferung nicht zulasse, unbedingt für die Regierung bindend [2]), die dann nur der fremden Gesandtschaft mitzuteilen hat, daß dem Ersuchen nicht entsprochen werden könne. Wird dagegen in der endgültigen Entscheidung des Gerichts erklärt, daß das Gesetz Auslieferung zulasse, so hat die Regierung in der Auslieferungsfrage Beschluß zu fassen und ist dabei nicht gehindert, nichtsdestoweniger ihre Genehmigung zu versagen. Sobald die Regierung ihren Beschluß gefaßt hat, wird dieser dem fremden Staate auf diplomatischem Wege mitgeteilt.«

Wie sich aus der norwegischen Regierungsdenkschrift selbst ergibt [3]), sind es die Vorschläge des Institut de Droit international von 1880, auf denen die Regelung des Auslieferungsverfahrens beruht, sofern es in ihnen heißt: es sei wünschenswert, daß die Gerichte berufen würden, die Auslieferungsersuchen nach einem kontradiktorischen Verfahren zu beurteilen, sowie daß ein Staat Auslieferung nicht bewilligen dürfe, wenn das Gericht ausgesprochen habe, daß dem Ersuchen darum nicht entsprochen werden dürfe.

Was nun den Umfang der Prüfung des Straffalles im einzelnen betrifft, der zur Auslieferung Anlaß geben soll, so unterscheiden die Motive und das Gesetz folgende drei Hauptarten [4]):

---

[1]) Vgl. § 9 NoAG. Abs. 3: »Sofern nichts anderes durch Übereinkommen mit dem fraglichen fremden Staate bestimmt ist, müssen außerdem solche Beweise für die Schuld der fraglichen Person beigebracht werden, daß sich das Vorliegen triftigen Grundes zum Verdachte gegen sie ergibt.« Die oben im Text gegebene Auslegung ist m. E. unrichtig: Regelmäßig hat das Gericht in die Schuldprüfung im Sinne des § 9 III einzutreten, und nur bei vorliegender, anders lautender vertraglicher Regelung darf es entsprechend davon absehen. Dies ist letzten Endes auch das Prinzip des schwedischen und des finnländischen Gesetzes (s. SchwAG. § 8, FiAG. § 6); Grund des Mißverständnisses dürfte die im Text sogleich wiedergegebene, etwas schwierig formulierte Stelle der norwegischen Regierungsdenkschrift sein; vgl. i. ü. den eingehenderen Vergleich S. 102 ff.

[2]) Damit bekennt sich die norwegische Regelung — und ihr folgen diejenigen Schwedens und Finnlands — zu dem System, das zuerst das luxemburgische Auslieferungsgesetz vom 13. März 1870 angewandt hat. Abgelehnt sind somit das belgische und das schweizerische System: nach ersterem hat die Gerichtsäußerung nur gutachtliche, nach letzterem in jedem Falle entscheidende Wirkung, d. h. das Gericht entscheidet schlechthin in jedem Auslieferungsfalle, ob Auslieferung stattfinden solle oder nicht. Vgl. Mettgenberg, Gutachten S. 49 und bes. die schwedische Reg.-Denkschr. u. S. 184 ff.

[3]) S. u. S. 141.

[4]) Neben etwa derjenigen auf Identität der Person des eventuell Festgenommenen mit dem Reklamierten usw.; s. u. S. 102 ff.

1. ob die vom Gesetze aufgestellten Auslieferungsbedingungen vorhanden seien,
2. ob der Staat dem fremden Staate gegenüber verpflichtet sei, auszuliefern,
3. verneinendenfalles (2), ob dessen ungeachtet Grund bestehe, dem Ersuchen zu entsprechen.

Alle drei Arten von Prüfungen sind bei jedem einlaufenden Auslieferungsersuchen anzustellen, allerdings von verschiedenen Stellen und bei verschiedenen Anlässen.

Hinsichtlich der Legitimationen, die verlangt werden sollen, bevor Auslieferung bewilligt wird, läßt sich — unter tunlichster Verwendung der Formulierungen der Regierungsdenkschrift (siehe S. 143 unten) folgendes feststellen: die norwegische Regierung bemüht sich, die Mitte zu halten zwischen der englisch-amerikanischen und der »allgemein geltenden Regel«, daß der ersuchte Staat keinen materiellen Beweis für die Schuld der gesuchten Person fordere, sondern sich mit dem formellen Beweis einer gerichtlichen Entscheidung begnüge, die auf »schuldig« laute oder jedenfalls voraussetze, daß Beweis befugten Verdachtes vorliege. Die englisch-amerikanische Regel verlange bei Nichtvorliegen eines ausländischen Urteils die Vorlegung besonderer Beweise für die Schuld des Reklamierten[1]) und Unterbreitung derselben vor einen Verhörsrichter so, daß Auslieferung nur bewilligt werde, wenn der Richter finde, daß die Beweise zureichend gewesen wären, um die Festnahme des Betreffenden zwecks Stellung unter Anklage zu begründen, wenn das Delikt im Lande begangen worden wäre. Die in dieser Regel liegende Garantie gegen unbefugte Auslieferung und für den Schutz des fremden Staatsbürgers scheint der Regierungsdenkschrift Berücksichtigung der Regel zu heischen, trotz der mit ihrer Anwendung verbundenen Umständlichkeiten und Kosten. Die Denkschrift zieht jedoch andererseits in Rücksicht, »daß in der Regel die fremden Staaten sich mit einem von zuständiger Stelle ausgefertigten Haftbefehl begnügen und keinen materiellen Beweis für die Richtigkeit des Befehls verlangen. Da zwischenstaatliche Abkommen auf diesem Gebiete in der Regel Gleichheit der gegenseitigen Rechte und Pflichten voraussetzen, so besteht keine Wahrscheinlichkeit, daß ein kleinerer Staat wie Norwegen sich eine solche Verschärfung der allgemeinen Auslieferungslegitimationen ausbedingen könnte, die der fremde Staat nicht selbst verlangen würde. Das Departement ist unter diesen Umständen dabei stehen geblieben, die Ordnung vorzuschlagen, daß materieller Beweis für die Schuld des fremden Staatsbürgers an dem zur Last gelegten Delikt nur in Fällen soll verlangt werden können, in denen mit dem fremden Staate nicht vereinbart ist, daß ein von kompetenter Stelle ausgefertigter Arrestbefehl oder ähnl. Auslieferung soll begründen können«. Soweit danach die materielle Grundlage eines Auslieferungsersuchens zu prüfen ist, wird es für zureichend erachtet, solche Beweise zu verlangen, die nach

[1]) S. insoweit auch das schwedische und das finnländische Gesetz § 8 bzw. § 6.

norwegischem Recht ausreichen würden, um die Festnahme des Betreffenden zu begründen, m. a. W., daß er mit Grund verdächtigt wird. § 228 NoStPO[1]). »Strengere Beweise zu verlangen, z. B. hinreichend, um Anklage zu begründen, wird nicht als erfordert angesehen und würde auch nicht gut zu den allgemeinen Funktionen der Gerichte nach unserer Strafprozeßordnung stimmen«.

Wie nun drei verschiedene Haupt- (und mehrere Neben-)Arten von Prüfungen unterschieden werden, so wird auch zu verschiedenen Malen geprüft. Die erste Prüfung wird vom Justizdepartement vorgenommen, um unnötige Mühe und unnötigen Zeitverlust zu vermeiden, wie die Begründung sagt und wohl darum und wegen der möglichen weiteren Prüfungen von einer »vorläufigen Prüfung« spricht, obwohl doch, wie sofort zu zeigen, die Folgen für das Auslieferungsersuchen entscheidend sein können. Diese erste Prüfung findet unter den beiden Gesichtspunkten statt, ob die im § 9 aufgestellten formellen Bedingungen erfüllt seien oder ob aus dem Ersuchen sich ergebe, daß gesetzlich keine Möglichkeit der Auslieferung bestehe, der Art nach also die oben unter 1) genannte Hauptprüfungsart. Je nach dem Ausfall nimmt das Verfahren seinen Fortgang oder es wird dem fremden Staate diplomatisch unter Angabe des Grundes mitgeteilt, dem Ersuchen könne nicht entsprochen werden (§ 10), eventuell unter dem Anheimstellen der Komplettierung des Ersuchens (Begründung zum § 10).

Nimmt das Verfahren infolge Erachtens der Regierung, daß Auslieferungsmöglichkeit bestehe, seinen Fortgang, so kommt es zur zweiten Prüfung durch die Behörde, der ein Festgenommener vorläufig vorgeführt ist, und zwar auf Identität des Festgenommenen mit dem Reklamierten, zwecks eventueller Loslassung, — der Art nach also keine der Hauptprüfungen. Ist diese Behörde der Verhörsrichter, so hat dieser eventuell den Gefangensetzungsbeschluß nach § 239 der StPO. zu erlassen (§ 12)[2]); eventuell findet hier also eine dritte Prüfung statt.

Nach Eingang der Akten nimmt der Verhörsrichter die ev. vierte Prüfung in gerichtlichem Termin zwecks Feststellung vor, ob der Festgenommene in die Auslieferung einwillige, der Art nach also ebenfalls keine der genannten Hauptprüfungen. Bei Anerkennung der Identität und bei Einwilligung in die Auslieferung seitens des Festgenommenen ergeht sofort die Entscheidung, daß gesetzlich Auslieferungsmöglichkeit bestehe; von dieser Entscheidung wird das Justizdepartement sofort in Kenntnis gesetzt (§ 13 Abs. 1 und 2).

Bei Widerspruch des Verhafteten gegen die Auslieferung erfolgt nach Anberaumung eines neuen Termins zu erneuter Verhandlung unter Teilnahme der Anklagebehörde eine ev. fünfte Prüfung, und zwar durch das Verhörsgericht unter dem Gesichtspunkte, ob gesetzlich Aus-

---

[1]) Übersetzung s. S. 144 Anm. 2.
[2]) Übersetzung s. S. 344 Anm. 1.

lieferungsmöglichkeit bestehe, unter Prüfung der Schuld nach den im § 9 angegebenen Grundsätzen, — eine zweite Hauptprüfung der oben unter 1) genannten Art also. Die Entscheidung erfolgt sofort. (§ 14 Abs. 3).

Hiernach ist durch § 15 Abs. 2 die Möglichkeit einer außerordentlichen Prüfung eingeschaltet, nämlich auf eine sofort zu erklärende Beschwerde gegen die Entscheidung, daß gesetzlich Auslieferungsmöglichkeit bestehe oder nicht bestehe, durch die Beschwerdeinstanz (Kjaeremaalsutvalget), jedoch nicht gegen den Beschluß auf Loslassung und nicht gegen die Entscheidung auf Verhängung von Untersuchungshaft (§ 12 mit Begründung zu den §§ 11—18, 2. Absatz Satz 2 und u. S. 162). Die Beschwerde hat aufschiebende Wirkung.

Lautet die — in diesem Falle für die Regierung unbedingt bindende — endgültige Entscheidung auf Nichtvorliegen gesetzlicher Auslieferungsmöglichkeit, so erfolgt diplomatische Benachrichtigung des fremden Staates, daß dem Ersuchen nicht entsprochen werden könne (§ 16).

Lautet die Entscheidung dagegen auf Vorliegen gesetzlicher Auslieferungsmöglichkeit, so findet eine ev. sechste (oder wenn Beschwerde stattgefunden hat, siebente) Prüfung statt, die eine Hauptprüfung, die dritte also, ist. Sie wird von der Regierung vorgenommen und hat die oben Seite 96 unter 2) und 3) genannten Punkte zum Gegenstande, (d. h. ob Auslieferungspflicht gegen den ersuchenden Staat oder ob sonst (d. h. eventuell auch ein nicht-juristischer) Grund vorhanden, dem Ersuchen zu entsprechen). Alsdann erfolgt Mitteilung des getroffenen Beschlusses an den fremden Staat auf diplomatischem Wege, eventuell unter Stellung von Bedingungen bei der Bewilligung und immer unter Stellung einer Frist zur Abholung oder zur Empfangnahme des Gesuchten (§ 17).

Nach Ablauf der Frist ist schließlich festzustellen, ob der Gesuchte von dem fremden Staate abgeholt oder in Empfang genommen worden ist — wenn man will, also eine ev. siebente (achte) Prüfung; verneinendenfalls ist der Betreffende loszulassen (§ 18, 3).

Nach der Art der zu beantwortenden Fragen finden also dreimal Hauptprüfungen statt (abgesehen von der außerordentlichen Prüfung durch das Kjaeremaalsutvalg):

1. Nach § 10 durch die Regierung auf Vorliegen der gesetzlichen Auslieferungsbedingungen usw., eventuell mit der Folge der Ablehnung des Auslieferungsersuchens;
2. nach § 14, ebenfalls auf Vorliegen der gesetzlichen Bedingungen, durch das Verhörsgericht, mit bindendem Ergebnis für die Regierung, wenn die Entscheidung auf Nichtauslieferung, d. h. auf Vorliegen gesetzlicher Hindernisse gegen die Auslieferung lautet;
3. nach § 17 in Verbindung mit der Regierungsdenkschrift (s. u. S. 143 f.) durch die Regierung auf Vorliegen einer Auslieferungspflicht gegen den fremden Staat bzw. auf Vorliegen eines anderen Grundes, dem Ersuchen zu entsprechen.

Alle anderen Prüfungen beziehen sich nicht auf die Hauptfragen, sondern auf die Nebenfragen, wie die der Identität des Verhafteten mit dem Reklamierten, auf Einwilligung des Festgenommenen in die Auslieferung, welch letztere unter anderem Gesichtspunkte allerdings auch als Hauptfrage angesehen werden können.

Die Hauptbeteiligung der Gerichte am gesamten Prüfungsverfahren ist allein auf die Vornahme der Prüfung beschränkt, ob die vom Gesetz aufgestellten Auslieferungsbedingungen vorliegen, und ihr Ergebnis ist nur in dem einen Falle für die Regierung bindend, daß das Vorliegen dieser Bedingungen verneint wird; dann nämlich ist das Auslieferungsersuchen abzulehnen. »Dagegen wird es umgekehrt nicht nötig sein, dem Ersuchen zu entsprechen, weil hierzu gesetzlich Möglichkeit besteht. Denn die Entscheidung, ob Auslieferung bewilligt werden solle, wird zugleich eine Prüfung voraussetzen, ob der Staat dem fremden Staate gegenüber verpflichtet sei auszuliefern, und, verneinendenfalles, ob dessen ungeachtet Grund bestehe, dem Ersuchen zu entsprechen. Diese Prüfung, bei der völkerrechtliche und politische Rücksichten eine wesentliche Rolle spielen werden, muß, so nimmt man an, ganz der Administration überlassen werden. Da die Auslieferung nach ihrer Natur eine Regierungshandlung ist, so weit sie das Verhältnis zu dem fremden Staate angeht, so erscheint es dabei als das Richtigste, daß der Beschluß, ob Auslieferung oder Nichtauslieferung, in jedem Falle der Form nach von einem Regierungsdepartement ausgeht«.

Nach alledem ist die Gerichtshauptbeteiligung am Prüfungsverfahren in Norwegen also auf die Prüfung beschränkt, ob die gesetzlichen Auslieferungsbedingungen vorliegen, und sie hat überhaupt nur im verneinenden Falle eine rechtliche Wirkung: die bindende Wirkung für die Regierung, das Auslieferungsersuchen ablehnen zu müssen. Irgendeine andere rechtliche Prüfungsfrage wird den Gerichten nicht vorgelegt. Insbesondere ist also bejahendenfalls irgendeine »gutachtliche« Wirkung der gerichtlichen Äußerung im Gesetze nicht vorgesehen[1]), und nicht prüft das Gericht unter den oben S. 96 unter 2 und 3 angegebenen Gesichtspunkten.

---

[1]) Vgl. dazu Mettgenberg, Gutachten S. 41 und »Die Neugestaltung usw.« S. 19. Es ist formell daher nicht ganz richtig, wenn Mettgenberg am letzten Orte schlechthin von den nordischen Gesetzen sagt: »Der Beschluß hat überall gutachtliche Bedeutung, wenn er die Zulässigkeit der Auslieferung bejaht; er hat entscheidende Bedeutung, wenn er sie verneint.« In der obengenannten Entscheidung vom 16. Oktober 1916 hat das schwedische Höchste Gericht ausgesprochen, »daß gegen die (von Rußland) nachgesuchte Auslieferung Johannsons wegen rechtswidriger Aneignung des dem Likström gehörigen Motorbootes keins der in den §§ 2—9 des obengenannten (Auslieferungs-) Gesetzes aufgeführten Hindernisse vorliege, daß dagegen, da einleuchtende Gründe zu dem Verdachte nicht vorlägen, daß Johannson des angegebenen Entwendungsdeliktes schuldig sei, gegen Johannsons Auslieferung wegen des letztgenannten Deliktes ein solches Hindernis vorliege, wie im § 8 gen. Ges. genannt«. Johannson ist später auf einen Beschluß des Königs im Staatsrate

Das schwedische und das finnländische Auslieferungsverfahren sind mit einer größeren Ausnahme in dem Wesentlichen dem norwegischen Auslieferungsverfahren gleichgeordnet, nämlich mit der wesentlichen Ausnahme, daß die gerichtliche Prüfung in beiden Ländern je dem »Höchsten Gerichte«[1]) übertragen ist, während sie in Norwegen beim Verhörsgerichte liegt[2]). Die Art und Bedeutung der Gerichtshauptbeteiligung ist die gleiche wie in Norwegen: zu prüfen ist vom Gerichte, ob gesetzliche Auslieferungshindernisse vorliegen; das bejahende Ergebnis allein ist von — wie in Norwegen — für die Regierung bindender Wirkung: das Auslieferungsersuchen ist abzulehnen! Auch in Schweden und Finnland ist verneinendenfalls eine »gutachtliche« Wirkung dieser gerichtliche Äußerung im Gesetze nicht vorgesehen. Zur Veranschaulichung der Verfahrensweisen in Auslieferungsangelegenheiten wird es daher für beide Länder genügen, eine solche Skizze zu entwerfen, wie sie seitens des schwedischen Außenministers vom norwegischen Auslieferungsverfahren gegeben und oben wiedergegeben worden ist. Hervorzuheben ist, daß in den schwedischen Instanzen außerordentlich lebhafte Diskussion über eine Reihe von Punkten der Regierungsdenkschrift stattgefunden hat; insbesondere ist die hervorgehobene Hauptabweichung von der norwegischen Regelung, die Übertragung der gerichtlichen Äußerung an das Höchste Gericht betreffend, Ergebnis solcher Diskussion.

II. Schweden.

Sobald ein Auslieferungsersuchen auf diplomatischem Wege dem Auswärtigen Amte eingegangen ist und, wenn für nötig befunden, die Akten durch dessen Vermittlung vervollständigt worden sind, ist die Angelegenheit dem Justizministerium zur Behandlung daselbst zu überweisen. Ergibt eine jetzt vorzunehmende (vorbereitende) Prüfung der Akten eine Beschaffenheit des Ersuchens, daß diesem gesetzlich nicht entsprochen werden kann, oder erachtet der König sonst[3]) einen Anlaß für vorliegend, das Ersuchen nicht zu bewilligen, so ist dieses unmittelbar abzulehnen.

vom 10. Nov. 1910 an Rußland ausgeliefert worden. Es lag in diesem Falle ein Haftbefehl des Gouverneurs über Vasa Län in Finnland vor (v. 24. Juli 1916). Jedenfalls haftet der Entscheidung des Höchsten Gerichts nichts »Gutachtliches« im Sinne eines Rates, was zu geschehen habe, an.

[1]) das unserem Reichsgerichte entspricht. Es dürfte zu erwägen sein, ob nicht auch bei uns die entscheidende Gerichtsäußerung in die Hand des obersten Gerichts zu legen sei. Von Wert können dabei die in Schweden angestellten Erwägungen sein. Den von dem Abgeordneten Lindhagen (s. u. S. 308) vorgebrachten Einwand der Überlastung hat man in Schweden nicht für durchschlagend erachtet (s. i. e. u. S. 245 f., 309 ff.). In Finnland hat, wie erwähnt, das Höchste Gericht seit 1922 überhaupt noch nicht in Auslieferungsfragen zu urteilen gehabt, in Schweden seit 1913 in zwei Fällen. Doch könnten bei uns die Verhältnisse anders liegen; die Frage wäre event. nach den m. W. nicht veröffentlichten Auslieferungsstatistiken zu entscheiden.

[2]) Doch liegt die tatsächliche Untersuchung auch in Schweden und Finnland bei Untergerichten.

[3]) Es dürften folgende in den Materialien an verschiedenen Stellen genannte

Wenn dagegen diese Prüfung ergibt, daß Ablehnungsgründe nicht vorliegen, so verordnet der König die Verhaftung der gesuchten Person, sofern diese nicht schon auf diplomatisches oder bei der Polizei darum gestelltes Ersuchen oder wegen Verfolgung (efterlysning; s. u. S. 206) in einem fremden Staate erfolgt ist, sowie ihre Stellung vor den Königlichen Befehlshabenden[1]) zum Verhör, bei dem sie Anspruch auf Beistand hat, anders als in Norwegen also, wo das Verhör gerichtlich ist.

Gesteht bei diesem Verhör der Verhaftete zu, die gesuchte Person zu sein, um deren Auslieferung ersucht ist, und widerspricht er der Bewilligung des Ersuchens nicht, so ist das Protokoll darüber mit den übrigen Akten dem Könige einzusenden. In Norwegen erklärt das Gericht sofort, daß gerichtliche Auslieferungsmöglichkeit vorliege.

Macht der Verhaftete dagegen dies Zugeständnis nicht und gibt er die Erklärung nicht ab[2]), gegen seine Auslieferung nichts einzuwenden zu haben, so wird die Sache dem Gerichte überwiesen; das Protokoll über das Verhör und die übrigen Akten sind dem Rathausgerichte[3]) an dem Orte zu übersenden, wo der Königliche Befehlshabende seinen Sitz hat. Von dem Ergebnis des Verhöres ist das Auswärtige Amt sofort zu benachrichtigen.

Das Rathausgericht untersucht in diesem Falle, ob ein Sachverhalt vorliegt, der nach dem § 2—9 ein Auslieferungshindernis bildet, wobei grundsätzlich die Regeln über Untersuchung bei Verhaftung entsprechend gelten[4]). Ein von dem Königlichen Befehlshabenden bestellter Staats-

---

Fälle damit genannt sein: 1. Ersuchen eines halb zivilisierten Staates; 2. Billigkeitsrücksichten gegen den Reklamierten; 3. entlegene Lage des ersuchenden Staates bei zu erwartender geringer Strafe; anders bei nahegelegenen Staaten; 4. gleichzeitiges Vorliegen von Ersuchen mehrerer Staaten; 5. keine Reziprozitätsgarantie seitens des ersuchenden Staates (siehe unten S. 183 und 188; vgl. auch die Regierungsdenkschrift u. S. 188/9 und zum § 15, u. S. 202 und zum § 17 u. S. 203); diese Fälle dürften gegenüber der Ansicht Kraus', Gutachten S. 22, abzuwägen sein, »daß es m. E. nicht einen einzigen Fall gibt, in dem eine von politischen Erwägungen geleitete Entscheidung hier empfehlenswerter erscheinen könnte als eine nach Rechtssätzen gefällte«.

[1]) etwa Provinzialgouverneur.

[2]) Die Regierungsvorlage wollte den Grund des Bestreitens entscheidend sein lassen; siehe dies und den lebhaften Meinungsaustausch darüber u. S. 203, 227 ff., 244 ff.

[3]) ein Untergericht, etwa unserem Amtsgericht entsprechend

[4]) S. unten Regierungsdenkschrift S. 187; insbesondere: »[Der Entwurf] geht prinzipiell von dem Grundsatz aus, daß das Vorliegen triftigen Grundes zum Verdacht nachgewiesen werden muß, damit Auslieferung stattfinden kann. Aber man begnügt sich in dieser Hinsicht mit dem formellen Beweis, der als in einem verurteilenden Urteil oder einem Beschluß liegend angesehen werden kann, dem eine Voruntersuchung vor einem Gericht oder Untersuchungsrichter vorangegangen ist. Wird nur ein Haftbefehl oder ein ähnliches Dokument angezogen, so wird dagegen, wenn der Reklamierte seine Schuld bestreitet, weiterer direkter Beweis seiner Schuld gefordert. Indessen wird . . . die wichtige Einschränkung gemacht, daß der König berechtigt ist, mit fremden Staaten Übereinkommen zu treffen, in denen die Forderung nach Beweis in solchem Falle aufgegeben oder in gewisser Weise eingeschränkt wird. . . .« S. ferner auch S. 102/3.

anwalt hat zugegen zu sein, um die Interessen des fremden Staates wahrzunehmen. Der Verhaftete hat Anspruch auf Beistand. Falls Rücksicht auf den fremden Staat es erfordert, ordnet das Rathausgericht Verhandlung hinter verschlossenen Türen an. Nach Erledigung seiner Aufgabe hat es das Protokoll und die übrigen Akten unverzüglich der »unteren Justizrevision« (nedre justitierevisionen) einzusenden [1].

Die maßgebliche Prüfung, ob Auslieferungshindernisse nach den §§ 2—9 vorliegen, führt das Höchste Gericht. Dabei ist in begrenztem Umfange (s. o. und § 8 des Gesetzes) in die Prüfung der Schuld eines angeklagten, aber noch nicht verurteilten Inkulpaten einzutreten, wie Graf Ehrensvärd in der Zweiten Kammer hervorhob (s. u. S. 273). Im einzelnen sind wie nach dem finnländischen, aber gegenüber dem norwegischen Recht neben dem der Identität von Verhaftetem und Reklamiertem sowie neben denen der Auslieferungsbedingungen im übrigen folgende Prüfungsgesichtspunkte zu unterscheiden:

Schweden und Finnland [2].	Norwegen.
A. Formell ist nach § 8 Abs. 1 bzw. § 6 mit § 14 bzw. § 11 zu prüfen, ob neben dem Auslieferungsersuchen vorliegt ein verurteilendes Erkenntnis eines ordentlichen Gerichts *oder ein von einer anderen zuständigen Behörde erlassener Beschluß, der eine Verordnung, betr. Verhaftung, enthält* und worin Beschaffenheit, Zeit und Ort des Delikts genau anzugeben sind, ferner eine Angabe über die Staatsangehörigkeit und tunlichst das Signalement.	A. Formell ist Norwegen nach § 9 zu prüfen, ob neben dem Auslieferungsersuchen vorliegt ein Urteil eines ordentlichen Gerichts oder *ein von einer zuständigen Behörde ausgefertigter Beschluß, der dieselbe Wirkung wie ein Festnahme- oder Anklagebeschluß nach norwegischem Recht hat* und worin Zeit, Ort und Gegenstand des Delikts angegeben sind, ferner eine Angabe der Staatsangehörigkeit und tunlichst das Signalement, *alles in Original oder beglaubigter Abschrift*, sowie eine *Abschrift der fraglichen Strafbestimmungen.*
B. Unter dem Gesichtspunkte der Schuld des Reklamierten ist I. grundsätzlich in eine materielle Prüfung einzutreten, d. h. es ist zu prüfen, ob berechtigter Anlaß zu dem Verdachte vorliege, daß der Rekla-	B. Unter dem Gesichtspunkte der Schuld des Reklamierten ist I. grundsätzlich in eine materielle Prüfung einzutreten, d. h. es ist zu prüfen, ob berechtigter Grund zum Verdachte vorliege, daß der Rekla-

[1] »Nedre justitierevisionen« (§ 19 II des Ausl. Ges.) ist ein schwedisches Reichsamt. Es bereitet die Sachen, die an das Höchste Gericht weitergehen sollen, vor und bearbeitet sie. Die Beamten des Amtes, die höhere Juristen sind, tragen die Sachen vor dem Höchsten Gerichte vor. Danach ist das Amt eine Art höhere Kanzlei des Höchsten Gerichts, wie wir sie in unserer Justizorganisation nicht kennen. [2] Vgl. das Gutachten des finnl. Höchsten Gerichts u. S. 331 mit S. 334.

mierte sich des fraglichen Delikts schuldig gemacht habe. Die Schuld wird in diesem Sinne als festgestellt erachtet, wenn

1. entweder ein verurteilendes Erkenntnis oder ein Beschluß vorliegt, dem eine Voruntersuchung vor Gericht oder Untersuchungsrichter vorangegangen ist, mag der Reklamierte seine Schuld bestreiten oder nicht;
2. oder sofern, wenn ein Erkenntnis oder ein Beschluß, wie sub 1 genannt, zwar nicht vorliegt, sondern nur ein Haftbefehl od. ähnl., und wenn der Reklamierte seine Schuld bestreitet, direkter Beweis der Schuld beigebracht wird.

II. Ausnahmsweise ist eine nur formelle Prüfung zulässig, nämlich

1. wenn zwar ein Erkenntnis oder ein Beschluß, wie sub I 1 genannt, nicht vorliegt, sondern nur ein Haftbefehl od. ähnl., wenn aber der Reklamierte seine *Schuld nicht bestreitet* oder gegen seine Auslieferung nichts einwendet (§ 8 Abs. 2 S. 1 und § 17 Abs. 2);
2. wenn ein entsprechender Vertrag mit dem ersuchenden Staate vorliegt und das Erfordernis der Gegenseitigkeit erfüllt ist (§ 8 Abs. 2 S. 2).

In diesen Fällen genügt das Vorliegen eines Haftbefehls od. ähnl.

mierte sich des fraglichen Delikts schuldig gemacht habe. Die Schuld wird in diesem Sinne als festgestellt erachtet, wenn

1. *solche Beweise beigebracht sind*, die nach *norwegischem Recht* (StrPO. § 228; Text s. u. S. 144 II) ausreichen würden, um *Festnahme* (pågribelse) zu begründen, also, daß der Reklamierte mit Grund verdächtigt wird (Reg.-Begr. u. S. 144).
2. [fehlt]

II. Ausnahmsweise ist eine nur formelle Prüfung zulässig, nämlich

1. wenn der Reklamierte gegen seine Auslieferung nichts einzuwenden zu haben erklärt (§ 13 Abs. 2);
2. wenn ein entsprechender Vertrag mit dem ersuchenden Staate vorliegt (§ 9 Abs. 3).

In diesen Fällen genügt ein Haftbefehl des ersuchenden Staates und es ist nicht nötig, daß Beweis für die Berechtigung des norwegischen Haftbefehls beigebracht wird.

[Diese Feststellungen lassen sich nicht an der Hand der Gesetze allein, sondern nur unter Zuhilfenahme der Motive machen. Der Hauptunterschied der schwedischen und finnländischen von der norwegischen Regelung liegt im Punkte B 1, 2. Ihn meinte wohl Graf Ehrensvärd, als er (u. S. 273) sagte, das schwedische gehe darin weiter als das norwegische Gesetz, wie es die Prüfung der Schuld einer angeklagten, aber nicht verurteilten Person zulasse.]

Ergibt sich im Fortgange der Angelegenheit, daß der Verhaftete die fragliche Person nicht ist, so ist jeweils von der Behörde, wo die Sache anhängig ist, Anordnung wegen seiner Freilassung zu treffen; andernfalls bleibt er in Erwartung der Entscheidung des Höchsten Gerichtes in Haft.

Sobald das Höchste Gericht seinen Ausspruch getan hat oder sind, wenn die Sache dort nicht anhängig war, die Akten vom Königl. Befehlshabenden eingegangen, so trifft der König im Staatsrate die Entscheidung über das Ersuchen. Bewilligung darf nicht stattfinden, wenn das Höchste Gericht das Vorliegen von Hindernissen ausgesprochen hat [1]).

Im entgegengesetzten Falle sind in den Auslieferungsbeschluß die im § 11 genannten (Spezialität, keine Weiterauslieferung an einen dritten

[1]) Vgl. hierzu die interessanten Ausführungen der Regierungsdenkschrift zu ihrem § 28: »Hat ein Gericht in endgültigem Beschluß erklärt, daß Hindernisse gegen die ersuchte Auslieferung bestehen, so ist damit entschieden, daß dem Ersuchen nicht entsprochen werden kann, und der König hat im Staatsrate in Übereinstimmung damit einen Beschluß auszusprechen. — Ist dagegen die Angelegenheit einem Gerichte nicht überwiesen gewesen oder hat das Gericht, wenn ihm die Angelegenheit vorlag, gefunden, daß Hindernisse in den im § 18 genannten Hinsichten nicht vorliegen, so hat der König in der Angelegenheit eine Prüfung vorzunehmen. Im ersten Falle dürfte diese Prüfung in erster Linie die Frage umfassen, ob nach dem Gesetze Hindernisse gegen die Auslieferung vorliegen, also zur Hauptsache dieselbe Prüfung, die, wenn Einwendungen gemacht worden wären, dem Gericht obliegen würde. Es muß nämlich dem Könige obliegen, ex officio die Bestimmungen, welche Hindernisse gegen Auslieferung aufstellen, zu beachten, und es muß dergestalt, wenn es offenbar ist, daß wohl (vist) Hindernisse vorliegen (z. B. es ist festgestellt, daß der Verhaftete schwedischer Bürger ist). das Auslieferungsersuchen abgeschlagen werden, auch wenn keine Einwendung gegen die Auslieferung erhoben worden ist. Ist die Angelegenheit dagegen dem Gericht überwiesen gewesen, so dürfte für den König nur Anlaß vorliegen, das Vorliegen von Hindernissen in anderen als den in die §§ 2—9 aufgenommenen Hinsichten zu prüfen. In beiden hier angegebenen Fällen hat der König außerdem, soweit auf Grund von Verträgen nicht Pflicht zur Auslieferung vorliegt, eine Prüfung vorzunehmen, ob nicht, obwohl gesetzliche Hindernisse nicht vorliegen, Auslieferung gleichwohl aus besonderen Gründen, besonders Billigkeitsgründen gegen den Verhafteten, verweigert werden muß . . . . Diese Prüfung umfaßt dieselben Fragen, die gemäß § 15 schon in dem dort bezeichneten Stadium zu vorbereitender Prüfung aufgegriffen werden müssen, und kann natürlich auf Grund des reichhaltigeren Materials, das nach dem Verhör zu Gebote steht, anders als die eben erwähnte ausfallen.« Zur Erklärung ist zu bemerken, daß diese Ausführungen gegenstandslos geworden sind, soweit sie davon ausgehen, daß für die Überweisung an das Gericht der Grund des Bestreitens des Verhafteten maßgebend sein soll, da dieser Punkt im Gesetz auf Vorschlag des Gesetzgebungsrates geändert worden ist.

Staat, Verbot von Ausnahmegerichten u. a.) sowie weitere vom Könige für nötig erachtete Bedingungen aufzunehmen, ferner die Bestimmung der Abholungsfrist (1—3 Monate). Erfolgt die Abholung nicht, so ist der Verhaftete auf freien Fuß zu setzen.

III. Finnland.

Das finnländische Auslieferungsverfahren ist bewußt und gewollt »in engem Anschlusse an die entsprechenden Bestimmungen des schwedischen Gesetzes«[1]) geordnet worden. Die darauf bezüglichen Vorschriften gleichen den schwedischen z. T. wörtlich; z. T. finden sich Abweichungen von — vorwiegend — redaktioneller Art, nirgends Abweichungen, die Grundsätze betreffen. Die Befugnisse und Pflichten des Königs in Schweden sind, da Finnland ja Republik ist, durchgängig dem Staatsrate (Ministerium) überwiesen, die des kgl. Befehlshabenden dem Landshövding. Bei solcher Ähnlichkeit der Verfahrensweise kann die Skizze des finnländischen Auslieferungsverfahrens besonders kurz sein. Es genügt die Wiedergabe der finnländischen Regierungsdenkschrift (S. 327 unten):

«Wird erachtet, das Ersuchen sei nicht von der Beschaffenheit, daß es gesetzlich bewilligt werden könne, oder stellt der Staatsrat, bei dem nach dem (insoweit Gesetz gewordenen) Entwurfe die Beschlußfassung in der Sache liegt, sonst einen Anlaß fest, die Auslieferung nicht zu bewilligen, so wird das Ersuchen unmittelbar abgelehnt. Im anderen Falle wird derjenige, um dessen Auslieferung ersucht wird, vor den entsprechenden Landshövding zum Verhör gestellt, welcher, wenn der dergestalt Vorgeführte in die Auslieferung nicht einwilligt, die Angelegenheit zur Untersuchung dem Untergerichte an dem Orte überweist, wo der Landshövding seinen Sitz hat. Nach beendeter Untersuchung übersendet das Untergericht die Angelegenheit dem Höchsten Gerichte, dem die Prüfung zukommt, ob gegen die Auslieferung Hindernisse von der in den §§ 2—7 genannten Art vorliegen. Endgültiger Beschluß in der Sache wird, wie oben hervorgehoben, vom Staatsrate erlassen . . . wenn das Gericht das Vorliegen von Hindernissen ausspricht, so bindet dieser Beschluß die Regierung, während, wenn der Beschluß darauf hinausläuft, daß solche Hindernisse nicht vorliegen, es der Regierung freisteht, nichtsdestoweniger die Auslieferung zu verweigern«[2]).

---

[1]) Siehe Regierungsdenkschr. S. 327 u.

[2]) Übersicht über die Prüfungen nach den nordischen Gesetzen:

Norwegen	Schweden	Finnland
1. Prüfung der Justizdepartements auf a) Vorliegen der formellen Bedingungen, b) Mangel sonstigen ges. Grundes zur Bewilligung eines Ersuchens nach dessen Inhalt (§ 10.)	1. Prüfung durch das Auswärtige Amt auf a) Vollständigkeit des Ersuchens, b) sonstiger Komplettierungsnotwendigkeit (§ 14).	1. Wie Schweden (§ 11), aber durch das Justizministerium?
2. Prüfung der Behörde, der der Festgenommene vor-	2. Prüfung durch das Justizdepartement auf Beschaf-	2. Wie Schweden (§ 12).

IV. Zusammenfassung.

Wenn das Deutsche Reich nach der Art der nordischen Staaten die Gerichte am Auslieferungsverfahren beteiligen will, so ist die Frage von grundsätzlichem Interesse, welcher Charakter, gemessen am deutschen Recht, der Gerichtsbeteiligung im Norden innewohne, insbesondere, ob es sich um Justiz handele.

Um das negative Ergebnis einer dahin zielenden Untersuchung vorwegzunehmen: Als Organe der **Justiz**, d. i. als Organe der »urteilsprechenden Macht« (gegenüber der Exekutive), sind die Gerichte nach dem nordischen System **nicht** am Auslieferungsverfahren beteiligt, soweit ihr — hier allein zu untersuchender — Hauptspruch in Frage kommt. Denn dieser Spruch ist kein Urteil. Allerdings scheint das Gegenteil zunächst der Fall zu sein, weil die Gerichte zum Sprechen berufen sind, scheinbar

geführt ist, auf Identität mit dem Reklamierten (§ 12 I).	fenheit des Ersuchens (§ 15).	
3. Prüfung durch den Verhörsrichter auf Identität (§ 12 II S. 1).	3. Prüfung durch den König auf Vorliegen anderen Grundes zur Ablehnung (§ 15).	3. Wie Schweden, aber durch den Staatsrat (§ 12).
4. Prüfung durch den Verhörsrichter, ob der Festgenommene a) anerkenne, die gesuchte Person zu sein, b) nichts gegen seine Auslieferung einzuwenden habe (§ 13 II).	4. Prüfung durch den königlichen Befehlshabenden, sonst wie Norwegen (§ 17 II; vgl. S. 203).	4. Wie Schweden; Prüfung durch den Landshövding, (§ 13 II und III).
5. Prüfung durch den Verhörsrichter auf Vorliegen der gesetzlichen Auslieferungsbedingungen (§ 14 III).	5. Prüfung durch das Rathausgericht, ob ein Sachverhalt vorliege, der nach den §§ 2—9 ein Auslieferungshindernis bildet (§ 18 I).	5. Wie Schweden; Prüfung durch das Untergericht (§ 14).
6. Eventuell: Prüfung durch das Kjäremaalsutvalg wie 5. (§ 15 II).	6. Prüfung durch das Höchste Gericht, ob ein Auslieferungshindernis nach §§ 2—9 vorliegt (§ 19 I).	6. Wie Schweden (§ 15).
7. Prüfung durch die Regierung auf a) Vorliegen einer völkerrechtlichen Auslieferungspflicht, b) Vorliegen anderen Grundes zur Auslieferung (§ 17 I).	7. Prüfung durch den König i. S. d. Ausf. S. 205 auf a) Vorliegen von Auslieferungshindernissen nach §§ 2—9 oder b) Vorliegen anderer Hindernisse als nach §§ 2—9, c) in beiden Fällen auf α) Vorliegen völkerrechtlicher Auslieferungspflicht, β) Vorliegen besonderer Gründe gegen die Auslieferung (§ 23).	7. Wie Schweden; Prüfung durch Staatsrat (§ 16 I).

also zur Wahrnehmung eben der ihnen als »urteilsprechender Macht« zustehenden Funktion. Auch deutet die Tönung der Begründung für die Einführung der Gerichtsbeteiligung in diese Richtung: das bisherige »politische Prinzip« soll durch das »Rechtsprinzip« ersetzt, die Verfahrensweise soll »judiziell« (u. S. 153) gestattet werden, dergestalt, »daß die Äußerung (des Gerichts) ..... eine wirkliche Entscheidung werde, welche für die administrativen Behörden bindend sei« (u. S. 142). Schließlich ist der verhaftete Reklamierte wie nach einem freisprechenden Urteile freizulassen, wenn die Gerichte das Vorliegen von gesetzlichen Auslieferungshindernissen bejahen (NoAG. § 18 Abs. 1, SchwAG. § 23 Abs. 2 arg. a m. ad m. mit § 22 Abs. 2, FiAG. § 16 Abs. 3); im entgegengesetzten Falle erhält die Regierung die Befugnis, nach Ermessen auszuliefern oder nicht auszuliefern, wie nach § 362 Abs. 3 RStrGB. die Landespolizeibehörde die Befugnis zur Unterbringung in ein Arbeitshaus oder zur Verwendung zu gemeinnützigen Arbeiten nach Ermessen erhält, wenn bei Verurteilung zur Haft erkannt wird, daß der Verurteilte nach der Strafverbüßung der Landespolizeibehörde zu überweisen sei.

Diesem Schein zum Trotz ist der Auslieferungsgerichtsspruch kein Urteil. Daß es sich nicht um ein Strafurteil handeln kann, ergibt der Sinn des gesamten Auslieferungsinstituts. Ein Strafurteil ist nur möglich, wo der Staat zu urteilen — freizusprechen oder zu verurteilen, im Bereiche des Strafrechts — gewillt ist. Auf dem Gebiete der Verbrecherauslieferung ist er indessen dies gerade nicht: er will nicht urteilen und er will sein Strafgesetz gar nicht zur Anwendung bringen. Dadurch erhält die Verbrecherauslieferung ihren Sinn; vgl. z. B. die finnländische Regierungsbegründung, deren erster Absatz feststellt: entweder bestrafen die Staaten selber Verbrecher, die sich außerhalb ihres Gebiets vergangen haben, und liefern dann nicht aus; oder sie bestrafen nicht selbst, dann liefern sie zur Bestrafung aus.

Sollte der Auslieferungsgerichtsspruch ein Urteil sein, so könnte er höchstens als Feststellungsurteil qualifiziert werden (natürlich als ein Feststellungsurteil *sui generis*). Denn seine Aufgabe ist, mit bindender Wirkung für die Regierung festzustellen, ob ein gesetzliches Auslieferungshindernis vorliege, dergestalt, daß die Regierung bejahendenfalls nicht ausliefern darf. Wie der fernere Richter an ein ergangenes Feststellungsurteil scheint hier die Regierung an den Auslieferungsgerichtsspruch gebunden und der Spruch ein Feststellungsurteil zu sein. In Wahrheit liegt jedoch ein solches Urteil nicht vor. Die Unmöglichkeit der gegenteiligen Auffassung ergibt der Vergleich mit entscheidenden Merkmalen des zivilprozessualen Feststellungsurteils. Mag zwar durch den Auslieferungsgerichtsspruch das Vorliegen gesetzlicher Auslieferungshindernisse bejahend oder verneinend festgestellt werden und mag auch diese Feststellung für die Regierung bindend sein — mag auch die schwedische Regierungsbegründung von »Rechtskraft« [1]) des Auslieferungsgerichtsspruches

[1]) laga kraft.

sprechen (u. S. 204), so zeigt sich doch gerade sub specie der rechtlichen Kraft des Auslieferungsgerichtsspruches ein entscheidender Unterschied dem Feststellungsurteil gegenüber. Die dem Urteil von der materiellen Rechtskrafttheorie besonders zugeschriebene Wirkung der Bindung gegenüber den Parteien mit der Folge entsprechender Ansprüche derselben besitzt der Auslieferungsgerichtsspruch nicht: weder dem Reklamierten noch der Regierung noch auch dem Vertreter der Interessen des fremden Staats erwachsen Ansprüche in der Sache. Auch die dem Urteil von der prozessualen Rechtskrafttheorie zugeschriebene Wirkung der Bindung zwischen Gerichten, Staatsorganen also, dergestalt, daß der fernere Richter an das einmal ergangene Feststellungsurteil gebunden sei, besitzt der Auslieferungsgerichtsspruch nicht. Denn dieser bindet eine — im System der Gewaltenteilung — ungleichartige, eine Exekutivbehörde, dies für eine ganz anders geartete Funktion, jener hingegen eine unter diesem Gesichtspunkt gleichartige Behörde im Hinblick auf eine gleichartige Funktion [1]. Zudem gründet sich die bindende Kraft des Feststellungsurteils auf das allgemeine Prozeßgesetz und ist dadurch Rechtskraft; die bindende Kraft des Auslieferungsgerichtsspruches dagegen gründet sich allein auf das Spezialgesetz, so daß Gleichstellung der Rechtskraft mit der Bindung der Regierung an den Auslieferungsgerichtsspruch unzulässig ist. Letztlich aber: ein Feststellungsurteil setzt eine Feststellungsklage voraus. Von einer Klage ist indessen im Auslieferungsverfahren nicht die Rede [2].

Bei alledem ist noch der wichtige Punkt außer Betracht geblieben, daß der Gerichtsspruch auf das konkrete Verfahren nur dann Wirkung äußert, wenn er das Vorliegen von Auslieferungshindernissen feststellt; nur dann ist die Regierung an ihn gebunden in der Weise, daß sie nicht ausliefern darf. Im entgegengesetzten Falle ist die Feststellung zwar auch für die Regierung bindend, d. h. von ihr nicht überprüfbar, daß nämlich gesetzliche Auslieferungshindernisse nicht vorliegen (außenpolitisch u. U. bedeutsam!) [3]; die Regierung ist jedoch nicht gehindert, aus anderen (politischen, Billigkeits- oder anderen) Rücksichten Auslieferung zu verweigern, so daß die Feststellung des Gerichtsspruches dann keinen Einfluß auf den Lauf des konkreten Verfahrens ausübt; hier entscheidet die Regierung vielmehr nach freiem Ermessen, und hier hat der Gerichtsspruch nicht einmal die Natur eines »Gutachtens« (s. o. S. 99 Anm. 1), sofern dies Wort dahin verstanden wird, daß ein Rat gegeben wird, was zu tun sei; denn der Spruch hat nur »festzustellen«.

Das Ergebnis dieser Erwägungen ist, positiv ausgedrückt, daß

---

[1]) Parallelen zur Tatbestands- und Feststellungswirkung der Staatsakte zu prüfen, ist hier nicht der Ort.

[2]) Aus diesem Grunde vor allem neben anderen ist auch die Auffassung des Auslieferungsgerichtsspruches als Feststellungsurteil des Verwaltungsrechts nicht möglich.

[3]) d. h. die Regierung kann dem Gerichtsspruche entgegen nicht — etwa dem ersuchenden Staat gegenüber — geltend machen, daß gesetzliche Auslieferungshindernisse vorliegen und deshalb eine Auslieferung verweigern.

es sich bei der Hauptbeteiligung der Gerichte am Auslieferungsverfahren, bei dem Gerichtsspruche, um Einschaltung der Gerichte in ein Verfahren handelt, das vollkommener *publici juris* ist. Die den Gerichten zugewiesene Aufgabe besteht lediglich in logischer Beurteilung, und zwar in einer Beurteilung, die die Regierung, wären die Gerichte nicht eingeschaltet, selbst vorzunehmen hätte und die dann nicht minder für sie bindend wäre [1]). Lediglich Funktion (ordentlicher) Gerichte in der — auswärtigen — Verwaltung liegt also vor [2]). Konsequent geht daher die Entscheidung, der die Auslieferung bewilligende oder versagende Staatsakt, nicht von den Gerichten, sondern von der Exekutive aus; vgl. die vortrefflichen Formeln des schwedischen und des finnländischen Gesetzes in den §§ 23 Abs. 1 und 16 Abs. 1 [3]): der König (Staatsrat) gibt seine Entschließung.

Mit dem allen würde nach Einführung der Gerichtsbeteiligung in das Auslieferungsverfahren gemäß dem nordischen System durch das deutsche Gesetz die Auslieferung nicht Justizsache werden. Vielmehr würde sie bleiben, was sie nach der Reichsverfassung sein soll: ein Stück Pflege der Beziehungen zu den auswärtigen Staaten und damit ausschließliche Reichssache (Art. 78 Abs. 1). Folgeweise könnten die Länder nicht unter Berufung auf die Gerichtsbeteiligung die Entscheidung in den einzelnen Auslieferungsfällen mit der Begründung verlangen, die Auslieferung sei Justizsache geworden und damit in das Gebiet ihrer Zuständigkeit gefallen, gleichwie — ohne verfassungsänderndes Gesetz — dem Staatsanwalt oder seinen vorgesetzten Instanzen (d. i. Landesorganen; vgl. § 147 GVG.) die Entscheidung nicht übertragen zu werden vermöchte [4]).

Alles in allem wird in dieser Vergegenwärtigung der Gerichtsbeteiligung am Auslieferungsverfahren nach dem nordischen System zugleich eine Verdeutlichung der grundsätzlichen Ausführungen über das Wesen der Auslieferung (o. S. 24 mit Anm. 1) liegen: Auslieferung ist, zwischenstaatlich und unter dem Sehwinkel der Wirksamkeit des Staates nach außen gesehen, Rechtshilfe zum Zwecke der Verbrecherbestrafung, geleistet von einem Staate als entité politique indépendante dem anderen Staate als

---

[1]) Vgl. den in der schwedischen Regierungsbegründung ausdrücklich erwähnten Fall oben S. 104 Anm. 1.

[2]) Darüber, daß auch nach anglo-amerikanischem Recht die Auslieferungsbewilligung (oder -verweigerung) eine Zuständigkeit nicht der Justiz, sondern der Exekutive sei, vgl. v. Martitz a. a. O. II S. 110. Die Verhaftung hingegen ist ihm nach diesem Recht ein richterlicher Akt. Hinsichtlich dieser Frage wird zwischen dem norwegischen Recht auf der einen und dem schwedischen und wohl auch dem finnländischen Recht auf der anderen Seite zu unterscheiden sein; cf. NoAG. § 12 II, SchwAG. § 16, FiAG. § 13 III. — Zu bemerken ist die Unterscheidung des FiAG. zwischen »Erscheinenlassen zum Verhör« (§ 12 II) und Verhaftung (§ 13 III). Auf solche feineren Fragen kann hier überall leider nicht eingegangen werden.

[3]) Sie sind nicht durch das je besondere Verfassungssystem bedingt, mögen allerdings in dessen älterer Gestaltung ihre Wurzel haben.

[4]) Die Fassung dieser Ausführungen ist nach Besprechung mit meinem Kollegen Herrn Privatdozenten Dr. Juncker festgestellt worden.

entité politique indépendante, d. h. durch und an die Staatsgewalt als Ganzes, als welche der Staatsgewalt der Name »auswärtige Gewalt« gegeben werden kann [1]). Innerstaatlich gesehen, »ruft« die Auslieferung nach einer treffenden Bemerkung Neumeyers über die auswärtige Gewalt [2]) »nach Einordnung in Gesetzgebung, Rechtsprechung, Verwaltung«. So gesehen stellt sie sich nicht als Rechtshilfe im Sinne von Justiz dar, sondern kann (jedenfalls in Staaten, die auf dem Prinzip der Gewaltenteilung ruhen [3])) allein der — auswärtigen — Verwaltung zugerechnet werden. Dies anschaulich zu machen, dürfte einen allgemeineren Wert der Vergegenwärtigung des nordischen Systems bedeuten und dazu beitragen, die Zweifel daran zu beseitigen, ob nach der Reichsverfassung die Auslieferung als Pflege der Beziehungen zu den auswärtigen Staaten und damit als Reichssache anzusehen sei.

IV.

Nebenfragen.

Auf weitere Einzelheiten der nordischen Auslieferungsverfahren kann hier nicht eingegangen werden. Doch sei hervorgehoben, daß sich besondere Bestimmungen befassen, außer mit den schon berührten größeren Fragen wie der vorläufigen Verhaftung, mit

der Stellung des Inkulpaten [4]),

so hinsichtlich des ihm zu leistenden Beistandes im Auslieferungsverfahren; s. NoAG. § 14 Abs. 2, SchwAG. §§ 17, 18, FiAG. §§ 13, 14, hinsichtlich der Bewertung seiner Erklärungen; s. NoAG. §§ 5, 13, 15, SchwAG. §§ 11, 17, FiAG. §§ 9, 13 und des eventl. ihm zu leistenden Ersatzes, s. NoAG. § 18 Abs. 2. Wie denn durchaus hervorzuheben ist, daß die nordischen Auslieferungsgesetze, wie zumal aus den Motiven hervorgeht, sich die Achtung der Persönlichkeit des Inkulpaten besonders angelegen sein lassen, obwohl er doch Staatsfremder ist [5]). Hierin spricht sich eine eigenartige und moderne Färbung des Staatsethos der nordischen Staaten aus, so konzis, daß mit Recht gesagt werden kann, der Erlaß der

[1]) Der Staatsgewalt als auswärtiger Gewalt wäre dann die gesamte nach innen gewendete Staatsgewalt als »innere Gewalt« gegenüberstehend zu denken, die man in den drei Richtungen der Gesetzgebung, der Rechtsprechung, der Verwaltung sowie eventuell der Regierung sich entfalten zu sehen sich gewöhnt hat; vgl. neuestens Koellreutter, Artikel »Staat« im HdR. (1927).

[2]) Niem. Ztschr. f. int. R. XXXII, 7.

[3]) Vgl. Anm. 2 S. 116, wo ausgeführt ist, daß der schwedischen Verfassung die traditionelle Doktrin der Gewaltenteilung allerdings nicht zugrunde liegt. Für die hier fraglichen Zusammenhänge ist dies indessen ohne Bedeutung, da auch in Schweden (und Finnland) die Gerichte mit der Aufgabe der Rechtsprechung von der Verwaltung unabhängig und nur dem Gesetz unterworfen sind.

[4]) In den nordischen Gesetzen besonders in die Regeln über die Verfahrensweise eingefügt.

[5]) Denselben Geist atmen auch die Schriften des Referenten für den Erlaß des deutschen Auslieferungsgesetzes im Justizministerium Dr. Mettgenberg; s. z. »Die Neugestaltung usw.« S. 6.

drei Auslieferungsgesetze habe dazu beigetragen, die Regelung des Verhältnisses zwischen Staatsgewalt und Staatsfremden zu komplettieren, was ja (s. oben S. 33) eine der Absichten beim Erlaß der Gesetze war.

Aber nicht nur dem Inkulpaten, sondern auch den

Interessen des ersuchenden Staates

wenden die nordischen Gesetze spezifiische Aufmerksamkeit zu: s. nur SchwAG. § 18, FiAG. § 14, ferner der Behandlung der

Gegenstände,

die sich bei einer Auslieferungsfestnahme im Besitze des Inkulpaten befinden: s. NoAG. § 21, SchwAG. § 26, FiAG. § 19, ferner der Frage der

Fristen,

die im Auslieferungsverfahren eine Rolle spielen sollen; s. NoAG. §§ 5, 13 17, 18, 19, SchwAG. §§ 11, 23, 24, 25, FiAG. §§ 9, 16, 17, 18, der Frage der

Kosten

s. NoAG. § 24, der Frage der

weiteren Anklage

s. NoAG. § 5, SchwAG. § 27, FiAG § 21, der Frage der

Durch- und Weiterlieferung

s. NoAG. §§ 5, 22, SchwAG. §§ 28 bzw. 27, 11, FiAG. §§ 22 bzw. 21, 9 und schließlich der Frage des

besonderen Verhältnisses zu den Nachbarstaaten

bzw. des möglicherweise direkten Verkehrs[1]) der Justizbehörden miteinander; s. NoAG. §§ 19, 23, SchwAG. §§ 29 bzw. 24, FiAG. § 17, 20.

Zu allen diesen Regelungen geben die Ausführungen der Motive über die Einzelbestimmungen wichtige Aufschlüsse.

V.

Nichtbehandelte Fragen.

Fragen, von denen die nordischen Gesetze nicht handeln, dürfen durch folgende Schlagworte bezeichnet werden: andere Rechtshilfe als

[1]) Als Grund solcher Bevorzugung wird meist die vergleichsweise größere Übereinstimmung der Kulturen, die Kultur- und die Gesinnungsgemeinschaft, angeführt. Sicher spielen diese Momente eine wichtige Rolle, daneben aber auch die durch Erfahrung oder sonst begründete Ansicht, daß schwerlich politische Verwicklungen zu befürchten sind. Es wird hier vergleichsweise ähnlich liegen wie hinsichtlich des Abschlusses vorbehaltsloser Schiedsgerichtsverträge. Derartige Verträge kamen zuerst, insofern bezeichnenderweise, z. B. zwischen Spanien und südamerikanischen Staaten, nach 1899, Dänemark und Holland (1904), Dänemark und Italien (1905), Dänemark und Portugal (1907), Italien und Holland (1909) zustande. So wenig hier, zumal in den letzten Fällen, Kulturgemeinschaft der Mutterschoß der Verträge gewesen sein kann, so wenig beschränken die nordischen Auslieferungsgesetze die Möglichkeit direkten Verkehrs auf die Nachbarstaaten, wenn sie gleich nach den Motiven an diese in erster Linie gedacht haben mögen. Man wird unterscheiden müssen, worauf die Bevorzugungen sich sachlich beziehen; s. z. B. SchwAG §§ 29 und 24.

Verbrecherauslieferung, Tatort [1]), Übergabeort, überhaupt die technische Auslieferungsdurchführung, Lage nach erfolgter Auslieferung, eigene Auslieferungsersuchen (außer NoAG § 23, FiAG § 20) [2]), Retorsion, Kolonien, Bürgerkrieg, Umwandlung der Strafart (s. S. 60 A. 1), Wechsel des Strafrechts (außer z. B. S. 193), rückwirkende Kraft des Vertrages, Abweisung, staatloses Gebiet, Scheinausweisung statt Auslieferung [3]), überhaupt Ausweisung, Gerichtshoheit des betreffenden Staates [4]) (z. B. der Reklamierte ist exterritorial), Kriegsgefangenschaft, Kriegszustand, Piraterie, Todesstrafe, Angebot der Auslieferung, agrarische Delikte.

G. Schluß.

Abschließend wird trotz des kursorischen Charakters dieser Einführung festgestellt werden können, daß es sich lohnt, wenn das Deutsche Reich gegenwärtig, angesichts der Frage, ob es ein Auslieferungsgesetz erlassen und wie es dies gestalten solle, nach dem Norden schaut. Befindet das Reich sich doch heute in einer ähnlichen Lage wie die nordischen Staaten: War für diese treibende Kraft für den Gesetzeserlaß die Erwartung, daß für sie als kleine Mächte, als Mächte zweiten und dritten Ranges, der Besitz eines Auslieferungsgesetzes vorteilhaft sein werde [5]), so wird aus diesem Gedanken auch das Reich nach einem Auslieferungsgesetze trachten können, da es heute keine Macht ersten Ranges ist [6]). Auch der

[1]) Wenigstens nicht unter dem Gesichtspunkte, den Frank in DJZ 1926 S. 1274/5 so eindringlich hervorhebt; s. aber interessant die schwed. Reg.-Denkschr. z. § 3 u. S. 191 f., NoRgd. s. § 4 u. S. 137.

[2]) Beide Gesetze erhalten hier die Exekutive grundsätzlich in ihren bisherigen Kompetenzen. Insbesondere sind es nicht die Gerichte, welche entscheiden, ob ein Auslieferungsersuchen an einen fremden Staat zu stellen ist, vielmehr die vorgesetzten Justizverwaltungsstellen und letzten Endes die obersten verfassungsmäßigen Stellen des Staates. Wenn nach dem § 20 Abs. 1 FiAG. der Außenminister (vom Justizminister) um Stellung eines Auslieferungsersuchens angegangen wird, so wird er bei Meinungsverschiedenheit das Kabinett entscheiden lassen können. Ebenso wird der § 23 NoAG auszulegen sein, wenn gleich nach seinem Wortlaut nur das Justizdepartement »prüft« und entscheidet. Da aber das Ersuchen auf diplomatischem Wege oder durch einen Konsul zu stellen ist, so wird der Außenminister eventuell Gegenvorstellungen erheben und eine Kabinettsentscheidung herbeiführen können. Vgl. sehr gut Mettgenberg, Gutachten, S. 41/42. — Systematisch richtiger ist es wohl, jegliche Bestimmung — wie es Schweden getan hat — über das Verfahren im ersuchenden Staate fortzulassen; vgl. Kraus, Gutachten, S. 36.

[3]) S. dazu kurz, aber plastisch Frank in Liebmann-Festgabe S. 141 f. und in »Der Kampf usw.« S. 19.

[4]) S. auch dazu Frank in Liebmann-Festgabe S. 146 und DJZ. 1926 Heft 17/18, S. 1275.

[5]) S. oben S. 28 ff. und besonders schwedische Regierungsdenkschrift unten S. 182 ff.

[6]) Hieran dürfte auch Mettgenberg denken, wenn er (Die Neugestaltung usw., S. 11) unter den Gründen, die zum Erlaß eines Auslieferungsgesetzes bewegen, auf »die veränderte Machtstellung des Deutschen Reiches« hinweist.

Gedanke mag beherzigenswert sein, den die nordischen Motive hervorheben, daß nämlich Auslieferungsangelegenheiten »heiklen« Charakters sind und imstande, in unberechenbaren Augenblicken sich zu hochpolitischen Affären auszuwachsen — dieser Gedanke und die im Norden daraus gezogene Konsequenz der organischen Konzentration der diskretionären Entscheidungen sowie der fremden Staaten gegenüber zu erlassenden Erklärungen usw. je bei derjenigen Instanz, in deren Hand die Leitung der auswärtigen Politik liegt, bzw. bei den auswärtigen Ämtern. Für das Reich ist dieser Punkt sub specie der Anteilsverteilung am Auslieferungsverfahren zwischen Reich und Ländern wichtig. Es scheint mir gefordert zu sein, was auch als aktuellen Rechtes zu erachten sein dürfte [1]), daß nämlich die diskretionären Entscheidungen letzten Endes in der Hand der die auswärtige Politik des Reiches bestimmenden Reichs-Faktoren liegen, unter Ausschluß der Länder, und daß die fremden Staaten gegenüber abzugebenden Erklärungen usw. durch das Auswärtige Amt des Reiches erfolgen. Im gegenwärtigen Zeitalter zwischenstaatlicher Höchstspannungen geht es schlechterdings nicht an, daß irgendein anderer als die verfassungsmäßigen Reichsfaktoren die auswärtige Politik des Reiches beeinflussen kann. Gewiß — es gibt manche Frage, die so sehr juristischen oder technischen Charakters zu sein scheint, daß sie im Regelfalle ohne Schaden den Ländern zur Regelung überlassen werden könnte. Und doch wird, wer das Wesen der zwischenstaatlichen Beziehungen kennt, den nicht vorhergesehenen Ausnahmefall fürchten. Im zwischenstaatlichen Leben sind nun einmal nicht alle Eventualitäten vorhersehbar, und wie es auch sonst häufig und meist mit menschlichem Planen geht — so gut wie immer geht zumal in diesen Bereichen der endgültige am vorgestellten Erfolge etwas vorbei. Um dieses »Etwas« willen wird auch, wer das Reich gleich einem Wagen sieht, der nach seiner Natur nur auf Kugellager laufen kann, dessen einzelne Kugeln (die Länder) nicht zu stramm liegen dürfen, wenn die Achse nicht heißlaufen soll — auch er wird zu keiner grundsätzlichen Ausnahme Möglichkeiten eröffnet sehen. Dazu tritt die weitere Notwendigkeit, daß das deutsche Gemeinwesen nach außen tunlichst bei jeder möglichen Gelegenheit seinen Charakter als einer in auswärtigen Angelegenheiten geschlossenen Gesamtmacht kundgebe, um einer Vorstellung bei fremden Völkern entgegenzuwirken, daß der Zustand von 1648 der natür-

---

Man hat aus der Schwäche des Reiches die Forderung abgeleitet, das kommende Auslieferungsgesetz müsse jegliche Entscheidung über eine Auslieferung in die Hände der Gerichte legen, und es dürfe überhaupt kein Ermessen der Behörden mehr entscheiden, weil die Freiheit dieses Ermessens bei der Schwäche des Reiches in absolute Gebundenheit an das Verlangen des anderen Teils umschlage. Dieser Gesichtspunkt dürfte heute gegenüber demjenigen abzuwägen sein, daß das Reich heute doch schon wieder eine Macht ist und als solche z.B. in dem italienisch-jugoslavischen Konflikt auch von den anderen Ländern behandelt wird. Es würde darum wohl genügen, wenn die Gerichtsbeteiligung nach dem Muster derjenigen der nordischen Staaten gestaltet würde.

[1]) Vgl. Mettgenberg, Gutachten, S. 34 f. und Wolgast a. a. O.

liche Zustand Mitteleuropas sei, ein Zustand, dessen Natürlichkeit trotz des Bestehens des Reiches an einzelnen Punkten noch sichtbar sei [1]).

Sind Auslieferungsangelegenheiten so heiklen Charakters, so könnte es zumal im Hinblick auf die heute verbreitete Propagierung des internationalen Rechtsgedankens geraten erscheinen, das Auslieferungsverfahren noch mehr zu justifizieren, als die nordischen Staaten es getan haben, und etwa für das deutsche Auslieferungsgesetz das britisch-amerikanische System zu wählen. Indessen dürfte letzteres zu wenig zum Gesamtrechtssystem des Reiches passen [2]), und es dürften — darin liegt ein besonderer Wert der nordischen Motive für uns — gegen solche Wahl mut. mut. die Gründe der nordischen Motive zu vergegenwärtigen sein (s. u. S. 185 u. o. S. 112 Anm. 4).

In bezug auf konkretere Fragen können die nordischen Gesetze und ihre Materialien Erwägung vor allem folgender vier Punkte nahelegen:

---

[1]) Hinsichtlich der Ausgestaltung der Anteilsverteilung zwischen Reich und Ländern vgl. insbes. Kraus, Gutachten S. 34 ff., der eine vom Deutschen Juristentage angenommene Sonderthese vorgeschlagen hat, und Pohl a. a. O. bes. S. 22. Kraus' Sonderthese lautet (unterstrichen): »Nach der deutschen Reichsverfassung liegt die Regelung des Auslieferungswesens in Gesetzgebung und Verwaltung, für die allgemeinen Fragen wie für Einzelfragen und einzelne Fälle, ausschließlich dem Reich ob. Die hierdurch gewährleistete einheitliche Ausgestaltung und Handhabung des Auslieferungsverkehrs ist ein wertvoller Fortschritt im deutschen Auslieferungsrecht (These Mettgenberg). Doch sollte dafür Sorge getragen werden, daß bei der Vorbereitung und der Ausführung einer Auslieferung auch weiterhin die Länder nicht ausgeschaltet werden« (Zusatzthese Kraus). Pohl faßt seine Ergebnisse dahin zusammen: »Es entspricht dem Geiste bundesstaatlicher Zusammenarbeit und damit dem eigensten Interesse des Reiches, daß solche Einflußnahme den Ländern verstattet bleibt. Praktisch wird sie in weitgehendem Maße zugestanden, ja, in der Regel wird die Entscheidung im Einzelfalle unbedenklich den Ländern übertragen werden können.« — Über die Gefahren entscheidender Länderkompetenz in Auslieferungssachen eindrucksvoll Frank, Der Kampf usw. S. 15 ff.; vgl. dazu den bei Frank, Der Kampf usw., S. 4 mitgeteilten deutschfreisinnigen Antrag (v. Bar u. Gen.) im Reichstage 1892 auf eine Resolution, daß ». . . 3. die (Landes-)Regierungen verpflichtet werden, die Aufhebung der von ihnen mit auswärtigen Regierungen abgeschlossenen besonderen Auslieferungsverträge herbeizuführen, unbeschadet jedoch derjenigen etwa bestehenden Verträge und vertragsmäßigen Bestimmungen, welche die Rechtshilfe in Grenzbezirken bezüglich der Feld-, Forst- und Jagdfrevel betreffen«. Vgl. dazu wieder die heutige Kompetenz der Länder in auswärtigen Angelegenheiten etwa bei Anschütz, Die Verfassung des Deutschen Reiches usw., 3. u. 4. Aufl., 1926, a. 78.

[2]) Es ist eben durchaus zu berücksichtigen, daß ein Auslieferungsgesetz von dem gesamten Rechtssystem eines Staates abhängig ist. Gerade am englisch-amerikanischen System ist dies beobachtbar. Eine einfache Übernahme eines ausländischen Auslieferungsgesetzes kann darum nicht in Frage kommen, so sehr es sich in dem fraglichen Lande auch bewährt haben mag. Zudem: Die Anschauungen über das Auslieferungswesen sind an einigen Punkten, so hinsichtlich Attentatsklausel, erheblichem Wandel unterworfen gewesen, wie a. a. O. bemerkt.

1. ob nicht in unser neues Strafgesetzbuch nach dem schwedischen und dem finnländischen Muster eine Bestimmung einzufügen sei, daß ausländischerseits bei Auslieferungen an das Reich gestellte Bedingungen im Reiche zur Nachachtung zu gereichen haben [1]);
2. ob es in allen Hinsichten zweifellos ist, daß Personen, die in einem Auslieferungsverfahren als Zeugen und dergl. zugezogen werden, auskunftspflichtig sind und daß sie ebenso Anspruch auf Gebühren haben, wie die und welche öffentlichen Kassen zur Auszahlung berechtigt und verpflichtet sind (vgl. das finnl. Ges. u. S. 429);
3. ob in unser Auslieferungsgesetz eine der norwegischen und der schwedischen ähnliche Schlnßbestimmung aufzunehmen sei;
4. ob nicht unser Reichstag in einer Entschließung der Regierung die Direktive geben soll, darauf bedacht zu sein, die älteren Auslieferungsverträge tunlichst mit dem Auslieferungsgesetze in Einklang zu bringen (vgl. das Schreiben des schwedischen Reichstags an den König, Schluß, u. S. 321).

Konkretere Vorschläge werden sich erst geben lassen, wenn der Entwurf zu unserem Auslieferungsgesetze bekannt sein wird [2]). Auf die genannten vier Punkte hinzuweisen, liegt nahe, weil weder — wie bemerkt — die in Schweden bzw. Finnland neben den Auslieferungsgesetzen ergangenen Sondergesetze bekannt sind noch auch das Ersuchen des Reichstags an den König in Schweden, bzw. weil Mettgenberg nach seinem Art. »Rechtshilfe, zwischenstaatliche« S. 679 der Ansicht sein dürfte, daß eine entsprechende Schlußbestimmung sich schlechthin erübrige.

Über solche Einzelfragen hinaus, so bedeutend einige von ihnen auch sein mögen, sind die nordischen Gesetze für uns allgemein deswegen wertvoll, weil sie — zumal diejenigen Norwegens und Schwedens — uns Sehen und Erwägen von Staaten mit einer ungewöhnlichen pupillarischen Sicherheit hinsichtlich des bewegenden Verhältnisses zwischen Staat und Mensch auf einem den nordischen Staaten besonders eigenen Gebiete am Werke zeigen, das wie in allem Strafrecht so auch in dem der Rechtshilfe durch Auslieferung von Verbrechern beständig potenziert akut ist. Nicht ohne diesen Grund in der Tiefe ist das norwegische Strafgesetz berühmt geworden.

Ergreifen so die drei nordischen Gesetze für ihren Bereich das Verhältnis Staat und Mensch mit besonderer Sicherheit, so veranschaulichen sie, zumal ihre Materialien, selbst über ihren engeren Bereich hinaus Gemein-

[1]) Vgl. dazu oben S. 58 Anm. 1.

[2]) Hinsichtlich der legislatorischen Verfahrensweise wird bei dem sehr engen Zusammenhange, der zwischen einem Auslieferungsgesetz und dem allgemeinen Strafgesetz (sowie noch mehr vielleicht der Strafprozeßordnung) eines Staates besteht — wie diese Publikation zeigen dürfte —, zu empfehlen sein, daß unser Reichstag den Auslieferungsgesetzentwurf in entsprechend engem Zusammenhange mit dem ihm jetzt vorliegenden Entwurf eines allgemeinen deutschen Strafgesetzbuches behandelt, wenn auch nicht damit geradezu verkoppelt.

wesen, die in ihrem Gemeingedanken von fast schrankenloser Balancesicherheit sind. In ganz uneingeschränktem Gleichgewicht befinden sich freilich auch die nordischen Staaten nicht [1]). Sie können es so wenig, wie der Einzelmensch es vermag, der doch das Gemeinwesen konstituiert. Wie das Einzelleben ein beständiges Schwingen um eine Gleichgewichtslage ist, die doch nie ganz erreicht wird, so ist es auch das Leben der Staaten. In dem Ausmaße des Schwingens um die Gleichgewichtslage, in dem Maße der Sicherheit des »Staatsgedankens«, unterscheiden die Staaten sich nach ihrer Festigkeit und Lebenssicherheit. Auch in den Staatsgedanken und seine Sicherheit im Norden, auch in das »Staatsethos« der nordischen Staaten hinsichtlich des internationalen Verkehrs wie des inneren Staatslebens, geben die drei nordischen Auslieferungsgesetze Einblick. Dies muß unsere Aufmerksamkeit besonders auf sich ziehen. Denn das Reich befindet sich hinsichtlich des Staatsgedankens und des Staatsethos gerade gegenwärtig in besonders bedeutungsvoller Lage. Hatte die Staatsumwälzung von 1918 den alten Staatsgedanken und das seitherige Staatsethos zerbrochen, schwankte das Reich in beiden ohne pupillarische Sicherheit bisher stark, so ist es jetzt in ein Stadium eingetreten, wo beides sich fühlbar zu konsolidieren beginnt [2]). In solchem Stadium muß es sich lohnen, die Blicke nach dem Lande so mutiger Männer wie Christian Michelsens und Östen Undéns zu lenken, die als Staatsexponenten so mutig, d. h. eindeutig und ohne Schwanken sein konnten, weil Staatsethos und Staatsidee ihrer Länder in demselben Maße eindeutig und schwankenfrei sind, wie das Auftreten dieser Männer sicher ist und Erstaunen und Bewunderung hervorruft, wo solche Sicherheit in Ethos und Idee fehlt.

Wird das Reich dergestalt gewinnen können, wenn es die Blicke nach der Heimat solcher Männer richtet, die uns menschlich wie kulturell und staatlich [3]) enger verwandt sind als das in Staatsethos und Staatsidee

---

[1]) Auch Norwegen und Schweden hat natürlich der Weltkrieg Schwankungen gebracht; indessen dürften diese doch im wesentlichen bereits überwunden sein. Über Finnland als einem erst nach dem Kriege und aus dem Kriege entstandenen Staat ist ein gleiches Urteil wie über Norwegen und Schweden nicht möglich, zumal seine Existenzbedingungen qualifiziert besondere sind.

[2]) Dies wird auch in der Öffentlichkeit und von Staatsmännern wie Politikern langsam erkannt, allerdings häufig noch nicht bewußt, völlig bewußt indessen vom Zentrum, wofür man etwa den bedeutenden Artikel der »Kölnischen Volkszeitung« Nr. 171 vom 8. März 1927 und die große Rede des M. d. R. Prälaten Professor Dr. Schreiber am 17. März 1927 zum Etat des Reichsinnenministeriums vergleiche. In der Tatsache der »Kulturtagungen« großer Parteien wird sich auch ein Stück Erkenntnis aussprechen. Vgl. im übrigen als Hauptwerk H. Kraus, Gedanken über Staatsethos im internationalen Verkehr, Berlin 1926, ergänzt durch Vorträge an der »Académie de droit international« im Haag vom Sommer 1927, die unter dem Titel »Morale Internationale« im »Recueil des Cours de l'Académie etc.« im Druck erscheinen werden.

[3]) Es würde vermutlich anders um unsere Staats- und Rechtsordnung stehen, wenn im Jahre 1848ff. (oder wenigstens noch um 1900 herum), statt

ebenfalls sichere England, so kann an einem Punkte das Reich doch auch schon selbständig mit den nordischen Ländern gehen: in der Vertretung und Verbreitung des internationalen Rechtsgedankens. Das Bekenntnis zu ihm hat sich in der Tendenz für uns so klar seit dem Weltkriege ausge-

---

an die uns innerlich fremdere belgische, Anlehnung an etwa die schwedische Verfassung stattgefunden hätte; vgl. im selben Sinne Pontus Fahlbeck in der Einleitung »An den deutschen Leser« seines oben S. 9 genannten Werkes. Es ist heute erschütternd, ohne irgendeine Übertreibung, die Gedanken zu lesen, die dieser Gelehrte und erfahrene Politiker — er war Mitglied der Ersten Kammer — in dieser Hinsicht dort im Jahre 1911 ausgesprochen hat. Es haben Seher an unserem Wege gestanden und gesprochen. Wenn es ernsthaft an die Revision der Reichsverfassung gehen wird, so wird es m. E. nicht verantwortet werden können, die schwedische Verfassung nicht heranzuziehen. Hier sei der Blick nur auf die Frage gelenkt, ob sich der Weg unserer Gesetzgebung nicht durch eine Mitbeteiligung des höchsten Gerichts wie in Finnland oder einer Kombination des höchsten ordentlichen und des höchsten Verwaltungsgerichts wie in Schweden (Gesetzgebungsrat) verbessern lasse. Und wenn ein führender Politiker auf der Weimarer Tagung deutscher Hochschullehrer 1927 die Ansicht vertreten hat, neben den allmächtigen Reichstag müsse eine andere Autorität gesetzt werden, so ist dies eine Erfahrung, die die so eigenartige und selbständige schwedische Verfassungsgeschichte vollkommen bestätigt. Das Wertvolle dabei ist, daß Schweden — aus geschichtlicher Erfahrung — durch eine eigentümliche Gewaltenteilung eine Lösung gefunden hat: Die schwedische Verfassung ruht nicht auf dem System der Dreiteilung Montesquieu'scher Prägung, sondern auf dem System einer Zweiteilung, die vollkommen schwedische Prägung wie das schwedische Staatsrecht ein rein germanisches Staatsrecht ist. Zwischen König und Reichstag ist die Staatsgewalt geteilt. Der König, d. h. der Träger der königlichen Rechte, wird »die königliche Majestät« genannt (vgl. unten die Materialien S. 177 ff.), und dies ist in weitestem Bereiche nicht der König allein oder der König in Person, sondern »der König im Staatsrat«. Sollte die Stellung des Reichspräsidenten reformiert werden, so käme in Frage, mit dem schwedischen Vorbilde vor Augen etwas zu schaffen, was »der Reichspräsident im Staatsrate« genannt werden könnte. Der schwedische »Staatsrat« ist das Gremium der Berater des Königs, meist Departementschefs (häufig Minister genannt), was sie jedoch, streng genommen, nicht sind (außer etwa dem Außenminister). Die Departements sind keine Ministerien, sondern Abteilungen des Staatsrats und Büros ihrer Chefs, die selbst nicht mehr als dies und insbesondere nicht Chefs der Verwaltung sind. Vom Staatsrate und den Departements sind die obersten Verwaltungsbehörden vollkommen getrennt. So scheidet das schwedische Staatsrecht organisch, was wir i. w. nur theoretisch zu unterscheiden vermögen: die Regierung und Staatsleitung von der Verwaltung — eine eigentümliche und starke Garantie des »Rechtsstaats«. Hinsichtlich der Rechtsprechung herrscht das Prinzip der Gewaltenteilung insofern, als auch in Schweden die Gerichte unabhängig und nur dem Gesetz unterworfen sind. Hinter dies alles setzt freilich die neuere Tendenz zum Parlamentarismus ein Fragezeichen, schwerlich jedoch mehr. An einen künftigen Sieg möchte ich angesichts der starken allgemeinen Rückläufigkeit der Entwickelung nicht glauben, zumal in Schweden böse Erfahrungen aus einer Zeit der Reichstagsherrschaft lebendig bleiben werden, die »die Freiheitszeit« hieß und an die man mit Schmerzen zurückdenkt. — Auch für unsere »Verwaltungsreform« werden, wie ersichtlich sein dürfte, dem schwedischen Rechte fruchtbare und ganz neue Anregungen entnommen werden können.

staltet[1]), wie für die nordischen Staaten. In einem konkreten Punkte vermöchten die nordischen Staaten und das Reich der Integrierung des internationalen Rechtsgedankens zu dienen, wenn sie sich, sobald das deutsche Auslieferungsgesetz ergangen sein wird, gemeinsam etwa beim Völkerbunde dafür einsetzten, daß tunlichst neben Auslieferungsstatistiken, den Auslieferungsgesetzen und Auslieferungsverträgen die Entscheidungen möglichst vieler Staaten in Auslieferungssachen insonderheit ihrer Gerichte, gesammelt und in einer besonderen Sammlung veröffentlicht würden. Hierdurch würde »die Grundlage, auf welcher das Auslieferungswesen, sowohl hinsichtlich des Abschlusses von Auslieferungsverträgen als auch hinsichtlich der Bewilligung von Auslieferungen, sich planmäßig entwickeln kann«, wesentlich verstärkt werden — ein Baustein zur Verstärkung des internationalen Rechtsgedankens schlechthin.

---

[1]) Vgl. für das Deutsche Reich als Symptom die eingangs zitierten Worte unseres Reichskanzlers, für die nordischen Staaten die Vergleichs- und Schiedsgerichtsverträge von 1924—1926, wiederum besonders mit ihren Motiven.

Die Materialien
zu den
nordischen Auslieferungsgesetzen.

Die Materialien
zum
norwegischen Auslieferungsgseetz
vom 13. Juni 1908/16. Juni 1922.

Ot. prp. nr. 26.[1)]
(1906—1907).

Betr. Ausfertigung eines Gesetzes über Auslieferung von Verbrechern.

Entwurf des Justiz- und Polizeidepartements vom 25. April 1907, der durch königliche Resolution vom demselben Datum genehmigt worden ist.

(Vorgetragen von Staatsrat Bothner.)

Nach darum eingegangenem Ersuchen seitens fremder Staaten ist norwegischerseits nicht selten Auslieferung von Personen bewilligt worden,

---

¹) Bedeutet: Proposition des Odelstings (des einen Teiles des Stortings; der andere Teil ist das Lagting). Die Gesetzentwürfe der Regierung werden in Propositionen dem Odelsting vorgelegt (cf. norw. Verf. § 76); diese Propositionen tragen für jede Stortingssession fortlaufende Nummern. Jede Proposition wird vom Odelsting sodann einem der Tingskomitees zur Behandlung überwiesen. Der Entwurf des Komitees ist dann dessen »Innstilling« (= Kommissionsbericht); s. u. S. 152.

Die Veröffentlichung der Stortingsverhandlungen erfolgt in den seit 1857 aufgenommenen stenographischen Berichten der Verhandlungen (»Stortingstidende«, »Odelstingstidende« und »Lagtingstidende«); so Morgenstierne in der 3. Aufl. Bd. I S. 339 Anm. 1 seines oben S. 8 genannten Werkes.

die einer außerhalb der Reichsgrenzen begangenen strafbaren Handlung beschuldigt, angeklagt oder deswegen verurteilt waren. Dies geschah im Verhältnis zu Schweden früher gemäß den Gesetzen vom 25. Okt. 1815 und vom 11. Sept. 1818; den Bestimmungen des letzteren Gesetzes entsprach auf schwedischer Seite eine königliche Verordnung vom 1. Juni 1819. Diese Gesetze wurden infolge der Unionsauflösung durch Gesetz vom 11. Juni 1906 aufgehoben. An andere Staaten als Schweden hat Auslieferung teils gemäß Verträgen stattgefunden, teils, ohne daß eine vertragsmäßige Verpflichtung dem betreffenden Staate gegenüber vorgelegen hätte.

Das früher geltende Strafgesetz vom 20. Aug. 1842 Kap. I § 6 eröffnete die Möglichkeit, durch auf dem Gegenseitigkeitsprinzip aufgebaute Verträge u. a. Bestimmung über Auslieferung auch für einen Teil von den Verbrechen zu treffen, welche gemäß Kap. I § 1—3 des Gesetzes nach norwegischem Recht bestraft werden konnten, nämlich wegen Verbrechen, welche hier im Reiche von Ausländern gegen andere als Norwegen oder norwegische Untertanen, und Verbrechen, die im Auslande von Inländern gegen andere als Norwegen oder norwegische Untertanen verübt waren. Nach Aufhebung des älteren Strafgesetzes ist gegenwärtig die einzige Bestimmung über Auslieferung von Verbrechern im Gesetz über norwegisches Staatsbürgerrecht vom 21. April 1888 § 7 Abs. 2 enthalten, der norwegischen Staatsbürgern das Recht gibt, sich hier im Lande aufzuhalten, und dadurch ein Hindernis dagegen bildet, daß ein solcher an das Ausland ausgeliefert wird; soweit der § früher Auslieferung an Schweden zuließ, ist er durch Gesetz vom 11. Juni 1906 abgeändert worden[1]). Im übrigen ruhen die norwegischen Regeln über Auslieferung

---

[1]) § 7 des Gesetzes über norwegisches Staatsbürgerrecht vom 21. April 1888 hat gelautet (das Eingeklammerte ist durch das Gesetz vom 11. Juni 1906 Nr. 2 aufgehoben worden):

»Wer nach § 92 a, b oder d der Verfassung norwegisches Eingeborenenrecht (vgl. neuestens zu diesem Begriff die orientierenden Bemerkungen von Taranger in »Norwegische Bürgerkunde«, Greifswald 1925, S. 4 ff.) besitzt, ist stets berechtigt, ständigen Wohnsitz hier im Lande zu nehmen. Er behält das ihm durch die Gesetze, betreffend das Armenwesen vom 6. Juni 1863, für Kaufstädte § 16, für das Land § 17 beigelegte »hjemstavnsret« (hier etwa Unterstützungswohnsitz).

Norwegische Staatsbürger sind berechtigt, sich hier im Lande aufzuhalten (ausgenommen, soweit sie nach dem Gesetz vom 11. September 1818 an Schweden ausgeliefert werden können). § 1 des Gesetzes vom 17. Juni 1886, enthaltend eine Änderung der Armengesetzgebung sowie einen Zusatz dazu, wird für norwegische Staatsbürger außer Kraft gesetzt, wohingegen § 2 desselben Gesetzes hinsichtlich ausgewanderter norwegischer Staatsbürger, die nicht norwegisches Eingeborenenrecht besitzen, weiter in Kraft bleibt.

Norwegische Staatsbürger sind norwegische Untertanen. Die Freiheit vom Militärdienste, welche durch Gesetz über die Wehrpflicht vom 12. Mai 1866 § 12 eingewanderten Ausländern bedingungsweise beigelegt worden ist, bleibt diesen erhalten, selbst wenn sie norwegische Staatsbürger geworden sind.«

von Verbrechern nur auf den mit fremden Staaten abgeschlossenen Verträgen und der Praxis, die sich gemäß diesen entwickelt hat. Daß der König berechtigt sei, Verträge über Auslieferung abzuschließen, hatte man in Norwegen schon vor dem Strafgesetz von 1842 angenommen.

Diese Möglichkeit ist auch zum Abschluß einer Reihe von Auslieferungsverträgen benutzt worden, von denen gegenwärtig in Geltung stehen [1]:

Konvention mit Portugal vom 17. Dez. 1863.

Konvention mit Italien vom 20. Sept. (30. Okt.) 1866, vgl. Deklaration vom 28. Mai 1878, betr. Zusatz zu dieser Konvention.

Konvention mit Österreich-Ungarn vom 2. Juni (31. Juli) 1868, vgl. Noten vom 9. März und 18. Mai 1904 über die Auslegung dieser Konvention.

Konvention mit Frankreich vom 4. Juni (27. Dez.) 1869, vgl.

Das neue Gesetz über Staatsbürgerrecht vom 8. August 1924 enthält keine entsprechenden Bestimmungen. Statt dessen sei verwiesen auf das Gesetz über Anmeldung von Reisenden und Fremden vom 4. Mai 1901 § 6, wie es nach Änderungen vom 24. Juni 1915 und vom 8. August 1924 lautet:

»Sofern durch Vertrag mit auswärtigen Staaten nichts anderes bestimmt (angenommen) worden ist, kann eine Person, die nicht norwegischer Staatsbürger ist, von der Polizei aus dem Reiche ausgewiesen werden:

a) wenn sie sich nicht gemäß § 3 gemeldet oder legitimiert hat oder wenn sie bei ihrer Anmeldung nicht im Besitze von zum Lebensunterhalt ausreichenden Mitteln ist und auch nicht angenommen wird, daß sie Aussicht besitzt, sich gesetzmäßigen Erwerb hier im Lande zu schaffen;

b) wenn sie während ihres Aufenthalts hier im Lande sich Untätigkeit hingibt oder sich umhertreibt, ohne gesetzmäßigen Erwerb nachweisen zu können, oder unter solchen Umständen, daß Grund zu der Annahme besteht, sie schaffe sich ganz oder teilweise die Mittel zur Lebensführung durch strafbare Handlungen oder durch gewerbsmäßige Unzucht anderer;

c) wenn sie in den letzten 5 Jahren im Auslande zu einer Freiheistsstrafe von 6 Monaten oder darüber wegen einer Handlung verurteilt worden ist, die kein politisches Verbrechen ist und auch nicht in Verbindung mit einem politischen Verbrechen in der Absicht verübt worden ist, den damit beabsichtigten Zweck zu fördern.

Eine Ausweisung nach den lit. b oder c kann nicht bei Personen erfolgen, die hier im Reiche geboren sind und in den letzten 3 Jahren hier festen Wohnsitz oder ständigen Aufenthalt gehabt haben.

Nähere Bestimmungen über die Anwendung der Bestimmungen dieses Paragraphen können vom Könige oder, wen er dazu ermächtigt, erlassen werden.«

An dieser Stelle darf an die äußerst interessante Denkschrift des Justiz- und Polizeidepartements vom 22. Januar 1926 (Ot. prp. Nr. 11) und an die entsprechende »Innstilling« des Justizkomitees (Innst. O. III, 1927), betreffend ein »Gesetz über den Zugang von Ausländern zum Reiche« hingewiesen werden. Ob das Gesetz schon ergangen ist, ließ sich nicht mehr feststellen. Zeitungsnachrichten zufolge hat Schweden kürzlich ein entsprechendes Gesetz erlassen.

[1]) Wo der Abschlußtag nicht mit dem Tag zusammenfällt, unter dem der Vertrag in die Gesetzessammlung oder die Lovtidende aufgenommen ist, ist dieser letzte Tag in Paranthese hinzugefügt.

Deklaration vom 5. Mai (11. Sept.) 1897, wodurch ihre Geltung auch auf Tunis ausgedehnt wurde, sowie Noten, betr. deren Auslegung, vom 5. März und 5. April 1904.

Konvention mit Belgien vom 26. April (15. Juli) 1870, vgl. Protokoll vom 15. Juli 1870 sowie Deklaration vom 6. Nov. 1877, betr. Zusatz zu dieser Konvention.

Konvention mit Groß-Britannien und Irland vom 26. Juni (26. Aug.) 1873, vgl. Deklaration vom 18. Febr. 1907, betr. Zusatz zu dieser Konvention.

Vertrag mit dem Deutschen Reiche vom 19. Jan. (31. Mai) 1878, vgl. Zusatzvertrag vom 7. März 1907.

Konvention mit den Niederlanden vom 11. März (10. Juni) 1879.

Konvention mit Luxemburg vom 21. Juli 1883 (11. Jan. 1884).

Konvention mit Spanien vom 15. Mai (14. Juli) 1885, vgl. Noten vom 6. April und 10. Dez. 1904, betr. Auslegung dieser Konvention.

Vertrag mit den Vereinigten Staaten von Amerika vom 7. Juni (8. November) 1893, vgl. den Vertrag vom 10. Dez. 1904, betr. Änderung des erstgenannten Vertrages.

Konvention mit Schweden vom 21. Febr. (die Ratifikationen ausgewechselt am 15. April) 1907.

Während der Vereinigung mit Schweden wurden sämtliche Verträge außer demjenigen mit den Vereinigten Staaten von Amerika als gemeinsame Verträge für Norwegen und Schweden abgeschlossen. Die Konvention mit den Niederlanden gilt gegenwärtig jedoch nur für Norwegen, da sie hinsichtlich Schwedens durch ein neues Übereinkommen abgelöst ist[1]).

Durch Übereinkommen vom 7. März 1823 wurde der zum Vertrage von Jönköping zwischen Dänemark-Norwegen und Schweden vom 10. Dez. 1809 hinzugefügte Separatartikel, betr. gegenseitige Auslieferung von Deserteuren und Verbrechern, in seiner Geltung auch auf das Verhältnis zwischen Norwegen und Dänemark ausgedehnt; indessen muß dieser Separatartikel jetzt als außer Kraft getreten angesehen werden, weil die in Nr. 8 des Artikels festgesetzte Frist von 15 Jahren abgelaufen ist, ohne daß eine Verlängerung stattgefunden hätte.

Neben diesen allgemeinen Auslieferungsverträgen findet sich im Handels- und Schiffahrtsvertrag mit China vom 20. März 1847 Artikel XXIX eine Sonderbestimmung über Auslieferung von aufrührerischen und entlaufenen Seeleuten von schwedischen und norwegischen Schiffen seitens der chinesischen Behörden und über Auslieferung chinesischer Verbrecher, die ihre Zuflucht zu Häusern oder Schiffen schwedischer oder norwegischer Untertanen nehmen, an die chinesischen Behörden, sowie im Freundschafts-, Handels- und Schiffahrtsvertrag mit Siam vom 9. Nov. 1869 Art. VI eine Bestimmung über Auslieferung siamesischer Verbrecher und Flüchtlinge, die ihre Zuflucht zu schwedischen oder norwegischen Untertanen in Siam

[1]) Vom 26. Juni 1895.

nehmen oder bei solchen in Dienst stehen, an die siamesischen Behörden. Endlich enthält das Brüsseler Übereinkommen vom 2. Juli 1890 (30. März 1892), betr. Maßnahmen zur Unterdrückung des Sklavenhandels im inneren Afrika, u. a. Art. V, vgl. Art. LXXXIX und Art. XII, eine Sonderregel über Auslieferung von Personen, die sich Sklavenhandels u. ä. Verbrechen schuldig gemacht haben.

Die eigentlichen Auslieferungsverträge[1]) enthalten Bestimmungen sowohl über die materiellen als auch über die formellen Auslieferungsbedingungen, während die nähere Verfahrensweise bei Behandlung von Auslieferungsersuchen in dem Staat, an den sie gerichtet sind, im wesentlichen von den Verträgen unberührt gelassen wird. In den Hauptzügen besteht eine gewisse Gleichheit zwischen den verschiedenen norwegischen Auslieferungsverträgen; in Einzelheiten und Fassung weichen sie dagegen bedeutend voneinander ab, da sie in großer Ausdehnung das Gepräge der verschiedenen Zeitpunkte ihres Abschlusses und der verschiedenen Staaten tragen, mit denen sie abgeschlossen sind.

Hinsichtlich der materiellen Bedingungen ist es eine ausnahmslose Regel, daß die Verträge einem Staate nicht die Pflicht auferlegen, seine eigenen Bürger auszuliefern, sowie ferner nicht, Auslieferung für Verbrechen zu bewilligen, die auf dem eigenen Territorium des Staates begangen sind. Während ein Teil der Verträge nur Auslieferung wegen Verbrechen zugesteht, die in dem ersuchenden Staat begangen sind, gibt es doch andere, welche die Möglichkeit eröffnen, unter gewissen Bedingungen auch auszuliefern, wenn das Verbrechen in einem dritten Staat begangen ist. Sämtlichen Verträgen gemeinsam ist dabei, daß sie, wenn auch in verschiedenen Ausdrücken, die politischen Verbrechen von Auslieferung ausnehmen; aber während die meisten von ihnen die gleiche Regel für die mit politischen konnexen Verbrechen aufstellen, gibt es einzelne, die diese letzten nicht umfassen, und auf der anderen Seite hat eine Anzahl Verträge, aber durchaus nicht alle, die sog. belgische Attentatsklausel aufgenommen, wonach ein Attentat in Tötungsabsicht gegen einen Suverän (ein Staatsoberhaupt) oder eine zu seiner Familie gehörende Person von der allgemeinen Regel über politische Verbrechen nicht umfaßt werden soll. Die Klassen strafbarer Handlungen, die Auslieferung sollen begründen können, sind im übrigen in allen Verträgen außer dem diesjährigen mit Schweden (vgl. auch Deklaration mit Großbritannien und Irland vom 18. Febr. d. J.) besonders aufgezählt. Die Aufzählungen sind in den einzelnen Verträgen von sehr verschiedenem Umfang; eine Reihe der gröbsten Verbrechen ist zwar in alle aufgenommen, aber die Entwicklung ist in der Richtung gegangen, die Anzahl der Verbrechen zu vermehren, die zu Auslieferung Anlaß geben können, so daß im großen und ganzen die neuesten Verträge insoweit die umfassendsten sind.

Sämtliche Verträge bestimmen, daß Auslieferung nicht erfolgen

---

[1]) im Original gesperrt.

soll, wenn die Möglichkeit, ein Strafverfahren anhängig zu machen oder verhängte Stafe zu vollziehen, nach den Gesetzen des Staates verjährt ist, wo der Betreffende sich aufhält, wie auch eine Reihe von ihnen ausdrücklich Bestimmung über Verweigerung einer Auslieferung enthält, wenn der Reklamierte wegen desselben Verbrechens in diesem Staat unter Verfolgung steht oder gestanden hat. Steht er unter Verfolgung oder ist er verurteilt wegen eines anderen Verbrechens als desjenigen, wegen dessen um seine Auslieferung ersucht wird, so ist die Auslieferung auszusetzen, bis das Verfahren beendet und gegebenenfalls die Strafe verbüßt ist. Für den Fall, daß um Auslieferung der gleichen Person von verschiedenen Staaten wegen verschiedener Verbrechen ersucht wird, stellt eine Anzahl Verträge die Regel auf, daß bei der Entscheidung darüber, welches Ersuchen bewilligt werden soll, vorzugsweise auf die größere oder geringere Schwere der Verbrechen abzustellen ist, während andere das zuerst eingelaufene Ersuchen vorgehen lassen. Besondere Regeln sind in den meisten Verträgen über Auslieferung von Personen aufgestellt, welche weder Bürger des Zufluchtstaates noch des Staates sind, der um Auslieferung ersucht; jedoch weichen diese Regeln von einander ab. In alle Verträge ist ein Vorbehalt darüber aufgenommen, daß der Ausgelieferte nicht ohne Einwilligung des ausliefernden Staates wegen eines anderen vor der Auslieferung begangenen Verbrechens als dessen verfolgt werden darf, wegen dessen er ausgeliefert worden ist. Diese Einschränkung fällt jedoch nach den meisten Verträgen fort, wenn der Ausgelieferte binnen bestimmter Zeit die Möglichkeit zum Verlassen des Staates gehabt hat, an den er ausgeliefert ist, ohne sie zu benutzen, und nach einem einzelnen Vertrag auch, sofern er selbst ausdrücklich in die Verfolgung einwilligt.

Daß ein Auslieferungsersuchen auf diplomatischem Wege zu stellen sei, ist in allen Verträgen vorgeschrieben; jedoch eröffnen einzelne die Möglichkeit vorläufiger direkter Verhandlung zwischen den betreffenden Regierungen oder sogar untergeordneten Behörden beider Staaten (die Konventionen mit dem Deutschen Reiche und mit Schweden). Die Regeln über die Legitimationen, welche gefordert werden, bevor die Auslieferung bewilligt werden kann, weichen in den verschiedenen Verträgen etwas von einander ab. Soweit die Person, um deren Auslieferung es sich handelt, verurteilt ist, ist zwar die Vorlegung des verurteilenden Urteils immer sowohl notwendig als auch ausreichend. Für den Fall, daß ein Urteil noch nicht ergangen ist, stellen dagegen die meisten Verträge die Wahl, einen Festnahme- oder Gefangensetzungsbeschluß [1]), enthaltend die Angabe der betreffenden strafbaren Handlung und der auf sie anwendbaren Strafbestimmung, beizubringen oder einen gerichtlichen Beschluß über die Anklage (Versetzung in Anklagezustand oder Eröffnung der Hauptverhandlung) vorzulegen, jedoch so, daß ein Beschluß der letztgenannten Art nach zwei Verträgen einen Festnahmebeschluß enthalten oder von ihm begleitet

[1]) paagribelses = eller fängslingsbeslutning.

sein muß. Eine Ausnahme von der allgemeinen Regel in dieser Hinsicht bildet indessen der Vertrag mit Portugal, welcher einen Festnahme- oder Gefangensetzungsbeschluß als Auslieferungsgrundlage nicht anerkennt, sowie der britische und der amerikanische Vertrag, welche Auslieferung nur nach Beibringung eines Festnahmebeschlusses gestatten, der außerdem von gewissen Beweisen begleitet sein muß.

Sämtliche Verträge außer dem britischen eröffnen die Möglichkeit vorläufiger Festnahme des Gesuchten, bevor ein formelles Auslieferungsersuchen mit den notwendigen Anlagen einlaufen kann, als Regel jedoch nur in dringenden Fällen. Das betreffende Ersuchen soll als Regel eine Angabe darüber enthalten, daß ein solches Urteil oder ein solcher Beschluß vorliegt, der nach dem betreffenden Vertrage als Auslieferungslegitimation dienen kann, und ist nach einer Anzahl Verträge auf diplomatischem Wege vorzubringen; aber im übrigen sind die Regeln über Inhalt und Vorbringung des Ersuchens ziemlich verschieden. Die Dauer der vorläufigen Inhaftierung ist im allgemeinen auf einen bestimmten Zeitraum beschränkt, von 20 Tagen bis zu 2 Monaten.

So gut wie alle Verträge enthalten Bestimmungen über die gleichzeitig mit der Auslieferung vorzunehmende Übergabe der bei dem Ausgelieferten vorgefundenen gestohlenen Sachen, Gerätschaften und anderen Gegenstände, die als Beweis dienen können. Was die mit der Auslieferung verbundenen Kosten betrifft, so ist in allen Verträgen außer demjenigen mit den Vereinigten Staaten von Amerika bestimmt, daß der ausliefernde Staat ohne Refusion die Kosten bei der Festnahme, der Untersuchungshaft und dem Transport des Betreffenden an die Grenze oder bis zum Verschiffungshafen trägt. Besondere Regeln über den Transport einer Person, deren Auslieferung zwischen dem anderen kontrahierenden Staat und einem dritten Staat beschlossen ist, durch den einen der kontrahierenden Staaten, sind nur in einzelnen Verträgen enthalten. Außer über Auslieferung von Verbrechern handeln die meisten Auslieferungsverträge zugleich von anderer Rechtshilfe in Strafsachen, besonders über die Bewilligung der sogenannten Rechtshilfeersuchen (retsanmodninger).

Wie aus der oben gegebenen Aufzählung der norwegischen Auslieferungsverträge ersichtlich sein wird, gibt es mehrere europäische Staaten, mit denen Norwegen keinen solchen Vertrag hat. Das Fehlen eines Auslieferungsvertrages hat jedoch nicht im Gefolge gehabt, daß im Verhältnis zu diesen Staaten keine Auslieferung stattgefunden hätte, weil die norwegischen Behörden, wie erwähnt, sich für befugt gehalten haben, Auslieferung auch ohne Vertragsgrundlage zu bewilligen. In solchen Fällen ist jedoch Voraussetzung gewesen, daß Auslieferung nur wegen solcher Verbrechen solle bewilligt werden, welche nach den mit anderen Staaten abgeschlossenen Verträgen Auslieferung begründen würden, und daß wesentlich dieselben Legitimationen wie in diesen Verträgen zu fordern seien; jedoch sind diese Regeln nicht immer genau eingehalten worden. An Dänemark erfolgt öfter Auslieferung von Verbrechern, aber hier regelmäßig auch ohne Mitwirken eines Departements, indem die Polizei, jedenfalls in Kristiania, Auslieferungsersuchen dieses Landes auf eigene Hand nachzukommen pflegt. Die Polizei in dieser Stadt und diejenige in Kopenhagen befolgen dergestalt gegenseitig die Verfahrensweise, daß eine gesuchte Person nach einem formlosen, oft telegraphischen Ersuchen festgenommen wird, ohne daß besondere Legitimationen verlangt werden, und daß sie danach ohne weiteres der Polizei des ersuchenden Staates zur Verfügung gestellt wird. Jedoch liegen Beispiele dafür vor, daß die Polizei von Kristiania die Angelegenheit dem Departement zur Entscheidung übersandt hat, wenn der Festgenommene Einwendungen gegen die Auslieferung machte und die Polizei die Sache für besonders zweifelhaft erachtete.

Die Behandlung von Angelegenheiten, betr. Auslieferung von Verbrechern sowohl als auch betr. andere internationale Rechtshilfe in Strafsachen, gehört unter dies Departement. Allgemeine Vorschriften, betr. die Verfahrensweise bei der Behandlung von Auslieferungsangelegenheiten, sind bisher nicht ausgefertigt worden, und infolgedessen hat zum Teil in einigem Maße Zweifel und Unklarheit bei den Behörden geherrscht, welche Regeln in dieser Hinsicht zu befolgen seien. Hinsichtlich der Behandlung der Auslieferungsersuchen, die bei diesem Departement einlaufen, ist in der letzten Zeit die Verfahrensweise folgende gewesen: Sobald das Ersuchen einläuft, untersucht das Departement vorläufig, ob gemäß dem mit dem betreffenden fremden Staat abgeschlossenen Vertrage oder, wenn ein solcher nicht vorliegt, nach der Beschaffenheit der Angelegenheit Befugnis besteht, dem Ersuchen nachzukommen. Sofern das Departement Befugnis hierzu findet, veranlaßt es Nachforschungen nach dem Betreffenden sowie seine Festnahme, und es wird angenommen, daß einem Ersuchen des Departements in dieser Hinsicht ohne Untersuchung oder Beschlußfassung seitens einer anderen Behörde nachzukommen ist. Der Festgenommene wird gegebenenfalls möglichst schnell dem nächsten Verhörsrichter vorgeführt, der seine Erklärung entgegennimmt, während der Ausspruch eines Hafterkenntnisses [1]) für überflüssig angesehen wird. Abschrift der Erklärung wird dem Departement eingesandt, welches nach Prüfung desselben und der übrigen vorliegenden Dokumente entscheidet oder entscheiden läßt, ob Auslieferung stattfinden solle. Das Departement setzt voraus, daß eine Festnahme zum Zwecke der Auslieferung regelmäßig nur auf seine Veranlassung stattfinden soll.

Bei der Stellung von Ersuchen um Auslieferung von Verbrechern seitens Norwegens an fremde Länder ist die Verfahrensweise im allgemeinen folgende. Der zuständige Staatsadvokat sendet ein Ersuchen, den Betreffenden ausliefern zu lassen, an das Departement, welches sich dann sehr oft telegraphisch an das Konsulat oder, wenn der fremde Staat Ersuchen auf diplomatischem Wege verlangt, durch das Auswärtige Amt an die Gesandtschaft an dem Ort wendet, wo der Betreffende sich aufhält

[1]) fängslingskjendelse.

oder vermutet wird, daß er erreichbar sei, mit dem Ersuchen zu bewirken, daß Nachforschungen nach ihm angestellt werden und er gegebenenfalls angehalten wird. Wo besondere Schnelligkeit für erforderlich erachtet wird, spielt das Verfahren sich auch so ab, daß die Polizei sich direkt an das Departement wendet oder sogar direkt an den betreffenden Konsul oder die Legation im Auslande telegraphiert. Anläßlich einer solchen direkten Wendung an das Konsulat in Hull äußerte indessen dies Departement in einem Schreiben vom 22. Juni 1896, es könne nicht billigen, daß ein Polizeimeister, statt beim Departement vorstellig zu werden, sich an Behörden außerhalb des Reiches (und Dänemarks) mit dem Ersuchen um Anhaltung eines entwichenen Verbrechers wende. In der kürzlich abgeschlossenen Konvention mit Schweden ist jedoch unter Berücksichtigung der lokalen Verhältnisse und des lebhaften Verkehrs zwischen den Reichen sämtlichen Beamten der Anklagebehörde die Möglichkeit eröffnet worden, in direktem Benehmen mit den betreffenden Beamten in Schweden um vorläufige Festnahme [2]) eines entwichenen Verbrechers zu ersuchen. Ein formelles Auslieferungsersuchen wird erst abgesandt, wenn der Betreffende festgenommen ist, und dann immer auf diplomatischem Wege. Das Departement achtet darauf, daß die Formalien in Ordnung sind und daß es sich um ein Verbrechen handelt, welches Auslieferung begründen kann, ebenso wie man es ablehnt, dem Wunsche der Anklagebehörde nachzukommen, wenn nach des Bedeutung der Verbrechens im einzelnen Falle eine Befugnis, Auslieferung zu verlangen, nicht für vorliegend erachtet wird.

Der Rechtszustand, der dergestalt jetzt bei uns herrscht, dürfte in mehreren Hinsichten weniger zufriedenstellend sein. Hinsichtlich der materiellen Auslieferungsbedingungen wird angenommen, es sei wenig sinnvoll, daß es in der Macht des Departements oder sogar einer untergeordneten Behörde soll stehen können, Auslieferung jeder beliebigen Person zu bewilligen, die nicht norwegischer Staatsbürger ist, ohne Rücksicht auf die Höhe der Strafe, welche die behauptete strafbare Handlung mit sich führen könnte, und, daß in solcher Hinsicht sogar von seiten der Regierungsgewalt dem Reiche vertragsmäßige Verpflichtungen sollen auferlegt werden können. Auch was die Verfahrensweise betrifft, die hier im

---

[1]) Vgl. die Sammlung von Paulsen und Thomle, V S. 221: »Ein Schreiben des Justizdepartements (vom 22. Juni 1896) an den Staatsadvokaten in den Bezirken Lister, Mandal und Stavanger, worin das Departement — in Veranlassung dessen, daß ein Polizeimeister telegraphisch das norwegisch-schwedische Vizekonsulat in Hull ersucht hatte, die Anhaltung einer Person, die wegen betrügerischen Verhaltens angezeigt und fälschungsverdächtig war, zwecks eventueller Auslieferung zu bewirken — mitteilt, daß es nicht billigen könne, daß der Polizeimeister, statt sich an das Departement mit der Vorstellung zu wenden, ob die Anhaltung eines ins Ausland entwichenen Verbrechers bewirkt werden dürfe, sich auf eigene Faust mit einem Ersuchen in solcher Hinsicht an Behörden außerhalb der vereinigten Reiche und Dänemarks wende.«

[2]) forelöbig fängsling.

Lande zu befolgen ist, um eine Auslieferung bewerkstelligt zu bekommen, wird angenommen, daß es erforderlich sein würde, eine gesetzliche Ordnung zu Wege zu bringen. Da unleugbar eine »faengslig anholdelse« (Verhaftung) vorliegt, wenn eine Person festgenommen und in einer bisweilen doch recht langen Untersuchungshaft gehalten wird, um später dem Auslande zur Strafverfolgung zur Verfügung gestellt zu werden, so könnte allerdings nicht ohne Fug bezweifelt werden, ob es ganz mit der Bestimmung des § 99 Abs. 1 [1]) der Verfassung übereinstimmt, daß ein Regierungsdepartement oder sogar eine untergeordnete Behörde die Auslieferung einer eines Verbrechens beschuldigten Person bewirken läßt, ohne daß dies gesetzlich begründet wäre. Selbst bei der Annahme, die jetzt befolgte Praxis widerspreche nicht geradezu der Verfassung, muß doch wohl eingeräumt werden, daß es schlecht zu der Voraussetzung der genannten Verfassungsbestimmung und überhaupt dem Schutze der persönlichen Freiheit stimmt, auf den in einem konstitutionellen Staat sowohl dessen eigene Bürger als auch Ausländer Anspruch haben müssen, daß die administrativen Behörden eine Auslieferung ohne andere gesetzliche Bindung als die sollen bewerkstelligen dürfen, welche aus dem § 7 Abs. 2 [2]) des Staatsbürgerrechtsgesetzes fließt, und ohne an eine formelle Verfahrensart gebunden zu sein.

Die Erwünschtheit einer gesetzlichen Regelung des Auslieferungswesens ist vom *Institut de droit international* hervorgehoben worden, welches auf einer im Jahre 1880 abgehaltenen Versammlung eine Reihe Resolutionen über diese Angelegenheit annahm, von denen Nr. IV folgenden Inhalts war: »Es ist zu wünschen, daß in jedem Staat ein Gesetz sowohl die Verfahrensweise in diesen Sachen als auch die Bedingungen ordne, unter welchen die Personen, um deren Auslieferung als Verbrecher ersucht wird, an eine Regierung auszuliefern sind, mit welcher kein Vertrag besteht.« In mehreren fremden Ländern sind auch schon besondere Auslieferungsgesetze erlassen worden. Dies ist dergestalt der Fall in Belgien (jetzt Gesetz vom 15. März 1874, vgl. die Gesetze vom 7. Juli 1875, 22. März 1886, 28. Juni 1889 und 3. Juli 1893 sowie das Gesetz vom 1. Oktober 1833 Art. 6 mit Zusatz vom 22. März 1856), in den Niederlanden (jetzt Gesetz vom 6. April 1875, vgl. die Gesetze vom 15. April 1886 und 12. Dezember 1892) in Luxemburg (jetzt Gesetz vom 13. März 1870), Groß-Britannien und Irland, (Gesetz vom 9. August 1870, vgl. die Gesetze vom 5. August 1873 und vom 6. Juli 1895), der Schweiz (Gesetz vom 22. Januar 1892), Argentinien (Gesetz vom 20. August 1885), Peru (Gesetz vom 17. Oktober 1888), Mexiko (Gesetz vom 19. Mai 1897), im Kongo-Staat (Dekret vom 12. April 1886, vgl. Dekret vom 1. Juli 1891), Liberia (Gesetz vom 24. Januar 1893) und Japan (Gesetz vom 3. August 1887). Auch in den

---

[1]) § 99 Abs. 1: »Niemand darf außer in den gesetzlich bestimmten Fällen und auf die durch das Gesetz vorgeschriebenen Weise verhaftet werden. Für unbefugte Verhaftung oder ungesetzliches Zurückbehalten (détention) sind die Betreffenden dem Verhafteten verantwortlich.

[2]) s. o, S. 120.

Vereinigten Staaten von Amerika sind einzelne Seiten des Auslieferungswesens durch Gesetze geordnet. Was unser eigenes Land betrifft, so ist bei der Schaffung des neuen Strafgesetzes vorausgesetzt worden, daß das hier behandelte Verhältnis durch ein besonderes Gesetz geordnet werden solle. In ihren Motiven zum Strafgesetzentwurf (S. 21) führte die Strafgesetzkommission aus, daß alle Aufforderung dazu bestehe, weil die Frage, welche Personen sollten ausgeliefert werden können sowie wegen welcher Verbrechen, an welchen Staat und unter welchen Garantien deren Auslieferung solle stattfinden können, viele Punkte enthalte, die ebenso zweifelhaft wie wichtig seien und daher auf gesetzlichem Wege geordnet werden müßten.

Im Hinblick hierauf erlaubt das Departement sich zu beantragen, daß dem gegenwärtig versammelten Storting eine Proposition, betr. Ausfertigung eines Gesetzes über Auslieferung von Verbrechern, das mit dem vom Departement ausgearbeiteten Entwurf übereinstimmt, vorgelegt werden möge. In diesen Entwurf, welcher im ganzen auf den vom Institut de droit international empfohlenen Grundsätzen aufgebaut ist, hat man Bestimmungen über die materiellen Auslieferungsbedingungen aufgenommen, die in allem Wesentlichen mit dem übereinstimmen, was teils in fremden Auslieferungsgesetzen und teils in unseren eigenen jetzt geltenden Auslieferungsverträgen vorgeschrieben ist, sowie auch Bestimmungen über die Verfahrensweise bei der Durchführung einer Auslieferung, die soweit als möglich mit der gegenwärtigen Praxis übereinstimmen; unter diesen letzten Bestimmungen werden sich zugleich Regeln, betr. die Behandlung von Auslieferungsersuchen hier im Lande finden, welche von hier aus an einen fremden Staat zu richten wären, weil es auch mit Rücksicht auf diesen Punkt als wünschenswert angesehen werden muß, eine festere Ordnung zu erhalten. Dagegen hat man nicht aufgenommen Bestimmungen über die Leistung anderer Rechtshilfe in Strafsachen als Auslieferung, ein Gegenstand, der in mehreren fremden Auslieferungsgesetzen behandelt ist und worüber Bestimmungen auch in den meisten unserer Auslieferungsverträge enthalten sind. Dieser Gegenstand ist nämlich schon von der Zivilprozeßgesetzkommission zum Objekt der Behandlung gemacht worden, die in ihren Entwurf zu einem Gesetz, betr. die Ordnung der Gerichte, § 43, betr. die Bewilligung von Rechtshilfeersuchen aus fremden Staaten, Regeln aufgenommen hat, deren Geltung sowohl für Strafsachen wie für Zivilsachen vorausgesetzt ist. Und eine Gesetzesbestimmung über dieses Verhältnis für die Zeit zu erlassen, bis der erwähnte Entwurf Gesetz geworden sein kann, wird nicht als notwendig angesehen, weil man davon ausgeht, daß derartigen Ersuchen wie bisher im allgemeinen entsprochen werden wird, auch wenn sie von Staaten herrühren, denen gegenüber keine vertragsmäßige Verpflichtung besteht.

Im übrigen darf man über den Rahmen des Entwurfs bemerken, daß man übereinstimmend mit dem, was in einzelnen fremden Auslieferungsgesetzen geschehen ist, die vorgeschlagenen Regeln auf das Anbordbringen oder die Auslieferung entlaufener Seeleute hat ohne Anwendung bleiben lassen, weil diese Auslieferung, welche für Norwegen teils in Handels- und Schiffahrtsverträgen, teils in besonderen Übereinkommen behandelt ist, zunächst einen anderen Zweck hat, als einer fremden Strafverfolgung zu dienen, nämlich, zur Erzwingung der Erfüllung einer zivilen Verpflichtung Hilfe zu leisten.

Bezüglich der einzelnen Bestimmungen des Entwurfes erlaubt das Departement sich folgendes anzuführen.

Zum § 1.

Nach der Form, welche der Paragraph bekommen hat, werden die Regeln des Gesetzes auf jede Auslieferung zur Anwendung kommen, die nach dessen Inkrafttreten stattfinden könnte, mit der einzigen Annahme, die sich aus dem § 25 ergibt und wonach möglicherweise entgegenstehende Bestimmungen schon geltender Verträge dem Gesetz vorgehen sollen. Als Folge dessen müssen bei künftigen Vertragsabschlüssen die Regeln des Gesetzes dafür entscheidend werden, was Norwegen gültigerweise als Pflicht hinsichtlich der Auslieferung von Verbrechern auferlegt werden kann. In dieser Verbindung darf erwähnt werden, daß das Departement es nicht für richtig erachtet hat, in den Gesetzentwurf die Bestimmung aufzunehmen, welche sich in dem alten Strafgesetze Kap. 1 § 6 fand und wonach alle Auslieferungsverträge auf der vollkommenen Gleichheit, d. i. dem Prinzip der Gegenseitigkeit, ruhen sollten, weil man der Strafgesetzkommission (Motive S. 21) darin zustimmen muß, daß diese Bestimmung aufzugeben sei, weil Auslieferung in vielen Fällen ebenso sehr im Interesse des ausliefernden wie des empfangenden Staates liegt (vgl. auch Art. 5 der oben angeführten Beschlüsse des *Institut de droit international*).

Im großen und ganzen werden indessen selbstverständlich diese Verträge weiter wie bisher auf dem Prinzip der Gegenseitigkeit aufgebaut bleiben, und das Departement möchte daher hier die Bemerkung machen, daß ein neues Gesetz über diese Angelegenheit durch positive Bestimmungen der Möglichkeit der Staatsbehörden keine allzu starken Fesseln auferlegen darf, derartige Übereinkommen abzuschließen. Wenn man zu sehr davon abgeht, was allgemein in diesen internationalen Verhältnissen angenommen ist, so wird man nämlich riskieren, daß ein fremder Staat auf die norwegischerseits gestellten Forderungen nicht eingehen wird und daß der Abschluß eines neuen Vertrages, der im übrigen auch Norwegen zum Vorteil gereichen würde, unmöglich gemacht werden könnte.

Der Grundsatz, daß die Bürger eines Landes nicht sollen ausgeliefert werden können, ist in der letzten Zeit in der Literatur Gegenstand von Angriffen gewesen (vgl. z. B. Getz, Juristische Abhandlungen, S. 233 ff.), und das *Institut de droit international* hat jedenfalls empfohlen, das Verbot der Auslieferung von Staatsbürgern als eine zwingende Regel aufzugeben, soweit es solche Personen betrifft, die das Staatsbürgerrecht erst nach Verübung der strafbaren Handlung erworben haben. Auch die Strafgesetzkommission hat an der eben zitierten Stelle ausgeführt, daß es erwogen zu werden verdiene, ob die Regel der Nichtauslieferung von Inländern so unbedingt wie bisher aufrechtzuerhalten sei. Den Gründen, welche gewöhnlich angeführt werden, die jetzt geltende Regel zu verlassen, — nämlich daß sie das Verbrechen der Beurteilung seitens der kompetenten oder natürlichen Gerichte entziehe, sowie, daß die Aufklärung einer Strafsache sowohl am leichtesten als auch am sichersten an dem Orte vor sich gehe, wo das Verbrechen begangen sei, und daß als Folge dessen es die Effektivität der Strafrechtspflege schwächen werde, wenn ein Staat sich weigere, seine Bürger zur Verfolgung durch das Gericht des Tatortes auszuliefern — muß allerdings an und für sich erhebliches Gewicht zuerkannt werden. Indessen nimmt das Departement doch an, daß diesen Rücksichten keine entscheidende Bedeutung beigelegt werden darf, weil die Regel als ein natürlicher Ausschlag der neueren und richtigeren staatsrechtlichen Auffassung angesehen werden muß, welche die Mitglieder des Staates nicht bloß als Untertanen mit Pflichten, sondern zugleich als Staatsbürger mit Rechtsansprüchen gegen den Staat betrachtet. Nach dieser Auffassung ist nämlich gerade das, was den Kern der Staatsbürgerrechte bildet, daß der Bürger Anspruch darauf hat, sich auf dem Staatsgebiete aufzuhalten und den Schutz und die Handhabung des Rechts zu genießen, welche der Staat durch seine Organe leistet, so, daß ein Staat im Streit mit seiner Aufgabe und seinen Pflichten handeln würde, wenn er einen seinen Bürger aus dem Lande führte, um ihn zur Disposition einer fremden Staatsgewalt zu stellen. Das Departement hat daher die Beibehaltung der Regel vorgeschlagen, welche nach dem § 7 des Staatsbürgerrechtsgesetzes [1]) jetzt bei uns in Geltung ist, daß norwegische Bürger nicht sollen ausgeliefert werden können, und man hat dies um so mehr tun zu müssen geglaubt, als die entsprechende Regel wohl in allen europäischen Staaten mit Ausnahme Groß-Britanniens und Irlands gilt. Wenn dieser Staat und zugleich die Vereinigten Staaten von Amerika hinsichtlich der hier behandelten Frage eine andere Stellung einnehmen, so hängt dies damit zusammen, daß diese Staaten noch im wesentlichen an dem sonst allgemein aufgegebenen Standpunkt festhalten, wonach ein Staat nur die auf seinem eigenen Territorium begangenen Verbrechen bestrafen darf. Nach der Fassung des § 1 des Entwurfes werden ebenso wie nach dem § 7 des Staatsbürgerrechtsgesetzes alle norwegischen Staatsbürger von Auslieferung ausgenommen sein, ohne daß ein Unterschied denen gegenüber gemacht würde, welche das Staatsbürgerrecht erst nach Verübung der strafbaren Handlung, aber vor der Entscheidung des Auslieferungsersuchens erworben haben könnten. Auch hinsichtlich dieser letzteren muß ja die vorerwähnte Auffassung des Begriffes des Staatsbürgerrechtsverhältnisses zu demselben Resultat führen, und, daß diese Ordnung zu einer unrichtigen Befreiung jemandes von Aus-

[1]) s. o. S. 120.

lieferung sollte benutzt werden können, kann nach unseren Gesetzesregeln über den Erwerb des Staatsbürgerrechts kaum befürchtet werden.

Die Strafgesetzkommission hat an der angegebenen Stelle (Motive S. 21) die Frage aufgeworfen, ob nicht auch andere als norwegische Staatsbürger bisweilen von der Auslieferung auszunehmen seien; die Kommission führte in dieser Hinsicht aus, daß das Staatsbürgerverhältnis oft von mehr formeller als reeller Art sei, während Personen, die nicht Bürger des Landes seien, so an dieses geknüpft sein könnten, daß ihre Auslieferung an ein fremdes Land als große Härte werde empfunden werden können. Das Departement nimmt indessen an, daß, wo es sich um Auslieferung handelt, es zu empfehlen sein wird, die Frage, ob in einem gegebenen Falle einem von einem fremden Staate gestellten Ersuchen nachzukommen oder ob es abzulehnen sei, nach so klaren und scharfen Merkmalen als möglich zu entscheiden, und daß diese Rücksicht im hier behandelten Falle am besten dadurch wird erreicht werden können, daß die Entscheidung darauf beruht, ob die fragliche Person formell norwegischer Bürger sei oder nicht.

Zum § 2.

Durch diese Bestimmung erstrebt der Entwurf die Sicherung, daß die Rechtshilfe oder die Mitwirkung zur Verwirklichung des Strafanspruches eines fremden Staates, welche durch Auslieferungsbewilligung geleistet wird, nur soll stattfinden können, wo es sich um Strafverfolgung wegen eines Tatbestandes handelt, den der norwegische Staat als strafwürdig ansehen muß. Er will daher Auslieferung wegen Handlungen verweigern, die nach norwegischer Gesetzgebung straffrei sind. Selbst wenn der Entwurf dergestalt es darauf ankommen läßt, wie der Tatbestand nach unserer Gesetzgebung beurteilt wird, hat er auf der anderen Seite es doch nicht als unbedingt erforderlich angesehen, daß die begangene Handlung auch nach norwegischem Gesetz soll bestraft werden können, sondern hat es ausreichend sein lassen, daß eine entsprechende Handlung nach unserer Gesetzgebung strafbar sei. Der Umstand, daß das neue bürgerliche Strafgesetz auf der Voraussetzung ruht, daß u. a. seine Strafandrohungen, betr. öffentliche Angelegenheiten, allein inländische von dieser Art betreffen, wird dergestalt der Möglichkeit nicht im Wege stehen, Auslieferung wegen Verbrechen gegen ausländische öffentliche Behörden oder wegen Verbrechen zu bewilligen, die in ausländischem öffentlichem Dienste begangen sind, wenn nur das betr. Verbrechen einem von denen entspricht, welche in den Kap. 11 und 12 des Strafgesetzes behandelt sind [1]).

Innerhalb des dergestalt angegebenen Rahmens hat der Entwurf des weiteren eine bestimmte Begrenzung der strafbaren Handlungen aufge-

[1]) Kap. 11: »Verbrechen im öffentlichen Dienste; z. B. richterliche Rechtsbeugung, Bestechung. Kap. 12: »Verbrechen gegen die öffentliche Gewalt«, z. B. Hinderung eines Beamten an Diensthandlungen, Veranlassung eines Beamten zu unrechtmäßigen Diensthandlungen.

stellt, die zu Auslieferung sollen Anlaß geben können, indem er fordert, daß diese von einer bestimmten Art sein müssen und dabei eine gewisse, nicht allzu geringe Strafe im Gefolge sollen haben können. Die mit einer Auslieferung verbundenen Ungelegenheiten und Kosten werden nämlich, so wird angenommen, im Gefolge haben müssen, daß Auslieferung nur gegenüber einigermaßen schwereren Straftaten [1]) in Anwendung zu bringen ist, ebenso wie man es nicht als genügend sicher angesehen hat, dem ersuchenden Staat ganz die Beurteilung zu überlassen, ob die Straftat von der Bedeutung sei, daß Befugnis zur Vornahme einer Auslieferung bestehe. Mit Rücksicht auf die Form der Begrenzung hat der Entwurf, wie man sehen wird, nicht, wie die Verträge und die meisten fremden Auslieferungsgesetze, geglaubt, eine Aufzählung der Auslieferungsverbrechen vornehmen zu müssen, hat vielmehr, wie einige fremde Gesetze, die Forderung aufgestellt, daß es möglich sei, für die fraglichen Straftaten Strafe von einer gewissen Höhe zur Anwendung zu bringen. Dies Letzte ist nach der Meinung des Departements der anderen Möglichkeit vorzuziehen, eine Aufzählung aller der Arten von Verbrechen vorzunehmen, welche Auslieferung sollen begründen können, weil diese besonders weitläufig werden müßte, wenn die Möglichkeit des Vertragsschlusses nicht zu stark eingeengt werden soll. Wo die Grenze zu ziehen sei, wird bis zu einem gewissen Grade immer eine Ermessensfrage sein. Das Departement ist in dieser Hinsicht — abgesehen von politischen Verbrechen, vgl. § 3 — dabei stehen geblieben, Auslieferung wegen Handlungen auszuschließen, deren Strafbarkeit in anderen Gesetzen als dem allgemeinen bürgerlichen Strafgesetze bestimmt ist, sowie weiter wegen Handlungen, welche allerdings im letztgenannten Gesetze mit Strafe belegt sind, welche aber entweder nur als Übertretungen [2]) anzusehen sind oder wegen deren, selbst wenn sie als Verbrechen anzusehen sind, doch keine Möglichkeit zur Verhängung einer strengeren Strafe als Gefängnis von einem Jahr (dem nach dem § 22 des neuen Strafgesetzes Haft bis zu 2 Jahren gleichgestellt sein wird [3])) bestehen wird. Diese Grenze der Auslieferungsmöglichkeit ist dieselbe, die auch in der kürzlich abgeschlossenen Konvention mit Schweden aufgestellt worden ist.

Nach der vorgeschlagenen Fassung des Gesetzes werden unter die strafbaren Tatbestände, welche als unter Spezialgesetzgebung gehörend keine Auslieferung werden begründen können, im allgemeinen auch die reinen sog. Militärverbrechen fallen. Diese auszunehmen, nimmt man das Vorhandensein einer Befugnis an, ebenso wie es in den meisten fremden Gesetzen der Fall ist, weil Aufrechterhaltung von Ordnung und Disziplin in der Wehrmacht des einzelnen Staates von verhältnismäßig geringer Bedeutung für andere Staaten ist. Indessen ist man hier der Ansicht gewesen, für gewisse militärische Verbrechen einen Vorbehalt machen zu

[1]) forgaaelser.

[2]) forseelser.

[3]) § 22: Haft kann von 21 Tagen bis zu 20 Jahren verhängt werden. — Haft von 2 Tagen gilt als Gefängnis von 1 Tage entsprechend.

müssen, nämlich für solche, welche, wenn sie ihrer Eigenschaft als militärischer Verbrechen entkleidet würden, auch Verbrechen gegen das allgemeine bürgerliche Strafgesetz von der Art sein würden, daß sie wie diese zur Auslieferung berechtigen würden; vgl. z. B. § 68 des MilStrGB.[1]) Ein solcher Vorbehalt für gewisse militärische Verbrechen ist auch in die genannte Konvention mit Schweden aufgenommen worden. Es wird hinzugefügt, daß im Hinblick auf unsere bisherige Praxis in Auslieferungsverträgen nur für Ausnahmefälle angenommen wird, daß es in Frage kommen könne, Auslieferung wegen militärischer Verbrechen der genannten Art zu bewilligen, und daß die Regierung, wenn die Frage darum entsteht, die Möglichkeit haben wird zu beurteilen, ob die militärische Rechtspflege in dem betreffenden fremden Staate für die Behandlung solcher Angelegenheiten als vollkommen sicher angesehen werden kann.

Daß Versuch hinsichtlich der Frage der Auslieferung vollendetem Verbrechen gleichgestellt wird, wird für Norwegen fast eine Notwendigkeit sein, weil das neue Strafgesetz kein bestimmt niedrigeres Strafmaximum für Versuch festsetzt[2]). Die Aufnahme einer ausdrücklichen Bestimmung

---

[1]) § 68. Wer bewirkt oder dazu mitwirkt, daß in einem den Dienst betreffenden Protokoll Unwahrheit angeführt oder Wahrheit verheimlicht oder bei der Ausfertigung einer Protekollabschrift, eines Telegrammes oder einer Telephonmeldung oder einer anderen dienstlichen Erklärung, die abgegeben ist, um als Beweis zu dienen, Unwahrheit angeführt oder bezeugt oder Wahrheit verheimlicht wird, wird mit Verlust des Dienstes oder mit Gefängnis bis zu 3 Jahren bestraft, jedoch bis zu 6 Jahren, wenn der Schuldige in der Absicht gehandelt hat, sich oder anderen einen unberechtigten Gewinn zu verschaffen oder jemandem zu schaden.

[2]) Versuch wird an sich milder als das vollendete Verbrechen bestraft; vgl. § 51 des norw. StrGB.:

»Versuch wird milder als das vollendete Verbrechen bestraft; die Strafe kann unter die für dieses festgesetzte Mindestgrenze und auf eine mildere Strafart herabgesetzt werden.

Die für das vollendete Verbrechen bestimmte höchste Strafe kann angewendet werden, sofern der Versuch eine Folge gehabt hat, die zur Anwendung einer so hohen Strafe würde berechtigt haben können, wenn sich der Vorsatz des Schuldigen auf sie erstreckt hatte.«

Versuch einer Übertretung (forseelse) ist nach § 49 nicht strafbar:

»Strafbarer Versuch liegt vor, wenn ein Verbrechen nicht vollendet ist, aber Handlungen vorgenommen worden sind, mit denen der Beginn der Ausführung desselben beabsichtigt wurde.

Versuch eines Vergehens ist nicht strafbar.«

Hinsichtlich gewisser Fälle, wo bei Teilnahme die Möglichkeit der Anwendung milderer Strafe als wegen eines selbständig ausgeführten Verbrechens besteht, vgl. StrGB. § 58:

»Wo mehrere zu einem strafbaren Zwecke zusammengewirkt haben, kann die Strafe unter das für die Handlung bestimmte Mindestmaß und auf eine mildere Strafart hinsichtlich derer herabgesetzt werden, deren Mitwirkung wesentlich durch ihre abhängige Stellung zu einem anderen der Schuldigen veranlaßt worden oder im Verhältnis zu derjenigen anderer von geringerer Bedeutung gewesen ist. Wo die Strafe sonst auf Buße hätte festgesetzt werden können und bei Vergehen, kann sie ganz fortfallen.«

wird indessen nicht als erforderlich angesehen, ebenso wie es nach dem Standpunkt, welchen das neue Strafgesetz gegenüber der Teilnahme an strafbaren Handlungen einnimmt, als unnötig angesehen wird, besondere Regeln über Auslieferung von Teilnehmern aufzustellen.

Zum § 3.

Nachdem Belgien in seinem Auslieferungsgesetze von 1833 zuerst es als zwingende Regel aufgestellt hatte, daß Auslieferung wegen politischer und damit zusammenhängender Verbrechen nicht bewilligt werden könne, hat dieses Beispiel allgemeine Nachfolge gefunden; soweit man weiß, bilden allein die neuen russischen Auslieferungsbestimmungen eine Ausnahme. In der letzten Zeit sind allerdings von einzelnen Seiten Zweifel an der Berechtigung dieser Einschränkung erhoben worden; aber das Departement nimmt doch an, die genannte Verbrechensart sei von so eigentümlicher Beschaffenheit, daß durchaus Grund bestehe, auch bei uns die nach den Auslieferungsverträgen geltende Regel weiter beizubehalten. Im Hinblick auf die Frage, was unter politischen Verbrechen zu verstehen sei, haben sich verschiedene Meinungen geltend gemacht, und namentlich ist es umstritten gewesen, ob dem politischen Zweck Bedeutung für die Entscheidung beizulegen sei, ob ein Verbrechen als politisches angesehen werden könne. Das Departement nimmt an, daß die richtige Auffassung in dieser Hinsicht die sein muß, welche u. a. von mehreren deutschen Autoren geltend gemacht worden ist und wonach der Begriff des politischen Verbrechens rein objektiv bestimmt werden muß, ohne daß es auf Absicht oder Zweck des Täters im einzelnen Falle ankomme. Von diesem Standpunkt aus können die politischen Verbrechen als die unmittelbar gegen den Staat gerichteten verbrecherischen Angriffe definiert werden. Hierunter fallen Verbrechen gegen die Selbständigkeit und äußere Sicherheit des Staates, gegen die Staatsverfassung und gegen die innere Sicherheit des Staates, darunter in monarchischen Staaten Angriffe auf Leben, Freiheit, Körper und Ehre des Staatsoberhauptes und dessen Familienmitglieder, im wesentlichen also die Verbrechen, welche bei uns in den Kap. 8, 9 und 10 des allgemeinen bürgerlichen Strafgesetzes behandelt werden [1]). Die Aufnahme einer näheren Bestimmung dessen, was unter einem politischen Verbrechen zu verstehen sei, hat man jedoch weder als erforderlich noch als zweckmäßig angesehen. Was die gewöhnlichen Verbrechen betrifft, die von Auslieferung ausgenommen werden sollen, weil sie im Zusammenhang mit einem politischen Verbrechen verübt oder, wie es allgemein heißt, konnex mit einem solchen sind, so hat man, um dem Miß-

---

S. auch »Vgl. Darstellung des deutschen und ausländischen Strafrechts«, Allg. Teil, Bd. II S. 127 ff. und Bd. V S. 218 ff.

[1]) Kap. 8: »Verbrechen gegen die Selbständigkeit und Sicherheit des Staats«. Kap. 9: »Verbrechen gegen die Verfassung und das Staatsoberhaupt Norwegens«. Kap. 10: »Verbrechen mit Rücksicht auf die Ausübung staatbürgerlicher Rechte«.

verständnis vorzubeugen, ein äußerer Zusammenhang solle ausreichend sein, im Entwurfe ausdrücklich gesagt, daß das nichtpolitische Verbrechen in der Absicht verübt worden sein muß, den mit dem politischen Verbrechen erstrebten Zweck zu fördern; ebenso hat man, da eine Ausnahme zugunsten jedes politischen Verbrechens mit politischem Zweck zu unbestimmt und zu weitgehend sein würde, der Regel eine solche Form gegeben, daß daraus hervorgeht, daß das gemeine Verbrechen mit einem wirklich begangenen oder versuchten politischen Verbrechen in Verbindung stehen muß.

Von den strafbaren Handlungen, welche nach der eben wiedergegebenen Auffassung unter die politischen fallen, gibt es eine einzelne Art, die, wie man in der letzten Zeit gefunden hat, doch Auslieferung muß begründen können. Nachdem — gleichfalls in Belgien — das Beispiel durch ein Gesetz vom Jahre 1856 gegeben war, sind nämlich die meisten Staaten in ihren Verträgen darauf eingegangen, von der Regel der Nichtauslieferung wegen politischer Verbrechen eine Ausnahme für Attentate auf fremde (monarchische) Staatschefs zu machen. Im allgemeinen ist dies durch die Aufnahme der sogen. belgischen Attentatsklausel geschehen, welche aus dem genannten belgischem Gesetz vom Jahre 1856 stammt und in Übersetzung so lautet: »Als politisches Verbrechen oder als eine mit einem solchen Verbrechen konnexe Handlung soll nicht angesehen werden ein Angriff auf die Person eines fremden Staatschefs oder seiner Familienmitglieder, wenn dieser Angriff unter die Verbrechensbegriffe Totschlag, Mord oder Vergiftung fällt«. In mehrere unserer geltenden Auslieferungsverträge ist eine gleiche Bestimmung aufgenommen worden, und man hat auch im Entwurfe vorgeschlagen, daß die genannten politischen Verbrechen Auslieferung sollen begründen können. Es wird nämlich angenommen, es sei ein vollberechtigter Gedanke, der dieser Sonderregel zu Grunde liegt, weil der Umstand, daß in monarchischen Staaten Tötung des Staatsoberhauptes oder anderer Mitglieder des Fürstenhauses, unangesehen des Beweggrundes oder Zweckes, als ein Verbrechen gegen den Staat bestraft wird, nicht die unbedingte Ausnahme dieser Verbrechen von der Auslieferung bewirken müsse.

Die belgische Klausel scheint indessen zu weit zu gehen, wenn sie bestimmt, daß ein Attentat auf den Staatschef auch nicht als eine mit einem politischen Verbrechen konnexe Handlung angesehen werden darf, oder m. a. W., daß Auslieferung wegen eines solchen Attentates zu erfolgen habe, selbst wenn es mit einem (anderen) politischen Verbrechen konnex sei. Die Gründe, welche überhaupt dafür sprechen, Auslieferung wegen Verbrechen zu verweigern, die im Zusammenhang mit politischen Verbrechen verübt worden sind, scheinen nämlich die gleiche Berechtigung haben zu müssen, mag das konnexe Verbrechen gegen den Staatschef oder ein Mitglied seiner Familie oder gegen andere Personen verübt worden sein. Auf der anderen Seite muß die Fassung der Klausel, wie sie unverändert seit dem Jahre 1856 beibehalten worden ist, als zu eng angesehen werden, besonders jetzt, nachdem die Zahl der Verbrechen, welche Auslieferung begründen können, so bedeutend erweitert worden ist. Wird nämlich anerkannt, daß derjenige, welcher ein Staatsoberhaupt oder eine zu seiner Familie gehörende Person tötet oder zu töten versucht, nicht aus dem Grunde von der Auslieferung ausgenommen werden darf, daß sein Verbrechen zu den politischen gerechnet wird, so scheint dasselbe für das nach dem Strafgesetze gleichfalls politische Verbrechen gelten zu müssen, eine der genannten Personen körperlich zu verletzen, da Körperverletzungen im allgemeinen Anlaß zur Auslieferung sollen geben können. Die hier hervorgehobenen Mängel der belgischen Klausel hat das Departement durch die Fassung zu vermeiden gesucht, welche der in den § 3 Abs. 2 des Entwurfs aufgenommenen entsprechenden Bestimmung gegeben worden ist.

Zum § 4.

Die Regel der Nr. 1 des Paragraphen ist eine natürliche Folge dessen, daß es eine der ersten und wichtigsten Aufgaben des Staates ist, für die Erhaltung der gesetzlichen Ordnung auf seinem Gebiete zu sorgen und gegen die dort begangenen strafbaren Handlungen Strafe zur Anwendung zu bringen.

Da dieser Paragraph ebenso wenig wie der Entwurf im übrigen eine Vorschrift darüber enthält, daß Auslieferung nur wegen Verbrechen erfolgen darf, welche auf dem eigenen Territorium des ersuchenden Staates begangen sind, so wird die Möglichkeit der Auslieferung wegen Verbrechen, die auf dem Territorium eines dritten Staates begangen sein könnten, nicht abgeschnitten sein, wenn man nach den Umständen meinen sollte, einem Auslieferungsersuchen dieser Art nachkommen zu müssen. Auch ist kein Verbot gegen die Bewilligung der Auslieferung von Personen aufgenommen worden, welche Bürger eines anderen Staates als desjenigen sind, der um ihre Auslieferung ersucht, und folglich wird eine solche Auslieferung erfolgen können. Dies wird indessen mit Verantwortung gegenüber dem Heimatstaate verbunden sein können, und man setzt daher voraus, daß bei der Entscheidung der Frage Vorsicht bewiesen werden wird, Norwegen vertragsmäßige Verpflichtung zu solcher Auslieferung gegenüber einem fremden Staate aufzuerlegen.

Für die Verbrechen, die Anlaß zu Auslieferung geben können, wird nach § 12 Nr. 4 des allgemeinen bürgerlichen Strafgesetzes[1]) in der Regel auch Möglichkeit bestehen, ein Strafverfahren in Norwegen anhängig zu

---

[1]) § 12. »Norwegisches Strafrecht findet, soweit nicht anderes besonders bestimmt oder durch Vertrag mit einem fremden Staat angenommen ist, Anwendung auf Handlungen, die begangen sind

1. . . . . . .

2. . . . . . .

3. . . . . . .

4. im Auslande von einem Ausländer, wenn die Handlung entweder a) zu denen gehört, die in den §§ 83, 88, 89, 90 letzter Absatz, 93, 98—104, 110 bis 132, 148, 149, 152 erster und zweiter Absatz, 153 erster, zweiter, dritter und vierter Absatz, 154, 159, 160, 161, 169, 174—178, 182—185, 187, 189, 190,

machen. Ist diese Möglichkeit schon benutzt worden, so nimmt man an, daß Auslieferung zu verweigern sei, und man ist daher der Meinung gewesen, in die Nummer 2 des Paragraphen ein Verbot dagegen aufnehmen zu müssen, daß Auslieferung in Fällen erfolge, wo das in Bezug genommene Verbrechen schon vor Einlaufen des Ersuchens entweder hier im Reiche abgeurteilt worden ist oder die Ausfertigung des Anklagebeschlusses veranlaßt hat. Im erstgenannten Falle wäre es widersinnig dazu mitzuhelfen, daß ein hier verkündetes Urteil der Prüfung durch Behörden eines anderen Staates unterworfen würde, und was den letzten Fall betrifft, so wäre es mit Ungelegenheiten verbunden, hier die Verfolgung abzubrechen, wenn sie schon so weit vorgeschritten war. Ähnliche Regeln sind u. a. in dem niederländischen und in dem schweizerischen Auslieferungsgesetze enthalten, welche jedoch in der Verweigerung der Auslieferung etwas weiter gehen.

Die in Nr. 3 des Paragraphen aufgenommene Regel ist nur eine einfache Folge der vorerwähnten Betrachtung, daß ein Staat, auch wo er der Strafrechtspflege eines fremden Staates Unterstützung leiht, seine Mitwirkung davon abhängig machen muß, daß ein Tatbestand vorliege, welcher Strafe verdient. Ebenso wie es berechtigt ist, Auslieferung zu verweigern, wo die Handlung, die in Frage steht, nach den Gesetzen des Staates straffrei ist, ebenso muß es nämlich auch berechtigt sein, Auslieferung zu verweigern, wenn so viel Zeit verstrichen ist, daß nach der Auffassung, welche in dem eigenen Strafgesetze des Staates Ausdruck gefunden hat, kein Grund mehr besteht, Strafe anzuwenden. Eine Bestimmung darüber aufzunehmen, daß Auslieferung zu verweigern sei, wenn nach den Gesetzen des ersuchenden Staates Verjährung eingetreten ist, wird als überflüssig angesehen; teils wird es ja schwerlich vorkommen, daß ein Auslieferungsersuchen von einem Staate gestellt wird, der nach seiner eigenen Gesetzgebung das fragliche Verbrechen nicht bestrafen kann, und teils wird ein solches Ersuchen gegebenenfalls ohne besonderen Vorbehalt abgeschlagen werden können.

Zum § 5.

Die hier vorgeschlagenen Regeln stimmen in allem wesentlichen mit dem überein, was in mehreren fremden Gesetzen, so im schweizerischen Auslieferungsgesetz, Art. 7 und 8, vorgeschrieben ist.

Da die Auslieferung zu einem bestimmten Zweck erfolgt, damit der Ausgelieferte sich wegen eines oder mehrerer bestimmter und ausdrücklich angegebener Verbrechen verantworte, so hat er in natürlicher Folge dessen Anspruch darauf, frei den Staat zu verlassen, an den er ausgeliefert worden ist, sobald dieser Zweck erreicht ist, ohne zur Bestrafung

199—195, 202, 217, 220, 221, 223—225, 229, 231—235, 243, 244, 261, 267—269, 277, 292, 324, 325, 328, 331, 415 oder 423, behandelt wird oder

b) ein auch nach dem Recht des Landes strafbares Verbrechen ist, in dem es begangen worden ist, und der Schuldige Wohnsitz im Reiche hat oder sich hier aufhält.«

wegen möglicher anderer Vergehungen oder zur Auslieferung an einen anderen Staat zurückgehalten werden zu können. Diese Ausnahme von weiterer Verfolgung und Auslieferung muß indessen fortfallen, sofern der Ausgelieferte den Staat nicht innerhalb einer angemessenen Frist verläßt, die im Entwurf auf einen Monat festgesetzt ist; und dasselbe, nimmt man an, muß gelten, wenn er selber auf eine Weise, welche als hinreichend angesehen werden kann, der Verfügung zustimmt.

Wenn im Entwurf vorgeschlagen ist, dem betreffenden Regierungsdepartement zu übertragen, in gewissem Umfange weitere Verfolgung oder Auslieferung an einen dritten Staat zu genehmigen, so wird vorausgesetzt, daß eine solche Genehmigung erst nach sorgfältiger Prüfung erteilt werden wird und daß das Departement zuvor alle die Legitimationen und Aufklärungen verlangen wird, welche notwendig sind um zu entscheiden, ob die materiellen Bedingungen für die Bewilligung einer Auslieferung vorhanden sind.

§ 6

stimmt mit dem überein, was in so gut wie allen Auslieferungsgesetzen und Verträgen vorgeschrieben, ist und bedarf wohl keiner näheren Begründung.

Zum § 7.

Der Fall, daß mehrere Staaten gleichzeitig wegen desselben Verbrechens Auslieferung einer Person verlangen, ist anderswo teils auf die Weise gelöst, daß bestimmt ist, Auslieferung — mangels besonderen Vertrages — vorzugsweise dem Staate zu bewilligen, wo das Verbrechen oder die Haupthandlung begangen worden ist, teils auch so, daß es der Entscheidung nach den Umständen überlassen ist, an welchen Staat Auslieferung erfolgen soll. Das Departement hat die erstgenannte Lösung vorgezogen, weil dieselben Rücksichten, welche dazu geführt haben, daß ein Staat überhaupt Personen ausliefert, welche sich im Auslande vergangen haben, statt sie selber zu bestrafen, natürlich dazu hinleiten zu müssen scheinen, daß die Auslieferung an den Staat erfolgt, wo sie sich vergangen haben. Die Aufnahme einer unbedingten Pflicht, vorzugsweise dem Ersuchen dieses Staates nachzukommen, hat man jedoch als weniger glücklich angesehen, weil in einzelnen Fällen besondere Umstände denkbar sind, welche bewirken, daß Auslieferung an einen anderen Staat — und zwar besonders an den Staat, dessen Bürger der Verbrecher ist — vorzuziehen ist. Das Departement hat daher nur vorgeschlagen, als Regel[1]) den Vorzug dem Staate zu geben, wo das Verbrechen begangen ist.

Zum § 8.

Für den Fall, daß zwei oder mehrere Staaten wegen verschiedener Verbrechen um Auslieferung derselben Person ersuchen,

[1]) Im Original gesperrt.

ist es die allgemein geltende Regel, die auch vom *Institut de droit international* empfohlen worden ist, daß die Schwere der Verbrechen bei der Wahl zwischen den verschiedenen Auslieferungsersuchen den Ausschlag zu geben hat. Es ist auch einzuräumen, daß es, rein theoretisch gesehen, einiges für sich hat, dem Ersuchen den Vorzug zu geben, welches das gröbste Verbrechen betrifft; aber das Departement nimmt doch an, daß praktische Rücksichten dazu raten, eine andere Hauptregel zu wählen, nämlich die, die in unserem Vertrage mit den Vereinigten Staaten Art. 10 aufgestellt ist und welche darauf hinausläuft, daß Auslieferung an den Staat zu erfolgen hat, dessen Ersuchen zuerst eingelaufen ist [1]). Teils wird nämlich nach den Angaben, die in den Auslieferungsersuchen enthalten sind, die Entscheidung oft schwierig sein, welches Verbrechen das in concreto schwerste sei, weil dieses nicht dasjenige zu sein braucht, welches unter die strengste Strafandrohung fällt, und teils wird es ja mit Ungelegenheiten verbunden sein, die Entscheidung über ein früheres Auslieferungsersuchen auszusetzen, weil ein neues Ersuchen einläuft, welches in Verbindung mit dem ersten unter Erwägung genommen werden muß. Da es indessen denkbar ist, daß von verschiedenen Staaten Einwendungen dagegen erhoben werden, die zeitliche Reihenfolge entscheidend sein zu lassen, so ist der Paragraph so abgefaßt, daß er die Möglichkeit eröffnet, eine andere Bestimmung durch Vertrag zu treffen.

Es kann wohl nicht zweifelhaft sein, daß norwegischerseits ein Auslieferungsersuchen wegen anderer Verbrechen als solcher nicht gestellt werden darf, wegen derer Norwegen selbst Auslieferung bewilligt (§§ 2 und 3), und daß die im § 5 aufgestellte Bedingung entsprechende Anwendung gegenüber Personen finden muß, welche an Norwegen ausgeliefert worden sind. Das Departement hat es indessen als unnötig angesehen, eine ausdrückliche Bestimmung hierüber aufzunehmen, teils weil man voraussetzt, daß diese Regeln gleichwohl werden befolgt werden, und teils, weil es ja in erster und letzter Linie auf dem mit dem betreffenden fremden Staat abgeschlossenen Übereinkommen und den sonst für Auslieferung geltenden Rechtsregeln beruhen wird, unter welchen Bedingungen und nach welchen Richtlinien Norwegen Auslieferung von Verbrechern vom Auslande erhalten kann. Daß Norwegen nicht gewillt ist, seine eigenen Bürger auszuliefern, kann jedoch, so nimmt man an,

[1]) Art. X: »Wenn die Auslieferung einer Person, um deren Auslieferung gemäß dem gegenwärtigen Vertrage von einer der hohen kontrahierenden Parteien ersucht worden ist, zugleich von einer oder mehreren anderen Mächten wegen Verbrechen oder Vergehen verlangt werden sollte, die in deren resp. Jurisdiktionen begangen worden sind, so soll die Auslieferung dem Staate bewilligt werden, dessen Ersuchen zuerst einläuft, vorausgesetzt, daß nicht die Regierung, die um Auslieferung ersucht ist, vertraglich verpflichtet ist, auf andere Weise jemanden den Vorzug zu gewähren.«

kein Hindernis dagegen bedeuten, daß es von einem fremden Staate Auslieferung von dessen Bürgern entgegennimmt, sofern der betreffende Staat wie z. B. Groß-Britannien und Irland, dazu bereit ist. Wie vorher erwähnt, sind ja die britischen Regeln über die räumliche Anwendung des Strafgesetzes noch so eng, daß ein Engländer nur rein ausnahmsweise in seinem Heimatland wegen Verbrechen wird bestraft werden können, welche er in Norwegen begangen haben sollte.

Indem das Departement damit dazu übergeht, über die Verfahrensweise zu berichten, welche es im Hinblick auf die Behandlung von Auslieferungsangelegenheiten in Vorschlag bringen will, seien einige Bemerkungen über eine Frage vorausgeschickt, die von wesentlicher Bedeutung für die Ordnung im ganzen und welche in den verschiedenen Staaten Gegenstand einer sehr abweichenden Lösung gewesen ist, nämlich die Frage, welchen Behörden die Entscheidung über vom Auslande eingelaufene Auslieferungsersuchen zu überweisen ist. In einer Reihe Staaten, welche noch keine Auslieferungsgesetze haben, z. B. im Deutschen Reiche, verhält es sich wie in Norwegen, daß nämlich das Auslieferungswesen eine rein administrative Angelegenheit ist. Diese Ordnung — unleugbar die einfachste — ist jedoch in der letzten Zeit Gegenstand allgemeiner Mißbilligung gewesen, und überall, wo das Auslieferungswesen einer vollständigen gesetzlichen Ordnung unterworfen worden ist, hat das Gesetz entweder die Entscheidung eines Gerichts zu einem notwendigen Gliede der Verfahrensweise gemacht oder jedenfalls der Person, um deren Auslieferung es sich handelt, die Möglichkeit gegeben, ein Dazwischentreten der Gerichte zu veranlassen. Die Bedeutung dieser Mitwirkung der Gerichte ist indessen auch in den verschiedenen Staaten verschieden; teils haben sie nur eine Äußerung abzugeben, die in keiner Richtung für die Regierung bindend ist, teils ist ihnen die Befugnis gegeben worden, zu entscheiden, entweder ob Auslieferung stattfinden soll, oder jedenfalls, ob rechtliche Möglichkeit besteht, Auslieferung zu bewilligen. Die Resolutionen über das Auslieferungswesen, welche auf der vorerwähnten Versammlung des *Institut de droit international* in Oxford im Jahre 1880 angenommen wurden, gingen mit Rücksicht auf den hier behandelten Punkt darauf hinaus, es sei wünschenswert, daß die Gerichte dazu berufen würden, die Auslieferungsersuchen nach kontradiktorischer Verhandlung zu beurteilen, sowie daß ein Staat Auslieferung nicht bewilligen dürfe, wenn das Gericht ausgesprochen habe, daß einem Ersuchen darum nicht entsprochen werden dürfe.

Für Norwegen ist, wie schon angedeutet, die Sachlage bisher die gewesen, daß ein Beschluß über Auslieferung immer von einer administrativen Behörde gefaßt wurde, nämlich teils der norwegischen Regierung, teils einem Regierungsdepartement, teils der Oberobrigkeit, teils der Polizei. Daß diese Sachlage jedenfalls der Veränderung unterzogen werden muß, daß die Befugnis der Polizei, Auslieferung zu bewilligen, ganz beseitigt wird, kann das Departement nicht als zweifelhaft ansehen, weil eine Auslieferung eine so wichtige Veranstaltung ist und weil die Entscheidung eines Auslieferungsersuchens so schwer schwierige Fragen darbieten kann, daß es nicht in jedem Falle vollständig hinreichen würde, den Polizeibehörden die Entscheidung zu überlassen. Nach Meinung des Departements besteht indessen Grund, weiter zu gehen und in Übereinstimmung mit dem, was in den Auslieferungsgesetzen anderer Staaten vorgeschrieben ist, ganz die ungemischt administrative Entscheidungsweise zu verlassen. Es ist immer als eine der ersten Aufgaben eines konstitutionellen Staates angesehen worden, die Einwohner gegen administrative Willkür zu sichern und Einschränkungen ihrer persönlichen Freiheit von gerichtlicher Entscheidung abhängig zu machen. Und wenn das Strafprozeßgesetz übereinstimmend hiermit eine Gerichtsentscheidung zur Bedingung der Anwendung des Untersuchungsgefängnisses (varetaegtsfaengsel[1])) gemacht hat, so scheint es um so mehr erforderlich, die Möglichkeit der Auslieferung von einer Gerichtsentscheidung abhängig zu machen. Teils ist nämlich Auslieferung eine strengere Maßregel als gewöhnliche Gefangensetzung und teils wird die Entscheidung darüber, ob die in beigelegtem Entwurf aufgestellten Auslieferungsbedingungen vorhanden sind, die Lösung einer Reihe von Rechtsfragen voraussetzen, welche bisweilen recht schwierig werden sein können und welche zu lösen die Gerichte als am besten imstande angesehen werden.

Indem das Departement dergestalt geglaubt hat, vorschlagen zu müssen, daß die Entscheidung eines Gerichts über die Frage einzuholen sei, ob nach dem Gesetz Möglichkeit bestehe, eine Auslieferung zu bewilligen, hat man es dabei als am meisten der selbständigen Stellung entsprechend angesehen, welche die Gerichte in unserem Recht einnehmen, daß die Äußerung über den genannten Punkt eine wirkliche Entscheidung werde, welche für die administrativen Behörden bindend sei. Eine solche bindende rechtliche Entscheidung, so nimmt man an, bietet auch Vorteile in außenpolitischer Beziehung dar, weil eine Weigerung, einem Auslieferungsersuchen nachzukommen, leichter bei dem betr. fremden Staat wird Mißstimmung hervorrufen können, wenn sie von der Regierung selber herrührt, als wenn sie auf der Entscheidung eines unabhängigen Gerichts beruht. Dabei wird ja der Schutz der gesuchten Person, der in der Mitwirkung der Gerichte liegen würde, in einigem Grade abgeschwächt werden, sofern die administrativen Behörden nach eigenem Ermessen unabhängig von der Äußerung eines Gerichts sollten Beschluß fassen können.

Es ist indessen nur die Entscheidung, ob die vom Gesetz aufgestellten Auslieferungsbedingungen vorhanden seien, deren

---

[1]) »varetaegtsfaengsel« dürfte regelmäßig mit »Untersuchungshaft« zu übersetzen sein, bedeutet jedoch eigentlich jede Gefangensetzung, die nicht zur Einleitung einer Strafverfolgung, sondern vorgenommen wird, um sich einer Person zu versichern.

Überweisung an die Gerichte vorgeschlagen wird. Diese Entscheidung wird in einer Richtung für das Schicksal des Auslieferungsersuchens entscheidend sein, weil dies immer abgelehnt werden muß, wenn nach dem Gesetz keine Möglichkeit besteht, Auslieferung zu bewilligen. Dagegen wird es nicht umgekehrt notwendig sein, ein Ersuchen zu bewilligen, weil hierzu gesetzlich Möglichkeit besteht. Die Entscheidung, ob Auslieferung bewilligt werden soll, wird nämlich zugleich eine Prüfung voraussetzen, ob der Staat gegenüber dem fremden Staat verpflichtet ist auszuliefern, und im verneinenden Falle, ob dessen ungeachtet Grund besteht, dem Ersuchen nachzukommen. Diese Prüfung, bei der völkerrechtliche und politische Rücksichten eine wesentliche Rolle spielen werden, muß, so nimmt man an, ganz der Administration überlassen werden. Da die Auslieferung nach ihrer Natur eine Regierungshandlung ist, soweit sie das Verhältnis zu einem fremden Staat betrifft, so erscheint es dabei als das Richtigste, daß der Beschluß über Auslieferung oder Nichtauslieferung in jedem Falle der Form nach von einem Regierungsdepartement ausgeht.

Mit Rücksicht auf die nähere Ordnung der Verfahrensweise erlaubt man sich auf die folgenden besonderen Bemerkungen hinzuweisen.

Zum § 9.

Der Entwurf stellt es übereinstimmend mit allgemeiner internationaler Regel als zwingende Bedingung jeder Auslieferung auf, daß ein Ersuchen darum auf diplomatischem Wege gestellt werde, und wird dergestalt, wenn er Gesetz wird, ein Hindernis dagegen bilden, daß Auslieferung zukünftig auf direktes Ersuchen seitens einer ausländischen Behörde erfolgen kann. Dagegen wird vorläufige Festnahme weiter nach einer einfacheren Verfahrensweise erfolgen können; s. §§ 19. und 20.

Was die Legitimationen betrifft, die zu fordern sind, bevor Auslieferung bewilligt wird, so ist es die allgemein geltende Regel, daß der Staat, der um Auslieferung ersucht wird, nicht irgend einen materiellen Beweis für die Schuld der gesuchten Person fordere, sondern es bei dem formellen Beweise bewenden lasse, der in einer ausländischen Gerichtsentscheidung liegt, welche die Person entweder für schuldig erkennt oder jedenfallls voraussetzt, daß in einigem Maße Beweis für die Berechtigung des Verdachtes vorliege. Eine Ausnahme bilden indessen Groß-Britannien und Irland und die Vereinigten Staaten von Amerika, welche die Beibringung besonderer Beweise für die Schuld der gesuchten Person verlangen, wenn ein Urteil im Auslande nicht ergangen ist. Diese Beweise werden der Prüfung eines Verhörsrichters unterworfen, und Auslieferung wird nur bewilligt, sofern der Richter findet, daß die Beweise ausreichend gewesen wären, die Gefangensetzung [1]) der betreffenden Person zur Stellung unter Anklage zu begründen (*commitment for trial*), wenn das Verbrechen dort im Lande begangen worden wäre. Diese englisch-amerikanische Ord-

---

[1]) fängsling.

nung hat allerdings das Ungünstige, daß sie die Sache weitläuftiger macht sowie Verzögerungen und vermehrte Kosten im Gefolge hat. Indessen auf der anderen Seite enthält sie unleugbar auch die beste Garantie gegen unbefugte Auslieferungen und bildet dergestalt für den fremden Staatsbürger die beste Sicherung. Wenn man, wie im Entwurf vorgeschlagen, den Gerichten die Prüfung der Rechtsmäßigkeit eines gestellten Auslieferungsersuchens überweist, so erscheint es natürlich, daß diese, die Gerichte, in erster und letzter Linie die Frage entscheiden, ob einige Wahrscheinlichkeit dafür besteht, daß der, um dessen Auslieferung ersucht wird, überhaupt des angegebenen Verbrechens schuldig sei. Eine solche Ordnung wird auch im Art. XXI der vorerwähnten Grundsätze des *Institut de droit international* empfohlen. Obgleich für dieses System dergestalt von einem allgemeinen Standpunkt aus die besten Gründe sprechen dürften, kann man hier doch nicht darüber hinwegsehen, daß die fremden Staaten in der Regel sich mit einem von kompetenter Behörde ausgefertigten Arrestbefehl [1]) als Auslieferungsgrundlage begnügen und gar keinen materiellen Beweis für die Richtigkeit des Befehls verlangen. Da zwischenstaatliche Abkommen auf diesem Gebiet in der Regel Gleichheit in den gegenseitigen Rechten und Pflichten voraussetzen, so ist es nicht wahrscheinlich, daß ein kleinerer Staat wie Norwegen sich eine solche Verschärfung der allgemeinen Auslieferungslegitimationen würde ausbedingen können, wie sie der fremde Staat selbst nicht verlangen würde. Das Departement ist unter diesen Umständen bei dem Vorschlage der Ordnung stehen geblieben, daß ein materieller Beweis für die Schuld des fremden Staatsbürgers wegen des zur Last gelegten Verbrechens nur in Fällen verlangt werden soll, wo es nicht mit dem fremden Staate vereinbart ist, daß ein von kompetenter Behörde ausgefertigter Arrestbefehl od. dgl. Auslieferung soll begründen können. Bedenken scheint diese Ordnung nicht darzubieten, da es, wie erwähnt, in fremden Staaten die allgemeine Regel ist, daß man sich mit einem solchen Arrestbefehl begnügt, und es darf dabei daran erinnert werden, daß Auslieferungsersuchen immer auf diplomatischem Wege zu stellen sind, worin auch eine Garantie gegen unangebrachte Ersuchen liegen wird.

Soweit die norwegischen Behörden mangels anderer Abrede mit dem fremden Staat die materielle Grundlage eines gestellten Auslieferungsersuchens zu prüfen haben, hat man es als ausreichend angesehen, solche Beweise zu verlangen, die nach norwegischem Gesetz zur Festnahme des Betreffenden ausreichen würden, also m. a. W., daß er mit Grund verdächtigt wird; vgl. § 228 der Strafprozeßordnung [2]). Die Forderung strengerer Beweise, die z. B. zur Anklagebegründung ausreichten, wird nicht für

---

[1]) arrestordre.

[2]) § 228 der norw. StrPO.: »Wer mit triftigem Grund einer strafbaren Handlung verdächtigt wird, die höhere Strafe als 6 Monate Gefängnis nach sich ziehen kann, kann verhaftet werden:

notwendig erachtet und würde auch nicht gut zu den allgemeinen Funktionen der Gerichte nach unserer Strafprozeßordnung passen.

Hinsichtlich der Forderungen, welche im übrigen an Inhalt und Anlagen des Auslieferungsersuchens gestellt werden, stimmt der Entwurf im wesentlichen mit fremden Gesetzesbestimmungen, so dem § 15 des schweizerischen Auslieferungsgesetzes, überein.

Zum § 10.

Die gebotene vorläufige Prüfung des Auslieferungsersuchens wird, so nimmt man an, unnötige Mühe und Zeitverlust verhindern. Sofern die Mängel des Ersuchens von der Art sind, daß ihnen abgeholfen werden kann, setzt man voraus, daß bei der Mitteilung, dem Ersuchen könne nicht entsprochen werden, dem fremden Staat anheimgestellt werden wird, den Mängeln abzuhelfen. Wenn das mangelhafte Auslieferungsersuchen die Forderungen erfüllt, welche im § 19 für Ersuchen um vorläufige Verhaftung aufgestellt sind, so muß es selbstverständlich eine solche Verfügung veranlassen können.

Zu den §§ 11–18.

Nach den obigen Bemerkungen hat der Entwurf eine Bestimmung darüber aufgenommen, daß immer eine gerichtliche Prüfung zu erfolgen

---

1. wenn er auf frischer Tat oder auf frischer Spur betroffen oder verfolgt wird und seine Verhaftung zur Hinderung der Flucht oder Sicherung des Beweises für erforderlich erachtet wird,
2. wenn mit Rücksicht auf die Höhe der Strafe oder aus anderer Ursache Anlaß zu der Befürchtung besteht, daß er sich der Verfolgung oder Strafverbüßung entziehen wird,
3. wenn sein Verhalten besonders zu der Befürchtung befugt, daß er durch Zerstörung der Spur der Tat oder durch Abrede mit Zeugen oder Mitschuldigen oder auf andere Weise den Beweis vernichten wird,
4. wenn besondere Gründe zu der Befürchtung vorliegen, daß er die strafbare Handlung wiederholen oder eine strafbare Handlung vollenden wird die er versucht oder mit der er gedroht hat.

Eine Frau, die vermutlich im Laufe der nächsten sechs Wochen gebären wird oder die im Laufe der letzten sechs Wochen geboren hat, darf nicht verhaftet werden, es sei denn, daß ein Arzt oder dringendenfalls eine Hebamme erklärt, daß es unbedenklich sei, oder daß die Verhaftung mit Rücksicht auf die Frau selbst oder auf die Rechtssicherheit für dringend erforderlich erachtet wird, weil die Rücksicht auf die Strafverfolgung nicht entscheidend sein darf. Eine Frau, die ihr Kind stillt, darf im allgemeinen nicht verhaftet werden, bevor nicht neun Monate seit der Geburt des Kindes verstrichen sind.

Unangesehen des ersten Punktes im vorstehenden Absatze kann eine Frau doch verhaftet werden, wenn dies nötig ist, damit die dort vorausgesetzte ärztliche oder Hebammenuntersuchung stattfinden kann.«

Im Zusammenhange mit einer größeren Prozeßreform ist unter dem 14. Dezember 1917 ein Gesetz, betr. »Änderungen des Gesetzes über das Verfahren in Strafsachen vom 1. Juli 1887« ergangen, jedoch noch nicht in Kraft getreten. Das Inkrafttreten ist auf den 1. Juli 1927 festgesetzt. Das Gesetz vom 1. Juli 1887 hat viele Änderungen erfahren (z. B. 1891, 1893, 1894, 1902, 1904, 1907, 1914, 1915, 1918, 1919, 1921, 1923, 1925).

habe, ob die gesetzlichen Bedingungen für die Bewerkstelligung einer Auslieferung vorliegen; diese Prüfung ist indessen in Fällen, in denen der Betreffende selbst keinen Widerspruch gegen seine Auslieferung erhebt, ziemlich summarisch gestaltet.

Durch die Übertragung der rechtlichen Befassung mit diesen Angelegenheiten an die Verhörsgerichte ist die Verfahrensweise im ganzen soweit als möglich derjenigen gleichgestaltet worden, welche nach der Prozeßordnung bei Festnahme und Gefangensetzung[1]) anläßlich einer strafbaren Handlung Anwendung findet, die hier im Lande verfolgt wird. Als Folge dessen ist auch die Möglichkeit eröffnet, die Entscheidung des Verhörsgerichts von der Beschwerdekammer (kjaermaalsudvalget) nachprüfen zu lassen, jedoch mit der Einschränkung, daß die Entscheidung des Verhörsgerichts in der Frage der Identität des Festgenommenen und die darauf gebauten, im § 12 des Entwurfs behandelten Entscheidungen immer endgültige sein sollen; denn diese Entscheidung beruht ja wesentlich auf Augenschein, weswegen Beschwerde hier nicht am Platz zu sein scheint. Ebenso ist die Möglichkeit eröffnet, Entschädigung für Untersuchungshaft zu bewilligen, die unberechtigt gewesen ist, d. h. Freiheitsberaubung, welche in Fällen angewendet worden ist, wo gesetzliche Möglichkeit, den Betreffenden auszuliefern, nicht bestanden hat. Besonders weite Anwendung solcher Zuerkennung einer Entschädigung wird, wie man annimmt, jedoch kaum stattfinden, weil man davon wird ausgehen können, daß von allen in Frage Kommenden große Vorsicht bei der Behandlung von Auslieferungsersuchen bewiesen werden wird. Auf Grund der Wichtigkeit und besonderen Beschaffenheit dieser Angelegenheiten hat man geglaubt, eine Vorschrift in Vorschlag bringen zu sollen, daß die Anklagebehörde während der gerichtlichen Behandlung in allen Fällen erscheinen soll, wo nicht die Sache als Folge der vorbehaltslosen Anerkennung des Festgenommenen ganz klar liegt.

Selbstverständlich wird es für den, um dessen Auslieferung es sich handelt, von größtem Interesse sein, daß sein Schicksal so schnell als möglich entschieden wird. Es wird darum auch vorausgesetzt, daß diese Art Angelegenheiten von allen Betreffenden mit so großer Schnelligkeit als möglich behandelt werden. Indessen hat man es als untunlich erachtet, im Gesetz bestimmte Fristen für die Vornahme der einzelnen Handlungen vorzuschreiben, ausgenommen, soweit man für einen einzelnen Fall eine äußerste Frist festgesetzt hat. In Übereinstimmung mit dem, was auch in fremden Gesetzgebungen bestimmt ist, hat man nämlich eine Vorschrift aufgenommen, daß der Gefangene, dessen Auslieferung beschlossen ist, loszulassen sei, sofern nicht der fremde Staat zu seiner Entgegennahme innerhalb des Ablaufes einer gewissen Frist Verfügung getroffen hat. Wie lang diese Frist zu sein hat, muß natürlich im gewissen Grade von der Lage des btr. fremden Staates abhängen, und deren Länge muß daher in jedem einzelnen Fall

[1]) fängsling.

von dem betreffenden Departement festgesetzt werden. Indessen hat man doch geglaubt, daß das Gesetz selbst eine Grenze setzen müsse, über die hinaus man nicht gehen dürfe. Man hat es als angemessen erachtet, wenn als solche äußerste Grenze eine Frist von 3 Monaten festgesetzt werden könne.

Zum § 19.

Da es oft von vornherein unbekannt sein wird, wo ein flüchtiger Verbrecher sich aufhält, und da es dabei, selbst wenn man den Aufenthalt kennt, immer einige Zeit dauern wird, bis ein formelles Auslieferungsersuchen mit den erforderlichen Anlagen den Aufenthaltsstaat erreichen kann, so ist man der Ansicht gewesen, die Möglichkeit eröffnen zu müssen, sich durch eine vorläufige Gefangensetzung einer verfolgten Person zu versichern, bis ein formelles Auslieferungsbegehren einlaufen kann. Und da es hier sehr häufig schnell zu handeln gilt, so wird angenommen, man dürfe nicht als unbedingte Forderung aufstellen, daß das Ersuchen um solche vorläufige Verhaftung [1]) auf diplomatischem Wege zu stellen sei, sondern daß man zugleich ein Ersuchen an das betr. Departement durch den Konsul des fremden Staates entgegennehmen müsse; vgl. unseren Auslieferungsvertrag mit den Vereinigten Staaten vom 7. Juni 1893, Art. III [2]).

Dabei hat man eine Bestimmung aufgenommen, daß mit einem fremden Staate Vereinbarung darüber getroffen zu werden vermag, daß das erwähnte vorläufige Ersuchen um Gefangensetzung durch direkte Verhandlung zwischen bestimmten untergeordneten Behörden in dem fremden Staate und Norwegen erfolgen könne. Im Verhältnis zu Schweden hat man nämlich in der kürzlich abgeschlossenen Konvention, Art. 10, im Hinblick auf den lebhaften Verkehr und im Anschluß an frühere Praxis für schwedische Landeshauptleute, Polizeimeister usw. und Beamte der norwegischen Anklagebehörde die Möglichkeit eröffnet, in direktem Benehmen miteinander um vorläufige Festnahme

---

[1]) forelöbig fängsling.

[2]) Art. III: »Ein Ersuchen um Auslieferung entwichener Verbrecher soll durch die diplomatischen Agenten oder bei Abwesenheit derselben von dem Lande oder der Stadt, wo die Regierung ihren Sitz hat, durch die obersten Konsularbeamten der kontrahierenden Parteien gestellt werden.

Wenn die Person, um deren Auslieferung ersucht ist, eines Verbrechens oder Vergehens*) schuldig erkannt ist, so soll eine gehörig beglaubigte Abschrift des Urteils vorgelegt werden, worin sie für schuldig erkannt ist,oder, wenn der Geflüchtete eines Verbrechens nur beschuldigt ist, so soll eine gehörig beglaubigte Abschrift des Arrestdekrets vorgelegt werden, das in dem Lande ausgestellt ist, wo das Verbrechen begangen worden ist, ferner auch der gerichtlichen Erklärungen oder anderen Beweismittel, auf die hin ein solches Dekret ausgestellt ist.

Eine Auslieferung geflüchteter Verbrecher gemäß den Bestimmungen dieses Vertrages soll resp. in Norwegen und den Vereinigten Staaten gemäß den Gesetzen, betr. Auslieferung, erfolgen, die zu der Zeit in dem Staate in Geltung stehen, bei dem um Auslieferung ersucht wird.«

---

*) forseelse.

flüchtiger Verbrecher zu ersuchen[1]. Eine gleiche Ordnung könnte man sich auch im Verhältnis z. B. zwischen den Polizeikammern von Kristiania und Kopenhagen als zweckmäßig vorstellen.

Die Bestimmungen über den Ersuchensinhalt stimmen im wesentlichen mit dem überein, was in fremden Auslieferungsgesetzen vorgeschrieben ist, z. B. dem § 17 des schweizerischen Gesetzes, und bezwecken die Sicherung, daß das betr. Departement schon, bevor Festnahme beschlossen wird, sich eine Meinung darüber bilden könne, wieweit von Auslieferung die Rede werde sein können.

Auch hier hat man übereinstimmend mit dem, was gleichfalls in fremden Gesetzen bestimmt ist, die schnellstmögliche Entscheidung der Angelegenheit durch Festsetzung einer Frist sichern wollen, binnen welcher ein Auslieferungsersuchen gestellt sein muß, und deren Überschreitung bewirkt, daß der Festgenommene freigelassen wird. Daß in solchem Falle der Freigelassene unbedingten Anspruch auf Entschädigung für die überstandene Untersuchungshaft haben muß, ist, so meint man, eine notwendige Folge dessen, daß hier keine wirkliche Prüfung der Gesetzmäßigkeit einer Auslieferung, sondern nur der Identität des Ergriffenen stattgefunden hat.

Läuft ein Auslieferungsersuchen zu rechter Zeit ein, so wird es selbstverständlich auf gewöhnliche Weise der Entscheidung zu unterwerfen sein.

Zum § 20.

Eine Bestimmung dieser Art ist aus Rücksicht auf die schnellen und leichten Verkehrsmittel der Gegenwart als notwendig erachtet worden, und sie ist auch fremden Gesetzgebungen nicht unbekannt (s. z. B. § 20 des schweizerischen Auslieferungsgesetzes). Irgend ein besonderes Bedenken dürfte die Bestimmung, so wird angenommen, nicht hervorrufen können, wenn, wie im Entwurf geschehen, vorgeschrieben wird, daß sofort Bericht an das betr. Departement zu erfolgen hat und daß dieses gegebenenfalls sofort die Haft soll aufheben können.

---

[1] Art. 10: »Bevor ein formelles Auslieferungsersuchen gestellt wird, sollen in dringenden Fällen und zumal, wenn Entweichen zu befürchten ist, in Norwegen der Reichsadvokat, Staatsadvokaten, Vögte und Polizeimeister und in Schweden der Oberstatthalter zu Stockholm, Landeshauptleute, Polizeimeister, Bürgermeister und Kronvögte in direktem Benehmen miteinander durch Post oder Telegraph um vorläufige Verhaftung eines Verrechers ersuchen können. Ein solches Ersuchen um vorläufige Verhaftung soll Angabe der Zeit, des Ortes und des Gegenstandes des Verbrechens, des Staatsangehörigkeitsverhältnisses und, wenn möglich, des Signalements der fraglichen Person enthalten. Weiter soll das Ersuchen eine Angabe darüber enthalten, daß später ein formelles Ersuchen um Auslieferung der betreffenden Person gestellt werden wird.

Hat eine Verhaftung gemäß den vorstehenden Bestimmungen stattgefunden und ist nicht innerhalb 3 Wochen seit der Verhaftung beim Auswärtigen Amte des entsprechenden Reiches ein formelles Ersuchen um Auslieferung des Verhafteten eingelaufen, so soll die erhobene Frage der Auslieferung die Loslassung des Betreffenden nicht hindern.«

Zum § 21.

Eine gleiche Bestimmung über Beschlagnahme und Auslieferung der in dem Paragraphen genannten Gegenstände findet sich in den meisten Auslieferungsgesetzen und Verträgen; diese Art Auslieferung pflegt auch allgemein eingeräumt zu werden, selbst wenn der betreffende Vertrag keine Bestimmung darüber enthält. So, wie der erste Absatz des Paragraphen abgefaßt ist, wird die Bestimmung nicht hindern, daß Übergabe der Gegenstände erfolgt, selbst wenn die Auslieferung der ergriffenen Person auf Grund eingetretener Umstände, besonders seiner Flucht oder seines Todes, nicht ins Werk gesetzt werden kann, — ein Fall, der in einer Mehrzahl unserer geltenden Auslieferungsverträge besonders behandelt ist. Das Recht auf die Gegenstände, welches möglicherweise einem unschuldigen Dritten zustehen könnte, wird durch die Bestimmung des zweiten Absatzes des Paragraphen gesichert sein.

Zum § 22.

Auch diese Bestimmung hat Vorbilder in fremden Gesetzen und wird notwendig sein, sofern Transport durch unser Land soll stattfinden können, Da ein Staat auf dem Gebiete eines anderen keine öffentliche Gewalt auszuüben vermag, so können nämlich Beamte eines Staates nicht ohne besondere Ermächtigung oder Gestattung einen Gefangenen durch das Gebiet eines fremden Staates transportieren. Der in dem Paragraphen erwähnte Sachverhalt ist auch in einzelnen unserer Auslieferungsverträge behandelt. In Übereinstimmung damit, was in fremden Gesetzen vorgeschrieben ist, wird vorgeschlagen, daß die Bewilligung hier vom zuständigen Departement erteilt wird, ohne Mitwirkung eines Gerichtes und ohne daß Beibringung anderer Legitimationen als eines verurteilenden Urteils oder eines Festnahmebeschlusses verlangt würde. Was die materiellen Bedingungen betrifft, so hat man es als ausreichend angesehen zu fordern, daß der Ausgelieferte nicht norwegischer Staatsbürger sein darf, während fremde Gesetze in der Regel etwas weiter darin gehen, die hier behandelte Verfügung denselben Bedingungen wie eine Auslieferungsbewilligung zu unterwerfen.

Zum § 23.

Die Verfahrensweise, welche hier für die Stellung von Ersuchen um Festnahme und Auslieferung von Verbrechern an das Ausland vorgeschlagen wird, stimmt im wesentlichen damit überein, was früher, abgesehen vom Verhältnis zu Schweden und Dänemark, ohne besondere Vorschrift beachtet worden ist. Übereinstimmend damit, was das Departement in dem in die Gesetzsammlung aufgenommenen Schreiben vom 22. Juni 1896[1]) ausgeführt hat, nimmt man an, daß es regelmäßig nicht den Beamten der Anklagebehörde überlassen werden darf, sich direkt

---

[1]) s. o. S. 127.

an Behörden eines fremden Staates mit dem Ersuchen um Auslieferung oder Festnahme zu wenden, daß vielmehr ein solches Ersuchen von der betreffenden Zentralbehörde auszugehen hat. Von dieser Regel darf — wie oben in den Motiven zum § 19 bemerkt, — nur ausnahmsweise bei Konvention mit einem fremden Staat abgewichen werden, und auch dann nur soweit es vorläufige Gefangensetzung betrifft. Wenn man dem zweiten Absatz des Paragraphen die Form gegeben hat, daß das Departement in jeder Hinsicht[1]) zu prüfen hat, ob dem Antrage zu entsprechen sei, so ist es geschehen um hervorzuheben, daß das Departement nicht nur untersuchen solle, ob die formellen und materiellen Bedingungen, um eine Auslieferung erhalten zu können, vorhanden seien, sondern damit es sich zugleich eine Meinung darüber bilde, ob im Hinblick auf der einen Seite auf die Bedeutung des Verbrechens und auf der anderen Seite auf die wahrscheinlichen Kosten bei der Auslieferung hinreichender Grund zur Stellung des Ersuchens bestehe.

Zum § 24.

Nach allgemeinen völkerrechtlichen Regeln gilt der Staat, welcher ein Ersuchen um Auslieferung oder Festnahme stellt, mangels anderer Abrede als verpflichtet, die Ausgaben zu ersetzen, welche dem ausliefernden Staat bei der Auslieferung entstanden sind. Im allgemeinen sind jedoch die Staaten untereinander übereingekommen, gegenseitig auf die Forderungen des Ersatzes dieser Kosten zu verzichten, abgesehen von Kosten bei möglichem Transport außerhalb der eigenen Grenzen des ausliefernden Staates; und Abreden in dieser Richtung finden sich auch in allen unseren geltenden Auslieferungsverträgen, mit Ausnahme desjenigen mit den Vereinigten Staaten von Amerika. Zum Abschluß gleicher Abrede in künftigen Verträgen wird, so nimmt man an, die Möglichkeit weiter offenzuhalten sein.

Zum § 25.

Hinsichtlich des ersten Absatzes des Paragraphen wird auf das oben Ausgeführte hingewiesen.

Nach dem zweiten Absatz des Paragraphen wird das Gesetz nicht, wie einzelne fremde Auslieferungsgesetze, es der Regierung zur Pflicht machen, sofort Änderung der älteren Verträge herbeizuführen, deren Bestimmungen mit dem Gesetze in Widerspruch stehen sollten. Der Entwurf führt nämlich keine neuen Grundsätze von solcher Bedeutung ein, daß es mit Rücksicht hierauf als notwendig angesehen wird, eine Vorschrift, betr. Revision der bestehenden Verträge, zu erlassen.

Zum § 26.

Es wird allerdings vorausgesetzt, daß die Regeln des Gesetzes in einzelnen Punkten, und besonders, soweit es die Verfahrensweise bei Aus-

[1]) im Original gesperrt.

lieferung sowohl von als auch an Norwegen betrifft, durch nähere administrative Vorschriften ergänzt werden. Indessen wird angenommen, daß dies kein Hindernis gegen das sofortige Inkrafttreten des Gesetzes bildet.

Im Hinblick auf diese Ausführungen erlaubt sich das Departement
vorzuschlagen:

Daß Euere Majestät den beigelegten Entwurf einer Proposition an das Storting, betr. Ausfertigung eines Gesetzes über Auslieferung von Verbrechern, billigen und mit Unterschrift versehen.

(Hier folgt im Original die Königliche Proposition. Die **Proposition** hat folgenden Wortlaut:)

Seiner Majestät des Königs Proposition an das Storting des norwegischen Reiches, betr. Ausfertigung eines Gesetzes über Auslieferung von Verbrechern.

Wir Haakon, König von Norwegen,
machen kund:

Unter Beifügung einer Kopie des Entwurfes des Justiz- und Polizeidepartements in der Sache will Seine Majestät das Storting des norwegischen Reiches einladen, zum Gesetz über Auslieferung von Verbrechern übereinstimmend mit dem beigefügten Entwurfe Beschluß zu fassen.

Gegeben Kristiania, Schloß am 25. April 1907.

Unter Unserer Hand und des Reiches Siegel

Haakon.

(L. S.)

Chr. Michelsen. Hesselberg.

[Hier folgt im Original auf neuer Seite im Wortlaute
der

Entwurf

eines

Gesetzes über Auslieferung von Verbrechern.

Der Entwurf stimmt in allem Wesentlichen mit dem endgültigen Gesetz überein, sodaß die Abweichungen davon unten bei der Wiedergabe des Gesetzes in Anmerkungen mitgeteilt und hier auf den Abdruck des Entwurfs verzichtet werden kann.]

Forhandlinger i Odelstinget (1906/7).

(Verhandlungen des Odelstings.)

Sitzung vom 1. Mai, 10,30 Uhr.

Präsident: Bratlie.

Tagesordnung.

1. ....
2. Referate.

Sache Nr. 1.

....

....

Referate.

1. ....
2. ....

10. Kgl. Proposition, betr. Ausfertigung eines Gesetzes über Auslieferung von Verbrechern.

Einstimmig: Dem Justizkomitee zuzustellen.

Schluß der Sitzung 10,45 Uhr.

Indst. O. XIV.

(1906—1907.)

Bericht (Indstilling) des Justizkomitees, betr. Ausfertigung eines Gesetzes über Auslieferung von Verbrechern.

(Ot. prp. nr. 26.)

An das Odelsting.

Die einzige Bestimmung, die unser zurzeit geltendes Recht über Auslieferung von Verbrechern besitzt, findet sich in dem Gesetze über Staatsbürgerrecht vom 21. April 1888 § 7 Abs. 2. Sie gibt norwegischen Staatsbürgern das Recht, sich hier im Reiche aufzuhalten, und schließt es damit aus, daß sie an das Ausland ausgeliefert werden. Im übrigen sind die Regeln unseres Rechts auf diesem Gebiete ausschließlich in den Verträgen zu suchen, die wir mit einer Reihe fremder Mächte geschlossen haben.

Diese Verträge geben mehr oder minder ausführliche Bestimmungen über die materiellen und formellen Auslieferungsbedingungen. Dergestalt bestimmen sie, welche Arten von Verbrechen Auslieferung begründen sollen und welche Legitimationen zu beschaffen sind, damit Auslieferung erfolgen kann. Da sie zu sehr verschiedenen Zeiten und unter verschiedenen Verhältnissen entstanden sind, so stehen ihre Bestimmungen nicht in voller Übereinstimmung miteinander. Über die Verfahrensweise, die hier im Lande bei der Behandlung von Auslieferungsersuchen zu beobachten ist, stellen die Verträge keine Regeln auf.

Da eine Ordnung dieser Fragen ausschließlich durch Verträge in die Augen fallende Schwächen aufweist, so ist eine Reihe von Ländern in der neuesten Zeit zu einer rationelleren Ordnung übergegangen, nämlich durch *Gesetze* [1]). Solche Gesetze sind zurzeit in England, den Vereinigten Staaten von Amerika, der Schweiz, Holland, Belgien usw. erlassen, und in anderen Ländern sind Gesetze von gleichem Inhalte in Vorbereitung, so in Frankreich und Italien. Vgl. die Proposition S. 5–6.

Bei der Ausarbeitung unseres bürgerlichen Strafgesetzes bestand die Voraussetzung, Norwegen werde dem Beispiele folgen, das die genannten Länder gegeben haben, und die Auslieferung von Verbrechern durch ein besonderes Gesetz ordnen. Vgl. die Motive der Kommission S. 21. Diese Aufgabe sucht die jetzt vorliegende Proposition zu lösen.

Das Komitee erachtet es für erforderlich, die Angelegenheit durch Gesetz zu ordnen und kann im wesentlichen der Proposition beitreten.

Das wichtigste Neue des Inhalts der Proposition ist vielleicht in den Regeln zu suchen, die diese über die *Behandlungsweise* der Ersuchen um Auslieferung aufstellt, die von anderen Ländern an uns gerichtet werden.

Die Verfahrensweise, die bisher befolgt worden ist, besteht darin, daß das Ersuchen vollkommen *auf administrativem Wege* behandelt worden ist. Wenn ein Ersuchen einläuft, so untersucht das Justizdepartement provisorisch, ob Grund bestehe, ihm zu entsprechen. Findet das Departement, daß Grund dazu bestehen könne, so veranlaßt es Verfolgung und Festnahme des Betreffenden; und es wird angenommen, daß Ersuchen des Departements darum ohne Prüfung oder Beschluß seitens anderer Behörden zu entsprechen ist. Der Verhaftete wird sodann vor den nächsten Verhörsrichter gestellt, der seine Erklärung entgegennimmt, während der Erlaß eines Gefangensetzungserkenntnisses als überflüssig angesehen wird. Abschrift der Erklärung wird dem Departement eingereicht, das danach endgültig entscheidet oder Entscheidung darüber herbeiführt, ob Auslieferung erfolgen solle. S. Näheres darüber S. 4–5 der Proposition.

Nach der Proposition wird die Verfahrensweise eine andere werden. Sie wird nämlich teilweise *judiciell* werden. Nach einer vorläufigen Durchsicht der Sache hat das Justizdepartement die Dokumente der Sache der Anklagebehörde zu übersenden, die danach das Erforderliche veranlaßt. Wird der Betreffende festgenommen, so wird er vor den nächsten Verhörsrichter geführt, und das Gericht entscheidet durch Erkenntnis,

---

[1]) Im Original gesperrt.

ob gesetzlich Möglichkeit zu seiner Auslieferung bestehe. Geht das Erkenntnis darauf hinaus, daß gesetzlich dazu keine Möglichkeit bestehe, so hat das zuständige Departement auf diplomatischem Wege dem fremden Staate mitzuteilen, daß dem Ersuchen nicht entsprochen werden könne. Wenn das Erkenntnis den entgegengesetzten Inhalt hat, so hat das Departement darüber Beschluß zu fassen, ob Auslieferung erfolgen solle, und seinen Beschluß der betreffenden fremden Macht mitzuteilen.

Nach der Auffassung des *Komitees* lassen sich wesentliche Vorteile dadurch erreichen, daß die Entscheidung auf diese Weise zum Teil von den administrativen Behörden auf die Gerichte übergeführt wird. S. hierüber die Proposition S. 12—13. Besonders darf das Komitee hervorheben, daß, wenn es durch Erkenntnis eines dazu kompetenten Gerichts entschieden ist, daß Auslieferung nicht erfolgen kann, eine Auslieferungsverweigerung nicht wohl Gegenstand von Mißdeutung seitens der fraglichen fremden Macht werden kann. Durch die vorgeschlagene Behandlungsweise wird die Entscheidung im ganzen, soweit möglich, ihres politischen Charakters beraubt werden.

Ein anderer wesentlicher Punkt der Proposition ist deren Bestimmung darüber, *welche Verbrechen Auslieferung begründen sollen*.

Nach unserem geltenden Recht sind diese Regeln ausschließlich in den Verträgen zu suchen. Soweit um Auslieferung von einer Macht ersucht wird, mit der wir keinen Vertrag geschlossen haben, ist man also ohne irgendwelche Regel. Daß man in solchen Fällen Auslieferung nicht unbedingt verweigern kann, ist gegeben. Mangels einer besseren Regel ist das Departement der Analogie der Verträge gefolgt, die wir mit anderen Mächten geschlossen haben, und hat Auslieferung wegen Verbrechen bewilligt, die in diesen behandelt sind. Daß dies Verhalten wenig Garantien enthält, ist selbstverständlich.

Das Komitee findet, daß eine gesetzliche Ordnung auch dieses Gegenstandes erforderlich ist. In erster Linie ist es wünschenswert, festere Regeln gegenüber den Ländern zu schaffen, mit denen wir keine Auslieferungsverträge geschlossen haben, und geradezu notwendig ist es, solche Regeln zu schaffen, wenn man, wie in der Proposition vorgeschlagen, den Gerichten zu entscheiden überlassen will, ob eine Auslieferung rechtmäßig erfolgen kann. Aber auch aus einem anderen Grunde hat es seine Bedeutung, daß die Gesetzgebung sich mit diesen Fragen beschäftigt. So wichtige wie die hier behandelten Regeln dürfen nicht ausschließlich durch Verträge festgestellt werden, sondern müssen in den Hauptzügen durch Gesetz bestimmt werden. Eine gesetzliche Ordnung wie diejenige, die hier vorgeschlagen ist, wird eine Richtschnur enthalten, der zu folgen ist, wenn Verträge über Auslieferung künftig mit anderen Mächten geschlossen werden. Auch hierin sieht das Komitee einen wesentlichen Vorteil bei der vorliegenden Proposition.

Das *Komitee* kann sich im ganzen der Proposition anschließen und möchte zu den einzelnen Paragraphen nur das Folgende bemerken:

Zu § 2. Das Komitee hat dem Paragraphen einen Zusatz gegeben, der zu sichern sucht, daß ein bürgerliches Verbrechen, das zugleich ein Militärverbrechen ist, im Auslande nicht von Militärgerichten behandelt und nicht nach Militärstrafrecht beurteilt wird.

Zu § 3. Das Komitee hat eine redaktionelle Änderung vorgenommen.

Eine Minderheit innerhalb des Komitees will sich vorbehalten, einen Vorschlag darüber zu äußern, daß die Worte *»oder eine zu seiner Familie gehörende Person«* fortfallen.

Zu § 14. Das Komitee findet, daß der Festgenommene *immer* einen Verteidiger haben muß. Man schlägt deshalb vor, daß die Regeln des § 101 StrPO. hier Anwendung finden. Nach diesem Paragraphen soll ein öffentlicher Verteidiger bestellt werden, »sofern der Beschuldigte nicht selbst gültig einen Verteidiger gewählt hat oder es im Interesse des Beschuldigten für nötig erachtet wird, daß neben dem gewählten einer ernannt wird, oder sofern der gewählte Verteidiger nach § 278 Abs. 3 von der Anwesenheit im Termin ausgeschlossen ist« (§ 278 III: Kollusionsgefahr. Wo.).

Auch eine andere Änderung des § 14 hat das Komitee vorgeschlagen. Nach der Proposition soll das Gericht durch Erkenntnis entscheiden, *»ob nach den in diesem Gesetz aufgestellten Bedingungen* gesetzliche Möglichkeit zur Auslieferung des Festgenommenen besteht«. Das Komitee hat die unterstrichenen Worte gestrichen, weil Auslieferung ja auch gemäß einem Vertrage erfolgen kann.

Zu § 19: Das Komitee hat die Worte *»nach diesem Gesetz«* gestrichen. S. die Begründung des Komitees für die entsprechende Berichtigung, die im § 14 vorgenommen worden ist.

Gemäß den obigen Ausführungen erlaubt sich das *Komitee*, dem Odelsting zu empfehlen, zu fassen einen solchen .

Beschluß zu einem Gesetze
über Auslieferung von Verbrechern.

[Hier folgt der Text des Gesetzes in der sich aus den obigen Vorschlägen zu den §§ 2, 3, 14, 19 ergebenden Form.]

Kristiania, im Justizkomitee, am 19. Juni 1907.

Fr. Havig. Vorsitzender — **Frederik Stang.** Wortführer. — **K. Friis Petersen** Sekretär.

Verhandlungen des Odelstings. 1906/7.

Sitzung vom 2. Juli, 10 Uhr vorm.

Präsident: Liestöl.

Tagesordnung:

Die auf der Liste des Vortages aufgeführten Sachen.

Sache Nr. 1.

Bericht des Justizkomitees, betr. Ausfertigung eines Gesetzes über Auslieferung von Verbrechern (indst. O. XIV).

Die Sache in ihrer Allgemeinheit wurde zur Debatte gestellt.

Konow: . . . . . .

Der Präsident: . . . . .

usw.

[Die Debatte drehte sich um die Frage, ob das Ting die Sache behandeln oder einstweilen oder bis zur nächsten Session vertagen solle. Sie war verhältnismäßig ausgedehnt (11½ Spalten im Druck). Für die Vertagung wurde geltend gemacht, daß die Abgeordneten sich mit der Angelegenheit nicht genügend hätten vertraut machen können und daß die Angelegenheit zu wichtig sei, um übers Knie gebrochen werden zu können. Gegen die Vertagung wurde ebenfalls auf die Wichtigkeit der Angelegenheit verwiesen. Wenn auch Hauptpunkte des Gesetzes dabei gestreift wurden, so erscheint die übersetzungsweise Wiedergabe der Debatte doch nicht erforderlich. Von Interesse ist immerhin die Äußerung des späteren Staatsrats Castberg (s. u. S. 157f. bestritten insbes. von dem Abgeordneten Professor Stang), daß, wenn das Gesetz auf dem Prinzip ruhe, zu bestimmen, in den und den Fällen könne ausgeliefert werden, und wenn dementsprechend eine gerichtliche Entscheidung ergehe, daß dies wie ein Auslieferungsgebot wirken werde, wenigstens gegenüber mächtigen Staaten. Es sprachen zur Sache: Konow (fünfmal), Stang (sechsmal), Staatsrat Bothner (viermal), Abrahamsen, Castberg (viermal), Lindvig, Myrvang, Aaen, Friis Petersen (zweimal). Die Verhandlungen endeten mit der]

Abstimmung:

Konows Vorschlag auf Vertagung (auf die nächste Session. Wo.) wurde gegen 19 Stimmen angenommen.

Sitzung vom 29. Mai [1908], 5 Uhr nachm.

Präsident: Liestöl.

Tagesordnung:

1. ....
2. ....
3. Bericht des Justizkomitees, betr. Ausfertigung eines Gesetzes über Auslieferung von Verbrechern (indst. O. XIV for 1906/7).

Sache Nr. 1.

....

....

Sache Nr. 3.

Bericht des Justizkomitees, betreffend Ausfertigung eines Gesetzes über Auslieferung von Verbrechern (indst. O XIV for 1906/1907).

Staatsrat Castberg: Diese Sache lag dem vorigen Odelsting vor aber so spät, daß das Odelsting beschloß, ihre Behandlung auszusetzen. Ich, befand mich unter denen, die sich damals für eine solche Aussetzung aussprachen, indem ich geltend machte, die Zeit sei so weit vorgeschritten und die Repräsentanten seien mit bedeutungsvollen Sachen so in Anspruch genommen gewesen, daß sie kaum Zeit bekommen hätten sich mit dieser Sache vertraut zu machen; und ich fügte hinzu, daß, soweit ich sehen könne, auch verschiedene Punkte bei der Sache seien, die Bedenken böten. Ich will gesagt haben, daß ich nicht besonders für dies Gesetz begeistert bin; aber ich meine, daß es einen Vorteil enthält, nämlich, daß die Entscheidung der Auslieferungsfrage auf die Gerichte übergeht. — Im übrigen befinden sich in diesem Gesetzentwurf Punkte, bei denen ich meine Bedenken habe. Hinsichtlich einzelner dieser Punkte habe ich Grund zu glauben, daß zwischen dem Komitee und mir Einigkeit bestehen dürfte, Änderungen vorzunehmen. Ich werde mich indessen für den Augenblick nicht weiter darauf einlassen. Der Gesetzentwurf ist, wie es sich von selbst versteht, nach dem, was ich hier erwähnt habe, von einer früheren Regierung[1]) vor-

---

[1]) Die Regierung, welcher Staatsrat Castberg als Justizminister angehörte, war das radikale Venstre-Kabinett Gunnar Knudsen's (vom 19. März 1908 bis zum 2. Februar 1910); »Venstre« ist die norwegische Partei, die, wie oben erwähnt, die Auflösung der norwegisch-schwedischen Union betrieben hatte, etwa unserer früheren Fortschrittspartei vergleichbar. Vorgängerinnen des Kabinetts Knudsen waren die Konaltionsregierungen Michelsen (des in Norwegen so gefeierten Mannes, weil er ohne Krieg die Unionsauflösung zu glücklichem Ende geführt hat) und Lövland (1905—1908). In beiden Kabinetten saßen Vertreter der Höire- (Rechts-) und der Venstre-Partei; beide waren mehr rechts gerichtet als das Kabinett Knudsen und insbesondere Staatsrat Castberg.

bereitet, und es liegt, wie gesagt, ein Bericht (indstilling) vom vorigen Jahre darüber vor. Ich will deshalb diese allgemeinen Bemerkungen gemacht haben, bevor man zu den einzelnen Paragraphen des Entwurfs übergeht.

Auf Vorschlag des Präsidenten wurde einstimmig beschlossen: die Beschlüsse sollen als vorläufige anzusehen sein.

Das Komitee hatte befürwortet (indstillet) den folgenden Beschluß über ein

Gesetz
über Auslieferung von Verbrechern.

§ 1

(Wortlaut s. u. S. 341).

§ 2

(Wortlaut s. u. S. 341 jedoch lautete der letzte Satz hier: »In diesem Falle darf Auslieferung nur unter der Bedingung erfolgen, daß das Verbrechen in dem betreffenden Lande nicht als militärisches behandelt werden darf.«)

Stang (Wortführer des Komitees): Ich glaube, daß ein einziges Wort im letzten Absatze des Paragraphen geändert werden muß. Dort steht: »in dem betreffenden Lande«; dies muß sicher in »in dem betreffenden Staat« berichtigt werden. Dies ist selbstverständlich ohne eine wirkliche Bedeutung; aber es würde zu der Ausdrucksweise des Gesetzes im übrigen stimmen.

Der Präsident: Herr Stang hat also vorgeschlagen, daß in der letzten Zeile statt »in dem betreffenden Lande« stehen soll »in dem betreffenden Staate«. Ich nehme an, daß dies als Vorschlag des Komitees betrachtet werden kann.

Abstimmung:

§§ 1 u. 2, der letzte mit der von Herrn Stang vorgeschlagenen Änderung, wurden einstimmig angenommen.

Weiter war befürwortet (indstillet):

§ 3

(Wortlaut s. u. S. 341).

Staatsrat Castberg: Bei diesem Paragraphen sehe ich, daß einige Bemerkungen von einer Minderheit gemacht worden sind, welche vorgezogen hat, daß dort nicht stehen soll: »oder einer zu seiner Familie gehörenden Person«. Ich will bemerken, daß im ersten Augenblick dieser Paragraph einiges Mißverständnis wird erwecken können. Es ist die Meinung mit der Bestimmung des 2. Absatzes dieses Paragraphen gewesen, sich dagegen zu sichern, daß Verbrechen, welche Auslieferung begründen würden, wenn sie gegen einen gewöhnlichen Bürger gerichtet werden, Auslieferung nicht sollten im Gefolge haben können, wenn sie gegen eine derjenigen Personen gerichtet werden, die hier genannt werden, weil nämlich diese Personen nach dem Strafgesetz so gestellt sind, daß ein Verbrechen, welches, begangen gegen gewöhnliche Bürger, ein gewöhnliches Verbrechen ist, an und für sich ein politisches Verbrechen oder ein Staatsverbrechen dadurch wird, daß es gegen ein Staatsoberhaupt gerichtet wird; z. B. ein Raubmord, begangen gegen ein Staatsoberhaupt, wird, weil alle Körperverletzungen gegen Staatsoberhäupter zu den Staatsverbrechen gerechnet werden, ein politisches Verbrechen werden. Um sich dagegen zu sichern, ist diese Bestimmung vorgeschlagen worden, indem ein Zusatz gemacht worden ist, daß, wenn ein solches Verbrechen mit einem anderen politischen Verbrechen verbunden ist, z. B. ein Revolutionsversuch oder ähnliches mit einem Versuch, die bestehende Staatsordnung umzustürzen, in diesem Falle selbst ein solches Verbrechen gegen ein Staatsoberhaupt zu den politischen Verbrechen gerechnet wird. Ich meine, daß, wenn man sich dies vor Augen hält, diese Bestimmung keine so großen Bedenken bietet, wie ich für meinen Teil ganz im Vorbeigehen bei der Aussetzungsdebatte im Storting voriges Jahr erwähnt habe. Ich will auch hinzufügen, daß ich zu meinem Teil die Form vorgezogen haben würde, welche die Minderheit andeutet, und wenn die Minderheit diesen Vorschlag aufgreift, so werde ich ihn für meinen Teil empfehlen.

Stang: Ich möchte anläßlich des Dissenses, den der Staatsrat hier erwähnt hat, sagen, daß man, wenn er angenommen wird, wie ich glaube, etwas ganz anderes bekommen wird als das, was der Staatsrat beabsichtigt. Die Sache verhält sich nämlich so, daß unser Strafgesetz im § 102 die Bestimmung enthält, daß Mitglieder des königlichen Hauses dem König in der Hinsicht gleichgestellt werden, daß ein Verbrechen gegen sie als Staatsverbrechen angesehen wird. Ermordet man den König, so ist dies ein Staatsverbrechen, also ein politisches Verbrechen. Ermordet man ein Mitglied des königlichen Hauses, so ist auch dies nach dem § 102 des Strafgesetzes ein politisches Verbrechen. Daran mag man Kritik üben, aber es steht im Strafgesetz und nicht hier. Wenn das Strafgesetz die Bestimmung enthält, so ist es notwendig, daß diese Bestimmung hier, welche Auslieferung in gewissen Fällen auch von politischen Verbrechern gestattet, den König und Mitglieder des königlichen Hauses auf gleicher Linie nennt. Streicht man das Letzte, so gelangt man nämlich zu dem wunderlichen Ergebnis, daß, wer einen Raubmord am Könige begeht, ausgeliefert werden kann, und gleichfalls derjenige, welcher einen Raubmord an einem Privatmanne begeht; hingegen kann derjenige nicht ausgeliefert werden, welcher einen Raubmord an einem königlichen Prinzen oder einer königlichen Prinzessin begeht. Die königlichen Prinzen und Prinzessinnen kommen dadurch in eine Klasse sogar über den König. Deshalb glaube ich, daß man weitergehende Änderungen vornehmen müßte, wenn man das erreichen wollte, was der Staatsrat beabsichtigt, und insbesondere glaube ich, daß man dann Änderungen im § 102 des Strafgesetzes vornehmen müßte.

Staatsrat Castberg: Ja, es ist möglich, daß es eine weitergehende Änderung notwendig machen wird. Ich möchte im übrigen zu den Bemerkungen, welche ich machte, hinzufügen, daß die Lage ja die ist, daß, während es allerdings in allen Strafgesetzen so geordnet ist, daß Verbrechen gegen Staatsoberhäupter zu den politischen oder Staatsverbrechen gerechnet werden, dies nicht in allen Strafgesetzen in Ansehung von Mitgliedern der Familie des Staatsoberhauptes des Fall ist.

Weiter war befürwortet:

§ 4

(Wortlaut s. u. S. 342.)

Abstimmung:

§§ 3 u. 4 wurden einstimmig angenommen.

Weiter war befürwortet:

§ 5

(Wortlaut s. u. S. 342.)

Staatsrat Castberg: Hinsichtlich des letzten Punktes dieses Paragraphen möchte ich es als wünschenswert ansehen, daß nicht in dem Grade ein Unterschied gemacht würde zwischen der Behandlung einer Auslieferungsfrage, wenn es sich um jemanden handelt, der schon früher ausgeliefert worden ist, und dem Falle, daß es sich um die erste Auslieferung handelt. Nach dieser letzten Bestimmung des Paragraphen wird die Auslieferung einer Person, die wegen eines Verbrechens ausgeliefert worden ist, an denselben Staat wegen eines anderen Verbrechens beschlossen werden können, ohne daß gerichtliche Entscheidung dazu erforderlich ist. Gleichfalls wird eine Person, die an ein Land ausgeliefert worden ist, nach dieser Bestimmung an ein anderes Land ausgeliefert werden können, ohne daß gerichtliche Entscheidung dazu gefordert wird. Mir will scheinen, als stünde dies mit dem Prinzip des Gesetzes in Widerspruch. Ich habe mit dem Wortführer des Komitees über diese Frage konferiert und, soweit ich ihn verstanden habe, ist er mit mir einig, daß eine Änderung wünschenswert sein würde dergestalt, daß diese zweite Auslieferung nur nach gerichtlicher Entscheidung stattfindet. Ich darf dem Komitee anheimstellen, ob es nicht gewillt wäre, den letzten Absatz dieses Paragraphen hiermit übereinstimmend zu ändern.

Stang: Der Staatsrat hat mir im voraus (paa forhaand) mitgeteilt, daß er mit dieser Bemerkung kommen werde; indessen habe ich keine Möglichkeit gehabt, mit den Mitgliedern des Justizkomitees über die Sache zu konferieren, und ich kann daher nur für mich allein sprechen. Es verhält sich so, daß die Proposition darauf aufmerksam macht, sie habe die umständlichere Behandlungsweise nicht für erforderlich erachtet, weil sicher nur selten Fälle wie der eintreten, den der Paragraph behandelt. Indessen muß ich den Staatsrat darin recht geben, daß eine umständlichere Behandlung wünschenswert sein könnte, und ich werde daher zu meinem Teile nichts dagegen einzuwenden haben, daß diesem Paragraphen ein Zusatz gegeben wird, welcher dem Anheimstellen entgegenkommt, das von seiten des Staatsrates gemacht worden ist. Ich kann mir dergestalt denken, daß es so wird redigiert werden können, als Zusatz zum Paragraphen: »Ob dies der Fall ist,« — nämlich daß Auslieferung nach diesem Gesetze begründet ist — »wird durch Gerichtsentscheidung übereinstimmend mit § 14 entschieden. Die Regeln der §§ 15 und 17 finden entsprechende Anwendung«. Ich will noch keinen Vorschlag vorbringen, bevor ich gehört habe, ob dazu Bemerkungen gemacht werden können. Ich will besonders erwähnen, daß es vielleicht die Frage sein könnte, hinzuzusetzen, daß die Entscheidung von dem Gericht getroffen wird, welches das frühere Auslieferungsersuchen zu entscheiden gehabt hat, aber ich habe es nicht für wünschenswert oder notwendig erachtet, dies hinzuzusetzen, weil es ja in gewissen Fällen schwierig oder unmöglich sein kann, die Sache gerade diesem Gericht vorzulegen. Aber wenn man wünschen sollte, dies in der Richtung deutlich zu machen, so könnte dies vielleicht geschehen.

Staatsrat Castberg: Ich will dem Wortführer des Komitees anheimstellen, einen Vorschlag ungefähr des Inhaltes zu machen, den er andeutete. Ich möchte jedoch anheimstellen, daß demselben möglichst eine andere Redaktion gegeben würde. Ich habe mir die Form gedacht: »Ob dies der Fall ist, wird durch Gerichtsentscheidung entschieden, wobei die Regeln der §§ 14—17 in dem Umfange entsprechende Anwendung finden, zu dem Anlaß (anledning) besteht.« Im § 14 wird nämlich freilich vorausgesetzt, daß der Betreffende persönlich erscheinen soll. Dies wird nicht immer in diesem Falle geschehen können, Der Wortführer und ich stimmen also im Wesenspunkte, betreffend diesen Paragraphen, überein, und ich stelle, wie gesagt, dem Wortführer des Komitees anheim, einen solchen Vorschlag aufzunehmen. Ich habe im übrigen nichts Entscheidendes gegen die Form einzuwenden, welche der Wortführer vorschlug, ; aber mir will doch scheinen, daß die Redaktion, die ich hier angedeutet habe, die glücklichere sei. Ich werde indessen kein besonderes Gewicht darauf legen.

Stang: Ich glaube nicht, daß etwas durch die neue Redaktion gewonnen sein wird, die angedeutet worden ist. Ich kann nicht sehen, daß im § 14 vorausgesetzt ist, daß der Betreffende anwesend sei, und es ist vollkommen gegeben, daß er nicht zur Stelle gebracht werden kann, so daß irgendein Mißverständins nicht wird entstehen können. Ich glaube auch, daß meine Redaktion nach anderen Seiten den Vorzug hat. Ich erlaube mir also, den Vorschlag in der von mir angedeuteten Form zu machen.

Der Präsident: Herr Stang hat also folgenden Zusatz zum § 5 vorgeschlagen: »Ob dies der Fall ist, wird durch Gerichtsentscheidung übereinstimmend mit § 14 entschieden. Die Regeln der §§ 15 und 17 finden entsprechende Anwendung.«

Abstimmung:

1. Der Komiteebericht zum § 5 wurde einstimmig angenommen.

2. Der Zusatzvorschlag Herrn Stangs zum § 5 wurde einstimmig angenommen.

Weiter war befürwortet:

§§ 6, 7, 8, 9, 10, 11, 12, 13, 14.

(Wortlaut s. u. S. 342 ff.)

§ 15.

(Wortlaut s. u. S. 345.)

Staatsrat Castberg: Im 1. Absatz dieses Paragraphen wird bestimmt, daß die Entscheidung des Gerichts über Untersuchungshaft mit einem Rechtsmittel nicht soll angegriffen werden können. Der Grund ist der, daß diese Entscheidungen über Untersuchungshaft so schnell als möglich vor sich gehen müssen und die endgültige Entscheidung nicht verzögern dürfen. Daran ist nicht nur der Staat (det offentlige) sondern auch der betreffende Gefangene interessiert. Dagegen setzt Absatz 2 des Paragraphen fest, daß eine Entscheidung, welche darauf hinausgeht, daß gesetzliche Möglichkeit zur Auslieferung des Festgenommenen bestehe oder nicht bestehe, durch Anwendung von Rechtsmitteln soll angegriffen werden können, durch Berufung (kjäremaal). Indessen ist demgegenüber im letzten Teil des Paragraphen eine Ausnahme gemacht worden, wo es heißt: »daß die Berufung nicht darauf gegründet werden kann, daß die Frage der Identität des Verhafteten unrichtig entschieden worden sei«. Ich glaube, es ist weder erforderlich noch glücklich, daß die Ausnahme dort steht; ich habe auch über diesen Punkt mit dem Komitee durch dessen Wortführer konferiert und darf ihm anheimstellen vorzuschlagen, daß diese letzten wenigen Zeilen fortfallen.

Stang: Ich glaube, daß die Frage, welche der Staatsrat jetzt aufgeworfen hat, keine große praktische Bedeutung besitzt. Die Frage der Identität des Festgenommenen kann ja in den meisten Fällen nur durch Augenschein entschieden werden, und da wird es natürlich das Verhörsgericht sein, welches sie entscheiden muß, so daß Berufung von dieser Seite der Sache her schwerlich besonders große praktische Bedeutung haben wird. Was die Regel begründet hat, ist auch das, was in der Odelstingsproposition als Grund dafür angeführt worden ist. Indessen wäre es vielleicht denkbar, daß die Frage der Identität praktisch Gegenstand der Untersuchung vor höherem Gericht würde, und ich kann nicht sehen, daß bei der Eröffnung der Möglichkeit dazu irgendein Bedenken vorläge, wenn, was auch vom Staatsrat hervorgehoben worden ist, nur Anwendung auf die endgültige Entscheidung nach § 14, nicht dagegen auf die vorläufige Entscheidung nach § 12 stattfindet. Ich habe daher für meine Person nichts dagegen, daß der letzte Satz des Paragraphen: »sowie daß die Berufung« usw., gestrichen wird. Ich kann mich nicht für das Komitee äußern; aber wenn kein Widerspruch sich erhebt, so darf ich wohl davon ausgehen, daß das Komitee gegen diese Berichtigung nichts einzuwenden hat.

Der Präsident: Soweit keines der Mitglieder des Komitees an dem Entwurf so festhält, wie er ist, so kann vermutlich der Paragraph mit dieser Änderung als geänderter Bericht (indstilling) angesehen werden. — Widerspruch hat sich nicht erhoben.

Abstimmung:

1. §§ 6—14 wurden einstimmig angenommen.
2. § 15 wurde in der geänderten Form einstimmig angenommen.

Weiter war befürwortet:

§§ 16—26 (Wortlaut s. u. S. 346 ff.).

Abstimmung:

§§ 16—26 sowie die Überschrift des Gesetzes wurden einstimmig angenommen:

Auf Vorschlag des Präsidenten wurde einstimmig beschlossen:

1. Die gefaßten Beschlüsse werden als endgültige angenommen.
2. Der Gesetzesbeschluß wird dem Lagting übersandt.

Das ganze Gesetz liegt in der vom Odelsting hiermit beschlossenen Form vor in dem besonderen Dokument:

Besl. O. nr. 64.

(Beschluß der Odelstings Nr. 64.)

(Vgl. indst. O. nr. XIV—1906/07.)

Im Jahre 1908, am 29. Mai, wurde Odelsting abgehalten, woselbst gefaßt wurde folgender

Beschluß zu einem Gesetz

über Auslieferung von Verbrechern.

§ 1.

. . . .

. . . .

L. Liestöl, Präsident. **Thore Myrvang,** Sekretär.

Verhandlungen des Lagtings. 1908.

Sitzung vom 1. Juni, 1,45 Uhr.

Präsident: Foß.

Tagesordnung:

Referat.

Es wurde referiert:

Der Beschluß des Odelstings zu einem Gesetz über Auslieferung von Verbrechern.

Einstimmig: Ist auszulegen.

Sitzung geschlossen.

Sitzung vom 3. Juni, 5 1/2 Uhr nachm.

Präsident: Böhn.

Tagesordnung:

1. Beschluß zu einem Gesetz über Auslieferung von Verbrechern (besl. O. Nr. 64).
2. Referat.

Sache Nr. 1.

Der Gesetzesbeschluß veranlaßte keine Bemerkung.

Auf Vorschlag des Präsidenten wurde einstimmig beschlossen: Der Gesetzesbeschluß ist als auch vom Lagting beschlossen dem Könige zu übersenden.

Sitzung geschlossen 5,40 Uhr.

Verhandlungen des Odelstings. 1908

Sitzung vom 11. Juni, 5 Uhr nachm.

Präsident: Bratlie.

Tagesordnung:

1. Bericht.....

10. Referat.

Sache Nr. 1.

....

....

Referat:

Das Präsidium des Lagtings teilt mit, daß das Lagting den Beschluß des Odelstings zu einem Gesetz über Auslieferung von Verbrechern angenommen habe sowie daß der Beschluß dem Könige zu übersenden sei.

Einstimmig: Dem Protokoll beizulegen.

Sitzung geschlossen 8,30 Uhr.

Sitzung vom 15. Juni, 5 Uhr nachm.

Präsident: Bratlie.

Tagesordnung:

Fortsetzung der Behandlung der auf der Liste vom 11. Juni aufgeführten Sachen.

....

....

Referat.

Das Justizdepartement teilt mit, daß der Beschluß des Stortings zu einem Gesetz über Auslieferung von Verbrechern unter dem 13. Juni d. J. sanktioniert worden sei.

Einstimmig: Dem Protokoll beizulegen.

Sitzung geschlossen 8 Uhr.

Die Materialien zur Novelle vom 16. Juni 1922
zum
norwegischen Auslieferungsgesetz
vom 13. Juni 1908

Justiz- und Polizeidepartement.

Ot. prp. nr. 33.
(1922.)

Betreffend Änderung des Gesetzes über Auslieferung von Verbrechern vom 13. Juni 1908.

Entwurf des Justiz- und Polizeidepartements vom 31. März 1922, der durch Königliche Resolution vom gleichen Tage genehmigt worden ist.

(Vorgetragen von Staatsrat Amundsen.)

Im Jahre 1899 wurde die erste internationale Konferenz abgehalten, um die Frage des Kampfes gegen den sog. »weißen Sklavenhandel« oder »Handel mit Frauen und Kindern«, wie es jetzt heißt, zu untersuchen, nachdem man die Arbeit zum Schutz von Frauen und Kindern, die auch den farbigen Rassen angehören, in Angriff genommen hat.

Wesentlich als Ergebnis der Bestrebungen der Konferenz wurde im Jahre 1902 eine Versammlung von Delegierten einer Reihe von Regierungen abgehalten, und im Jahre 1904 wurde von einer großen Anzahl Staaten, darunter Norwegen, ein internationales Abkommen unterzeichnet (Arrangement international en vue d'assurer une protection efficace contre le trafic criminel connu sous le nom de »traite des blanches« vom 18. Mai 1904.) Hierin verpflichtete sich jede der Signaturmächte u. a. dazu, einer Zentralbehörde die Behandlung der Angelegenheit aufzutragen.

Im Jahre 1910 wurde eine zweite Konferenz von Regierungsdeligierten abgehalten und eine Konvention (»Convention internationale relative à la répression de la traite des blanches« vom 4. Mai 1910) von einer Reihe Staaten unterzeichnet. Norwegen nahm an dieser Konferenz nicht teil, da man damals meinte, die Frage der Bekämpfung des Handels mit Frauen und Kindern besitze hier im Lande geringeres Interesse.

Nach Art. 23c des Versailler Vertrages überlassen die Mitglieder des Völkerbundes diesem die allgemeine Kontrolle der Durchführung von Abkommen, betr. den Handel mit Frauen und Kindern.

In Übereinstimmung mit einer von der Delegiertenversammlung des Bundes gefaßten Resolution wurde eine Konferenz berufen, welche in Genf vom 30. Juni bis zum 5. Juli 1921 abgehalten wurde und wo auch Norwegen vertreten war. Die Konferenz sprach aus, die effektive Unterdrückung des Handels mit Frauen und Kindern werde dadurch gefördert werden, daß man in so vielen Staaten als möglich gemeinsame Prinzipien und übereinstimmende Maßregeln annähme, und empfahl dem Völkerbundsrate, auf das dringlichste alle diejenigen Mitglieder des Bundes, welche das Abkommen vom 18. Mai 1904 und die Konvention vom 4. Mai 1910 nicht schon ratifiziert hätten oder ihnen noch nicht beigetreten wären, aufzufordern, dieselben zu ratifizieren oder ihnen beizutreten. Die Konferenz nahm im übrigen einstimmig eine Reihe von Beschlüssen an, welche alle die Billigung des Völkerbundsrates fanden. Diejenigen der Konferenzbeschlüsse, welche Vertragsform forderten, wurden von der Delegiertenversammlung des Bundes in der Convention sur la traite des femmes et des enfants vom 30. September 1921 angenommen. S. hierüber St. Mitt. Nr. 5 für 1922, S. 50 ff.

Diese Konvention, welche auch von Norwegen unterzeichnet ist, ist eine Zusatzkonvention zum Abkommen vom 18. Mai 1904 und zur Konvention vom 4. Mai 1910. Nach ihrem Art. 1 sind die Parteien verpflichtet, aufs schnellste die genannten internationalen Übereinkommen zu ratifizieren oder ihnen beizutreten, wenn sie es nicht früher getan haben. Norwegens Vertreter auf der Delegiertenversammlung des Bundes in Genf im Jahre 1921 waren im übrigen ermächtigt mitzuteilen, daß die norwegische Regierung sobald als möglich der Konvention vom 4. Mai 1910 beizutreten gedenke. Dieser Konvention ist Norwegen unter dem 16. Dezember 1921 beigetreten.

Nach Art. 1 der Konvention von 1910 ist jeder zu bestrafen, der — um die Leidenschaften anderer zu befriedigen — eine unmündige Frau (femme ou fille mineure) angeworben (festet), mit sich gelockt oder verleitet hat, ihr Heim zu verlassen, wenn hierbei beabsichtigt wurde, sie in ein unzüchtiges Verhältnis zu bringen (en vue de la débauche) — selbst wenn dieses mit ihrer Zustimmung geschieht. Art. 2 behandelt entsprechende Verbrechen, wo das Opfer eine mündige Frau ist, wobei jedoch in diesen Fällen gefordert wird, daß der Täter List, Gewalt, Drohung, Mißbrauch einer Machtbefugnis oder ein anderes Zwangsmittel angewendet habe. Die Grenze zwischen mündiger und unmündiger Frau in den beiden Artikeln war durch das Schlußprotokoll zur Konvention von 1910 auf 20 Jahre festgesetzt, wurde aber durch Art. 5 der Konvention von 1921 auf 21 Jahre erhöht. Nach den Konventionen steht jedoch nichts im Wege, die Grenze in der Gesetzgebung der einzelnen Staaten höher anzusetzen. Nach Art. 2 der Konvention von 1921 ist das im Art. 1 der Konvention von 1910 behandelte Verbrechen nicht alleine zu bestrafen, wenn das Opfer ein Mädchen oder eine junge Frau, sondern auch wenn es ein Knabe oder ein unmündiger Mann (unter 21 Jahren) ist.

Durch Beitritt zur Konvention werden die betreffenden Mächte verpflichtet, dafür zu sorgen, daß ihre Strafgesetzgebung die vorgenannten Straftaten trifft.

Nach Art. 5 der Konvention von 1910 sollen die in Art. 1 und 2 behandelten Verbrechen Auslieferung nach den zwischen den kontrahierenden Mächten schon bestehenden Übereinkommen begründen können. Und der zweite Absatz des Artikels bestimmt, daß, soweit dies nicht ohne Änderung der geltenden Gesetzgebung Gültigkeit gewinnen kann, die Mächte sich verpflichten, die erforderlichen Maßnahmen dazu zu treffen oder ihren gesetzgebenden Stellen entsprechende Entwürfe vorzulegen.

In der Erklärung über Norwegens Beitritt zur Konvention hat man ausgeführt,

> daß die in den Art. 1 und 2 genannten Handlungen der Konvention nach den §§ 141, 200—206, 216, 217 und 224 des allgemeinen bürgerlichen Strafgesetzes vom 22. Mai 1902 bestraft werden [1]). Wegen dieser

---

[1]) § 141: Wer durch falsche Vorspiegelungen oder anderes hinterlistiges Verhalten jemanden dazu verleitet, aus dem Reiche auszuwandern, oder wer hierzu mitwirkt, wird mit Buße oder mit Gefängnis bis zu einem Jahre bestraft.

Wird das Verbrechen bei der Ausübung eines Gewerbes verübt, so kann das Recht zur Fortsetzung desselben dem Schuldigen aberkannt werden.

[Mit »Buße« wird der norwegische, bei Bestimmung des Strafmaßes im Plural gebrauchte Ausdruck »böte« wiedergegeben, welcher Geldstrafe bezeichnet. Vgl. § 27 NoStrGB.: »Wegen Verbrechen kann zu Bußen von 3 Kronen bis zu 10 000 Kronen und wegen Vergehen (forseelser) von 1 Krone bis zu 5000 Kronen verurteilt werden. Es ist besondere Rücksicht auf die Vermögensverhältnisse des Verurteilten zu nehmen sowie darauf, was er nach seinen Lebensverhältnissen annehmbarerweise entrichten kann. — Die Buße fällt der Staatskasse zu.«]

§ 200.: Wer jemanden zu unzüchtigem Umgange mit einem anderen verführt oder dazu mitwirkt, daß jemand zu unzüchtigem Umgange mit einem anderen verführt wird, wird mit Gefängnis bis zu einem Jahre bestraft.

Öffentliche Anklage findet nur auf Antrag des Verletzten statt.

§ 201: Wer dem unzüchtigen Umgang eines anderen mit einer Person unter 16 Jahren Vorschub leistet, wird mit Gefängnis bis zu 4 Jahren bestraft.

§ 202: Wer jemanden dazu verleitet, sich ein Gewerbe daraus zu machen, seinen Körper zur Unzucht feilzuhalten, oder wer zu solcher Verleitung mitwirkt, wird mit Gefängnis bis zu 4 Jahren bestraft, jedoch mit Gefängnis von 1 bis zu 6 Jahren, wenn der Verleitete unter 18 Jahre alt ist oder zu solchem unzüchtigen Zwecke aus dem Reiche befördert wird.

§ 203: Wer jemanden, der sich ein Gewerbe daraus macht, seinen Körper zur Unzucht feilzuhalten, davon abhält, damit aufzuhören, wird mit Gefängnis bis zu 2 Jahren bestraft.

§ 204: Hat der nach einem der §§ 200—203 Schuldige gewohnheitsmäßig gehandelt oder Zwang, Drohungen oder hinterlistiges Verhalten angewendet oder jemandes Not oder Geistesschwäche benutzt, so kann die Strafe

Verbrechen kann in Übereinstimmung mit Art. 5 der Konvention Auslieferung im Hinblick auf das Gesetz über Auslieferung von Ver-

---

bis um die Hälfte über die in den Paragraphen bestimmte erhöht werden. Das Gleiche gilt, wenn der nach § 202 oder § 203 Schuldige aus Gewinnsucht gehandelt oder das Verbrechen gegen seinen Ehegatten, sein Kind oder eine unter seiner Muntgewalt oder Aufsicht stehenden Person verübt oder seine öffentliche Stellung oder seine Stellung als Seelsorger, Arzt oder Lehrer mißbraucht hat.

Wird das Verbrechen bei Ausübung eines Gewerbes verübt, so kann dem Schuldigen das Recht zur Fortsetzung desselben aberkannt werden.

§ 205: Wer durch Mißbrauch einer solchen Stellung, wie im § 199 Nr. 1 genannt (öffentliche Stellung, oder Arzt, Seelsorger, Lehrer oder Vorgesetzter des Verletzten), dem unzüchtigen Verkehr andererVorschub leistet oder wer dem unzüchtigen Verkehr eines anderen mit jemandem Vorschub leistet, zu dem er in einem solchen Verhältnis steht, wie im § 199 Nr. 2 oder 3 behandelt (Insassen von Arbeits-, Kranken- u. ä. Anstalten unter seiner Aufsicht bzw. Verwandte in absteigender Linie, Pflegekinder u. ä.), wird mit Gefängnis bis zu 5 Jahren bestraft.

§ 206: Wer aus Gewinnsucht dem unzüchtigen Verkehr anderer Vorschub leistet oder denselben in gewinnsüchtiger Absicht ausnutzt, wird mit Gefängnis bis zu 2 Jahren bestraft. Unter besonders mildernden Umständen kann Buße verhängt werden.

Gefängnis bis zu 4 Jahren ist zu verhängen, sofern der, dessen unzüchtigem Verhalten Vorschub geleistet wird, unter 18 Jahre alt ist oder zu unzüchtigen Zwecken aus dem Reiche befördert wird.

Wird das Verbrechen bei Ausübung eines Gewerbes verübt, so kann dem Schuldigen das Recht zur Fortsetzung desselben aberkannt werden.

§ 216: Mit Gefängnis bis zu drei Jahren wird bestraft, wer bewirkt oder dazu mitwirkt, daß ein Unmündiger unter 18 Jahren ungesetzlich der Sorge oder Muntgewalt seiner Eltern oder anderer Zuständiger entzogen oder entzogen gehalten wird.

Bei mildernden Umständen kann Buße verhängt werden.

Öffentliche Anklage findet nur auf Antrag eines Verletzten statt.

§ 217: Ist das im § 216 behandelte Verbrechen an Kindern unter 16 Jahren in unzüchtiger Absicht verübt, so wird der Schuldige mit Gefängnis bis zu 5 Jahren bestraft, jedoch bis zu 8 Jahren, sofern das Kind unter 13 Jahre ist.

Hat der Schuldige das im § 216 behandelte Verbrechen in der Absicht verübt, den Unmündigen in gewinnsüchtiger Absicht zu gebrauchen oder dadurch eines der in den §§ 200—205 oder 213 (Unzucht unter Männern oder mit Tieren) behandelten Verbrechen vorzubereiten, so wird Gefängnis bis zu 8 Jahren verhängt.

Ist ein Verbrechen, wie im § 216 genannt, an Kindern unter 16 Jahren verübt, die verborgen gehalten oder aus dem Lande geführt werden oder denen dadurch erheblicher Schaden an Körper oder Gesundheit zugefügt wird, so ist die Strafe Gefängnis bis zu 10 Jahren, jedoch Gefängnis nicht unter 1 Jahr, wenn der Schuldige zugleich beabsichtigt hat, ein Kind in gewinnsüchtiger oder unzüchtiger Absicht zu benutzen.

Ist das Verbrechen bei der Ausübung eines Gewerbes verübt, so kann dem Schuldigen das Recht zur Fortsetzung desselben aberkannt werden.

§ 224: Mit Gefängnis bis zu 10 Jahren wird bestraft, wer durch Gewalt, Drohung oder hinterlistiges Verhalten ungesetzlich jemanden in seine oder die Gewalt eines anderen bringt in der Absicht, ihn in hilflosen Zustand oder fremden Kriegsdienst oder in Gefangenschaft oder andere Abhängigkeit in einem fremden Lande zu bringen oder ihn in unzüchtiger Absicht in ein fremdes Land zu führen, oder wer dazu mitwirkt.

brechern vom 13. Juni 1908 mit Ausnahme der Verbrechen der §§ 141 und 200 StrGB. erfolgen, deren Strafmaß die für Auslieferung bestimmte Minimalstrafe nicht erreicht. Gemäß Art. 5 letzter Absatz der Konvention wird ein Gesetzentwurf eingebracht werden, der zum Zweck hat, Möglichkeit der Auslieferung auch für diese Verbrechen zu erlangen.«

Übereinstimmend hiermit darf das Departement vorschlagen, daß dem § 2 des Auslieferungsgesetzes ein Zusatz gegeben wird, wonach auch Verbrechen, welche vom § 200 StrGB. getroffen werden, die Möglichkeit der Auslieferung begründen können. Dagegen erachtet man eine entsprechende Möglichkeit hinsichtlich der Verbrechen gegen den § 141 StrGB. für überflüssig, weil die in der Konvention behandelten Straftaten, welche von dem genannten Paragraphen getroffen werden, auch unter andere Strafbestimmungen fallen werden, welche schon jetzt Auslieferung begründen oder dies nach der im Hinblick auf den § 200 vorgeschlagenen Änderung tun werden.

Gemäß diesen Ausführungen darf das Departement

vorschlagen:

daß Eure Majestät einem vorgelegten Entwurf einer Proposition an das Storting, betr. Ausfertigung eines Gesetzes über Änderung des Gesetzes über Auslieferung von Verbrechern vom 13. Juli 1908, Billigung erteilen und denselben mit Unterschrift versehen wollen.

(Hier folgen im Original die königliche Proposition und der Gesetzentwurf. Die durch den Entwurf herbeigeführte Änderung ist unten beim Abdruck des Gesetzes kenntlich gemacht. **Die Proposition hat folgenden Wortlaut :)**

Seiner Majestät des Königs Proposition an das Storting, betr. Änderung des Gesetzes über Auslieferung von Verbrechern vom 13. Juni 1908.

Wir Haakon, König von Norwegen,

machen kund:

Das Storting wird eingeladen, zu einem Gesetz, betr. Änderung des Gesetzes über Auslieferung von Verbrechern vom 13. Juni 1908, übereinstimmend mit beigefügtem Entwurfe, Beschluß zu fassen.

Der Entwurf des Justiz- und Polizeidepartement liegt in Abdruck an.

Gegeben Kristiania, Schloß, am 31. März 1922.

Unter Unserer Hand und des Reiches Siegel

Haakon.

(L. S.)

O. Blehr. H. S. Fürst.

Verhandlungen des Odelstings. 1922.

Sitzung vom 5. April, 11 1/2 Uhr.

Präsident: Wolden.

Tagesordnung:

Referat.

Staatsrat Amundsen überbrachte eine Anzahl kgl. Propositionen (s. u.).

Referat.

1. ....
2. ....
3. (85) Kgl. Prp. über Änderung des Gesetzes über Auslieferung von Verbrechern vom 13. Juni 1908.
4. ....

Einstimmig: Nr. 2—4 sind dem Justizkomitee zuzustellen.

Sitzung geschlossen 1,50 Uhr.

Innst. O. nr. 40.

Bericht (innstilling) des Justizkomitees, betr. Entwurf eines Gesetzes über Änderung des Gesetzes über Auslieferung von Verbrechern vom 13. Juni 1908.

(Ot. prp. nr. 33.)

An das Odelsting.

Schon 1899 wurde die erste internationale Konferenz abgehalten, um die Frage des Kampfes gegen den sog. »weißen Sklavenhandel« oder den »Handel mit Frauen und Kindern«, wie es nun heißt, nachdem man die Arbeit zum Schutze von Frauen und Kindern, die auch den farbigen Rassen angehören, aufgenommen hat, zu untersuchen.

Wesentlich als ein Ergebnis der Bestrebungen der Konferenz wurde 1902 eine Konferenz von Delegierten einer Reihe von Regierungen abgehalten und 1904 wurde von einer Anzahl Staaten, darunter Norwegen, ein internationales Abkommen unterzeichnet.

Darin verpflichtete sich jede der Signatarmächte u. a., einer Zentralbehörde aufzugeben, sich der Behandlung der Frage zu unterziehen. 1910 wurde eine zweite Konferenz von Regierungsdelegierten abgehalten und eine Konvention von einer Reihe Staaten unterzeichnet. Da man damals meinte, die Frage der Bekämpfung des Handels mit Frauen und Kindern habe minderes Interesse für das Land, so nahm Norwegen damals an dieser Konferenz nicht teil.

Infolge Art. 23 c des Versailler Vertrages überlassen die Mitglieder des Völkerbundes diesem die allgemeine Kontrolle der Durchführung von Abkommen über den Handel mit Frauen und Kindern.

Nach einer von der Delegiertenversammlung des Bundes gefaßten Resolution wurde eine Konferenz zusammengerufen, die in Genf vom 30. Juni bis zum 5. Juli 1921 abgehalten wurde und wo Norwegen auch vertreten war. Die Konferenz sprach aus, daß die effektive Unterdrückung des Handels mit Frauen und Kindern dadurch werde gefördert werden, daß man in so vielen Staaten als möglich gemeinsame Prinzipien annähme und übereinstimmende Maßregeln träfe, und stellte dem Völkerbundsrate anheim, auf die nachdrücklichste Weise alle Mitglieder des Bundes aufzufordern, welche das Abkommen vom 18. Mai 1904 und die Konvention vom 4. Mai 1910 noch nicht ratifiziert hätten oder demselben noch nicht beigetreten wären, dieselben zu ratifizieren oder ihnen beizutreten. Die Konferenz nahm im übrigen einstimmig eine Reihe Beschlüsse an, die alle vom Völkerbundsrate genehmigt wurden. Diejenigen der Konferenzbeschlüsse, welche Konventionsform forderten, wurden von der Delegiertenversammlung des Bundes in der Konvention vom 30. September 1921 angenommen. Vgl. dazu näher st. med. nr. 5 for 1922, side 50 flg. (Stortings Mitteilungen Nr. 5 für 1922, Seite 50 ff.),.

Diese Konvention, die auch von Norwegen unterzeichnet ist, ist eine Zusatzkonvention zum Abkommen vom 18. Mai 1904 und zur Konvention vom 4. Mai 1910. Nach ihrem Art. 1 sind die Parteien verpflichtet, schnellstmöglich die genannten internationalen Übereinkommen zu ratifizieren oder ihnen beizutreten, wenn sie es nicht früher getan haben. Das Departement teilt mit, daß die Vertreter Norwegens auf der Delegiertenversammlung des Bundes in Genf 1921 ermächtigt waren zu erklären, daß die norwegische Regierung schnellstmöglich der Konvention vom 4. Mai 1910 beizutreten gedenke. Dieser Konvention ist Norwegen unter dem 16. Dezember 1921 beigetreten.

Durch den Beitritt zu dieser Konvention verpflichten die fraglichen Mächte sich, dafür zu sorgen, daß ihre Strafgesetzgebung die in der Konvention vom 16. Dezember 1921 Art. 1 und 2 genannten Verbrechen trifft, und nach Art. 5 der Konvention von 1910 sollen die in den Art. 1 und 2 genannten Verbrechen nach den zwischen den kontrahierenden Mächten schon bestehenden Übereinkommen Auslieferung begründen können. Der 2. Absatz des Artikels bestimmt, daß, soweit dies nicht ohne Änderung der geltenden Gesetzgebung Gültigkeit gewinnen kann, die Mächte sich verpflichten, die erforderlichen Anstalten dazu zu treffen oder ihren gesetzgebenden Instanzen Vorschläge darüber zu unterbreiten.

Nach dem Gesetz über Auslieferung von Verbrechern vom 13. Juni 1908 kann Auslieferung übereinstimmend mit Art. 5 der Konvention mit Ausnahme der Verbrechen erfolgen, die unter den § 200 des Strafgesetzes fallen.

Gemäß dem getroffenen Übereinkommen hat das Departement vorgeschlagen, das Gesetz vom 13. Juni 1908 so zu ändern, daß das Übereinkommen von seiten Norwegens erfüllt werden kann.

Das Komitee findet, daß der Vorschlag des Departements angenommen werden muß, und unter Hinweis auf die obigen Ausführungen, auf die genannte Proposition und die im Berichte (innstillingen) angezogenen Dokumente wird dem Odelsting empfohlen (innstilles) zu fassen einen solchen

Beschluß zu einem Gesetz
über Änderung des Gesetzes über Auslieferung von Verbrechern vom 13. Juni 1908.

[Hier folgt der Wortlaut des Gesetzes; s. u.]

Kristiania, im Justizkomitee, am 2. Mai 1922.

Henr. Spangelo.	**Helge Thune.**	**Finn Knudsen.**
Vorsitzender	Wortführer.	Fungierender Sekretär.

Verhandlungen des Odelstings. 1922.

Sitzung vom 29. Mai, 5 Uhr nachm.

Präsident: Wolden.

Tagesordnung:

1. . . . .
2. . . . .

5. Bericht des Justizkomitees, betr. Entwurf zu einem Gesetz über Änderung des Gesetzes über Auslieferung von Verbrechern vom 13. Juni 1908 (indst. O. nr. 40).

6. . . . .

Sache Nr. 5.

Bericht des Justizkomitees, betr. Entwurf eines Gesetzes über Änderung des Gesetzes über Auslieferung von Verbrechern vom 13. Juni 1908 (indst. O. nr. 40).

Das Komitee hatte dem Odelsting empfohlen (indstillet), zu fassen einen solchen

Beschluß zu einem Gesetze

über Änderung des Gesetzes über Auslieferung von Verbrechern vom 13. Juni 1908.

[Hier folgt der Wortlaut des Gesetzes, s. u. S. 349.]

Abstimmung:

Der Bericht des Komitees wurde einstimmig angenommen.

Auf Vorschlag des Präsidenten wurde einstimmig beschlossen:

Der Gesetzesbeschluß wird dem Lagting übersandt.

Besl. O. nr. 65.[1])

(Beschluß des Odelstings Nr. 65.)

(Vgl. innst. O. nr. 40—1822.)

Im Jahre 1922, am 29. Mai, wurde Odelsting abgehalten, woselbst gefaßt wurde folgender

Beschluß zu einem Gesetz

über Änderung des Gesetzes über Auslieferung von Verbrechern vom 13. Juni 1908.

....
....

(Unterschrift) Präsident.	(Unterschrift) Sekretär.

---

[1]) Das Originaldokument hat nicht vorgelegen. Die obige Wiedergabe ist nach dem Muster des Odelstingsbeschlusses entworfen worden, der oben S. 163 wiedergegeben ist und der im Original vorlag.

Verhandlungen des Lagtings.

1922. Sitzung vom 1. Juni 5,5 Uhr nachm.

Präsident: Jahren.

Tagesordnung:

1. . . .

4. Beschluß des Odelstings zu einem Gesetz über Änderung des Gesetzes über Auslieferung von Verbrechern vom 13. Juni 1908 (besl. O. nr. 65).

5. . . .

Sache Nr. 4.

Beschluß des Odelstings zu einem Gesetz über Änderung des Gesetzes über Auslieferung von Verbrechern vom 13. Juni 1908 (besl. O. nr. 65).

Der Beschluß des Odelstings veranlaßte keine Bemerkung.

Auf Vorschlag des Präsidenten wurde einstimmig beschlossen: Der Gesetzesbeschluß ist als auch vom Lagting genehmigt dem Könige zu übersenden.

Verhandlungen des Odelstings. 1922.

Sitzung vom 16. Juni, 5 Uhr nachm.

Präsident: Spangelo.

Tagesordnung:

1. Indstilling ...
2. ....
13. Referat.

Referat:

1. (165). Das Präsidium des Lagtings teilt mit, daß das Lagting die Beschlüsse des Odelstings angenommen habe zu Gesetzen über:
   1. ....
   2. ....
   4. Änderung des Gesetzes über Auslieferung von Verbrechern vom 13. Juni 1908.
   5. ....

Sitzung geschlossen 8,35 Uhr.

Sitzung vom 22. Juni, 5,30 Uhr nachm.

Präsident: Spangelo.

Tagesordnung:

1. Instilling.
2. ....
22. Referat.

Referat:

1. ....
2. Das Justiz- und Polizeidepartement teilt mit, daß das Gesetz über Änderung des Gesetzes über Auslieferung von Verbrechern vom 13. Juni 1908 unter dem 16. Juni d. J. sanktioniert worden sei.
3. ....

Sitzung geschlossen 7,25 Uhr.

Die Materialien
zum
schwedischen Auslieferungsgesetz

Kungl. Maj:ts nåd. proposition Nr. 50.
(Kgl. Majestät gnäd. Proposition Nr. 50.)

Nr. 50*).

Der Kgl. Majestät gnädige Proposition an den Reichstag mit Entwurf eines Gesetzes, betreffend Auslieferung von Verbrechern, sowie eines Gesetzes, betr. Änderung des Kap. 1 des Strafgesetzes[1]*; gegeben Stockholm, Schloß, am 31. Januar 1913.*

Unter Bezugnahme auf die beigefügten im Staatsrate und Gesetzgebungsrate geführten Protokolle will die Königl. Majestät hiermit gemäß § 87 der Regierungsform[2]) dem Reichstage vorschlagen, den hier beige-

---

*) *Anlage zum Protokoll des Reichstages 1913. Sammlung 1, Heft 23, (Nr. 50).*

[1]) Das geltende schwedische Strafgesetz (Strafflag) ist vom 16. Februar 1864 datiert und handelt im ersten Kapitel »Von denen, die schwedischem Strafrecht unterworfen sind.« Für das Folgende ist die 34. Auflage des Sammelwerks »Sveriges Rikes Lag, gillad och a tagen på Riksdagen år 1734, stadfästad af Konungen den 23. Januari 1736, med tillägg af de stadganden, som från trycket utkommit till den 1 Januari 1 13« (Das Gesetz des schwedischen Reiches, gebilligt und angenommen auf dem Reichstage des Jahres 1734, bestätigt vom Könige am 23. Januar 1736, unter Beifügung der Bestimmungen, die bis zum 1. Januar 1913 aus dem Drucke gekommen sind), jährlich herausgegeben von Hjalmar Westring, benutzt worden.

[2]) § 87 der Regierungsform, eines der Grundgesetze Schwedens, datiert vom 6. Juni 1809 (hier benutzt in der Form der Veröffentlichung in »Svensk Författnings-Samling«, 1909 Nr. 33, aus dem Drucke gekommen am 26. Mai 1909), lautet:

»I. Der Reichstag besitzt gemeinsam mit dem Könige die Macht, allgemeine Zivil- und Kriminalgesetze sowie Kriminalgesetze für die Kriegsmacht zu erlassen wie auch solche bereits erlassenen Gesetze zu verändern und aufzuheben. Der König darf nicht ohne Zustimmung des Reichstages und der Reichstag nicht ohne diejenige des Königs ein neues Gesetz erlassen oder ein altes aufheben. . . . . . Erachtet der König es für gut, eine Gesetzesfrage dem Reichsfügten Entwurf eines Gesetzes, betr. Auslieferung von Verbrechern, sowie eines Gesetzes, betr. Änderung des Kap. 1 des Strafgesetzes, anzunehmen.

Die Königl. Majestät verbleibt dem Reichstage mit aller königlichen Gnade und Gunst stets wohlgeneigt.

Gustaf.

Gust. Sandström.

[Hier folgen auf den Seiten 2—14 des Originals die beiden Gesetzentwürfe des Königs von 1913; s. u. S. 352 ff.]

Auszug aus dem Protokoll über Justizdepartementsangelegenheiten, gehalten vor Seiner Majestät dem Könige im Staatsrat auf dem Schloß zu Stockholm am Freitag, dem 3. Mai 1912.

Anwesend: Seine Exzellenz Herr Staatsminister Staaff, Seine Exzellenz Herr Außenminister Graf Ehrensvärd, die Staatsräte: Petersson, Schotte, Berg, Bergström, Freiherr Adelswärd, Petrén, Stenström, Larsson, Sandström.

Der Chef des Justizdepartements Staatsrat Sandström trug nach gemeinsamer Vorbereitung mit Seiner Exzellenz dem Herrn Außenminister einen im Justizdepartement ausgearbeiteten Entwurf eines Gesetzes, betr. Auslieferung von Verbrechern, vor und führte dabei aus:

»Gemäß älterer Anschauung hatte jeder Rechtsstaat nur für die Aufrechterhaltung der Rechtsordnung innerhalb seines Gebietes zu sorgen. Irgendein Interesse oder gar ein Recht für einen Staat, Verbrechen zu bestrafen, die außerhalb seines Gebietes begangen wären, wurde in der Regel als nicht vorliegend angesehen. Ebensowenig sah man einen Staat als interessiert oder verpflichtet an, durch Auslieferung von Tätern außerhalb des Reiches begangener Delikte zu deren Bestrafung mitzuwirken. Abgesehen von den theoretischen Gründen einer solchen Anschauung, war diese für eine Zeit natürlich, in der infolge der unvollkommenen Verkehrsmittel jedes Volk sein Leben mehr isoliert führte, in der die Schwierigkeit, Verbrecher zurückzuschaffen, zu groß war und in der Verbannung an und für sich als eine der schwersten Strafen angesehen wurde. Die Ausnahmefälle, in denen Auslieferung in Frage kam, betrafen im allgemeinen die politischen Verbrechen. Es waren also keine rechtlichen Gesichtspunkte, welche die Auslieferung veranlaßten, sondern die Auslieferung war eher als eine Freundschaftshandlung zu betrachten, welche die eine Regierung der anderen erwies, um gegebenenfalls An-

tage vorzulegen, so holt er die Äußerung des Staatsrates und des Gesetzgebungsrates darüber ein und teilt seine Proposition zugleich mit genannter Äußerung dem Reichstage mit, der mit der Frage weiterverfährt, wie in der Reichstagsordnung angegeben. . . . . . .«

Dies Verfahren ist vorliegend eingehalten worden und mit der Bemerkung des Textes gemeint. Die Äußerung des Staatsrates ist unten S. 209, 234, die des Gesetzgebungsrates unten S. 220 ff. abgedruckt.

spruch auf einen gleichen Gegendienst erheben zu können. So kam es, daß die Auslieferung im allgemeinen ziemlich verhaßt war, und die Staaten, welche eine freie Gesellschaftsordnung gewannen, besonders England, pflegten Auslieferung zu verweigern, bewilligten mit anderen Worten innerhalb ihres Gebietes Verbrechern Asylrecht.

Je mehr der Verkehr zwischen den Ländern an Lebhaftigkeit zunahm, desto deutlicher wurde es, daß man bei einem solchen Ergebnis nicht stehen bleiben könne. Daß ein Verbrecher durch eine Reise von möglicherweise nur einigen Stunden über die Grenze sich der Strafe für seine Tat solle entziehen können, konnte nicht als übereinstimmend mit einer rationell geordneten Rechtspflege angesehen werden. Indessen war gegen Schluß des 18. und zum Beginn des 19. Jahrhunderts der Begriff des politischen Verbrechens und das Prinzip, daß Auslieferung wegen solchen Verbrechens nicht bewilligt werden dürfe, nach und nach ausgebildet worden. Seitdem dieses Prinzip einigermaßen feste Form erhalten hatte und, wenn auch in verschiedener Gestalt und in verschiedener Weise, in die Rechtsordnung der verschiedenen Staaten aufgenommen war, hat das Auslieferungsinstitut eine immer festere Regelung erfahren und ist, besonders auf dem Kontinent, in immer weiterem Umfange angewendet worden.

Die Auffassung, daß der Rechtszustand in dem einen Staate sicherlich nicht ohne Bedeutung für den anderen sei oder sein könne, daß die Staaten im Gegenteil unter rechtlichem Gesichtspunkt verpflichtet seien, miteinander zur Bekämpfung des Verbrechertums zusammenzuarbeiten, und daß dergestalt der eine Staat sich nicht gleichgültig gegenüber außerhalb seines Gebietes begangenen Verbrechen verhalten dürfe, diese Auffassung wird nun allgemein in der zivilisierten Welt als die richtige anerkannt. In verschiedenem Grade und in verschiedener Weise hat die berührte Auffassung bei den einzelnen Staaten Ausdruck gefunden, aber als allgemein geltende Regel kann angesprochen werden, daß der Staat, wohin der Täter eines anderswo begangenen Verbrechens seine Zuflucht genommen hat, diesen entweder selbst dafür straft oder — mit Ausnahme gewisser Fälle — zur Bestrafung an den betreffenden Staat ausliefert.

Was schwedisches Recht betrifft, so eröffnet das allgemeine Strafgesetz gemäß seinem Kapitel 1 die Möglichkeit, hier im Reiche im Auslande begangene Verbrechen zu bestrafen, nur in verhältnismäßig geringem Umfange, nämlich entweder, wenn der Täter Schwede ist oder wenn das Verbrechen gegen den schwedischen Staat oder einen Schweden begangen worden ist. Die modernen Strafgesetze gehen in der Regel in dieser Hinsicht viel weiter. Soll dergestalt — abgesehen von den genannten Ausnahmefällen — der, welcher sich im Auslande vergangen hat und in Schweden aufhält, nicht unbestraft bleiben, so gibt es keinen anderen Ausweg, als ihn an den Staat auszuliefern, auf dessen Gebiet das Verbrechen begangen worden ist, oder an einen anderen Staat, der an seiner Bestrafung Interesse haben kann.

Über Auslieferung finden sich im schwedischen Recht keine Bestimmungen. Der König hat indessen auf Ersuchen der Regierungen fremder Staaten in Übereinstimmung mit gewohnter internationaler Praxis gewöhnlich Auslieferungen bewilligt entweder im Anschluß an einen mit dem betreffenden Staat abgeschlossenen Vertrag oder auch ohne solchen Vertrag.

(Hier folgt eine Aufzählung der geltenden Auslieferungsverträge Schwedens mit 12 Staaten sowie der Hinweis, daß auch in anderen Verträgen sich Auslieferungsbestimmungen fänden, so im Handels- und Schiffahrtsvertrage mit China (1847), im Freundschafts-, Handels- und Schiffahrtsvertrag mit Siam (1869) und in der Brüsseler Antisklavereiakte von 1890 u. a. m. vgl. u. S. 459).

Wie aus dem Vorhergehenden sich ergibt, finden sich Verträge, betr. Auslieferung, nicht abgeschlossen u. a. mit Dänemark, Rußland und der Schweiz. Mit Rußland ist unter dem 27. Dezember 1860 eine Konvention, betr. gegenseitige Rücksendung von Landstreichern, Bettlern und Verbrechern, abgeschlossen worden; jedoch enthält diese Konvention keine Verpflichtung zur Auslieferung, sondern nur eine Verpflichtung für jedes der beiden Länder, unter gewissen Umständen Verbrecher entgegenzunehmen, die dessen Untertanen sind und die von dem anderen Lande heimgesandt werden. Nach einem Separatartikel des zu Jönköping am 10. Dezember 1809 zwischen Schweden und Dänemark-Norwegen abgeschlossenen Vertrages verpflichteten sich die vertragschließenden Staaten, einander Deserteure und Verbrecher auszuliefern; jedoch ist dies Übereinkommen, da es innerhalb vorgeschriebener Frist nicht erneuert worden ist, später außer Kraft getreten.

Die schwedischen ebenso wie die modernen Auslieferungsverträge überhaupt sind im allgemeinen nach demselben Plan errichtet und enthalten dergestalt in der Hauptsache Bestimmungen teils darüber, wegen welcher Personen und welcher Verbrechen Auslieferung darf verlangt werden können, und teils darüber, welche Dokumente der um Auslieferung ersuchende Staat beibringen und in welcher Weise ein Ersuchen erfolgen muß. Diese Bestimmungen sind zwar im großen und ganzen gleichgeartet, unterscheiden sich aber sehr oft nicht unbedeutend in den Einzelheiten. Da Schweden, wie erwähnt, keine Gesetzesbestimmungen in der Sache besitzt und weil infolge unserer Lage Auslieferungen bei uns nicht in dem Umfange in Frage gekommen sind, daß eine festere Praxis sich ausbilden konnte, so haben im gegebenen Falle die Bestimmungen unserer Auslieferungsverträge im allgemeinen ihr Gepräge durch das Recht des mitkontrahierenden Staates erhalten. Einzelne Regeln gehen jedoch durch, so der Satz der Nichtauslieferung schwedischer Untertanen. Außer in dem Vertrage mit Norwegen wird Auslieferung nur wegen gewisser aufgezählter Kategorien von Delikten bestimmt, die in den älteren Verträgen relativ wenig zahlreich, in den späteren Verträgen aber bedeutend vermehrt sind. In keinem Falle findet Auslieferung oder Bestrafung wegen politischen Verbrechens statt. Allgemein gilt auch, daß keine Auslieferung wegen

Verbrechen stattfindet, für welche die Strafe im Zufluchtsstaate verjährt ist, ebenso daß, wenn die reklamierte Person im Zufluchtsstaate unter Anklage steht oder wegen eines anderen Verbrechens Strafe verbüßt, Auslieferung nicht erfolgt, bevor das Urteil ergangen oder die verhängte Strafe verbüßt ist. Besondere Regeln sind in den verschiedenen Verträgen aufgestellt über die Frage des Rechts, den Ausgelieferten wegen anderer als des Verbrechens zu bestrafen, welches die Auslieferung veranlaßt hat, ebenso hinsichtlich des Falles, daß mehrere Staaten die Auslieferung derselben Person verlangen. Ersuchen um Auslieferung sollen gemäß den Verträgen immer auf diplomatischem Wege erfolgen; jedoch wird im allgemeinen zugelassen, daß um Verhaftung in dringenden Fällen von untergeordneten Behörden ersucht werden kann. Gemäß den meisten Verträgen ist es ausreichend, wenn zur Begründung des Ersuchens ein Urteil oder ein Haftbefehl oder ein anderes Dokument von ähnlicher Art beigebracht wird, aus dem die Beschaffenheit der Tat und die Hauptumstände bei ihrer Begehung erhellen. Nur die Verträge mit Großbritannien und den Vereinigten Staaten enthalten Bestimmungen über die Pflicht des um Auslieferung ersuchenden Staates, in gewissem Umfange Beweise, betr. die Schuld der reklamierten Person, beizubringen.

Dieselben Normen, die gemäß den Verträgen im allgemeinen gelten, werden in der Hauptsache auch bei Auslieferung an die Staaten beobachtet, mit denen Auslieferungsverträge nicht geschlossen sind.

Im übrigen ist zu bemerken, daß, wenn ein Vertrag bestimmt, in welchen Fällen Auslieferung erfolgen darf, dies natürlich kein Hindernis für einen der beiden Staaten enthält, in besonderen Fällen Auslieferung an den anderen auch zu bewilligen, wenn die im Vertrage aufgestellten Bedingungen nicht erfüllt sind. So ist, auch was Schweden betrifft, Auslieferung in Ausnahmefällen an Staaten, mit denen Verträge bestanden, ohne Stütze in den Verträgen bewilligt worden.

Was das Verfahren bei der Entscheidung von Auslieferungsfragen hier in Schweden betrifft, so ist die Praxis so, daß, wenn ein Ersuchen beim Auswärtigen Amte eingelaufen ist, und, wenn erforderlich, die Akten auf dessen Veranlassung vervollständigt worden sind, Übersendung an das Justizdepartement stattfindet, wonach die Angelegenheit vom Chef des letztgenannten Departements dem Könige vorgetragen wird. Ergibt sich aus den Akten nicht, daß Hindernisse gegen die Auslieferung bestehen, so bestimmt der König, daß die reklamierte Person verhaftet wird, soweit dies nicht schon geschehen ist, sowie, daß sie vor dem zuständigen königlichen Befehlshabenden verhört wird. Nach Eingang des Protokolls über das Verhör beim Justizdepartement wird die Angelegenheit dem König erneut vorgetragen, und schließlich erteilt der König Bescheid in der Sache, wonach der fremde Staat durch Vermittlung des Auswärtigen Amts Mitteilung über die Entschließung erhält. Im Bewilligungsfalle obliegt es dem fremden Staate, in bestimmter kürzerer Zeit die fragliche Person abholen zu lassen.

In Fragen der Auslieferung an Dänemark ist seit längerer Zeit mindestens von den königlichen Befehlshabenden in den südlicheren Länen die Praxis befolgt worden, daß sie, soweit nicht Anlaß zu Zweifeln bestand, auf direktes Ersuchen dänischer Polizeibehörden den flüchtigen Verbrecher an die zuständigen Stellen in Dänemark auslieferten, ohne zuvor die königliche Entscheidung eingeholt zu haben. In entsprechender Weise ist in Fragen der Auslieferung von Dänemark an Schweden verfahren worden.

Deutlich ist, daß der Zustand, der nach dem eben Ausgeführten auf dem Gebiet des Auslieferungsrechts in Schweden herrscht, nicht als zufriedenstellend angesehen werden kann.

So ragt u. a. als erwünschtes Ziel hervor, in einem besonderen Gesetz die Voraussetzungen dafür festzulegen, daß von schwedischen Behörden Auslieferung bewilligt werden darf. Erst hierdurch erhält man die Grundlage, auf welcher das Auslieferungswesen sowohl hinsichtlich des Abschlusses von Auslieferungsverträgen als auch der Bewilligung von Auslieferungen sich planmäßig entwickeln kann.

Was das Verfahren in Auslieferungsangelegenheiten betrifft, so ist die Prüfung in diesen Angelegenheiten bisweilen ohne Zweifel von der Bedeutung, daß eine Inanspruchnahme gerichtlicher Mitwirkung für gewisse Fälle als erforderlich anzusehen sein dürfte. Die Regeln darüber können deutlicherweise nicht anders als in Gesetzesform gegeben werden.

Grundsätzlich genommen, scheint Auslieferung für den, den sie betrifft, unter rechtlichem Gesichtspunkt von der großen Bedeutung zu sein, daß die Regeln über Auslieferung, prinzipiell gesehen, gesetzlich festgestellt werden müssen. Die bekannte Vereinigung hervorragender Rechtsgelehrter verschiedener Länder Institut de droit international hat gleichfalls die Erwünschtheit unterstrichen, daß das Auslieferungswesen in den verschiedenen Staaten durch Gesetz geordnet wird.

(Hier folgt eine Aufzählung von Staaten, welche Auslieferungsgesetze besitzen (vgl. oben Seite 128 die Aufzählung in der norwegischen Denkschrift) sowie einiger Staaten, die wie Italien, Österreich und Rußland in ihre Strafprozeßordnungen Bestimmungen über das Verfahren in Auslieferungsfragen aufgenommen haben.)

Es dürfte kaum ein Zufall sein, daß vornehmlich Mächte zweiten oder dritten Ranges eine rechtliche Ordnung ihres Auslieferungswesens für erforderlich angesehen haben. Für einen solchen Staat muß es nämlich als besonders wichtig angesehen werden, daß sein Beschluß in Auslieferungsfragen frei von jenem Schein der Willkür bleibt, welcher ihm leicht zuwächst, wenn die betreffende Regierung ihren Beschluß mitgeteilt hat, ohne rechtlich gebunden zu sein und ohne Mitwirkung von Gerichten. Kann eine Regierung bei Abweisung eines Auslieferungsersuchens sich auf Gesetzesbestimmungen und Gerichtsentscheidungen stützen, so verliert die Auslieferungsfrage den besonders für einen kleinen Staat gefährlichen und heiklen politischen Charakter, den solche Fragen bisweilen bekommen können.

Besonderer Anlaß scheint mir vorzuliegen, *jetzt bei uns* die Frage der gesetzlichen Ordnung dieses Gebietes in Angriff zu nehmen. In untertänigem Schreiben regte der Reichstag im Jahre 1907 die Ausarbeitung von Gesetzesbestimmungen an, durch die — soweit möglich — dem Lande schädliche Einwanderung verhindert und im übrigen Zuzug und Niederlassung von Ausländern im Lande zweckmäßig geordnet werden sollten; und in Veranlassung dessen wurde im Zivildepartement ein Gesetzentwurf hierüber ausgearbeitet, der jetzt Eurer Königlichen Majestät Prüfung unterliegt, nachdem er der Kritik des Gesetzgebungsrates unterworfen gewesen ist. Wenn dergestalt die Frage der Rechtsstellung des Ausländers gegenüber der Staatsgewalt unter diesem Gesichtspunkt Gegenstand rechtlicher Regelung werden soll, so erscheint es als folgerichtig zu verlangen, daß auch die Seite der Frage nach der Rechtsstellung der Ausländer gesetzlich geordnet wird, die im Auslieferungsrecht betroffen wird. Durch Gesetze in diesen beiden Angelegenheiten sowie die allgemeinen Bestimmungen unserer Strafgesetzgebung erhält die Frage des Verhältnisses der Staatsgewalt gegenüber Ausländern, die sich hier im Reiche aufhalten und sich entweder hier oder außerhalb des Landes gesetzwidrigen oder sonst ungebührlichen Verhaltens schuldig gemacht haben, eine allseitige Regelung.

Aus den hier angedeuteten Gründen ist die Frage der Gesetzgebung, betr. Auslieferung, im Justizdepartement in Behandlung genommen und dabei der Entwurf eines Gesetzes, betr. Auslieferung von Verbrechern, ausgearbeitet worden, der jetzt von mir vertreten wird.

Übereinstimmend mit den Auslieferungsgesetzen fremder Staaten enthält der *Entwurf* zur Hauptsache teils Bestimmungen über die *Bedingungen*, unter denen Auslieferung von den zuständigen Behörden bewilligt werden darf, und teils Regeln über das *Verfahren* in Auslieferungssachen.

Die erste Abteilung enthält dergestalt die *Bedingungen*, betr. die fragliche Person und die Beschaffenheit des Verbrechens, die in jedem Falle vorliegen müssen, wenn von den zuständigen Behörden Auslieferung soll bewilligt werden können. Das Gesetz bestimmt dagegen nicht, daß Auslieferung stattfinden muß, wenn diese Bedingungen vorhanden sind. Im besonderen Falle können nämlich solche Umstände vorliegen, daß, obwohl Hindernisse im Gesetz nicht vorliegen, Auslieferung doch nicht stattfinden darf. Man denke z. B. an Auslieferungsersuchen halbzivilisierter Staaten. Besonders ist zu bemerken, daß aus verschiedenen Gründen, besonders Billigkeitsrücksichten gegenüber der reklamierten Person, die mehr oder minder entfernte Lage des betreffenden Staates eine gewisse Rolle spielen muß. So würde Auslieferung einer Person zur Bestrafung für ein Delikt, das im vorliegenden Falle vermutlich mit höchstens einigen Monaten Freiheitsstrafe zu ahnden wäre, als Unbilligkeit erscheinen, wenn es sich um Auslieferung an einen jenseits des Atlantischen Ozeans gelegenen Staat handelte, während Auslieferung an einen Grenzstaat in solchem Falle als vollberechtigt anzusehen wäre. Diese Gesichtspunkte pflegen auch in den Auslieferungsverträgen hervorzutreten, indem diese, sofern zwischen nahegelegenem Staat abgeschlossen, regelmäßig eine bedeutend größere Anzahl von Auslieferungsdelikten aufnehmen als jene zwischen Staaten, die weit voneinander entfernt liegen. Ein Gesetz muß also sich damit begnügen, gewisse Mindestbedingungen aufzustellen und nur einen Rahmen lassen, innerhalb dessen sich die betreffenden Behörden zu bewegen haben. In diesem Rahmen ist dann natürlich auch die Staatsgewalt (oder die Staatsgewalten), welche staatsrechtlich dazu befugt ist (sind), berechtigt, Verträge mit fremden Staaten einzugehen, wodurch im Verhältnis zu dem betr. Staat in gewissen Fällen die Pflicht zur Auslieferung entsteht. Im Verhältnis zwischen Auslieferungsgesetzen und -Verträgen kommen zwei Systeme vor. Gemäß dem einen, dem u. a. England folgt, gestattet das Gesetz Auslieferung nicht, ohne daß besonderer Vertrag es veranlaßte; das Gesetz enthält so nur die Normen, nach denen Verträge abgeschlossen werden dürfen. Gemäß dem anderen System ist es vom Standpunkt des Gesetzes aus gleichgültig, ob das Auslieferungsersuchen auf Vertrag gegründet wird oder nicht. Sind nur die vom Gesetz aufgestellten Bedingungen erfüllt, so liegt es bei den prüfenden Stellen zu entscheiden, ob Auslieferung stattfinden soll oder nicht, und der Umstand, daß ein Vertrag vorliegt, hat nur die Bedeutung, daß die Behörden im besonderen Falle völkerrechtlich die Möglichkeit nicht haben, ein Auslieferungsersuchen abzulehnen, wenn die Voraussetzungen, die der Vertrag enthält, vorhanden sind. Der Entwurf nimmt übereinstimmend mit den moderneren Auslieferungsgesetzen den letzteren Standpunkt ein. Zu dessen Stütze wird besonders angeführt, daß Auslieferung sicher nicht nur erfolgt, um dem ersuchenden Staate entgegenzukommen, sondern daß es auch als im eigenen Interesse des Zufluchtsstaates gelegen angesehen werden muß, sich von den nicht erwünschten Elementen zu befreien, die geflüchtete Verbrecher regelmäßig darstellen. Dieser Gesichtspunkt ist in der Begründung des schweizerischen Gesetzes stark unterstrichen worden.

Hinsichtlich der besonderen Auslieferungsbedingungen baut der Entwurf im wesentlichen auf dem jetzt geltenden Auslieferungsrecht auf, wie es seinen Ausdruck in unseren neueren Verträgen gefunden hat, und ich werde bei den einzelnen Paragraphen auf den bezüglichen Inhalt des Entwurfes eingehen.

Hinsichtlich der Regeln für das Verfahren hingegen bitte ich schon jetzt die Grundzüge der Bestimmungen des Entwurfs hierüber vortragen zu dürfen. Wie aus einer im Auswärtigen Amte ausgearbeiteten Darstellung des ausländischen Rechts dieser Frage hervorgeht, die diesem Protokoll als Anlage beizugeben sein dürfte, so läßt sich sagen, daß hinsichtlich des Verfahrens in Auslieferungssachen drei verschiedene Systeme vorhanden sind, die man bezeichnen könnte als das administrative System, das englisch-amerikanische System und das gemischte System. Das administrative System wird dadurch gekennzeichnet, daß Behandlung und Prüfung von Auslieferungsersuchen ganz und gar auf administrativem Wege vor sich gehen, ohne Mitwirkung von Gerichten. Gehandhabt wird es außer in Schweden u. a. in Dänemark und Preußen. Gemäß dem englischen Gesetz, mit dem das in den Vereinigten Staaten von Amerika geltende Gesetz in der Hauptsache übereinstimmt, kann niemals eine Person ausgeliefert werden, es sei denn, daß sie vor ein Gericht gestellt worden wäre und daß dieses ihre Auslieferung gestattet hätte. Eine solche Erlaubnis wird nur gegeben, wenn so starker Beweis für die Schuld der reklamierten Person vorgebracht ist, daß, wenn das Delikt in dem fraglichen Lande begangen worden wäre, Hauptverhandlung vor der Jury gegen sie eröffnet worden wäre. Der Beschluß des Gerichts wird jedoch nicht in dem Sinne bindend, daß, wenn das Gericht die Auslieferung einer Person bewilligen, die Regierung verhindert sein würde, die Auslieferung zu verweigern. Was schließlich das gemischte System betrifft, das — wie man sagen kann — in Belgien, der Schweiz, Norwegen und anderen Ländern herrscht, so umschließt es mannigfaltig verschiedene Verfahrensweisen, die das gemeinsam haben, daß die Mitwirkung eines Gerichts bei der Prüfung eines Auslieferungsersuchens in der einen oder anderen Form in Anspruch genommen werden kann; bezüglich dieser Länder darf ich auf die genannte Darstellung verweisen.

Schon oben habe ich angedeutet, daß nach meiner Ansicht eine zufriedenstellende Lösung sich nicht gewinnen läßt, ohne daß wenigstens für besondere Fälle gerichtliche Mitwirkung für die Behandlung von Auslieferungsersuchen in Anspruch genommen wird. Folglich — meine ich — kann es nicht in Frage kommen, jetzt durch Gesetzesbestimmungen eine rein administrative Form, sei es die schwedische, sei es eine andere, für das Verfahren festzusetzen.

Auch bin ich nicht in der Lage, eine Annahme des englisch-amerikanischen Systems zu empfehlen. Dieses leidet unleugbar an großen Mängeln, es erschwert in hohem Grade die Möglichkeit, eine Person ausgeliefert zu bekommen, und hat in jedem Fall großen Zeitaufwand und bedeutende Kosten im Gefolge. Rein theoretisch leidet es auch an bedenklichen Fehlern: während das Auslieferungsinstitut gerade bezweckt zu ermöglichen, daß eine beschuldigte Person eine Prüfung der Frage ihrer Schuld oder Unschuld vor dem Gerichtshofe — forum delicti — erlangt, der als am besten für die Beweisaufnahme und Beweiswürdigung geeignet angesehen werden muß, bringt es das englisch-amerikanische System mit sich, daß ein bedeutender Teil dieser Wirksamkeit auf den fremden Gerichtshof übergeht. Dies läßt sich aber nur in eingeschränktem Maße ermöglichen, und eine eigentümliche Konsequenz dessen ist geworden, daß die englische Gesetzgebung, die strenger als irgend eine andere auf mündliches Verfahren hält, gezwungen worden ist zu gestatten, daß schriftlicher Zeugenaussage vor dem Auslieferungsgerichte die gleiche Wirkung wie im gewöhnlichen Verfahren abgegebener Zeugenaussage zuerkannt wird.

Abgesehen von der Frage des Beweises, betr. die Schuld der reklamierten Person, dürfte die Prüfung, welcher Auslieferungsersuchen im übrigen unterworfen werden, in den unvergleichlich meisten Fällen von der unter juristischem Gesichtspunkt einfachen Beschaffenheit sein, daß für diese Fälle die Überweisung der Auslieferungsfrage zur Prüfung an einen Gerichtshof als in hohem Grade unnötig und ein rascheres Verfahren sowohl im Interesse der Parteien als auch im eigenen Interesse der betreffenden Staaten als erforderlich erscheinen muß. Ordnet man in der im vorliegenden Entwurfe gewählten Weise das Verfahren so, daß nur für den Fall, daß die reklamierte Person beim Verhör die Auslieferung bestreitet und gegen das Auslieferungsersuchen Einwendungen erhebt, die für dessen Beurteilung von Bedeutung sein können, die Überweisung an das Gericht stattfindet und die fragliche Person Gelegenheit hat, beim Verhör Beistand zuzuziehen, so wird man zugleich für ein möglichst schnelles und einfaches Verfahren gesorgt und weitgehende Forderungen nach Rechtssicherheit befriedigt haben. Bezeichnend ist auch, daß die beiden Länder, die Schweiz und Norwegen, die in der letzten Zeit sich Auslieferungsgesetze geschaffen haben, in der Hauptsache das Verfahren auf die hier angegebene Weise geordnet haben.

Wenn also das englisch-amerikanische System bei uns nicht wird zur Anwendung kommen können, sondern ein gemischtes System zu wählen sein dürfte, so erhebt sich zunächst die Frage, ob und in welcher Weise die Prüfung die Frage umfassen soll, ob die reklamierte Person sich des angegebenen Delikts schuldig gemacht habe. In dieser Hinsicht dürfte es prinzipiell am richtigsten sein, auf die Beweisfrage soweit einzugehen, daß Prüfung erfolgt, ob triftiger Grund zum Verdachte vorliegt, daß die fragliche Person das Delikt begangen habe, wegen dessen Auslieferung verlangt wird. Die Bewilligung eines Auslieferungsersuchens kann am ehesten der Verhaftung einer Person gleichgestellt werden, besonders da diese später ja eben als Moment in das Auslieferungsverfahren eingeht; und am nächsten liegt hier, in diesem Falle dieselben Gründe wie bei Verhaftung walten zu lassen. Weiter kann hervorgehoben werden, daß, soweit es sich um Auslieferung an Staaten handelt, deren Rechtspflege nicht das nötige Vertrauen einflößt, die Forderung nach Beweis der Schuld eine gewisse Garantie gegen unberechtigte Auslieferungsersuchen ausmacht.

Andererseits dürfte man sich hüten müssen, den Wert dieser Garantie allzu hoch zu setzen. Schwerlich dürfte es je vorkommen, daß eine Regierung ein Auslieferungsersuchen stellt, ohne daß mindestens triftiger Grund zum Schuldverdacht vorliegt, und die summarische Prüfung, die beim Auslieferungsgerichte in Frage kommen kann, dürfte wohl äußerst selten eine Unterschätzung der Beweise mit sich bringen, welche zur Stütze des Verdachtes angeführt werden, und wird folgerichtig einen kaum wirksamen Schutz gegen unbefugte Auslieferungsersuchen bilden.

Hieraus folgt schließlich meine Ansicht, daß die Frage in Wirklichkeit nicht von der Bedeutung ist, die man beim ersten Ansehen geneigt ist ihr zu geben. Darum dürfe man berechtigt sein, die praktischen Rücksichten bei der Lösung der Frage eine Rolle spielen zu lassen.

In dieser Hinsicht ist zu bemerken, daß die allgemeine kontinentale Auffassung bestimmt in der Richtung geht, einfaches Vorbringen eines Urteils oder Haftbefehls oder eines entsprechenden Dokumentes müsse das Recht zur Auslieferung im Gefolge haben. So verlangt z. B. das schweizerische Gesetz in keinem Falle Beweis für die Schuld der reklamierten Person. Unsere jetzt geltenden Verträge — mit einziger Ausnahme desjenigen mit Portugal und natürlich der Verträge mit England und den Vereinigten Staaten von Amerika — enthalten übereinstimmend hiermit den Grundsatz, daß Beibringung eines Haftbefehls ausreiche, um eine Auslieferung zu erlangen. Eine Aufnahme der Forderung nach Vorbringung des Beweises müßte also Kündigung unserer meisten Verträge veranlassen. Im übrigen dürfte es zweifelhaft sein, ob es unter solchen Umständen für Schweden möglich wäre, neue Übereinkommen mit den kontinentalen Mächten zustande zu bringen. Daß Schweden gegen die Auffassung dieser Mächte in Verträgen so verschärfte Bedingungen sollte durchsetzen können, die ja wesentlich die Möglichkeiten, Verbrecher ausgeliefert zu erhalten, erschweren würden, ist kaum anzunehmen. In den Motiven zum norwegischen Gesetz ist dieser Umstand auch mit Nachdruck unterstrichen worden.

Der Entwurf sucht, wie das norwegische Gesetz, in dieser Hinsicht einen Mittelweg zu gehen. Prinzipiell gesehen, geht er von dem Grundsatze aus, daß triftiger Grund zu Verdacht als vorliegend nachgewiesen werden muß, damit Auslieferung stattfinden könne. Man begnügt sich indessen in dieser Hinsicht mit dem formellen Beweis, der als in einem verurteilenden Urteil oder einem Beschluß liegend angesehen werden kann, welchem eine Voruntersuchung vor einem Gericht oder einem Untersuchungsrichter vorangegangen ist. Wird nur ein Haftbefehl oder ein ähnliches Dokument angezogen, so wird dagegen, wenn die reklamierte Person ihre Schuld bestreitet, weiterer direkter Beweis für ihre Schuld gefordert. Mit Rücksicht auf die eben genannten Umstände wird aber die wichtige Einschränkung gemacht, daß der König berechtigt ist, mit fremden Staaten Übereinkommen zu treffen, wodurch die Forderung nach Beweis in solchen Fällen fallen gelassen oder auf gewisse Weise eingeschränkt wird. In letzter Hinsicht denkt man besonders an die Modifikation, die zweckmäßiger Weise in der Regel scheint zur Anwendung kommen zu müssen, daß die eben genannten Beweise nur für den Fall verlangt werden sollen, daß der Verhaftete einen für seine Unschuld sprechenden Umstand vorzubringen vermag.

Wie aus der Darstellung des ausländischen Rechts hervorgeht, herrschen unter den Staaten, die das sogen. gemischte System angenommen haben, verschiedenen Regeln über die Art der gerichtlichen Mitwirkung in Auslieferungsangelegenheiten. Gemäß gewissen Gesetzen, z. B. Belgiens und der Niederlande, hat die Äußerung des Gerichtes den Charakter eines

Gutachtens, auf das die Regierung, die allein Entscheidungsrecht besitzt, die Rücksicht nimmt, die sie für gut befindet. Gemäß anderen Gesetzen hat das Gericht bindenden Beschluß über die Auslieferung zu fassen, entweder so, daß der Beschluß bindend wird, mag die Auslieferung bewilligt werden oder nicht (die Schweiz und Luxemburg), oder auch so, daß, wenn das Gericht das Vorhandensein von Hindernissen gegen die Auslieferung erklärt, dieser Beschluß die Regierung bindet, während, wenn der Beschluß darauf hinausläuft, daß ein solches Hindernis nicht vorliege, es der Regierung freisteht, nichtsdestoweniger die Auslieferung zu verweigern, (Norwegen, Italien).

Mir scheint kein Zweifel walten zu können, daß das Richtigste sein muß, auf die Weise, die die vier letztgenannten Gesetze enthalten, den Gerichten die Befugnis zu geben, zu entscheiden, ob das Gesetz in einem bestimmten Falle Auslieferung zulasse oder nicht. Abgesehen von prinzipiellen Gründen, dürften auch reine Zweckmäßigkeitsgründe für diese Meinung sprechen. Eine Regierung, die mit einem Auslieferungsersuchen von halb-politischer Art beschwert wird, kommt gegenüber dem fremden Staate in eine unbehagliche Zwischenstellung, wenn sie, obwohl das Gericht in seiner Äußerung ausgesprochen hat, Auslieferung dürfe nicht erfolgen, gleichwohl Befugnis besitzt, dieselbe zu bewilligen. Je mehr die Auslieferungssachen als reine Rechtsfragen behandelt werden, desto geringerer Anlaß liegt für die fremde Regierung vor, Druck auf die Regierung auszuüben, an die ein Auslieferungsersuchen gerichtet ist.

Zweifelhafter ist, welchen Standpunkt man zu der Frage einnehmen soll, ob das Gericht mit bindender Wirkung Auslieferung gebieten oder nur die Frage soll entscheiden können, ob auf Grund der Bestimmungen des Gesetzes Hindernisse gegen die Auslieferung vorhanden sind. Wie bereits hervorgehoben, enthält ein Auslieferungsgesetz nur gewisse Mindestbedingungen, die erfüllt sein müssen, damit Auslieferung erfolgen kann. Im besonderen Fall können indessen, wie erwähnt, ungeachtet der Erfüllung dieser Bedingungen, Umstände vorkommen, die möglicherweise die Abweisung eines Auslieferungsersuchens veranlassen müssen. Außer den genannten Fällen, daß ein Ersuchen von einem halbzivilisierten Staate eingegangen ist oder daß ein entfernt gelegener Staat für ein relativ unbedeutendes Delikt um Auslieferung ersucht, können auch die Fälle erwähnt werden, daß Auslieferung derselben Person von zwei Staaten verlangt wird und daß der um Auslieferung ersuchende Staat keine Reziprozität versprechen kann. Beruft sich der um Auslieferung ersuchende Staat auf einen abgeschlossenen Vertrag, so würde gerichtliche Entscheidung der Frage in ihrem ganzen Umfange eine Prüfung voraussetzen, ob der Vertrag im vorliegenden Falle eine Auslieferungspflicht enthält. Die Prüfung, die in der hier genannten Hinsicht in Frage kommen kann und in die auch völkerrechtliche Rücksichten hineinspielen können, scheint mir von solcher Art zu sein, daß es kaum als zweckmäßig angesehen werden kann, sie den Gerichten zu übertragen. Eine Befugnis des Gerichts, die Auslieferungsangelegenheit in ihrem ganzen Umfange zu entscheiden, scheint mir im übrigen nicht recht mit der dem Könige zustehenden staatsrechtlichen Befugnis im Einklange zu stehen, Verträge mit fremden Staaten einzugehen. Da der König auf Grund dieser seiner Befugnis in dem Rahmen, den das Gesetz gibt, durch allgemeine Bestimmungen das Verhältnis zu fremden Staaten ordnen kann, erscheint es inkonsequent, daß, wenn einem bestimmten Staate gegenüber das Auslieferungsrecht nicht geordnet ist, der König nicht berechtigt sein sollte, in die Entscheidung von Fragen der Auslieferung an den Staat einzugreifen.

Hinsichtlich der Frage, welchem Gericht Auslieferungssachen zu übertragen sind, so scheint, besonders weil die Handhabung und die Prüfung solcher Sachen bisweilen von besonders heiklem Charakter sein kann, die Frage aufgeworfen werden zu können, ob nicht die Behandlung einem Obergerichte anzuvertrauen sei. Mit Rücksicht darauf, daß die Verhandlung natürlich mündlich sein muß, ist es jedoch als am zweckmäßigsten angesehen worden, die Rathausgerichte in den Länsresidenzstädten diese Angelegenheiten behandeln zu lassen, besonders weil man hierdurch den Vorteil gewinnt, daß Transporte der Verhafteten zwecks Vorführung vor Gericht nicht in Frage zu kommen brauchen. Daß in Auslieferungssachen nur zwei Instanzen vorhanden sein sollen und daß dergestalt die Klage gegen den Beschluß eines Rathausgerichts direkt vor das Höchste Gericht gebracht werden muß, scheint mir kein Gegenstand von Zweifeln sein zu können.

Von der hier genannten Ordnung des Verfahrens macht der Entwurf eine Ausnahme, soweit es sich um Angelegenheiten handelt, in denen der Einwand erhoben worden ist, das Delikt, wegen dessen Auslieferung verlangt wird, sei von politischer Beschaffenheit. Über den Anlaß darf ich mich später äußern.

Ich gehe jetzt zur Motivierung der einzelnen Paragraphen des Entwurfs über.

Im § 1 wird die allgemeine Regel ausgesprochen, daß Auslieferung an fremde Staaten nur auf Ersuchen seitens der resp. Regierung erfolgen darf. Die Praxis, die in der oben erwähnten Weise in Fragen der Auslieferung von und nach Dänemark geherrscht hat, soll dergestalt nicht weiter bestehen. Eine solche Verfahrensweise, die im übrigen auch anderswo zwischen Grenzstaaten vorzukommen pflegte, scheint nämlich in der Frage der Rechtssicherheit keine genügende Garantien zu gewähren und wird heutigentags im allgemeinen nach den bestehenden Auslieferungsgesetzen nicht mehr zugelassen. § 1.

Schon oben ist gesagt worden, der Entwurf stehe auf dem Standpunkt, daß die Bewilligung von Auslieferungsersuchen möglich sein muß, auch ohne daß als Grundlage ein Übereinkommen mit dem fremden Staate vorliegt. Es ist indessen klar, daß auf diesem Gebiet sowohl als auch in anderen internationalen Fragen in der Regel Reziprozität herrschen muß. In den jetzt vorausgesetzten Fällen darf darum im allgemeinen ein Ersuchen nicht bewilligt werden, ohne daß der fremde Staat sich verpflichtet, in mit den vorliegenden analogen Fällen von Schweden ausgehenden Auslieferungsersuchen zu entsprechen. Jedoch wird man die Hände der Regierung in dieser Richtung nicht allzu streng binden dürfen, und es ist daher im Entwurfe gleichzeitig damit, daß man geglaubt hat, das Prinzip aussprechen zu müssen, für den Fall ein Vorbehalt gemacht worden, daß besondere Umstände eine Ausnahme bedingen könnten.

§ 2. Daß ein Staat eigene Untertanen nicht ausliefert, ist ein Grundsatz, der durch das Recht der meisten Staaten geht. Er ist auch in alle Auslieferungsverträge Schwedens aufgenommen. In neuerer Zeit ist dieser Grundsatz indessen Gegenstand von Angriffen seitens wissenschaftlicher Kreise geworden, und u. a. hat das Institut de droit international sich dafür ausgesprochen, daß Auslieferung eigener Untertanen dürfe bewilligt werden können. Als Grund wird besonders angeführt, daß angesichts des Zweckes des Auslieferungsinstitutes, dem Gerichte des Ortes, wo das Delikt begangen ist, als dem für die Beweisaufnahme am meisten geeigneten Gelegenheit zur Aburteilung des Delikts zu geben, — prinzipiell gesehen — sich kein Anlaß finde, zugunsten von Inländern Ausnahmen zu machen. Man darf, so wird hervorgehoben, überhaupt niemals Personen an Staaten ausliefern, zu deren rechtlichen Institutionen man kein Vertrauen hat; besteht aber solches Vertrauen, so gibt es keinen Grund, Inländer von der Auslieferung auszunehmen. Zur Stütze des fraglichen Grundsatzes wird wesentlich angeführt — außer, daß das natürliche Gefühl in solchem Falle Auslieferung verbiete, — daß dieser Grundsatz als ein folgerichtiger Ausschlag der staatsrechtlichen Anschauung anzusehen sei, die die Staatsmitglieder nicht bloß als Untertanen mit Pflichten, sondern auch als Staatsbürger mit Rechten gegen den Staat betrachte, zu denen — so denkt man — späterhin besonders das Recht, sich auf dem Staatsgebiet aufzuhalten und folglich davon nicht ausgewiesen oder ausgeliefert werden zu können, gehören muß. Das Prinzip ist auch trotz aller Angriffe sowohl in alle neuere Rechtsordnungen (die der Schweiz und Norwegens) als auch in Verträge der letzten Zeit aufgenommen worden; und es scheint darum aller Anlaß vorzuliegen, daß auch Schweden es beibehält. Einen entgegengesetzten Standpunkt nehmen freilich England und die Vereinigten Staaten von Amerika ein, deren Auslieferungsgesetze in der vorliegenden Hinsicht kein Verbot enthalten. Aber dieser ihr Standpunkt hängt damit zusammen, daß diese Staaten im wesentlichen an dem von den übrigen Staaten verlassenen sogen. Territorialitätsprinzip festhalten, gemäß dem ein Staat ein außerhalb seines eigenen Gebietes begangenes Verbrechen nicht bestrafen kann, selbst wenn es von einem seiner eigenen Untertanen verübt worden ist. Um zur Bestrafung solcher Verbrecher zu gelangen, gibt es für den Staat, der dem Territorialitätsprinzip huldigt, keinen anderen Ausweg, als den Verbrecher an den Staat auszuliefern, in dessen Gebiet das Delikt begangen worden ist.

Das Verbot der Auslieferung schwedischer Bürger, welches der Entwurf ausspricht, stellt — übereinstimmend mit dem, was im allgemeinen im Auslieferungsrechte gilt, — auch auf denjenigen ab, der das Staatsbürgerrecht erst erworben hat, nachdem das in Frage stehende Delikt begangen worden ist. Für solche Fälle dürfte, jedenfalls auf Verordnung des Königs, schwedisches Strafrecht zur Anwendung kommen können (Kap. 1 § 1 StGB [1])), so daß keine Lücke entsteht, die bewirkte, daß das Delikt unbestraft bliebe.

Wie die ausländischen Auslieferungsgesetze stellt der Entwurf kein Hindernis gegen Auslieferung von Untertanen eines dritten Staates an einen Staat auf. Klar ist indessen, daß man mit Rücksicht auf den letztgenannten Staat bei Entscheidung solcher Auslieferungsfragen mit großer Vorsicht verfahren muß, wie auch, daß beim Abschluß von Verträgen eine unbedingte Pflicht, in solchem Falle Auslieferung zu bewilligen, nicht als Regel aufgestellt werden darf. Eine Mehrzahl unserer geltenden Verträge stellt auch die Regel auf, daß, wenn der Täter nicht Bürger des Staates ist, der seine Auslieferung verlangt, der Zufluchtsstaat das Recht der Wahl hat, ihn an den einen oder den anderen Staat auszuliefern, nachdem ein Benehmen mit dem Staate stattgefunden hat, wo er Bürgerrecht besitzt.

Im Auslieferungsrechte gilt als allgemeine Regel, daß Auslieferung **§ 8.**
nicht wegen Verbrechen bewilligt wird, die auf dem eigenen Territorium des Staates begangen worden sind. Für die Aufrechterhaltung der Rechtsordnung auf dem eigenen Territorium zu sorgen und so die daselbst begangenen Verbrechen zu bestrafen, ist eine der vornehmsten Pflichten des Staates, deren Überlassung an einen fremden Staat darum nicht möglich sein darf. Das schwedische Strafgesetz spricht auch im Kap. 1 §§ 1 und 2 [2]) aus, daß der, welcher in Schweden oder auf schwedischem Fahrzeug ein Delikt begangen hat, von einem schwedischen Gericht und nach schwedischen Gesetz abgeurteilt werden soll. Für einen besonderen Fall dürfte es indessen berechtigt sein, eine Ausnahme von der genannten Regel zu machen. Wenn es sich nämlich um ein Teilnahmedelikt handelt, das in Schweden begangen ist, während die Haupthandlung im Auslande verübt wurde, so scheint unter gewissen Umständen das schwedische Interesse an der

[1]) Kap. 1 § 1 StrG.: Ein Inländer wird nach schwedischem Recht und vor schwedischem Gericht wegen Verbrechens verurteilt, das er begangen hat im Reiche oder auf schwedischem Fahrzeug oder gegen Schweden oder gegen einen Schweden außerhalb des Reiches, desgleichen wegen anderen außerhalb des Reiches verübten Verbrechens, sofern der König verordnet, daß wegen des Delikts hier im Reiche Anklage zu erheben sei.

[2]) Kap. 1 § 1 s. vor. Anm.; § 2: Ein Ausländer, der hier im Reiche angetroffen wird, wird nach schwedischem Recht und von schwedischem Gericht wegen Straftaten abgeurteilt, die er im Reiche oder auf schwedischem Fahrzeug außerhalb des Reiches begangen hat, wie auch wegen Straftaten, die er außerhalb des Reiches gegen Schweden oder gegen einen Schweden, sofern der König verordnet, daß wegen der Straftat hier im Reiche Anklage zu erheben sei.

Bestrafung des Täters in Schweden so gering zu sein, daß es vor dem Vorteil dürfte zurücktreten müssen, den eine gemeinsame Behandlung des Falles, betr. die beiden Delikte, gegebenenfalls dadurch enthält, daß sie eine richtigere Behandlung des Teilnahmedeliktes möglich macht. Eine Bestimmung, die im besonderen Falle wegen solcher Teilnahmeverbrechen zur Auslieferungsbewilligung ermächtigt, ist daher in den Entwurf aufgenommen worden.

Gemäß älterer Auffassung vermeinte man, Auslieferung an einen Staat dürfe im allgemeinen nur bewilligt werden, wenn das Delikt auf dem Boden dieses Staates begangen sei, dagegen nicht wegen Verbrechen, die auf dem Territorium eines dritten Staates erfolgt seien. In späteren Verträgen, darunter einigen unserer jetzt geltenden, wird für den berührten Fall vorgeschrieben, daß Auslieferung erfolgen darf, wenn das Gesetz des Zufluchtsstaates im entsprechenden Falle zuläßt, daß im Lande wegen des Delikts Klage erhoben wird. Die neueren Auslieferungsgesetze stellen wie der Entwurf in dieser Hinsicht keine andere Voraussetzung auf, als daß das Delikt außerhalb des eigenen Territoriums des Zufluchtsstaates begangen sein soll. Allerdings bedeutet dies, daß Auslieferung wegen Verbrechen bewilligt werden kann, die zwar gemäß dem Recht des Zufluchtsstaates und dem des um Auslieferung ersuchenden Staates strafbar sind, die aber nach dem Gesetze des Staates nicht bestraft werden können, in dem das Delikt begangen ist. Da aber in diesen Fällen ein Auslieferungsersuchen kaum wegen anderer Delikte als solcher denkbar ist, die gegen den ersuchenden Staat selbst oder von einem seiner Untertanen verübt sind, so scheint der berührte Umstand ein unbedingtes Hindernis gegen Auslieferung in Fällen, wovon jetzt die Rede ist, nicht hervorrufen zu brauchen.

§ 4. Der Entwurf geht wie die ausländischen Auslieferungsgesetze von dem Hauptprinzip aus, daß Auslieferung wegen anderer Handlungen als solcher, die das schwedische Recht als Delikte betrachtet, nicht bewilligt werden darf. Bei Handlungen, die nach schwedischem Gesetz straffrei sind, soll Auslieferung also verweigert werden. Die Richtigkeit dieses Prinzips, das indessen von manchen Seiten bestritten wird, scheint mir offenbar zu sein. Auslieferung ist für den, der davon betroffen wird, rechtlich von der Bedeutung, daß der Staat dies Institut natürlich nicht zur Anwendung bringen darf, ohne daß eine Handlung vorliegt, die der Staat selbst als strafwürdig ansieht.

Nicht alle Delikte scheinen jedoch Auslieferung veranlassen zu müssen. Da Auslieferung mit schweren Unannehmlichkeiten und Leiden für die fragliche Person verbunden ist, so darf sie nicht erfolgen können, wenn das Delikt nicht einigermaßen schwer ist. Der Entwurf stellt in dieser Hinsicht die Regel auf, daß das Delikt so beschaffen sein muß, daß nach dem allgemeinen Strafgesetz oder dem Seegesetz strengere Strafe als Gefängnis sich daran knüpfen kann. Ohne ausdrückliche Hervorhebung dürfte klar sein, daß hierunter auch Versuchs- und Teilnahmedelikte fallen.

Die so gewählte Methode für die Abgrenzung der Auslieferungs- von den Nichtauslieferungsdelikten ist damit nicht die allgemein gebräuchliche. Nach den meisten Auslieferungsgesetzen und -Verträgen werden die verschiedenen Arten Delikte aufgezählt, wegen derer Auslieferung bewilligt werden kann. Zur Begründung dieses Systems führt man besonders an, daß gewisse Arten von Delikten nicht von der allgemein-rechtlichen Bedeutung seien, daß man annehmen könne, der Zufluchtsstaat besitze ein Interesse an der Bestrafung. Die Tendenz geht indessen schon deutlicher in der Richtung auf Erweiterung des Kreises der Auslieferungsdelikte, so daß z. B. das schweizerische Gesetz 37 verschiedene Hauptarten von Delikten aufnimmt, wegen derer Auslieferung möglich sein soll. Soll die Freiheit des Vertragsschlusses also nicht zu stark eingeschränkt werden, so muß die Aufzählung äußerst weitläufig und unförmlich werden. Als Nachteil dieses Systems kann auch angeführt werden, daß jede Änderung einer Deliktart des allgemeinen Strafgesetzes entweder eine Änderung des Auslieferungsgesetzes nach sich ziehen oder eine Unvollkommenheit oder Ungenauigkeit desselben im Gefolge haben müßte, ebenso, daß beim Abschluß von Verträgen infolge der Verschiedenheiten, betr. die Deliktsbestimmungen, die sich ja häufig in geringerem oder größerem Grade zwischen den Rechtsordnungen der verschiedenen Staaten finden, oft Schwierigkeiten entstehen müßten. Aus diesen und anderen Gründen hat man es für das Zweckmäßigste erachtet, ebenso wie das norwegische Gesetz und der schwedisch-norwegische Vertrag, den Entwurf auf das erstgenannte System zu basieren. Zu bemerken ist, daß in der Mehrheit unserer Auslieferungsverträge eine Kombination der beiden Systeme angewendet wird, so daß z. B. — außer daß das Delikt zu einer der in den Verträgen bezeichneten Arten gehört — weiter gefordert wird, daß die Strafe für das Verbrechen ein gewisses Maß erreichen kann, im allgemeinen, wie z. B. im Vertrage mit Deutschland, schwerere Strafe als Gefängnis.

Mit Rücksicht auf den letztberührten Umstand wie auch, daß der Vertrag mit Norwegen dieselbe Grenze aufstellt, hat man es für dienlich angesehen, dieselbe auch in den Entwurf aufzunehmen. Infolgedessen würden alle Delikte, die jetzt gemäß den Verträgen Auslieferung veranlassen können, mit nur wenigen Ausnahmen Auslieferungsverbrechen bleiben. Die Grenze niedriger zu setzen und so den Kreis von Delikten zu erweitern, wegen welcher Auslieferung bewilligt werden darf, kann gewiß erwogen werden, scheint mir aber gegenwärtig und als Regel nicht ratsam zu sein. Hinsichtlich des Verhältnisses zu den übrigen skandinavischen Ländern dürften indessen, mit Rücksicht auf die Gleichheit in Sprache, Gesetzen und Institutionen sowie auf das Grenzverhältnis, Ausnahmen gemacht werden können, und der Entwurf enthält eine entsprechende Bestimmung. Zum Vergleich kann erwähnt werden, daß das norwegische Gesetz die Forderung aufstellt, daß das Delikt strengere Strafe als ein Jahr Gefängnis im Gefolge haben könne.

Durch die hier erwähnte Bestimmung des Entwurfs dürfte der Kreis der Auslieferungsverbrechen nicht unwesentlich gegenüber den Arten erweitert werden, die in unseren geltenden Verträgen aufgezählt werden. U. a. sollen gewisse Delikte nach Kap. 10 und 11 des StGB.[1]) gewisse Mißhandlungs-, Duell-, Ehrverletzungs- usw. Delikte, die nach den Verträgen (abgesehen von denjenigen mit Norwegen) Auslieferung nicht veranlassen können, es künftig tun. Außer hinsichtlich der Delikte nach Kap. 10 des StGB. dürften irgendwelche Bedenken gegen dies Ergebnis nicht bestehen. Die jetzt berührten Verbrechen hingegen scheinen den sogen. politischen Verbrechen so nahe zu stehen, daß dieselben Gesichtspunkte, die deren Ausnahme von der Auslieferung veranlassen, solche Wirkung haben müssen, daß, wenn die Handlung allein in ihrer Eigenschaft als Delikt gegen öffentliche Behörden strafbar ist oder die Handlung, abgesehen von dieser ihrer Eigenschaft, und dergestalt beurteilt z. B. allein als Mißhandlungsdelikt, nicht so hohe Strafe nach sich zieht, daß das Delikt nach der Hauptregel Auslieferungsdelikt ist, Auslieferung in diesem Falle billigerweise nicht in Frage kommen darf. Eine Ausnahmebestimmung dieser Inhalte ist darum in den Entwurf eingefügt.

§ 5. Im allgemeinen findet nach Auslieferungsgesetzen und Verträgen wegen militärischer Verbrechen Auslieferung nicht statt[2]). Die Aufrechterhaltung von Ordnung und Disziplin in der Wehrmacht des einen Staates sieht man für den anderen Staat nicht als von genügender Bedeutung an, um in solchem Falle Auslieferung zu motivieren. Ist indessen die Handlung unter allgemeinem strafrechtlichem Sehwinkel von solcher Art, daß Auslieferung dafür bewilligt wird, so wird, in Übereinstimmung mit dem, was eben in der Frage der Delikte nach Kap. 10 des StrG. erwähnt wurde, Auslieferung auch im vorliegenden Falle möglich sein müssen. Eine Bestimmung nach dieser Richtung findet sich im schweizerischen und im norwegischen Gesetz wie auch im schwedisch-norwegischen Vertrage. Da derjenige, welcher unter den hier erörterten Verhältnissen ausgeliefert wird, ja vor ein Kriegsgericht gestellt wird, so dürfte, bevor man in solchem Falle Schweden eine Verpflichtung zur Auslieferung durch Vertrag auferlegt, in sorgfältige Erwägung zu ziehen sein, ob die militärische Rechtsordnung des fremden Staates hinreichende Sicherung bietet.

§ 6. Wie im vorhergehenden angedeutet, gilt im Auslieferungsrechte aller Länder die Regel, daß wegen sog. politischer Verbrechen Auslieferung nicht bewilligt wird. Aber über den Inhalt dieses Begriffes und, was rechtlich darunter zu subsumieren sei, herrschen viele divergierende Ansichten. Klar ist, daß darunter die Delikte fallen, welche einfach aus dem Grunde, daß sie sich gegen den Staat, sei es seine Integrität, seine Verfassung oder die

---

[1]) Kap. 10 und 11 StrG.: »Über Verbrechen gegen öffentliche Behörden« bzw. »Über Freiheitsverbrechen«.

[2]) Vgl. das schwedische Militärstrafgesetz (Strafflag för Krigsmakten) vom 17. Okt. 1881, heutige Form vom 23. Okt. 1914; in Svenks Författnings-Samling, 1914, Nr. 324, S. 957.

Vertreter der Staatsgewalt richten, einer Bestrafung unterworfen werden (absolut-politische Delikte). Wenn man aber zu den Handlungen kommt, die, abgesehen von dem politischen Moment in ihnen, auch als gewöhnliche Delikte, Mord, Diebstahl usw. (relativ-politische Delikte) strafbar sind, so scheiden sich die Ansichten. Einerseits wird geltend gemacht, daß jedes Delikt, welches in politischer Absicht begangen wird, als politisches begriffen und so von den Auslieferungsverbrechen ausgenommen werden muß. Andererseits wird als das Richtigste bezeichnet, diesen Begriff objektiv zu fassen, also darunter außer den Delikten, welche direkte Angriffe gegen den Staat ausmachen (d. h. etwa die Delikte, die in die Kap. 8 und 9 unseres StG[1]) aufgenommen sind) — mag die Handlung zugleich ein gewöhnliches Delikt bilden oder nicht — außerdem nur solche Delikte darunter zu begreifen, welche in Verbindung mit einem solchen Staatsverbrechen und in der Absicht, es zu fördern, verübt werden. Ein Delikt, das ohne solchen faktischen Zusammenhang mit einem Staatsverbrechen begangen ist, ist also nach der letztgenannten Ansicht, unangesehen dessen, daß der Täter einen politischen Zweck hat fördern wollen, geeignet, Auslieferung zu veranlassen. In den letzten Jahrzehnten, besonders in Veranlassung der nicht wenig zahlreichen Anarchistenattentate, haben sich Stimmen für die Einschränkung der Regel der Nichtauslieferung wegen politischer Verbechen erhoben die Regel solle nur für die absolut-politischen Verbrechen gelten. In der Praxis haben indessen diese Stimmen keinen Erfolg gehabt. Nur in einigen Verträgen Rußlands stehen Bestimmungen im Sinne der letztgenannten Ansicht. Aber zweifellos ist, daß die allgemeine Meinung unter denen, die sich mit den hierher gehörigen Fragen beschäftigt haben, wenn diese Ansicht in der Gesetzgebung, Wissenschaft oder sonst hervortrat, doch in der Richtung auf eine Einschränkung des Begriffes des politischen Verbrechens geht, wenigstens insoweit, daß nicht in jedem Falle ein Delikt, allein weil es in politischer Absicht verübt wurde, so angesehen werden soll, daß Auslieferung deswegen verboten wird. So hat z. B. das Institut de droit international sich dafür ausgesprochen, daß Auslieferung wegen solcher relativ-politischer Delikte Platz greifen soll, welche unter moralischem und allgemein rechtlichem Gesichtspunkt als die schwersten zu betrachten sind, wie Mord, Totschlag, Vergiftung, schwere Mißhandlung, Brandstiftung, Raub usw. Die neuesten Gesetzeswerke, das schweizerische und das norwegische, sind auch in gewissem Grade von der genannten Ansichtsrichtung beeinflußt worden.

In der Gesetzgebung wurde die Regel, betreffend Ausnahme der politischen Verbrechen, zuerst von Belgien zur Sprache gebracht. Nach dessen Auslieferungsgesetz vom Jahre 1833 wird verboten, jemanden wegen politischen Delikts oder wegen einer Handlung auszuliefern, die im Zusammenhang mit einem solchen Delikt (connexe à un tel délit) begangen

[1]) Kap. 8: »Über Verrat wie auch über andere für die Sicherheit des Reiches nachteilige Verbrechen«. Kap. 9: »Über Majestätsverbrechen wie auch über Verbrechen gegen die Reichsleitung oder des Reiches Stände«.

ist. Im Jahre 1856 wurde hierzu ein Zusatz gemacht, im allgemeinen als die belgische Attentatsklausel bezeichnet, die in Übersetzung lautet: »Als politisches Delikt oder damit zusammenhängende (connexe) Handlung soll nicht angesehen werden eine Vergreifung gegen die Person eines fremden Staatschefs oder gegen Mitglieder seiner Familie, sofern solche Vergreifung, Totschlag, Mord oder Vergiftung umfaßt.«

Die belgischen Bestimmungen sind seitdem, bisweilen mit gewissen Modifikationen, von den meisten Ländern auf dem Kontinent aufgenommen worden und finden sich so im allgemeinen in den Auslieferungsverträgen wieder. Auch die Mehrzahl unserer Verträge enthält die belgische Regel, einige jedoch ohne die Attentatsklausel.

Das norwegische Gesetz gibt die belgische Regel mit der Attentatsklausel wieder, die letztgenannte jedoch in einigen Hinsichten modifiziert. In den Motiven wird es als das Richtigste bezeichnet, den Begriff politisches Verbrechen rein objektiv zu bestimmen und daß also die Ausnahme nicht zugunsten jedes Verbrechens mit politischer Absicht gelten dürfe. Man hat auch die belgische Regel in der Form wiederzugeben versucht, daß daraus hervorgehe, daß das gewöhnliche (nicht politische) Delikt in Verbindung mit einem wirklich begangenen politischen Delikt oder mit einem entsprechenden Versuche stehen solle. Dieselbe Form hat die Regel im schwedisch-norwegischen Vertrage erhalten.

Das niederländische Gesetz nimmt die belgische Hauptregel auf, nicht aber die Attentatsklausel. Das Gesetz nimmt dagegen unter Delikte, wegen deren Auslieferung bewilligt werden kann, auch gewisse Delikte gegen Staatschefs und deren Familien auf. Diese Delikte werden also nicht an und für sich als politische betrachtet. Kann ein solches in einem bestimmten Fall als politisch angesehen werden, so wird die Auslieferung verweigert; sonst wird sie bewilligt. Der Vertrag zwischen Schweden und den Niederlanden ist dementsprechend abgefaßt.

Die englischen und die nordamerikanischen Gesetze erklären, Auslieferung dürfe nicht erfolgen wegen Verbrechen von politischer Beschaffenheit (political charakter) oder wenn die reklamierte Person nachweisen könne, daß ihre Auslieferung zugleich in der Absicht der Anklage oder Bestrafung wegen eines Verbrechens von politischer Beschaffenheit verlangt werde. Der verwendete Ausdruck ist freilich recht unbestimmt, und die Meinungen über seinen Sinn sind geteilt. Auf alle Fälle scheint die englische Regel mehr als die belgische einer Auslegung im Sinne der subjektiven Theorie Raum zu geben. In unseren Verträgen mit England und den Vereinigten Staaten von Amerika ist die Regel, betreffend Ausnahme der politischen Delikte, gemäß der eben genannten Bestimmung abgefaßt.

Im schweizerischen Gesetz lautet die Regel betr. das politische Delikt: »Auslieferung wird nicht bewilligt wegen politischen Verbrechens. Jedoch soll Auslieferung bewilligt werden, auch wenn der Täter sich auf ein politisches Motiv oder einen politischen Zweck beruft, wenn die Handlung, wegen derer um Auslieferung ersucht wird, überwiegend den Charakter eines gemeinen Verbrechens hat. Das Bundesgericht soll im einzelnen Falle nach freiem Ermessen den Charakter des Delikts auf der Grundlage der vorliegenden Umstände bestimmen.« In den Gesetzesmotiven wurde auf der einen Seite hervorgehoben, es könne nicht wohl die Rede davon sein, den Grundsatz des Verbots der Auslieferung wegen politischer Verbrechen auf die Geltung nur für die rein politischen Verbrechen einzuschränken, also unter Ausschluß der relativ-politischen, und auf der anderen Seite, daß dennoch nicht jedes gewöhnliche Verbrechen mit politischem Einschlage als politisches Verbrechen geschützt werden dürfe. Während der Vorarbeiten zum Gesetz war die Frage aufgeworfen worden, ob nicht jeder Fall politischen Mordes, also nicht bloß, wie gemäß der belgischen Attentatsklausel, Mord an Souveränen und deren Angehörigen, wie auch bestimmte andere schwerere Delikte von den von Auslieferung befreiten Delikten auszunehmen seien. Daß gewisse Deliktsarten so, einfach auf Grund ihrer objektiven Beschaffenheit, davon sollten ausgenommen sein, unter Umständen denen zugerechnet werden zu können, wegen welcher Auslieferung verweigert werden müßte, konnte man indessen nicht als gerechtfertigt ansehen. Überhaupt sah man sich außer stande, durch Beschreibung im Gesetz auszudrücken, welche Handlungen, ungeachtet ihrer politischen Farbe, Auslieferung veranlassen müßten. Die Beurteilung könne nicht nach der Art der Handlung erfolgen, sondern müsse unter Abwägen der Umstände geschehen, unter denen die Handlung begangen sei. Bei jeder besonderen Handlung sei dergestalt nach den Umständen im besonderen Falle zu entscheiden, welches ihr Hauptcharakter sei. Hiergegen lasse sich wohl einwenden, daß die Frage im Gesetz keine Lösung erhielte, sondern daß die Aufgabe von den Schultern des Gesetzgebers auf die des Richters geschoben würde; dies sei in diesem Falle aber das Richtige; der Gesetzgeber müsse hier dem Gerichte freien Spielraum geben; eine bestimmte Formel könne unmöglich alle die verschiedenen Fälle umfassen, in welchen die Wirklichkeit sich offenbare. In der Frage der belgischen Attentatsklausel wurde besonders angeführt, daß sie für die Schweiz infolge ihrer staatsrechtlichen Organisation eine einseitige Verpflichtung zugunsten des Mitkontrahenten mit sich bringen würde, da die Möglichkeit der Reziprozität auf Grund der Verhältnisse ja ausgeschlossen sei.

Aus der hier gegebenen Darstellung dürfte hervorgehen, welche Schwierigkeiten dem Unternehmen entgegenstehen, in zufriedenstellender Weise durch Gesetzesbestimmungen die Frage der Behandlung des relativ-politischen Delikts zu lösen. Mir erscheint es daher als das Zweckmäßigste, sich auf den Standpunkt des schweizerischen Gesetzes zu stellen und so dem Gerichte zu überlassen, unter Berücksichtigung (ledning) von Doktrin und Praxis im einzelnen Falle zu entscheiden, ob die Handlung als überwiegend politisch anzusehen sei oder nicht, mit der Folge, daß Auslieferung im ersten Falle verweigert, im zweiten dagegen bewilligt wird. Zu bemerken ist, daß die Praxis, die das schweizerische Bundesgericht befolgt, anscheinend in der Richtung geht, den objektiven Umständen bei der Verübung des Delikts eine entscheidende Bedeutung zuzuerkennen, so daß z. B. Mord aus politischer Rache oder ein Delikt (Mord oder Diebstahl), das im übrigen ohne Zusammenhang mit einem wirklichen Versuch begangen wurde, die bestehende politische Ordnung umzustoßen, nicht so angesehen worden ist, daß es Freiheit von Auslieferung im Gefolge haben dürfe.

Ob die belgische Attentatsklausel bei uns aufzunehmen sei, kann zweifelhaft erscheinen. Bei Annahme der objektiven Theorie ist es notwendig; denn da nach dieser Theorie jedes Attentat auf einen Suverän oder Staatschef als politisches Delikt begriffen werden muß, so würde die Folge sonst die werden, daß Täter solcher Verbrechen uneingeschränktes Asylrecht genössen und daß also das Leben von Suveränen und Staatschefs weniger als dasjenige privater Personen geschützt wäre. Aber die schweizerische Regel nötigt nicht zu unbedingter Auffassung solcher Delikte als politischer, und die Schweiz hat auch auf erfolgtes Ersuchen Auslieferung eines Königsmörders bewilligt. Da indessen diese Klausel nicht bloß in unserem, sondern auch in dem Auslieferungsrecht der meisten europäischen Staaten herkömmlich ist und da man gegen die mit der Klausel verfolgte Absicht kaum einen berechtigten Einwand anführen kann, so halte ich es für minder dienlich, diese Regel zu verlassen. Der besondere Grund, der nach dem eben Ausgeführten in den schweizerischen Motiven gegen die Annahme der Klausel speziell in der Schweiz angeführt worden ist, liegt ja hier nicht vor.

Auf Grund der Fassung, die man so im Entwurfe geglaubt hat der Regel über das politische Verbrechen geben zu müssen, ist dem Gericht in der Frage der Prüfung in diesem Teile eine Aufgabe von besonders schwerer und heikler Beschaffenheit übertragen worden. In der Schweiz kommt die Prüfung von Auslieferungsfragen dem Bundesgericht (dem höchsten Gerichte der Schweiz) zu, und es ist hervorgehoben worden, daß dieser Umstand es möglich machen könne, eine so unbestimmte Regel über das politische Verbrechen wie diejenige aufzunehmen, die das schweizerische Gesetz enthält. Bei uns die Entscheidung der Frage, ob ein politisches Delikt vorliege oder nicht, einem Untergerichte anzuvertrauen, erscheint mit Rücksicht hierauf so gut wie nicht ratsam. Daher hat man es als notwendig angesehen, hinsichtlich solcher Fragen von den sonst über das Verfahren in Auslieferungsangelegenheiten aufgestellten Regeln die Abweichung zu treffen, daß, wo solche Fragen aufgetaucht sind, das Rathausgericht in der Angelegenheit nur Untersuchung führen, die Prüfung aber dem Höchsten Gerichte zukommen soll.

§ 7. Betr. die Gründe für den Standpunkt, den der Entwurf in der Frage einnimmt, ob und in welcher Weise Beweis für die Schuld der reklamierten Person zu fordern sei, sei auf meine Ausführungen darüber in Verbindung mit der Darstellung des vorgeschlagenen Verfahrens hingewiesen. In § 7 werden dementsprechend Bestimmungen aufgenommen, welche Urkunden von seiten der fremden Macht in dieser Hinsicht beigebracht werden müssen. Die Verträge bedienen sich zur Bezeichnung der Urkunden, welche zur Erzielung einer Auslieferung nötig sind, verschiedener Ausdrucksweise; jedoch dürfte man die verschiedenen Arten der dort genannten Urkunden in der Weise des Entwurfs unter den Ausdrücken Urteilsentscheidung und Haftbefehl oder andere Beschlüsse, die nach dem Recht des fremden Staates die gleiche Wirkung wie ein solcher Befehl nach sich ziehen, zusammenfassen können.

Nach schwedischem Strafrechte kann wegen gewisser Delikte von niemand anders als vom Kläger oder anders als nach dessen Anzeige Anklage erhoben werden, und die Delikte können dergestalt nicht ohne seine Mitwirkung bestraft werden. Als Konsequenz des Hauptprinzips, daß Auslieferung nicht wegen Verbrechen erfolgen darf, die nach schwedischem Recht nicht strafbar sind, hat man geglaubt, als Bedingung der Auslieferung wegen Verbrechen, von denen hier die Rede, die Forderung aufstellen zu müssen, Beweise, betr. erfolgte Anzeige oder mindestens Erklärung des Anklägers, daß er Verfolgung des Delikts wünsche, beizubringen. Es ist zu erinnern, daß nur eine kleine Zahl von Deliktsarten von der hier angegebenen Beschaffenheit eine solche Strafe im Gefolge hat, daß nach § 4 ihretwegen Auslieferung in Frage kommen kann. § 8.

Der Umstand, daß hinsichtlich gewisser Delikte ein Strafanspruch vor schwedischem Gericht geltend gemacht werden kann, steht nach dem Entwurfe einer Auslieferung wegen dieser Verbrechen nicht im Wege. Ist aber schon vor Einlaufen des Auslieferungsersuchens zur Realisierung des Strafanspruches in Schweden Anklage erhoben worden oder ist sogar bereits ein Urteil hinsichtlich des Verbrechens ergangen, so darf offenbar Auslieferung nicht in Frage kommen. § 9.

Sollte, wenn das Delikt, wegen dessen um Auslieferung ersucht wird, nach schwedischem Rechte beurteilt würde, die Strafe wegen unserer Verjährungsregeln nicht vollzogen werden können, so darf nach dem Hauptprinzip des Verbots der Auslieferung wegen Verbrechen, die nach schwedischem Rechte nicht würden bestraft werden können, Auslieferung nicht bewilligt werden. In der Regel wird auch in unsere Verträge eine Bestimmung nach dieser Richtung aufgenommen.

Ist schwedischerseits gegen die reklamierte Person Strafanspruch wegen anderen Delikts als desjenigen geltend gemacht worden, wegen dessen um Auslieferung ersucht wird, so dürfte in der Regel keine Auslieferung stattfinden, bevor dieser Strafanspruch Gegenstand gerichtlicher Prüfung geworden und, wenn diese zur Verurteilung geführt hätte, ganz realisiert wäre. Unbedingtes Verbot der Auslieferung während schwebender Anklage in Schweden scheint jedoch nicht festgesetzt werden zu dürfen, es sei denn für den Fall, daß der Reklamierte wegen der Sache in Haft gehalten wird. § 10.

Indessen kann es bisweilen für den fremden Staat zu großer Ungelegenheit führen, wenn die Untersuchung hinsichtlich der fraglichen Person, betr. das im Auslande begangene Delikt, nicht abgehalten werden könnte, bevor die Strafe für das andere Delikt verbüßt ist, so vielleicht erst nach mehreren Jahren. In Verträgen pflegt daher in solchem Falle bewilligt zu werden, daß dem fremden Staate die Auslieferung des Täters auf so lange Zeit bewilligt wird, wie für die Führung der Untersuchung erforderlich ist, unter der Bedingung, daß er unmittelbar nach deren Abschluß dem anderen Staate wieder zugeführt wird, um die Strafe für das dort begangene Verbrechen anzutreten. Eine Bestimmung in dieser Hinsicht ist daher in dem § 10 des Entwurfs aufgenommen worden.

§ 11. Durch Auslieferung einer Person bezweckt der ausliefernde Staat, zu deren Bestrafung wegen eines oder mehrerer bestimmter Delikte mitzuwirken, die der Staat für strafwürdig ansieht, indessen nicht, sie dem anderen Staate zur Behandlung nach dessen freiem Ermessen zu überliefern. Hieraus dürfte in erster und letzter Linie folgen, daß der Staat, an den Auslieferung erfolgt ist, den Ausgelieferten nicht wegen anderer vor der Auslieferung begangener Delikte bestrafen darf als dessen oder derer, welche die Auslieferung veranlaßt haben. Dieser Satz ist auch vom Institut de droit international aufgestellt worden und findet sich auch in dem schweizerischen und dem norwegischen Gesetze wie auch in mehreren unserer neuesten Verträge. Gegen den Satz hat man freilich angeführt, daß er unnötig stark das Recht des Heimatstaates einschränke, seine eigenen Untertanen zu bestrafen, und daß er so ein unnötiges Eindringen in dessen Selbstbestimmungsrecht bedeute. Aber da die Regel eine gewisse Garantie gegen illoyales Vorgehen im Auslieferungswesen enthält, ist man der Ansicht, daß sie in das Gesetz als eine Bedingung aufgenommen werden muß, die bei Bewilligung der Auslieferung zu stellen ist. Würde nach der Auslieferung festgestellt werden, daß der Ausgelieferte vor der Auslieferung ein anderes Delikt begangen hat, so steht es ja dem Heimatstaate frei, bei dem anderen Staate das Ersuchen zu stellen, daß das Recht, den Ausgelieferten zu bestrafen, auch auf Geltung für das neuentdeckte Delikt ausgedehnt wird. Über die Behandlung solcher Ersuchen nimmt der Entwurf in den § 32 besondere Regeln auf. Was hier über das Recht, die ausgelieferte Person zu bestrafen, ausgeführt ist, muß deutlicherweise entsprechende Anwendung hinsichtlich des Rechts finden, sie an einen dritten Staat zur Bestrafung wegen älterer Delikte auszuliefern.

Wenn, wie es sehr oft der Fall ist, der Ausgelieferte Untertan des Staates ist, an den er ausgeliefert ist, so kann er auf Grund nunmehr allgemein geltender staatsrechtlicher Prinzipien nach Verbüßung der Strafe nicht aus dem Lande gewiesen werden. Hat er also vor der Auslieferung ein Delikt begangen, das nach dem Gesetze des Zufluchtsstaates nicht strafbar ist, so würde also der Heimatsstaat genötigt sein, ihn sich unbestraft im Lande aufhalten zu lassen. Mit Rücksicht hierauf wird im allgemeinen die Hauptregel dahin eingeschränkt, daß der Heimatsstaat wegen Verbrechen, wovon hier die Rede, in dem Falle strafen kann, daß der Ausgelieferte entweder selbst in einer Form, die als zufriedenstellend angesehen werden kann, zustimmt oder auch es unterläßt, binnen bestimmter Zeit das Land zu verlassen, seit er auf freien Fuß gesetzt ist. In den Entwurf ist eine entsprechende Bestimmung in einer Fassung aufgenommen worden, die im wesentlichen mit den Bestimmungen neuerer Gesetze und Verträge übereinstimmt.

Ebensowenig wie der Staat, an den die Auslieferung erfolgt ist, den Ausgelieferten wegen anderer als der besonders bezeichneten Delikte bestrafen darf, ebensowenig ist der Staat zur Anwendung der Gewalt berechtigt, die er durch die Auslieferung über die fragliche Person erlangt hat, um gegen sie andere Maßregeln zu ergreifen, die ihre Freiheit einschränken, etwa durch Verfügungen administrativer Art. Der Ausgelieferte muß also Anspruch darauf haben, sich frei außer Landes zu begeben, sobald der Zweck der Auslieferung erreicht ist. Indessen diese seine Freiheit von der Möglichkeit, seitens des Heimatstaates Maßregeln unterworfen werden zu können, darf offenbar wie im letztgenannten Falle nur für einen gewissen Zeitraum gelten.

Die in § 11 unter 3 aufgenommene Bedingung bezweckt zu verhindern, daß der Ausgelieferte vor ein besonders für den Zweck bestelltes Gericht oder einen anderen Gerichtshof gestellt wird, der nach den gewöhnlichen Regeln in der Frage der Anklage gegen ihn nicht zuständig sein würde (tribunal d'exception). Die Bestimmung hindert somit nicht, daß z. B. ein Militär vor ein militärisches Gericht oder ein Beamter, der ein Amtsverbrechen begangen hat, vor ein solches besonderes Gericht gestellt wird, das über solche Delikte zu urteilen hat. Der fragliche Satz ist vom Institut de droit international aufgestellt worden und findet sich im schweizerischen Gesetz wieder. Dagegen ist er nicht in einen unserer Verträge aufgenommen. In den schweizerischen Motiven wird zur Begründung dieser Regel hervorgehoben, daß Auslieferung auf dem Vertrauen in die Unparteilichkeit der urteilenden Instanzen des fremden Staates ruhe, daß aber dies Vertrauen nur für die ordentlichen Gerichte gelte, während die Einsetzung eines Ausnahmegerichtes für einen besonderen Fall notwendig den Verdacht der Parteilichkeit erwecke.

Die Bestimmung im letzten Absatz des § 11 dürfte einen notwendigen Zusatz zu den Regeln der dort genannten Gesetzesstellen bilden.

Für die Fälle, daß Auslieferung derselben Person von zwei oder mehreren Staaten verlangt wird, werden in den §§ 12 und 13 Regeln aufgestellt. Diese Regeln sind so abgefaßt, daß, zusammen mit der Angabe der Grundsätze, die als die notwendig leitenden angesehen werden, es dem Könige zu freier Entscheidung überlassen wird, unter Berücksichtigung besonderer Umstände von diesen Grundsätzen Abweichungen zu machen. Daß die Regeln hierüber so unbestimmt gehalten werden, dürfte umso mehr erforderlich sein, als in dem Auslieferungsrecht der einzelnen Staaten in der hier vorliegenden Hinsicht verschiedene Prinzipien herrschen, und

§§ 12 u. 13.

also der König in dieser Hinsicht nicht zu streng gebunden sein darf, damit der Abschluß von Verträgen nicht erschwert wird.

Hinsichtlich besonders des im § 12 aufgestellten Grundsatzes ist zu bemerken, wie schon im Vorhergehenden angedeutet, daß in verschiedenen unserer Verträge die Bestimmung steht, daß, wenn die reklamierte Person Untertan eines dritten Staates ist, der Staat, der um Auslieferung ersucht ist, die Regierung des Staates davon unterrichtet, dessen Untertan die Person ist, und auch berechtigt ist, nach seinem freien Ermessen zu entscheiden, an welchen Staat die Auslieferung stattfinden soll, wenn die Regierung (des Heimatstaates) Auslieferung der fraglichen Person an sich verlangt. Der Entwurf enthält zwar keine Vorschrift, daß für den vorliegenden Fall Mitteilung über ein gemachtes Ersuchen dem Staate zu machen sei, dessen Untertan die reklamierte Person ist; indessen legt natürlich (tydligen) der Entwurf kein Hindernis in den Weg, daß im einzelnen Falle — wie es bisweilen durch internationale Rücksichten als geboten angesehen werden könnte — solche Mitteilung dem Heimatstaate der reklamierten Person gegeben und daß in Erwartung des Einlaufens eines Ersuchens von dessen Seite die Angelegenheit aufgeschoben wird.

§ 14. Daß ein Ersuchen um Auslieferung auf diplomatischem Wege zu stellen ist, ist die allgemeine Regel im Auslieferungsrecht und ergibt sich übrigens schon aus der Bestimmung des § 1, daß Auslieferung nur auf Ersuchen der Regierung eines fremden Staates bewilligt werden dürfe. Daß für den Fall, daß der fremde Staat keinen diplomatischen Vertreter hier in Schweden unterhalten sollte, sondern seine diplomatischen Angelegenheiten hier von einem Konsul wahrgenommen werden, ein von diesem an das schwedische Auswärtige Amt gerichtetes Ersuchen angesehen werden soll, als sei es auf diplomatischem Wege erfolgt und erfülle so die im § 14 gestellte Forderung, stimmt mit internationalem Brauche überein.

§ 15. Sobald ein Auslieferungsersuchen beim Auswärtigen Amte eingelaufen ist und, wenn für nötig befunden, die Akten auf dessen Veranlassung vervollständigt sind, dürfte wie bisher die Angelegenheit dem Justizministerium zur Behandlung daselbst zu übergeben sein.

Ebenso wie gegenwärtig der Fall, scheint hiernach eine vorbereitende Prüfung der Angelegenheit vorgenommen werden zu müssen. Sofern nämlich aus den Akten direkt hervorgehen sollte, daß auf Grund gesetzlicher Bestimmungen Auslieferungshindernisse vorliegen, so bestände deutlicherweise keine Befugnis, Maßnahmen zur Verhaftung der reklamierten Person usw. vorzunehmen, da ja auf jeden Fall das Ergebnis des Ersuchens Ablehnung sein müßte. Obgleich, wenn kein solches Hindernis vorzuliegen scheint, im allgemeinen die Äußerung der reklamierten Person eingeholt werden muß, bevor die Angelegenheit zur Entscheidung in Behandlung genommen wird, dürfte doch in gewissen Fällen sofort in Erwägung zu ziehen sein, ob nicht Anlaß vorliege, das Ersuchen unmittebar abzulehnen, so, wenn es von einem Staate eingegangen ist, der in analogem Falle Auslieferung an Schweden verweigert hat, wenn ein Ersuchen um

Auslieferung derselben Person schon von einem anderen Staate eingegangen ist usw.

Bei dem Verhöre, das mit dem Verhafteten vor dem königlichen Befehlshabenden anzustellen ist, liegt es dem Befehlshabenden ob, in erster Linie zu untersuchen und, im Falle des Bestreitens, zu prüfen, ob der Verhaftete dieselbe Person sei, die mit dem Ersuchen des fremden Staates gemeint ist. Ergibt sich, daß eine falsche Person verhaftet ist, so hat der Befehlshabende des Königs natürlich, betr. ihre Freilassung, Verfügung zu treffen. Erachtet der Königliche Befehlshabende hingegen, ungeachtet Bestreitens der Verhaftung seitens des Verhafteten aus dem genannten Grunde, daß dieser die gesuchte Person sei, so ist nach dem Entwurfe die Angelegenheit dem Gerichte zu überweisen. § 17.

Im übrigen ist zu bemerken, daß man nicht erachtet, ein Bestreiten der Auslieferung müsse in jedem Falle die Überweisung der Sache an das Gericht veranlassen. Beruft sich nämlich der Verhaftete zur Begründung des Bestreitens auf einen Sachverhalt, der nach dem Gesetz kein Hindernis gegen Auslieferung bildet, z. B. daß zwischen dem fremden Staate und Schweden kein Auslieferungsvertrag geschlossen sei oder daß der Verhaftete, ungeachtet Vorliegens eines verurteilenden Urteils, sich des Delikts nicht schuldig gemacht habe, wegen dessen um Auslieferung ersucht wird, so scheint es nicht erforderlich zu sein, ein Gericht sich über die Frage äußern zu lassen. Da auch die in den §§ 12 und 13 behandelten Fragen zweckmäßigerweise der Entscheidung des Gerichts nicht zu überlassen sein dürften und dessen Eingreifen kaum nötig zu sein scheint, um das Vorliegen des faktischen Hindernisses zu konstatieren, das im § 10 genannt wird, so kommt nur die Entscheidung der Frage, ob Hindernisse nach §§ 2—9 vorliegen, dem Gerichte zu, und die Angelegenheit ist somit dem Gerichte nur zu überlassen, wenn Einwendungen auf einen dieser Paragraphen gestützt werden.

Mit Rücksicht darauf, daß also der Grund des Bestreitens für die weitere Behandlung der Sache entscheidend wird (ein Standpunkt, der mit dem des schweizerischen Gesetzes übereinstimmt), ist erachtet worden, daß der Verhaftete berechtigt sein müsse, schon beim Verhör vor dem königlichen Befehlshabenden sich Beistandes zu bedienen. Hat der Verhaftete sich nicht selbst Beistand verschaffen können, so hat der königlche Befehlshabende auf Antrag eine dazu geeignete Person zu bestimmen. Diese soll für ihren Beistand Recht auf Vergütung aus öffentlichen Mitteln haben. Hinsichtlich des Satzes der Vergütungsbestimmung erscheint keine Bestimmung im Gesetz erforderlich; vielmehr dürfte die Frage auf administrativem Wege geordnet werden können.

Zur Frage des Grundes der Regel des § 18 Abs. 1 wird auf die obigen Ausführungen darüber unter § 6 verwiesen. § 18.

Hinsichtlich der Behandlung von Auslieferungsangelegenheiten durch das Rathausgericht geht der Entwurf davon aus, daß dabei in der Hauptsache wie bei der wegen eines Verhafteten zu führenden Unter- § 19.

suchung zu verfahren sei, daß also die Verhandlung mündlich und in der Regel öffentlich zu sein habe, daß der Verhaftete, berechtigt sei, sich Beistandes zu bedienen usw.

Daß das Interesse des fremden Staates bei der Behandlung der Angelegenheit von einer Person wahrgenommen werden muß, scheint klar zu sein. Es ist indessen nicht als dienlich und notwendig angesehen worden, den fremden Staat von einem Sachwalter vertreten werden zu lassen, den er selber auswählt, sondern nach dem Entwurfe soll, übereinstimmend mit dem norwegischen Gesetze, die Sache des fremden Staates von einem schwedischen Staatsanwalte (aklagare) geführt werden, der vom königlichen Befehlshabenden bestellt wird. Ein Hindernis für den Staatsanwalt, hinsichtlich der Behandlung der Angelegenheit sich direkt mit Behörden des fremden Staates in Verbindung zu setzen, dürfte nicht aufzustellen sein.

§ 21. Hat das Rathausgericht das Vorhandensein von Hindernissen gegen die Auslieferung festgestellt, so soll nach § 21 der Verhaftete dennoch in Haft bleiben, bis der Ausspruch Rechtskraft gewinnt. Würde nämlich der Verhaftete in solchem Falle frei gelassen, so würde das Recht, gegen den Ausspruch Beschwerde einzulegen (öfverklaga utslaget), praktisch gesehen von geringem Werte sein. Da die Beschwerdefrist besonders kurz bemessen ist und da für den Fall, daß kein Anlaß zur Einlegung einer Beschwerde gegen den Ausspruch gefunden wird, der Staatsanwalt durch Abgabe der Erklärung gemäß § 24, daß er sich mit dem Ausspruche zufrieden gebe, diesem Rechtskraft geben kann, so scheint irgend ein schwereres Bedenken gegen die hier behandelte Bestimmung nicht geltend gemacht werden zu können.

§ 22. Mit Rücksicht auf die Erwünschtheit eines schnellen Verfahrens in Auslieferungsangelegenheiten darf gegebenenfalls als Regel besondere Klage gegen den Beschluß nicht geführt werden können, der bei der Behandlung der Angelegenheit vom Rathausgericht ausgesprochen ist. Betrifft der Beschluß aber Fragen der Vergütung an Zeugen, Staatsanwalt, Beistand oder andere, also Fragen, die für den Fortgang der Angelegenheit keine Bedeutung besitzen, so liegt kein solcher Anlaß vor, von den sonst geltenden Regeln abzuweichen. Beschwerde gegen Beschlüsse der hier genannten Art dürfte ebenso wie Beschwerde in der Hauptsache direkt beim Könige zu führen sein; doch scheinen im übrigen die gewöhnlichen Regeln über Beschwerden gegen Beschlüsse des Untergerichts entsprechend zur Anwendung gelangen zu müssen.

§§ 23 –25. Um eine schnelle Behandlung von Auslieferungsangelegenheiten zu erreichen, ist man der Ansicht gewesen, daß das Verfahren bei Abgabe von Beschwerde und Erklärung zweckmäßigerweise ganz und gar vor den königlichen Befehlshabenden verlegt werden könne; die Beschwerde- und Erklärungsfristen sind darum besonders kurz angesetzt worden.

§ 28. Hat ein Gericht in endgültigem Beschlusse ausgesprochen, daß gegen die verlangte Auslieferung Hindernisse bestehen, so ist damit entschieden, daß das Ersuchen nicht bewilligt werden kann, und der König hat im Staatsrat einen hiermit übereinstimmenden Beschluß zu verkünden.

Ist dagegen die Sache einem Gerichte nicht überwiesen gewesen oder hat das Gericht, wenn die Sache ihm vorlag, gefunden, daß Hindernisse im Sinne des § 18 nicht im Wege stehen, so hat der König eine Prüfung der Angelegenheit vorzunehmen. Im ersten Falle dürfte diese Prüfung in erster Linie die Frage umfassen müssen, ob nach dem Gesetz der Auslieferung Hindernisse im Wege stehen, somit hauptsächlich dieselbe Prüfung, welche im Falle von Einwänden dem Gericht gebühren würde. Denn es muß dem Könige obliegen, ex officio die Bestimmungen zu beachten, welche Hindernisse gegen Auslieferung aufstellen, und es muß so, wenn es offenbar ist, daß sicher (vist) Hindernisse vorliegen (z. B. es ist klargestellt, daß der Verhaftete schwedischer Bürger ist), das Auslieferungsersuchen abgelehnt werden, selbst wenn kein Einwand gegen die Auslieferung erhoben worden ist. Ist hingegen die Sache dem Gericht überwiesen gewesen, so dürfte nur Anlaß für den König vorliegen, das Vorhandensein von Hindernissen in anderen als den Hinsichten der §§ 2—9 zu prüfen. In beiden hier angegebenen Fällen hat der König außerdem, soweit nicht gemäß Verträgen Verpflichtung zur Auslieferung vorliegt, Prüfung zu bewerkstelligen, ob nicht — obwohl Hindernisse aus den Bestimmungen des Gesetzes nicht vorhanden sind — Auslieferung aus speziellen Gründen, besonders Billigkeitsrücksichten gegen den Verhafteten, dennoch verweigert werden muß (s. oben S. 183). Diese Prüfung umfaßt dieselben Fragen, die nach § 15 schon in dem dort fraglichen Stadium zu einer vorbereiteten Prüfung aufgegriffen werden müssen, und kann natürlich auf Grund des reichhaltigeren Materials, das nach dem Verhöre zu Gebote steht, anders als die ebengenannte ausfallen.

Daß der fremde Staat nicht beliebig lange mit der Abholung der Person zögern darf, deren Auslieferung bewilligt ist, sondern daß die Abholung innerhalb gewisser Zeit erfolgen muß, auf die Gefahr hin, daß der Verhaftete auf freien Fuß gesetzt wird, ist eine Regel, die im Auslieferungsrechte allgemein gilt. Diese Zeit scheint im allgemeinen einen Monat nicht übersteigen zu dürfen; aber da ja Auslieferungsersuchen von entlegenen transozeanischen Ländern kommen können, so muß sich die Möglichkeit finden, die Zeit bedeutend länger festzusetzen.

Damit nicht das Recht, die Auslieferung geflüchteter Verbrecher zu **§ 29.** erlangen, infolge der entwickelten Kommunikationsmöglichkeiten der Gegenwart illusorisch gemacht werden könne, muß natürlich ein Ausweg gefunden werden, um die Verhaftung einer geflüchteten Person zu ermöglichen, schon bevor ein förmliches Auslieferungsersuchen gestellt und geprüft werden konnte. Nach allen neueren Auslieferungsgesetzen und Verträgen wird auch bewilligt, daß auf besonderes Ersuchen Personen provisorisch verhaftet werden können, bevor noch die sonst bestimmten Formalitäten erfüllt sind, und in manchen Verträgen ist die Möglichkeit vorgesehen, daß solche Ersuchen von Polizeibehörden des einen bei denen des anderen Staates gestellt werden. Solche Regeln über provisorische Verhaftung sind darum in § 29 aufgenommen worden.

Ist ein Ersuchen um provisorische Verhaftung auf diplomatischem Wege eingelaufen, so dürfte mit Rücksicht auf den provisorischen Charakter der Prüfung, welche Platz greifen soll, wie auch auf die Notwendigkeit von Schleunigkeit die Prüfung zweckmäßig dem Außenminister anzuvertrauen sein.

Sofern auf Grund besonderen Ersuchens in gewissen Fällen Verhaftung erfolgt ist, muß eventuell der fremde Staat verpflichtet sein, innerhalb einer nicht zu lang bemessenen Zeit die eigentliche Auslieferungsangelegenheit in Gang zu setzen. Da diese Zeit füglich nicht für alle Fälle gleich lang angesetzt werden kann und so sich im Gesetze nicht fixieren läßt, so muß, wenn eine bestimmte Zeit nicht in einem Vertrage mit dem fremden Staate angegeben ist, die Zeit für jeden besonderen Fall bestimmt werden. Mit Rücksicht darauf, daß die Bestimmung einer solchen Frist ja nur eine vorbereitende Maßnahme in der Auslieferungsangelegenheit bedeutet, scheint es beim Außenminister liegen zu müssen, die Frist festzusetzen.

§ 30. In gewissen Fällen, besonders wenn es sich um zu internationalen Verbrecherliguen gehörende Verbrecher handelt, pflegen die Polizeibehörden des Staates, in dem das Delikt begangen ist, die Polizeibehörden in anderen Ländern über die Einleitung einer Verfolgung [1]) zu unterrichten. Für einen solchen Fall ist, entsprechend dem, was nach gewissen Auslieferungsgesetzen gilt, eine Bestimmung als notwendig angesehen worden, daß, wenn der verfolgte (efterlyste) Verbrecher hier im Reiche angetroffen wird, die Polizei ihn verhaften kann, auch ohne daß nur ein direktes Ersuchen darum gestellt worden wäre. In Übereinstimmung mit den Regeln des § 29 muß eventuell gelten, daß der fremde Staat, der durch Vermittlung des Auswärtigen Amtes Mitteilung von der Verhaftung erhalten soll, in bestimmter Frist ein entsprechendes Ersuchen um Auslieferung des Verhafteten zu stellen hat.

§ 31. Im Auslieferungsrechte gilt es als allgemeine Regel, daß, wenn jemand ausgeliefert wird, mit ihm auch die Gegenstände übergeben werden, die er bei der Verhaftung in seinem Besitze hatte und derer man durch das Delikt habhaft geworden ist oder die sonst Beweismittel gegen ihn ausmachen. Da indessen denkbar ist, daß während seines Aufenthaltes hier im Reiche eine andere Person ein Recht auf diese Gegenstände erworben hat und da es dieser natürlich durch die Übergabe an den fremden Staat schwerer werden würde, ihr Recht darauf geltend zu machen, so scheint der König bei gegebenem Anlaß bei dem Beschluß, betr. die Übergabe der Gegen-

---

[1]) om skedd efterlysning; »efterlya« heißt insbesondere auch »steckbrieflich verfolgen«, »efterlysning« auch »Steckbrief«. Es ist mir jedoch zweifelhaft, ob hier wie auch in den §§ 19 Abs. 3, 20 Abs. 1 NoAuslG. und § 18 Abs. 1 FiAuslG. und in den entsprechenden Stellen der Motive die engere Bedeutung gemeint ist.

stände, einen solchen Vorbehalt machen zu müssen, z. B. betr. deren Rückgabe an Behörden in Schweden nach Abschluß der Untersuchung, damit die genannte Person durch den berührten Beschluß nicht in eine ungünstigere Stellung gelangt, als wenn die Gegenstände hier geblieben wären.

Nach § 11 kann, wenn Auslieferung wegen eines oder mehrerer bestimmter Verbrechen bewilligt ist und danach befunden wird, daß der Ausgelieferte andere Delikte begangen hat, der fremde Staat ein besonderes Ersuchen stellen, um ihn wegen dieses Deliktes unter Anklage stellen oder bestrafen oder an einen dritten Staat ausliefern zu können. Über ein solches Ersuchen wird im § 32 bestimmt. Als Konsequenz der Regeln über Auslieferung dürfte sich ergeben, daß Bewilligung in der hier fraglichen Hinsicht nur erteilt werden darf, wenn das Verbrechen von der Beschaffenheit ist, daß Auslieferungshindernisse wegen desselben nicht bestehen würden; doch ist man hierbei der Ansicht, es müsse die Ausnahme gemacht werden, daß Beweis für die Schuld des Ausgelieferten in keinem Falle Bedingung der Bewilligung des Ersuchens sein soll. **§ 32.**

Da solche Bewilligung nicht nötig ist, wenn der Ausgelieferte selbst zustimmt, daß Anklage wegen des neuen Delikts erhoben oder daß er an einen dritten Staat ausgeliefert wird (s. § 11), und also, wenn ein Ersuchen erfolgt, es so angesehen werden muß, als habe der Ausgelieferte der Bewilligung widersprochen, so wird Bewilligung nicht stattfinden dürfen, wenn nicht ein Gericht geprüft hat, ob gesetzlich Hindernisse gegen die Bewilligung vorliegen oder nicht; und es erscheint, mit Rücksicht besonders darauf, daß mündliche Verhandlung ja nicht in Frage kommen kann, als das angemessenste, diese Prüfung dem Höchsten Gericht zu übertragen.

Auch die Hilfe zur Bestrafung eines geflüchteten Verbrechers, welche in der Bewilligung eines Staates zum Transport über sein Territorium besteht, ist sehr oft Gegenstand der Regelung in Verbindung mit dem Auslieferungsrechte. Die Bestimmungen hierüber dürften jedoch nicht weiter, als im § 33 geschehen, ausgestaltet werden. **§ 33.**

Hinsichtlich der in den § 34 unter 1 aufgenommenen Bestimmung kann ich auf das unter § 4 oben Angeführte verweisen. **§ 34.**

Dieselben Gründe, die für die hier berührte Ausnahmebestimmung sprechen, dürften auch eine Ausnahme von der in den § 32 aufgenommenen Regel zu veranlassen haben, so daß, wenn Auslieferung bewilligt wird, der Staat, an den sie erfolgt ist, Genehmigung erhalten kann, den Ausgelieferten auch für solche geringeren Delikte zu bestrafen, die nach § 4 keine Auslieferungsverbrechen sind.

Die in den § 35 aufgenommene Bestimmung, betr. die Kosten in Auslieferungssachen, steht mit den gewöhnlichen internationalen Regeln und mit den Erfordernissen der Natur der Sache in Einklang. Es darf hinzugefügt werden, daß im allgemeinen gemäß den Auslieferungsverträgen und auch im Verhältnis zu den Staaten, mit denen solche nicht abgeschlossen sind, auf Grund ausdrücklichen oder stillschweigenden Übereinkommens **§ 35.**

die Staaten voneinander solche Kosten nicht einfordern. Ausnahmen bilden unsere Verträge mit England und mit den Vereinigten Staaten von Amerika, nach denen die Kosten, die in Auslieferungssachen entstehen, im wesentlichen von dem Staate bestritten werden sollen, der um die Auslieferung ersucht hat.

§ 36. Nach § 36 sollen die Bestimmungen des Entwurfs nicht Ersuchen um Zurückführung von Seeleuten betreffen, die den Dienst verlassen haben. Diese Maßregeln, hinsichtlich derer Vereinbarungen in Handels- und Schiffahrtsverträgen oder anderen Konventionen eingegangen zu werden pflegen, dienen im wesentlichen zur Erzwingung der Erfüllung von zivilen Verpflichtungen, also einem anderen Zwecke als solche Auslieferung, auf die sich das vorgeschlagene Gesetz bezieht. In mehreren Ausliefrungsgesetzen sind wegen solcher Ersuchen auch ausdrücklich Ausnahmen gemacht worden.

Best. betr. das Inkrafttreten. Wie schon im vorhergehenden angedeutet, widersprechen die Bestimmungen des Entwufs in verschiedenen Hinsichten gegenwärtig bestehenden Verträgen. So ist u. a. zu bemerken, daß in gewissen Verträgen Auslieferung wegen Verbrechen, jedoch äußerst wenigen, bewilligt wird, die nach § 4 Auslieferung nicht würden veranlassen können, daß kein Vertrag als Auslieferungsbedingung in den Fällen des § 8 die Forderung auf Beibringung der dort genannten Dokumente aufstellt, wie auch, daß im allgemeinen nach den Verträgen bei Auslieferungsbewilligungen keine so strengen Bedingungen wie die in den § 11 aufgenommenen aufgestellt werden können. Hinsichtlich besonders der Regeln, betr. Verbot der Auslieferung wegen politischer Verbrechen, dürfte aus dem Vorhergehenden folgen, daß eine Beurteilung, ob die Abfassung der Bestimmungen des Entwurfs in dieser Hinsicht dem Verbote der Auslieferung einen größeren Umfang gibt, als es nach den Bestimmungen der Fall ist, die hierüber in die Verträge aufgenommen worden sind, oder umgekehrt, sich kaum bewerkstelligen läßt. Mit Rücksicht hierauf könnte der Gedanke sehr nahe liegen, daß die Annahme des Gesetzes Kündigung aller unserer Verträge nach sich ziehen müßte. Indessen ist zu bemerken, daß, wenn auch, prinzipiell gesehen, die Bestimmungen, betr. die Behandlung politischer Verbrechen, gewisse Wichtigkeit besitzen, diese Bestimmungen in der Praxis äußerst selten zur Anwendung gelangen und daß es dergestalt nicht in einem einzigen Falle vorgekommen sein dürfte, daß bei Auslieferung an einen Staat, mit dem Schweden einen Vertrag eingegangen ist, die Einwendung gemacht worden wäre, es läge ein politisches Delikt vor. Bei solchem Sachverhalte dürfte der Umstand, daß zwischen den Verträgen und dem Gesetz in der hier berührten Hinsicht eine Diskrepanz bestehen könnte, keine zureichende Begründung für eine so gewaltsame Maßnahme wie die Annullierung aller unserer Auslieferungsverträge abgeben. Auch die übrigen genannten Unterschiede sind nicht von der Bedeutung, daß sie unmittelbare Kündigung irgend eines Vertrage dürften nach sich ziehen müssen.

Gemäß diesen Ausführungen wird darum die Einschränkung für die

Geltung des Gesetzes vorgeschlagen, daß, wenn nach einer Bestimmung eines Vertrages, der zur Zeit des Inkrafttretens des Gesetzes in Kraft steht, Verpflichtung zur Auslieferung in einem Falle besteht, wo nach dem Gesetze Hindernisse vorliegen, oder sonst eine Bestimmung eines solchen Vertrages mit denen dieses Gesetzes in Streit steht, die Bestimmung zur Nachachtung gereichen soll. Dies bedeutet, daß Auslieferungshindernisse als nicht vorliegend angesehen werden sollen, sofern ein jetzt geltender Vertrag Auslieferung in Fällen vorschreiben würde, wo das Gesetz sie nicht zuläßt; es muß also das Gericht in solchem Falle bei seiner Prüfung, ob Hindernisse gegen Auslieferung vorhanden sind, von der Bestimmung des Vertrages ausgehen.«

Der Vortragende verlas hiernach den fraglichen Gesetzentwurf, betr. Auslieferung von Verbrechen, in dem Wortlaute, den die Anlage dieses Protokolls ausweist, und stellte anheim, das Gutachten des Gesetzgebungsrates über den Entwurf zu dem Zweck, den § 87 der Regierungsform [1]) nennt, durch Auszug aus dem Protokoll einzuholen.

Zu diesem von den übrigen Mitgliedern des Staatsrates gebilligten Anheimstellen geruhte Seine Majestät der König, seine Zustimmung auszusprechen.

Für das Protokoll:
Israel Myrberg.

(Auf diesen Auszug aus dem Protokoll des Staatsrates folgt in der Proposition Nr. 50 als Anlage der Gesetzentwurf des Justizministeriums von 1912, sodann der in dem Referate des Justizministers (oben S. 184) genannte Bericht über das Auslieferungsverfahren in fremden Staaten, der im folgenden in Übersetzung mitgeteilt wird.)

Anlage.

Bericht über die Grundzüge des Verfahrens in Auslieferungsangelegenheiten in gewissen fremden Staaten.

Allgemein findet sich im Auslieferungsrechte eine Bestimmung, daß Ersuchen um Auslieferung auf diplomatischem Wege zu erfolgen haben. Das Auslieferungsverfahren beginnt also damit, daß seitens des einen Staates durch dessen Gesandtschaft oder Konsul an den Außenminister des anderen Staates ein Ersuchen gerichtet wird, Nachforschungen nach einer bestimmten angegebenen Person anzustellen und diese zu verhaften zwecks Auslieferung wegen eines Verbrechens, das in einem Haftbefehl oder einem anderen dem Ersuchen beigefügten Aktenstück näher beschrieben

[1]) S. o. S. 177.

wird. In einigen Ländern kann auf Grund ausdrücklicher Bestimmungen oder ausgebildeter Praxis, sofern besonders schleunige Maßnahmen erfordert werden, um Verfolgung und provisorische Verhaftung eines Verbrechers direkt bei der Polizei des Zufluchtsstaates entweder durch die zuständige Polizeibehörde oder durch einen Konsul ersucht werden. In diesen Fällen tritt die diplomatische Wirksamkeit erst in einem späteren Stadium ein, d. h. wenn der Flüchtling schon verhaftet ist.

Insofern ist in allen europäischen Staaten das Verfahren gleichgeartet; hinsichtlich des späteren Verfahrens werden indessen in den einzelnen Ländern verschiedene Regeln angewendet. Man dürfte zwecks Anschaulichkeit dieselben in drei verschiedene Hauptsysteme zusammenfassen können, nämlich das rein administrative, das britisch-amerikanische und das gemischte System.

Das erstgenannte System herrscht außer in Schweden in Dänemark, Portugal, Spanien und den meisten deutschen Staaten usw. Das Verfahren ist in seinen allgemeinen Zügen in diesen Ländern gleichgeordnet. Zwar finden sich einige Verschiedenheiten; z. B. ist in Portugal und Spanien die ganze Prüfung einer Auslieferungsfrage dem Außenminister anvertraut, aber sonst werden in der Hauptsache die allgemeinen Prinzipien angewendet, die in Preußen gelten, weshalb dies System auch das preußische genannt zu werden pflegt. Unten wird darum nur über das preußische System berichtet.

Im schärfsten Gegensatze zum administrativen steht das britisch-amerikanische System, welches, wie der Name andeutet, in Groß-Britannien und den Vereinigten Staaten von Amerika angewendet wird. Es zeichnet sich hauptsächlich dadurch aus, daß, sofern nicht ein nach kontradiktorischem Verfahren gegen die gesuchte Person erlassenes Urteil vorliegt, diese im Falle des Bestreitens allein ausgeliefert werden darf, soweit ein Gericht im Zufluchtsstaate durch Prüfung festgestellt hat, es liege so starker Beweis gegen sie vor, daß sie, sofern das Delikt, welches ihr zur Last gelegt wird, im Zufluchtsstaate verübt worden wäre, dessen Gerichten zur Untersuchung überwiesen werden würde.

Zu Ländern mit gemischtem System werden Belgien, Italien, Luxemburg, die Niederlande, Norwegen, Rußland, die Schweiz und Österreich gerechnet, und außerdem pflegt auch Frankreich hierher gerechnet zu werden. Diese Länder nehmen auf dem Gebiete des Auslieferungswesens eine Mittelstellung zwischen dem rein administrativen und dem britisch-amerikanischen System ein, machen aber keine einheitliche Gruppe aus, sondern wenden oft wesentlich verschiedene Regeln an. Im allgemeinen haben sie jedoch miteinander gemein, daß gerichtliche Mitwirkung in einer oder der anderen Form bei der Behandlung von Auslieferungsfragen in Anspruch genommen werden kann. So ist es jedoch nicht in Frankreich, und es steht also in der Tat das französische Verfahren am meisten mit dem rein administrativen in Übereinstimmung. Die wesentlichsten Verschiedenheiten im übrigen beziehen sich teils auf die Frage, welche Bedeutung der gerichtlichen Äußerung beigelegt wird, und teils auf die Frage, in welchem Maße die Schuld der reklamierten Person geprüft wird.

Folgende europäische Staaten haben durch besondere Gesetze das Extraditionsverfahren geordnet: Belgien durch Gesetz vom 15. März 1874, Groß-Britannien durch Gesetz vom 9. August 1870, geändert in den Jahren 1873 und 1895, Luxemburg durch Gesetz vom 13. März 1870, die Niederlande durch Gesetz vom 6. April 1875, geändert am 15. April 1886, die Schweiz durch Gesetz vom 22. Januar 1892 und Norwegen durch Gesetz vom 13. Juni 1908. Außerdem haben Italien, Rußland und Österreich in ihre Strafprozeßgesetze Bestimmungen, betr. das Verfahren in Auslieferungssachen, aufgenommen. In den Vereinigten Staaten von Amerika ist das Auslieferungswesen ebenfalls durch Gesetz geordnet.

A. Das administrative System.

Preußen[1]).

Sobald auf diplomatischem Wege ein Auslieferungsersuchen beim Auswärtigen Amte eingelaufen ist, ersucht dieses, sofern nicht zugleich mitgeteilt ist, daß der Verbrecher auf direktes Ersuchen der betreffenden Behörde verhaftet worden sei, den Polizeipräsidenten in Berlin und die betreffenden Regierungspräsidenten um Maßnahmen zur Ergreifung des Flüchtlings. Nach solcher Befassung mit der Angelegenheit übergibt das Außenministerium die Akten dem Minister des Innern, der die Angelegenheit an den Regierungspräsidenten an dem Orte sendet, wo die Ergreifung erfolgt ist; dieser hat die Nationalität des Flüchtlings zu untersuchen. Daneben obliegt es dem betreffenden Staatsanwalt (vederbörande allmänna åklagare), einen Bericht zu erstatten, besonders im Hinblick auf ein möglicherweise gegen ihn in Deutschland anhängig gemachtes Strafverfahren. Sobald der Bericht der Staatsanwaltschaft eingegangen ist, stellt der Regierungspräsident sämtliche Akten zusammen mit einem eigenen Gutachten dem Innenminister wieder zu, der sich in der Sache mit dem Justizminister berät. Wenn diese beiden keine Hindernisse gegen die Auslieferung feststellen und auch das Auswärtige Amt bei der Behandlung der Sache keine Bedenken gegen die Bewilligung des gestellten Ersuchens hegt, beauftragen die beiden ersten in gemeinsamem Schreiben den Regierungspräsidenten, Anstalten wegen der Auslieferung zu treffen, und außerdem teilt das Auswärtige Amt der ausländischen Regierung mit, daß die Auslieferung bewilligt sei. In dem erwähnten Schreiben erhält der Regierungspräsident das Ersuchen, auf telegraphischem Wege direkt das Auswärtige Amt über den Zeitpunkt der Ankunft des Verhafteten am Übergabeorte zu unterrichten, so daß das Auswärtige Amt die betreffende Gesandtschaft davon in Kenntnis setzen kann.

[1]) s. die Bem. oben S. 92 Anm. 2.

B. Das britisch-amerikanische System.

Großbritannien.

Sobald der Gesandte des betr. Landes beim Staatssekretär des Auswärtigen unter Beifügung von Haftbefehl oder anderen Urkunden, die die Beschaffenheit des begangenen Deliktes ausweisen, um Verhaftung des Verbrechers zwecks Auslieferung ersucht hat, übergibt der Staatssekretär die Akten dem Staatssekretär des Innern. Wenn dieser findet, daß das fragliche Delikt ein politisches Delikt sei, wegen dessen Auslieferung nicht bewilligt wird, so kann das Ersuchen ohne weiteres abgelehnt werden. Im entgegengesetzten Falle übergibt er sämtliche Aktem dem Chief Magistrate of the Metropolitan Police Court in London, der den Haftbefehl auszufertigen hat, sofern er nach den Akten findet, daß das Delikt geeignet sei, die Verhaftung des Flüchtlings im Gefolge zu haben, wenn es in England begangen wäre. Wird dieser nachher innerhalb der Vereinigten Königreiche verhaftet, so wird er vor das genannte Polizeigericht gestellt, welches, sofern nicht ein in dem um Auslieferung ersuchenden Lande nach kontradiktorischem Verfahren erlassenes Urteil vorliegt, entscheidet, ob so starker Beweis gegen den Angeklagten vorgebracht sei, daß dieser, wäre das Delikt in England begangen, zur Hauptverhandlung vor der Jury gestellt werden würde, und im übrigen prüft, ob Auslieferung im vorliegenden Falle gesetzlich stattfinden kann. Wenn indessen die Gesundheit des Verhafteten seine Fortbringung von dem Orte der Verhaftung nicht zuläßt, so kann der Staatssekretär ein anderes Gericht für die Behandlung der Angelegenheit bestimmen. Bei der Verhandlung, die vor dem Gerichte geführt wird, kann der Angeklagte selbst oder durch Sachwalter auftreten, wie auch der um Auslieferung ersuchende Staat durch Sachwalter vertreten werden kann.

Wenn diese vor dem Gericht bewerkstelligte Untersuchung zeigt, daß das Delikt von der Beschaffenheit, wie oben gesagt, sei, so wird dem Staatssekretär des Innern mit Protokollauszug über die Verhandlungen ein Gerichtsbeschluß zugestellt, der ausweist, daß ein Grund, die Auslieferung zu verweigern, sich nicht finde. Liegt gegen den Verhafteten ein nach kontradiktorischem Gerichtsverfahren erlassenes Urteil vor, so findet keine solche Prüfung des Beweismaterials statt, sondern das Gericht erläßt sofort Beschluß. Der Verhaftete wird von dem Gerichtsbeschlusse unterrichtet und kann innerhalb 15 Tagen Beschwerde beim High Court of Justice einlegen. Wenn das Polizeigericht dagegen den Beweis für nicht erbracht erachtet, so wird der Verhaftete frei gelassen, worüber der Staatssekretär zwecks Unterrichtung des betr. Staates Mitteilung erhält.

Der Staatssekretär des Inneren ist indessen nicht unbedingt an den oben genannten Beschluß des Polizeigerichts gebunden. Er kann so zwar die Auslieferung des Flüchtlings nicht bewilligen, gegen den das Gericht den Beweis nicht für erbracht erachtet hat, aber es hindert ihn nichts, im entgegengesetzten Falle die Auslieferung zu verweigern. Sobald die

Beschwerdefrist abgelaufen ist, ohne daß Beschwerde eingelegt wäre, oder sofern erfolgt, der Beschluß des Polizeigerichts vom Appellationsgericht bestätigt ist, veranlaßt der Staatssekretär, sofern er keinen Grund findet, das Auslieferungsersuchen abzulehnen, daß der Angeklagte der betreffenden Behörde des Staates übergeben wird, der in der Angelegenheit das Ersuchen gestellt hat, und es muß die Übergabe innerhalb 2 Monate seit Ergehen des Gerichtsbeschlusses erfolgen.

Vereinigte Staaten von Amerika.

Das Verfahren beginnt damit, daß der diplomatische oder konsularische Beamte, der von seiner Regierung die Aufforderung erhalten hat, um Verhaftung einer gesuchten Person zu ersuchen, deswegen sich an den Staatssekretär, den betr. Richter oder anderen Beamten wendet, der befugt ist, solche Angelegenheiten zu behandeln, und ihm eine Anklageschrift vorlegt, des Inhalts, daß zufolge gehörig mitgeteilter Unterrichtung die Person, deren Auslieferung verlangt wird, in dem um Auslieferung ersuchenden Staate ein Delikt begangen habe, wegen dessen vertragsmäßig Auslieferung bewilligt werden könne, ferner, daß der Verbrecher sich vermutlich nach den Vereinigten Staaten begeben habe. In dieser Erklärung, die in ein Ersuchen um Verhaftung ausmündet, müssen weiter so genau als möglich alle Einzelheiten des Delikts angegeben werden, Zeit und Ort desselben, wie auch die übrigen Umstände, die für die Frage der Prüfung der Auslieferung des Verbrechers von Wirkung sein könnten; Abschrift der Urkunden muß beigefügt sein, auf die das Ersuchen gegründet wird. Die Anklageschrift ist von der Person, welche dieselbe abgibt, zu beeidigen. Wird der Eid vor dem Staatssekretär abgelegt, so erwirkt dieser eine Verordnung des Präsidenten der Vereinigten Staaten für die entsprechende Behörde, Maßnahmen wegen der Verhaftung des Flüchtlings und Stellung zur gesetzmäßigen Untersuchung zu treffen. Wird hingegen der Eid vor dem Richter oder einem anderen besonders ermächtigten Beamten abgelegt, so nimmt dieser, sofern er es billig findet, sofort Maßnahmen zur Verhaftung und Stellung des Flüchtlings zum Verhör vor. Nach der Verhaftung wird er zum Verhör vor das Gericht gestellt, innerhalb dessen Gebietes der Haftbefehl ausgefertigt ist. Bei diesem Verhör kann er Beistand in Anspruch nehmen. Der betr. Gesandtschaftschef oder Konsul muß, selbst oder durch Vertreter, dabei zugegen sein sowie Beweise für das Delikt vorlegen und seine Anträge stellen. Ist der Eid vor dem Staatssekretär abgelegt, so ist er bei dem Verhör vor dem Richter zu erneuern. Wie sich aus dem Bisherigen ergibt, findet sich im Gegensatz zu Großbritannien für die Behandlung von Auslieferungsangelegenheiten kein gemeinsamer Gerichtshof. Indessen haben die Gerichte des Staates New York in gewissem Grade dieselbe Aufgabe erhalten, wie der oben bei Großbritannien erwähnte Gerichtshof in London. Außer New Yorks Eigenschaft als Zentrum der Einwanderung trägt hierzu der Umstand bei, daß der Staatssekretär, sofern die Anklageschrift vor ihm beeidigt worden ist, besondere Richter bestimmen kann, wobei er in der Regel das Gericht in New York auszuersehen pflegt.

Bei der Prüfung der Beweise, die von dem um Auslieferung ersuchenden Staate vorgelegt sind, hat das Gericht darauf zu achten, ob dieselben nach dem Gesetz des Ortes, wo der Flüchtling angetroffen worden ist, zureichend sind, um seine Verhaftung zu rechtfertigen und ihn vor Gericht zu stellen, wenn das Delikt dort begangen wäre. Dieser Grundsatz findet sich in allen von den Verenigten Staaten abgeschlossenen Auslieferungsverträgen wieder. Die Prüfung bezweckt dergestalt nicht eine Feststellung der Schuld des Angeklagten, sondern nur, ob solcher Anlaß zu Verdacht gegen ihn vorgefunden wird, daß er seine Stellung vor das betr. Gericht der Vereinigten Staaten veranlaßt haben würde. Außerdem hat das Gericht natürlich zu prüfen, ob das gestellte Ersuchen im übrigen die im Auslieferungsvertrage aufgestellten Bedingungen erfüllt. Wenn der Angeklagte mit der Entscheidung unzufrieden ist, so kann er bei höherer Instanz ein »writ of habeas corpus« erwirken, wodurch die Sache in erneute Prüfung genommen und er selbst eventuell auf freien Fuß gesetzt werden kann.

Die Appellationsgerichte, die zur Prüfung solcher Ersuchen berechtigt sind, sind die Distriktsgerichte und das höchste Gericht (Supreme Court).

Sofern der Angeklagte das Delikt anerkennt oder das betr. Gericht in dem mitgeteilten Beschlusse erklärt, daß die gegen den Flüchtling vorgebrachten Beweise ausreichend seien, um seine Verhaftung mit dem in der Anklageschrift vorgebrachten Gründen zu rechtfertigen, werden die Akten des Falles dem Repräsentanten des fremden Staates überliefert. Erst nach Empfang derselben richtet die Gesandtschaft des fremden Staates oder, wenn eine solche nicht vorhanden ist, der Konsul an den Staatssekretär des Äußeren das Ersuchen um Auslieferung des Angeklagten. Zwar kommt es dem Präsidenten zu, in Auslieferungsfragen zu entscheiden; es sind aber diese Angelegenheiten dem Staatssekretär, der als im Namen des Präsidenten handelnd gilt, übertragen. Der Staatssekretär ist nicht unbedingt an den Beschluß der Gerichte gebunden. Er kann dergestalt zwar Auslieferung eines Flüchtlings nicht bewilligen, gegen den die Gerichte den Beweis nicht für erbracht erachtet haben, ist im entgegengesetzten Falle indessen nicht gehindert, Auslieferung zu verweigern, sofern er der Ansicht ist, das Delikt falle nicht unter den Vertrag oder es sei kein zureichender Beweis erbracht. Indessen kommt es äußerst selten vor, daß der Staatssekretär von den Beschlüssen der Gerichte abweicht. Wird die Auslieferung bewilligt, so fertigt der Staatssekretär ein sogenanntes »warrant of surrender« aus, das dem betr. diplomatischen Vertreter zugestellt wird. Doch kann, selbst wenn man eine solche Ordre erhalten hat, ein »writ of habeas corpus« erwirkt werden, welches bewirkt, daß der Verhaftete auf freien Fuß gesetzt wird.

Die Auslieferung hat innerhalb zweier Monate stattzufinden, nachdem der entsprechende Beschluß gefaßt worden ist. Nach dieser Frist ist der Verhaftete berechtigt, seine Freilassung zu verlangen.

C. Das gemischte System.

Belgien.

Nach dem belgischen Gesetze kann die Regierung Auslieferung von Ausländern bewilligen, die wegen gewisser im Gesetze angegebener Delikte angeklagt oder verurteilt sind, soweit zur Stütze des Auslieferungsersuchens entweder ein gerichtliches Urteil oder ein gerichtlicher Beschluß, betr. die Vorführung des Flüchtlings zur Hauptverhandlung vor das betreffende Gericht, oder auch ein ausländischer Haftbefehl vorgebracht wird, der durch Beschluß des Untergerichts an dem Orte, wo der Flüchtling sich aufhält oder ergriffen worden ist, vollstreckbar gemacht wird. Da das Gericht über die Vollstreckung eines solchen Haftbefehls zu beschließen hat, so kommt es ihm zu, summarisch zu prüfen, ob die Auslieferungsbedingungen vorliegen, dagegen nicht, in Beweisprüfung einzutreten. Gegen den Beschluß des Gerichts, betr. die Vollstreckung des Haftbefehls, kann der Angeklagte Beschwerde einlegen. Sobald der Flüchtling verhaftet ist, soll die Regierung ein Gutachten von der Kriminalabteilung des entsprechenden Appellationsgerichts einholen (la chambre des mises en accusation de la cour d'appel), in dessen Bezirk die Verhaftung stattgefunden hat. Vor diesem Gerichte findet ein Verhör mit dem Verhafteten statt, der auf Prozeßbeistand Anspruch hat. Ebenso soll die Behörde gehört werden, die über dem Rechte der Allgemeinheit zu wachen hat. Das Verhör ist öffentlich, sofern der Flüchtling nicht Ausschluß der Öffentlichkeit verlangt.

Binnen 14 Tagen nach Empfang der Akten der Sache soll das Gericht dem Justizminister ein motiviertes Gutachten einreichen, enthaltend die Prüfung aller allgemeinen Voraussetzungen der Auslieferung, jedoch ohne auf die Frage einzugehen, ob der Angeklagte das Delikt begangen habe, wegen dessen die Auslieferung verlangt wird. Unter Berücksichtigung des eingereichten Gutachtens, gegen das keine Beschwerde eingelegt werden kann, faßt der Justizminister in der Auslieferungsfrage seinen Beschluß, ohne jedoch durch das Gutachten gebunden zu sein. Dieser Beschluß des Justizmininsters wird dem um Auslieferung ersuchenden Staate durch das Auswärtige Amt mitgeteilt.

Frankreich.

In diesem Lande fehlt ein Auslieferungsgesetz, obgleich wiederholt ein Entwurf zu einem solchen dem Parlament vorgelegt worden ist [1]. Das Verfahren wird durch von Zeit zu Zeit ausgefertigte ministerielle Zirkulare geregelt. Gemäß den Bestimmungen derselben ist eine Person, die durch Vermittlung des Ministers des Inneren auf Grund eines auf diplomatischem Wege geäußerten Ersuchens verhaftet worden ist, sofort vor den öffent-

[1] Vgl. jetzt das neue französische Auslieferungsgesetz vom 10. März 1927 (Journal Officiel v. 11. März 1927 S. 2874), u. S. 462 ff.

lichen Ankläger (le procureur de la République) in dem Distrikt zum Verhör zu stellen, wo sie verhaftet worden ist. Dem Ankläger sollen zugleich alle Akten der Sache, sobald sie vom Justizminister geprüft sind, vorgelegt werden; der Verhaftete hat Anspruch auf Dolmetsch und Verteidigungsadvokaten. Der Letztgenannte ist indessen, da eine kontradiktorische Verhandlung nicht stattfindet, nur berechtigt, ein schriftliches promemoria zur Beilegung bei den übrigen Akten der Sache abzugeben. Die Untersuchung soll insonderheit die Identität und Nationalität des Verhafteten feststellen, wie auch, ob das Delikt unter den entsprechenden Vertrag falle. Wenn so der Verhaftete behauptet, er sei französischer Bürger oder daß das Auslieferungsersuchen sich auf eine andere Person beziehe, oder, wenn er sich auf ein Faktum von der Beschaffenheit beruft, seine Unschuld darzulegen, oder wenn er beweisen will, daß das Delikt, dessen er sich schuldig gemacht hat, nicht unter die Bestimmungen des Vertrages falle, so soll der öffentliche Ankläger diese seine Behauptungen genau untersuchen. Beim Verhörsschluß fragt der Ankläger den Verhafteten, ob er gutwillig in seine Auslieferung einwillige, die in diesem Falle sofort erfolgt. Weigert sich der Verhaftete, seine Einwilligung zur Auslieferung zu geben, so erstattet der Ankläger dem procureur général de la république ein motiviertes Gutachten, dem das Protokoll über das Verhör und sämtliche Akten der Sache beiliegen. Der letztgenannte Beamte übergibt sodann diese Akten mit eigener Stellungnahme dem Justizminister, welcher danach in der Frage Beschluß faßt; dieser Beschluß wird in der Form eines vom Präsidenten unterschriebenen Dekretes expediert.

Italien.

Sobald durch Vermittlung des Ministers des Inneren der Flüchtling verhaftet ist, werden die von der entsprechenden fremden Gesandtschaft zur Begründung des Auslieferungsersuchens eingereichten Dokumente der Sache durch den Justizminister dem Generalprokurator bei der Abteilung des lokalen Appellationsgerichts für Voruntersuchung in Kriminalsachen (sezione d'accusa) mit dem Auftrage übersandt, den Untersuchungsrichter ein Verhör des Angeklagten anstellen zu lassen. Nach Abhaltung dieses Verhörs werden das Protokoll und die Äußerung des Richters dem Generalprokurator übersandt, der die Angelegenheit in der genannten sezione d'accusa vorträgt. Dieses Gericht hat zu prüfen, ob die allgemeinen Auslieferungsvoraussetzungen vorliegen, wie die formelle Gültigkeit der Dokumente, die Eigenschaft des Delikts, unter den entsprechenden Vertrag zu fallen usw., indessen nicht in Beweiswürdigung einzutreten. Einwendungen können von dem Angeklagten dahin gemacht werden, daß er italienischer Untertan, daß das Delikt politisch sei, daß es nicht unter den entsprechenden Vertrag falle, daß offenbar ein Irrtum vorliege z. B. hinsichtlich der Identität des Angeklagten oder daß die beigebrachten Dokumente fehlerhaft oder unvollständig seien. Wenn das Gericht das Auslieferungsersuchen ablehnt, so ist dieser Beschluß bindend, und der Flüchtling wird freigegeben, worüber die betreffende Gesandtschaft unterrichtet wird.

Erlaubt hingegen das Gericht die Auslieferung des Verhafteten, so werden sämtliche Akten der Sache dem Consiglio di Stato übersandt, dessen Äußerung eingefordert wird. Vor Einführung des Strafprozeßgesetzes vom Jahre 1889 fand die eigentliche Prüfung in Consiglio di Stato statt; aber die Befassung dieser Behörde mit Auslieferungsfragen ist auch danach als weitere Garantie beibehalten worden. Der Consiglio di Stato kann eine neue Untersuchung vornehmen, betr. den politischen Charakter des Delikts, und ob es sich in den entsprechenden Vertrag aufgenommen finde; indessen ist diese Äußerung nicht für die Regierung bindend. Sobald diese beim Justizminister eingelaufen ist, wird die Angelegenheit von diesem im Ministerrate vorgetragen und dem Könige zur Entscheidung vorgelegt. Auch wenn die Frage nach dem politischen Charakter des Delikts und, ob es unter den entsprechenden Vertrag falle, nicht im Appellationsgericht oder Consiglio di Stato behandelt worden ist, kann sie im Ministerrate vom Justizminister oder einem anderen Mitgliede des Rates aufgeworfen werden.

Sobald der König seinen Beschluß gefaßt hat, wird die betreffende Gesandtschaft durch das Auswärtige Amt verständigt.

Luxemburg.

Das Verfahren ist dem belgischen gleichgeartet, jedoch ist die Regierung bei der Beschlußfassung in der Auslieferungsfrage an das vom entsprechenden Gerichte abgegebene Gutachten gebunden.

Die Niederlande.

Das Verfahren in den Niederlanden stimmt ebenfalls im wesentlichen mit dem belgischen überein. Der Hauptunterschied besteht darin, daß das Gutachten in der Auslieferungsfrage vom Gerichte in erster Instanz abgegeben werden soll, welches berechtigt ist, abgesehen von dem Wunsch des Flüchtigen, zu bestimmen, daß die Verhandlungen nicht öffentlich sein sollen, sofern es der Ansicht ist, daß wichtige Gründe hierfür vorliegen. In solchem Falle sollen diese Gründe im Protokoll vermerkt werden.

Ein besonderes Verfahren greift Platz, wenn der Flüchtling bei den Gerichtsverhandlungen sich auf niederländische Staatsangehörigkeit beruft. In diesem Falle kann er binnen 15 Tagen die Frage hiernach der Prüfung des höchsten Gerichts unterwerfen lassen, welches endgültig die Nationalitätsfrage entscheidet. Wird erklärt, die fragliche Person sei niederländischer Untertan, so ist sie unmittelbar freizugeben und die gegen sie eingeleitete Untersuchung vor dem Untergerichte einzustellen. Im entgegengesetzten Falle werden die Gerichtsverhandlungen fortgesetzt, bis das Gericht sein Gutachten abgegeben hat, welches dem Justizminister zugestellt wird, der danach die Frage der Auslieferung entscheidet.

Norwegen.

Nach dem norwegischen Gesetze hat das Auswärtige Amt, sobald ein Auslieferungsersuchen auf diplomatischem Wege bei ihm eingegangen ist, die Urkunden dem Justizdepartement zu übersenden. Findet dies Departement, daß das gestellte Ersuchen die im Gesetze aufgestellten Forderungen hinsichtlich der Ersuchensurkunden nicht erfüllt, d. h. daß diese nicht enthalten das Signalement des Verbrechers, Angabe über seine Nationalität, ein Urteil oder eine andere Zeit und Ort des Delikts angebende Gerichts-Urkunde, Abschrift angezogener Strafgesetzparagraphen usw., oder daß aus dem Ersuchen im übrigen sich ergibt, daß ihm nicht entsprochen werden kann, so wird hiervon sofort die fremde Regierung auf diplomatischem Wege unterrichtet.

Wenn dagegen diese im Justizdepartement vorgenommene Untersuchung eine Handhabe gibt, dem Ersuchen nachzukommen, so werden die Akten der höchsten Anklagebehörde mit dem Ersuchen übersandt, Nachforschungen nach dem Flüchtling, wenn dieser nicht schon auf direktes Ersuchen seitens der Polizeibehörden des fremden Landes verhaftet worden ist, anstellen und ihn festnehmen zu lassen sowie die erforderlichen gerichtlichen Maßnahmen für die Ermittlung zu treffen, ob Auslieferung stattfinden kann.

Nach erfolgter Verhaftung wird der Verhaftete durch Vermittlung des Staatsanwalts vor den nächsten Verhörsrichter gestellt. Stimmt er der Auslieferung zu, so verkündet das Gericht sofort Beschluß, daß Hindernisse dagegen nicht bestehen, und setzt das Justizdepartement von diesem Beschlusse in Kenntnis.

Widerspricht hingegen der Verhaftete der Auslieferung, so wird die Sache zu neuer Verhandlung ausgesetzt, wobei die Anklagebehörde zugegen sein und der Verhaftete den Beistand eines Verteidigungsadvokaten genießen soll. Sobald das Verhör stattgefunden hat, entscheidet das Gericht ohne Aufschub, ob das Gesetz im vorliegenden Falle Auslieferung zuläßt. Bei der Prüfung dieser Frage berücksichtigt das Gericht nur, ob die allgemeinen Auslieferungsvoraussetzungen vorliegen, tritt jedoch nicht in eine Untersuchung der Schuld des Verhafteten ein, wenn nicht im entsprechenden Vertrage besondere Vereinbarung hierüber getroffen ist. Gegen den Beschluß des Gerichts, der ohne Aufschub zu verkünden ist und von dem ein Protokollauszug dem entsprechenden Departement zugestellt wird, kann in derselben Weise wie in Kriminalsachen Beschwerde eingelegt werden. Die endgültige Entscheidung des Gerichts ist, soweit darin bestimmt wird, daß das Gesetz Auslieferung nicht zulasse, unbedingt bindend für die Regierung, die dann nur der fremden Gesandtschaft mitzuteilen hat, daß dem Ersuchen nicht entsprochen werden könne. Wird dagegen in der endgültigen Entscheidung des Gerichts erklärt, daß das Gesetz Auslieferung zulasse, so hat die Regierung in der Auslieferungsfrage Beschluß zu fassen und ist dabei nicht gehindert, nichtsdestoweniger ihre Genehmigung zu versagen. Sobald die Regierung ihren Beschluß gefaßt hat, wird dieser auf diplomatischem Wege dem fremden Staate mitgeteilt.

Rußland.

In Rußland ist das Verfahren durch im Jahre 1912 angenommene Zusatzbestimmungen zum russischen Strafprozeßgesetz geregelt. Nach diesen Bestimmungen ist das Verfahren in der Hauptsache das rein administrative, obgleich auch das gemischte System in gewissem Grade Anwendung gefunden hat. Ein auf diplomatischem Wege eingegangenes Auslieferungsersuchen wird vom Justizminister behandelt, der es bewilligt oder ablehnt. Bevor dieser in der Angelegenheit Beschluß faßt, kann er indessen dem Staatsanwalt bei dem Kreisgericht, innerhalb dessen Distriktes der Flüchtling sich befindet, auferlegen, die Angaben über diesen, die für die Entscheidung der Frage erfordert werden könnten, mitzuteilen. Der Staatsanwalt muß sich diese Angaben durch Verhör und besondere Untersuchungen verschaffen und kann auch dem betreffenden Untersuchungsrichter den Auftrag übergeben, das fragliche Verhör und die Untersuchungen vorzunehmen.

Die Schweiz.

Nach dem schweizerischen Gesetz kann ein auf diplomatischem Wege an den Bundesrat gestelltes Auslieferungsersuchen unmittelbar abgelehnt werden. Geschieht dies nicht, so trifft der Bundesrat die erforderlichen Maßregeln zur Nachforschung nach dem Verbrecher und zu seiner Verhaftung. Sobald der Flüchtling verhaftet ist, soll er zum Verhör vor eine Verwaltungsbehörde gestellt werden. Bei diesem Verhör, bei dem ihm ein Berater Beistand leisten kann, wird Protokoll geführt, das nachher dem Bundesrate mit sämtlichen Akten der Sache eingesandt wird. Hat der Flüchtling beim Verhör der Auslieferung zugestimmt oder gegen sie nur solche Einwendungen erhoben, die sich nicht auf das Auslieferungsgesetz oder den entsprechenden Vertrag gründen, und bestehen gesetzlich keine Hindernisse gegen die Auslieferung, so trifft der Bundesrat hinsichtlich der Auslieferung des Flüchtlings Verordnung und unterrichtet davon die fremde Regierung. Hat er dagegen Einwendungen erhoben, die sich auf die Bestimmungen des Auslieferungsgesetzes oder des entsprechenden Vertrages gründen, so übersendet der Bundesrat die Akten dem Bundesgerichtshofe, der erneutes Verhör anordnen kann, welches öffentlich abgehalten wird, wenn nicht der Gerichtshof aus Gründen, die im Protokoll anzugeben sind, wegen der Abhaltung hinter verschlossenen Türen Verordnung trifft. Der Verhaftete kann einen Verteidigungsadvokaten beim Verhör verlangen, bei dem der öffentliche Ankläger anwesend sein muß.

Der Bundesgerichtshof entscheidet endgültig auf der Basis der Bestimmungen des Gesetzes oder des entsprechenden Vertrages, ob die Auslieferung genehmigt werden soll. Dabei darf (får) der Gerichtshof in keiner

Weise in eine Prüfung der Frage nach der Schuld des Verhafteten eintreten. Der Gerichtsbeschluß wird nach seiner Verkündung der betreffenden Regierung mitgeteilt.

Österreich.

Die Hauptbestimmungen über das österreichische Verfahren sind im § 59 der Strafprozeßordnung vom 23. Mai 1873 enthalten. Nach dieser Bestimmung hat Prüfung der Auslieferungsdokumente und Verhör der Person, um deren Auslieferung ersucht wird, vor dem Untergerichte zu erfolgen, in dessen Gebiet diese wohnt oder sich aufhält. Dies Gericht beschließt über die Auslieferung, ein Beschluß, der indessen, nach Verordnung vom 28. Januar 1877, der Nachprüfung des Appellationsgerichts zu unterstellen ist. Dieser letztere Gerichtsbeschluß soll in seiner Ordnung dem Justizminister zur Annahme vorgelegt werden. Ob der Justizminister an den fraglichen Beschluß des Appellationsgerichts gebunden ist, geht nicht deutlich aus den Bestimmungen des Gesetzes hervor; indessen hat sich die Praxis ausgebildet, daß, wenn der Gerichtshof Gründe zur Auslieferung nicht für vorliegend erachtet, der Justizminister nicht glaubt, von dieser Auffassung des Gerichts abgehen zu können, wohingegen er nicht gehindert ist, die Auslieferung zu verweigern, selbst wenn der Beschluß des Gerichts in entgegengesetzter Richtung geht.

Indessen pflegt der Justizminister, wenn der Beschluß des Gerichts im Widerspruche zu seiner Ansicht verkündet ist, die Angelegenheit unter Hervorhebung der Gesichtspunkte wieder zurückzusenden, die er für besonders beachtenswert ansieht, und er kann bewirken, daß die Frage erneuter Prüfung des Gerichts unterworfen wird.

Auszug aus dem Protokoll, gehalten in der Königlichen Majestät Gesetzgebungsrat, Donnerstag den 20. Juni 1912.

Anwesend: Die Justizräte *Sundberg, Borgström, Skarstedt,* Regierungsrat *Ernberg.*

Nach dem dem Gesetzgebungsrate zugegangenen Auszuge aus dem Protokoll über Justizdepartementsangelegenheiten, gehalten vor Seiner Majestät dem Könige im Staatsrate am 3. Mai 1912, hatte die Königliche Majestät angeordnet, daß das Gutachten des Gesetzgebungsrates zu dem im § 87 der Regierungsform [1]) genannten Zwecke über einen aufgestellten Entwurf zu einem Gesetz, betr. Auslieferung von Verbrechern, eingeholt werde.

Der Entwurf, der sich diesem Protokoll beigelegt findet, war vor dem Gesetzgebungsrate vom Bureauchef für Gesetzesangelegenheiten Gustaf Appelberg vorgetragen worden.

---

[1]) S. o. S. 177.

In Veranlassung des Entwurfes wurden die folgenden Äußerungen abgegeben.

§ 3.

Der Gesetzgebungsrat:

Zu der Frage, wo ein Teilnahmedelikt als begangen anzusehen sei, hat der Entwurf insoweit Stellung genommen, als der zweite Punkt des vorliegenden Paragraphen unter der Voraussetzung abgefaßt ist, daß bei Anwendung von Kap. 1 § 2 des StrG. [1]) ein solches Delikt als in Schweden begangen angesehen werden soll, sobald der Teilnehmer in Schweden tätig gewesen ist, selbst wenn das Hauptdelikt im Auslande verübt worden ist. Die der Bestimmung im genannten Punkte so zugrundeliegende Auffassung ist sicher hinsichtlich der Teilnahmedelikte völlig richtig, die in Kap. 3 §§ 9 und 10 [2]) StG. behandelt werden, wie auch derjenigen mit diesen gleichgearteten Fällen von Teilnahme, welche bestraft werden, je nach dem sich im Strafgesetzbuche etwas Besonderes bestimmt findet; in einem im Jahre 1908 behandelten Falle ist auch ein schwedisches Gericht als berechtigt angesehen worden, in die Prüfung einer Anklage gegen einen Ausländer einzutreten, weil er in Schweden mit Bewußtsein des rechtswidrigen Erwerbs Banknoten innehatte und durch Einwechseln veräußerte, die im Auslande aus einer ausländischen Bank entwendet waren. Was dergestalt gesagt, dürfte auch hinsichtlich der Delikte gelten, die in den §§ 7 und 8 des letztgenannten Kapitels [3]) behandelt sind. Hinsichtlich

---

[1]) S. o. S. 191.

[2]) Kap. 3 § 9 und 10 StrG.:

§ 9: Nun ist jemand, ohne daß er an einem solchen Delikt, wie vorgenannt, teilhatte, seit das Delikt erfolgte, mit Bewußtsein davon dem Täter zur Hand gegangen, wie daß er ihn verbergen half oder ihm zur Flucht behilflich war oder zur Verheimlichung der Tat oder zur Beseitigung von Beweisen dafür oder daß er Sachen, die durch das Delikt erlangt waren, entgegennahm, verheimlichte, kaufte oder veräußerte oder Umarbeitung oder Änderung derselben besorgte; er wird bestraft, je nach dem Delikt, mit Gefängnis bis höchstens sechs Monaten oder mit Bußen: ist es für eigenen Gewinn geschehen, und ist das Delikt mit Strafarbeit über acht Jahre oder mit schwererer Strafe belegt, so kann zu Strafarbeit bis höchstens zu zwei Jahren verurteilt werden.

§ 10. Ist jemand, ohne um ein Delikt zu wissen, das ein anderer begangen hat, diesem in einer Weise zur Hand gegangen, wie im § 9 gesagt, obwohl er Grund hatte, ihm zu mißtrauen, so wird er mit Buße bestraft.

[3]) Kap. 3 §§ 7 und 8 StrG.:

§ 7: Unterlassen es Eltern, Pflegeeltern oder andere Erzieher oder Vormünder, an der Ausführung eines Delikts, von dem sie Kenntnis haben, den zu hindern, der unter ihrer Pflege und ihrem Gehorsam steht, wenn es ohne Angabe zur Anklage geschehen kann, so werden sie nach § 4 bestraft, jedoch höchstens mit Gefängnis von sechs Monaten, sofern es nicht für eigenen Gewinn geschah.

§ 8: Hat eine andere als die Personen, die im § 7 genannt sind, gewußt, daß ein Delikt, infolgedessen jemandes Leben, Gesundheit, Freiheit oder Eigentum in besondere Gefahr gebracht wurde, bevorstehe, und es in einer Zeit, daß die Gefahr abgewehrt werden konnte, unterlassen, es aufzudecken, wenn es ohne Angabe zur Anklage geschehen konnte, so wird auch er bestraft, wie im § 7 gesagt.

der eigentlichen Teilnahmedelikte hingegen muß die Frage als so zweifelhaft angesehen werden, daß es nicht angehen dürfte, die genannte Bestimmung des Entwurfs einen Wortlaut behalten zu lassen, der auf die oben angegebene Voraussetzung gegründet ist; vielmehr scheint der Bestimmung eine Fassung gegeben werden zu müssen, aus der hervorgeht, daß, wenn man in dem besonderen Falle findet, eine in Schweden begangene Teilnahmehandlung müsse als in Schweden begangenes Delikt angesehen werden, der Täter nichtsdestoweniger ausgeliefert werden muß, ohne daß die Bestimmung des Kap. 1 § 2 des StG. [1]) hindernd im Wege stünde.

Im Zusammenhange hiermit darf der Gesetzgebungsrat die Aufmerksamkeit darauf hinlenken, daß in Kap. 1 des StG. ein Hinweis (erinran) auf die Modifikation geltender Regeln, betr. schwedisches Strafrecht, aufgenommen werden muß, wie sie der Entwurf enthält.

§ 4.

Der Gesetzgebungsrat:

In diesem Paragraphen wird als Auslieferungsbedingung die Ermittlung bei Untersuchung im vorliegenden Falle bestimmt, daß die begangene Handlung, beurteilt nach dem schwedischen allgemeinen Strafgesetz oder dem schwedischen Seegesetze, als ein Delikt anzusehen sei, auf das nach dem fraglichen Gesetz schwerere Strafe als Gefängnis folgen kann. Die Meinung ist dabei, daß, wenn z. B. ein Deutscher in Deutschland gegen einen Deutschen ein Mißhandlungsdelikt begangen hat, die Sache so betrachtet werden soll, als sei die Tat in Schweden begangen (oder auf einem schwedischen Fahrzeug außerhalb des Reiches); ebenso soll, wenn ein Auslieferungsersuchen wegen eines deutschen Beamten erfolgt, der in seinem Heimatsstaate bei Veruntreuung öffentlicher Mittel ertappt worden ist, die Auslieferungsfrage unter dem Gesichtspunkte betrachtet werden, ob die entsprechende Handlung eines schwedischen Beamten in Schweden mit der in diesem Paragraphen genannten Strafe bedroht ist. Es kann indessen in Frage gestellt werden, ob der unzweifelhaft richtige Gedanke, welcher der Bestimmung zugrunde liegt, mit der gewählten Fassung auf solche Weise zum Ausdrucke gelangt ist, daß man der Ansicht sein darf, es sei jeder Möglichkeit eines Mißverständnisses vorgebeugt. Ganz sicher würde

[Die beiden Bestimmungen lassen sich deutsch nur schwer korrekt wiedergeben, und noch schwerer ist es, ihren genauen Sinn anzugeben; vgl. Hagströmers Kommentar »Svensk Straffrätt«. § 8 lautet im Original: »Har annan, än de personer, som i 7 § nämda äro, vetat brott, däraf någons lif, hälse, frihet eller egendom i synnerlig fara sattes, å färde vara, och underlåtit att det i tid, så att faran afvärjas kunde, upptäcka, när det utan angifvelse till åtal ske kunde; varde ock han straffad såsom i 7 § sägs.« Den Ausdruck »å färde vara« habe ich unter Benutzung der Bemerkungen Hagströmers nach Einholung freundlich und dankenswerter Weise erteilten Rates des Herrn Geheimen Justizrates Professor Dr. Pappenheim in Kiel wiedergegeben mit: »bevorstehe«.

[1]) S. o. S. 191.

die Bestimmung an wünschenswerter Genauigkeit dadurch gewinnen, daß sie eine Fassung erhielte, die deutlich zum Ausdrucke brächte, daß — abgesehen von dem Falle, daß entweder die Deliktshandlung in Schweden begangen wäre (Teilnahme) oder daß Auslieferungsersuchen sich auf ein im Auslande begangenes Delikt von der Beschaffenheit bezöge, daß Anklage in Schweden erhoben werden könnte, aber nur auf königliche Anordnung — die betr. schwedische Behörde bei ihrer Beurteilung des vorliegenden Falles von der Annahme auszugehen hat, eine Handlung von einerlei Beschaffenheit sei unter gleichgearteten oder entsprechenden Umständen in Schweden begangen worden.

Die Justizräte Sundberg, Borgström und Skarstedt:

Ob es die Meinung ist, daß auch solche Delikte, die nach schwedischem Recht den Preßfreiheitsdelikten zuzurechnen wären, Auslieferung sollen veranlassen können, geht aus der Fassung nicht deutlich hervor, die der vorliegende Paragraph erhalten hat. Vermutlich dürfte beabsichtigt sein, daß auch wegen solcher Delikte Auslieferung soll Platz greifen können. Die Richtigkeit dieses Standpunktes des Entwurfs kann stark in Frage gezogen werden. Es scheint nämlich nicht gut zu den Garantien gegen unrechtmäßiges Eindringen in die Preßfreiheit zu stimmen, die sich in schwedischem Grundgesetz [1]) aufgestellt finden, wegen solcher Delikte Auslieferung zu bewilligen. Darum wird eine solche Änderung des vorliegenden Paragraphen anheimgestellt, daß wegen Delikts der hier fraglichen Art Auslieferung nicht bewilligt werden darf.

Regierungsrat Ernberg:

Nach dem Entwurfe dürfte auf erwähnte Weise beabsichtigt sein, daß auch Delikte gegen die Preßfreiheitsverordnung Anlaß zur Auslieferung dürfen geben können. Da nach dem Entwurfe Auslieferung nicht erfolgen darf wegen solcher Delikte, die als politische anzusehen sind, so reduzieren sich, unter Betrachtung der Bestimmungen des Entwurfes im übrigen, die Preßfreiheitsdelikte, wegen deren Auslieferung in Frage kommen kann, hauptsächlich auf solche, die als Verletzungen einzelner zu beurteilen sind. Daß dieser Charakter des in Frage stehenden Deliktes an und für sich keinen Grund für den Erlaß des Auslieferungsverbotes abgeben kann, ist klar. Und der Umstand, daß ein Rechtsfall, betr. Mißbrauch der Preßfreiheit, bei uns in besonderer Weise behandelt wird, scheint mir die Aufstellung eines unbedingten Verbotes in dieser Hinsicht nicht veranlassen zu dürfen, besonders da eventuelle Verschieden-

---

[1]) S. »Tryckfrihetsforordning« (Vero. über die Preßfreiheit) vom 16. Juli 1812, 1912/3 in Geltung in der Fassung der Veröffentlichung in Nr. 12 der Svensk Författningssamling von 1912 S. 43 ff., heute in der Fassung der Veröffentlichung in Nr. 212, 1925 ib. S. 355 ff. Vgl. auch § 85 der »Regierungsform«: »Als Grundgesetze sollen gelten: diese Regierungsform samt der Reichstagsordnung, die Sukzessionsordnung und die Preßfreiheitsverordnung, die in Übereinstimmung mit den Grundsätzen, die in dieser Regierungsform festgestellt werden, der Reichstag und der König gemeinsam feststellen.«

heiten zwischen den Prozeßordnungen der einzelnen Staaten im allgemeinen sonst nach geltender Anschauung die Ergreifung solcher Maßnahmen nicht mit sich bringen dürfen. Ganz undenkbar ist es auch nicht, daß ein Verbot in der angegebenen Richtung in gewissen Fällen Anlaß zur Verstimmung im Verhältnis zu anderen Staaten geben könnte. Ich trete daher dafür ein, daß der Standpunkt des Entwurfs im vorliegenden Paragraphen unverändert beibehalten wird. Da indessen in der im Gesetzgebungsrate bemerkten Weise der Entwurf in der hier besprochenen Richtung an einiger Unbestimmtheit leidet, so erscheint eine entsprechende Verstärkung der Deutlichkeit wünschenswert.

§ 7.

Der Gesetzgebungsrat:

Als Dokument, das nach dem ersten Absatze dieses Paragraphen von der Beschaffenheit ist, einer Zustimmung zu einem Auslieferungsersuchen als Unterlage zu dienen, ist neben verurteilender Gerichtsentscheidung und Haftbefehl besonders ein anderer Beschluß angegeben worden, der nach dem Recht des fremden Staates die gleiche Wirkung wie eine solche Verordnung besitzt. Hiermit hat man vermutlich den möglichen Sachverhalt im Auge, daß nach ausländischem Rechte ein von einem Gerichte oder einer anderen Behörde erlassener prozessualer Akt zwar an und für sich oder unmittelbar etwas anderes enthält als einen Verhaftungsbeschluß, aber gleichwohl nach demselben Recht daneben, ohne daß es ausdrücklich gesagt wäre, wie ein solcher Beschluß wirkt. Auch wenn in einem Lande die Rechtsordnung auf solche Weise geordnet sein sollte, will es doch scheinen, als könne der Gedanke des Entwurfs weit einfacher und klarer durch eine Bestimmung des mehr allgemeinen Inhalts ausgedrückt werden, daß als in vorliegender Hinsicht richtiges Auslieferungsdokument außer einer verurteilenden Gerichtsentscheidung ein von einem Gerichte oder einer anderen Behörde ausgesprochener Beschluß anzusehen sei, der eine Verordnung, betr. Verhaftung, enthält.

Daß in einem allgemeinen Gesetz eine Vorschrift in der Frage nach der Befugnis des Königs ausgesprochen wird, mit fremden Mächten Übereinkommen einzugehen — wie sie der letzte Punkt des Paragraphen nach seinem Wortlaute enthält —, erscheint weniger richtig; darum wird anheimgestellt, den Punkt zu näherer Übereinstimmung damit umzuarbeiten, was in gleichen Fällen Beachtung findet. Was hier gesagt ist, gilt auch für die §§ 29 und 34.

§ 8.

Der Gesetzgebungsrat:

Es scheint in Frage gestellt werden zu können, ob zureichende Gründe dafür vorliegen, in den Entwurf eine Bestimmung von der im vorliegenden Paragraphen angegebenen Bedeutung aufzunehmen. Wenn die gerichtliche Verfolgung des fraglichen Delikts auch nach dem Recht des fremden

Staates auf der Initiative oder Zustimmung des entsprechenden Klägers beruht, darf angenommen werden, daß ein Ersuchen um Auslieferung des Täters nicht gestellt werden kann, es sei denn, daß derartige Bedingungen erfüllt worden sind. Und wenn nach dem ausländischen Recht die Tat ohne weiteres unter öffentliche Anklage fällt, so dürfte die aufgestellte Auslieferungsbedingung nicht erfordert sein, sei es aus Rücksicht auf die Bestimmungen unseres Gesetzes, sei es aus irgendeinem berechtigten Interesse des Täters. Besonders für den Fall, daß um Auslieferung zur Vollstreckung eines schon ergangenen Urteils ersucht wird, scheint die genannte Bedingung wenig Fug für sich zu haben.

§ 9.

Regierungsrat Ernberg:

Als Auslieferungshindernis ist unter 1 im vorliegenden Paragraphen Anklage hier im Reiche wegen des Verbrechens angegeben worden, welches das Auslieferungsersuchen im Auge hat, nicht dagegen Verhaftung zwecks Vornahme einer Untersuchung vor schwedischem Gericht wegen desselben Verbrechens. Verhaftung ist allerdings nach Kap. 5 § 15 StG.[1]) hinsichtlich Strafverjährung als einer Anklage gleich anzusehen. Daraus folgt indessen nach meiner Ansicht nicht ohne weiteres, daß dasselbe der Fall in der Hinsicht ist, um die es sich hier dreht. Mit Rücksicht hierauf und da eine solche Gleichstellung zweckmäßig erscheint, wird eine Abänderung der fraglichen Bestimmung anheimgestellt, die dadurch bedingt ist.

§ 10.

Der Gesetzgebungsrat:

Der erste Absatz dieses Paragraphen hat eine Fassung erhalten, aus der der Schluß gezogen werden kann, der Gedanke sei der gewesen, zu bestimmen, daß hier im Reiche zuerkannte Strafe wegen eines Verbrechens, wovon hier die Rede, ein Auslieferungshindernis nur in dem Falle bilden solle, daß das Strafurteil ergangen sei, bevor das Auslieferungsersuchen erfolgte. Da dies indessen nicht beabsichtigt, sondern vielmehr bezweckt sein dürfte, daß ein Hindernis in derselben Hinsicht als vorliegend erblickt werden soll, auch wenn die Strafe nach erfolgtem Ersuchen zuerkannt ist, so wird eine redaktionelle Änderung in der angedeuteten Richtung anheimgestellt.

---

[1]) Kap. 5 § 15 StrG.: Die im § 14 bestimmten Fristen (d. i. Verjährungsfristen) sollen im allgemeinen von dem Tag an gerechnet werden, an dem das Delikt begangen wurde, aber in den Fällen die in Kap. 15 §§ 18 oder 21 (Entführung einer Minderjährigen mit deren Willen bzw. Zwingung einer Tochter zur Ehe u. ä.) genannt sind und die nicht unter Anklage gestellt werden dürfen, bevor ein Urteil zum Rücktritt von der Ehe ergangen ist, von dem Tage an, an dem ein rechtskräftiges Urteil ergangen ist.

Anklage gilt als erhoben, sobald die Ladung zur Verantwortung dem, der angeklagt werden soll, in gesetzlicher Ordnung kundgemacht oder sobald er wegen des Delikts verhaftet worden ist.

§ 11.

Der Gesetzgebungsrat:

Die Bestimmungen unter 1 scheinen einer Änderung unterzogen werden zu müssen, teils zur Beseitigung vorfindlichen Widerspruches mit der Bestimmung des § 13 Abs. 2, teils auch zur Verdeutlichung dessen, daß die bestimmungsgemäße Folge der Unterlassung, das Land zu verlassen, an das die Auslieferung erfolgt ist, nicht eintreten darf, wo diese Unterlassung beruhte z. B. auf Krankheit, Mangel an Mitteln oder ähnlichem Umstande, sondern nur in dem Falle, wo der Ausgelieferte es aus freiem Willen unterließ, das Land zu verlassen.

Die Bestimmung unter 3 dürfte kein Hindernis dagegen ausmachen, daß der Ausgelieferte in dem fremden Lande vor einem Gerichte unter Anklage gestellt wird, dem zwar nicht auf Grund außerordentlich erlassener Bestimmungen die Befugnis beigelegt ist, in der Sache zu urteilen, das aber nach den dort geltenden Bestimmungen nur unter gewissen Ausnahmeverhältnissen, z. B. Belagerungszustand u. ä., in Sachen von solcher Beschaffenheit rechtsprechen kann, wie sie in Frage stehen. Weil mit Rücksicht auf den Grund der fraglichen Bestimmung auch einer solchen Eventualität vorgebeugt werden zu müssen scheint, wird eine Umarbeitung der Bestimmung anheimgestellt, die für einen solchen Zweck erforderlich ist.

Die im vorliegenden Paragraphen vorgeschriebenen Bedingungen können offenbar nur in bestimmten Teilen bei Auslieferung nach dem späteren Teile des ersten Absatzes des § 10 oder bei Auslieferung zwecks Abbüßung zuerkannter Strafe angewendet werden. Hierüber scheint in den Entwurf eine Andeutung aufgenommen werden zu müssen.

Die genannten Bedingungen werden in der Regel Forderungen auf Reziprozität veranlassen. Mit Rücksicht darauf dürfte in das Strafgesetz eine Bestimmung des Inhalts aufzunehmen sein, daß, wenn bei Bewilligung einer Auslieferung an Schweden von dem ausliefernden Staate gewisse Bedingungen aufgestellt worden sind, diese bei der Anklage und Bestrafung des Ausgelieferten in Schweden zur Nachachtung gereichen sollen.

§ 16.

Der Gesetzgebungsrat:

Mit der Einschränkung hinsichtlich eines Haftbefehls, die hier gemacht wird, dürfte nur der Fall gemeint sein, daß der, um dessen Auslieferung ersucht wird, schon auf Grund der Bestimmungen in den §§ 29 oder 30 des Entwufs verhaftet ist. Klar ist auch, daß, wenn die fragliche Person während und vor der Anklage vor schwedischen Gerichten verhaftet sein sollte, der König unabhängig hiervon hinsichtlich ihrer Internierung auf Grund des Auslieferungsersuchens Verfügung zu treffen hat. Indessen will es scheinen, als ob zur Vermeidung jeden Mißverständnisses ein Hinweis auf die §§ 29 und 30 erfolgen müsse; woneben im übrigen der vorliegende

Paragraph so abgefaßt werden muß, daß klar wird, im oben genannten Falle enthalte die Verfügung des Königs, betr. Verhaftung, die Verpflichtung für die Behörde, die fragliche Person wegen der Auslieferungsfrage in Haft bleiben zu lassen, wenn ausgesprochen wird, daß sie aus Anlaß der genannten Anklage nicht länger in Haft gehalten werden darf. In diesem Falle muß es natürlich der königliche Befehlshabende in dem Län, wo die Person in Haft sitzt, sein, der das vorgeschriebene Verhör anzustellen hat. Da indessen möglicherweise eine andere Auffassung durch die vorgeschlagene Bestimmung hervorgerufen werden kann, daß das Verhör vor dem königlichen Befehlshabenden in dem Län, wo die Verhaftung stattgefunden habe, abzuhalten sei, da ferner der betreffende Inhalt des Entwurfs für die Fälle selbstverständlich sein dürfte, in denen Verhaftung allein aus Anlaß der Auslieferungsangelegenheit erfolgt ist, so scheinen die Worte »in dem Län, wo die Verhaftung stattgefunden hat«, aus dem § gestrichen werden zu müssen.

§§ 17–24

Der Gesetzgebungsrat:

Die in diese Paragraphen aufgenommenen Regeln, betr. Befassung der Gerichte mit Auslieferungssachen, ruhen im ganzen auf dem Prinzip, daß, sofern der aus Anlaß eines Auslieferungsersuchens Verhaftete sich der Auslieferung widersetzt, eine Auslieferung nur in dem Falle stattfinden darf, wo ein Gericht in rechtskräftigem Beschlusse das Nichtvorhandensein von Hindernissen nach dem Gesetze festgestellt hat. Mit der Anwendung dieses Prinzips wird bezweckt, den Gesetzesbestimmungen über Auslieferung eine autoritative und bindende Auslegung zu geben, auf der einen Seite zum Schutze der Person, die das Auslieferungsersuchen betrifft, und auf der anderen Seite zur Stütze der Regierung gegenüber dem um Auslieferung ersuchenden Staat bei Ablehnung eines solchen Ersuchens.

Gemäß den Bestimmungen des § 17 soll indessen Überweisung an die Gerichte nicht immer erfolgen, wenn der Verhaftete bei dem Verhöre vor dem königlichen Befehlshabenden die Auslieferung bestreitet. Eine solche Überweisung soll nämlich – abgesehen einstweilen von dem im genannten Paragraphen berührten Falle, daß der Verhaftete seine Identität mit der im Auslieferungsersuchen gesuchten Person bestreitet – nur erfolgen, wenn der Verhaftete als Grund seines Bestreitens einen solchen Sachverhalt anruft, der nach den §§ 2–9 des Entwurfs ein Hindernis gegen Auslieferung darstellt. Ist die Prüfung der Auslieferungsfrage einem Gerichte überwiesen worden, so hat dieses in eine vollständige Prüfung einzutreten, ob gesetzlich gegen die Bewilligung der Auslieferung ein Hindernis vorliege oder nicht, jedoch so, daß die Frage nach Hindernissen, die im § 6 behandelt werden (politisches Delikt), nur Gegenstand der Beurteilung wird, wenn ein entsprechender Einwand erhoben ist.

Gegen diesen Standpunkt des Entwurfs scheinen befugte Erinnerungen erhoben werden zu können. Zunächst erscheint es wenig konsequent, daß jeder Einwand der letztangegebenen Art, so unbegründet auch immer, Überweisung der Auslieferungsfrage an das Gericht mit daraus folgender weitreichender Prüfung seitens des Gerichts soll veranlassen können, während für den Fall, daß ein Grund für das Bestreiten nicht angeführt oder das Bestreiten auf einen anderen Sachverhalt gegründet wird, als in den §§ 2—9 angegeben, eine solche Überweisung nicht stattfinden darf, auch wenn es noch so wahrscheinlich ist, daß Auslieferungshindernisse nach einem dieser Paragraphen tatsächlich vorliegen. Das Recht des Verhafteten kann auch dadurch beiseite gedrängt werden, daß Überweisung an das Gericht mit daraus folgender Untersuchung unterbleibt, weil der Verhaftete es nicht versteht, sich auf einen vorfindlichen Umstand zu berufen, der die Auslieferung verhindern könnte, sondern sein Bestreiten allein auf einen nach seiner Meinung wichtigen Umstand stützt, der indessen nicht relevant ist, z. B. daß er inständig seine Unschuld in einem Falle beteuert, wo diese Frage nach § 7 ohne Bedeutung ist. Da weiter, wie aus der Äußerung des vortragenden Departementschefs zum Staatsratsprotokoll hervorgeht, es nicht bezweckt ist, daß die Einwilligung des Verhafteten in die Auslieferung oder das Unterlassen des Bestreitens irgendwie ein im Gesetz aufgestelltes Hindernis beseitige, so kann der König bei der Scblußprüfung eines Auslieferungsersuchens genötigt sein, in eine Beurteilung einzutreten, ob gesetzlich Hindernisse gegen die Auslieferung bestehen, nämlich in dem Falle, daß ein Gericht nicht Gelegenheit hatte, sich in solcher Hinsicht zu äußern; und die Begrenzung hinsichtlich solcher Überweisung der Angelegenheit an das Gericht, die der Entwurf enthält, ist somit geeignet, in gewissem Maße dem eben angegebenen allgemeinen Zwecke des Entwurfs entgegenzuwirken. Schließlich dürfte sich nicht selten für den königlichen Befehlshabenden die Schwierigkeit offenbaren zu entscheiden, ob ein Sachverhalt, der zur Stütze eines Bestreitens angerufen wird, nach den §§ 2—9 von der Beschaffenheit sei, Auslieferungshindernisse zu umfassen; besonders ist im Hinblick hierauf zu erinnern, daß in gewissen Fällen, auf Grund der in den Entwurf aufgenommenen Übergangsbestimmung, bei der Behandlung der Auslieferungsfrage Bestimmungen geltender Verträge Anwendung finden sollen, wo diese mit den Vorschriften der §§ 2—9 in Widerspruch stehen, und daß die Frage ganz schwer zu beantworten sein kann, ob ein solcher Widerspruch vorliegt.

Eine mehr zufriedenstellende Lösung der vorliegenden Frage dürfte sich gewinnen lassen, indem man — in näherer Übereinstimmung mit der Ordnung des norwegischen Auslieferungsgesetzes — die Auslieferungsangelegenheiten nach Abhaltung des Verhörs vor dem königlichen Befehlshabenden vom Gericht behandeln läßt, mit Ausnahme des Falles allein daß der Verhaftete anerkennt, er sei die Person, um deren Auslieferung ersucht sei, wie auch erklärt, er habe gegendie Bewilligung des Auslieferungserruchens nichts einzuwenden. Hat der Verhaftete eine solche Erklärung abgegeben, so ist es — besonders mit Rücksicht auf die Prüfung, die nach § 15 der Behandlung der Auslieferungsfrage vor dem königlichen Befehlshabenden vorangehen soll — kaum anders als in seltenen Ausnahmefällen, mit denen man nicht dürfte zu rechnen brauchen, denkbar, daß gegen die Auslieferung Hindernisse vorliegen, wie sie in den §§ 2—9 ins Auge gefaßt sind.

Wie schon angedeutet, beruht nach dem Entwurfe die gerichtliche Prüfung der Frage, ob die Tat, welche das Auslieferungsersuchen veranlaßte, als politisches Delikt anzusehen sei, auf besonderem Einwand nach dieser Richtung. Dieser Frage eine solche für den Verhafteten unvorteilhafte Ausnahmestellung zu geben, obgleich eine Untersuchung derselben in der Regel die größte Bedeutung für die Entscheidung der Auslieferungsfrage besitzt, ist schon an und für sich wenig zufriedenstellend. Indessen kommt noch hinzu, daß es gerade in dieser Hinsicht äußerst wenig zu dem Gedanken des Entwurfes paßt, die Prüfung dem Gerichte zu entziehen. Zwar werden vermutlich Fälle, in denen der König aus genanntem Anlasse ein Auslieferungsersuchen abzulehnen genötigt sein sollte, nur äußerst selten eintreten. Sie sind aber doch nicht undenkbar, besonders in der Erwägung, daß die Auffassung dessen, was zum politischen Delikt zu rechnen sei, in den verschiedenen Ländern sehr wechselt; z. B. dürften bei uns Delikte, die in den Kapiteln 8 und 9 StG [1]) behandelt werden, in der Regel als politische Delikte anzusehen sein, selbst wenn sie nicht in politischer Absicht begangen sind, etwas was in anderen Ländern nicht immer ebenso der Fall ist. Und wenn sich ein solcher Ausnahmefall ereignet, der denkbarer Weise gerade auf Grund des eben angedeuteten Umstandes mit der Rechtsauffassung in dem betreffenden Staate in Widerspruch steht, so müßte die Befürchtung internationaler Verwickelungen naheliegen, da das Ersuchen, obwohl die Angelegenheit Gegenstand der Behandlung durch ein Gericht war, welches erklärte, es fänden sich keine Auslieferungshindernisse, aus Gründen abgelehnt wurde, die Objekt gerichtlicher Prüfung hätten sein können.

Der Anlaß zu dieser Behandlung der Frage nach der Zurechnung der verbrecherischen Handlung zu den politischen Delikten ist auch nicht in derNatur der Sache begründet, sondern dürfte hauptsächlich darin zu suchen sein, daß nach dem Entwurfe die Prüfung der Auslieferungsangelegenheit einem Untergerichte anvertraut ist, dem Rathausgericht, und daß man die vorliegende Frage — insbesondere, weil in den Entwurf keine Definition des Begriffes des politischen Delikts aufgenommen worden ist — als so schwer lösbar angesehen hat, daß die Entscheidung des Rathausgerichts dem fremden Staate gegenüber nicht genügend Autorität enthalte.

Die Absicht, der Entscheidung die nötige Autorität zu geben, kann indessen offenbar durch eine Änderung des vorgeschlagenen Gerichtsverfahrens erreicht werden, ohne daß man dafür andere wichtige erwünschte Ziele zu opfern brauchte.

[1]) Kap. 8: »Über Verrat; wie auch über andere der Sicherheit des Reiches nachteilige Delikte«. Kap. 9: »Über Majestätsverbrechen; wie auch über Delikte gegen die Reichsleitung oder des Reiches Stände«.

Ein Ausweg wäre dergestalt, — selbst wenn ein ausdrücklicher Antrag in solcher Richtung nicht gestellt ist — die Rathausgerichtsprüfung auch die Frage umfassen zu lassen, ob Hindernisse gegen eine Bewilligung des Ersuchens in der im § 6 behandelten Richtung vorliegen, mit der Verpflichtung jedoch für das Rathausgericht, die Angelegenheit dem Höchsten Gerichte in jedem Falle zu unterbreiten, wo das Rathausgericht Hindernisse als vorliegend erachten würde; wohingegen die Angelegenheit nur im Umfange der Beschwerde des Verhafteten vor das höhere Gericht käme, wenn das Rathausgericht nicht erachtete, daß ein Hindernis gesetzlich vorhanden sei. Eine solche Ordnung würde indessen dem ganzen Entwurfe den Anschein geben, daß der Schutz des Verhafteten versteckt würde und und daß man hauptsächlich in Rücksicht ziehe, der fremde Staat möge nicht der Genehmigung seines Ersuchens verlustig gehen, wo es gesetzlich geschehen könnte. Und der Entwurf würde nicht wenig verfehlt sein, wenn dergestalt es den Anschein bekäme, daß er schlecht die Aufgabe erfülle, das Asylrecht zu schützen.

Zweckmäßiger dürfte es darum sein, das Gerichtsverfahren so zu ordnen, daß das Rathausgericht in jedem Falle nur ein Verhör mit dem Verhafteten anzustellen und eine zweite Untersuchung der Angelegenheit zu bewerkstelligen sowie dann eine Sache in ihrer Gesamtheit dem Höchsten Gerichte zur Prüfung zu überweisen hat. In Anbetracht der geringen Zahl von Auslieferungsersuchen und da diese i. a. wohl ohnehin auf Beschwerde der Prüfung des Höchsten Gerichts unterzogen werden, so dürfte mit dem hier zur Diskussion Gestellten dem Höchsten Gerichte keine beachtlichere Last aufgebürdet werden. Die Vorteile hingegen, die dieser Ordnung entspringen würden, sind offenbar: die erforderliche Autorität dem Auslande gegenüber würde aufrecht erhalten werden, ohne der Rücksicht auf die Bewahrung des Asylrechts etwas zu vergeben, und die Auslegung des Begriffes des politischen Verbrechens samt der Anwendung der übrigen Bestimmungen der §§ 2—9 würde in höchst möglichen Maße einheitlich werden; zugleich würde eine bedeutende Vereinfachung des Gerichtsverfahrens gewonnen werden, und dies würde im allgemeinen auch Zeitgewinn bei der Behandlung der Auslieferungsangelegenheiten bedeuten.

Vergütungen an den Staatsanwalt bei Gericht und den Prozeßbeistand des Verhafteten dürften in jedem Falle administrativ bestimmt werden müssen. Dagegen scheint eine möglicherweise vorkommende Vergütung an Zeugen zweckmäßig vom Höchsten Gericht im Zusammenhange mit seiner Entscheidung in der Sache selbst festgesetzt werden zu können, weil solche Vergütung aus öffentlichen Mitteln nicht bloß in dem Falle dürfte erfolgen müssen, daß der Staatsanwalt sich auf das Zeugnis berufen hat, sondern auch, wenn der Zeuge, dessen Anhörung vom Verhafteten beantragt worden ist, durch seine Aussage zur Feststellung vorfindlicher Auslieferungshindernisse beiträgt, und da die Verpflichtung des Verhafteten, den von ihm berufenen Zeugen Vergütung für das Erscheinen zu zahlen, folgerichtig von keinem anderen Gerichte beurteilt werden kann als demjenigen, welches die Hauptsache prüft.

Auf Grund des Angeführten wird anheimgestellt, die fraglichen Bestimmungen in der angegebenen Richtung umarbeiten zu lassen.

Bei dieser Umarbeitung scheint in Erwägung gezogen werden zu müssen, ob nicht die Frage des Verfahrens in Fällen, wo der in Auslieferungssachen Verhaftete bestreitet, die mit dem Auslieferungsersuchen gemeinte Person zu sein, — wenn diese Frage überhaupt im Entwurfe berührt zu werden braucht, — am besten für sich allein zu behandeln sei. Denn die Frage ist von anderer Art als die Auslieferungsfrage selbst. In jedem Stadium des Verfahrens mit dem Verhafteten muß, auch ohne ausdrückliche Gesetzesbestimmung darüber, gelten, daß der Verhaftete jeweils von der Behörde sofort freizugeben ist, die ihn zu ihrer Verfügung hat, wenn es sich herausstellt, daß er ein anderer als der ist, um dessen Auslieferung ersucht worden ist.

§ 28.

Der Gesetzgebungsrat:

Der letzte Absatz dieses Paragraphen dürfte als unnötig aus dem Entwurfe zu streichen sein.

§ 30.

Der Gesetzgebungsrat:

Eine Vorschrift dürfte zu erlassen sein, wie in dem Falle verfahren werden soll, daß, nachdem Meldung über eine Verhaftung erstattet ist, die auf Grund der Ermächtigung des ersten Absatzes des vorliegenden Paragraphen stattgefunden hat, Hindernisse gegen die Auslieferung des dergestalt Verhafteten zu bestehen scheinen.

§ 31.

Der Gesetzgebungsrat:

Weil nach dem Entwurfe Verhaftung stattfinden kann, auch wenn ein Auslieferungsersuchen noch nicht erfolgt ist, und da auch bei solcher Verhaftung Beschlagnahme von Gegenständen, auf die im vorliegenden Paragraphen abgesehen ist, stattfinden muß — etwas, was vermutlich auch beabsichtigt war — so wird anheimgestellt, die dort vorkommenden Worte »das Delikt, wegen dessen um Auslieferung ersucht wird«, gegen einen anderen Ausdruck auszutauschen, der den Gedanken deutlicher wiedergibt.

§ 33.

Der Gesetzgebungsrat:

Im ersten Absatz des vorliegenden Paragraphen wird für die Genehmigung, auf die im Paragraphen abgesehen ist, vorausgesetzt, daß ein fremder Staat die Auslieferung jemandes an den fremden Staat bewilligt hat, der um die Genehmigung nachsucht, worüber dergestalt stets Aufklärung zu geben ist. Damit steht im Widerspruch, was Punkt 2 des Paragraphen darüber enthält, daß ein den Inhalt des Auslieferungsbeschlusses ausweisendes Dokument nicht beigebracht zu werden braucht, sondern durch ein Dokument ersetzt werden kann, wie es im § 7 Abs. 1 erwähnt ist, weshalb die Genehmigung würde erteilt werden können, bevor die Auslieferung beschlossen ist oder jedenfals ohne Kenntnis vom Auslieferungsbeschlusse. Der Widerspruch, der sich also im Paragraphen findet, scheint durch eine Umarbeitung der Bestimmung in der einen oder anderen Richtung beseitigt werden zu müssen.

§ 34.

Der Gesetzgebungsrat:

Die Anwendung der unter 2 aufgenommenen Bestimmung ist auf den Fall beschränkt, daß das Ersuchen von dem fremden Staat einläuft, nachdem schon wegen anderen Verbrechens Auslieferung stattgefunden hat. Die hier in Frage stehende Genehmigung dürfte indessen auch im Zusammenhang mit dem Auslieferungsbeschlusse selbst gegeben werden müssen. Eine Änderung der Fassung der Bestimmung ist darum wünschenswert.

§ 35.

Der Gesetzgebungsrat:

Die Bestimmung dieses Paragraphen dürfte nicht von der Beschaffenheit sein, daß sie in den vorliegenden Gesetzentwurf aufgenommen werden müßte.

Für das Protokoll:
Erik Ölander.

Auszug aus dem Protokoll über Justizdepartementsangelegenheiten, gehalten vor Seiner Majestät dem Könige im Staatsrate auf dem Schloß zu Stockholm, Freitag, den 31. Januar 1913.

Anwesend: Seine Exzellenz Herr Staatsminster Staaff, Seine Exzellenz Herr Außenminister Graf Ehrensvärd, die Staatsräte: Petersson, Schotte, Berg, Bergström, Freiherr Adelsvärd, Petrén, Stenström, Larsson, Sandström.

Der Chef des Justizdepartements Staatsrat Sandström trug nach gemeinsamer Vorbereitung mit Seiner Exzellenz dem Herrn Minister der auswärtigen Angelegenheiten das durch Auszug aus dem Protokoll über Justizdepartementsangelegenheiten vom 3. Mai 1912 eingeholte Gutachten des Gesetzgebungsrates über den aufgestellten Entwurf eines Gesetzes, betr. Auslieferung von Verbrechern, vor.

Nach Berichterstattung über den Inhalt des Gutachtens führte der Vortragende aus:

»In der Frage des § 4 des Entwurfs haben die meisten Mitglieder des Gesetzgebungsrates eine dahingehende Abänderung empfohlen, daß Auslieferung nicht wegen Verbrechen bewilligt werde, die nach schwedischem Recht den Preßfreiheitsdelikten zuzurechnen sein würden. Es erscheint mir zweifelhaft, ob das hierfür Angeführte zureichende Gründe enthält, um im schwedischen Auslieferungsrechte diesen Delikten eine Sonderstellung zu geben, die sie nicht als solche im Auslieferungsrechte anderer Länder einnehmen. Da indessen unter die fraglichen Delikte — außer bestimmten, die von überwiegend politischer Art und schon aus diesem Grunde ausgenommen sind — allein solche fallen, die im allgemeinen in Auslieferungsverträge als Auslieferung veranlassend nicht aufgenommen werden, so scheint irgendein Bedenken gegen eine Bestimmung in der vom Gesetzgebungsrate angegebenen Richtung nicht vorzuliegen. Eine solche Bestimmung, die angemessenerweise in besonderem Paragraphen zu geben sein dürfte, habe ich daher in den Entwurf aufnehmen zu müssen geglaubt.

Gemäß der Empfehlung des Gesetzgebungsrates zum § 8 dürfte die fragliche Bestimmung aus dem Entwurfe zu streichen sein.

Die Anmerkung des Gesetzgebungsrates gegen die Bestimmung unter 3 im § 11 dürften eine etwas veränderte Fassung der Bestimmung veranlassen müssen.

Anläßlich der Empfehlung des Gesetzgebungsrates zur Behandlung von Auslieferungsangelegenheiten dürfte im § 17 eine Änderung dahingehend vorzunehmen sein, daß Überweisung an die Gerichte in allen anderen als denjenigen Fällen Platz greift, wo der Verhaftete anerkennt, die Person zu sein, deren Auslieferung verlangt wird, sowie erklärt, daß er gegen Bewilligung des Auslieferungsersuchens nichts einzuwenden habe.

Was hingegen die Anmerkung des Gesetzgebungsrates betrifft, das Gerichtsverfahren in Auslieferungssachen müsse so geordnet werden, daß diese in jedem Falle dem Höchsten Gerichte zur Prüfung überwiesen würden, so kann ich die Ansicht des Gesetzgebungsrates in diesem Punkte nicht teilen. Theoretisch gesehen, kann es freilich kritisierbar erscheinen, daß der Entwurf ein Gericht die Frage, ob politisches Delikt vorliege oder nicht, nur in dem Falle prüfen läßt, daß ein Einwand in dieser Hinsicht erfolgt. Aber im praktischen Leben dürfte es wohl kaum vorkommen, daß ein politischer Flüchtling, dessen Auslieferung verlangt wird, nicht vor Gericht, wenn die Frage dahin gelangt, einen Einwand dahin erhebt, die fragliche Tat sei von politischer Beschaffenheit. Denkbar, wenn auch nicht wahrscheinlich, wäre immerhin, daß eine Person ohne rechtskundigen Beistand aus Unkenntnis einen Einwand wegen politischer Beschaffenheit des angegebenen Delikts unterließe, und die Erinnerungen des Gesetzgebungsrates dürften daher eine Änderung des Entwurfs dahingehend veranlassen müssen, daß in jedem Falle derjenige, dessen Auslieferung verlangt wird, die Unterstützung geeigneten Beistandes nicht bloß vor Gericht, sondern auch vor dem königlichen Befehlshabenden erhält. Nach solcher Änderung sowie nach der oben genannten Änderung des § 17, gemäß welcher später unabhängig von der Beschaffenheit des Einwandes die Angelegenheit beim Bestreiten des Verhafteten einem Gerichte überwiesen wird, dürfte das Risiko praktisch ausgeschlossen sein, daß die Frage des politischen Delikts vom Gerichte nicht sollte geprüft werden, obgleich ein solches in der Wirklichkeit vorhanden ist. Die Behandlung sämtlicher Auslieferungssachen, so nicht bloß die einige wenige Prozent ausmachenden Fälle, in denen es sich um politische Delikte handelt, sondern auch alle anderen, dem Höchsten Gerichte vorzulegen, erscheint mir daher nicht als durch Bedürfnis gefordert. Eine solche Anordnung würde außerdem oft eine unnötige Verlängerung des Auslieferungsverfahrens mit sich bringen, um so mehr unangemessen, als der, dessen Auslieferung in Frage steht, während desselben in Haft sitzen muß.

Die im übrigen hauptsächlich formellen Anmerkungen, die der Gesetzgebungsrat gegen gewisse Bestimmungen des Entwurfs geäußert hat, müssen, so habe ich geglaubt, Änderungen in diesen Teilen herbeiführen.

Gemäß meinen jetzigen Ausführungen habe ich im Justizdepartement den in Frage stehenden Entwurf umarbeiten lassen; dabei sind gewisse kleinere redaktionelle Änderungen erfolgt.

Anläßlich der Anmerkungen des Gesetzgebungsrates unter §§ 3 und 11, betr. die Einfügung einer Erinnerung über die Modifikation geltender Regeln des schwedischen Strafrechts — die der Entwurf enthält — in das Strafgesetzbuch, ebenso einer Bestimmung, daß Bedingungen, die bei Auslieferung an Schweden von fremden Staaten gestellt wären, bei der Anklage und Bestrafung des Ausgelieferten in Schweden hier im Reiche zur Nachachtung gereichen sollen, habe ich auch einen Entwurf zu einem Gesetz, betr. Änderung des Kap. 1 des StG, ausarbeiten lassen.«

Der Vortragende verlas dann den umgearbeiteten Entwurf eines Gesetzes über Auslieferung von Verbrechern wie auch den Entwurf eines Gesetzes, betr. Änderung des Kap. 1 des StG., und stellte anheim, diese Entwürfe nach § 87 der Regierungsform [1]) durch gnädige Proposition dem Reichstage zur Annahme vorzulegen.

Diesem von den übrigen Mitgliedern des Staatsrates gebilligten Anheimstellen geruhte Seine Majestät der König seine Zustimmung zu geben; es solle dem Reichstage gnädige Proposition in dem Wortlaute zugestellt werden, welchen die Beilage dieses Protokolls ausweise.

Für das Protokoll:

Hjalmar Nymann.

---

[1]) Text s. o. S. 177.

Nr. 274.

Motion in der Zweiten Kammer.[1]

Von den Herren **Persson** in Norrköping und **Sandler** *anläßlich der Königl. Majestät Proposition mit Entwurf eines Gesetzes, betr. Auslieferung von Verbrechern usw.*

In der Königl. Majestät Propositionen Nr. 42 und 50 werden dem Reichstage Entwürfe zu Gesetzen vorgelegt, einerseits betr. Abweisung und Ausweisung von Ausländern, und andererseits, betr. Auslieferung von Verbrechern. Die Ausweisungs- und Auslieferungsgesetze haben ohne Zweifel eine gewisse Verwandtschaft miteinander, jedoch nicht von stärkerer Art, als daß sie, wie in den Königl. Propositionen geschehen, recht wohl von den Gesetzgebern als je für sich dastehend behandelt werden könnten, mag auch dabei verschiedene Rücksicht auf gewisse Bestimmungen genommen werden zu müssen scheinen, die in beiden Gesetzen von internationaler Rechtsnatur sind. Was nun zunächst den in der Königl. Proposition Nr. 42 vorgelegten Gesetzentwurf, betr. »Verbot für gewisse Ausländer, sich hier im Reiche aufzuhalten«, angeht, so scheint uns dieser Entwurf an so vielen und schweren Mängeln zu leiden, daß er nach unserer Meinung kaum von diesem Reichstage angenommen werden darf. Die Überlassung der Kompetenz an die Polizei, unkontrolliert das Abweisungs- und in gewissen Fällen das Ausweisungsverfahren zu handhaben, sowie die Beibehaltung von Bestimmungen, welche Ausweisung von Ausländern ermöglichen, selbst wenn diese schon Jahrzehnte im Reiche gewohnt und sich dabei gut geführt haben, scheint uns zureichender Anlaß für eine solche Beurteilung zu sein. In jedem Falle scheinen uns die erforderlichen Abänderungen so tiefgreifender Natur zu sein, daß wir es für zu schwierig angesehen haben, positive Vorschläge darüber zu machen. Anders steht es mit dem in der Königl. Proposition Nr. 50 vorgelegten Gesetzentwurf, betr. »Auslieferung von Verbrechern«, und hierzu erlauben wir uns einige Änderungs- und Modifikationsvorschläge vorzulegen.

Auslieferung weiter auf den Bestimmungen unseres gegenwärtigen veralteten Seegesetzes beruhen zu lassen, halten wir für besonders bedenklich. Bevor dies Gesetz einer gebührenden Revision unterzogen worden ist, scheint es in den gegenwärtigen Auslieferungsgesetzentwurf nicht eingepaßt werden zu dürfen. Darum schlagen wir vor, den Ausdruck »oder das schwedische Seegesetz« im § 4 zu streichen.

§ 7 des gegenwärtigen Gesetzentwurfs lautet so: [Text s. u. S. 360].

Der Staatsrat und Chef des Justizdepartements führt in seiner Motivierung im Staatsratsprotokoll zu diesem Teile des Gesetzentwurfs nach einer zusammenfassenden Darstellung der entsprechenden Gesetzgebung

[1] *Anlage zum Protokoll des Reichstages 1913. 4. Samml. 120. Heft (Nr. 274).*

in einer Anzahl fremder Staaten u. a. aus: »Aus der hier gegebenen Darstellung dürfte hervorgehen, welche Schwierigkeiten dem Unternehmen entgegenstehen, in zufriedenstellender Weise durch Gesetzesbestimmungen die Frage der Behandlung des relativ-politischen Delikts zu lösen. Mir erscheint es daher als das Zweckmäßigste, sich auf den Standpunkt des schweizerischen Gesetzes zu stellen und so dem Gerichte zu überlassen, unter Berücksichtigung (ledning) von Doktrin und Praxis im einzelnen Falle zu entscheiden, ob die Handlung als überwiegend politisch anzusehen sei oder nicht, mit der Folge, daß Auslieferung im ersten Falle verweigert, im zweiten dagegen bewilligt wird. Zu bemerken ist, daß die Praxis, der das schweizerische Bundesgericht folgt, anscheinend in der Richtung geht, den objektiven Umständen bei der Verübung des Delikts eine entscheidende Bedeutung zuzuerkennen, so daß z. B. Mord aus politischer Rache oder ein Delikt (Mord oder Diebstahl), das im übrigen ohne Zusammenhang mit einem wirklichen Versuch begangen wurde, die bestehende politische Ordnung umzustoßen, nicht so angesehen worden ist, daß es Freiheit von Auslieferung im Gefolge haben dürfe.

Ob die belgische Attentatsklausel bei uns aufzunehmen sei, kann zweifelhaft erscheinen. Bei Annahme der objektiven Theorie ist es notwendig; denn da nach dieser Theorie jedes Attentat auf einen Suverän oder Staatschef als politisches Delikt begriffen werden muß, so würde die Folge sonst die werden, daß Täter solcher Verbrechen uneingeschränktes Asylrecht genössen und daß also das Leben von Suveränen und Staatschefs weniger als dasjenige privater Personen geschützt wäre. Aber die schweizerische Regel nötigt nicht zu unbedingter Auffassung solcher Delikte als politischer, und die Schweiz hat auch auf erfolgtes Ersuchen Auslieferung eines Königsmörders bewilligt.«

Diese Hervorhebungen scheinen uns nicht voll mit dem Inhalte in Einklang zu stehen, der dem § 7 des Gesetzestextes gegeben worden ist. U. E. ist die Hauptbestimmung ausreichend: »Auslieferung darf wegen politischen Delikts nicht erfolgen«. Da es in allen Fällen der Rechtspraxis zu überlassen ist, diesen Begriff näher zu entwickeln, so erscheint es uns nicht rätlich, durch den Gesetzestext dieser Rechtspraxis eine Direktive zu geben, die möglicherweise den Umfang des Begriffes »politisches Verbrechen« bedenklich einschränken könnte. Und was den zweiten Absatz des Paragraphen, die Attentatsklausel, betrifft, so scheint uns auch kein genügend tragender Grund dafür zu sprechen, sie jetzt in unser erstes Gesetz auf diesem Gebiete einzuführen. Der Zweifel, den der Justizminister selbst zeigt, führt nach unserer Meinung dazu, sie fortzulassen.

§ 8 des Gesetzentwurfs hat folgenden Wortlaut: [Text s. u. S. 362].

Hinsichtlich der Bestimmung im ersten Absatz dieses Paragraphen erscheint es uns notwendig, daß die Mindestforderungen an den Inhalt des Dokumentes, in dem das »Urteil« (»utslag«) des ausländischen Gerichts oder der »Beschluß« (»beslut«) der Behörde mitgeteilt wird und das dem

Beschlusse des schwedischen Gerichtes, ob Auslieferung oder nicht, zugrunde liegen soll, in solchem Maße verschärft werden, daß nicht nur Art, Zeit und Ort des Delikts darin beschrieben werden, sondern auch *die Umstände des Delikts.* Hinsichtlich der Bestimmungen des § 4 dürfte es auch notwendig sein, daß *die Umstände* des Delikts klar aus den Dokumenten hervorgehen, da sonst eine Prüfung der Voraussetzungen des § 4 unmöglich erscheint. Der Ausdruck »verurteilendes Urteil oder solcher Beschluß« des § 8 Abs. 2 ist nicht hinreichend, da die näheren Umstände der Angelegenheit nicht aus den Dokumenten hervorgehen. Nur unter Berücksichtigung dieser Mindestforderungen an Beweis darf Auslieferung erfolgen. Und in Konsequenz dessen sind wir der Ansicht, daß diese Forderungen durch Vertrag nicht nachgelassen werden dürfen. Nachgelassen wird dies z. B nicht in England, und doch hat dies das Land nicht von Verträgen ausgeschlossen.

Hinsichtlich der Bestimmungen des § 11 ergibt es sich als Konsequenz unseres Antrages zum § 7, daß der letzte Punkt des letzten Absatzes zu streichen ist.

§ 29 des Gesetzentwurfs bestimmt im ersten Absatz, daß eine Person verhaftet werden kann, bevor ein formelles Ersuchen um ihre Auslieferung erfolgt ist. Da Verhaftung in gewissen Fällen für die betreffende Person besonders große Nachteile mit sich bringen kann, so dürften für eine solche Maßregel Garantien ähnlich denen zu fordern sein, die wir beim § 8 angegeben haben, daß nämlich auch die Umstände des Delikts anzugeben sind. Und als Garantie sachlicherer Prüfung der Verhaftungsvoraussetzungen sehen wir an, daß das Wort »Polizeibehörde« im zweiten Absatz durch »königlicher Befehlshabender« zu ersetzen ist. Es kann nämlich in Frage gestellt werden, ob eine untergeordnete Polizeibehörde in allen Fällen qualifiziert sei, ein eingelaufenes Verhaftungsersuchen in die erforderliche sachliche Prüfung zu nehmen.

In der Frage der Zeit, innerhalb deren ein Auslieferungsersuchen nach erfolgter Verhaftung eingegangen sein muß, werden im letzten Absatz des § 29 6 Wochen für einen europäischen und 3 Monate für einen außereuropäischen Staat vorgeschlagen. Als Regel, meinen wir, muß die Zeit kürzer sein; deswegen müssen in dieser Beziehung resp. 3 Wochen und 6 Wochen festgesetzt werden, möglicherweise mit Ausnahme für gewisse außereuropäische Länder.

In der Bestimmung, betr. das Inkrafttreten des Gesetzes, wird vorgeschlagen, daß die Bestimmungen geltender Verträge weitergelten sollen, auch wenn eine solche Bestimmung mit den Bestimmungen dieses Gesetzes in Widerspruch steht. S. 180 (o.) der königl. Proposition wird mitgeteilt, daß Verträge mit 12 Staaten in Geltung stehen und daß daneben sich andere Übereinkommen mit gewissen anderen Staaten finden, u. a. eine Konvention mit Rußland. Wenn die Bestimmungen dieser Verträge vor den Bestimmungen des Gesetzes gelten sollen, wird ja das Gesetz relativ bedeutungslos, und seine Wirkung auf eine ungewisse Zukunft gestellt. In einigen dieser Verträge wird Auslieferung wegen Verbrechen bewilligt, die nach § 4 des Gesetzes Auslieferung nicht veranlassen würden. Kein geltender Vertrag enthält als Auslieferungsbedingung in Fällen, die § 8 im Auge hat, die Forderung auf Beibringung der dort genannten Dokumente, und im allgemeinen können nach den Verträgen bei der Auslieferungsbewilligung keine so strengen Bedingungen aufgestellt werden wie die in den § 11 aufgenommenen. Hieraus folgt, daß mehrere der allerwichtigsten Bestimmungen des Gesetzes sozusagen tote Buchstaben bleiben, wenn die jetzigen Vertragsbestimmungen den Gesetzesbestimmungen vorgehen sollen. Dies halten wir für eine unrichtige Ordnung, die gegen eine mehr gesetzlich gebundene zu vertauschen ist, welche sich dadurch gewinnen läßt, daß die Verträge gekündigt sowie nach Verhandlungen mit den Vorschriften des Gesetzes in Übereinstimmung gebracht werden. Die Schlußbestimmungen müssen dementsprechend umredigiert werden.

Auf Grund dieser Ausführungen kommen wir zu dem Anheimstellen, der Reichstag möge solche Änderungen in dem vorliegenden Entwurfe eines Gesetzes, betr. Auslieferung von Verbrechern, beschließen,

daß der Ausdruck »oder das schwedische Seegesetz« im § 4 fortfällt;

daß § 7 nur bestimmt: »Auslieferung darf wegen politischer Delikte nicht erfolgen«;

daß das Dokument, in dem um Auslieferung ersucht wird, auch die *Umstände* des Delikts enthalte;

daß die Püfung eines Verhaftungsersuchens von der Polizeibehörde auf den königlichen Befehlshaber übergeführt wird;

daß die Zeit zwischen Verhaftung und Auslieferungsersuchen auf höchstens 3 Wochen resp. 6 Wochen festgesetzt wird;

daß Bestimmungen in Verträgen und Übereinkommen nicht mit den Bestimmungen des vorliegenden Gesetzes in Widerspruch geraten.

Und es wird dem Gesetzgebungsausschusse anheimgestellt, in den Gesetzestext die Änderungen und Modifikationen aufzunehmen, die nach den obenstehenden Änderungsvorschlägen erforderlich sind.

Stockholm, am 22. Februar 1913.

Sven Persson. *Rickard Sandler.*

Gutachten des Gesetzgebungsausschusses.[1])

Nr. 25.

Eingegangen in der Kanzlei des Reichstages am 18. April 1913, 5 Uhr nachm.

Gutachten anläßlich einerseits Seiner Königl. Majestät Proposition mit Entwurf eines Gesetzes, betr. Auslieferung von Verbrechern, sowie eines Gesetzes betr. Änderung des Kap. 1 des Strafgesetzes, andererseits auch einer anläßlich ihrer eingebrachten Motion.

Anwesend bei der Schlußbehandlung der Angelegenheit: Die Herren Widén, Lindhagen, af Ekenstam, Söderbergh, Trana, Gezelius [2]), Alexanderson, Graf Lagerbjelke, von Baumgarten, Eliasson [2]), Petersson in Lidingö villastad [2]), Pettersson in Södertälje, Pettersson in Bjälbo, Olsson in See, Rehn und Persson in Norrköping.

Durch eine am 31. Januar 1913 gezeichnete Proposition, Nr. 50, hat die Königl. Majestät, unter Verweisung auf die der Proposition beigelegten, im Staatsrate und Gesetzgebungsrate geführten Protokolle, dem Reichstage die Annahme unten aufgenommener Entwürfe zu einem Gesetz, betr. Auslieferung von Verbrechern, sowie zu einem Gesetze, betr. Änderung des Kap. 1 des StrGB., vorgeschlagen.

In Verbindung mit dieser Proposition, die dem Gesetzgebungsausschusse überwiesen worden ist, hat der Ausschuß eine anläßlich ihrer von den Herren *Sven Persson* in Norrköping und *Richard Sandler* in der Zweiten Kammer gestellte Motion, Nr. 274, in Behandlung gehabt, in der anheimgestellt wird,

Der Reichstag wolle beschließen (hier folgen die Schlußvorschläge der genannten Motion, die Seite 238 abgedruckt sind).

Äußerung des Ausschusses.

Beim Vortrage der in Frage stehenden Angelegenheit im Staatsrate am 3. Mai 1912 hob der vortragende Departementschef u. a. hervor, wie, während unter der Herrschaft der älteren Rechtsanschauung jeder Rechtsstaat nur für die Aufrechterhaltung der Rechtsordnung innerhalb seines eigenen Gebietes zu sorgen hatte und nicht als interessiert oder gar berechtigt angesehen wurde, außerhalb seines Gebietes begangene Verbrechen zu bestrafen, — wie jetzt dagegen in der zivilisierten Welt die Auffassung sich allgemein geltend gemacht hat, daß die einzelnen Staaten unter rechtlichem Gesichtspunkte die Pflicht haben, miteinander zur Bekämpfung des Verbrechens zusammenzuarbeiten. In verschiedenem Grade und in verschiedener Weise hat die genannte Auffassung bei den einzelnen Staaten Ausdruck gewonnen, aber als allgemein geltende Regel kann angesprochen werden, daß der Staat, zu dem der Täter eines anderswo begangenen Deliktes seine Zuflucht genommen hat, diesen entweder selbst

---

1) *Anlage zum Protokoll des Reichstages* 1913. 9. *Samml.* 24. *Heft* (*Nr.* 25).

2) Nicht anwesend bei Justierung des Gutachtens.

deswegen bestraft oder auch, mit Ausnahme gewisser Fälle, an den betreffenden Staat zur Bestrafung ausliefert.

Nach Kap. 1 des allgemeinen Strafgesetzes kann ein im Auslande begangenes Delikt hier im Reiche bestraft werden, wenn der Täter Schwede ist oder das Delikt gegen Schweden oder schwedische Bürger begangen wurde. Über Auslieferung finden sich dagegen im schwedischen Recht keine Bestimmungen. Indessen hat der König auf Ersuchen der Regierungen fremder Staaten, übereinstimmend mit gewohnter internationaler Praxis, regelmäßig Auslieferungen bewilligt entweder gemäß einem darüber mit dem betreffenden Staate geschlossenen Vertrage oder auch ohne Vorliegen eines solchen.

Die Verträge solcher Art, die gegenwärtig in Kraft stehen, sind, wie aus der genannten Äußerung des Departementschefs hervorgeht, diejenigen, welche abgeschlossen worden sind mit Portugal (1863), Italien (1886 und 1878), Österreich (1868), Frankreich (1869), Belgien (1870 und 1877), Großbritannien und Irland (1873), Deutschland (1878), Luxemburg (1883), Spanien (1885), den Vereinigten Staaten von Amerika (1893), den Niederlanden (1895) und Norwegen (1907).

Außer in diesen Verträgen kommen in anderen mit fremden Staaten geschlossenen Übereinkommen besondere Bestimmungen, betr. Auslieferung in gewissen Fällen, vor, so im Handels- und Schiffahrtsvertrage mit China vom 20. März 1847, im Freundschafts-, Handels- und Schiffahrtsvertrage mit Siam vom 9. November 1869 sowie in dem zu Brüssel am 2. Juli 1890 geschlossenen Übereinkommen, betr. Maßnahmen zur Unterdrückung des Sklavenhandels im inneren Afrika.

Wie aus dem Vorhergehenden sich ergibt, finden sich Übereinkommen, betr. Auslieferung, nicht geschlossen unter anderen Staaten mit Dänemark, Rußland und der Schweiz.

Indessen ist die Frage der Auslieferung von Verbrechern unter rechtlichem Gesichtspunkte von der großen Bedeutung, daß, wie der Departementschef hervorhebt, die Lösung derselben nicht allein vertragsmäßigen Übereinkommen oder im besonderen Fall von der Regierung getroffenen Verfügungen überlassen werden darf; vielmehr scheinen die Normen, welche für Auslieferung und für das Verfahren bei der Entscheidung dieser Angelegenheiten gelten sollen, bei uns auf dem Wege der Gesetzgebung erlassen werden zu müssen, wie es in einer großen Anzahl anderer Länder geschehen ist.

Mit Rücksicht hierauf wurde die Frage der Gesetzgebung, betr. Auslieferung, im Justizdepartement in Behandlung genommen und ein Entwurf zu einem Gesetze über Auslieferung von Verbrechern dort ausgearbeitet. Nachdem der genannte Entwurf der Prüfung des Gesetzgebungsrates unterworfen worden ist, hat er anläßlich im Gesetzgebungsrate gemachter Anmerkungen, in gewissen Hinsichten eine Umarbeitung erfahren, wobei weiter ein besonderer Entwurf zu einem Gesetze, betr. Änderung des Kap. 1 des Strafgesetzes, aufgestellt wurde. Die genannten

Gesetzentwürfe sind mit den in Frage stehenden Propositionen dem Reichstage zur Annahme vorgelegt worden.

Hinsichtlich des näheren Inhaltes der in Frage stehenden Gesetzentwürfe darf der Ausschuß auf die königliche Proposition sowie die derselben beigefügten Auszüge aus den im Staatsrate und im Gesetzgebungsrate geführten Protokollen verweisen.

Zur Begründung der in der Motion gestellten Anträge haben die Motionäre das folgende angeführt: **Die Motion.**

(Hier folgen die oben Seite 235 wiedergegebenen Ausführungen der Herren Persson und Sandler »umredigiert werden«.)

Bei Prüfung der einzelnen Teile des *Entwurfs zu einem Gesetze, betr. Auslieferung von Verbrechern,* sowie der gestellten Motion hat der Ausschuß sich zu den Äußerungen und Änderungen veranlaßt gesehen, welche unten bei den besonderen Paragraphen angemerkt sind. Hierbei hat der Ausschuß bei der Angabe der Paragraphennummern sich an die Ordnung angeschlossen, welche in der Königl. Majestät Entwurf beobachtet worden ist. **Der Ausschuß.**

§ 4.

Der Entwurf geht gleich ausländischen Gesetzen in der Angelegenheit von dem Hauptprinzip aus, daß Auslieferung nicht wegen anderer Handlungen bewilligt werden darf als solcher, welche nach schwedischem Recht als Delikte betrachtet werden. Daneben ist jedoch im Entwurfe weiter gefordert, daß das Delikt von einem gewissen schwereren Charakter sein muß, und es ist in dieser Hinsicht im vorliegenden Paragraphen als Regel bestimmt worden, es müsse das Delikt ein solches sein, daß nach dem allgemeinen schwedischen Strafgesetz oder dem schwedischen Seegesetz schwerere Strafe als Gefängnis sich daran knüpfen könne.

Indessen ist in der von den Herren Persson und Sandler gestellten Motion als bedenklich hervorgehoben worden, Auslieferung auf Bestimmungen unseres gegenwärtigen Seegesetzes beruhen zu lassen, bevor dieses einer entsprechenden Revision unterzogen worden sei, und anläßlich dessen ist darin anheimgestellt worden, die Worte »oder das schwedische Seegesetz« im vorliegenden Paragraphen aus dem Entwurfe zu streichen.

Die von den Motionären angeführten Verhältnisse können nach Auffassung des Ausschusses nicht veranlassen, von der hier festgelegten Regel für im Seegesetz bestrafte Verbrechen von der schwereren Beschaffenheit, wovon hier die Rede, eine Ausnahme zu machen, und zwar um so weniger, als unser Seegesetz ist seiner jetzt vorliegenden Fassung in dieser Hinsicht nicht strenger als die Mehrzahl fremder Gesetze über die Angelegenheit sein dürfte. Gewisse Seegesetzverbrechen sind auch in geltende Verträge unter solche aufgenommen worden, wegen derer Auslieferung stattfinden darf; und es dürfte im übrigen aus internationalen Gesichtspunkten nicht angehen, wegen aller solcher Verbrechen Auslieferung ganz zu verweigern. Der Ausschuß hat dergestalt nicht geglaubt, auf Grund des in Frage stehenden Anheimstellens der Motionäre von dem Entwurf der Königl. Majestät in diesem Teile abgehen zu sollen.

§ 7.

In diesen Paragraphen nimmt der Entwurf die im Auslieferungsrecht aller Länder vorkommende Bestimmung auf, daß Auslieferung nicht wegen sogen. politischer Verbrechen erfolgen dürfe. Dieser Regel hat indessen der Vorschlag gewisse Bestimmungen hinzugefügt, welche nähere Regeln für gewisse mehr zweifelhafte Fälle umfassen, nämlich *einerseits* im ersten Absatz des Paragraphen für den Fall, daß die Handlung, wegen derer um Auslieferung ersucht wird, zu gleicher Zeit Verbrechen von nicht politischer Art umfaßt, *andererseits* auch im zweiten Absatz, wenn es sich um Mord, Mordversuch oder Totschlag an einem fremden Staatsoberhaupt oder an einer zu der Familie eines fremden Suveräns gehörenden Person handelt.

In der Frage der Gründe für diese Bestimmungen, betr. politische Verbrechen, führte der vortragende Departementschef u. a. aus:

(Hier folgen die oben Seite 194 wiedergegebenen Ausführungen des Justizministers: »... über den den Inhalt..... beeinflußt worden«).

Nach Darstellung der Entwicklung des ausländischen Rechts in dieser Angelegenheit sowie der Entstehung der sogen. belgischen Attentatsklausel und der im schweizerischen Gesetz, betr. die politischen Delikte, aufgestellten Regel, wie auch der Gründe, welche veranlaßt haben, daß die genannte Klausel in das genannte Gesetz nicht aufgenommen worden ist, führte der Departementschef weiter aus:

(Hier folgen die oben Seite 197 wiedergegebenen Ausführungen des Justizministers: »Aus der hier gegebenen Darstellung ..... liegt ja hier nicht vor.«)

In der oben berührten Motion ist aus zuvor angegebenen Gründen anheimgestellt worden, daß die in Frage stehende Gesetzesstelle nur folgende Bestimmung enthalte: »Auslieferung darf wegen politischer Verbrechen nicht erfolgen«.

Daß, wie im Entwurfe der Königl. Majestät vorausgesetzt, Auslieferung wegen solcher relativ-politischen Delikte muß stattfinden können, welche mit Rücksicht auf die Umstände im besonderen Falle überwiegend den Charakter eines nicht-politischen Deliktes besitzen, ist nach Ansicht des Ausschusses richtig und mit Rücksicht auf die Ausführungen des Departementschefs zu dieser Frage erachtet der Ausschuß es auch für offenbar, daß eine ausdrückliche Bestimmung darüber im Gesetze nicht entbehrt werden kann. Eine Gefahr, daß der Begriff des politischen Verbrechens in der von den Motionären angenommenen Weise dadurch in unzulässiger Weise eingeschränkt werden würde, dürfte nicht vorliegen. Man wird in dieser Hinsicht ohne Zweifel der schweizerischen Gesetzgebung vom Jahre 1892 folgen können, welche dieses Prinzip angenommen hat.

Der Ausschuß hat dergestalt sich nicht in der Lage gesehen, den Vorschlag der Motionäre in diesem Stücke zu empfehlen.

Was hingegen die in den zweiten Absatz des § aufgenommene Bestimmung betrifft, so ist der Ausschuß der Meinung, daß man auch in dieser Hinsicht sich ohne Gefahr der eben genannten schweizerischen Gesetzgebung anschließen kann. In deren Motiven wird in dieser Hinsicht u. a. hervorgehoben, man könne es nicht für gerechtfertigt ansehen, daß gewisse Deliktsarten lediglich auf Grund ihrer objektiven Beschaffenheit davon ausgeschlossen sein sollten, unter gewissen Verhältnissen denjenigen zugerechnet zu werden, wegen derer Auslieferung verweigert werden müßte. Überhaupt glaubte man nicht, durch Beschreibung im Gesetz kenntlich machen zu können, welche Handlungen ungeachtet ihrer politischen Farbe Auslieferung veranlasen müßten. Die Beurteilung könne nicht nach der Art der Handlung erfolgen, sondern müsse unter Abwägung der Umstände geschehen, unter welchen die Handlung verübt worden sei. Bei jeder besonderen Handlung müßte dergestalt nach den Umständen im besonderen Falle geprüft werden, als von welchem Hauptcharakter dieselbe angesehen werden könne. Mit Rücksicht hierauf nahm das schweizerische Gesetz nur eine Bestimmung von entsprechendem Inhalt auf, wie sie in den vorangehenden Paragraphen, Abs. 1, aufgenommen worden ist.

Auch in der Gesetzgebung verschiedener anderer Länder ist die in Frage stehende Klausel ausgeschlossen worden.

Der Ausschuß ist also der Ansicht, daß die in den letzten Absatz des Paragraphen aufgenommene Vorschrift aus dem Entwurf gestrichen werden muß.

§ 8.

Die Herren Persson und Sandler haben, wie zuvor angegeben, in ihrer Motion anheimgestellt, in diesen Paragraphen eine Bestimmung darüber aufzunehmen, daß das Dokument, worin um Auslieferung ersucht wird, auch die Umstände des Deliktes enthalten soll.

Schon aus dem gegenwärtigen Wortlaut des Paragraphen in Verbindung mit den Bestimmungen des Gesetzes im übrigen dürfte folgen, daß bei einem Auslieferungsersuchen die Deliktsumstände so angegeben werden müssen, daß die Art des Deliktes beurteilt werden kann, so daß eine Prüfung, ob das in Frage stehende Delikt ein solches ist, wie es im § 4 behandelt wird, unmittelbar stattzufinden vermag. Wenn in dieser Hinsicht etwas fehlt, so kann auch die betreffende Behörde nach der Natur der Sache und in der im § 14 ausdrücklich bestimmten Weise denjenigen, welcher das Auslieferungsersuchen stellt, ersuchen, mit weiteren Angaben, welche für nötig befunden werden, einzukommen, bevor die Schlußprüfung der Angelegenheit stattfindet. Der in der Motion geforderte Zusatz ist also unnötig.

Hier einen solchen Zusatz einzuführen, könnte im übrigen zu der nicht beabsichtigten Auffassung führen, daß in Verbindung mit einem Auslieferungsersuchen eine vollständige Darstellung des Delikts und seiner Umstände beigebracht werden müßte.

§ 11.

Übereinstimmend mit dem Anheimstellen des Ausschusses unter § 7 hat der Ausschuß auch den in der Motion gestellten Änderungsvorschlag zu diesem Paragraphen nicht empfehlen können.

Im ersten Absatz des Paragraphen hat der Ausschuß nur die formelle Änderung vorgeschlagen, ausdrücklich anzugeben, daß der Hinweis auf § 13 nur dessen zweiten Absatz betreffe.

§§ 17–27.

Gemäß *der königlichen Majestät Entwurf* darf Auslieferung, sofern der in solcher Angelegenheit Verhaftete sich ihr widersetzt, nur stattfinden, wenn ein Gericht durch Prüfung feststellt, daß gesetzlicherweise keine Hindernisse dagegen vorliegen. Mit den hierüber mitgeteilten Vorschriften ist u. a. gewonnen worden, daß die Regierung bei Ablehnung eines Auslieferungsersuchens dem fremden Staate gegenüber zur Begründung ihres Beschlusses sich auf einen Gerichtsentscheid berufen kann, welcher gesetzliche Kraft gewonnen hat, wodurch die Natur des Beschlusses als einer gerichtlichen Entscheidung hervortritt. Die Prüfung in Auslieferungsangelegenheiten, welche dergestalt einem Gerichte beigelegt ist, soll nach dem Entwurfe im allgemeinen von den Rathausgerichten in den Residenzstädten des Reiches gehandhabt werden, gegen deren Beschlüsse in diesen Fragen jedoch beim Könige im Höchsten Gericht Klage geführt werden kann. Nur in dem Fall, daß beim Rathausgericht eine Einwendung dahin erhoben ist, daß das Delikt, wegen dessen um Auslieferung ersucht ist, von politischer Beschaffenheit sei, soll das Rathausgericht, nach Vornahme einer Untersuchung der Sache, die Prüfung dem Höchsten Gericht überweisen, welches dergestalt in Fällen solcher Einwendungen als einzige Instanz urteilt.

Betr. die Frage, welchem Gerichtshof die Auslieferungsfrage zu überweisen sei, führte der vortragende *Departementschef* u. a. aus, es könne in Frage gestellt werden, ob nicht, besonders da die Behandlung und Prüfung solcher Angelegenheiten bisweilen von besonders heiklem Charakter sei, die Behandlung derselben einem Obergerichte anzuvertrauen sei. Mit Rücksicht darauf, daß die Verhandlung deutlicherweise mündlich sein müsse, habe man es jedoch als das Richtigste angesehen, die Rathausgerichte in den Residenzstädten der Läne diese Angelegenheiten behandeln zu lassen, besonders da man dadurch den Vorteil gewinne, daß Transporte der Verhafteten zwecks Vorführung vor Gericht nicht in Frage zu kommen brauchten. Auf Grund der Fassung, welche im Entwurf, wie man gemeint habe, der Regel, betr. die politischen Delikte, gegeben werden müsse, habe jedoch das Gericht in der Frage der Prüfung in dieser Hinsicht eine Aufgabe von besonderer Schwere und heiklem Charakter. Bei uns die Entscheidung der Frage, ob politisches Delikt vorliege oder nicht, einem Untergericht anzuvertrauen, habe man mit Rücksicht darauf für äußerst wenig rätlich gehalten. Folgerichtig sei es als notwendig erachtet worden, in solchen Fragen die Abweichung von den sonst aufgestellten Regeln über das Verfahren in Auslieferungsangelegenheiten vorzunehmen, daß, wenn solch eine Frage vorliege, das Rathausgericht nur die Angelegenheit untersuchen, die Prüfung aber dem Höchsten Gerichte zukommen solle.

Der *Gesetzgebungsrat* erachtete die im Entwurfe der Königlichen Majestät vorgeschlagene Ordnung des Gerichtsverfahrens in mehreren Hinsichten als unzufriedenstellend. Der Gesetzgebungsrat führte in dieser Frage folgendes aus:

(Hier folgen die oben Seite 229 wiedergegebenen Ausführungen des Gesetzgebungsrates: »Wie schon angedeutet ..... Zeitgewinn bei der Behandlung der Auslieferungsangelegenheiten bedeuten.«)

Auf Grund des Angeführten stellte der Gesetzgebungsausschuß anheim, die fraglichen Bestimmungen in der angegebenen Richtung umzuarbeiten.

Bei dem Vortrage dieses Anheimstellens des Gesetzgebungsrates vor der Königl. Majestät führte der Departementschef als Grund für die Beibehaltung des dem Gesetzgebungsrate übersandten und auch in die Königliche Proposition aufgenommenen Vorschlages u. a. an, daß es im wirklichen Leben wohl kaum vorkommen könne, daß ein politischer Flüchtling, um dessen Auslieferung ersucht werde, bei dem Gerichte, wenn die Sache dahingelange, nicht den Einwand erhebe, daß die Handlung, um die es sich in der Angelegenheit drehe, von politischer Beschaffenheit sei. Immerhin sei es denkbar, wenn auch wenig wahrscheinlich, daß eine Person, welche keine Unterstützung durch rechtskundigen Beistand habe, aus Unkenntnis es unterlasse, einen solchen Einwand zu machen, und es schienen daher die Erinnerungen des Gesetzgebungsrates die Änderung des Entwurfs bewirken zu müssen, daß in jedem Falle derjenige, um dessen Auslieferung ersucht werde, Unterstützung geeigneten Beistandes nicht bloß vor dem Gerichte, sondern auch vor dem Königlichen Befehlshabenden erhielte. Mit Rücksicht hierauf und, nachdem auch anläßlich der im Gesetzgebungsrate gemachten Anmerkung § 17 des remittierten Entwurfes einer solchen Änderung unterzogen worden sei, daß die Angelegenheit ohne Rücksicht auf die Beschaffenheit des Einwandes, wo ein solcher von dem Verhafteten erhoben werde, dem Gerichte zu überweisen sei, schiene das Risiko, daß die Frage des politischen Delikts nicht von den Gerichten werde geprüft werden, praktisch ausgeschlossen zu sein. Dabei erachtete der Departementschef, daß die vom Gesetzgebungsrate in Frage gestellte Ordnung oft eine unnötige Verlängerung des Auslieferungsverfahrens im Gefolge haben könne.

Der Ausschuß glaubt, in der Hauptsache den Ausführungen des Gesetzgebungsrates zustimmen zu können. Die Vorteile an Sicherheit und Einheitlichkeit der Prüfung hierhergehörender Sachen, welche durch die vom Gesetzgebungsrate befürwortete Ordnung würden gewonnen werden, scheinen dem Ausschuß von der Bedeutung zu sein, daß man der Ansicht sein muß, die genannte sei der in der Proposition der Königl. Majestät vorgeschlagenen Ordnung vorzuziehen.

Die Gefahr, daß dies eine Verlängerung des Auslieferungsverfahrens im Gefolge haben würde, ist nach Ansicht des Ausschusses nicht zu befürchten, da ja auch gemäß dem Entwurf der Königl. Majestät Auslieferungsangelegenheiten in den meisten Fällen auf Beschwerde der Prüfung des Höchsten Gerichtes unterworfen werden dürften. Der besondere Staatsanwalt (aklagare), der bestellt wird, um die Interessen des fremden Staates wahrzunehmen, dürfte es nämlich kaum unterlassen können, in höchster Instanz zu klagen, wenn das Rathausgericht Hindernisse gegen die Bewilligung des Auslieferungsersuchens als vorliegend erachtet. Und der Verhaftete, welcher im Prozeß die Unterstützung rechtskundigen Beistandes genießt, dürfte im entgegengesetzten Falle ebenfalls meistens die Sache der Prüfung durch ein höheres Gericht unterwerfen. Eher dürfte, wie der Gesetzgebungsrat andeutet, in den meisten Fällen bei der Behandlung der Auslieferungsangelegenheiten Zeitgewinn aus der jetzt vorgeschlagenen Änderung erwachsen.

Anläßlich dessen hat der Ausschuß die erforderliche Umarbeitung der §§ 17—28 des Entwurfs der Königl. Majestät vorgenommen, denen im Entwurfe des Ausschusses die §§ 17—23 entsprechen.

Bei dieser Umarbeitung hat der Ausschuß indessen die Beibehaltung der Vorschrift, daß in der Auslieferungsangelegenheit dem Verhafteten Rechtsbeistand zu leisten sei, ohne Rücksicht darauf, ob er einen entsprechenden Antrag gestellt habe, für notwendig erachtet, soweit es die Behandlung vor dem Rathausgericht betrifft.

In Übereinstimmung mit dem Vorschlage des Gesetzgebungsrates hat der Ausschuß auch in eine besondere Bestimmung, § 22, eine Vorschrift aufgenommen, wie in Fällen verfahren werden soll, wo der in Auslieferungsangelegenheiten Verhaftete bestreitet, daß er die Person sei, auf welche sich das Auslieferungsersuchen bezieht. Dabei ist in Übereinstimmung mit dem, was der Gesetzgebungsrat darüber erinnert hat, in dem Entwurfe des Ausschusses bestimmt, daß Fragen der Vergütung an Zeugen oder andere Personen, welche zur Auskunftserteilung zugezogen worden sind, sowie an Dolmetscher vom höchsten Gerichtshof in Verbindung mit der Hauptsache entschieden werden, sowie daß, über Vergütung an den Staatsanwalt und an den Beistand des Verhafteten der König auf administrativem Wege die erforderlichen Vorschriften erlassen kann.

Die den vorliegenden Teil des Entwurfs betreffenden angenommenen Änderungen haben eine Verschiebung der Paragraphenfolge in der Frage der §§ 29—35 des Entwurfs der Königl. Majestät veranlaßt, welchen Paragraphen dergestalt im Entwurf des Ausschusses die §§ 24—30 entsprechen.

Schließlich sind Änderungen in den §§ 11, 13, 16, 30 und 34 hinsichtlich der dort gemachten Hinweise auf die Paragraphen angenommen worden, deren Nummerbezeichnung dergestalt geändert ist.

§ 29.

Hinsichtlich der Vorschriften dieses Paragraphen haben die Herren Persson und Sandler in ihrer oben genannten Motion beantragt, *auf der einen Seite*, daß die Prüfung eines Verhaftungsersuchens von der Polizeibehörde auf den Königlichen Befehlshabenden übergehen möge, *auf der anderen Seite*, daß die Zeit zwischen Verhaftung und Auslieferungsersuchen auf höchstens 3 resp. 6 Wochen zu bemessen sei, »möglicherweise mit einer Ausnahme für gewisse außereuropäische Länder«. Schließlich haben sie auch eine Änderung des ersten Absatzes des Paragraphen übereinstimmend mit ihrem Antrage zum § 8 für notwendig erachtet.

Was den letztberührten Vorschlag der Motionäre betrifft oder, daß auch im vorliegenden Paragraphen eine Bestimmung darüber auszusprechen sei, daß das Dokument, worin um Auslieferung ersucht wird, auch die Umstände des Deliktes enthalten solle, so darf der Ausschuß auf das oben unter § 8 Angeführte verweisen.

Damit nicht das Recht, die Auslieferung geflüchteter Verbrecher zu erlangen, infolge der entwickelten Kommunikationsmöglichkeiten der Gegenwart illusorisch gemacht werden könne, muß, wie der Departementschef unterstreicht, deutlicherweise ein Ausweg gefunden werden, die Verhaftung einer geflüchteten Person zu erlangen, schon bevor ein förmliches Auslieferungsersuchen hat eingereicht und geprüft werden können. Nach allen neueren Auslieferungsgesetzen und Verträgen wird auch gestattet, daß auf besonderen Antrag Personen provisorisch verhaftet werden können, bevor noch die sonst bestimmten Formalitäten erfüllt sind.

Da es zur Erreichung des mit dem vorliegenden Paragraphen beabsichtigten Zweckes oft von Bedeutung sein dürfte, daß die größte Schleunigkeit beobachtet wird, und da ein Bedenken, in Fällen der fraglichen Art, wo eine verwickelte Prüfung von Rechtsfragen nicht vorkommt, die Entscheidung Polizeibehörden anzuvertrauen, welche im allgemeinen Verhaftungsbefugnis besitzen, dem Ausschusse nicht vorzuliegen scheint, so hat dieser keinen Grund gefunden, dem Antrage der Motionäre beizustimmen, daß die fragliche provisorische Verhaftung nur von dem Königlichen Befehlshabenden solle bewerkstelligt werden können. Es scheint jedenfalls kein Grund vorzuliegen, hier in dieser Hinsicht andere Verhaftungsregeln als die für schwedische Bürger geltenden zu erlassen.

Der Ausschuß hat auch nicht geglaubt, die Annahme des Antrags der Motionäre auf Änderung des letzten Absatzes des Paragraphen hinsichtlich der Zeit empfehlen zu können, binnen welcher ein Auslieferungsersuchen nach erfolgter Verhaftung eingegangen sein muß. Auf die Weise, wie es schon jetzt der Fall ist, soll freilich im allgemeinen die von den Motionären in Frage gestellte Zeit oder eine noch kürzere Frist erfüllt sein und auch im allgemeinen zur Vorschrift gelangen. Aber da in gewissen Fällen eine längere Zeit für ein Ersuchen dieser Art unbestreitbar bewilligt werden muß, so erscheint es nicht zweckmäßig, im Gesetz die *Maximal*frist so knapp zu bemessen, wie die Motionäre vorgeschlagen haben.

Die vom Ausschuß im ersten Absatz des Paragraphen angenommene Änderung ist von redaktioneller Art und bezweckt, die Bestimmung dieses Teiles mit entsprechender Bestimmungen im § 14 in Übereinstimmung zu bringen.

§ 32.

Die hier angenommene Änderung ist ausschließlich von redaktioneller Art.

Hinsichtlich der *Übergangsbestimmung* haben schließlich die Herren Persson und Sandler in ihrer oben genannten Motion eine solche Änderung empfohlen, darin anzugeben, daß Bestimmungen in Verträgen und Übereinkommen nicht dem gegenwärtigen Gesetz widerstreiten dürften.

In der Frage der Gründe der Übergangsbestimmung führte der Departementschef u. a. aus:

(Hier folgen die oben Seite 208 wiedergegebenen Ausführungen des Justizministers: »Hinsichtlich bes. der Regeln . . . . . dürften nach sich ziehen müssen.«

Ebenso wie der Departementschef hält es auch der Ausschuß für offenbar, daß eine Kündigung sämtlicher Verträge zwecks Gewinnung unmittelbarer Anwendbarkeit der Bestimmungen des vorliegenden Gesetzes nicht in Frage kommen kann und daß es auf keinen Fall angeht, in die Übergangsbestimmung eine solche Bestimmung wie die von den Antragstellern zur Diskussion gestellte aufzunehmen. Der Ausschuß hat dergestalt nicht empfehlen zu können geglaubt, dem Vorschlage der Motionäre in diesem Punkte zuzustimmen.

Was die Ungelegenheiten angeht, welche auch nach Ansicht des Departementschefs in gewissem Grade damit verbunden sein können, daß Bestimmungen des vorliegenden Gesetzes mit geltenden Verträgen nicht in Übereinstimmung stehen, so wird es übrigens als sicher vorausgesetzt werden können, daß die Königl. Majestät ihre Aufmerksamkeit auf diese Angelegenheit gerichtet halten und infolgedessen in dem Maße, wie es für zweckmäßig gehalten wird und wie es sich bewerkstelligen läßt, die erforderlichen Maßnahmen treffen wird, um unsere Auslieferungsverträge mit den Bestimmungen des vorliegenden Gesetzes in Übereinstimmung zu bringen.

Gegen den *Entwurf eines Gesetzes, betr. Änderung des Kap.* I *des Strafgesetzes*, hat der Ausschuß nichts zu erinnern gehabt.

Anläßlich dieser Ausführungen darf der Ausschuß anheimstellen der Reichstag wolle

1. unter der Bekundung, daß der in der vorliegenden Proposition vorgelegte Entwurf eines Gesetzes, betr. Auslieferung von Verbrechern, vom Reichstage nicht habe unverändert angenommen werden können, anläßlich genannter Proposition sowie der fraglichen Motion der Herren Persson und Sandler zu seinem Teile annehmen den folgenden Entwurf zu einem

(*Entwurf der Königl. Majestät*) (*Entwurf des Ausschusses*)

Gesetz,

betreffend Auslieferung von Verbrechern

(Hier folgt auf den Seiten 18—35 der Drucksache der Entwurf des Ausschusses unter Gegenüberstellung mit dem königlichen Entwurf, s. u. S. 352 ff.)

---

2. gutheißen den folgenden durch die fragliche Proposition vorgelegten Entwurf zu einem

Gesetz,

betreffend Änderung des Kap. 1 des Strafgesetzes.

(Hier folgt der genannte Entwurf; s. u. Seite 418.)

Reservationen:

bei dem Vorschlage des Ausschusses unter Nr. 1, betr. *den Entwurf eines Gesetzes, betr. Auslieferung von Verbrechern,*

§§ 4 und 6,

teils von Herrn *Lindhagen*, welcher anführte:

»Bei früheren Reichstagsbehandlungen von Motionen, betr. Linderung gewisser veralteter, besonders strenger Straffolgen nach dem Seegesetze, ist auch von mir im Ausschusse und im Reichstage das Berechtigte in der Forderung betont werden, daß das Seegesetz in solchen Fällen in nähere Übereinstimmung mit dem allgemeinen Strafgesetze gebracht werde. Die Zusammenstellung der Straffolgen des allgemeinen Strafgesetzes und des Seegesetzes im ersten Absatz der §§ 4 und 6 wird unter den gegenwärtigen Verhältnissen, sachlich gesehen, bisweilen sehr ungleichwertig, Daß im allgemeinen das Strafmaß des allgemeinen Strafgesetzes hier normierend sein muß und nicht dasjenige solcher Spezialgesetze, ist im Gesetzentwurf im § 6 im Hinblick auf das Strafgesetz für die Wehrmacht anerkannt worden. Das Seegesetz hat auch gegenwärtig in strafrechtlicher Hinsicht denselben Ausnahmecharakter wie das Strafgesetz für die Wehrmacht. Die Erinnerung der Motionäre scheint mir dergestalt vollkommen richtig zu sein und hat, wie gesagt, auf gewisse Weise auch schon Anerkennung in der Proposition gefunden.

Das Zweckmäßigste scheint da die Einführung einer entsprechenden Bestimmung über das Seegesetz in den § 6 zu sein, wie sie sich dort hinsichtlich des Strafgesetzes für die Wehrmacht findet. Hiergegen dürfte jedoch eingewendet werden können, daß dies oder jenes Verbrechen nach dem Seegesetz des Entsprechenden im allgemeinen Strafgsetze entbehre. Es würde dergestalt eintreten können, daß das Auslieferungsgesetz einer Bestimmung entbehre, die auf ein Auslieferungsersuchen wegen eines bestimmten Verbrechens angewendet werden könnte, was wieder auch zu der Gefahr führen könnte, daß ausländische Mächte sich mit uns nicht würden auf einer solchen Grundlage in Vertragsübereinkommen einlassen wollen. Diese Schwierigkeit darf jedoch nicht bewirken, daß das Auslieferungsgesetz in der Frage des Seegesetzes ganz daran vorbeisieht, was das betreffende Strafgesetz für die Wehrmacht geglaubt hat beachten zu müssen. Die Frage, wie diese Sache im Gesetzestext zweckmäßig gelöst werden soll, hat von mir jedoch wegen der kurzen Reservationszeit von nur einem auch noch für andere Dinge in Anspruch genommenen Tage, welcher für die Abgabe von Reservationen gegen das Gutachten des Ausschusses bewilligt wurde, nicht bewältigt werden können, um sie mit einiger Zuverlässigkeit zu untersuchen. Indessen bin ich der Ansicht, daß anläßlich der Motion der Herren Persson und Sandler eine Änderung des Entwurfes vom Reichstage beschlossen werden muß.«

und teils von *Herrn Persson in Norrköping*, welcher äußerte:

Das schwedische Seegesetz schreibt u. a. vor: »Widersetzt sich ein Seemann dem Befehlshaber und verweigert er ihm Gehorsam, so wird er mit (Geld-)Buße oder Gefängnis von höchstens 6 Monaten oder, wenn die Umstände besonders erschwerend sind, mit Strafarbeit von höchstens 2 Jahren bestraft.« Da kein Unterschied gemacht wird, ob der Ungehorsam gegen den Befehlshaber auf See oder im Hafen vor sich geht, so scheint mir, daß die Teilnehmer an einem ganz gewöhnlichen Seemannsstreik unter die oben genannten Gesetzesbestimmungen fallen und daß streikende Seeleute dergestalt, zum mindesten in gewissen Fällen, würden nur wegen Teilnahme an einem vielleicht unter anderen Gesichtspunkten lobenswerten Streik ausgeliefert werden können. Dies scheint mir so notwendig zu sein, daß ich der Meinung bin, das schwedische Seegesetz müsse in vorliegender Hinsicht, bis es reformiert und gemildert wird, mit dem Strafgesetz für die Wehrmacht gleichgestellt werden. Infolgedessen schlage ich vor,

der Reichstag wolle beschließen, aus dem § 4 die Worte zu streichen: »oder das schwedische Seegesetz«, sowie, wenn dieser mein Antrag Beifall findet, die Worte »oder das schwedische Seegesetz« statt dessen in § 6 nach den Worten »das Strafgesetz für die Wehrmacht« einzufügen.

§ 7.

teils von den Herren *af Ekenstam*, *Trana*, Graf *Lagerbjielke*, *von Baumgarten* und *Pettersson* in Bjälbo, welche der Meinung waren,

daß der Entwurf der Königl. Majestät in diesem Teile unverändert angenomemn werden müsse.

teils auch von den Herren *Lindhagen* und *Persson* in Norrköping, welche anführten:

»Aus den in der Motion der Herren Persson in Norrköping und Sandler angeführten Gründen sind wir der Ansicht, daß auch der zweite Punkt im ersten Absatz gestrichen werden muß. Jedoch dürfte für solchen Fall der erste Satz im Anschluß an die Formulierung unserer Auslieferungsverträge statt dessen mit den Worten vervollständigt werden müssen: »oder ein anderes damit zusammenhängendes Verbrechen«.

Außerdem sind wir im Ansschuß der Ansicht gewesen, daß die Formulierung der englischen und nordamerikanischen Gesetze in vorliegender Sache am besten den gebührenden Anspruch der ausgelieferten Person auf Getrostheit und Sicherheit) garantiere (s. die Proposition S. 1960.). Allerdings wird im § 11 bestimmt, daß bei der Auslieferung die Bedingung zu stellen ist, daß der Ausgelieferte nicht wegen einer anderen vor der Auslieferung begangenen strafbaren Handlung als derjenigen angeklagt oder bestraft werden darf, wegen welcher er ausgeliefert wird. Aber dies bedeutet doch besonders in Fragen politischer Verbrechen in keiner Weise die gleiche Sicherheit für den, den es angeht, wie ein Verbot der Auslieferung. Schwierigkeiten können allerdings bei der Auslegung einer so beschaffenen Bestimmung in den besonderen Fällen entstehen. Aber es ist doch von Bedeutung, daß ein solches Prinzip Gelegenheit bekommt, sich geltend zu machen.

Wir sind daher der Ansicht, daß dieser Paragraph folgenden Wortlaut erhalten muß:

»Auslieferung darf wegen politischen Delikts oder damit zusammenhängenden Verbrechens sowie ferner nicht in dem Falle erfolgen, daß die Person, um deren Auslieferung aus anderem Grunde ersucht wird, nachweisen kann, daß ihre Auslieferung tatsächlich in der Absicht verlangt werde, sie wegen eines Verbrechens von politischer Beschaffenheit anzuklagen oder zu bestrafen.«

Da indessen im späteren Teile dieses Antrags keine Motion gestellt ist und weil man vielleicht nicht vermeint, daß unser Anheimstellen, weil nur von einer Minorität innerhalb des Ausschusses gebilligt, darin zur Beurteilung kommen könnte, so sind wir dergestalt genötigt, uns auf das Anheimstellen zu beschränken, daß dieser Paragraph folgenden Wortlaut erhalte:

»Auslieferung darf wegen politischen Delikts oder anderen damit zusammenhängenden Verbrechens nicht erfolgen.«

---

[1]) trygghet och säkerhet.

§ 8.

teils von den Herren *Persson in Norköping* und *Lindhagen*, welche zum ersten Absatze beantragten:

Der Reichstag wolle anläßlich der Motion der Herren Persson und Sandler beschließen, daß der erste Absatz folgenden veränderten Wortlaut erhalte:

»Auslieferung darf nicht bewilligt werden, es sei denn, daß zur Begründung des Ersuchens darum entweder ein von einem Gericht erlassenes verurteilendes Erkenntnis oder auch ein von einem Gericht oder einer anderen zuständigen Behörde verkündeter Beschluß beigebracht wird, der eine Verordnung, betr. Verhaftung, enthält; in dem Dokument *sind Zeit und Ort des Verbrechens anzugeben sowie im übrigen die Umstände bei seiner Begehung so genau zu bezeichnen, daß die Art des Delikts daraus hervorgeht.*

teils von Herrn *Persson* in Norrköping, der hinsichtlich des letzten Punktes des zweiten Absatzes anheimstellte:

daß anläßlich der Motion der Herren Persson und Sandler der letzte Punkt des zweiten Absatzes gestrichen werde.

teils auch von Herrn *Lindhagen*, welcher hinsichtlich des letzten Punktes im zweiten Absatz ausführte:

»Dieser Vorbehalt muß unter dem Gesichtspunkt des Gesetzes als besonders bedenklich angesehen werden. Er gestattet nämlich der Regierung, durch Übereinkommen mit fremden Staaten den Inhalt des zweiten Absatzes vollkommen aufzuheben, welcher für den von größter Bedeutung ist, um dessen Auslieferung ersucht wird. Der Vorbehalt ist auch nicht geeignet, der schwedischen Regierung für den Fall unberechtigter Ansprüche fremden Mächten gegenüber die Stütze zu geben, welche das Gesetz geben soll. Am wenigsten wird der Entwurf ansprechend, wenn, wie im Ausschuß mitgeteilt wurde, die Bestimmung hinzugekommen ist, um Forderungen in solcher Hinsicht gerecht werden zu können, welche von europäischen Großmächten aufgestellt zu werden pflegen. Hinsichtlich des letztgenannten Umstandes wurde indessen andererseits hervorgehoben, er mache eine solche Bestimmung unumgänglich, möge man dafür oder dagegen sein. Da ich außerstande war, in der, wie gesagt, allzu kurzen Reservationszeit mir ein endgültiges Urteil über diese Sache zu bilden, so habe ich jetzt nur hervorheben wollen, daß die vorliegende Bestimmung der Proposition am besten zu streichen sei.«

§ 16.

von Herrn *Lindhagen*, welcher anführte:

»Unleugbar können prinzipielle Erinnerungen dagegen gerichtet werden, daß Verhaftung nach diesem Paragraphen unbedingt geboten ist. Es ist nämlich der Fall denkbar, daß gesetzlicher Grund dazu nach dem schwedischen allgemeinen Strafgesetz nicht vorliegen würde. Da indessen diese Frage vielleicht fast ausschließlich theoretisches Interesse hat und da der Entwurf in diesem Teile in Übereinstimmung mit den neuesten ausländischen Beispielen, wie z. B. den schweizerischen Vorschriften hierüber, abgefaßt sein soll, so habe ich keinen zureichenden Anlaß gefunden, eine Änderung der Proposition vorzuschlagen.

§§ 17–23.

von Herrn *Lindhagen*, welcher anführte:

Die nichtpolitischen Delikte, wegen derer bei uns gewöhnlich Auslieferung vorkommt, sollen (lära) wesentlich in Diebstahl oder Betrug bestehen, welche je im Heimatlande von Norwegern, Dänen und auch Deutschen usw. verübt worden sind. Füı die Behandlung derselben ist es sicher unnötig, in erster Hand Entscheidung des Höchsten Gerichts zu verlangen, und vermutlich ist es auch hinsichtlich der übrigen nichtpolitischen Sachen nicht unumgänglich. Ebenso wie die Untergerichte im Lande wegen Verbrechens Angeklagte direkt an ihr zuständiges Forum überliefern, scheint mir zweckmäßigerweise ein ähnliches Zusammenwirken zwischen den schwedischen Ortsbehörden und den Ortsbehörden in den Grenzländern stattfinden zu können. Dies ist auch für die internationale Rechtszusammengehörigkeit eine richtigere Entwicklungslinie. Das Recht zur Klage steht in jedem Falle offen. Der Entwurf des Ausschusses enthält außerdem eine eigentümliche Abweichung von dem Streben, gerade jetzt mit allen nur möglichen Mitteln die Arbeitsbürde des Höchsten Gerichts zu vermindern. Da nach meiner Auffassung auch im übrigen keine entscheidenden Gründe für den Änderungsvorschlag des Ausschusses beigebracht sind, so scheint mir die königl. Proposition (§§ 17–28) sehr wohl genehmigt werden zu können.

§ 24.

von Herrn *Persson* in Norrköping, welcher mit Zustimmung der Herren *Lindhagen* und *Pettersson* in Södertälje anheimstellte:

Der Reichstag wolle anläßlich der Motion der Herren Persson und Sandler beschließen, daß die im letzten Punkte dieses Paragraphen vorgeschlagenen Fristen, 6 Wochen und 3 Monate, gegen resp. 1 Monat und 2 Monate zu vertauschen seien.

Die Übergangsbestimmungen.

Von den Herren *Lindhagen*, *Pettersson* in Södertälje und *Persson* in Norrköping, welche anführten:

Wenn die beabsichtigte Gesetzgebung von einiger Bedeutung werden und es nicht bei Vorschriften auf dem Papier bleiben soll, so müßen unsere jetzt geltenden Auslieferungsverträge damit in Übereinstimmung gebracht werden. Wir sind daher der Ansicht, daß der Reichstag bei der Annahme des Gesetzentwurfes aufgefordert werden müsse, zu noch größerer Gewißheit die Aufmerksamkeit der Königl. Majestät auf den vorgenannten Umstand hinzulenken. Wir stellen daher anheim,

der Reichstag wolle dergestalt der Motion der Herren Persson und Sandler zustimmen, daß der Reichstag durch Schreiben an die Königl. Majestät darum anhalte, daß die Königl. Majestät in möglichstem Maße Maßregeln zu dem Zwecke treffe, daß unsere Auslieferungsverträge mit den Bestimmungen des vorliegenden Gesetzes in Einklang gebracht werden.

Protokoll des Reichstages.

1913. Erste Kammer. Nr. 25.

Mittwoch, den 23. April.

. . . .

. . . .

Gesetzentwurf, betr. Auslieferung v. Verbrechern.

Es wurde erneut das am 19. und 21. gegenwärtigen Aprils auf den Tisch des Hauses gelegte Gutachten des Gesetzgebungsausschusses Nr. 25 vorgetragen, anläßlich *teils* der königl. Majestät Proposition mit Entwurf eines Gesetzes, betr. Auslieferung von Verbrechern, sowie eines Gesetzes, betr. Änderung des Kap. 1 des Strafgesetzes, *teils* auch einer anläßlich dessen eingebrachten Motion.

Durch eine am 31. Januar 1913 gezeichnete Proposition, Nr. 50, hatte die Königl. Majestät unter Bezugnahme auf die der Proposition beigefügten, im Staatsrat und im Gesetzgebungsrat geführten Protokolle dem Reichstage vorgeschlagen, den der Proposition beigefügten Entwurf eines Gesetzes, betr. Auslieferung von Verbrechern, sowie eines Gesetzes, betr. Änderung des Kap. 1 des Strafgesetzes, anzunehmen.

In Verbindung mit dieser Proposition, welche dem Gesetzgebungsausschusse überwiesen wurde, hatte der Ausschuß eine anläßlich ihrer von den Herren *Sven Persson* in Norrköping und *Rickard Sandler* in der Zweiten Kammer eingebrachte Motion, Nr. 274, in Behandlung gehabt, in welcher anheimgestellt wurde,

(Hier folgen die oben Seite 108/9 wiedergegebenen Anträge der Herren Persson und Sandler).

Der Ausschuß hatte im vorliegenden Gutachten aus entwickelten Gründen anheimgestellt:

(Hier folgen die oben Seite 127 unter Nr. 1 und 2 wiedergegebenen Anträge. dabei zu Nr. 1 der Zusatz, daß der Ausschußentwurf gemeint sei.)

Zu der Frage der Vortragsweise des Gutachtens äußerte Herr *af Ekenstam*: Hinsichtlich der Vortragsweise erlaube ich mir anheimzustellen:

daß die Gesetzentwürfe je für sich paragraphenweise vorgetragen werden, mit Ingressen, Rubriken und zuletzt dem Anheimstellen des Ausschusses;

daß der Gesetzestext nicht weiter vorgelesen zu werden braucht als wie es von einem der Mitglieder der Kammer verlangt wird;

daß für den Fall, daß die Gesetzentwürfe oder einer von ihnen hinsichtlich dieses oder jenen Teiles an den Ausschuß zurückverwiesen werden sollten, dem Ausschusse freie Hand gelassen wird, bei der weiteren Behandlung der Angelegenheit hinsichtlich der Teile, welche mit oder ohne Änderung genehmigt worden sind, solche Umarbeitungen vorzuschlagen, wie sie von den fraglichen Änderungen in den zurückverwiesenen Teilen veranlaßt werden könnten:

sowie daß hinsichtlich der Nummerbezeichnung der Paragraphen und Absätze der Ausschuß solche Änderungen darf annehmen können, wie sie durch den Beschluß der Kammern erfordert werden.

Dem erteilte die Kammer ihre Zustimmung.

Punkt 1.

Entwurf des Ausschusses zu einem Gesetz, betr. Auslieferung von Verbrechern.

§§ 1—6.

Angenommen.

§ 7.

Der vorliegende Paragraph soll so lauten:

(*im Entwurf d. Kgl. Majestät*)	(*im Entwurfe d. Ausschusses*)
Auslieferung darf wegen politischen Delikts nicht erfolgen. Jedoch darf, wenn die Handlung, wegen derer um Auslieferung ersucht wird, zugleich ein Delikt von nichtpolitischer Beschaffenheit umfaßt, Auslieferung bewilligt werden, soweit festgestellt wird, daß die Handlung mit Rücksicht auf die Umstände im besonderen Falle überwiegend den Charakter eines nichtpolitischen Delikts besitzt.	Auslieferung darf wegen politischen Delikts nicht erfolgen. Jedoch darf, wenn die Handlung, wegen derer um Auslieferung ersucht wird, zugleich ein Delikt von nichtpolitischer Beschaffenheit umfaßt, Auslieferung bewilligt werden, soweit festgestellt wird, daß die Handlung mit Rücksicht auf die Umstände im besonderen Falle überwiegend den Charakter eines nichtpolitischen Delikts besitzt.
Als politisches Delikt ist in keinem Falle Mord, Mordversuch oder Totschlag an einem fremden Staatshaupt oder einer zur Famile eines fremden Suveräns gehörenden Person anzusehen.	

Zu diesem Paragraphen war eine Reservation abgegeben, u. a. von den Herren *af Ekenstam* und *Trana*, Graf *Lagerbjelke* sowie den Herren *von Baumgarten* und *Pettersson* in Bjälbo, welche der Ansicht waren, daß dem Entwurfe der Königl. Majestät in diesem Teil unverändert zugestimmt werden müsse.

Herr *af Ekenstam*: Ich sehe es für ganz ausgemacht an, daß, wenn ich es jetzt unternehme zu beantragen, der Reservation zuzustimmen, welche von einem Teil der Ausschußmitglieder bei diesem Paragraphen gemacht worden ist, ich nicht vollkommen ohne Verständnis in der Kammer sein werde.

Die Reservanten haben beabsichtigt, wie die Herren selbst finden, daß in der Fassung des Paragraphen der zweite Absatz, welcher nach Ansicht des Ausschusses dort nicht stehen darf, beizubehalten sei. Was nach meiner Meinung zum mindesten bewirkt hat, daß die Majorität des Ausschusses der Ansicht gewesen ist, so weit gehen zu können, einer Streichung dieses Absatzes zuzustimmen, ist, daß nach der Ansicht dieser Majorität die Delikte, auf welche besonders der zweite Absatz sich bebezieht, im allgemeinen doch nicht unter die Zahl der politischen Delikte fallen würden. Die Mehrheit des Ausschusses ist daher der Meinung gewesen, daß eine solche Hervorhebung der Sache sowohl nicht notwendig als auch unnötig sein würde. Die Reservanten wieder haben nach den Aufklärungen, die in der Proposition gemacht worden sind, gefunden, daß eine Klausel des angegebenen Inhalts begründet sei. Sie ist, sagt der vortragende Staatsrat, nicht nur in dem unserigen, sondern auch in dem Auslieferungsrecht der meisten europäischen Staaten herkömmlich, und deshalb erscheint es weniger zweckmäßig davon abzugehen, was dergestalt internationale Praxis ist.

Was die Sache selbst angeht, so ist die theoretische Frage, ob das, was in diesen zweiten Absatz aufgenommen wird, sich als politisches Delikt auffassen läßt oder nicht, zum mindesten unsicher, was die Herren aus der Darstellung ersehen können, die in die königl. Proposition eingefügt ist, und um diese Unsicherheit zu beheben, ist diese sogen. belgische Attentatsklausel in verschiedene Gesetzgebungen eingefügt. Bei diesem Sachverhalt haben die Reservanten es auch, gelinde gesprochen, für unklug gehalten, diese Klausel fortzunehmen. Es ist ja doch so, daß, wenn wir eine Angelegenheit wie die vorliegende gesetzlich ordnen, wir nicht nur Rücksicht auf das zu nehmen haben, was wir selber im eigenen Lande wünschen und wollen, sondern wir müssen natürlich in einem solchen Falle unablässig daran denken, wie es sich gegen fremde Mächte ausnehmen wird, zu denen wir in Beziehungen stehen, und daß, sofern eine solche Klausel, wie die vorliegende, gestrichen wird — und das wird hier oder dort eifrig verlangt werden —, es ohne Zweifel weit schwerer sein wird, mit einer solchen Macht zu einer zweckmäßigen Regelung zu gelangen. Da die Königl. Majestät der Ansicht ist, daß diese Klausel hier im § 7 stehen muß, würde es sich doch wohl für das Ausland ganz eigentümlich ausnehmen, wenn das loyale schwedische Volk der Meinung sein sollte, daß sie ohne weiteres gestrichen werden könne. Und in unserem eigenen Lande findet sich ja eine große Zahl von Menschen, welche nicht Gelegenheit haben, in nähere Berührung mit allen diesen theoretischen Spekulationen zu kommen, die hinsichtlich des Wortlautes des vorliegenden Paragraphen aufgetaucht sind, und für sie würde diese Weise, die Sache zu lösen, sich ganz einfach als eine Preisgabe der fraglichen Personen darstellen, welche hier im § 7 Abs. 2 behandelt werden.

Ich erlaube mir daher, Herr Sprecher, zu beantragen, der dem Paragraphen beigefügten Reservation zuzustimmen.

Herr *Söderbergh*: Im Auslieferungsrecht aller Länder gilt es als allgemeine Regel, daß Auslieferung wegen politischer Vergehen nicht stattfinden darf. Was wird nun unter einem politischen Verbrechen verstanden? In der Frage der politischen Verbrechen unterscheidet man zwischen absolut-politischen Verbrechen und relativ-politischen Verbrechen. Unter absolut-politischen versteht man solche Verbrechen, welche nur aus dem Grunde bestraft werden, daß sie sich gegen den Staat richten, gegen seine Integrität, gegen seine Verfassung oder gegen die Vertreter der Staatsgewalt. Unter den relativ-politischen Verbrechen versteht man solche Handlungen, welche, abgesehen von dem politischen Moment, das in ihnen liegt, auch als gewöhnliche Verbrechen strafbar sind. Hierher gehören Mord und Diebstahl usw. Hinsichtlich der absolut-politischen Verbrechen herrscht keine Meinungsverschiedenheit. Sie werden zu den Nicht-Auslieferungsverbrechen gerechnet. In der Frage der relativ-politischen Delikte hingegen scheiden sich die Ansichten ganz wesentlich. Es besteht indessen kein Anlaß, hier näher auf diese Fragen einzugehen.

Der vorliegende Gesetzentwurf stellt sich im § 7 1. Abs. auf den Standpunkt des schweizerischen Auslieferungsgesetzes. In diesem Gesetz lautet die Regel über die politischen Verbrechen folgendermaßen: »Auslieferung wird nicht bewilligt wegen politischen Verbrechens. Jedoch soll Auslieferung bewilligt werden, auch wenn der Täter sich auf ein politisches Motiv oder einen politischen Zweck beruft, wenn die Handlung, wegen derer um Auslieferung ersucht wird, überwiegend den Charakter eines gemeinen Verbrechens hat. Das Bundesgericht soll im einzelnen Falle nach freiem Ermessen den Charakter des Delikts auf der Grundlage der übrigen Umstände bestimmen.« Die hier in Frage stehende Bestimmung hat ganz denselben Inhalt. Es wird vorausgesetzt, daß Auslieferung wegen jeden solchen relativ-politischen Delikts stattfinden kann, das im Hinblick auf die vorfindlichen Umstände in überwiegendem Grade als von dem Charakter eines nichtpolitischen Delikts anzusehen ist. Die Entscheidung dieser Frage ist in die Hand des Höchsten Gerichtes gelegt. Es ist das Höchste Gericht, welches entscheiden soll, ob die in Frage kommende Handlung als von überwiegend politischer Beschaffenheit angesehen werden kann oder nicht. Im ersten Falle wird Auslieferung verweigert, im zweiten Falle dagegen bewilligt. Es ist allerdings eine sehr schwere und heikle Aufgabe, eine solche Frage zu entscheiden, aber unserem höchsten Gerichtshofe dürfte man mit unbegrenztem Vertrauen diese Aufgabe anvertrauen. Es sind die objektiven Umstände bei der Verübung des Delikts, denen hier entscheidende Bedeutung zuerkannt werden muß. Mord aus politischer Rache als Motiv soll nicht Freiheit von Auslieferung für den Täter bedeuten; ebenfalls nicht Mord oder andere Verbrechen, welche sonst begangen werden, ohne im Zusammenhang mit einem wirklichen Versuch zu stehen, die bestehende politische Ordnung umzustoßen.

Nun ist die Majorität des Gesetzgebungsausschusses der Ansicht, daß es mit diesen Bestimmungen genug sein könne, und, im übrigen, daß es prinzipiell unrichtig sei, eine solche Bestimmung, wie sie sich im § 7 Abs. 2 findet, die sog. Attentatsklausel, aufzunehmen, welche bestimmt, daß »als politisches Delikt in keinem Falle Mord, Mordversuch oder Totschlag an einem fremden Staatsoberhaupt oder einer zur Familie eines fremden Suveräns gehörenden Person angesehen werden soll«. Diese Klausel ist aus dem belgischen Auslieferungsgesetz übernommen worden. Der Ausschuß ist der Ansicht, daß man auch in diesem Absatz der schweizerischen Gesetzgebung folgen muß, welche die belgische Attentatsklausel nicht aufnimmt. Der Herr Staatsrat und Chef des Justizdepartements hat selbst in seiner Ausführung zum Staatsratsprotokoll seinen Zweifel ausgedrückt, ob die Klausel aufzunehmen sei oder nicht. Der Herr Staatsrat erachtet dies nur insoweit für nötig, als man sich zu der Theorie bekennt, daß jedes Attentat gegen einen Suverän oder Staatschef zu den politischen Delikten zu rechnen sei; in solchem Falle nämlich würde jeder Täter eines solchen Deliktes uneingeschränktes Asylrecht genießen und das Leben der Suveräne und Staatschefs würde weniger als das Leben privater Personen geschützt sein. Man bemerke wohl, eine solche Theorie hat ja hier gar keine Berücksichtigung gefunden. Nach der in dem vorgelegten Gesetzentwurfe befolgten schweizerischen Regel braucht man gewiß nicht, wie ich zuvor anzugeben gesucht habe, solche Delikte immer als politische aufzufassen. Es beruht ja vollkommen auf den Umständen, unter denen sie verübt worden sind. Dergestalt würde man den kürzlich verübten Mord an dem griechischen Könige nicht als politisches Delikt auffassen können und wohl auch nicht das letzte Attentat auf den König von Spanien, wenigstens nach den Nachrichten, die bis jetzt gekommen sind.

Nun führt der vorhergehende geehrte Redner aus, die Bestimmung sei in der Gesetzgebung der meisten Staaten herkömmlich. Ja, das ist sicherlich wahr. Aber es gibt verschiedene moderne Gesetze, außer dem in der Schweiz geltenden, welche eine solche Klausel nicht aufweisen. Sie findet sich nicht in den Auslieferungsgesetzen Englands und der Vereinigten Staaten von Amerika, und ebenfalls nicht in dem der Niederlande. Der geehrte Redner hob hervor, es würde etwas Illoyales darin liegen, diese Klausel auszuschließen. Aber ich kann diesen Gedanken nicht verstehen; ich kann keine Gefahr oder Ungelegenheit irgendwelcher Art darin erblicken, konsequent den Weg zu verfolgen, auf den man sich nach dem guten schweizerischen Vorbilde begeben würde.

Eine genaue Prüfung soll in jedem Falle stattfinden. Es ist unseres Landes höchste urteilende Behörde, welche das entscheidende Wort aussprechen soll. Hierin, vermute ich, liegt eine vollkommen sichernde Garantie dafür, daß keine Auslieferung *unzulässig* bewilligt wird, wenn sie *nicht* erfolgen darf, aber auch dafür, daß Auslieferung bewilligt werden wird, wenn sie nach Doktrin und Praxis stattfinden *muß*.

Herr Sprecher, unter Berufung auf diese meine Ausführungen, bitte ich beantragen zu dürfen, dem Entwurfe des Ausschusses zuzustimmen.

Herr *af Ekenstam*: Herr Sprecher, meine Herren! Ohne in irgendeiner Weise in detailliertere Widerlegung der Ausführungen des letzten geehrten Redners eintreten zu wollen, will ich mich nur damit beschäftigen, was er sehr richtig in seinen Ausführungen hervorhob, nämlich, daß es sich hier um eine besonders heikle Aufgabe handle. Die Lösung der Aufgabe kann nach seiner Ansicht mit voller Sicherheit in die Hand des höchsten Gerichtshofes des Reiches gelegt werden. Dies ist natürlich etwas, was ich nicht bestreiten will, aber ich behaupte, daß, wenn es eine sehr heikle Aufgabe ist, sie auch besonders schwer ist und natürlich die Möglichkeit verschiedener Auslegungen enthält. Es ist doch für einen kleinen Staat, wo man Beeinflussungen oder rückwirkendes Verhalten seitens größerer und mächtigerer Grenzstaaten befürchten kann, gut, viel sicherer solche Verhältnisse klar im Gesetz präzisiert zu haben, so daß sie sich von selbst lösen und man nicht nötig hat, Rücksicht darauf zu nehmen, worüber hier gesprochen worden ist: den mehr oder minder *überwiegenden* Grad politischer Absicht.

Herr *Trygger*: Herr Sprecher! Ich verstehe gewiß die rein theoretischen Bedenklichkeiten, die den Ausschuß zu seinem Vorschlage veranlassen konnten. Aber diese sind den Gründen gegenüber doch besonders unbedeutend, welche in der königl. Proposition zugunsten einer Bestimmung wie der vorliegenden angeführt worden sind. Ohne Zweifel würde es sich recht eigentümlich ausnehmen, wenn diese Kammer eine königliche Vorlage verwerfen würde, in der bestimmt steht, daß als politische Delikte in keinem Falle Mord, Mordversuch oder Totschlag an einem fremden Staatsoberhaupt oder an einer zur Familie eines fremden Suveräns gehörenden Person angesehen werden soll. Man sollte sich unmöglich denken können, wir theoretisierten so sehr, daß wir wegen irgendeiner gedachten Möglichkeit eine so zweckmäßige und praktische Regel streichen wollten, wie die Königl. Majestät sie hier vorschlägt.

Ich bitte, in jeder Hinsicht dem Vorschlage der Reservanten zuzustimmen und beantragen zu dürfen, der königlichen Proposition in diesem Teile Beifall auszudrücken.

Nachdem hiermit die Beratung geschlossen war, äußerte der Herr Sprecher, daß hinsichtlich des jetzt vorgetragenen Paragraphen beantragt worden sei, einerseits daß derselbe nach dem Entwurfe des Ausschusses angenommen werde, andererseits, daß der entsprechende Paragraph des Entwurfs der Königl. Majestät in der Angelegenheit angenommen werde.

Danach machte der Herr Sprecher Vorschläge gemäß diesen Anträgen und erklärte, er sei der Ansicht, daß der Vorschlag der Annahme des Paragraphen gemäß dem Vorschlage der Königl. Majestät überwiegend mit Ja beantwortet worden sei.

Es wurde Abstimmung beantragt, und anläßlich dessen wurde eine Abstimmungsproposition folgenden Wortlauts aufgesetzt, justiert und angeschlagen:

Wer dem § 7 des Entwurfs der Königl. Majestät zu einem Gesetz, betr. Auslieferung von Verbrechern, zustimmt, stimmt

Ja.

Wer es nicht will, stimmt

Nein;

Siegt Nein, so wird der Entwurf des Gesetzgebungsausschusses im Gutachten Nr. 25 in diesem Teile angenommen.

Bei Schluß der hierüber angestellten Abstimmung wurde der Ausfall der Stimmen folgendermaßen festgestellt:

Ja — 89;

Nein — 38.

Die übrigen Teile des Ausschußentwurfes.

Angenommen.

Das Anheimstellen des Ausschusses in dem Punkte.

Wurde durch den vorhergehenden Beschluß der Kammer als beantwortet erklärt.

Punkt 2.

Der Entwurf zu einem Gesetz, betr. Änderung des Kap. 1 des Strafgesetzes.

Angenommen.

Das Anheimstellen des Ausschusses in dem Punkte.

Wurde durch den vorhergehenden Beschluß der Kammer als beantwortet erklärt.

Protokoll des Reichstages.

1913. Zweite Kammer. Nr. 36.

Mittwoch, den 23. April.

§ 1.

. . . .

. . . .

§ 9.

Zur Entscheidung lag sodann das Gutachten des Gesetzgebungsausschusses Nr. 25, anläßlich einerseits der Proposition der königl. Majestät mit Entwurf eines Gesetzes, betreffend Auslieferung von Verbrechern, sowie eines Gesetzes, betreffend Änderung des Kap. 1 des Strafgesetzes, andererseits auch einer anläßlich dessen eingebrachten Motion vor.

Durch eine am 31. Januar 1913 gezeichnete Proposition, Nr. 50, hatte die Königl. Majestät

usw. wie im Protokoll der Ersten Kammer, oben S. 254, bis »Nr. 274, Behandlung gehabt«; danach lautet es hier weiter:]

betreffend gewisse Änderungen des von der Königl. Majestät vorgelegten Entwurfs zu einem Gesetz, betr. Auslieferung von Verbrechern.

Der Ausschuß stellte anheim — der Reichstag wolle

1. unter der Bekundung, daß der in der vorliegenden Proposition vorgelegte Entwurf eines Gesetzes, betr. Auslieferung von Verbrechern, vom Reichstage nicht habe unverändert habe angenommen werden können, anläßlich genannter Proposition sowie der fraglichen Motion der Herren Persson und Sandler zu seinem Teile den dem Punkte beigefügten Entwurf zu einem Gesetz, betr. Auslieferung von Verbrechern, annehmen; und

2. gutheißen den durch die fragliche Proposition vorgelegten Entwurf zu einem Gesetz, betr. Änderung des Kap. 1 des Strafgesetzes.

Nachdem der Herr Sprecher die Angelegenheit zur Behandlung angemeldet hatte, wurde um das Wort gebeten von

Herrn *Widén*, welcher ausführte: Herr Sprecher! Hinsichtlich der Vortragsweise erlaube ich mir anheimzustellen:

daß die Gesetzentwürfe je paragraphenweise vorgetragen werden mit Ingressen, Rubriken und zuletzt dem Anheimstellen des Ausschusses;

daß der Gesetzestext nicht weiter vorgelesen zu werden braucht, als wie es von einem Mitgliede der Kammer verlangt wird;

daß für den Fall, daß die Gesetzentwürfe oder einer von ihnen in dem einen oder dem anderen Stücke an den Ausschuß zurückverwiesen werden sollte, dem Ausschusse freie Hand gelassen wird, bei der erneuten Behandlung der Angelegenheit hinsichtlich der Teile, welche mit oder ohne

Änderungen genehmigt worden sind, solche Umarbeitungen vorzuschlagen, wie sie von den fraglichen Änderungen in den zurückverwiesenen Teilen veranlaßt werden könnten; sowie

daß hinsichtlich der Nummerbezeichnung der Paragraphen und Absätze der Ausschuß solche Änderungen darf annehmen können, wie sie durch den Beschluß der Kammern erfordert werden könnten.

Dem erteilte die Kammer ihre Zustimmung.

Die Kammer nahm jetzt zuerst in Behandlung den Entwurf zu einem

Gesetz, betr. Auslieferung von Verbrechern.

§ 1—3. [Wortlaut s. u. S. 352 ff.]

Angenommen.

Für den § 4 war von der Königl. Majestät dieser Wortlaut vorgeschlagen

[Wortlaut s. S. 356].

In ihrer obengenannten Motion hatten die Herren Persson in Norrköping und Sandler anheimgestellt, den Ausdruck »oder nach dem schwedischen Seegesetz« aus dem Paragraphen zu streichen.

Der Ausschuß war dem Vorschlage der Königl. Majestät hinsichtlich des Wortlautes des Paragraphen beigetreten.

Reservationen waren jedoch abgegeben:

von Herrn *Lindhagen*; sowie

von Herrn *Persson* in Norrköping, der im Anschluß an die vorgenannte Motion vorgeschlagen hatte, der Reichstag wolle beschließen, aus dem § 4 die Worte auszuschließen »oder nach dem schwedischen Seegesetze«, sowie daß, wenn dies angenommen würde, die Worte »oder nach dem schwedischen Seegesetz« statt dessen in § 6 nach den Worten »Strafgesetz für die Wehrmacht« eingeführt würden.

Nach Vortrag des Paragraphen führte aus:

Herr *Persson* in Norrköping: Herr Sprecher, meine Herren! Der gegenwärtige Paragraph des vorliegenden Entwurfs zu einem Auslieferungsgesetz bestimmt, daß Auslieferung nicht erfolgen darf, »wenn nicht die verbrecherische Handlung ein solches Delikt ist oder, wenn sie in Schweden und unter entsprechenden Verhältnissen begangen worden wäre, als ein solches Delikt anzusehen sein würde, an das sich nach dem schwedischen allgemeinen Strafgesetz oder nach dem schwedischen Seegesetz schwerere Strafe als Gefängnis knüpfen kann«. Ich habe geglaubt, der Formulierung dieser Bestimmung nicht zustimmen zu können, die der Ausschuß hier in Übereinstimmung mit der Königl. Proposition vorgeschlagen hat, sondern habe geglaubt, eine Reservation zugunsten der Motion abgeben zu sollen, die hier in der Kammer von mir und Herrn Sandler gestellt worden ist.

Wir haben in dieser Motion entwickelt, daß wegen der veralteten Form, in der ein großer Teil der Bestimmungen des schwedischen Seegesetzes sich befindet, eine unveränderte Annahme dieses § 4 dahin würde führen können, daß beispielsweise Seeleute, die an einem ganz gewöhnlichen Streik teilgenommen hätten und die wegen dieses Deliktes in Schweden verfolgt würden, von hier wie gewöhnliche Verbrecher ausgeliefert werden könnten. Denn das Seegesetz schreibt in seinem § 303 vor: »Widersetzt sich ein Seemann dem Befehlshaber und verweigert er ihm den Gehorsam, so wird er mit Buße (Geldstrafe) oder Gefängnis von höchstens sechs Monaten oder, wenn die Umstände besonders erschwerend sind, mit Strafarbeit von höchstens einem Jahr bestraft.« Hieraus geht hervor, daß ein Seemann, der sich seinem Befehlshaber widersetzt hat, mit Strafarbeit bestraft werden kann und dergestalt sich eines solchen Delikts schuldig gemacht hat, wegen dessen Auslieferung in Frage kommen kann [1]. Und in einem anderen Paragraphen, nämlich § 305, wird bestimmt, daß Seeleute, die sich zusammenschließen und die Absicht an den Tag legen, mit vereinter Gewalt sich der Leitung des Fahrzeugs zu bemächtigen oder den Befehlshaber zu einer Maßnahme im Dienste zu zwingen oder wegen solcher Maßnahme sich an ihm zu rächen, ebenfalls mit Strafarbeit bestraft werden können.

Auf Grund dieser Bestimmungen des Seegesetzes haben wir geglaubt, daß das Seegesetz, solange es nicht auf eine zufriedenstellende Weise reformiert ist, mit dem Strafgesetz für die Wehrmacht gleich zu behandeln sei, welches in einem der folgenden Paragraphen des vorliegenden Gesetzentwurfs erwähnt ist, im § 6 nämlich, wo es heißt: »Wenn ein Auslieferungsersuchen sich auf eine Handlung bezieht, die nach schwedischem Recht als Delikt gegen das Strafgesetz für die Wehrmacht anzusehen sein würde, so darf Auslieferung erfolgen, soweit die Handlung von der Beschaffenheit ist, daß, wenn sie von jemandem verübt worden wäre, der diesem Gesetz nicht unterworfen ist, Auslieferung nach den Bestimmungen des § 4 deswegen hätte stattfinden können.« Hier hat man dergestalt offen gesprochen, daß wegen eines Delikts, das nach dem Strafgesetz für die Wehrmacht mit Strafarbeit belegt ist, Auslieferung in keinem anderen Falle erfolgen darf, als wenn das

---

[1]) d. i. weil Strafarbeit nach dem § 1 Kap. 2 des allgemeinen Strafgesetzes (Fassung von 1913) eine strengere Strafe als Gefängnis ist (Totschlag — Strafarbeit — Gefängnis — Buße [Geldstrafe]) und weil Androhung strengerer Strafe als Gefängnis ein Delikt nach dem § 2 des Auslieferungsgesetzes zum Auslieferungsdelikt macht.

Delikt von solcher Art ist, daß auch nach dem allgemeinen Strafgesetze dasselbe Strafarbeit hätte nach sich ziehen können. Wir haben es nicht recht verstanden, warum man nicht geglaubt hat, eine Ausnahme für das Seegesetz machen zu müssen, wenn man das Strafgesetz für die Wehrmacht ausgenommen hat. Freilich ist uns bewußt, daß ein Delikt von der Art, daß Seeleute sich dem Befehlshaber widersetzen und ihm den Gehorsam verweigern, wenn das Fahrzeug draußen auf See ist, als besonders strafbar zu betrachten sein kann, indessen ergibt sich aus der von mir zitierten Bestimmung des Seegesetzes nicht, daß darin eine Bezugnahme nur auf solche Fälle stattfindet, wo das Fahrzeug sich auf See befindet, sondern die gleiche Folge tritt ein, wenn ein Seemann sich dem Befehlshaber widersetzt hat, während das Fahrzeug im Hafen lag. Hieraus ergibt sich also, daß die Teilnehmer an einem gewöhnlichen Seemannsstreik, während das Fahrzeug im Hafen liegt, sich eines Deliktes gegen § 303 des Strafgesetzes schuldig machen und folglich bewirken, daß sie im schlimmsten Falle der Strafe der Strafarbeit verfallen. Wenn in solchem Falle eine fremde Regierung um Auslieferung eines derart streikenden Seemannes ersuchen würde, so würde die schwedische Regierung wegen des Wortlautes des § 4 sich für verpflichtet erachten, einem solchen Ersuchen zu entsprechen. Deshalb haben wir Reservanten dem nicht zuzustimmen vermocht, und deshalb erlaube ich mir, zu beantragen, daß in Übereinstimmung mit der Reservation aus dem gegenwärtigen § 4 die Worte gestrichen werden: »oder nach dem schwedischen Seegesetze«.

Wenn diesem Antrage zugestimmt wird, so werde ich gegebenenfalls, wenn wir zum § 6 gelangen, beantragen, daß diese Worte statt dessen dort eingeschoben werden.

Herr *Widén*: Herr Sprecher, meine Herren! Die hier vorliegende Frage ist die, ob in diesen § 4, der die Grenzen enthält, innerhalb derer es der Königl. Majestät möglich ist, Auslieferung zu bewilligen, Delikte gegen das Seegesetz einbezogen werden sollen oder nicht. Dieser Paragraph schreibt nicht vor, darauf will ich die Aufmerksamkeit lenken, daß wegen gewisser Delikte Auslieferung erfolgen *muß*, sondern er enthält, wie ich eben andeutete, die Grenzen des Rechts der Königl. Majestät, Auslieferung zu bewilligen, sei es in einem einzelnen Falle, sei es in Verträgen mit fremden Ländern [1]). Mit weitaus den meisten Ländern Europas hat nämlich Schweden Verträge abgeschlossen, die das Auslieferungsverfahren regeln, und es dürfte beabsichtigt sein, Verträge auch mit den wenigen Ländern zustande zu bringen, mit welchen Schweden solche noch nicht eingegangen ist — die geltenden Verträge finden sich in dieser Hinsicht auf S. 240 (o.) des Ausschußgutachtens aufgeführt —. Ich bitte, noch einmal wiederholen zu dürfen, darüber möge man sich vollkommen klar werden, worüber wir hier sprechen,

[1]) Vgl. ebenso die »Einführung« zur Frage des grundsätzlichen Verhältnisses zwischen Auslieferungsgesetz und -Verträgen oben S. 43f.

daß dieser Paragraph dergestalt die Bedingungen angibt, unter denen die Königl. Majestät das Recht besitzt, entweder Auslieferung beim Abschluß von Verträgen mit fremden Mächten zu bewilligen, oder, soweit ein Vertrag nicht vorliegt, in besonderen Fällen, in denen es sich um Auslieferung handelt. Es folgt also nicht aus dem Paragraphen daß Auslieferung wegen aller der Verbrechen erfolgen muß, die unter die Gesetzesstelle fallen.

Wie der Ausschuß den Motionären gegenüber hervorhebt, dürfte es vollkommen unmöglich sein, Auslieferung wegen Delikts gegen das Seegesetz hier auszuschließen. In alle unsere Verträge mit fremden Mächten werden gewisse Delikte gegen das Seegesetz als Delikte aufgenommen, wegen derer Auslieferung stattfinden kann. Denn es verhält sich so, daß in den Verträgen im allgemeinen die besonderen Delikte aufgezählt werden, wegen derer Auslieferung in Frage kommen kann. Der letzte geehrte Redner hat auch die Unmöglichkeit vollkommener Ausnahme von Delikten gegen das Seegesetz eingesehen und darum vorgeschlagen, statt dessen die Bestimmung über diese Delikte in § 6 einzufügen, der von den Grenzen des Auslieferungsrechts handelt, wenn es sich um Delikte gegen das Strafgesetz für die Wehrmacht handelt. Aber es ist wohl ebenso unmöglich, sich zu denken, daß man die Sache dort hineinbekommen könnte. Hinsichtlich des Strafgesetzes für die Wehrmacht liegt die Sache so, daß dies Gesetz für einen sehr großen Teil von Delikten sich an das allgemeine Strafgesetz anschließt, und darum können Delikte nach dem erstgenannten Gesetz, die nicht solche Verbrechen sind, die nur ein Angehöriger der Wehrmacht begehen kann, auch nach dem allgemeinen Strafgesetz beurteilt werden. Darum läßt sich sagen, wie es in § 6 heißt, daß Auslieferung erfolgen darf, »soweit die Handlung von der Beschaffenheit ist, daß, wenn sie von jemandem verübt wird, der dem Strafgesetz für die Wehrmacht nicht unterworfen ist, Auslieferung nach den Bestimmungen des § 4 deswegen stattfinden könnte«. Etwas Ähnliches läßt sich unmöglich von dem Seegesetz sagen, da dessen Delikte von solcher Art sind, daß sie nicht nach dem allgemeinen Strafgesetz beurteilt werden können. Dahin gehören nämlich z. B. Meuterei, gewaltsamer Überfall auf den Befehlshaber oder Drohungen, um ihn zu etwas zu zwingen, Entweichen, wenn der Befehlshaber das Fahrzeug unter solchen Umständen verläßt, daß Gefahr des Verunglückens desselben besteht. Diese Delikte, die mindestens teilweise in die Verträge aufgenommen sind, würden nicht zur Berücksichtigung gelangen, wenn man das Seegesetz in § 6 überführte und es mit dem Strafgesetz für die Wehrmacht auf gleiche Stufe stellte. Ein solches Verfahren wäre sachlich genau dasselbe wie der Ausschluß der Delikte nach dem Seegesetze, und es dürfte wohl nicht angehen, weder für uns noch für irgendein anderes Land, dies zu tun. Denn dies würde jedes Übereinkommen auf diesem Gebiete unmöglich machen.

Indessen daraus, daß diese Delikte hier mit aufgenommen sind, folgt nicht, daß die Königl. Majestät in jedem vorliegenden Fall Auslieferung wegen aller dieser Delikte bewilligen oder in Verträge aufnehmen wird. Insbesondere das Delikt, das der letzte geehrte Redner nannte, ist in unsere abgeschlossenen Verträge nicht mitaufgenommen und wird sicher auch nicht in künftige Verträge unter die auslieferungswürdigen Verbrechen aufgenommen werden.

Auf Grund dieser meiner Ausführungen bitte ich beantragen zu dürfen, dem Vorschlage des Ausschusses in diesem Teile zuzustimmen.

Herr *Lindhagen*: Bei früheren Debatten im Reichstage über Strafmilderung für gewisse Delikte nach dem Strafgesetz für die Wehrmacht und nach dem Seegesetz ist besonders betont und auch allgemein anerkannt worden, daß die Strafen dieser Gesetze im Verhältnis zu denen des allgemeinen Strafgesetzes besonders hart sind, und man ist stets davon ausgegangen, was auch richtig ist, daß die Strafbestimmungen des Strafgesetzes für die Wehrmacht und des Seegesetzes Ausnahmebestimmungen sind, die auf eine sehr nachdrückliche Weise das Strafmaß im Vergleich damit erhöhen, was ein gleiches Delikt nach dem allgemeinen Strafgesetz bedingt haben würde.

Der gegenwärtige Gesetzentwurf hat im § 6 hierauf Rücksicht genommen, soweit es das Strafgesetz für die Wehrmacht angeht, und gestattet, daß, wenn um Auslieferung wegen eines Deliktes nach dem Strafgesetz für die Wehrmacht ersucht wird, bei der Beurteilung der Auslieferungsfrage keine Rücksicht auf die höhere Strafe genommen wird, die das letztgenante Gesetz enthält, sondern nur auf die geringe Strafe, die das allgemeine Strafgesetz vorschreibt. Es ist so unter prinzipiellem Gesichtspunkt sonderlich verwerflich, daß man nicht einmal einen Versuch gemacht hat, im Gesetzentwurfe die gleiche Rücksicht auf die Strafbestimmungen des Seegesetzes zu nehmen.

Es entsteht nun in der Formulierungsfrage die Schwierigkeit, wie der letzte geehrte Redner erwähnte, daß sich im Seegesetze gewisse Delikte finden, die Auslieferung könnten veranlassen müssen, fraglich derer man indessen keine Vergleichspunkte im allgemeinen Strafgesetze hat. Dies macht unleugbar eine Schwierigkeit für die Formulierung des von uns gewünschten Zusatzes im § 6 aus.

Dieser Schwierigkeit ist man in der Proposition dadurch entgangen, daß man dort — m. E. unzulässigerweise — diese beiden Spezialgesetze einander nicht gleichgestellt, sondern die strengeren Bestimmungen des Seegesetzes unverkürzt hat in das Auslieferungsgesetz eingehen lassen. Aber der Umstand, daß man diese Formulierung im § 6 versäumt hat, muß ja nicht dazu führen, daß prinzipiell dies Verfahren in der Sache anerkannt werden muß. Ich werde daher, wenn wir zum § 6 kommen, bitten, etwas näher über die Formulierungsfrage sprechen zu dürfen. In diesem § 4 handelt es sich nur darum, die unzulässige Koordination der Strafbestimmungen des allgemeinen Strafgesetzes und des Seegesetzes zu beseitigen, und darum bitte ich, in diesem Punkte beantragen zu dürfen, dem vorgelegten Vorschlage zuzustimmen, daß die Worte »oder nach dem schwedischen Seegesetz« gestrichen werden.

Hiermit war die Beratung geschlossen. Der Herr Sprecher legte zuerst Propositionen auf Annahme des Ausschußvorschlages zum Wortlaute des gegenwärtigen Paragraphen sowie ferner auf Annahme des Paragraphen mit der Änderung vor, die in der von Herrn Persson in Norrköping dem Paragraphen beigefügten Reservation vorgeschlagen war; und es fand der Herr Sprecher, daß die erstgenannte Proposition mit überwiegendem Ja angenommen sei. Gleichwohl wurde Votierung beantragt, anläßlich dessen folgende Abstimmungsproposition aufgesetzt, justiert und angeschlagen wurde:

Wer will, daß die Kammer den § 4 des vorliegenden Entwurfs des Gesetzgebungsausschusses zu einem Gesetz, betr. Auslieferung von Verbrechern, annimmt, stimmt

Ja;

wer es nicht will, stimmt

Nein.

Gewinnt Nein, so hat die Kammer den genannten Paragraphen mit der Änderung angenommen, die in der von Herrn Persson in Norrköping zu dem Paragraphen abgegebenen Reservation vorgeschlagen worden ist.

Die Votierung ergab 120 Ja gegen 66 Nein, womit der Paragraph von der Kammer in seinem vom Ausschusse vorgeschlagenen Wortlaute angenommen war.

§ 5. [Wortlaut s. u. S. 358.]

Angenommen.

Hierauf wurde § 6 vorgetragen und es führte dabei aus

Herr *Lindhagn*: Bei der Sachlage, daß die Kammer den § 4 nach der Proposition der Königl. Majestät angenommen hat, müssen die Reservanten von ihrem Antrage, betr. § 6, Abstand nehmen.

Weiter wurde nichts ausgeführt. Der Paragraph wurde angenommen.

Die Königl. Majestät hatte vorgeschlagen, daß § 7 folgenden Wortlaut erhalte:

Auslieferung darf wegen politischen Delikts nicht erfolgen. Jedoch darf, wenn die Handlung, wegen derer um Auslieferung ersucht wird, zugleich ein Delikt von nicht-politischer Beschaffenheit umfaßt, Auslieferung bewilligt werden, soweit festgestellt wird, daß die Handlung mit Rücksicht auf die Umstände im besonderen Falle überwiegend den Charakter eines nicht-politischen Deliktes besitzt.

Als politisches Delikt ist in keinem Falle Mord, Mordversuch oder Totschlag an einem fremden Staatsoberhaupt oder einer zur Familie eines fremden Souveräns gehörenden Person anzusehen."

In der oben genannten Motion war anheimgestellt, daß die fragliche Gesetzesstelle nur folgende Bestimmung enthalte: »Auslieferung darf wegen politischer Verbrechen nicht erfolgen.«

Der Vorschlag des Ausschusses hinsichtlich des Wortlautes dieses Paragraphen nahm den ersten Absatz des Entwurfes der Königl. Majestät an, schloß jedoch den zweiten Absatz desselben aus.

In der Frage des Paragraphen waren indessen Reservationen abgegeben:

von den Herren *af Ekenstam*, *Trana*, Graf *Lagerbjelke*, *von Baumgarten* und *Pettersson* in Bjälbo, welche der Meinung waren, daß dem Entwurfe der Königl. Majestät in diesem Teile unverändert zuzustimmen sei; sowie

von den Herren *Lindhagen* und *Persson* in Norrköping, welche der Meinung waren, daß der Paragraph diesen Wortlaut erhalten müsse:

Auslieferung darf wegen politischen Delikts oder damit zusammenhängenden Verbrechens sowie ferner nicht in dem Falle erfolgen, daß die Person, um deren Auslieferung aus anderem Grunde ersucht wird, nachweisen kann, daß ihre Auslieferung tatsächlich in der Absicht verlangt wird, sie wegen eines Verbrechens von politischer Beschaffenheit anzuklagen oder zu bestrafen;

aber erklärten, daß sie unter gewissen Voraussetzungen die Annahme folgenden Wortlautes des Paragraphen beantragen wollten:

Auslieferung darf wegen politischen Delikts oder anderen damit zusammenhängenden Verbrechens nicht erfolgen.

Nachdem der Paragraph vorgetragen war, führte aus:

Seine Excellenz der Herr Minister der auswärtigen Angelegenheiten Graf Ehrensvärd: Herr Sprecher, meine Herren! In der Frage des gegenwärtigen Paragraphen befindet sich die Regierung nicht in der glücklichen Lage, von der Mehrheit des Gesetzgebungs-Ausschusses für ihren Entwurf Unterstützung erhalten zu haben, und ich werde daher bitten, einige Worte zur Begründung des Königl. Entwurfes äußern zu dürfen.

Worin unterscheidet sich denn der Entwurf des Ausschusses von dem königl. Entwurfe? Nun, darin, daß, während im königl. Entwurf bestimmt in diesem Paragraphen ausgedrückt ist, daß »als politisches Delikt in keinem

Falle Mord, Mordversuch oder Totschlag an einem fremden Staatsoberhaupt oder einer zur Familie eines Souveräns gehörenden Person anzusehen sei«, diese Bestimmung vom Gesetzgebungsausschuß gestrichen worden ist. Diese Bestimmung wird in der ausländischen Literatur in der Regel »die belgische Attentats-Klausel« genannt, und ich werde im folgenden der Kürze halber sie so benennen.

Ich bin genötigt, in einigem Maße zur Klarstellung des Unterschiedes zwischen dem Standpunkt der Regierung und dem des Ausschusses auf die schwer bestimmbare Frage einzugehen, was unter politischem Delikt verstanden wird, verspreche indessen den Herren, daß ich mich so kurz als möglich fassen werde, da es nicht denkbar ist, alle verschiedenen Schattierungen und Auffassungen durchzugehen, die im Laufe des vergangenen Jahrhunderts in dieser Frage zum Ausdruck gelangt sind. Wenn jemals, so gilt in diesem Falle, was einmal der deutsche Justizminister im deutschen Reichstage äußerte: »Wo zwei Juristen beieinander sind, sind zum mindesten drei Meinungen vertreten.«

Ich werde die verschiedenen Auffassungen, die in dieser Frage zum Ausdrucke gelangt sind, in zwei verschiedene Gruppen zusammenfassen, deren eine die objektive Theorie und deren andere die subjektive Theorie benannt zu werden pflegt. Gemäß der objektiven Theorie wird unter politischem Delikt jede Handlung verstanden, die direkt beabsichtigt, die Staatsverfassung eines Landes umzustürzen oder von einem Lande einen zu demselben gehörenden Landesteil oder eine Provinz abzutrennen, weiter jedes Delikt gegen das Staatsoberhaupt, sei dieses gewählt oder mag es seine Stellung auf Grund von Erbfolge-Gesetzen bekleiden, und letztlich wird unter politischem Delikt nach dieser Theorie jede Handlung verstanden, die im übrigen ein gemeines Verbrechen ist, wie Diebstahl, Mord usw., soweit sie in vollkommen direktem Zusammenhange mit revolutionärem Umsturzversuch steht.

Gemäß der subjektiven Theorie hingegen legt man das Hauptgewicht auf die Absicht des Täters, und jede Handlung wie Diebstahl, Mord, Totschlag usw., wird ein politisches Delikt in weitester Deutung, sofern der Täter vorbringen kann, daß er in politischer Absicht gehandelt habe.

Ich glaube, meine Herren, daß es sofort klar vor einem jeden von uns stehen wird oder zum mindesten vor den meisten von uns, und daß die letztgenannte Theorie absolut zu weit geht und eine Menge Handlungen straffrei lassen würde, die auf das bestimmteste mißbilligt werden müssen, vollständig unabhängig davon, ob der Täter möglicherweise ein politisches Motiv für seine Handlung vorbringen kann. Man kann auch sicher sagen, daß diese Theorie im allgemeinen wenig vertreten und daß sie nicht Ausdruck des Standpunktes des gegenwärtigen Auslieferungsrechtes ist. Ein vollkommen entgegengesetzter Einwand kann in einigem Grade gegen die objektive Theorie erhoben werden — es ist möglich, daß diese hier oder da die Grenzen etwas zu eng zieht. Angesichts dessen hat man sich zu einem dritten Standpunkt in der Frage durchgerungen, demjenigen, der der *schweizerische* genannt zu werden pflegt, weil er zum ersten Male in einem in der Schweiz zu Anfang der neunziger Jahre, meiner Erinnerung nach, angenommenen Auslieferungsgesetz eingenommen worden ist. Gemäß diesem Standpunkte wird den Gerichten die Bestimmung überlassen, ob solche Handlungen, welche ein gemeines Verbrechen bezeichnen, aber doch ein politisches Moment in sich tragen, zu der einen oder der anderen Art von Handlungen zu rechnen seien, und gleichzeitig wird den Richtern eine Direktive gegeben, auf dieselbe Weise, wie der königliche Entwurf dies tun will. Denn unser Gesetzentwurf hat sich ja in diesem Punkte gerade an das schweizerische Gesetz angeschlossen. Er gibt eine Direktive, wenn er in wesentlicher Übereinstimmung mit dem schweizerischen Gesetz sagt: »Jedoch darf, wenn die Handlung, wegen derer um Auslieferung ersucht wird, zugleich ein Delikt von nicht-politischer Beschaffenheit umfaßt, Auslieferung bewilligt werden, soweit festgestellt wird, daß die Handlung mit Rücksicht auf die Umstände im besonderen Falle überwiegend den Charakter eines nicht-politischen Delikts besitzt.«

Dies sind die Hauptstandpunkte in der Frage, die objektive Theorie, die subjektive Theorie und schließlich der Standpunkt der schweizerischen Gesetzgebung, welcher weiterhin für uns das größte Interesse besitzt, weil nämlich Schweden, soweit ich weiß, die erste Macht ist, die jetzt im Begriff steht, sich der schweizerischen Auffassung anzuschließen — denn es besteht ja in diesem Punkte vollkommene Einigkeit zwischen der Regierung und dem Gesetzgebungs-Ausschuß — alle sind wir darin einig, daß die Grundlage der Standpunkt des schweizerischen Gesetzes werden soll.

Nun handelt es sich um die Frage: Wie stellt sich jetzt die belgische Attentats-Klausel, von der ich vorhin sprach, zu dem einen oder anderen dieser Standpunkte? Zur objektiven Theorie ist sie ein absolut notwendiges Komplement; denn diese sagt ja, daß politisches Delikt eben unter anderem Mord und Mordversuch an dem Souverän in einer Monarchie oder an dem Präsidenten in einer Republik seien. Und würde man sagen, daß wegen politischen Deliktes Auslieferung niemals stattfinden dürfe, so würde dies dasselbe sein, wie wenn man alle diese Handlungen als absolut straffrei bezeichnete soweit es dem Täter glücken würde, in einem fremden Lande Zuflucht zu finden. Diese Klausel ist dergestalt ein absolut notwendiges Komplement zur objektiven Theorie, welcher — ich streifte es — die Mehrzahl sich angeschlossen haben dürfte. So z. B. muß man sagen, daß Belgien auf der Grundlage dieser Theorie steht, und auch Norwegen hat sich in einem kürzlich angenommenen Gesetz derselben angeschlossen.

Aber was den schweizerischen Standpunkt betrifft, so will ich zugeben, daß diese Klausel nicht absolut notwendig ist. Denn nach diesem Standpunkte ist ja die Entscheidung der freien Würdigung der Gerichte überlassen, und da kann man sich möglicherweise vorstellen, daß die Gerichte zu dem Ergebnis zu kommen vermöchten, ein Delikt von der letztgenannten Art sei nicht zu den politischen Delikten zu zählen, mag es auch gegen einen Staatsschef erfolgt sein, und daß der Täter dergestalt ausgeliefert werden muß.

Indessen, meine Herren, nun frage ich: Ist es *zweckmäßig*, die belgische Attentatsklausel zu streichen? Betrachte ich die Angelegenheit aus rein juristischem Gesichtspunkte, so ist es — ich wiederhole es noch einmal — nicht absolut notwendig, sie mit unserem Gesetz zu verkoppeln, so wie es entworfen ist. Aber ist es auf der anderen Seite *zweckmäßig*, meine Herren, diese Bestimmung zu streichen? Um eine Antwort auf diese Frage zu geben, muß ich bitten, mit einigen kurzen Worten die Geschichte der belgischen Attentatsklausel berühren zu dürfen. Im Jahre 1854 versuchten einige Personen, mit einer Höllenmaschine den Zug in die Luft zu sprengen, in dem Napoleon III. von Lille nach Calais fuhr. Einer der Täter wurde unmittelbar in Frankreich ergriffen, wohingegen es dem zweiten glückte, sich zu retten und in das nahe gelegene Belgien zu fliehen. Die französische Regierung ersuchte nun um Auslieferung des Mannes, und da erhob sich sofort in Belgien die Frage: Handelt es sich hier um ein politisches Delikt oder nicht? Ich kann die Sache nicht in allen ihren juristischen Irrgängen verfolgen; genug, die Angelegenheit wurde zwischen den verschiedenen Gerichten hin und her geschickt; der eine Gerichtshof sagte: »Es ist ein politisches Delikt, der Mann kann nicht ausgeliefert werden«; der andere erklärte dagegen: »Nein, es ist kein politisches Delikt, der Mann ist auszuliefern.« — Die Sache endete indessen damit, daß die belgische Regierung im Einklange mit den Bestimmungen des belgischen Gesetzes ein Gutachten der Anklagekammer in Brüssel einforderte, und dieses Gutachten mündete darin aus, daß das Delikt politisch war. Nun ist die belgische Regierung nach dem belgischen Gesetz nicht in der Weise, wie es in diesem Gesetzentwurf vorgeschlagen wird, an ein solches Gutachten gebunden, sondern sie konnte darum frei handeln. Aber Sie verstehen auf jeden Fall, meine Herren, in welcher schwierigen Situation die belgische Regierung sich befand, wenn ein mächtiges Grenzland um Auslieferung eines Mannes ersuchte, der ein Delikt gegen den Souverän des Landes unter besonders erschwerenden Umständen begangen hatte, wobei aber das zuständige Gericht sagte: »Es ist ein politisches Delikt, und er kann also nicht ausgeliefert werden.« — Nun glückte es indessen Belgien, aus dieser Verlegenheit dadurch herauszukommen, daß die französische Regierung ihr Gesuch um Auslieferung der Person zurückzog, indessen unter der ausgesprochenen Bedingung, daß Belgien zu seinem Gesetz einen Zusatz eben des Inhaltes mache, wie wir ihn heute besprechen. Aus diesem Grunde hat diese Gesetzesbestimmung den Namen »Die belgische Attentatsklausel« erhalten.

Seither ist diese Klausel durch eine Mehrzahl von Auslieferungsgesetzen und eine Mehrzahl von Auslieferungsverträgen gegangen, so daß man sagen kann, sie bilde in der Hauptsache einen festen Ausdruck für den allgemeinen Standpunkt des Auslieferungsrechtes der Gegenwart. Ausnahmen finden sich, dies will ich nicht leugnen; Länder gibt es, die sich der belgischen Attentatsklausel nicht angeschlossen haben; doch die lassen sich sonderlich leicht herzählen. In erster Linie ist es England, und zwar deswegen, weil England am ehesten die subjektive

Theorie vertritt, von der ich sprach, und es sind weiter die Niederlande, auf Grund besonders gearteter Bestimmungen des niederländischen Gesetzes, auf welche ich indessen nicht näher eingehen will, um die Kammer nicht zu ermüden, da es zu weit führen würde. Es findet sich so das eine oder das andere Land, welches diese Klausel nicht angenommen hat, aber in der Regel ist es eingebürgerte Praxis in Europa, daß Mord und Mord versuch an einem Souverän oder einem fremden Staatsschef in keinem Falle als politisches Delikt betrachtet werden. In diesem Zusammenhang will ich unterstreichen, daß, als Norwegen vor einigen Jahren — ich meine 1908 oder 1909 — ein Auslieferungsgesetz annahm, man natürlich dort die Frage erörterte, ob man die belgische Attentatsklausel übernehmen solle oder nicht; auf gewissen Seiten stellte man sich zweifelhaft, indessen beschloß man doch die Annahme.

Nun frage ich mich: Welche Gründe gibt es für diese Bestimmung — diese Bestimmung, welche dergestalt dem freien Prüfungsrecht gewisse Delikte entzieht und in der Frage derselben bestimmt, daß sie als nichpolitisch zu betrachten sind und also Auslieferung veranlassen müssen? Ja, meine Herren, die Antwort ist nicht schwer zu finden. Die Personen, deren Leben zu schützen diese Bestimmung beabsichtigt, sind ja mehr als irgendwelche anderen Menschen Attentaten ausgesetzt, die durch all das berechtigte und unberechtigte Mißvergnügen mit den gesellschaftlichen Zuständen hervorgerufen werden, welche liegen und gären. Sie richten sich gegen diese Personen, welche oft unschuldig genug, die Verantwortung dafür tragen müssen, was Tausende gefehlt haben. Gegen sie richten sich weiter auf Grund ihrer Stellung viele andere Gefühle, welche zu Verbrechen antreiben und hetzen können: Mißvergnügen darüber, daß ein Gesuch der einen oder anderen Art abgewiesen werden mußte, Mißvergnügen darüber, daß eine pekuniäre Unterstützung verweigert wurde, Mißvergnügen darüber, daß ein Gnadengesuch abgeschlagen wurde, mit einem Wort, Mißvergnügen in der einen oder anderen Form findet oft genug in Attentaten gegen diese Personen Ausdruck. In der gleichen Weise, wie das Strafgesetz mit besonders strenger Strafe — gerade aus den von mir hier genannten Gründen — Verbrechen belegt, welche gegen ihre Person gerichtet sind, auf dieselbe Weise muß auch in den Auslieferungsgesetzen ein wirksames Mittel gefunden werden, um ihr Leben zu schützen, darin bestehend, daß, wenn ein Verbrechen gegen Staatshäupter in der groben Form verübt worden ist, von der wir jetzt sprechen, daß man dann nicht länger die Frage diskutiert, ob das Delikt politisch sei oder nicht. Man überläßt diese Entscheidung nicht einem Zweifeln ausgesetzten [1]) Richter, sondern man gibt ihm festen Grund, um darauf zu stehen, indem man ausspricht, daß das Delikt nicht als politisches anzusehen sei.

---

[1]) Im Original: »*Man överlämnar ikke åt en tveksam domare att avgöra* — —«; *tveksam* eig. = zweifelhaft. Wörtliche Übersetzung ist hier offenbar nicht möglich, wie sich aus dem Zusammenhange und den folgenden Worten ergibt; deren Sinn dürfte der gewählte Ausdruck etwa entsprechen.

Ich kann nicht leugnen, meine Herren, daß ich glaube, daß es einen wahrlich schlechten Eindruck im Auslande hervorrufen würde, wenn wir in diesem Augenblick es unternähmen, diese Bestimmung zu streichen, die mit allen ihren logischen Rissen doch 50-jähriges Herkommen im Auslieferungsrecht gewonnen hat. Ich glaube, es würde einen besonders schlechten Eindruck in diesen Tagen machen, in denen wir Beweise dafür gesehen haben, wie die Attentate, von denen wir hier sprechen, ein Opfer gefordert haben und nahe daran waren, ein zweites zu fordern.

Ich glaube auch, meine Herren, daß es würde unter einem anderen Gesichtspunkte bedenkliche Konsequenzen haben. Wir haben kein Interesse daran, bei den Personen, welche die Handlungen begehen, die hier in Frage stehen, den Eindruck hervorzurufen, daß ihnen hier in Schweden eine sicherere Zufluchtsstätte als anderswo in Europa gegeben wird. Es ist nicht sicher, daß sie in dieser ihrer Auffassung Recht haben, denn auch mit der schweizerischen Theorie, ohne diese Bestimmung, kann es ja sehr wohl sein, daß das Gericht zu dem Ergebnis gelangt, der fragliche Mann sei auszuliefern. Aber auf jeden Fall können sie leicht so räsonnieren, als bestünde größere Möglichkeit, eine Freistatt in unserem Lande als in anderen Ländern zu erhalten. Glauben die Herren wirklich, daß uns damit gedient sein würde, wenn unser Land ein besonderer Zufluchtsort für solche Verbrecher würde?

Der Gesetzentwurf, den die Regierung vorgelegt hat ist, wage ich zu sagen, der liberalste Entwurf eines Auslieferungsgesetzes, der beinahe überhaupt das Tageslicht erblickt hat. Er geht weiter als das norwegische Gesetz, von dem ich vorher sprach und zwar in zwei Punkten, einerseits darin, daß das norwegische Gesetz sich auf den Standpunkt der objektiven Theorie stellt, während wir uns an die freiere schweizerische Auffassung anschließen. Er geht ferner weiter als das norwegische Gesetz in einem anderen Punkte, darin nämlich, daß das vorgeschlagene Gesetz Prüfung der Schuld einer angeklagten, aber nicht verurteilten Person zuläßt, wenn auch in begrenztem Umfange. Er geht weiter als das schweizerische Gesetz, indem er sich im letztgenannten Punkte auch von dem schweizerischen Gesetze unterscheidet. Aber meine Herren, ich glaube, es würde ein sehr bedenklicher Schritt sein, noch weiter zu gehen. Unter sorgfältigster Prüfung hat die Regierung, die vollkommen das humanitäre Interesse beachtet, das Asylrecht nicht zu sehr einzuschränken, ihren Standpunkt gewählt und ist zu dem Ergebnis gekommen, daß weiter als bis hierher wir nicht gehen dürfen.

Ich weiß, es gibt viele, welche gern wollen, daß man auf dem internationalen Gebiet an der Spitze der Entwicklung gehe. Zu meinem Teile würde ich natürlich mit Freuden sehen, wenn unser Land durch gesunde innere soziale Reformen wirklich ein Musterland werden könnte; aber ich muß vor der Auffassung warnen, daß man auf einem so empfindlichen Gebiet wie dem, das hier in Frage steht, wirklich eine allzu stark abweichende Haltung derjenigen gegenüber einnehmen kann, welche in der Regel von fremden Staaten eingenommen wird. Aus diesen Gründen und unter Hinweis darauf, daß das letzte Auslieferungsgesetz, das es gibt, nämlich das norwegische, die belgische Attentatsklausel aufgenommen hat, sowie unter Hinweis darauf, daß sie in der Mehrheit unserer Auslieferungsverträge sich wiederfindet, wage ich, Herr Sprecher, meine Zuversicht auszusprechen, daß die Kammer sich dem Entwurf der Königl. Majestät anschließen wird, ohne irgendwelche Modifikationen.

Der Herr Vizesprecher, welcher während dieser Ausführungen die Leitung der Kammerverhandlungen übernommen hatte, erteilte danach das Wort an

Herrn *Lindhagen*, welcher ausführte: Ich dachte, der Wortführer des Gesetzgebungsausschusses werde den Standpunkt des Ausschusses in dieser Frage verteidigen. Da dies nicht geschehen ist, so werde ich dies, so gut ich kann, versuchen.

Ich will sagen, daß der Anlaß, aus dem die belgische Attentatsklausel vom Ausschuß gestrichen worden ist, darin besteht, daß wir nicht finden konnten, man müsse hier eine Ausnahme für besondere Fälle, und dergestalt auch nicht für Staatshäupter und die Familien der Souveräne, machen. Nun hat der Herr Außenminister hervorgehoben, der Grund dieser Klausel sei, daß die Souveräne in besonderem Maße Attentaten für das ausgesetzt seien, was im allgemeinen von Staats wegen geschehe. Ich möchte jedenfalls wohl wissen, ob dies in diesem Zusammenhang der wirkliche Grund ist und ob es nicht eher eine gewisse Ehrerbietung den gekrönten Häuptern und deren Familien gegenüber ist. Dies schimmert auch in der Formulierung der Bestimmung selber durch. Allerdings werden Delikte gegen Staatsoberhäupter ausgenommen; aber wenn man in dem Paragraphen weiterliest, so findet man, daß nur Personen ausgenommen werden, welche zu den Familien fremder Souveräne, nicht aber zu denen anderer Staatshäupter gehören. Mit anderen Worten, der Präsident in Amerika fällt z. B. unter diese Schutzbestimmung, nicht hingegen seine Frau, während doch die Frauen der gekrönten Souveräne es tun. Schon hier sieht man, daß etwas von dem wirklichen Inhalt dieser Attentatsklausel hindurchschimmert.

Wenn man der Wirklichkeit auf den Grund geht und nachforscht, wie es sich verhält, so findet man, daß im allgemeinen solche Menschen, welche Attentate begehen, weil sie geglaubt haben, es gehe ihnen in irgendeiner Hinsicht schlecht, beginnen, mehr und mehr den wirklichen Täter aufzusuchen, und ich möchte wohl wissen, ob nicht in dieser Zeit die Minister einer Regierung Attentaten mehr als die Souveräne selbst ausgesetzt sind, möglicherweise mit Ausnahme Rußlands, wo man ja nicht so genau zwischen Souveränen und Ministern unterscheidet.

Ich glaube also, daß diese Ausnahme ihre Wurzel in alten Vorurteilen, nicht dagegen ihren Grund in der Anschauungsweise hat, die in unseren

Zeiten sich geltend machen muß. Ich erinnere daran, daß weder England, Nordamerika noch die Schweiz diese Klausel besitzen und daß in der Frage des Asylrechts diese Länder als Musterländer dastehen. Daher haben wir geglaubt, daß wir uns in dieser Hinsicht diesen Ländern nähern müßten, und daher bitte ich, Annahme des Ausschußanheimstellens in diesem Teile beantragen zu dürfen.

Nun haben indessen ich und Herr Persson in Norrköping eine Reservation in einer anderen Hinsicht gemacht. § 7 des Königl. Entwurfes und des Entwurfes des Ausschusses enthält die Bestimmung, daß es auf einer subjektiven Prüfung beruhen soll, ob das Delikt, welches begangen ist, überwiegend von politischer oder anderer Art sei. Wenn diese subjektive Prüfung ausdrücklich im Gesetz vorgeschlagen wird, so kann sie ja zu einer großen Willkür führen, und man weiß, wie in vielen Fällen eine solche Prüfung ausfällt, wenn sie in die Hand einer höheren Behörde gelegt wird. Es wird wohl so, daß das politische Delikt versteckt wird, und schließlich trifft auch das ein, daß den Schutz, den dies Gesetz der schwedischen Regierung gegen unbefugten Druck würde geben können, das Gesetz mit solchen Bestimmungen, wie sie hier vorgeschlagen sind, nicht in demselben Grade verleihen kann, wie man es wünschen würde. Da man auch weiß, wie grausam politische Delikte in gewissen Ländern bestraft werden, so haben wir geglaubt, daß die englisch-amerikanische Vorschrift im entsprechenden Falle auch uns als Muster dienen müsse. Daher bitte ich, Zustimmung zu der Reservation beantragen zu dürfen, welche von mir und Herrn Persson abgegeben und welche so formuliert worden ist: »Auslieferung darf wegen politischen Deliktes oder damit zusammenhängenden Verbrechens sowie ferner nicht in dem Falle erfolgen, daß die Person, um deren Auslieferung aus anderen Gründen ersucht wird, nachweisen kann, daß ihre Auslieferung tatsächlich in der Absicht verlangt wird, sie wegen eines Verbrechens von politischer Beschaffenheit anzuklagen oder zu bestrafen.«

Nachdem der Herr Sprecher jetzt die Leitung der Verhandlungen wieder übernommen hatte, führte aus:

Herr *Petersson* in Lidingö villastad: Herr Sprecher, meine Herren! Wie die Herren aus dem Ausschußgutachten ersehen, bin ich bei der Justierung desselben nicht zugegen gewesen, und deswegen glaube ich ausdrücken zu müssen, daß, wenn ich bei der Justierung zugegen gewesen wäre, ich als Reservant zu diesem Punkte ebenso wie Herr Pettersson in Bjälbo vermerkt gestanden hätte. Es kann freilich als überflüssig angesehen werden, nach den Ausführungen, die wir eben von der Ministerbank hörten, weiter die Gründe für die Annahme dieses Paragraphen zu entwickeln, wie er im Königl. Entwurf vorkommt; aber es möge mir auf jeden Fall erlaubt sein, einige kurze Bemerkungen zu machen.

In zwei Punkten wird eine Abweichung von der Königlichen Proposition in Frage gestellt. Der erste betrifft die Schlußmeinung des ersten Absatzes des § 7, der davon spricht, daß, wenn festgestellt wird, ein Delikt besitze überwiegend den Charakter eines nicht-politischen Deliktes, Auslieferung erfolgen soll, auch wenn ein politisches Moment darin enthalten ist. Der zweite Punkt ist die sog. belgische Attentatsklausel, welche — zu meinem großen Befremden, das muß ich sagen — die Majorität des Ausschusses zu streichen beschlossen hat.

Was den ersten Antrag betrifft, so hat Seine Exzellenz der Herr Außenminister schon die verschiedenen Theorien auf diesem Gebiete entwickelt. Es kommt mir vollkommen natürlich vor, daß, wo man sich an das Prinzip des freien Prüfungsrechtes anschließt und also den Gerichten es überläßt, nach den Umständen im vorliegenden Falle zu beurteilen, ob ein Delikt politisch sei oder nicht, man auch im Gesetz die Direktive gibt, daß in solchem Falle, wo das Delikt eine Doppelnatur besitzt, wo ein gewöhnliches Delikt, kombiniert entweder mit einem politischen Motiv oder vielleicht mit einem politischen Delikt, vorliegt, daß man hier darauf sehen muß, was überwiegt, und daß, wenn das Überwiegende von nicht-politischer Natur ist, dann Auslieferung stattfinden soll. Dies ist um so natürlicher, als man sonst befürchten könnte, daß dies freie Prüfungsrecht sich in einer Richtung entwickeln könnte, die man nicht wünscht, in die Richtung nämlich, daß Auslieferung verweigert wird, sobald ein politisches Moment oder ein politisches Motiv in das Delikt eingeht. Dies ist auch um so zweckmäßiger, als nach den Aufklärungen der Königlichen Proposition die Praxis, die in diesem Falle sich besonders beim schweizerischen Bundesgericht entwickelt hat, schon mehr in der Richtung geht, den objektiven Momenten des Deliktes entscheidende Bedeutung zuzuerkennen, so daß z. B. Mord und Diebstahl, begangen aus politischem Motiv, aber doch ohne Zusammenhang mit einem wirklichen Versuch, die politische Ordnung umzustoßen, nicht als politisches Delikt betrachtet werden.

Ich meine also, daß die fragliche Bestimmung hier vollkommen begründet ist, und im Ausschuß ist ja auch die Majorität über die Beibehaltung einig gewesen. Ich hoffe, daß in diesem Teil auch nicht ein Zweifel herrscht, wie der Beschluß der Kammer ausfallen wird.

Ich gehe nunmehr zur belgischen Attentatsklausel über. Wie ich erwähnte, hat der Ausschuß sie ohne weiteres gestrichen. Nun steht in der Proposition der Königl. Majestät ausgesprochen, daß der Anlaß, aus dem man diese Klausel aufgenommen hat, *einerseits* darin besteht, daß sie nicht bloß in unserem Recht, sondern auch im Auslieferungsrecht der meisten europäischen Staaten herkömmlich ist, und *andererseits* darin, daß irgendein berechtigter Einwand gegen den Inhalt dieser Klausel nicht erhoben werden kann. Seine Exzellenz der Herr Außenminister hat ja diese Seite der Sache betont; indessen lassen Sie mich noch ein kleines Wort dazu sagen.

Wie steht es gegenwärtig mit unseren Auslieferungsverträgen? Wenn ich sie mir ansehe, so finde ich, daß die fragliche Klausel in die schwedischen Verträge mit Frankreich, Belgien, Deutschland, Luxemburg und jetzt letztens mit Norwegen eingefügt ist, möglicherweise auch noch in einige andere Verträge, die zu einem solchen Zeitpunkt abgeschlossen worden sind, daß ich keinen Zugang zu den Akten hatte, um sie zu untersuchen. Im Vertrage mit den Niederlanden, über den Seine Exzellenz sprach, findet sich auch eine Bestimmung, von der ich annehmen möchte, daß sie diese Klausel ersetzt. Dort sind nämlich Totschlag und Mord an Souveränen in den Deliktskatalog aufgenommen, unter die Delikte also, welche Auslieferung im Gefolge haben.

Welche Bedeutung hat es nun, daß man diese Klausel streicht? Denn *einige* Bedeutung muß dies wohl haben. Ja, dies kann nichts anderes bedeuten, als daß man diese Delikte nicht im selben Grade wie früher zur Auslieferungsursache machen will. Man will an ihnen mildern und sie vollkommen unter die allgemeine Regel fallen lassen, nämlich, daß in jedem Falle untersucht werden soll, ob das Delikt von überwiegend politischer Natur sei oder nicht. Aber dabei komme ich auf einen anderen Gesichtspunkt, nämlich, daß diese Souveräne, um die es sich hier handelt, auf Grund ihrer staatsrechtlichen Stellung in einer solchen Lage sind, daß, wo es sich um sie handelt, fast immer ein politisches Moment hineinspielen wird. In der Regel erfolgen Totschlag und Mord an ihnen nicht aus denselben Ursachen, wie wenn es sich um andere Personen handelt, sondern es sind gewöhnlich eben politische Motive, welche in diesem Falle hineinspielen. Das Gericht, welches hier prüfen soll, wird bisweilen nur äußerst schwer beurteilen können, ob die politischen Motive die überwiegenden sind oder nicht. Es ist nicht richtig, eine solche Sache wie diese der Entscheidung, des Gerichtes zu überlassen, sondern es ist besser, die Ordnung beizubehalten die wir bisher gehabt haben.

Dazu kommt etwas anderes. Kann es klug sein, wenn wir jetzt ein Auslieferungsgesetz schaffen, gerade dies wegzunehmen? Es ist ganz eigentümlich, zu sehen, wie die Herren Reservanten und deren Gesinnungsfreunde in der Frage schwedischer Gesetzgebung, wenn sie auswärtigpolitische Verhältnisse berührt, fast so auftreten, als seien wir eine Großmacht. Ich las heute einen Artikel im Sozialdemokraten, in dem darüber gesprochen wurde, daß man in einer Frage wie dieser sich rückengerade [1]) halten müsse. Es ist ein sehr unglücksschwangerer Irrtum, wenn man glaubt, daß man in solchen Verhältnissen, die fremde Mächte berühren, sich unabhängig von ihnen stellen und machen kann, was man will. Ich möchte wahrhaftig den Herren, die eine solche Sprache führen, empfehlen, unsere Auslieferungsverträge zu studieren. Es ist eine bunte Mannigfaltigkeit von Typen, die sich dort findet, und dies beruht sicher darauf, daß wir diese Verträge mit Mächten geschlossen haben, die Großmächte sind, und daß wir im großen und ganzen uns danach richten mußten, wie sie die Verträge formuliert haben wollten, und nicht danach, wie wir sie zu schreiben wünschten. So steht es beispielsweise mit den Verträgen sowohl

[1]) *rakryggad* — wohl ein vom »Sozialdemokraten« oder vom Redner gebildetes Wort; vgl. die Aufnahme des Wortes unten bei einigen späteren Rednern.

mit England als auch mit Amerika. In diesen Verträgen ist gerade die Klausel über das politische Delikt auf die Weise formuliert, wie die Herren Reservanten wünschen, daß sie werden solle. Dagegen weisen die Verträge mit Deutschland und Frankreich usw. die Formulierung auf, welche diese Länder gewünscht haben und welche die belgische Attentatsklausel enthält.

Nun hat der Ausschuß als Grund für den Ausschluß dieser Klausel eigentlich nur auf das schweizerische Gesetz hingewiesen und erklärt, daß man auch in dieser Hinsicht ohne Gefahr der schweizerischen Gesetzgebung folgen könne. Danach behandelt der Ausschuß einige Punkte aus der Motivierung des schweizerischen Gesetzes, welche in der Königlichen Proposition sich wiederfindet, schließt indessen gerade da, wo das Interessante in der Königlichen Proposition kommt, nämlich da, wo als besonderer Grund, aus dem man in der Schweiz die Attentatsklausel ausgeschlossen habe, folgendes ausgeführt wird: »In der Frage der belgischen Attentatsklausel wurde besonders ausgeführt, daß sie für die Schweiz infolge ihrer staatsrechtlichen Organisation eine einseitige Verpflichtung zugunsten des Mitkontrahenten mit sich bringen würde, da die Möglichkeit der Reziprozität auf Grund der Verhältnisse ja ausgeschlossen sei [1]«. Ja, die Schweiz hat keinen Souverän, und daher wollte man es sich dort nicht übernehmen, auf diese Weise einen Souverän eines anderen Landes zu schützen. Aber dies zeigt — und darauf wollte ich kommen — die Bedeutung der Reziprozität in diesen Hinsichten.

Wie würde es sich jetzt ausnehmen, wenn wir einen Vertrag mit einem dieser fremden monarchischen Länder schließen würden, für welche diese Bestimmung doch als von großem Werte angesehen wird? Wir wollen einen Vertrag schließen und können in diesem Falle keine Reziprozität [2] anbieten, und warum? Ja, darum, weil wir durch dies Gesetz, wenn der Reichstag es so, wie der Ausschuß es jetzt vorgeschlagen hat, annimmt, uns selbst der Möglichkeit berauben, die Reziprozität anzubieten, welche der fremde Staat wünscht. Ist dies klug gehandelt? Seine Exzellenz der Herr Außenminister hat schon unterstrichen, daß man in Norwegen diese Klausel aufgenommen hat, vermutlich aus den Gesichtspunkten, die ich hier hervorgehoben habe. Ich finde aus den Gründen, die ich hier angeführt habe, daß es sehr unzweckmäßig und unklug wäre, wenn der Reichstag eine Klausel striche, die wir so sehr in unserem Verhältnis zu fremden Mächten brauchen.

Darum, meine Herren, werde ich ersuchen, mich mit dem Reservanten in der Kammer vereinigen zu dürfen, der beantragt hat, daß der Paragraph angenommen werde, so wie er im Entwurf der Königl. Majestät formuliert worden ist.

---

[1] Siehe oben S. 197.

[2] Vgl. zu dieser außerordentlich interessanten Frage den Art. 4 des norwegisch-finnländischen Auslieferungsvertrages mit seiner eigenartigen Lösung (u. S. 436).

Herr *Pettersson* in Bjälbo: Herr Sprecher, meine Herren! Ich habe in diesem Punkt eine Reservation abgegeben, und es wäre daher meine Pflicht, mit einigen Worten meinen Standpunkt zu begründen. Aber nach den ausführlichen Darlegungen, die von Seiner Exzellenz dem Herrn Außenminister und von Herrn Petersson in Lidingö villastad geboten worden sind, halte ich es für meinen Teil für unnötig, die Diskussion zu verlängern, da ich nichts Neues hinzuzufügen habe.

Unter diesen Umständen werde ich, Herr Sprecher, mich darauf beschränken, Herrn Peterssons in Lidingö villastad Antrag auf unveränderte Annahme des Entwurfs der Königl. Majestät beizutreten.

Herr *Widén*: Herr Sprecher, meine Herren! Wie die Herren finden, liegen verschiedene ungleiche Linien hinsichtlich dieses Paragraphen vor. Einerseits ist es der Entwurf der Königl. Majestät, andererseits der Entwurf des Ausschusses, und ferner auch der Entwurf, welcher von den Reservanten Herrn Persson in Norrköping und Herrn Lindhagen vorgelegt worden ist, welche wollen, daß der Paragraph etwa mit dem ersten Satze schließt.

Was nun diese Reservation angeht, so ist im Ausschuß während der ganzen Zeit, in der diese Angelegenheit dort behandelt worden ist, die Ansicht so gut wie einhellig vertreten worden, daß es nicht angehen könne, den Teil zu streichen, welcher von den sogenannten relativ-politischen Verbrechen handelt, d. h. den letzten Punkt des ersten Absatzes; vielmehr bis auf die beiden Reservanten ist der Ausschuß darüber einig gewesen, daß der Punkt beizubehalten sei. Als einen weiteren Grund hierfür, über das hinaus, was die vorhergehenden Redner gesagt haben, will ich besonders hinsichtlich der Neuaufnahme der Reservanten, betreffend die sogenannte englische Regel, in der Frage dieser Angelegenheit hervorheben, daß diese Regel von einer ganz anderen Weise ausgeht, die Auslieferungsfragen zu regeln, als wie es das schwedische Gesetz und eine Reihe anderer Gesetze, besonders das schweizerische, tun. Hauptsächlich dem schweizerischen Gesetz ist der schwedische Entwurf gefolgt. Dies Gesetz stammt allerdings schon etwa aus dem Jahre 1892, dürfte aber doch als eines der auf das sorgfältigste ausgearbeiteten Gesetze dieser Art angesehen werden können, die es gibt. Die Reservanten schlagen die Einführung der englischen Regel in unser Gesetz vor, welche sie auf Seite 38 des Ausschußgutachtens wiedergeben und wonach Auslieferung nicht erfolgen darf »in dem Falle, daß die Person, um deren Auslieferung aus anderen Gründen ersucht wird, nachweisen kann, daß ihre Auslieferung tatsächlich in der Absicht verlangt wird, sie wegen eines Verbrechens von politischer Beschaffenheit anzuklagen oder zu bestrafen«. Meine Überzeugung ist, und das hob ich auch im Ausschusse hervor, daß eine solche Regel schlimmer für den sein dürfte, um dessen Auslieferung ersucht wird, als wenn die Bestimmungen abgefaßt werden, wie der Ausschuß es vorschlägt. Wenn er der Auslieferung widerspricht, weil tatsächlich beabsichtigt sei, ihn wegen eines politischen Deliktes zu bestrafen, so wird nämlich nach der englischen Regel die Beweispflicht vollkommen ihm auferlegt. Er soll beweisen, heißt es, daß die Auslieferung in der Tat verlangt wird, um ihn wegen eines politischen Deliktes zu bestrafen, und dies ist eine Beweispflicht, bei der er in den meisten Fällen bet werden dürfte. Weiter wurde im Ausschuß darauf hingewiesen, daß § 11 des Gesetzentwurfes gegen Mißbrauch der Bestimmung des § 7 Sicherheit bietet, eine Sicherheit, die sicherlich viel effektiver als diejenige ist, welche die englische Klausel geben würde, wenn sie hier eingeführt würde. Bei Auslieferungsbewilligungen sollen nämlich die Bedingungen gestellt werden, daß der Ausgelieferte wegen einer anderen, vor der Auslieferung begangenen strafbaren Handlung als derjenigen nicht angeklagt oder bestraft werden darf, wegen welcher er ausgeliefert worden ist, und daß er auch nicht an einen dritten Staat weiterausgeliefert werden darf. Dies ist eine Bestimmung, welche nach Ansicht des Ausschusses viel größere Sicherheit gegen Mißbrauch als die fraglichen englischen Bestimmungen bietet, die von ganz anderen Voraussetzungen ausgehen, als es unsere Gesetzgebung tut. Ich will auch erwähnen, daß es nicht nur das schweizerische Gesetz ist, dem man sich angeschlossen hat, sondern daß auch das Institut für internationales Recht sich für Bestimmungen in wesentlich derselben Richtung ausgesprochen hat, die man im schwedischen Entwurf eingeschlagen hat, welche die Billigung des Ausschusses gefunden hat.

Ich komme nun zu der sogenannten Attentatsklausel, die im zweiten Absatz des Paragraphen enthalten ist. Hier sind im Ausschuß die Meinungen sehr geteilt gewesen, und sehr starker Zweifel hat gewaltet. Es war im Ausschuß so — dies kann ich erwähnen —, daß bei der ersten Behandlung des Gesetzes die Klausel, d. h. der Entwurf der Königl. Majestät, angenommen wurde. Aber bei der letzten Behandlung blieb es nicht dabei. Der Grund, aus dem die Majorität innerhalb des Ausschusses schließlich den Entwurf in diesem Teile nicht billigte, war in der Hauptsache der, den Herr Petersson in Lidingö villastad andeutete, daß nämlich in dem Gesetz, welches das Muster des schwedischen Gesetzentwurfes gewesen ist, in demjenigen der Schweiz, sich eine solche Klausel nicht findet, und daß man in der Schweiz auf jeden Fall sich ohne dieselbe eingerichtet sowie sogar Personen ausgeliefert hat, die solcher Delikte sich schuldig gemacht hatten, wie sie hier in Frage stehen. Ich für meine Person bin besonders zweifelhaft in dieser Angelegenheit gewesen, und dies ist, wie erwähnt, auch mit der Ausschußmajorität in ihrer Gänze der Fall gewesen, wenn ich die beiden Reservanten ausnehme, deren Entwurf ich eben behandelte. Nach den Angaben über die *praktische Bedeutung* der Bestimmung, welche Seine Exzellenz der Herr Außenminister hier soeben gegeben hat, habe ich nicht die mindeste Veranlassung, an dem Anheimstellen des Ausschusses in diesem Teile festzuhalten, soweit es mich persönlich betrifft, und zwar um so weniger, als ich, wie erwähnt, im Ausschuß in der Frage des Ausschußentwurfes zu diesem Teile höchst zweifelhaft gewesen bin. Daß man darauf einging, die Klausel gemäß dem Antrage der Motion streichen zu lassen, hatte seinen Grund hauptsächlich in den juristischen Bedenken, die man gegen die Einsetzung dieser Klausel hegte — auf welche ich jedoch hier nicht eingehen will —, und daß man meinte, es werde sich, praktisch genommen, ohne Gefahr tun lassen.

Ich habe hier keinen anderen Antrag als den, der zuvor auf Zustimmung zum Anheimstellen des Ausschusses hinsichtlich des ersten Teiles gestellt worden ist. Hinsichtlich des zweiten Teiles habe ich, nach dem, was nun vorgegangen ist, nicht den mindesten Anlaß, mich dem Entwurf der Königl. Majestät zu widersetzen.

Herr *Pettersson* in Södertälje stimmte dem zu.

Herr *Branting*: Herr Sprecher! Nach der Stellungsänderung, welche, wie wir eben zu hören bekamen, der geehrte Wortführer des Gesetzgebungsausschusses vorgenommen hat, und nach der Zustimmung, die ihm auch von einem anderen liberalen Mitglied des Ausschusses zuteil wurde, ist es gegeben, daß dies das Signal dazu bedeuten soll, daß man retiriert und demütig dem Winke folgt, der von der Ministerbank gegeben worden ist. So ist es wohl recht hoffnungslos, hier für den Standpunkt des Ausschusses Gehör zu gewinnen, obgleich er von einer ganz einigen Hälfte der Zweiten Kammer präsentiert wurde, die sich auf den konsequenten Standpunkt stellte, auch in diesem Punkte dem schweizerischen Gesetz sich anzuschließen.

Indessen möge es mir doch erlaubt sein, anläßlich der hier vorliegenden Frage einige Erinnerungen zu machen, denn sie ist nach meiner Anschauungsweise von größerer Bedeutung, als daß man ohne weiteres den Opportunitätsgründen folgen müßte, die Seine Exzellenz der Herr Außenminister darlegte. Ich vermute, daß die Ausführungen Seiner Exzellenz in dem Teil, der die Entstehung der belgischen Klausel betraf, tiefen Eindruck auf verschiedene machte, die sie hörten. Er berichtete hier über ein Attentat auf Napoleon III zu Beginn seiner Regierung und über die Schwierigkeiten, welche die Belgier dabei gehabt haben, weil sie diese vortreffliche Klausel nicht besaßen, sondern in eine Prüfung des Falles eintreten mußten, ob ein politisches Delikt vorgelegen habe oder nicht. Und sie kamen zu dem nach meinem geringen Begriffsvermögen besonders sonnenklaren Satz, daß es sich wirklich in diesem Falle um ein politisches Delikt gehandelt habe. Das klingt ja garstig, und ist es, rein menschlich gesehen, natürlich, eine Explosion zu verursachen, die sich gegen das Leben eines Menschen richtet, natürlich auch gegen das Leben eines Staatschefs. Aber es darf doch im Interesse der historischen Gerechtigkeit und Wahrheit nicht vergessen werden, daß dieses Attentat gegen Napoleon III. absolut kein vereinzeltes Unternehmen war. Dieser Mann, der durch einen Staatsstreich und daraus sich ergebendes Blutvergießen die französische Verfassung umgestoßen und das Kaisertum errichtet hatte, er war ja während seiner Regierung, besonders während des ersten Teiles derselben, einer größeren

Reihe von Verschwörungen und Attentaten von Personen ausgesetzt, welche glaubten, daß man demjenigen gegenüber, der auf diese Weise das Gesetz gebrochen hatte, nicht ebenso starke Gründe habe, bei seiner Bekämpfung sich innerhalb der Schranken des Gesetzes zu halten, sondern daß man auch darüber hinausgehen könne. Es fand also eine ganze Reihe von Attentaten statt, alle mißglückten; aber es war mehr oder minder nahe daran. Die Attentäter wurden ja in der Regel festgesetzt, aber einigen von ihnen glückte es doch, zu entkommen, und zwar in diesen Fällen nach England. Und da konnte es angesichts der englischen Gesetzesbestimmungen nicht einen Augenblick bezweifelt werden, daß es sich hier um ein politisches Attentat, ein politisches Verbrechen, handelte, und infolgedessen waren sie dort in Sicherheit. Und man weiß doch, daß dies nicht hinderte, daß die englisch-französische Freundschaft schon mitten in den fünfziger Jahren so fest gewurzelt und stark war, daß die beiden Mächte gemeinsam einen großen Krieg führten.

Ich glaube also nicht, daß man unnötigerweise bei der Frage nach den Wirkungen des Vorhandenseins oder Nichtvorhandenseins eines solchen Paragraphen für die politischen Interessen eines Landes zu erschrecken braucht, sondern daß man sehen muß, daß hier andere Faktoren entscheiden als die Frage, ob die Gesetzgebung eines Staates so beschaffen sei, daß sie diese Ausnahmebestimmung, betreffend Souveräne und deren Familien, eingeführt hat. Ich kann also für meine Person unmöglich die Rücksicht auf die historische Entstehung der Bestimmung nehmen, wie es Seine Exzellenz der Herr Außenminister in seinen Ausführungen tat. Dagegen ist es ja ein festgestelltes Faktum und ein Faktum, an dem man nicht vorbeikommen kann, daß die Länder, welche das Asylrecht am besten geschützt haben — obgleich, das gebe ich natürlich gern zu, auf andere Weise, als wie sie diesen Gesetzentwurf durchzieht — nämlich England und Amerika, sie haben solche Bestimmungen *nicht*. Dort ist es ohne weiteres klar, daß Verbrecher, die wegen politischer Delikte angeklagt werden, nicht ausgeliefert werden. Und darum weiß man auch, daß beispielsweise die russischen Terroristen, wenn sie in diese Länder gelangen, eine Freistatt besitzen und daß dort ihre Auslieferung wegen rein politischer Verbrechen nicht in Frage kommt. Zur gleichen Länderklasse gehören, wie Seine Exzellenz andeutete, die Niederlande. Und dahin gehört nach meiner Ansicht auch die Schweiz. Es ist nichts anderes, was die Majorität des Ausschusses verlangt hat, als daß wir die gleichen Regeln wie die Schweiz befolgen und auch in diesem Punkte das schweizerische Vorbild befolgen sollen.

Nun wird dagegen eingewendet, daß es ja vollkommen natürlich ist, daß die Schweiz keinen besonderen Schutz für Souveräne einführen kann, weil man selbst nur einen Präsidenten besitzt. Und die Präsidenten stehen ja in einer gewissen ungünstigen Stellung, obgleich sie in den Attentatsklauseln an letzter Stelle kommen. Sie sind für ihre Personen geschützt, nicht aber für ihre Angehörigen. Die Monarchen dagegen dehnen ihr Schutzgebiet weit aus[1]. Es ist jedoch zu bemerken, daß man in der Schweiz keineswegs *ausschließlich*, wie Herr Petersson in Lindigö villastad glauben machen möchte, auf Grund solcher Betrachtungen nichts von der hier fraglichen Bestimmung hören wollte. Sondern es war so, daß auch dies Motiv sich unter denjenigen, welche angeführt wurden, befand, indessen schwerlichst als das einzige, welches galt. In Wirklichkeit war es wohl so, daß man an die Realitäten dachte und dachte an das für die Volksmeinung Widerliche darin, in gewissen absolut denkbaren Fällen Personen auszuliefern, die aus einem despotisch regierten Lande in die schweizerische Republik geflüchtet seien und dort das Asylrecht derselben angerufen hätten. Man wollte dieses Asylrecht nicht illusorisch machen, praktisch illusorisch in gewissen Fällen, und daher war man wohl auch in der Realität gegen die Sache, obgleich es sehr natürlich war, daß man daneben in den Vordergrund den rein formellen Gesichtspunkt der Reziprozität schob.

Ja, wendet man ein, aber Norwegen hat doch diese belgische Attentatsklausel aufgenommen. Ich muß sagen, daß mit allem Respekt gegenüber der norwegischen Gesetzgebung, die in vielem im Vergleich mit der unsrigen recht fortschrittlich ist, wohl auch sie fordert, daß man sie jedesmal aufmerksam prüft, bevor man sie unkritisch auf schwedische Verhältnisse überführt. Und ich kann nicht unterlassen, wenn man besonders so großes Gewicht auf das norwegische Beispiel in diesem Falle gelegt hat, daran zu erinnern, daß einer der unglücklichsten Fehlgriffe, welche im Jahre 1905 begangen wurden, darin bestand, daß man damals dem norwegischen Beispiel auf einem Gebiete folgte, wo es sich um den Kampf gegen staatsgefährlichen Antimilitarismus handelte, auf eine Weise, welche in weiten Kreisen Bekümmernis weckte, eine Bekümmernis, welche noch heute sich nicht gelegt hat. Ich glaube also, daß man aufmerksam sein muß, bevor man ohne weiteres das Beispiel Norwegens in diesem Falle anruft.

Seine Exzellenz der Herr Außenminister führte aus, daß besonders gegen diese souveränen Staatshäupter sich alles berechtige und unberechtigte Mißvergnügen sammelt. Sie stehen vollkommen im Brennpunkt und sind Attentaten besonders ausgesetzt. Ja, es muß in gewissem Umfange wahr sein, daß sie bisweilen dem ausgesetzt werden, daß ein Attentat vielleicht unrechtmäßig gegen sie persönlich gerichtet wird. Indessen, man darf nicht vergessen, daß es doch eine ganze Gruppe von Verbrechen gibt, die sich gegen sie aus ganz anderen als politischen Absichten richten — ich denke an solche rein privaten persönlichen Racheakte, wo sie sich z. B. nicht irgendeinem entgleisten Individuum ausgesetzt haben. Der Herr Außenminister deutete an, daß solche Verbrechen auch vorkommen. Herr Petersson in Lindingö villastad erklärte dagegen ganz kategorisch, daß *immer* auch ein politisches Motiv in Verbrechen gegen Staatshäupter enthalten sei. Ich bin hier genötigt, ihn an den allerneuesten Fall eines solchen

---

[1]) *Monarkerna däremot sträcka sitt skyddsområde vida omkring under vingarnas skugga.* Die letzten drei Worte, wörtlich: »unter dem Schatten der Flügel«, lassen sich auf Deutsch nicht wiedergeben.

Attentates zu erinnern. Ich meine nicht das Attentat in Spanien, sondern dasjenige, das den vorigen griechischen König traf. Wenn die Angaben der Zeitungen richtig sind, so fand sich dort keine Spur eines politischen Motivs, sondern es war eben die private Rache eines entgleisten Individuums, weil dieses hinsichtlich einer Geldgabe nicht bekommen hatte, was es gewünscht hatte. Es ist nicht sinnvoll, gleich nachdem dies durch die ganze europäische Presse gegangen ist, den Satz zu prägen, daß immer ein politisches Motiv in solchem Attentat enthalten sei, um das es sich hier handeln kann. Es erscheint mir ganz klar, daß man in solchem Falle nur dem Gerichtshofe das Recht geben kann, zu sagen: hier handelte es sich nicht um ein politisches Attentat, ein politisches Delikt, sondern hier handelte es sich um ein gewöhnliches, persönliches Delikt, welches Auslieferung nach sich ziehen muß. Und ich bin sicher, daß alle schwedischen Gerichtshöfe in solchem Falle auf diese Weise sprechen und dergestalt Auslieferung bewilligen würden. Und man hat sich auch darauf berufen, daß man gerade in der Schweiz die Gesetzgebung angewendet hat, welche von der Majorität des Ausschusses vorgeschlagen worden ist — mag diese jetzt auch davon abgesprungen sein —, auf die Weise, daß ein Königsmörder ausgeliefert worden ist. Also auch da lag die Sache so. Ich entsinne mich nicht genau, um welchen speziellen Fall es sich handelt, aber soweit ich mich erinnere, handelte es sich um ein Delikt, das einigermaßen vergleichbar war mit dem, das da unten in Saloniki begangen wurde. Es ist also ganz einfach nicht wahr, daß man mit der Annahme des Ausschußentwurfes sich wehrlos macht und hilflos seine Hände bindet, so daß man auch in aufregenden Fällen, wo es sich um rein privat-persönliche Verbrechen handelt, die zufällig gegen einen Staatschef gerichtet sind, so gebunden sein würde, daß man Auslieferung nicht bewilligen könnte. Auslieferung *kann* erfolgen. Darum meine ich, daß man dies beachten muß und die Sache nicht so darstellen darf, wie sie sich in der Wirklichkeit nicht verhält.

Aber lassen Sie mich jetzt, um ein richtiges Bild zu gewinnen, ein wenig auf das Beispiel eingehen. Lassen Sie uns denken, was es bedeutet, diese absolute Festlegung, daß *jedes* Attentat, das nicht nur gegen die Person des Staatshauptes, sondern auch gegen ein Mitglied seiner Familie gerichtet wird, unweigerlich Auslieferung nach sich ziehen soll. Ich will keine Beispiele anführen, die zu ungeeigneten Auslegungen Anlaß geben könnten, und ich verstehe ebensogut wie sonst jemand, daß man sich hier auf einem empfindlichen Gebiet bewegt. Aber ich bin wohl berechtigt, einen Namen zu nennen, an den sich alle erinnern: Eugen Schauman. Ich bin berechtigt, mir einen solchen Typ wie den dieses Mannes zu denken, der seine Waffen gegen eine Person richtet, welche in die Kategorie fällt, um welche es sich hier handelt. Ich bin auch berechtigt, als an ein historisches Faktum daran zu erinnern, daß ein Attentat gegen ein Mitglied der russischen Kaiserfamilie vorgekommen ist — nicht gegen den Zaren selbst, wohl aber gegen ein Mitglied seiner Familie — von dem alle, die einigermaßen die Verhältnisse kennen, *zum mindesten* dies gesagt haben, daß sie das Attentat begreiflich fänden. Wenn so etwas vorkommen kann, wenn die Verhältnisse nicht bloß in diesem Lande, auf das ich exemplifiziert habe, sondern auch in anderen Ländern, mit denen wir nach und nach mehr oder weniger in Verbindung gelangen, nur wenig sich befestigt haben, wo vielmehr noch, um mit Henrik Ibsen zu sprechen, in sehr hohem Grade »das Gesetz auf des Messers Schneide steht« [1]), und wenn ähnliche Fälle also immer vorkommen können — ist es da sinnvoll, ist es da richtig, daß der schwedische Reichstag mit offenen Augen gegenüber der Möglichkeit und Denkbarkeit solcher Folgen doch ein Gesetz erläßt, welches zur Auslieferung von Personen verpflichtet, über deren moralische Qualität kein Zweifel herrscht, sondern daß sie die allerhöchste sein kann, die überhaupt in der Menschheit für den Augenblick vorkommen dürfte? Ich halte es für meine Person für unmöglich, ein solches Gesetz zu erlassen, und ich wage es, mich darum an die Zweite Kammer zu wenden, solche Rücksichten nicht spielen zu lassen, wie die, daß wir hier nicht sollten wagen können, frei zu sagen, daß unser Land berechtigt sei, selbständig dazustehen und in diesen Hinsichten ebensowohl wie die kleine schweizerische Republik selbst zu bestimmen. Auch die Schweiz ist viele Male in ihrer letzten Geschichte Gegenstand der Ausübung von Druck und der Äußerung bestimmter Wünsche und Forderungen seitens mächtiger Nachbarn gewesen. Die schweizerischen Behörden haben sich nicht immer so rückengerade gehalten — um mich dieses Ausdruckes zu bedienen, der Herrn Petersson in Lidingö villastad mißfiel —, wie man es hätte wünschen können. Aber im großen und ganzen hat doch dies kleine Land seine Ehre und seinen Stolz darin gehabt, auf seine Grundsätze zu halten und eine Freistatt für solche zu sein, die von den Machthabern verfolgt werden, welche aber vielleicht die Nachwelt als heroische Vorkämpfer der Freiheit preisen wird. Dies ist immer das leitende Prinzip des Landes gewesen, und ich würde für mein Vaterland wünschen, daß auch wir hier etwas von dem Gefühl für die unverbrüchliche Heiligkeit des Asylrechtes bekämen, das wir haben müssen, und daß Schweden auch in dieser Hinsicht im Kreise der Länder einen geachteten und geehrten Platz einnehmen könne, sich nicht allzu ehrerbietig vor einem Runzeln mit den Augenbrauen seitens dieser umliegenden Großmächte beugend, wo man vielleicht glaubt, daß es mit deren Herrschaft über die Welt mehr homogen, aussehen würde, wenn sie auch den schwedischen Reichstag dazu bekämen, gegen seinen eigenen innersten Willen an diesem Punkte zurückzuweichen. Es würde dergestalt nicht der Reichstag sein, welcher bestimmt, sondern die Rücksicht auf das, was man in gewissen ausländischen Hauptstädten für das Beste hält!

Herr Sprecher, ich werde nicht beantragen, dem ersten Teil der Reservation der Herren Lindhagen und Persson in Norrköping zuzustimmen, sondern hinsichtlich dieser Klausel werde ich bitten, anheimstellen zu dürfen, daß sie gestrichen werde. Mein Antrag lautet damit dahin, daß die Zweite

---

[1]) *Lagen hänger på knivens spels.*

Kammer den Antrag annehme, welchen die Majorität des Ausschusses geglaubt hat sich zu eigen machen zu können und gegen den wahrhaftig keine irgendwie haltbaren, entscheidenden Gründe vorgebracht worden sind.

Mit Herrn Branting vereinigten sich die Herren *Wallin* und *Winberg*.

Herr *Edén*: Herr Sprecher! Im Gegensatz zu dem letzten geehrten Redner bin ich für meine Person zu der Überzeugung gelangt, daß die Kammer recht tut, der Proposition der Königl. Majestät zuzustimmen, und ich will betonen, daß, wenn ich zu dieser Überzeugung gelangt bin, ich dies nicht betrachte, wie der letzte geehrte Redner andeutete, als einen Rückzug, sondern als das Ergebnis einer einfachen Prüfung der Wirklichkeit und der faktisch vorliegenden Umstände auf diesem Gebiete. In allergrößter Kürze werde ich die Gründe zusammenfassen, die mich zu diesem Standpunkte geleitet haben, ohne tiefer auf die einzelnen Punkte einzugehen, die ja so ausführlich und einleuchtend vom Herrn Außenminister vorgetragen worden sind.

Meine Gründe sind in Kürze folgende.

Es ist schon darauf hingewiesen und auch von Herrn Branting anerkannt worden, daß nicht einmal die Schweiz in der Lage gewesen ist, in allen Hinsichten und in allen Fällen das Asylrecht in dem Sinne zu wahren, den man nun scheint in die fragliche schweizerische Klausel legen zu wollen. Ich erinnere daran, daß Herr Branting eben andeutete, in gewissen Fällen hätten die zuständigen Behörden der Schweiz sich nicht, wie er es ausdrückte, hinreichend rückengerade halten können, sondern Verbrecher ausliefern zu müssen geglaubt, deren Delikt einen mehr oder minder politischen Beigeschmack besaß. Schon hieraus geht hervor, was mir die Hauptsache in diesem Punkte zu sein scheint, daß nämlich mit einer Annahme der schweizerischen Klausel unsere Behörden und unsere Regierung in einer großen Reihe von Fällen besonders peinlichen Problemen würden ausgesetzt werden, wo es sich um das Vermögen der Feststellung handelte, ob das Delikt wirklich von rein politischer Beschaffenheit sei, selbst wenn solche wie hier, Mord und Mordversuch, in Frage stehen, oder ob man glaubt, daß sich ein anderes Moment zugleich in dem Delikt finde und Auslieferung bewirken müsse. Wo die Grenze in solchem Falle zu ziehen sei, wird auf sehr subjektiver Beurteilung beruhen. Die Frage der Prüfung würde unbedingt Anlaß zur Ausübung von Druck seitens der fraglichen Macht geben, wenn es sich zeigen würde, daß die schwedischen Behörden geneigt wären, das begangene Delikt als rein politische Handlung zu betrachten. Für mich steht die Sache so, daß wir mit einer Annahme der Klausel, welche die Regierung vorgeschlagen hat, oder der belgischen, der äußerst peinlichen und in vielen Fällen fast unmöglichen Aufgabe entgehen, die Grenze zwischen politischem und nicht-politischem Delikt vollkommen richtig zu ziehen, wenn es sich um Mord, Mordversuch oder Totschlag an einem fremden Staatsoberhaupt oder an einer zur Familie eines fremden Souveräns gehörenden Person handelt. Wir bekommen die einfache Regel, daß solche Verbrecher ausgeliefert werden müssen.

Nun sagt man allerdings, daß dies nicht immer geschehen darf, nämlich nicht, wenn das Delikt politisch ist. Ich muß antworten, daß es, wenn man darauf aufmerksam ist, um welche Delikte es sich handelt, Mord, Mordversuch oder Totschlag, mir im Gegensatz zum letzten geehrten Redner widerstreitet, überhaupt solche zu den allergröbsten Deliktsarten gehörigen Handlungen zu den politischen Vergehen zu rechnen. Es verhält sich doch wohl so, daß wir hier im Lande erwarten, hoffen und fordern, daß der Kampf um politischen Fortschritt mit Mitteln anderer Art zu führen sei. Es ist für uns sehr schwer einzusehen, daß nur darum, weil der Mord, der Mordversuch oder der Totschlag gegen einen Souverän oder seine Familie gerichtet war, nur darum, weil er von einem Manne oder einer Frau ausgeführt worden ist, die zu einer radikalen oppositionellen Richtung gehörten, daß nur darum, sage ich, wir versuchen sollten, diesen Mörder oder diesen Totschläger zu schützen. Dies scheint zum mindesten mir kein im Verhältnis zwischen den Völkern aufzustellendes Ideal zu sein. Unsere Sympathien und Wünsche, die Arbeit für Fortschritt zwischen den verschiedenen Ländern in dem Maße, wie wir es mit unseren schwachen Kräften vermögen, zu fördern, wird darum niemand verkennen.

Ein instruktives Beispiel dafür, wie außerordentlich schwer es ist, zwischen politischem und nicht-politischem Delikt zu unterscheiden, scheint mir der letzte geehrte Redner selbst gegeben zu haben, wenn er sich auf den Mord an König Georg von Griechenland berief. Herr Branting sagte, daß man sich darüber klar geworden sei, dieser Mord sei kein politisches Delikt gewesen, sondern ein rein privat-persönlicher Racheakt, und darum müsse der Mann ausgeliefert werden. Nun weiß ich nicht, aus welchem Grunde man zu der Auffassung gelangt ist. Indessen angenommen, es habe sich doch gezeigt, daß dieser Mann, wie es von Anfang an in den Zeitungen gesagt worden ist, zu einer anarchistischen Richtung gehörte, und angenommen auch, es habe sich gezeigt, daß er die Ideen propagiert habe, welche diese Richtung vertritt, und daß später die Rede darauf kam, ob der Mord politisch war oder nicht. Wie hätte es da gehen sollen? Ist es wirklich sinnvoll, ihn darum, weil er einer solchen Richtung angehörte, nicht auszuliefern? Der Mord blieb ja in jedem Falle gleich aufregend. Er ist begangen an einem Manne, der den Täter auf keine Weise geschädigt hatte. Er ist zwar von einem möglicherweise Unzurechnungsfähigen begangen worden, indessen in dem von mir gedachten Falle von einem Unzurechnungsfähigen, der politische Gründe anführte. Ich kann nichts anderes sehen, als daß dieses Beispiel, wie die allermeisten, die man anführen kann, welche solche Verbrecher betreffen, gerade für die große Schwierigkeit sprechen, zwischen politischen und nicht-politischen Delikten zu unterscheiden, und ich kann nichts anderes finden, als daß die menschliche Sympathie und das menschliche Gefühl recht haben, auch gegen diese Attentate zu reagieren, welche gegen unschuldige Menschen gerichtet werden, gegen Menschen, welche wegen ihrer Stellung in einer Fürstenfamilie sich den Haß anderer zugezogen haben, welche aber an und für sich absolut nichts begangen zu haben brauchen, um diesen Haß zu verdienen. Es sind besonders diese Gründe, welche bewirken, daß ich für meine Person nur finden kann, die von der Königl. Majestät vorgeschlagene Klausel sei berechtigt.

Dazu kommt noch ein Grund. Wie schon in der Diskussion gesagt worden ist, findet sich bereits in verschiedenen Verträgen zwischen Schweden und anderen Ländern die Klausel, deren Aufnahme in das Gesetz als allgemeine Bestimmung die Regierung vorgeschlagen hat. Wie würde es sich ausnehmen, wenn der Reichstag jetzt ein Gesetz erließe, welches diese Klausel striche, und wenn infolgedessen die Regierung gezwungen würde, hinsichtlich aller dieser Länder die Klausel zu kündigen, d. h. diejenige, welche Auslieferung von Verbrechern zuläßt, die sich an den Staatshäuptern dieser Länder und ihren Familien vergreifen. Es würde bedeuten, daß Schweden gleichsam einen Schutz für Mörder und Totschläger übernähme, welche sich gegen die Souveräne und Staatshäupter und Familien dieser Länder richten, einen Schutz, der schon während längerer oder kürzerer Zeit aufgegeben war. Eine solche Übernahme kann nach meiner Meinung nicht leicht ohne Mißdeutung erfolgen und nicht, ohne große internationale Unannehmlichkeiten mit sich zu führen, und es findet sich auch kein Grund, das zu tun.

Herr Branting schloß seine Ausführungen mit einem wie immer warmherzigen Appell an die Zweite Kammer, sie solle ihre Selbständigkeit dadurch beweisen, daß sie an der Formulierung dieses Paragraphen, wie der Gesetzgebungsausschuß sie der Kammer vorgelegt hat, festhalte. Ich will zu diesem Appell nur bemerken, daß man nicht berechtigt ist, wenn die Kammer hier mit ruhigem Urteil und nach reiflicher Überlegung dem Entwurf der Königl. Majestät zustimmt, zu sagen, daß die Kammer umgefallen sei, weil die eine oder die andere Großmacht „die Augenbrauen gerunzelt habe“. Ich weiß nicht einmal, daß so etwas eingetreten sei, was darauf deutet, daß eine Großmacht sich in unsere Behandlung dieses Gesetzes gemischt habe. Aber ich glaube, daß die Kammer unserem Lande für die Zukunft besser dienen würde, wenn sie die Regierung und uns selbst nicht den sehr großen Gefahren aussetzen würde, welche in dem Falle eintreten *können*, daß die Kammer dem Entwurfe des Ausschusses unverändert beistimmte. Ich glaube, die Kammer würde einmal die Annahme des Ausschußentwurfs bereuen können, wenn sich ein Unglück ereignete und wir anläßlich desselben einem Druck von seiten des Landes ausgesetzt würden, wo es geschehen ist, weil auf Grund der Bestimmungen des Gesetzes es uns nicht möglich sein würde, einen anarchistischen Verbrecher auszuliefern, nur darum, weil er sich auf ein politisches Motiv berief, wie sehr wir auch immer das Delikt mißbilligt haben mögen.

Ich bitte, die Annahme des Entwurfs der Königl. Majestät beantragen zu dürfen.

Herr *Lundström* in Göteborg: Ich habe das nunmehr leider ganz seltene Vergnügen, vollkommen meinem verehrten Freunde auf der Bank von Uppsala zustimmen zu können, und ich würde darum jetzt nicht zum Wort gegriffen haben, wenn nicht ein paar Äußerungen Herrn Brantings nach meiner Meinung nicht unwidersprochen bleiben dürften. Herr Branting begann seine Ausführungen mit einer verschleierten Attentatsverteidigung, deren halb peinlicher Eindruck noch bei mehr als einem in der Kammer besteht, und er schloß mit einer großschwedischen, ich möchte fast sagen, chauvinistischen Äußerung, die auch den, der sonst solcher Äußerungen beschuldigt zu werden pflegt, in einen gewissen Schrecken über die großen Worte versetzen könnte. Wenn indessen Herr Branting gegen Schluß seiner Ausführungen den Namen Eugen Schauman nannte, so darf ich wirklich sagen, daß er in seiner Argumentation auf unrichtigen Wegen ist. Hier handelt es sich in diesem Falle nicht um Personen, die, getrieben von einer Überzeugung — sie mag richtig oder unrichtig sein — eine Tat begehen und die Rechnung nachher mit sich selbst ausmachen. Wir sprechen nicht von *Helden* in diesem Falle, Herr Branting, sondern von denen, die eine Tat begehen und die nachher zu entkommen suchen, indem sie Schutz hinter dem Rücken eines Dritten oder einer dritten Macht suchen.

Es gibt einen Gesichtspunkt, der von vielen, seit die ersten vortrefflichen Ausführungen auf der Ministerbank und sodann noch weiter gemacht wurden, unterstrichen worden ist, der aber nach Herrn Brantings Ausführungen noch einmal unterstrichen werden muß, und dies ist die Frage: Ist es immer sicher, daß wir auch die Macht besitzen, das aufrecht zu halten, was wir jetzt nach der Meinung des Ausschusses bereit sein sollen zu schwedischem Recht zu machen? Es kommt mir vor, als wäre die Sache nicht undenkbar, daß auch ein so rückengerader[1]) Mann wie Herr Branting als schwedischer Regierungschef oder Außenminister in die Lage kommen könnte, trotz seines rückengeraden Charakters sich unter dem großen Druck zu beugen, der auf uns ausgeübt werden könnte, wenn das Oberhaupt einer der uns umgebenden Mächte ermordet würde und der Mörder Zuflucht bei uns suchte. Es kann sein, daß sogar er in das schwere Dilemma käme, entweder gezwungen zu sein, zu prüfen, wie es mit den Mitteln stünde, mit deren Hilfe man Widerstand leisten wollte, oder gezwungen zu sein, zu fragen, ob es nicht hierbei gelte, daß im Kriege, auch im diplomatischen, Fälle vorkommen, wo unvorsichtiger erlassene Gesetze genötigt werden könnten, zu verstummen und zu schweigen. Einer solchen Eventualität, meine ich, sind wir nicht berechtigt, eine künftige schwedische Regierung oder letzlich das schwedische Vaterland auszusetzen. Ich glaube deshalb, mit gleichstarkem Vaterlandsgefühl und gleichstarkem Gefühl für Schwedens Würde für meine Person den bestimmten Ausspruch zu wagen, daß Herrn Brantings Weg in diesem Falle ein unglücklicher Weg ist.

---

[1]) s. o. Anm. 1, S. 277.

Herr Branting sagte auch, daß wir in diesem Falle nicht Schreckschüsse auf uns wirken lassen sollten, und selbst war er überzeugt, daß wir an sie nicht zu glauben brauchten. Ja, über einen solchen Glauben kann man natürlich nicht disputieren, aber so viel ist sicher, daß es wohl eine wunderliche Politik ist, Jahr für Jahr alles zu tun, die Mittel zu vermindern, mit denen Schweden rückengerader in der Welt würde stehen können, und gleichzeitig, neue Konfliktsmöglichkeiten zu schaffen. Dies ist die Politik, die ich nicht begreife, und darum bitte ich, Herr Sprecher, Zustimmung zum Entwurfe der Königl. Majestät beantragen zu dürfen.

Dem stimmte Herr *Nydal* zu.

Herr *Branting*: Herr Sprecher! Ich würde dem letzten Redner antworten, daß auch ich die Politik nicht verstehe, die er und seine Gesinnungsfreunde treiben. Auf der einen Seite sagen sie, sie wollen das Bestmögliche für Schwedens Ehre und Ansehen und dafür tun, daß Schweden eine so selbständige und hervorragende Rolle als möglich bekomme. Sobald es sich aber auf der anderen Seite darum handelt, einen Rechtsgrundsatz zu behaupten, dann soll man sich von vornherein so einrichten, daß man einer eventuellen Drohung nachgibt, man soll es sich angelegen sein lassen, nicht daß dem Recht gehorcht wird, sondern daß der Macht gehorcht wird. Diese Sorte chauvinistische Politik verstehe ich nicht, und ich weise es im übrigen als einen ganz mißglückten verkehrten Versuch zurück, meine Ausführungen eben irgendwie als Äußerung von Chauvinismus auszulegen. Jch muß auch die eigentümliche Distinktion zurückweisen, die Herr Lundström hinsichtlich der verschiedenen Attentäter vornahm, indem er nämlich zwischen solchen unterschied, die sich später das Leben nahmen und die er als Helden betrachten will, und allen anderen. Also, dem Attentat selbst scheint Herr Lundström nicht so feindselig gegenüberzustehen, dagegen, wenn es sich um die ferneren Folgen der Handlung für den Täter handelt, ob er die Rechnung mit seinem Leben aufgemacht hat und selbst die Konsequenz zieht, indem er Hand an sich legt, da darf er nach Herrn Lundströms Ansicht als bewunderungswürdige Figur betrachtet werden. Ich glaube, es geht nicht an, in diesem Fall eine so einfache Distinktion zu machen. Im Gegenteil, ganz sicher kann man Attentäter finden, die durch ihr Verfahren, sich zu töten, um vielleicht Schlimmerem zu entgehen, sich absolut nicht als Helden erwiesen haben; aber man kann auch solche Personen finden, und es haben sich auch historisch solche Personen gefunden, die Attentate begangen und die hernach die Waffen nicht gegen sich gekehrt haben und von denen ich, Herrn Lundströms sowohl als auch allen seinen Gesinnungsgenossen zum Trotz, glaube, daß sie Personen waren, die berechtigt waren, Hochachtung auch von seiten derer zu verlangen, die ihre Ansichten und noch mehr natürlich ihre Taten mißbilligen.

Die Attentatsfrage ist im übrigen hier auf eine Weise in die Diskussion gezogen worden, die vielleicht eine Erklärung nötig macht, von der ich wahrhaftig geglaubt habe, sie sei überflüssig, nämlich, daß ich mit meinem Räsonnement nicht einen Augenblick zum Attentat habe aufmuntern wollen oder zur Verteidigung der Attentatspolitik gesprochen habe. Meine ganze Tätigkeit während der Zeit, daß ich der Politik gehört habe, bezeugt doch klar, daß ich solche Wege nicht habe gehen wollen. Dies ist *eine* Sache. Eine *andere* ist die, daß in einem gewissen Lande und unter gewissen Umständen die Verhältnisse sich so unsinnig und aufregend gestalten können, daß man wahrlich die nicht verurteilen kann, welche die gesetzmäßigen Wege verlassen haben, um zu umgesetzlichen Mitteln zu greifen, wenn diese gesetzmäßigen Wege versperrt sind und wenn jeder Versuch ihrer Benutzung mit Gewalt und Blut unterdrückt wird. *Da* kann es notwendig und natürlich sein, daß die menschliche Natur reagiert, und dies wird sie zu allen Zeiten tun, solange solche Versuche andauern werden. Dies ist man auszusprechen berechtigt, ohne beschuldigt zu werden brauchen, indirekt unter gesetzmäßigen und friedlichen Verhältnissen nur Attentatspolitik aufzureizen.

Ich bat indessen nicht um das Wort, um Herrn Lundström zu begegnen – er komme mit seiner Einlage später –, sondern um aus Anlaß der Ausführungen Herrn Edéns etwas zu sagen. Dieser geehrte Redner kehrte nach meiner Weise, die Sache zu sehen, alles recht ordentlich um und um.

Erstlich frappierte es mich, daß er, der ein so klarer Kopf ist, der Kammer raten will, daß, weil es schwer sein könnte, in gewissen Fällen das politische Delikt zu definieren, nämlich, wo das politische Delikt beginnt und wo es endet, man jetzt eine Grenze ziehe, wodurch alles, sowohl politische wie nicht-politische Delikte, der Auslieferung anheimfällt. Dies ist so bequem, denn da entgeht man der Definition! Das erscheint mir denn doch als eine Art von Gesetzgebung, die nicht haltbar zu sein vermag.

Herrn Edéns Darlegung dazu, daß wir besonders versuchen würden, durch diese Gesetzgebung »Mörder zu beschützen«, ist vollkommen irreführend. Was wir schützen wollen, sind die politischen Verbrecher, hinsichtlich derer in jedem besonderen Falle untersucht werden muß, ob sie aus überwiegend politischen Motiven ihre Handlung begangen haben oder nicht, und ob die Umstände im übrigen so beschaffen waren, daß sie Anspruch darauf zu erheben vermögen, als politische Verbrecher behandelt und also nicht ausgeliefert zu werden. Es ist die Prüfung von seiten der Gerichte, die fortwährend vorausgesetzt wird und die als Grundlage des Ganzen dahinter liegt. Es ist das schwedische Gericht, das dies prüfen soll, und glauben die Herren wirklich, daß ein schwedisches Gericht, wenn ein Attentat gegen einen ausländischen Suverän begangen wird, das allgemein als ein aufregendes Verbrechen aufgefaßt wird, und wenn es später dem, der diese Handlung begangen hat, gegebenenfalls geglückt ist, in dieses Land zu kommen, und wenn seine Sache hier geprüft werden soll und wenn er sich dabei darauf beruft, er sei Anarchist oder etwas Ähnliches –, glauben die Herren da, daß ein schwedisches Gericht sich um eine so generelle Erklärung kümmern wird? Es hält sich natürlich an das, was über die wirklichen Motive der Handlung ausfindig gemacht werden kann. Und ist es dann ein solcher Fall wie dieser in Griechenland gewesen, eine Zurückweisung eines Gesuches um Unterstützung, ein aus der Bahn geratenes Individuum, das sich darüber beklagt, daß es die Unterstützung nicht erhalten habe, um die es nachgesucht hat — ist es da gereimt, daß es mit einigen allgemeinen anarchistischen Redewendungen einen schwedischen Gerichtshof zu dem Glauben bekehren würde, in seinem Falle liege ein politisches Delikt vor?

Nein, man braucht nur die Frage in konkreter Form zu stellen, um über die Antwort gewiß zu sein. Aber um das Ganze zu verwirren, nahm Herr Edén nicht den konkreten griechischen Fall, sondern nahm zu diesem an, daß es sich um eine Art anarchistischen Attentäters gehandelt habe, der im übrigen diese anderen Anlässe zu seinem Delikt gehabt habe. Er konstruierte so mit voller Absicht einen der Grenzfälle auf, die immer, wenn es sich um subjektive Prüfung handelt, aufkonstruiert werden können, die aber natürlich selten sind. In einer besonders geringen Zahl von Fällen werden die Umstände wohl so unklar sein, daß die Wagschale nicht bestimmt nach der einen oder der anderen Seite sinkt. Wem wir vorbeugen wollen, ist indessen nur, daß man gesetzgeberisch so verführe, daß die Wagschale nur nach der einen Seite sinken *kann* und daß man also *gezwungen* sein soll, auch in den Fällen, wo ein allgemeines Rechtsbewußtsein sich gegen eine solche Auslieferung erhebt, auf Grund der Formulierung des Gesetzes doch auszuliefern.

Es ist vorher über die Verhältnisse gewisser Länder gesprochen worden. Aber ich denke an ein solches, das wir aus der Geschichte der letzten Jahre in Erinnerung haben, z. B. die Staatsumwälzung in Portugal und die vorangehenden Morde dort, die aus offenbar politischen Beweggründen begangen wurden, oder an die Verhältnisse in Serbien, wo wahrlich das Verfahren der einen gegen die andere Dynastie so beschaffen war, daß ich für meine Person nicht einen Augenblick zu sagen Bedenken trage, daß dort viel mehr private als politische Gesichtspunkte hineinspielten. Ist es da, frage ich, in Gedanken an alle diese Fälle sinnvoll, daß man hier im Lande sich auf einen anderen Standpunkt stellt als den, der im übrigen dem Gesetze zugrunde liegt, nur darum, weil es sich um fürstliche Familienmitglieder handelt.

Der letzte Grund, den Herr Edén anführte, kommt mir noch sinnloser (*ännu mera orimeligt*) vor, wenn dieser Ausdruck mir erlaubt wird. Dies war nämlich der, daß, wenn wir in gewissen Verträgen solche Bestimmungen haben, es nicht angehen kann, daß wir uns jetzt auf einen anderen Standpunkt stellen. Ja, ist man *der* Auffassung, so frage ich wirklich, warum man überhaupt zum Reichstage kommt und den Reichstag in dieser Hinsicht etwas bestimmen läßt. Ist es nur darum, daß die Königl. Majestät auf Grund ihrer Befugnis, Verträge mit fremden Staaten abzuschließen, gewisse Rechtsgrundsätze eingeführt hat, denen wir uns beugen sollen, so hat es keinen Zweck, weiter über die Sache zu reden. Ich glaubte indessen, daß der Reichstag hier zum ersten Male solle *sein* Wort über den Standpunkt sagen dürfen, den er zu seinem Teile für richtig und haltbar und den für Schwedens Ehre und Ansehen besten hält, wenn man sich Schweden als ein Land denken will, wo man sorgfältig das Asylrecht auch für verfolgte politische Verbrecher pflegt. Von diesem Standpunkte bin ich ausgegangen. Sonst würde es mir nicht eingefallen sein, überhaupt, wenn Herrn Edéns Ausgangspunkt in diesem letzten Punkte der richtige wäre, das Wort in dieser Frage zu verlangen; denn wenn wir nur den Weg einzuschlagen haben, auf dem die Königl. Majestät vorangegangen ist, so ist die ganze Behandlung der Sache durch den Reichstag nur eine leere Formalität.

Herr *Lindhagen*: Wo jetzt aus Anlaß des liberalen Umschwunges die Frage beginnt, nach den reinen Linien zu liegen (*frågan kommer at ligga efter de rena linjerna*), werde ich, Herr Sprecher, bitten, meinen Antrag auf Zustimmung zu der Reservation wieder zurücknehmen zu dürfen, obwohl ich, von meinem Gesichtspunkte aus gesehen, weiter darauf bestehe, daß dieser Antrag der richtigste wäre. Ich werde indessen anläßlich dieses liberalen Umfalles, dessen Zeugen wir jetzt geworden sind, bitten, einige Worte sagen zu dürfen.

Als der Herr Außenminister hier heute auftrat, hob er hervor, daß diese Sache von einem gewaltigen Gewicht und daß ein Abgehen von der Proposition der Königl. Majestät besonders gefährlich (*äventyrligt* = eig. abenteuerlich) sei. Aber liest man die Motivierung, die der Herr Außenminister selbst dem Vorschlage gegeben hat, so findet man, daß er dort durchaus keinen so furchtsamen (*räddhågad*) Standpunkt eingenommen hat, sondern daß er im Gegenteil damit beginnt, zu sagen, es sei besonders zweifelhaft, ob die belgische Attentatsklausel bei uns aufzunehmen sei [1]). So beginnt doch wohl nicht eine Person, welche glaubt, die Annahme stelle ein Lebensinteresse dar.

Ich höre nun, es solle der Herr Justizminister sein, der dies gesagt habe, aber die Herren sind ja solidarisch, so daß ich mich auf jeden Fall auch (selbst, sogar) auf die Ausführungen des Herrn Justizministers berufen kann.

Der Justizminister sagt also, daß dies zweifelhaft erscheinen könne. Wenn man nun die objektive Theorie zugrunde legt, sagt der Justizminister, so ist es absolut notwendig, diese Klausel aufzunehmen. Geht man aber auf der schweizerischen Linie, wie die Königl. Majestät es hier getan hat, so ist dies durchaus nicht notwendig.

Der Justizminister fährt fort: »Da indessen diese Klausel nicht bloß in unserem, sondern in dem Auslieferungsrecht der meisten europäischen

---

[1]) S. o. S. 198 in der vom Justizminister vorgetragenen »Regierungsdenkschrift«.

Staaten herkömmlich ist und da man gegen die mit der Klausel verfolgte Absicht kaum einen berechtigten Einwand anführen kann, so halte ich es für minder dienlich, diese Regel zu verlassen.«

Wenn nun unser Justizminister, der vielleicht in diesem Falle die Sache ruhiger als unser Außenminister sieht, sich jedenfalls so zweifelhaft hat stellen können, wie er es getan hat, oder zum mindesten auf einen solchen ziemlich indifferenten Standpunkt, so glaube ich nicht, daß die furchtbaren Gefahren, welche der Herr Außenminister — zum Unterschied von seinem Kollegen, dem Justizminister — hier ausmalte, wirklich hier vorliegen.

Die Ursache, daß Herr Edén, welcher ja, wie Herr Branting sehr richtig sagte, einen klaren Kopf besitzt, sich hier verstrickte, war wohl ganz einfach die, daß er keine Gelegenheit bekam, sich hier seines klaren Kopfes zu bedienen. Er stand nämlich ganz plötzlich vor der Situation, als Führer der liberalen Partei auf Befehl der liberalen Regierung gezwungen zu sein, die Partei aufzufordern, augenblicklich die ursprünglich vorgeschlagene Linie einzuschlagen, und nicht auf derjenigen zu gehen, welche die Ausschußmitglieder der Partei befürwortet hatten. Es ist nicht besonders leicht, sich in eine solche Situation zu finden, obendrein, wenn man nicht in der Sache steht, sondern das erste Beste (*vad som helst*) sagen muß. Herr Edén bediente sich auch sehr fleißig dieser Redeweise in allgemeinen Wendungen, ohne Kenntnis davon zu besitzen, um was die Sache sich dreht.

Nun steht es in Wirklichkeit so, daß die Ursache, aus der man in England und Amerika und in der Schweiz — und zur Hälfte auch unser Justizminister — glaubt, daß diese Klausel fehlen könne, die ist, daß man alle Delikte der genannten Art einander gleichstellen und keine besondere Ausnahme für Delikte gegen Staatsoberhäupter und Familienmitglieder von Souveränen machen will.

Im Vorbeigehen gesagt, will ich unterstreichen, daß der Herr Justizminister uns nicht unterrichtet hat, warum die liberale Regierung die Kaiserin von Japan, jedoch nicht Frau Wilson schützen will. Es fanden sich sogar konservative Mitglieder im Gesetzgebungsausschuß, die über diese Unterscheidung aufgeregt waren, und es stand geradezu ein konservatives Vorrücken in Frage, um in dieses Mißverhältnis Gerechtigkeit zu bringen.

Nun glaubte indessen Herr Edén, es sei hier die Frage, ob man, wenn es sich um Mord, Mordversuch oder Totschlag handele, überhaupt in der Lage sein würde, diese den politischen Delikten zuzurechnen. Er generalisierte die Sache und betonte die Schwierigkeiten bei der Entscheidung im allgemeinen. Aber hier handelt es sich nur um die Frage der Sonderstellung der Staatshäupter und der Familie der Suveräne in solchen Fällen. Es handelt sich hier nicht um die Frage, ob das Delikt politisch sei oder nicht. Es wird doch gleich schwer, diese Frage in allen den Fällen zu entscheiden, wo das Delikt sich gegen andere, solchen Attentaten leicht ausgesetzte Personen richtet. So ist es nur die Frage, ob wir, wie die Schweiz, England und Amerika, den Unterschied nicht beseitigen können, welcher zwischen gekrönten Suveränen und republikanischen Präsidenten wie auch den Familien der gekrönten Suveräne auf der einen und auf der anderen Seite den Familien der republikanischen Präsidenten und anderen Menschen besteht. Hierher geht doch die Entwicklung, und aus diesem Gesichtspunkte werde ich bitten, beantragen zu dürfen, dem Entwurf des Ausschusses zuzustimmen.

Ich will im übrigen eine andere Sache hervorheben. Es ist eine traurige Erscheinung des politischen Lebens, daß die Parteien absolut ihren Regierungen oder Leitungen in Fragen folgen sollen, welche diese zufällig zu den ihrigen machen. Infolgedessen können die verschiedenen Parteimitglieder niemals selbst denken, sondern werden zusammengetrommelt und eingepeitscht, und auf diese Weise wird man nach Kräften (*var och en i sin stad*) eine Null. Eine Hauptsache im politischen Leben müßte doch wohl sein, daß der einzelne selbst denken und tun kann, was er selber für richtig hält, so daß er, wenn er der Ansicht ist, ein Minister habe gut gesprochen, ihm folgt, wenn er dies aber nicht glaubt, ihm nicht folgt. Dann würde man außerordentlich viel fruchtbarere Ergebnisse als mit einer einseitigen Parteieinpeitschung auf allen Linien erreichen können.

Ich wende mich an alle, welche glauben, daß England, die Schweiz und Amerika sich würdig erwiesen haben, Nachfolger in ihrem Streben zu erhalten, die Freiheitsprinzipien hier in diesem Falle zu behaupten, sich diesen Prinzipien anzuschließen und also denjenigen Linien zu folgen, welche von den Mitgliedern der liberalen Partei im Ausschuß aufgestellt worden sind, und die sich nicht darum kümmern, was die verschiedenen Regierungsmitglieder in diesem Falle sagen.

Herr *Edén*: Herr Sprecher! Anläßlich der letzten Ausführungen Herrn Lindhagens kann ich natürlich nicht viel zu sagen haben. Ich werde mich auf eine einzige kurze kleine Bemerkung beschränken. Es gefiel Herrn Lindhagen zu finden, ich habe geglaubt, in dieser Frage »das erste Beste sagen« zu können (*säga vad som helst*). Ich darf erwidern, daß *der* Vorwurf von *der* Seite recht überraschend kommt. Herr Lindhagen hat sich gerade des Privilegs bedient, in so vielen anderen Fragen »das erste Beste zu sagen«, und er bedient sich desselben beständig, so daß Herr Lindhagen diesen Ton nicht anschlagen durfte.

Herrn Brantings Ausführungen geben mir Anlaß zu der Erwiderung, daß, wenn Herr Branting gegen mich äußerte, ich habe die Verhältnisse um- und umgekehrt, daß ich ihm selber diese Artigkeit von Anfang bis Ende wiedererstatten kann. Ich kann nämlich nur finden, daß Herr Branting mit seiner allgemeinen Ausdrucksweise undeutlich gemacht hat, um was es sich hier eigentlich handelt. Herr Branting sagt, die Argumentierung, welche ich machte, beabsichtige, eine solche Grenze zu ziehen, daß alles, sowohl politische wie nicht-politische Delikte, Auslieferung veranlassen würde. Ja, das ist sehr richtig, aber nur innerhalb eines bestimmten begrenzten Gebietes, Herr Branting. Natürlich nur in den Fällen, wo es sich um Mord, Mordversuch oder Totschlag handelt und wenn der Mord, der Mordversuch oder der Totschlag sich gegen solche Personen in einem fremden Lande richtet, daß daraus Komplikationen in unserem Verhältnis zu diesem Lande befürchtet werden können. Es ist darum vollkommen ungereimt, die Sache so darzustellen, als ob das politische Asylrecht hier in Schweden Gefahr laufen würde, vollkommen verloren zu werden, weil wir nicht zulassen können, daß, wenn ein Mord an einem fremden Staatsoberhaupt oder an einem Mitgliede der Familie des Staatsoberhauptes begangen ist oder wenn ein Mordversuch oder Totschlag stattgefunden hat, dies als politisches Delikt betrachtet werden soll. Es ist nur dies, um was es sich handelt, und nicht etwas anderes. Herr Branting hat kein Recht, zu behaupten, daß Schweden damit in der Frage der Pflege des Asylrechts ins Hintertreffen geraten würde. Es ist schon während der Diskussion nachgewiesen worden, daß sich ein ganz Teil anderer Länder findet, z. B. wenn ich recht hörte, Frankreich und Norwegen, welche in diesem Falle strenger sind, als Schweden es werden würde. Es heißt doch wohl, den Anspruch auf Schwedens Rolle als Musterland etwas übertreiben, ohne weiteres zu behaupten, daß wir verpflichtet seien und daß es zweckmäßig für uns sei, uns an die Seite Englands und der Vereinigten Staaten von Nordamerika zu stellen.

Ich werde mir indessen noch eine Bemerkung erlauben. Herr Branting möchte geltend machen, daß, wenn ein solches Delikt begangen sei, die Umstände immer so klar liegen würden, daß man sicher sein kann, ob das Delikt politisch war oder nicht. Ich kann jedem zum Trotz nachweisen, daß es sich so verhält. Herr Branting führte gegen mich an, ich habe einen Fall aufkonstruiert, wenn ich anführte, daß der Mann dort unten in Saloniki ebensogut Mitglied einer anarchistischen Gesellschaft habe sein können. Dies war er nun übrigens nach Zeitungsnachrichten, und ich kann nur finden, daß man in diesem Falle das politische Asylrecht umgangen hat — sofern es nun dort unten als anwendbar angesehen werden könnte —, wenn man ihn auslieferte. Aber wir können im übrigen jedes beliebige Beispiel nehmen. Wir können von anderen Attentaten sprechen, die in neuerer Zeit begangen worden sind. Wenn der, welcher vor einigen Jahren den König von Italien ermordete, seine Zuflucht hierher genommen hätte, würde Herr Branting dies Delikt als hinreichend aufregend oder nicht angesehen haben, um den Mann auszuliefern? Daß der Mann das Delikt aus politischen Motiven begangen hatte, war mindestens zu der Zeit vollkommen klar. Ich meine, daß, wenn man in dem politischen Kampfe so weit gekommen ist, daß Mord, Mordversuch oder Totschlag zur Frage geworden sind, daß dann kein Land verpflichtet sein kann, mit seiner Sicherheit und seiner Existenz dafür einzustehen, einen solchen Mörder oder Totschläger zu schützen, selbst wenn er seine Waffen aus politischen Motiven gerichtet hat, und da ist es eigentlich vollkommen unmöglich, zu sagen, wo die politischen Motive enden und wo die allgemeine menschliche Bestialität beginnt. In gewissen Fällen kann es, ganz wie Herr Branting es ausdrückte, ohne Zweifel ein Held sein, der eine solche Handlung begeht, aber ein Held pflegt auch das Risiko seiner Tat auf sich zu nehmen und nicht davon überrascht zu sein, daß ein anderes Land nicht dafür einsteht, ihn zu schützen, wenn es ihm nicht glückte, sich zu verbergen.

Herr Branting führte aus: Glauben die Herren, daß ein schwedischer Gerichtshof Auslieferung verweigern würde, wenn ein aufregendes Delikt begangen ist? Ja, das kommt darauf an. Ich glaube nicht, daß es in solchen Fällen Auslieferung verweigern würde; denn es würde sich wohl gezwungen sehen, dies zu tun, aber eine solche Auslieferung würde Veranlassung gerade zu der Deutung geben können, welche Herr Branting beseitigt wissen will, nämlich daß wir einem Druck seitens einer fremden Macht nachgeben. Dies ist es, was mich zu sagen veranlaßt, daß gerade Herr Branting es ist und nicht ich, der die Sachlage vollkommen um- und umdreht. Herr Branting sagt, daß, wenn es sich darum handelt, einen Rechtsgrundsatz zu behaupten, man, d. h. Herrn Brantings Gegner in dieser Debatte, sich von vornherein so einrichten will, daß man nachgeben kann. Nein, im Gegenteil, Herr Branting, man will sich so einrichten, daß man nicht nachgibt. Man will sich so einrichten, daß man von vornherein bestimmte Kategorien gegeben hat, in welchen man ohne weiteres ausliefert und in welchen man die allgemeine Regel, betreffend politische Verbrechen, verläßt.

Herr Lindhagen kam nun in seiner letzten Rede darauf zurück, er finde es wunderlich — er sagte vielleicht sogar aufregend —, daß das Gesetz die Familien von Suveränen schützen solle, nicht aber Minister und nicht die Familien von Präsidenten. Dies kann ganz einfach so beantwortet werden, daß, soweit ich verstehe, ein rein praktischer Gesichtspunkt befolgt wird. Herr Lindhagen dürfte ebensogut wie ich wissen, daß die Familien von Suveränen vollkommen selbstverständlich in den Ländern, wo solche Attentate, von denen hier die Rede ist, vorkommen, auf ganz andere Weise exponiert werden müssen, als die Gemahlin oder die Familie eines vor kurzer Zeit gewählten Präsidenten es wird. Die letztere tritt eigentlich aus der gewöhnlichen bürgerlichen Gesellschaft nicht heraus, sondern lebt hauptsächlich gleichsam mitten darin in dieser Gesellschaft und tritt auf jeden Fall später in sie zurück. Der verwilderte politische Haß hat nicht dieselbe Veranlassung, sich gegen die Familie von Präsidenten wie von Suveränen zu richten. Ich kann, wenn nötig, ein Beispiel beibringen. Glaubt man wirklich, es würde kein aufregendes Delikt gewesen sein und ein Delikt, das Auslieferung hätte nach sich ziehen müssen, wenn in Schweden der Dolch eines unzurechnungsfähigen Anarchisten die von allen als edler, feiner und warmherziger Mensch angesehene Kaiserin Elisabeth von Österreich getroffen hätte? Sie gehörte einer suveränen Familie an und fiel unter dem Dolch eines Fanatikers ohne irgendein eigenes Verschulden. Sie ist ein Beispiel dafür, daß ein aufgehetztes Gehirn so weit aus der

Bahn kommen kann, daß es sich gegen vollkommen unschuldige Mitglieder suveräner Familien wendet. Was Minister und andere Staatsdiener betrifft, so vermute ich, daß die Ursache, aus der man dieselben nicht besonders schützt, darin besteht, daß man diese Klausel nicht weiter erstrecken will, als man es für absolut notwendig gehalten hat. Wenn ein Mord oder ein Mordversuch einen Suverän oder seine Familie trifft, so trifft er nämlich gleichsam Repräsentanten des ganzen Staates und des Landes, das in Frage steht. Und da kann dieser Staat größeren Anspruch darauf haben, daß der Verbrecher ausgeliefert wird, als wenn es sich um einen Beamten, selbst einen hochgestellten Beamten, handelt.

Ich schließe mit der wiederholten Betonung, daß nach meiner Ansicht die Kammer vollkommen berechtigt ist, und ich glaube, die Kammer würde recht darin handeln, wenn sie bedächte, welche Schwierigkeiten entstehen können, wenn die Kammer dem Entwurfe des Ausschusses zustimmte. Und ich protestiere dagegen, daß man diese Sache so darzustellen versucht, als würde Schweden nicht in erforderlichem und sinnvollem Grade das Auslieferungsrecht behaupten. Es ist schon von der Ministerbank gesagt worden — unwidersprochen —, daß das Auslieferungsgesetz, welches hier den Kammern vorliegt, auch mit der Auslieferungsklausel der Königl. Majestät in diesem Punkt ein sehr liberaler Vorschlag ist, welcher darüber hinausgeht, was verschiedene andere, auch moderne Gesetzgebungen, zum Schutz politischer Verbrecher bewilligt haben.

Unter solchen Umständen ist es nicht richtig und gereicht nur dazu, das Urteil über die wirkliche Lage irre zu machen, wenn man sagt, daß wir nicht rückengerade seien, wenn wir jetzt auf die Attentatsklausel eingehen.

Ich bitte, meinen vorigen Antrag aufrecht erhalten zu dürfen.

Herr *Petersson* in Södertälje: Herr Lindhagen hat einige bittere Worte an die liberalen Mitglieder des Ausschusses gerichtet, die in dieser Frage ihren Standpunkt geändert haben. Ich will aus Anlaß dessen gern zugeben, daß es im allgemeinen nicht ansprechend ist, wenn jemand in der Kammer für eine andere Meinung eintritt als die, welche er im Ausschuß vertreten hat, und ich erkenne an, daß es beklagenswert sein würde, wenn so etwas Gewohnheit werden sollte. Aber auf der anderen Seite will ich behaupten, daß Fälle eintreten können, wo man während der Diskussion in der Kammer zu einer anderen Meinung als derjenigen kommen muß, welche man sich während der Ausschußbehandlung zu bilden Gelegenheit hatte.

In dem jetzt vorliegenden Falle darf ich für meine Person folgende Erklärung abgeben. Während der Ausschußbehandlung vertrat Herr Lindhagen die Gesichtspunkte der Frage, welche hier in der Kammer heute von ihm und Herrn Branting dargestellt worden sind. Diese Gesichtspunkte erschienen mir in hohem Grade beachtenswert. Aus dem der Proposition beigefügten Staatsratsprotokoll wurde ersehen, daß der Herr Justizminister selbst es für sehr zweifelhaft erachtet hat, welche Stellung man einnehmen müsse. Und, wie der Herr Außenminister heute anerkannt hat, kann man nicht sagen, daß irgendein prinzipielles Hindernis vorliege, die fragliche Klausel vollkommen zu streichen. Unter solchen Umständen muß es ganz natürlich erscheinen, wenn die liberalen Mitglieder des Ausschusses zu dem Schlusse kamen, den das Gutachten ausweist.

Jetzt hat indessen hier in der Kammer der Herr Außenminister in einer klaren und ausführlichen Darlegung, wie es mir scheinen will, vollkommen überzeugenden Beweis dafür erbracht, daß der Standpunkt, zu dem wir im Ausschuß gekommen sind, große praktische Ungelegenheiten und Gefahren mit sich bringt, über die er auf Grund dieser Sachkunde ein besseres Urteil hat, als wir besitzen können, und da will es scheinen, als ob man ganz gute sachliche Gründe dafür besitzt, anzuerkennen, daß man zu einer besseren und klareren Einsicht als derjenigen gelangt ist, die man vorher erwerben konnte.

Ich will gleichzeitig eine bestimmte Verwahrung gegen Herrn Lindhagens Rede einlegen, daß hier irgendeine Order oder irgendein Wink an die liberalen Kammermitglieder ergangen sei, ihre Meinung aufzugeben, sowie daß die liberale Partei genötigt wäre, in allem ihrer Regierung zu folgen. Für meine eigene Person darf ich sagen, daß ich absolut keine Order oder ein Ersuchen des erwähnten Inhalts erhalten habe, sowie daß ich keine solche Pflicht anerkenne, wie Herr Lindhagen sie andeutete. Aber auf der anderen Seite will ich gern anerkennen, daß es meine Pflicht sei, mich sachlichen Gründen zu beugen, sowohl wenn sie von der Regierung als auch wenn sie von anderer Seite kommen, und in dieser Sache kann ich nur finden, daß die Regierung sachliche Gründe vorgebracht habe. Wozu sollten im übrigen diese langen Debatten in der Kammer dienen, wenn es nicht Recht und Pflicht eines Repräsentanten wäre, sich überzeugen zu lassen, wenn hier zureichend starke Gründe vorgebracht werden? Für meine Person werde ich auf das Recht nicht verzichten, mich sachlichen Gründen zu beugen.

Herr *Branting*: Herr Sprecher! Ich will Herrn Pettersson in Södertälje gar nicht das Recht bestreiten, sich sachlichen Gründen zu beugen. Ich hoffe, es verhält sich so, daß wirklich während der hier geführten Debatte diese Wandlung vor sich gegangen ist, und daß nicht diejenigen der Herren, die gegen den Entwurf des Ausschusses stimmen werden, sich schon vorher davon haben überzeugen lassen, daß es richtiger wäre, so zu verfahren.

Ich bin außerdem genötigt, anläßlich der Antwort Herrn Edéns an mich einige Worte zu sagen. Er berief sich unter anderem auf Frankreich, und es ist ja so, nach dem, was mitgeteilt wurde, daß Frankreich auf die belgische Attentatsklausel eingegangen ist. Aber es ist auf der anderen Seite ein Faktum — ich kann wirklich im Augenblick nicht erklären, wie es zugegangen ist, aber es ist ein Faktum —, daß, als ein russischer Terrorist im Jahre 1881 ein Attentat gegen den damaligen Kaiser Alexander verübt hatte und nach Frankreich geflohen war, dort lebhaft über die Frage seiner

Auslieferung debattiert wurde, er aber zum Schluß *nicht* ausgeliefert wurde. Sein Name ist im übrigen ganz bekannt. Er hieß Hartmann, und begab sich später nach England. Trotz der Attentatsklausel wurde er also nicht ausgeliefert, und da glaube ich, daß man wohl das französische Beispiel der Anwendung dieser Attentatsklausel bei einer gewissen Vorsicht verwenden darf, wenn ein solcher faktischer Fall vorliegt.

Weiter erklärte Herr Edén, das, was er und seine Gesinnungsfreunde wollten, sei, daß wir uns so einrichten, daß wir später keinem Druck nachzugeben brauchten. Nein, vielen Dank dafür! Man wird nun von Anfang an so wenig fremdem Druck nachgeben, daß man auch die Fälle mitnimmt, wo man weder Druck brauchen noch wollen würde, — und später wird man sich an die Brust schlagen und sagen, wir brauchen keinem Druck nachzugeben!

Hier ist von dem aufregenden Mord an der Kaiserin von Österreich gesprochen worden. Dieses Verbrechen wurde ja auf schweizerischem Boden verübt, und der Mörder wurde nach schweizerischem Recht zur höchsten Strafe verurteilt, die das Gesetz zuließ. Es gab ja keine Todesstrafe in dem Kanton, wo der Mord begangen wurde, sondern der Mörder wurde zur Einsperrung auf Lebenszeit unter den strengstmöglichen Verhältnissen verurteilt — nach Zeitungsnachrichten soll er ja jetzt auch auf Grund dieser Behandlung wahnsinnig geworden sein. Ich verstehe indessen nicht, was die Sache überhaupt mit der Auslieferungsfrage zu tun hat.

Herrn Edéns Hauptargument gegen mich schien zu sein, daß man im allgemeinen allerdings auf das Asylrecht hält, während es sich hier nur um eine kleine Gruppe von Personen handelt, hinsichtlich derer ein besonderes Gesetz erlassen werden soll. Ja, natürlich, nur über sie diskutieren wir hier, um die Ausnahme von der allgemeinen Regel, daß als politisches Delikt in *keinem* Falle gerade Verbrechen angesehen werden sollen, wo die politischen Gesichtspunkte nach der eigenen Anerkennung der Herren gewaltig hineinspielen! Man schlägt also Bresche in die allgemeine Regel, und man tut dies aus Gründen, welche doch, wie man auch die Sache verschönern will, in der Betrachtungsweise wurzeln, welche Herr Petersson in Lidingö villastad in seinen Ausführungen geltend machte, als er darauf hinwies, man dürfe sich bisweilen vor gewissen Darlegungen beugen und könne nicht Anspruch erheben, so rückengerade zu sein. Dies ist es, was ich gegen Herrn Edén habe konstatieren wollen, dessen Darlegung mir auf keine Weise überzeugend zu sein scheint. Denn ich weiß ebensowohl wie er, daß die Diskussion hier sich nur um diese Gruppe bewegt. Über sie diskutieren wir, es handelt sich nicht um die anderen.

Herr *Lindhagen*: Nur ein paar Worte. Ich halte auch dafür, daß man sich durch sachliche Gründe überzeugen lassen soll; aber was mir in der Politik so wunderlich vorkommt, das ist, daß diese Überzeugungen immer parteiweise und nicht nach der eigenen Auffassung der einzelnen angelegt werden, wie auch diese Abstimmung, zu der wir nun schreiten, sicherlich zeigen wird.

Herr Edén sprach darüber, daß ein großer Unterschied zwischen einer gekrönten Königin und der Frau eines Präsidenten bestünde, denn die gekrönten Königinnen müßten mehr hervortreten, und deswegen seien sie Attentaten mehr ausgesetzt; aber denken Sie sich, Herr Edén, wenn man nun diese Attentatsklausel fortnähme, so würde dies vielleicht dahin wirken, daß die gekrönten Königinnen sich zu Hause hielten und nicht hervorträten, — und da würde es genau so, wie ich es haben will.

Nachdem die Verhandlung hiermit als geschlossen erklärt war, gab der Herr Sprecher Propositionen einerseits auf Annahme des Ausschußentwurfs zum Wortlaut des vorliegenden Paragraphen, andererseits auch auf Annahme desselben Paragraphen in dem von der Königl. Majestät vorgeschlagenen Wortlaut; und es erklärte der Herr Sprecher, daß nach seiner Meinung die Antwort mit überwiegendem Ja für die letztere Proposition ausgefallen sei. Da indessen Votierung verlangt wurde, so wurde jetzt aufgesetzt, justiert und angeschlagen eine Votierungsproposition folgenden Wortlauts:

Wer will, daß die Kammer den § 7 des vorliegenden Entwurfs zu einem Gesetz, betreffend Auslieferung von Verbrechern, in dem von der Königl. Majestät vorgeschlagenen Wortlaut annimmt, stimmt

Ja;

Wer es nicht will, stimmt

Nein.

Gewinnt Nein, so hat die Kammer den Entwurf des Gesetzgebungsausschusses zum Wortlaut des genannten Paragraphen angenommen.

Die Abstimmung fiel mit 123 Ja gegen 73 Nein aus; und es hatte die Kammer also den Paragraphen in der von der Königl. Majestät vorgeschlagenen Fassung angenommen.

Der Ausschuß hatte gleich der Königl. Majestät vorgeschlagen, daß § 8 so lauten solle:

[Wortlaut s. u. S. 362.]

Die Herren Persson in Norrköping und Sandler hatten in ihrer Motion anheimgestellt, in das Gesetz eine Bestimmung darüber aufzunehmen, daß das Dokument, in welchem um Auslieferung ersucht werde, auch die Umstände des Deliktes enthalten solle.

Diesem Paragraphen fanden sich folgende Reservationen beigefügt:

betreffend den ersten Absatz

von den Herren *Persson* in Norrköping und *Lindhagen*, welche beantragten, der genannte Absatz möge folgenden Wortlaut erhalten

[Wortlaut s. o. S. 252.]

sowie

betreffend den letzten Punkt des zweiten Absatzes

von Herrn *Persson* in Norrköping, der anheimstellte, dieser Punkt möge fehlen; und

von Herrn *Lindhagen*, der ein besonderes Gutachten, den genannten Punkt betreffend, erstattet hatte.

Der Paragraph wurde vorgetragen, wonach

Herr *Persson* in Norrköping ausführte: Herr Sprecher! Wir haben auch in diesem Punkte eine Reservation gemacht. Der Grund ist, daß wir für unsere Person geglaubt haben, in dem Dokument, in dem eine fremde Macht um jemandes Auslieferung ersucht, müsse nach unserer Meinung nicht bloß die Beschaffenheit des Delikts angegeben sein, sowie Zeit und Ort desselben, sondern der Deutlichkeit halber auch die Umstände bei der Begehung des Delikts. Es ist allerdings gesagt worden, daß der Paragraph in dem Wortlaute, der hier vorgeschlagen ist, enthalte, daß auch die Umstände anzugeben seien. Aber in diesem Falle ist es uns sonderbar erschienen, daß man nicht darauf eingehen will, eben dies vorzuschreiben, so daß die Sache von selbst klar wird.

Fast ist es uns so vorgekommen, als enthalte der Wortlaut des Paragraphen nur, daß in dem Dokument angegeben wird, dann und dann sei ein Delikt begangen worden, ein Diebstahl, ein Mordversuch oder etwas anderes in dieser Art, und betrachtet man eine so kurze Angabe im Zusammenhang mit den Bestimmungen des § 4, wo gesagt wird, »zu solchen Delikten sind auch Delikte zu rechnen, die nur, wenn sie mit erschwerenden Umständen verbunden sind, schwerere Strafen als Gefängnis begründen«, also Strafarbeit, so wird wegen Verbrechens, das dem Täter Gefängnis zuziehen kann, Auslieferung nicht erfolgen, während wegen Verbrechens, das Strafarbeit im Gefolge haben kann, Auslieferung erfolgen soll. Unter solchen Umständen haben wir geglaubt, es sei begründet, daß aus dem Dokument die Umstände deutlich hervorgehen, so daß das Gericht klar entscheiden kann, ob Auslieferung erfolgen muß oder nicht. Und hier kommt man auch auf das Gebiet, über das eben gesprochen wurde, nämlich auf das Gebiet des politischen Delikts. In der Sache glauben wir nicht verschieden zu sein, aber der Deutlichkeit halber haben wir vorgeschlagen, daß der letzte Teil des ersten Absatzes den Wortlaut erhalte, der in der Reservation angegeben ist, nämlich »In dem Dokument sind Zeit und Ort des Verbrechens anzugeben sowie im übrigen die Umstände bei seiner Begehung so genau zu bezeichnen, daß die Art des Delikts daraus hervorgeht.«

Diese Formulierung ist von dem entworfen worden, der der Vortragende des Gesetzentwurfes war, und wir haben geglaubt, wir müßten sie der Kammer vorlegen.

Wir haben uns auch gegen einen anderen Teil des § 8 reserviert, nämlich den letzten Teil des Paragraphen, wo wir geglaubt haben, man müsse in allen vorkommenden Fällen vollen Beweis für eine Auslieferung verlangen, d. h. daß ein Vertrag die Forderung nach dem Beweis, betr. das Delikt, nicht beiseite setzen dürfe, den das Gesetz im übrigen voraussetzt, und darum habe ich für meine Person in einer Reservation vorgeschlagen, der letzte Punkt des Absatzes 2 des § 8 möge gestrichen werden.

Dem stimmte Herr *Sandler* zu.

Weiter führte an

der Chef des Justizdepartements Herr Staatsrat *Sandström*: Herr Sprecher! Hinsichtlich der ersten Änderung, die hier von den Reservanten beantragt wird und die bezweckt, daß der Bestimmung, die von der Königl. Majestät vorgeschlagen ist, nämlich, daß in dem Dokument die Beschaffenheit des Delikts sowie Zeit und Ort desselben genau anzugeben seien, weiter hinzugefügt werde, daß die Umstände anzugeben seien, will ich nur sagen, daß dieser Änderungsantrag nach meiner Meinung keine besondere große praktische Bedeutung besitzt. Man mag dies auf die eine oder die andere Weise schreiben, klar ist vollkommen, daß die Beschaffenheit des Delikts hinsichtlich der Umstände so genau angegeben sein muß, daß man das Delikt beurteilen kann, soweit es bei und wegen eventueller Auslieferung erforderlich ist. Würde das Delikt in den Auslieferungsdokumenten zu summarisch angegeben sein, so ist es vollkommen gegeben, daß die Angelegenheit in solcher Form nicht entschieden werden kann noch wird. Dies geht nach meiner Meinung schon aus der gegenwärtigen Fassung der Gesetzesstelle hervor. Eine Verdeutlichung der Bestimmung in der von dem letzten geehrten Redner anheimgestellten Richtung scheint mir daher durch das Bedürfnis nicht gefordert zu sein.

Was den zweiten Änderungsantrag angeht, so ist er von weit größerer Reichweite. Er enthält, daß die Forderung nach Beweis, die im Gesetze unter der Voraussetzung aufgestellt wird, daß ein Auslieferungsersuchen nicht auf ein verurteilendes Urteil oder einen Beschluß gegründet wird, dem eine Voruntersuchung vor Gericht oder Untersuchungsrichter vorangegangen ist, durch Verträge nicht nachgelassen werden darf.

Ich will da zuerst daran erinnern, daß in der Frage der Beweisforderung der Entwurf erheblich vor dem schweizerischen Gesetz steht, das überhaupt keine Beweisforderung kennt, und auf demselben Punkt wie das norwegische Gesetz; aber was würde die praktische Folge werden, wenn wir in den Verträgen keine Ausnahme von dieser Forderung würden machen dürfen? Ja, es würde ohne Zweifel sehr schlimm für uns selbst werden. Wir haben ja nämlich keine Voruntersuchung vor Gericht oder Untersuchungsrichter. In den Fällen, in denen wir um Auslieferung von Verbrechern aus dem Ausland ersuchen, ist die Sache in der Regel nicht weitergekommen, als daß wir einen Haftbefehl aufweisen konnten. Die Folge dessen, daß unsere Verträge den Inhalt bekommen würden, daß in solchen Fällen stets Beweis solle verlangt werden, wird die, daß es da in der Regel so wird zugehen müssen, wie es jetzt notwendig ist, wenn wir einen Verbrecher aus England oder Amerika ausgeliefert haben wollen, nämlich so, daß wir unser Beweismaterial nach England oder Amerika hinüberschicken und dort einen teuren und beschwerlichen Prozeß führen müssen, der Monate dauert, während welcher der Angeklagte in Haft sitzt. So kostete eine sehr bekannte Auslieferungsangelegenheit in England, wenn mich meine Erinnerung nicht täuscht, 8—10 000 Kronen. Eine ähnliche Angelegenheit in Amerika vor einigen Jahren veranlaßte Kosten von 12—13 000 Kronen, von denen jedoch nur ein Teil die Krone traf. Eine Ausdehnung der Pflicht, Beweis bei anderen Ländern zu führen, würde auf das ganze Auslieferungswesen hemmend wirken, und wenn man glaubt, das Zusammenwirken der Staaten zur Auslieferung von Verbrechern und zur Bestrafung der Verbrecher sei eine gute Sache, die gefördert werden müsse, so muß man eventuell davon abweichen, dem ein so schweres Hindernis in den Weg zu legen, wie dies es mit sich bringen würde.

Ich glaube also, es geht schwerlich an, den letzten Punkt dieses Paragraphen zu streichen, da dies in hohem Grade der Absicht des Gesetzes entgegenwirken und Wirkungen im Gefolge haben würde, die in erster Linie uns selbst treffen würden.

Herr *Lindhagen*: Ich stimme mit dem Herrn Justizminister darin überein, daß der Zusatz, den die Reservanten in der Frage des ersten Teiles des Paragraphen vorgeschlagen haben und der ja eine Verdeutlichung enthält, keine so große praktische Bedeutung hat. Er hat aber doch die Bedeutung, daß der Paragraph dadurch eine vollständigere und richtigere Formulierung erhält, und darum muß immerhin diese Formulierung hier vorgetragen (vorgezogen?) werden können.

Was sodann den zweiten Änderungsantrag betrifft, so ist dieser ja von einer erheblich anderen Bedeutung. Er betrifft etwa dieselben Fragen, denen wir im übrigen hier und da im Gesetzentwurf begegnen. Es ist ja so, daß wir hier in Schweden glauben, dem kontinentalen Europa folgen zu müssen, wo man in solchen Fragen absolut zusammenhängt (»*hänger ihop som ler og långhalm*« = etwa wie Lehm und langes Stroh), während die angelsächsischen Länder für sich gehen, und wir wollen die Richtungen nicht einschlagen, die diese letzteren für ihre Gesetzgebung auf diesem Gebiet abgesteckt haben. Es ist möglich, daß dem Berechtigtes zugrunde liegt. Es verhält sich wirklich so, daß es nicht bloß die Großmächte sind, die in ihren Gesetzen, wie hier in der Reservation gesagt, Bestimmungen darüber besitzen, daß Auslieferung auch ohne Beweis soll erfolgen können, sondern so dürfte es sich auch mit der Schweiz sowohl als auch mit

Norwegen verhalten. In dem neuesten norwegischen Gesetz auf diesem Gebiete, dem Gesetz vom Jahre 1908, ist man von diesem Grundsatz ausgegangen, und man hat es eben aus den Opportunitätsgründen getan, die der Herr Justizminister hier nannte. Nun besitzen indessen weder England noch Nordamerika solche Bestimmungen, und da würde man ja glauben können, daß ihnen dieselben Schwierigkeiten wie diejenigen begegnen, die man hier hervorgehoben hat. Es liegt doch so, daß, wenn diese Länder mit den kontinentalen Mächten solche Verträge schließen sollen, in diesem Punkte verschiedene Bestimmungen über die Untertanen der verschiedenen Länder formuliert werden, und darin müssen die kontinentalen Länder sich finden, weil sie so großen Respekt vor Nordamerika und England besitzen. Nun meint der Herr Justizminister vermutlich, sie würden nicht so große Rücksicht nehmen, wenn wir auftreten, die ja keine Macht hinter unsere Worte zu setzen haben, nnd darum würden wir einem Nein seitens dieser Mächte begegnen, während sie Ja antworten, wenn England und Nordamerika kommen. Ich kann nun natürlich die Sache nicht vollkommen beurteilen, aber ich glaube jedenfalls, daß man hier nur eine ganz große Menge Besorgnisse erfährt, die größtenteils darin ausmünden, daß wir hier keinen prinzipiellen Standpunkt einnehmen, sondern uns mit dem nach unserer Meinung Bequemsten begnügen sollen. Indessen auf diese Weise gibt es keinen Fortschritt in dieser Welt; vielmehr müssen wir uns auf einen prinzipiellen Standpunkt stellen und vielleicht wird es alles in allem doch gut vonstatten gehen.

Allerdings muß ich wohl zugeben, daß die Kosten, die hierdurch würden veranlaßt werden, eine zu berücksichtigende Sache sind. Es ist für Schweden teurer, die Auslieferung eines Verbrechers zu erhalten, wenn man eine solche Formel hat, wie ich sie hier in Frage gestellt habe, als wenn man den Königl. Entwurf nimmt. Aber da verstehe ich nicht, warum der ganze erste Teil des zweiten Absatzes vorhanden sein soll; denn dort geht man ja jedenfalls davon aus, es sei nötig und dienlich, daß einleuchtende Gründe für die Auslieferung anzugeben seien, und will man sich auf den Standpunkt stellen, daß man die Auslieferung erleichtern soll, da muß man ja auch immer diese Bestimmung befolgen. Erkennt man aber an, es sei für den Auszuliefernden wichtig, daß einleuchtende Gründe vorgebracht werden, so ist es richtig, daß die Rücksicht auf das Prinzip derjenigen auf die Kosten vorgeht.

Aus diesen Gesichtspunkten bitte ich, Herrn Persson in dem von ihm hier übereinstimmend mit den anglosächsischen Vorbildern entworfenen Antrage zustimmen zu dürfen.

Herr *Widén*: Herr Sprecher, meine Herren! In der Frage der beiden Änderungsvorschläge zu diesem Paragraphen, die von den Reservanten gestellt sind, will ich sagen, daß, was die erste Änderung betrifft, sie m. E. sehr wenig bedeutet. Es war im Ausschuß sogar die Frage, ob man sich der Motion anschließen solle; daß man dies indessen nicht tat, beruhte auf dem Umstande, daß es sich ein wenig merkwürdig ausnimmt, zu sagen, daß die Umstände bei der Begehung des Deliktes in dem Urteil oder Haftbefehl genau angegeben sein sollen, der dem Ersuchen beigefügt wird; dies Aktenstück ist ja so, wie es ist, und kann nicht anders werden, wenn dasselbe ja ein- für allemal existiert. Steht das, was man hier beabsichtigt, in diesem Dokument, so ist es allerdings gut; und steht es da nicht, so kann es nicht hineinkommen; das Aktenstück ist schon fertig und ist, wie es ist. Praktisch genommen, spielt dies im übrigen, wie der Herr Justizminister unterstrich, absolut keine Rolle. Das Auslieferungsersuchen muß unbedingt so sein, daß die Beschaffenheit des Deliktes daraus hervorgeht; und wenn dies nicht der Fall ist, so gibt § 14 den Betreffenden Anweisung, betreffend Komplettierung. Es heißt nämlich dort: »»Entbehren die eingegangenen Dokumente der nötigen Vollständigkeit oder sind weitere Angaben in irgendeiner Hinsicht erforderlich, so kann der fragliche Staat ersucht werden, das Fehlende nachzureichen.« Dieser Änderungsvorschlag ist daher unnötig. Und auch, wenn jetzt eine Zustimmung zur Reservation eine Verdeutlichung bedeuten würde, so stehen die von mir angedeuteten formellen Bedenken entgegen, und da die Sache von geringer oder gar keiner Bedeutung ist, kann man es ja lassen, wie es ist.

Was die Änderung des zweiten Absatzes betrifft, so will ich zunächst daran erinnern, daß gegenwärtig die Sache so liegt, daß es in unserem Lande kein Auslieferungsgesetz gibt, sondern daß die Königl. Majestät berechtigt ist, beim Abschluß von Auslieferungsverträgen solche Bedingungen festzusetzen, welche die Königl. Majestät für gut erachtet. Nun ist der Sinn dieses Entwurfes, in dieser Hinsicht bestimmte Regeln zu erlassen, durch die die Königl. Majestät gebunden sein soll. Es kommt darauf an, daß diese Regeln keine solchen Bestimmungen enthalten, daß es schwer wird, ja, fast unmöglich, sich nach ihnen zu richten. Um nun diesen Satz auf den letzten Punkt des vorliegenden Paragraphen anzuwenden, welchen Punkt die Reservanten beseitigt wissen wollen, so hat dieser Punkt zunächst Bedeutung für uns selbst in unseren Beziehungen (*mellanhavande* = eig. Zwischenfall) zu unseren nächsten Grenzländern. Es verhält sich damit so, daß wir keine geordnete Voruntersuchung in Strafsachen oder Untersuchungsrichter besitzen, und dies bewirkt, daß wir solche Beschlüsse nicht gewährleisten können, wie sie im ersten Punkte dieses Absatzes des § 8 verlangt werden. Wir würden also, wenn wir Auslieferungsverträge ohne die strengen Forderungen auf Beweis und Voruntersuchung nicht abschließen könnten, welche der eben genannte Punkt fordert, niemals eine Auslieferung von Verbrechern an uns erreichen können, die sich in fremde Länder begeben haben. Es ist also nach meiner Meinung notwendig, daß der letzte Punkt des zweiten Absatzes stehen bleibt, solange wir eine solche Prozeßordnung haben wie die, welche wir gegenwärtig besitzen.

Ich bitte, Zustimmung zum Anheimstellen des Ausschusses beantragen zu dürfen.

Herr *Persson* in Norrköping: Damit man nicht glauben möge, daß ich vollkommen unnötigerweise mich in der Frage des ersten Punktes reserviert habe, was man hier doch zu tun scheint, da man meinen Vorschlag als Bagatelle darzustellen sucht, so werde ich nur bitten, etwas näher meine Gründe entwickeln zu dürfen.

Der Herr Justizminister sagte, daß, wenn das Aktenstück, in dem um die Auslieferung ersucht wird, summarisch abgefaßt ist, so erfolgt die Auslieferung nicht. Aber was geschieht dann? Ja, dann wird um vollständigere Angaben geschrieben, damit die Auslieferung später erfolgen kann. Aber während der Zeit, in welcher dieser Brief des ausländischen Staates auf dem Heimwege ist und binnen welcher Antwort darauf an Ort und Stelle angelangt sein kann, sitzt vermutlich der Mann, den die Sache betrifft, in Haft. Ich habe nun gedacht, daß man, um dieser Schreiberei zu entgehen, möglichst nach einer Bestimmung trachten müsse, die an die Hand gäbe, daß schon von Anfang an vollständige und klare Angaben in dem Dokument enthalten seien, in welchem um die Auslieferung ersucht wird. Dies ist der Grund, aus dem ich an dem von mir vorgeschlagenen Zusatz zum ersten Punkt festhalte.

Was den späteren Teil des Paragraphen angeht, so weiß ich sehr wohl, daß, wenn derselbe gestrichen wird, wie wir vorgeschlagen haben, dies wohl Schwierigkeiten ffir uns hervorrufen wird, Auslieferungen zustande zu bringen; indessen habe ich mir vorgestellt, daß das Ganze doch wohl geordnet werden könne, — da ja die Polizeiuntersuchungen bei uns, zum mindesten in einigem Grade, dem Voruntersuchungsverfahren entsprechen dürften, das in anderen Ländern vorkommt, dem Entsprechendes wir aber nichts anderes als diese Polizeiuntersuchungen besitzen.

Nachdem hiermit die Verhandlung abgeschlossen war, legte der Herr Sprecher, betreffend den ersten Absatz des vorliegenden Paragraphen, Propositionen vor, einerseits auf Annahme des Ausschußvorschlages zum Wortlaut des genannten Absatzes, andererseits auch auf Annahme des genannten Absatzes in dem Wortlaut, der von den Herren Persson in Norrköping und Lindhagen in ihrer dem Paragraphen beigefügten Reservation vorgeschlagen war; und es fand der Herr Sprecher, daß die letzte Proposition mit überwiegendem Ja angenommen worden sei. Herr Widén verlangte indessen Votierung, weshalb jetzt die folgende Votierungsproposition aufgesetzt, justiert und angeschlagen wurde:

Wer will, daß die Kammer den ersten Absatz des § 8 des vorliegenden Entwurfes zu einem Gesetz, betreffend Auslieferung von Verbrechern, in dem Wortlaut annimmt, der von den Herren Persson in Norrköping und Lindhagen in ihrer dem Paragraphen beigefügten Reservation vorgeschlagen worden ist, stimmt

Ja;

Wer es nicht will, stimmt

Nein;

Gewinnt Nein, so hat die Kammer den Vorschlag des Gesetzgebungsausschusses zum Wortlaut des genannten Absatzes angenommen.

Die Votierung wies 71 Ja, aber 113 Nein aus, durch welchen Ausgang also die Kammer den Vorschlag des Ausschusses zum Wortlaut des fraglichen Absatzes angenommen hatte.

Auf hiernach von dem Herrn Sprecher gegebene Propositionen zu den gestellten Anträgen, betreffend den zweiten Absatz des vorliegenden Paragraphen, nahm die Kammer den Entwurf des Ausschusses zur Fassung des Absatzes an.

§ 9–16. [Wortlaut s. u. S. 366 ff.]

Angenommen.

Die im Entwurf der Königl. Majestät mit 17–28 bezeichneten Paragraphen hatten folgenden Wortlaut:

[Wortlaut siehe unten Seite 378 ff.]

Den fraglichen Paragraphen entsprachen in dem Entwurf des Ausschusses die §§ 17–23, denen der Ausschuß folgende Fassung gegeben hatte:

[Wortlaut siehe oben Seite 378.]

In einer abgegebenen Reservation hatte Herr *Lindhagen* erklärt, der Meinung zu sein, daß der Entwurf der Königl. Majestät hinsichtlich des vorliegenden Teiles des Gesetzentwurfes sehr wohl angenommen werden könne.

Nach Vortrag des § 17 des Ausschußentwurfs führte aus

Herr *Lindhagen*: In den §§ 17–23 hat der Gesetzgebungsausschuß die Änderung vorgeschlagen, daß alle Auslieferungen, auch wenn es sich nicht um politische Delikte handelt, dem Höchsten Gericht zur Entscheidung überwiesen werden. Da ich für meine Person keinen zwingenden Anlaß zu einer solchen Maßnahme gefunden habe, und vor allem, da wir danach streben sollen, die Arbeitslast des Höchsten Gerichts zu vermindern, so glaube ich, daß es verkehrt ist, auf diese Weise recht unnötig dieselbe zu vermehren. Daher bitte ich darum, wenn auch der Herr Justizminister nicht anwesend ist, auf jeden Fall in seinem und meinem Namen, Annahme der Königl. Proposition beantragen zu dürfen.

Herr *Widén*: Es ist richtig, was eben gesagt wurde, daß der Ausschuß eine Verlegung der Prozedur des Entwurfes, der sich in der Proposition der Königl. Majestät findet, vorgeschlagen hat, und zwar im Sinne des nun vorliegenden Ausschußgutachtens. Der sachliche Unterschied ist der, daß im Entwurf der Königl. Majestät vorgeschrieben war, nur solche Sachen, in denen Einwand politischen Deliktes erhoben würde, sollten direkt vom Höchsten Gericht geprüft werden — d. h. daß die Untersuchung bei dem Rathausgericht in der Residensstadt des Läns stattfinden solle, wo der Betreffende sich befände, während die Prüfung dem Höchsten Gericht zukäme — daß aber die übrigen Auslieferungssachen von dem genannten Rathausgericht sowohl untersucht als auch geprüft würden, sowie daß sie nur im Falle einer Beschwerde an das Höchste Gericht gingen.

Gegenüber dieser Bestimmung machte der Gesetzgebungsrat eine Anmerkung, welche die Herren finden können, wenn die Herren die Königl. Proposition studieren wollen und welche im übrigen der Ausschuß in seinem Gutachten wiedergegeben hat. Mit dem Gesetzgebungsrat ist der Ausschuß hier gegangen, und dabei hat der Ausschuß sich von denselben Gesichtspunkten leiten lassen, die der Überweisung der Prüfung von Sachen, in welchen Einwand politischen Delikts gemacht wird, an das Höchste Gericht zugrunde lagen, daß, wie der Gesetzgebungsrat sagt, man sich denken kann, es liege ein politisches oder zum wenigstens ein relativ-politisches Delikt vor, obwohl entsprechende Einwendung nicht gemacht wird, und da ist es natürlich zweckmäßig, daß solche Sachen auf dieselbe Weise geprüft werden, welche stattfinden würde, wenn der Einwand gemacht worden wäre. Im übrigen glaubt der Ausschuß, daß Sicherheit und Einheitlichkeit in allen Angelegenheiten in höherem Grade dadurch würden gewonnen werden können, daß das Höchste Gericht immer die Entscheidung hat. Sonst könnte es z. B. in gewissen Fällen eintreten, daß das Untergericht mit einem Urteil kommt und das Höchste Gericht mit einem anderen, was ja offenbar ganz unzweckmäßig werden kann. Auf Grund dessen, was dergestalt der Gesetzgebungsrat hervorgehoben hat, ist der Ausschuß einhellig für eine solche Umlegung eingetreten, wie sie hier vorgeschlagen ist, einhellig bis auf den letzten Redner, der in dieser Frage der einzige Reservant ist.

Nun hob der letzte Redner hauptsächlich hervor, es würde das Höchste Gericht belasten, alle diese Sachen zu behandeln. Ich habe ermittelt, wie viele solche Angelegenheiten von der Königl. Majestät während der letzten Jahre geprüft worden sind. Von 1905 ab einschließlich bis 1910 betrug die Zahl dieser Angelegenheiten nur 34 in allen sechs Jahren. In den Jahren 1911 und 1912 ist die Anzahl etwas höher geworden, aber sie ist nicht höher als 12 in jedem der beiden Jahre gewesen. Dazu kommt, daß diese

Angelegenheiten von sehr einfacher Beschaffenheit sind, weshalb eine erhebliche Vermehrung der Arbeitslast des Höchsten Gerichts durch sie nicht in Frage kommen kann. Als Beweis hierfür dürfte man sich auch auf den Umstand berufen können, daß der Gesetzgebungsrat, welcher in diesem Falle wohl das Höchste Gericht repräsentieren dürfte [1]), der Änderung zugestimmt hat. Ich habe außerdem andere Mitglieder des Höchsten Gerichts gefragt, und sie haben geäußert, daß diese Sache nicht die geringste Rolle in der Frage der Arbeitslast des Höchsten Gerichts spielen dürfte.

Nun verhält es sich außerdem so, daß die Erste Kammer den Entwurf des Ausschusses in diesem Teil angenommen hat, und es würde ohne allen Zweifel eine sehr beschwerliche Sache werden, eine Ausgleichung zu erreichen, wenn diese Kammer der Reservation beistimmen würde.

Aus diesen Gründen, Herr Sprecher, bitte ich, Zustimmung zum Entwurf des Ausschusses beantragen zu dürfen.

Seine Exzellenz der Herr Außenminister Graf *Ehrensvärd*: Herr Sprecher, meine Herren! Anläßlich dessen, daß Herr Lindhagen im Namen des augenblicklich abwesenden Justizministers beantragt hat, dem Entwurf der Königl. Majestät zuzustimmen, will ich hiermit in Kürze mitteilen, daß — obwohl die Regierung sich nicht davon hat überzeugen können, daß der Vorschlag des Ausschusses besser als derjenige der Königl. Majestät sei — die Regierung gleichwohl keine Veranlassung hat, sich dem Entwurf des Ausschusses zu widersetzen. Die Gründe, welche die Regierung bestimmt haben, bestehen einerseits darin, daß die Erste Kammer schon den Entwurf des Ausschusses unverändert angenommen hat, anderseits auch darin, daß, wenn man auf die praktische Seite der Sache sieht, diese Frage größerer Bedeutung entbehren dürfte, weil im allgemeinen angenommen werden darf, daß Personen, die keine Einwendungen gegen ein Auslieferungsersuchen von der Art zu machen haben, daß sie die Abweisung der Auslieferung bewirken würden, wohl auch solche Einwendungen nicht vorbringen werden.

Herr *Lindhagen*: Ich bitte um Entschuldigung, daß ich es mir habe entschlüpfen lassen, auch im Namen des Justizministers meinen Antrag zu stellen. Es war ein unbesonnener Ausdruck, der nicht beabsichtigte, die hohe Würde zu verletzen, und ich bitte, denselben zurücknehmen zu dürfen.

Was die Sache selbst betrifft, so hörten wir eben, daß es eine ziemlich gleichgültige Sache sei. Im Gesetzgebungsausschuß ging man nicht aus Notwendigkeit oder Zwang auf den anderen Standpunkt über, sondern hauptsächlich, um Herrn Petersson in Lindingö villastad gegenüber entgegenkommend zu sein, der sich so viel Mühe damit gemacht hatte, hier eine Änderung zu erreichen. Herr Widén sagte selber, daß die Arbeitslast

---

[1]) Vgl. o. S. 18, Anm. 1.

des Höchsten Gerichtes nicht erheblich werde vermehrt werden, da die Angelegenheiten von einfachster Beschaffenheit seien. Aber welchen Zweck hat es da, Angelegenheiten dem Höchsten Gericht zu überweisen, die von einfachster Beschaffenheit sind? Herr Widén sagte auch, daß wir uns dem Vorschlage des Ausschusses anschließen müßten, weil die Erste Kammer denselben angenommen habe. Wenn man sich nun in der Lage befindet, daß man die Arbeitslast des Höchsten Gerichts würde vermindern können, so darf man demselben jetzt wohl keine weiteren Sachen aufbürden. Es handelt sich allerdings jetzt nur um einige wenige Sachen, und man glaubt, es mache nichts aus, wenn man 12 Sachen hier und 12 Sachen da nimmt und damit das Höchste Gericht belastet. Aber viele Wenig machen ein Viel [1]). Ich glaube, es ist ein außerordentlich unmotivierter Entwurf, mit dem der Ausschuß gekommen ist. Es ist wohl gut, gegen jemanden entgegenkommend zu sein, der sich Mühe macht; aber dieser Entwurf läuft doch stur und steif [2]) unserem Streben zuwider, nicht unnötig das Höchste Gericht zu belasten.

Da die Sache so liegt, so kann ich nicht finden, daß es zweckmäßig sei, dem Entwurf des Ausschusses zuzustimmen. Ich bleibe bei meinem Antrage, aber ich werde keine Votierung fordern; denn das nützt zu nichts.

Nachdem die Verhandlung über den § 17 jetzt für abgeschlossen erklärt war, bemerkte der

Herr *Sprecher*: Da während der Verhandlung ein Antrag eingegangen ist, welcher sich auf die §§ 18, 19, 20, 21, 22 und 23 bezieht, so darf ich anheimstellen, daß auch die genannten Paragraphen als vorgetragen angesehen werden dürfen.

Diesem Anheimstellen wurde zugestimmt, und es wurde nach vom Herrn Sprecher gegebenen Propositionen zu den während der Verhandlung gestellten Anträgen der Entwurf des Ausschusses zum Wortlaut der §§ 17—23 von der Kammer angenommen.

§ 24.

Für den ersten Absatz des vorliegenden Paragraphen, dem der § 29 des Entwurfes der Königl. Majestät entsprach, hatte der Ausschuß ebenso wie die Königl. Majestät folgenden Wortlaut befürwortet:

[Wortlaut siehe unten S. 400.]

In ihrer obengenannten Motion hatten die Herren Persson in Norrköping und Sandler hinsichtlich der Frist, binnen welcher ein Auslieferungs-

---

[1]) *Många bäcker små gör en stor å* = wörtlich: viele kleine Bäche machen einen großen Fluß.

[2]) *stick i stäv.*

ersuchen nach erfolgloser Verhaftung eingegangen sein solle, beantragt, daß dieselbe auf höchstens 3 bzw. 6 Wochen festgesetzt werde.

In einer dem Paragraphen beigefügten Reservation hatte Herr *Persson* in Norrköping unter Zustimmung der Herren *Lindhagen* und *Pettersson* in Södertälje anheimgestellt, der Reichstag wolle anläßlich des Vorschlages der vorgenannten Motion beschließen, daß die vom Ausschusse vorgeschlagenen Fristen, 6 Wochen und 3 Monate, gegen respektive einen Monat und zwei Monate vertauscht würden.

Der Paragraph wurde vorgetragen, wonach das Wort verlangt wurde von

Herrn *Persson* in Norrköping, welcher ausführte: Ich habe nicht gedacht, die Kammer weiter zu beschweren; aber ich tue es doch, teils deswegen, weil ich selber mich bei diesem Paragraphen reserviert habe, und teils deswegen, weil ich in diesem Fall nicht bloß mit Herrn Lindhagen, sondern auch mit Herrn Pettersson in Södertälje in Gesellschaft bin, was mich hoffen läßt, etwas weiter als vorher zu kommen.

Ich und Herr Sandler hatten zunächst eine Motion dahin gestellt, daß die Frist zwischen der Verhaftung einer Person und dem formellen Ersuchen um ihre Auslieferung auf die Hälfte der Zeit eingeschränkt werde, die in der Proposition der Regierung vorgeschlagen wird. Dort werden nämlich in der genannten Hinsicht 6 Wochen für Länder in Europa und 3 Monate für außereuropäische Länder vorgeschlagen. Wir Motionäre glaubten, dies sei eine zu lange Frist, während welcher der Verhaftete sollte sitzen und auf das formelle Ersuchen warten müssen, daß seine Auslieferung erfolge, so daß er eine Früfung seiner Angelegenheit erlangen könne. Wir glaubten, in der Regel könne die Hälfte der Zeit ausreichen, also 3 Wochen für Länder in Europa und 6 Wochen für außereuropäische Länder. Indessen war im Ausschuß mitgeteilt worden, daß die Frist, welche wir in der Motion vorgeschlagen hatten, zu kurz sei und deswegen erweiterten wir sie in unserer Reservation auf 1 respektive 2 Monate statt 6 Wochen und 3 Monate, wie nach der Proposition.

Nun haben wir keineswegs übersehen, daß diese Frist die höchst zulässige ist, binnen welcher ein Ersuchen in genannter Hinsicht gestellt sein soll, aber manches Mal wird es so, daß, wenn man eine Maximalzeit aufstellt, diese in der Regel die Minimalzeit wird [1]). Daher muß man natürlich die Maximalzeit etwa so weit einschränken, wie man es wagen kann. Ich glaube, es wird für eine europäische Macht möglich

[1]) Vgl. den grundsätzlich gleichen, praktisch aber umgekehrten Fall des »Dringlichkeitsbeschlusses« im preußischen Enteignungsverfahren: dieser für dringliche Fälle ausnahmsweise zugelassene Beschluß bildet praktisch bekanntlich die Regel; s. z. B. *Marwitz*, Art. »Enteignung« im Hdw. d. Rechtsw., Bd. II, S. 277.

sein, innerhalb eines Monats nach erfolgter Verhaftung mit einem formellen Auslieferungsersuchen einzukommen, und es wird für eine außereuropäische Macht nicht nötig sein, länger als 2 Monate mit der Stellung eines solchen Ersuchen zu zögern.

Ich bitte also, Zustimmung zu unserer Reservation beantragen zu dürfen.

Nachdem unsere Reservation geschrieben war, bemerkte ich, daß wir infolge Übersehens vergessen hatten, in der Reservation besondere Aufmerksamkeit auf einen weiteren Punkt des vorliegenden Paragraphen hinzulenken, nämlich, daß das Verhaftungsrecht der Polizeibehörde übertragen sein soll. In der obengenannten Motion wird vorgeschlagen, das das Wort Polizeibehörde gegen das Wort Königl. Befehlshabender vertauscht wird. Wir meinen nämlich, daß die Polizeibehörde hier im Lande in vielen Fällen nicht als qualifiziert angesehen werden kann, mit der erforderlichen Sorgfalt und Einsicht Ersuchen zu prüfen, welche mit einem Ersuchen um Verhaftung aus dem Auslande einlaufen können.

Wir glauben also, es würden in gewissen Fällen möglicherweise Mißgriffe begangen werden können, was gegen den Verhafteten ungerecht sein würde, und wir glauben, daß größere Garantien würden geboten und daß alle Ersuchen um Verhaftung ordentlicher, sorgfältiger und einsichtsvoller vom Königl. Befehlshabenden als von einer untergeordneten und in manchen Fällen rein zufälligen Polizeibehörde würden geprüft werden.

Da ich indessen keine Reservation abgegeben habe, so darf ich es vielleicht nicht unternehmen, in dieser Richtung mit einem Antrage hervorzutreten. Aber vielleicht wäre hier jemand geneigt, mir anzugeben, ob meine Besorgnis in diesem Falle berechtigt ist. Im Ausschuß war man jedenfalls zweifelhaft und glaubte, die Motion hätte einiges für sich, wenn man schließlich auch glaubte, die Frage sei nicht von der Bedeutung, daß man dem dergestalt Vorgetragenen zustimmen müsse. Jedenfalls ist mein Zweifel, ob nicht Mißgriffe würden vorkommen können, nicht behoben worden, und wenn hier keine Aufklärung gegeben wird, die bewirkt, daß dieser mein Zweifel behoben wird, so werde ich genötigt sein, die Annahme unserer Reservation zu beantragen.

Hierauf äußerte:

Herr *Widen*: Der Antrag, welcher hinsichtlich dieses Paragraphen gestellt ist, betrifft zunächst den zweiten Absatz, hinsichtlich dessen der letzte Redner wünschte, daß das Wort Polizeibehörde gegen Königlicher Befehlshaber vertauscht werde.

Nun bezieht sich diese Bestimmung, welche hier in Frage steht, in erster Linie auf unsere Grenzländer Dänemark und Norwegen, mit denen wir in lebhafter Berührung stehen; aber diese sind auch die einzigen Länder, von denen, so weit mir bekannt, Ersuchen in der hier beabsichtigten Weise eingelaufen sind, unmittelbar an die Polizeibehörde des Ortes. Der Sinn dieser Bestimmung ist, weiter die Möglichkeit zu Übereinkommen darüber offenzuhalten, bei Verhaftungsersuchen diesen Richtweg zu gehen. Denn es ist ja die Königl. Majestät, die unter Voraussetzung von Gegenseitigkeit in der Sache Verordnung zu treffen hat. Es handelt sich also gar nicht darum, in diesen Fällen der Polizeibehörde ein allgemeines Verhaftungsrecht zu geben, sondern es kommt darauf an, ob die Königl. Majestät mit den fremden Staaten übereinkommt, daß man auf diese Weise vorgehen dürfe. Nun glaube ich, daß kein Risiko dabei zu sein braucht, den Ausdruck »Polizeibehörde« beizubehalten. Wenn es sich um Verhaftung schwedischer Bürger handelt, so ist ja das Verhaftungsrecht den Polizeibehörden anvertraut, d. h. auf dem platten Lande den Kronvögten, Länsmännern und gewissen sogenannten Vizelänsmännern, wohingegen die Polizeibeamten in den Munizipalgemeinden im allgemeinen keine Verhaftungsrecht besitzen — in den Städten Stadtfiskale, Polizeimeister usw. —. Es ist ja offenbar das Praktischste, vorzugehen, wie es hier vorgeschlagen ist, und ich glaube, daß man größere Bedenken nicht zu hegen braucht, wenn es sich um Ausländer handelt, als wenn es sich um schwedische Bürger handelt.

Was sodann die zweite Frage dieses Paragraphen betrifft, die sich im letzten Absatz behandelt findet, oder die Frist, binnen welcher ein Ersuchen um Auslieferung einer verhafteten Person gestellt sein soll, mit der Eventualität, daß der Verhaftete sonst frei gegeben wird, so darf ich sagen, daß ich gern dabei wäre, in diesem Punkte der Reservation zuzustimmen; indessen hat die Frage doch zu geringe Bedeutung, um allein in diesem Punkt eine Änderung des Ausschußvorschlages herbeizuführen. Es handelt sich hier nur um eine *Maximalzeit*, binnen welcher ein Auslieferungsersuchen gestellt sein soll; nach den gegebenen Aufklärungen wird eine Auslieferung in der Regel binnen viel kürzerer Zeit bewerkstelligt. Vornehmlich mit Rücksicht auf die außereuropäischen Staaten ist es jedoch offenbar notwendig, der Königl. Majestät einen gewissen Spielraum zu lassen. Hierzu tritt nun ein besonderer Grund, um an dem Entwurf des Ausschusses festzuhalten; und dieser besteht darin, daß die Erste Kammer das Gesetz eben in seiner Gänze angenommen hat; und es würde wohl unzweckmäßig sein, speziell in dieser kleinen Frage, die ohne Zweifel jeder größeren Bedeutung entbehrt, eine Ausgleichung zu besorgen. Ich darf die Aufmerksamkeit darauf hinlenken, daß jedenfalls kein größerer Unterschied als zwei Wochen zwischen den verschiedenen Entwürfen besteht, wenn es sich um die europäischen Staaten handelt, und wenn es sich um außereuropäische Staaten handelt, so ist der Unterschied nur wenig größer. Und auf jeden Fall handelt es sich hier nicht um bestimmte Fristen, sondern nur um die Maximalzeit, innerhalb derer die Königl. Majestät sich zu halten hat.

Ich bitte, Herr Sprecher, die Annahme des Ausschußentwurfes beantragen zu dürfen.

Herr *Pettersson* in Södertälje: Herr Sprecher, meine Herren! Zu den teuersten Gütern, die wir besitzen, rechnen wir die persönliche, Freiheit. Der Gesetzgeber hat auch gezeigt, daß er ihren Wert schätzt, unter anderem durch die Vorschrift, daß Personen, die eines Verbrechens verdächtigt sind, binnen bestimmter kurzer Zeit vor Gericht zu stellen sind. Dies betrifft schwedische Bürger. Wenn es sich um solche Ausländer handelt, um deren Auslieferung seitens einer fremden Macht ersucht wird, so dürfte es wohl in der Ordnung sein, auch hinsichtlich ihrer die persönliche Freiheit als etwas besonders Kostbares hochzuhalten. Darauf hat auch die Königl. Majestät in gewisser Weise insoweit Rücksicht genommen, als im Entwurf in Frage gestellt ist, daß, wenn eine fremde Macht auf ihr Ersuchen die Verhaftung einer Person erlangt hat, die fremde Macht, sobald sie darüber unterrichtet worden ist, daß die Person verhaftet sei, ein Ersuchen um ihre Auslieferung binnen bestimmter Frist einreichen soll, die sich nicht über sechs Wochen erstrecken darf, wenn es sich um europäische Staaten handelt, oder über drei Monate, wenn es sich um außereuropäische Staaten handelt, jedoch so, daß diese Bestimmungen durch Verträge außer Kraft gesetzt werden können. Nun haben die Motionäre diese Fristen wohl für etwas zu hoch gegriffen erachtet und in Frage gestellt, ob sie nicht recht wesentlich verkürzt werden könnten. Dieser Wunsch hat im Ausschuß starke Sympathien ausgelöst. Wenn nun einer der Motionäre gegenüber dem Gutachten des Ausschusses hier eine Reservation abgegeben hat, so habe ich geglaubt für meine Person auch seinem Antrage beitreten zu sollen. Dies ist nicht so schrecklich gefährlich, wie die Herren vielleicht glauben. Es wird vorgeschlagen, daß, wenn es sich um europäische Staaten handelt, das Ersuchen um Auslieferung des Verhafteten binnen einer Frist zu stellen sei, die sich nicht über einen Monat erstrecken darf, seitdem der fremde Staat von seiner Verhaftung in Kenntnis gesetzt wurde, sowie daß, wenn es sich um außereuropäische Staaten handelt, die Frist für das Auslieferungsersuchen nicht über zwei Monate nach geschehener Verhaftung erstreckt werden darf. Da, wie wir wissen, die Post in kürzerer Zeit als einer Woche die entlegensten Staaten Europas erreicht, so glaube ich, es ist hinsichtlich dieser Staaten eine ganz reichlich bemessene Frist, die ihnen zur Verfügung gestellt ist, um die Nachforschungen zu veranstalten, die notwendig sind, um die Angelegenheit klarzustellen. Was die außereuropäischen Staaten betrifft, so ist ja der Postgang zu ihnen so schnell, daß eine Zeit von zwei Monaten sich als ausreichend bezeichnen läßt. Australien ist wohl der Teil der Welt, wohin die Post die längste Zeit braucht und diese macht einen Monat 8 Tage oder einen Monat 10 Tage aus. Es will mir daher scheinen, als sei es nicht unmöglich, die von den Reservanten vorgeschlagenen Maximalfristen einzuführen.

Im übrigen scheinen mir um so weniger größere Ungelegenheiten aus der in Frage gestellten Änderung befürchtet werden zu können, als die Reservanten keine Änderung des Entwurfes vorgeschlagen haben, wonach durch Vertrag mit einer fremden Macht die fragliche Bestimmung soll außer Kraft gesetzt werden können.

Der Wortführer des Gesetzgebungsausschusses sprach davon, daß dies eine vergleichsweise kleine und unbedeutende Frage sei; und in gewissem Sinne kann ich ihm darin Recht geben. Aber auf der anderen Seite, meine Herren, ist diese Frage keineswegs für die Personen unbedeutend und klein, deren Freiheit hier in Frage steht. Es kann auch eine unschuldig angeklagte Person sein, um die es sich dreht. Jedenfalls kann für solche Personen recht viel darauf ankommen, ob sie eine oder zwei Wochen länger in Haft gehalten werden, als absolut notwendig ist.

Ich bitte, Herr Sprecher, die Annahme der von Herrn Persson in Norrköping usw. abgegebenen Reservation beantragen zu dürfen.

Seine Exzellenz der Herr Außenminister Graf *Ehrensvärd*: Herr Sprecher, meine Herren! Ich werde in erster Linie darum bitten, noch einmal die Aufmerksamkeit darauf hinlenken zu dürfen, daß es sich nur um eine Maximalfrist handelt. Dergestalt kann man diese Bestimmung nicht dahin generalisieren, daß man bei jedem solchen Auslieferungsersuchen die äußersten Grenzen der Frist, die gesetz ist, in Anspruch nehmen würde, sondern es darf vorausgesetzt werden, daß der Außenminister von der vorliegenden Bestimmung einen so vernünftigen Gebrauch macht, daß er diese Grenze nur in Anspruch nimmt, wenn sich besonders starke Gründe finden, die dafür sprechen. Daß sich Fälle finden können, wo wirklich eine ganz lange Zeit erforderlich ist, um ein Auslieferungsersuchen einzureichen, dürfte nicht verneint werden können; denn man wird sich erinnern, daß es sich nicht einfach um die bloße Einreichung eines Auslieferungsersuchen handelt, sondern daß diese von gewissen vervollständigenden Aktenstücken begleitet sein muß, für deren Beschaffung bisweilen erhebliche Zeit erforderlich sein kann. Ich will weiter unterstreichen, daß das schwedische Gesetz im großen und ganzen der Spur des nächstvorangehenden ausländischen Gesetzes gefolgt ist. In diesem Punkte bestimmt das norwegische Gesetz ganz allgemein eine Maximalfrist von drei Monaten, gleichgültig, ob die fragliche Person einem europäischen oder außereuropäischen Staate angehört. Eine ganz wesentliche Herabsetzung der Maximalfrist ist also vorgeschlagen. Bei solcher Sachlage und da ich überzeugt bin, daß in der Wirklichkeit die Besorgnisse, die ausgesprochen worden sind, nicht eintreffen werden, glaube ich meinerseits, es sei glücklicher, an dem vom Ausschuß befürworteten Entwurfe der Königl. Majestät festzuhalten.

Hiermit war die Verhandlung geschlossen. Nachdem der Herr Sprecher Propositionen hinsichtlich der während derselben gestellten Anträge vorgelegt hatte, wurde der Entwurf des Ausschusses zum Wortlaut des fraglichen Paragraphen von der Kammer angenommen.

§§ 25—30: *Die Schlußbestimmung; Kapitelüberschriften; Ingreß und Rubrik des Gesetzentwurfes.*

Angenommen.

Das Anheimstellen des Ausschusses unter Punkt 1 wurde als durch den Beschluß der Kammer in der Frage des Gesetzentwurfes beantwortet erklärt.

Der unter 2 aufgenommene Gesetzentwurf.

Angenommen.

Das im Punkte 2 gemachte Anheimstellen des Ausschusses wurde als durch diesen Beschluß beantwortet erklärt.

Hierauf führte aus:

Herr *Persson* in Norrköping: Herr Sprecher! Ich bitte, die Aufmerksamkeit darauf hinlenken zu dürfen, daß wir uns erlaubt haben, eine Reservation abzugeben und anläßlich des in diesem Gesetzentwurf unter der Rubrik Übergangsbestimmungen Vorgeschlagenen den Entwurf eines Schreibens vorzulegen. Diese Rubrik ist nicht vorgetragen worden, sondern statt dessen ist etwas vorgetragen worden, was die Schlußbestimmung genannt und was gut geheißen und angenommen worden ist. Aus diesem Anlaß habe ich nicht vorher das Wort erbeten. Ich bitte indessen, beklagen zu dürfen, daß ich außerstande bin, jetzt die Annahme eines Vorschlages zu beantragen, der eine Vervollständigung des Gesetzes bilden sollte. Das ganze Gesetz ist angenommen; indessen haben wir vorgeschlagen, daß daneben ein Schreiben an die Königl. Majestät abgesandt und darin darum angehalten werde, daß die Königl. Majestät möglichst Maßregeln zu dem Zwecke treffe, daß unsere Auslieferungsverträge mit den Bestimmungen des vorliegenden Gesetzes in Übereinstimmung gebracht werden. Denn sonst stehen wir vor dem Faktum, daß wir etwas derartiges angenommen haben wie dies, daß neben dem angenommenen Gesetze sich Verträge finden würden, die vielleicht damit nicht in Übereinstimmung stünden.

Indessen stelle ich keinen Antrag, ich habe nur diese Bekundung abgeben wollen.

Herr *Widen*: Herr Sprecher! Ich werde keinen Antrag stellen oder mich über die formelle Behandlung der jetzt aufgetauchten Frage äußern, da ich nicht hinreichend aufmerksam gewesen bin, wie sie aufgetaucht ist. Aber ich will sagen, daß das, was in dem fraglichen Entwurf eines Schreibens beantragt ist, auf jeden Fall an Ort und Stelle gelangen wird, weil auch der Ausschuß in seiner Motivierung etwas darauf Bezügliches gesagt hat. Ich werde bitten, vorlesen zu dürfen, was auf Seite 17 des Ausschußgutachtens steht. Der Ausschuß sagt:

»Was die Ungelegenheiten angeht, welche auch nach Ansicht des Departementchefs in gewissem Grade damit verbunden sein können, daß Bestimmungen des vorliegenden Gesetzes mit geltenden Verträgen nicht in Übereinstimmung stehen, so wird es übrigens als sicher vorausgesetzt werden können, daß die Königl. Majestät ihre Aufmerksamkeit auf diese Angelegenheit gerichtet halte und infolgedessen in dem Maße, wie es für zweckmäßig gehalten wird und wie es sich bewerkstelligen läßt, die erforderlichen Maßnahmen treffen wird, um unsere Auslieferungsverträge mit den Bestimmungen des vorliegenden Gesetzes in Übereinstimmung zu bringen.«

Da, soweit ich weiß, irgendeine Bemerkung gegen diese Motivierung in keiner der Kammern vorgekommen ist, so wird sie wohl auch in den Entwurf des Schreibens des Ausschusses hineinkommen.

Herr *Pettersson* in Södertälje: Herr Sprecher! In der Tat herrscht zwischen den Reservanten und dem Ausschuß große Einigkeit, soweit auch der Ausschuß glaubt, daß, wenn der Reichstag ein Gesetz in dieser wichtigen Angelegenheit annimmt, die Auslieferungsverträge mit demselben in Übereinstimmung gebracht werden müssen. In dieser Hinsicht findet sich dergestalt kein Unterschied. Ein solcher liegt dagegen hinsichtlich der Frage vor, wie dies zur Kenntnis der Regierung gebracht werden muß. Der Ausschuß ist der Meinung gewesen, es würde zweckmäßiger sein, dies in die Motivierung zu setzen, während die Reservanten, Herr Lindhagen, Herr Persson und ich geglaubt haben, es sei artiger, an die Königl. Majestät zu schreiben und direkt darüber zu sprechen, was die Meinung des Reichstages ist.

Ich bitte darum, Herr Sprecher, Annahme der Reservation beantragen zu dürfen.

Herr *Lindhagen*: Ich kann keinen Antrag stellen; aber da eine Sachdiskussion der Frage mit geneigter Genehmigung des Sprechers hat stattfinden können, so will ich für meine Person erklären, daß die Reservation ein Ausdruck des Unbehagens ist, das man oft gegenüber der Behandlung eines Gesetzes kennt, wo man sieht, wie auf der einen Seite positive Bestimmungen und auf der anderen Seite etwas vorgeschlagen wird, was die Bestimmungen zu bloßen Vorschriften auf dem Papier macht. Insonderheit ist dies der Fall mit diesen Übergangsbestimmungen, welche der Sprecher gerade die Schlußbestimmungen nannte, was bewirkte, daß er von den Reservanten nicht verstanden wurde. Nun ist ja festgestellt worden, daß das Gesetz mit Bestimmungen schließt, die das Gesetz ineffektiv machen. Daher haben wir Reservanten ein Schreiben und in demselben darum anzuhalten vorgeschlagen, man solle die Verträge in der Weise abändern, daß dies Gesetz kein taubes Gesetzeswerk würde (*lagstiftning i blindo*).

Ich habe keinen Antrag zu stellen, bitte aber, dem Sprecher dafür danken zu dürfen, daß er eine Sachdiskussion der Frage zugelassen hat.

Herr *Pettersson* in Södertälje: Da jetzt aufgeklärt worden ist, daß die Kammer schon hinsichtlich der Übergangsbestimmungen Beschluß gefaßt hat, was meiner Aufmerksamkeit entgangen ist, so bitte ich, meinen Antrag zurücknehmen zu dürfen.

§ 10.

....

....

Schreiben des Reichstages Nr. 102[1]).

Verlesen und angenommen in der Ersten Kammer am 14. Mai 1913.
Verlesen und angenommen in der Zweiten Kammer am 14. Mai 1913.

Schreiben des Reichstages an den König, anläßlich einerseits der Proposition der Königl. Majestät mit Entwurf zu einem Gesetz, betr. Auslieferung von Verbrechern, sowie zu einem Gesetz, betr. Änderung des Kap. 1 des Strafgesetzes, andererseits auch einer anläßlich ihrer gestellten Motion.

(Gutachten Nr. 25 des Gesetzgebungsausschusses).

An den König.

Durch eine am 31. Januar 1913 gezeichnete Proposition, Nr. 50, haben Euere Königl. Majestät unter Bezugnahme auf die der Proposition beigelegten, im Staatsrate und Gesetzgebungsrate geführten Protokolle dem Reichstage vorgeschlagen, je einen der Proposition beigefügten Entwurf zu einem Gesetz, betr. Auslieferung von Verbrechern, sowie zu einem Gesetz, betr. Änderung des Kap. 1 des Strafgesetzes, anzunehmen.

Was den Entwurf zu einem Gesetz, betr. Auslieferung von Verbrechern, betrifft, so hat derselbe nicht in unveränderter Form vom Reichstage angenommen werden können.

Der Reichstag ist dergestalt der Ansicht, daß hinsichtlich des Gerichtsverfahrens die vom Gesetzgebungsrate befürwortete Ordnung, wo-

---

[1]) Anlage zum Protokoll des Reichtages 1913. 14. Sammlung. 35. Heft (Nr. 102).

nach das Rathausgericht in jedem Falle nur ein Verhör mit demjenigen, dessen Auslieferung in Frage steht, anzustellen und eine zweite Untersuchung der Angelegenheit sowie die Überweisung der Angelegenheit in ihrer Gesamtheit an das Höchste Gericht zur Prüfung zu bewerkstelligen hat, derartige Vorteile an Sicherheit und Einheitlichkeit der Prüfung der hierher gehörenden Sachen mit sich bringt, daß man der Ansicht sein muß, die genannte Ordnung sei derjenigen vorzuziehen, welche in der Proposition Euerer Königl. Majestät vorgeschlagen worden ist.

Daß hierdurch eine Verlängerung des Auslieferungsverfahrens würde herbeigeführt werden, scheint dem Reichstage nicht befürchtet werden zu müssen, da ja auch gemäß dem Entwurf Euerer Königl. Majestät Auslieferungsangelegenheiten in den meisten Fällen durch Beschwerde der Prüfung des Höchsten Gerichtes unterworfen werden dürften. Der besondere Staatsanwalt, welcher bestellt wird, um die Interessen des fremden Staates wahrzunehmen, dürfte es nämlich kaum unterlassen können, in der höchsten Instanz zu klagen, wenn das Rathausgericht Hindernisse gegen Bewilligung des Auslieferungsersuchens als vorliegend erachtet. Und der Verhaftete, welcher im Verfahren Unterstützung rechtskundigen Beistandes genießt, dürfte im entgegengesetzten Falle in der Mehrzahl der Fälle die Sache auch der Prüfung durch das höhere Gericht unterwerfen. Eher dürfte, wie der Gesetzgebungsrat andeutet, in den meisten Fällen bei der Behandlung von Auslieferungsangelegenheiten durch die jetzt vorgeschlagene Änderung sich Zeitgewinn ergeben.

Anläßlich dessen hat der Reichstag die erforderliche Umarbeitung der §§ 17—28 in Euerer Königl. Majestät Entwurf vorgenommen, denen in dem vom Reichstage angenommenen Entwurfe die §§ 17—23 entsprechen.

Bei dieser Umarbeitung ist der Reichstag indessen der Ansicht gewesen, daß die Vorschrift, daß in der Auslieferungsangelegenheit demjenigen, um dessen Auslieferung ersucht wird, ohne Rücksicht darauf, ob er einen entsprechenden Antrag gestellt hat, Rechtshilfe zu leisten sei, hinsichtlich der Behandlung vor dem Ratshausgericht beizubehalten ist.

In Gemäßheit des Anheimstellens des Gesetzgebungsrates hat auch der Reichstag in besonderer Bestimmung, § 22, eine Vorschrift aufgenommen, wie in Fällen verfahren werden soll, wo der in Auslieferungsangelegenheiten Verhaftete bestreitet, die Person zu sein, auf welche sich das Auslieferungsersuchen bezieht. Daneben ist gemäß der entsprechenden Erinnerung des Gesetzgebungsrats im Entwurfe des Reichstages bestimmt worden, daß Fragen der Vergütung an einen Zeugen oder eine andere Person, welche zugezogen worden ist, um Aufklärungen in der Sache zu geben, sowie an Dolmetscher vom Höchsten Gerichte in Verbindung mit der Hauptsache entschieden werden sollen, sowie, daß hinsichtlich der Vergütung an den Staatsanwalt und an den Beistand des Verhafteten der König auf administrativem Wege die erforderlichen Vorschriften erlassen kann.

Die betreffend den vorliegenden Teil des Entwurfs angenommenen Änderungen haben eine Verschiebung der Paragraphenfolge hinsichtlich der §§ 29—35 in Euerer Königl. Majestät Entwurf veranlaßt, denen dergestalt im Entwurfe des Reichstages die §§ 24—30 entsprechen.

In den §§ 11, 13, 16, 30 und 34 sind Änderungen hinsichtlich der dort gemachten Hinweise auf die Paragraphen angenommen worden, deren Nummerbezeichnung dergestalt geändert worden ist.

Weiter sind in den §§ 11 und 32 gewisse Änderungen von redaktioneller Art angenommen worden.

Hinsichtlich schließlich der Anwendbarkeit des in Frage stehenden Gesetzes hält es der Reichstag zwar für offenbar, daß eine Kündigung sämtlicher Verträge zur Gewinnung unmittelbarer Anwendung der Bestimmungen des vorliegenden Gesetzes nicht in Frage kommen kann. Was die Ungelegenheiten betrifft, welche in gewissem Grade damit verbunden sein können, daß die Bestimmungen des vorliegenden Gesetzes mit geltenden Verträgen nicht in Übereinstimmung stehen, so hat der Reichstag jedoch als sicher angenommen, daß Euere Königl. Majestät Ihre Aufmerksamkeit auf diese Angelegenheit gerichtet halten und infolgedessen in dem Grade, wie es als dienlich erfunden wird und sich tun läßt, die erforderlichen Maßnahmen zu dem Zweck ergreifen werden, daß unsere Auslieferungsverträge mit den Bestimmungen des vorliegenden Gesetzes in Einklang gebracht werden.

Aus den hier angeführten Gründen hat der Reichstag anläßlich der Proposition Euerer Königl. Majestät zu seinem Teile das hier beigefügte Gesetz, betr. Auslieferung von Verbrechern, angenommen.

In der Frage des Entwurfes Euerer Königl. Majestät zu einem Gesetz, betr. Änderung des Kap. 1 des Strafgesetzes, hat der Reichstag nichts gegen denselben zu erinnern gehabt. Die Proposition, soweit sie den berührten Gesetzentwurf betrifft, ist also vom Reichstage angenommen worden.

Stockholm am 14. Mai 1913.

In untertäniger Ehrfurcht.

[Hier folgt das Auslieferungsgesetz in der Fassung der Reichstagsbeschlüsse.]

Die Materialien

zum

finnländischen Auslieferungsgesetz

vom 11. Februar 1922.

1921 års riksdag N:o 3.

(Reichstag 1921. Nr. 3.)

Proposition der Regierung an den Reichstag, betr. ein Gesetz über Auslieferung von Verbrechern.

Gemäß älterer Anschauung bestand für den Staat kein Interesse oder gar ein Recht, im Auslande begangene Verbrechen zu bestrafen. Auch wurden an fremde Staaten zur Bestrafung keine Personen ausgeliefert, welche außerhalb des Gebietes des Staates Delikte begangen hatten. Nunmehr herrscht indessen in sämtlichen Kulturstaaten die Auffassung, daß das Verbrechertum eine für alle Staaten gemeinsame Gefahr ausmache, zu deren Bekämpfung gemeinsame Maßnahmen notwendig seien. In Übereinstimmung mit dieser Auffassung verfahren diese Staaten mit Verbrechern, welche außerhalb des Landes Delikte begangen haben, entweder so, daß sie sie selber bestrafen, oder auch so, daß die Verbrecher an den fremden Staat zur Bestrafung ausgeliefert werden.

Was Finnland betrifft, so sind nach den Bestimmungen der §§ 1 und 2 des Kap. 1 des Strafgesetzes[1]) außerhalb des Landes verübte Ver-

---

[1]) Das finnländische Strafgesetz ist vom 19. Dezember 1889 datiert und in »Storfurstendömet Finlands Författnings-Samling«, Nr. 39, veröffentlicht Die obige fragliche Stelle lautet:

1. Kap.

Über die, die finnländischem Strafrecht unterworfen sind.

§ 1. Nach finnländischem Gesetz wird ein Finnländer wegen eines Verbrechens bestraft, das er in Finnland oder auf finnländischem Fahrzeug oder gegen Finnland oder gegen einen Finnländer außerhalb des Landes begangen hat; ebenfalls wegen anderen außerhalb des Landes begangenen Verbrechens, wenn der Kaiser und Großfürst verordnet, daß wegen des Verbrechens in Finnland Anklage erhoben werden soll.

brechen nur in gewissen Fällen nach finnländischem Recht strafbar. Bestrafung wegen an ausländischem Orte begangener Verbrechen, über welche nach der genannten Gesetzesstelle in Finnland nicht geurteilt wird, kann in der Regel nur in der Weise erreicht werden, daß der Verbrecher in solcher Absicht an einen fremden Staat ausgeliefert wird.

Abgesehen von den veralteten und teilweise aufgehobenen Bestimmungen, die in der Verordnung vom 2. Juni 1826, betr. die Prozeßordnung in Angelegenheiten, welche Verbrechen betreffen, die von Einwohnern Finnlands in Rußland oder von Einwohnern russischer Gouvernements in Finnland begangen worden sind [1]), und die in einem Zirkular des Senats vom 17. November 1906 [2]) vorkommen, entbehrt das finnländische Recht

---

§ 2. Wer nicht finnländischer Bürger ist, aber hier im Lande sich aufhält (finnes), wird nach finnländischem Gesetz und von finnländischem Gericht wegen eines Verbrechens verurteilt, das er in Finnland oder auf finnländischem Fahrzeug außerhalb des Landes begangen hat.

Hat ein solcher außerhalb Finnlands ein Verbrechen gegen Finnland oder gegen einen Finnländer begangen, so soll das Gesetz dasselbe sein, wenn der Kaiser und Großfürst verordnet, daß wegen des Verbrechens hier im Lande Anklage erhoben werden soll.

Finnländisches Gesetz ist auch anzuwenden, wenn ein solcher ein Verbrechen außerhalb Finnlands begangen, aber danach finnländisches Bürgerrecht erworben hat und wenn der Kaiser und Großfürst verordnet, daß wegen dieses Verbrechens hier Anklage erhoben werden soll.

[1]) Hans Kejserliga Maj.:ts nådiga Förordning, angående Rättegångs-Ordningen uti mål, som röra förbrytelser, begågne af Finlands Inbyggare uti Rybland, eller af Ryske Gouvernementernes Innewånere i Finland. Giwen uti St. Petersburg, den 2. Junii 1826. Helsingfors, Tryckt hos J. Simelii Enka 1826. Die Überschriften der einzelnen »Abteilungen« lauten: I. Über Verbrechen, die von einigen wenigen Personen begangen werden. II. Über Verbrechen, die von mehreren Personen oder einer Gemeinde begangen werden. III. Betr. Verbrechen, die Einwohner des einen Landes gegen Personen desselben Landes im Gebiete des anderen Landes verüben. IV. Betr. Verbrechen, die von einer und derselben Person in beiden Ländern begangen sind. V. Über Urteile und Entscheidungen sowie deren Vollstreckung.

[2]) Das Zirkulär, das mir vom Auswärtigen Amt in Helsingfors in Abschrift zur Verfügung gestellt wurde, lautet in Übersetzung:

Civilexpedition des Kaiserlichen Senates für Finnland. — An den Gouverneur in Nylands Län.

Helsingfors, den 17. November 1906.

Nr. 1. 653.

Nach eingegangenen Mitteilungen haben in der letzten Zeit Russen, die im Kaiserreiche Verbrechen begangen hatten und dafür dort unter Anklage gestellt und zur Bestrafung beordert (vermutlich ein Schreibfehler: beordras statt befordras; richtig wohl: bestraft werden sollen) werden sollen, in zu großer Zahl Zuflucht in Finnland genommen. Infolgedessen hat der Kaiserliche Senat auf Grund geltender Bestimmungen und Rechtsgrundsätze den Herrn Gouverneur verständigen wollen:

daß, wenn von zuständiger Stelle des Kaiserreiches schriftliches Ersuchen erfolgt, betr. Anhaltung und Auslieferung einer solchen Person, damit sie im

einer Bestimmung über Auslieferung von Verbrechern an fremde Mächte. Eine Folge der früheren staatsrechtlichen Stellung Finnlands ist jedoch gewesen, daß die Verträge, welche von Rußland mit fremden Mächten über gegenseitige Auslieferung von Verbrechern abgeschlossen wurden, grundsätzlich auch für finnländische Behörden bindend waren. sobald die Verträge hierorts in gesetzlicher Weise promulgiert worden waren. Solche Verträge hatte Rußland mit mehreren verschiedenen Staaten abgeschlossen.

Da gleichwohl die vorgenannten, von Rußland abgeschlossenen Verträge nunmehr, seitdem Finnland ein unabhängiger, suveräner Staat geworden ist, nicht ohne weiteres als bindend für uns angesehen werden können, ist es wahrscheinlich, daß zwischen Finnland und fremden Staaten eine Anzahl neuer Verträge über Auslieferung von Verbrechern abgeschlossen werden wird.

Es liegt indessen kein Grund vor, die Frage der Auslieferung von Verbrechern auf Verträgen mit fremden Staaten beruhen zu lassen, sondern es dürfte in Übereinstimmung mit dem, was in anderen Ländern geschehen

---

Kaiserreiche vor Gericht gestellt und bestraft wird, der Herr Gouverneur eine solche Unterstützung unverzüglich erteilen kann (eger), sofern Mitteilung darüber beigelegt ist, daß die Behörde des Kaiserreiches, die dort zur Ausstellung eines Haftbefehls befugt ist, Beschluß, betr. Verhaftung des Angegebenen wegen bestimmt angegebener Delikts, gefaßt hat;

daß bei Stellung eines solchen Ersuchens auf telegraphischem Wege der Herr Gouverneur gesetzlich ungehindert ist, in Erwartung einer Mitteilung von genannter Beschaffenheit, einstweilen den Angegebenen anzuhalten, der jedoch auf freien Fuß zu setzen ist, wenn die Mitteilung nicht binnen dreißig Tagen seit Empfang des Telegramms eingegangen ist; desgleichen

daß Sachen, die im Besitze des Angehaltenen gefunden worden sind und ihm als Mittel zur Begehung des Verbrechens gedient haben oder derer man durch die verbrecherische Handlung habhaft geworden ist, sowie andere sachliche Beweismittel auch in Schutz (Besitz) genommen und mit dem Festgenommenen ausgeliefert werden dürfen.

Zugleich sei die Aufmerksamkeit des Herrn Gouverneurs darauf gelenkt, daß, wenn in Sachen eines Verbrechens, das im § 14 der Kaiserlichen Verordnung vom 19. Dezember 1889, betr. Einführung eines neuen Strafgesetzes für Finnland, behandelt wird [diese Verordnung ist S. 90 ff. der Nr. 39 der finnl. Gesetzsamml. abgedruckt, d. i. in derselben Nummer wie das Strafgesetz (s. o. S. 322 Anm. 1); § 14 behandelt Haussuchung bei Verdacht von Umtrieben gegen die Staatssicherheit oder anderen schweren Delikten], ein Ersuchen um Vornahme einer Haussuchung bei einem Russen, der sich im Lande aufhält, von einer Gerichts- oder einer Polizeibehörde des Kaiserreiches schriftlich oder in besonders eiligen Fällen telegraphisch gestellt ist, der Herr Gouverneur Vorsorge treffen kann (eger), betr. Vornahme der ersuchten Maßnahme durch finnländische Behörden, jedoch unter Beachtung dessen, was das Gesetz über Bedingung und Art von Haussuchungen bestimmt; und es ist dem Vertreter des Gerichts oder dem zivilen Beamten, der von einer Behörde des Kaiserreiches dazu bestimmt ist, unbenommen, einer solchen Maßnahme beizuwohnen sowie durch denjenigen, der die Haussuchung anstellt, Fragen an den Angegebenen zu richten wie auch Angaben hinsichtlich der Maßnahme zu machen oder zu fordern.

Hierüber darf die Zivilexpedition, gemäß heutigem Beschlusse des Kaiserlichen Senats, den Herrn Gouverneur zur Kenntnis und Nachachtung sowie zur Unterrichtung, wen es angeht, unterrichten. Hugo Lilius. Arthur Brofelt".

ist, ein besonderes Gesetz auszufertigen sein, in welchem die allgemeinen Auslieferungsprinzipien festgelegt würden. Erst hierdurch würde man die Grundlage erhalten, auf welcher das Auslieferungswesen, sowohl hinsichtlich des Abschlusses von Auslieferungsverträgen als auch der Bewilligung von Auslieferungen, sich planmäßig entwickeln könnte. Für diejenigen, denen zukommt, Auslieferungsangelegenheiten zu behandeln oder Verträge einzugehen, würde ein solches Gesetz außerdem den Vorteil bedeuten, daß sie bei eventuellem Druck seitens fremder Staaten sich auf die bindende Kraft des Gesetzes berufen könnten. Die Regierung hat daher den untenstehenden Entwurf eines Gesetzes über Auslieferung von Verbrechern sowie einen Entwurf zu den Änderungen des Strafgesetzes und der Verordnung vom 21. März 1892, betr. Vergütung aus öffentlichen Mitteln an Zeugen im Strafprozeß[1]), ausarbeiten lassen, welche durch das erstgenannte Gesetz bedingt werden.

Der Gesetzentwurf über Auslieferung von Verbrechern, welcher in engem Anschluß an die in Norwegen im Jahre 1908 und in Schweden im Jahre 1913 ausgefertigten Gesetze in derselben Angelegenheit ausgearbeitet worden ist, ist in fünf Kapitel eingeteilt. Das erste Kapitel, umfassend die §§ 1—10, handelt von den Auslieferungsbedingungen; im zweiten Kapitel, §§ 11—19, finden sich Bestimmungen, betr. das Verfahren in Auslieferungsangelegenheiten, im 3. Kapitel, § 20, die Bestimmung über Auslieferungsersuchen seitens finnländischer Behörden, im 4. Kapitel, §§ 21—22 über gewisse in Verbindung mit dem Auslieferungswesen stehende Ersuchen seitens fremder Staaten sowie im 5. Kapitel, §§ 23 und 24, sonstige Bestimmungen.

Hinsichtlich des Verhältnisses zwischen Auslieferungsgesetzen und Verträgen kommen zwei Systeme vor. Gemäß dem einen, welchem u. a. England folgt, wird Auslieferung an fremde Staaten nicht bewilligt, es sei denn, daß besonderer Vertrag dazu verpflichte; das Gesetz über Auslieferung von Verbrechern umfaßt dergestalt nur die Normen, nach denen Verträge eingegangen werden dürfen. Gemäß dem anderen System ist es vom Standpunkte des Gesetzes gleichgültig, ob ein Auslieferungsersuchen auf Vertrag gegründet wird oder nicht. Sind nur die Bedingungen, welche das Gesetz aufstellt, erfüllt, so beruht es bei den prüfenden Behörden, zu entscheiden, ob Auslieferung erfolgen soll oder nicht. Der Vertrag hat bei solcher Sachlage nur die Bedeutung, daß die Behörden im besonderen Falle, ohne sich der Verletzung internationalen Rechts schuldig zu machen, ein Auslieferungsersuchen nicht ablehnen können, wenn die Voraussetzungen, welche der Vertrag enthält, vorhanden sind. § 1 des Gesetzentwurfs nimmt in Übereinstimmung mit den moderneren Auslieferungsgesetzen diesen letzteren Standpunkt ein. Gemäß dem Entwurf kann ein Verbrecher dergestalt auch an einen solchen Staat ausgeliefert werden, mit dem kein Vertrag über Auslieferung geschlossen

[1]) s. S. u. 429.

worden ist. Auf der anderen Seite besteht jedoch für finnländische Behörden keine Pflicht, Verbrecher auszuliefern, selbst wenn Auslieferungshindernisse nach dem Gesetz nicht vorhanden sind. Bei der angedeuteten Sachlage könnten Auslieferungsersuchen von finnländischen Behörden beispielsweise in dem Falle abgelehnt werden, daß auf Reziprozität seitens des fremden Staates nicht gerechnet werden könnte oder daß man des Vertrauens in dessen Rechtsprechung entbehrte.

Im § 2 des Gesetzes ist der in das Auslieferungsrecht der meisten Staaten aufgenommene Grundsatz, daß eigene Bürger nicht ausgeliefert werden können, zum Ausdrucke gekommen. Die Bestimmung gilt klarerweise auch für diejenigen, welche Bürgerrecht in Finnland erworben haben, nachdem das in Frage stehende Verbrechen geschehen ist, und über deren Bestrafung in Kap. 1 § 1 Abs. 2 des Strafgesetzes bestimmt wird[1]).

Im Auslieferungsrechte gilt als allgemeine Regel daß Auslieferung nicht wegen Verbrechen bewilligt wird, die auf dem eigenen Territorium des Staates begangen worden sind. Eine Bestimmung hierüber ist in den § 3 des Gesetzentwurfes aufgenommen worden. Dagegen ist Auslieferung für den Fall nicht verboten, daß das Delikt nicht auf dem Gebiet des Staates geschehen ist, der das Auslieferungsersuchen gestellt hat, sondern auf dem Territorium eines fremden Staates. — Wenn ein Bürger eines fremden Staates, welcher im Auslande ein Delikt begangen hat, das gegen Finnland oder finnländische Bürger gerichtet war, nach § 3 an einen fremden Staat ausgeliefert werden kann, so wird für einen solchen Fall vermittels der genannten Gesetzesstelle die Bestimmung des Kap. 1 § 2 Abs. 2 des Strafgesetzes[2]) abgeändert, wonach ein solches Verbrechen nach finnländischem Gesetz bestraft werden soll.

§ 4 des Gesetzentwurfes enthält eine allgemeine Bestimmung darüber, wie qualifiziert ein Verbrechen sein muß, um Auslieferung veranlassen zu können. Ohne ausdrückliche Angabe dürfte es klar sein, daß, wenn die nötigen Voraussetzungen sonst vorhanden sind, Auslieferung auch wegen Versuchs- und Teilnahmeverbrechens erfolgen kann.

In den das Auslieferungsrecht betreffenden Gesetzen gilt allgemein, daß Auslieferung wegen politischer Verbrechen nicht bewilligt wird; eine Bestimmung hierüber ist in den § 5 des Gesetzentwurfes aufgenommen. Politisches Asylrecht dürfte gleichwohl nicht allen Verbrechern zugute kommen, welche sich auf ein politisches Motiv berufen können. Gewisse Ausnahmen von der genannten Hauptregel sind daher in den Entwurf aufgenommen worden.

§ 6 des Gesetzentwurfs geht prinzipiell davon aus, daß einleuchtende Gründe zum Verdacht gegen die mit dem Auslieferungsersuchen gesuchte Person vorliegen müssen, damit Auslieferung stattfinden kann.

---

[1]) s. o. S. 322.
[2]) s. o. S. 323.

Ein verurteilendes Urteil oder ein Verhaftungsbeschluß, dem eine Untersuchung vor Gericht oder Untersuchungsrichter vorangegangen ist, wäre jedoch in jedem Fall als einen ausreichenden Beweis ausmachend anzusehen.

Hinsichtlich des Verfahrens in Auslieferungssachen können drei Systeme als herrschend bezeichnet werden: das administrative, das englisch-amerikanische und das sogen. gemischte System. Das administrative System wird dadurch gekennzeichnet, daß die Behandlung und Prüfung von Auslieferungsersuchen auf administrativem Wege ohne Mitwirkung von Gerichten erfolgt. Es wird u. a. in Preußen und Dänemark sowie gegenwärtig auch in Finnland angewandt. Gemäß dem englisch-amerikanischen System kann niemand ausgeliefert werden, wenn nicht ein Gericht seine Auslieferung gestattet hat. Der Beschluß des Gerichtes wird jedoch nicht in dem Sinne bindend, daß, wenn das Gericht die Auslieferung jemandes gestatten würde, die Regierung verhindert wäre, die Auslieferung zu verweigern. Das gemischte System, welches u. a. in Belgien, der Schweiz, Norwegen und Schweden herrscht, enthält mannigfaltig verschiedene Verfahrensweisen, die jedoch das miteinander gemein haben, daß gerichtliche Mitwirkung bei der Prüfung eines Auslieferungsersuchens in der einen oder der anderen Form in Anspruch genommen werden kann.

Bei Erwägung der Frage, auf Grundlage welchen Systems das finnländische Auslieferungsgesetz auszuarbeiten sei, ist zu bemerken, daß die Prüfung, welcher Auslieferungsersuchen unterworfen werden, nicht selten von der Art ist, daß sie gerichtliche Prüfung erfordert. Das administrative System scheint infolgedessen nicht in Frage kommen zu können. Indessen dürfte auch die Annahme des englisch-amerikanischen Systems nicht befürwortet können, da dessen Anwendung offenbar oft unnötigen Zeitverlust und allzu hohe Kosten im Gefolge hat. Bei solcher Sachlage ist der Entwurf, in engem Anschluß an die entsprechenden Bestimmungen im schwedischen Gesetz, auf das gemischte System gegründet worden. Ergibt sich, daß das Ersuchen nicht von der Beschaffenheit ist, daß ihm gesetzlicherweise entsprochen werden könnte, oder stellt der Staatsrat, bei welchem gemäß dem Entwurfe die Beschlußfasung in der Angelegenheit liegt, sonst fest, daß Anlaß vorliege, die Auslieferung nicht zu bewilligen, so wird das Ersuchen unmittelbar abgelehnt. Im anderen Falle wird derjenige, um dessen Auslieferung ersucht wird, zum Verhör vor den entsprechenden Landshövding geführt, welcher, wenn der dergestalt Vorgeführte nicht in die Auslieferung einwilligt, die Angelegenheit zur Untersuchung dem Untergericht an den Ort überweist, wo der Landshövding seinen Sitz hat. Nach beendigter Untersuchung übersendet das Untergericht die Angelegenheit dem Höchsten Gerichte, welchem die Prüfung zukommt, ob gegen die Auslieferung Hindernisse vorliegen, von denen in den §§ 2—7 des Entwurfs die Rede ist. Endgültiger Beschluß in der Sache wird, wie oben hervorgehoben, vom Staatsrate erlassen.

Der Vorschlag, die Prüfung der Frage, ob Auslieferungshindernisse vorliegen, vom Höchsten Gericht vornehmen zu lassen, nicht von einem Untergericht, ist durch das Streben veranlaßt worden, größtmögliche Einheitlichkeit für die Behandlung von Auslieferungsangelegenheiten zu gewinnen. Durch ein solches Verfahren würde auch die Entscheidung solcher Angelegenheit dem Auslande gegenüber größtmögliche Autorität erhalten. Mit Rücksicht auf die geringe Anzahl von Auslieferungsangelegenheiten würde die Arbeitslast des Höchsten Gerichtes durch die Ordnung nicht in beträchtlichem Grade vermehrt werden.

In den Gesetzgebungen der Länder, welche das gemischte System angenommen haben, herrschen verschiedene Regeln in der Frage nach dem Charakter der gerichtlichen Äußerung in Auslieferungsfragen. In gewissen Gesetzen, wie dem belgischen und dem holländischen, hat die Äußerung den Charakter eines Gutachtens, auf welches die Regierung, die allein das Entscheidungsrecht besitzt, diejenige Rücksicht nimmt, welche sie für gut befindet. Nach anderen Gesetzen hat das Gericht einen bindenden Beschluß über die Auslieferung auszusprechen, entweder so, daß der Beschluß bindend wird, mag die Auslieferung gestattet werden oder nicht, — so ist es u. a. in der Schweiz der Fall —, oder auch so, daß, wenn das Gericht das Bestehen von Auslieferungshindernissen ausspricht, dieser Beschluß die Regierung bindet, während, wenn der Beschluß darauf hinausläuft, daß solche Hindernisse nicht vorliegen, es der Regierung freisteht, nichtsdestoweniger die Auslieferung zu verweigern. § 16 des Entwurfs nimmt den letztgenannten Standpunkt ein, der auch vom norwegischen und des schwedischen Gesetzes angenommen worden ist.

Damit nicht das Recht, Auslieferung geflüchteter Verbrecher zu erlangen, auf Grund der entwickelten Kommunikationsmöglichkeiten der Gegenwart illusorisch gemacht werden könne, sind in die §§ 17 und 18 Bestimmungen aufgenommen worden, welche die Berechtigung enthalten, Verbrecher provisorisch zu verhaften, noch bevor ein formelles Auslieferungsersuchen darum eingegangen ist oder gestellt werden konnte.

Der Beschluß des Senates vom 8. März 1909 [1]) darüber, was beachtet werden muß, wenn ein Ersuchen um Verhaftung und Auslieferung einer

---

[1]) Der in »Storfurstendömet Finlands Forfattningssamling« Nr. 24 von 1909 abgedruckte Senatsbeschluß vom 8. März 1909 lautet:

Kraft der dem Kaiserlichen Senat für Finnland in Gnaden verliehenen Befugnis hat der Kaiserliche Senat verordnet, daß, wenn ein Ersuchen um Verhaftung und Auslieferung einer Person, die in Finnland wegen Verbrechens angeklagt wird, aber aus dem Lande geflüchtet ist, gestellt wird, der Beschluß der Behörde, auf den das Ersuchen sich gründet, ferner andere Ermittelungen, die gemäß geltenden Verträgen zur Auslieferung erforderlich sind, dem Ersuchen beigelegt werden sollen.

In besonders eiligen Fällen kann ein Ersuchen um provisorische Verhaftung einer solchen Person ohne Beifügung genannterDokumente erfolgen; doch sind in solchem Falle die Dokumente so zeitig einzusenden, daß die Anlagen von Übersetzungen in die Sprache des Landes, wo um Auslieferung ersucht wird, dorthin binnen der Zeit gelangen können, die in dieser Hinsicht in eingegangenen

Person erfolgt, welche in Finnland wegen Deliktes angeklagt wird, aber aus dem Lande geflüchtet hat, ist durch § 20 des Entwurfes ersetzt worden.

In den § 22 des Gesetzentwurfes sind, im Anschluß an die Auslieferungsgesetze verschiedener Länder, Bestimmungen für den Fall aufgenommen worden, daß ein Ersuchen um Genehmigung erfolgt, durch das Reich eine Person zu transportieren, welche ein fremder Staat an einen anderen ausliefert.

Da auch die Bestimmungen der vorgenannten Verordnung vom 2. Juni 1826 [1]), welche nicht die Verbrecherauslieferung betreffen, als veraltet angesehen werden müssen, so ist die genannte Verordnung vollkommen durch den § 24 des Gesetzentwurfes aufgehoben worden.

Ein Entwurf zu einem Gesetz über Auslieferung von Verbrechern, welcher unter Beachtung der vorgenannten Gesichtspunkte ausgearbeitet worden ist, ebenso auch ein Entwurf zu einem Gesetz, betr. Änderung des Kap. 1 des Strafgesetzes sowie der §§ 1 und 3 der Verordnung vom 21. März 1892 über Vergütung an Zeugen im Strafprozeß aus öffentlichen Mitteln wird hiermit dem Reichstage zur Annahme übersandt.

(Hier folgen im Original die Regierungsentwürfe der im obigen letzten Absatz genannten 3 Gesetze; Seite 4—10; s. u Seite 419 ff.).

Helsingfors, am 4. März 1921.

Der Präsident der Republik.

K. J. Ståhlberg.

Justizminister *Otto Hjalmar Granfeld.*

(Das Höchste Gericht) (Übersetzung)

„An den Staatsrat."

Im Schreiben vom 2. Dezember 1920 hat das Justizministerium gemäß dem Beschluß des Staatsrates um ein Gutachten des Höchsten Gerichts über einen Entwurf zu einer Regierungsproposition über Auslieferung von Verbrechern ersucht. Anläßlich dessen darf das Höchste Gericht mitteilen, daß das Höchste Gericht gegen die vorgeschlagene Gesetzgebung als Ganzes nichts zu bemerken hat, sowie zu Einzelheiten des Entwurfs das Folgende äußert.

Verträgen oder in den Gesetzen des Landes vorgeschrieben ist und die sich auf 20 Tage oder mehr bis zu zwei Monaten beläuft.
Helsingfors, den 8. März 1909.

[1]) s. o. S. 323.

Nach dem § 1 des Auslieferungsgesetzes kann eine Person, welche wegen Deliktes verdächtigt, angeklagt oder verurteilt ist, an einen fremden Staat ausgeliefert werden, wie es in dem geplanten Gesetze gesagt ist. Die §§ 2 und 3 des Entwurfes enthalten ein Verbot der Auslieferung 1) von finnländischen Bürgern und 2) einer Person wegen Verbrechen, die in Finnland oder auf finnländischem Fahrzeug verübt worden sind, während dieses sich auf offenem Meere befindet. Ausländer, welche außerhalb des Territoriums Finnlands Verbrechen verübt haben, wovon im ersten Kapitel § 2 Abs. 2 des Strafgesetzes [1]) die Rede ist, können dagegen, da Derartiges im Gesetzentwurfe nicht verboten wird, an einen fremden Staat zur Bestrafung nach dessen Gesetzen ausgeliefert werden, sofern die übrigen im Gesetzentwurfe genannten Voraussetzungen vorliegen. Da der Gesetzentwurf dergestalt den vorgenannten Punkt des Strafgesetzes ändert, gemäß welchem in solchen Fällen finnländisches Gesetz Anwendung finden müßte, so wäre es, davon abgesehen, daß diese Änderung nach Art und Weise aus dem § 24 des Gesetzentwurfes hervorgeht, vielleicht gleichwohl aus Gründen der Vollständigkeit begründet, in das geplante Gesetz eine ausdrückliche Bestimmung über diese Änderung des Kap. 1 des Strafgesetzes aufzunehmen, welche Bestimmung als Zusatz zu § 2 eingefügt werden könnte.

Im § 4 des Auslieferungsgesetzes ist die Auslieferung von Verbrechern auf Täter solcher Delikte beschränkt, an die sich gemäß dem allgemeinen Strafgesetz für Finnland oder gemäß dem finnländischen Seegesetz oder unter besonderen Voraussetzungen gemäß dem Strafgesetz für die finnländische Wehrmacht schwerere Strafe als Gefängnis knüpfen kann. Da jedoch auch in anderen Gesetzen, wie z. B. im Gesetz vom 27. Juli 1918, betr. die Spekulation, schwerere Strafe als Gefängnis bestimmt werden kann und Auslieferungsmöglichkeit auch in diesen Fällen durch das Bedürfnis gefordert zu sein scheint, so dürfte kein Grund bestehen, den Paragraphen so zu formulieren, daß Auslieferung im genannten Falle verboten sein würde. Der erste Absatz des Paragraphen müßte darum einen solchen Wortlaut enthalten, daß Verbrecher ausgeliefert werden können, soweit die verbrecherische Handlung ein solches Delikt ist oder, wenn sie in Finnland unter entsprechenden Verhältnissen begangen worden wäre, als ein solches Delikt anzusehen sein würde, an das nach dem allgemeinen Strafgesetz für Finnland oder nach dem finnländischen Seegesetz oder einem anderen Spezialgesetz schwerere Strafe als Gefängnis sich knüpfen kann. Diese Bestimmung müßte in einer Weise, wie sie auch im zweiten Absatz des Paragraphen geplant ist, nur unter besonderen Verhältnissen im Hinblick auf Verbrecher gelten, deren Tat nach finnländischem Recht als Delikt gegen das Strafgesetz für die Wehrmacht anzusehen sein würde. Wenn der oben genannte Entwurf gebilligt wird, so bedarf der 2. Absatz keiner anderen Änderung, als daß das Wort »jedoch« — welches in anderem Falle zu streichen oder in »gleichfalls« umzuändern

---

[1]) s. u. S. 323.

wäre — durch das Wort »nur« ersetzt wird, welches nach dem Worte »erfolgen«, einzusetzen ist.

Im § 6 Abs. 1 des Entwurf zum Auslieferungsgesetz wird vorgeschlagen, Auslieferung zu verweigern, wenn nicht zur Stütze des Ersuchens darum einer der in dem Absatz genannten Beschlüsse beigebracht wird. Im folgenden Absatz wird jedoch eine Bestimmung vorgeschlagen, wonach, wenn ein solcher Beschluß nicht beigebracht wird, Auslieferung nur in dem Fall zu verweigern wäre, daß der, um dessen Auslieferung ersucht wird, bestreitet, sich des angegebenen Delikts schuldig gemacht zu haben und daß einleuchtende Gründe für seine Schuld nicht beigebracht werden. In Übereinstimmung mit dem, was im Eingange des Propositionsvorschlages gesagt wird, müßte man sich als Regel denken, daß Verdacht gegen die mit dem Auslieferungsersuchen gesuchte Person sich auf einleuchtende Gründe zu stützen hätte; dennoch würde es genügen, wenn zur Begründung des Ersuchens einer der oben genannten Beschlüsse beigebracht würde. Zur Beseitigung des Widerspruches zwischen dem 1. und 2. Absatz erscheint es nach der Ansicht des Höchsten Gerichtes zweckmäßig, die negierende Bestimmung des 1. Absatzes durch eine solche Bestimmung zu ersetzen, daß, wenn hinsichtlich der Person, um deren Auslieferung ersucht wird, einer der oben genannten Beschlüsse vorliegt und derselbe zur Begründung des Ersuchens beigebracht wird, weiterer Beweis ihrer Schuld nicht durch das Bedürfnis gefordert wird.

Wenn gemäß § 13 Abs. 3 des Entwurfes zum Auslieferungsgesetz der Landshövding die Angelegenheit dem Gerichte zu überweisen hat, so dürfte die Absicht sein, daß die dem Verhör unterworfene Person in der im § 14 vorausgesetzten Weise in Haft zu halten ist. Der Landshövding dürfte deshalb auch in diesem Fall eine Verordnung darüber ausfertigen, und darum wäre § 13 Abs. 3 in der angedeuteten Richtung zu vervollständigen.

Aus der Bestimmung des § 15 Abs. 2 des Entwurfs zum Auslieferungsgesetz, betr. Klageanstrengung, müßte nach Ansicht des Höchsten Gerichtes die Bestimmung ausgeschlossen werden, wonach die Klage zu führen sei »binnen der Zeit und in der Ordnung, welche für eine solche Klage beim Appellgericht vorgeschrieben ist«, weil nicht in allen den Bestimmungen, welche dergestalt angezogen werden, Zeit und Ordnung der Klage angegeben sind. Dagegen wäre es notwendig, die Bestimmung beizubehalten, daß die Klage beim Höchsten Gericht spätestens innerhalb der im § 14 Abs. 3 bestimmten Frist anzustrengen ist.

Helsingfors, den 11. Februar 1921.

Das Höchste Gericht:

Julius Grotenfelt.

Julian Serlachius. **John Nordgren.** **Väinö Hirvinen.**
A. W. Heikkilä. **Wilhelm Blaafield.** **F. O. Lilius.**
N. Hj. Neovius. **Wald. Fagerström.** **Walter Andersin.**
Alfred Sarva.

Oiva Huttunen.

Nr. 329.

Die Richtigkeit der Übersetzung wird bezeugt: Auf dem Übersetzungsbüro des Staatsrates, am 28. Februar 1921. A. Nordberg.

(Hier folgen auf S. 13 der Drucksache die §§ 13 und 15 in dem Wortlaute, den sie vor der Abänderung auf das Gutachten des Höchsten Gerichts hatten; s. u. die Anm. S. 423/4.

Protokoll des Staatsrates, aufgesetzt beim Vortrage vom Justizministerium vor dem Präsidenten der Republik am Freitag, dem 4. März 1921.

Nach Beendigung des Vortrages des Außenministeriums begann der Vortrag des Justizministeriums, wobei das Protokoll vom Unterzeichneten Referenten geführt wurde.

Nach Einberufung erschien zur Sitzung des Staatsrates der Vortragende des Justizministeriums Pulkkinen.

Der Justizminister Granfelt trug vor:

die Gesetzvorlage der Regierung an den Reichstag über Auslieferung von Verbrechern.

Der Minister Granfelt äußerte dabei [1]: »Unter den Bemerkungen des Höchsten Gerichts in seinem Gutachten über den Propositionsentwurf haben diejenigen, welche gegen Abs. 3 § 13 und Abs. 2 § 15 des Gesetzes über Auslieferung von Verbrechern gemacht worden sind, eine solche Änderung des ursprünglichen Entwurfes veranlaßt, wie das Höchste Gericht sie angedeutet hat.

Im übrigen hat man nicht erachtet, daß die Bemerkungen des Höchsten Gerichtes Änderungen des ursprünglichen Propositionsentwurfs erfordern.

Das Höchste Gericht hat allerdings darin Recht, daß das vorgeschlagene neue Gesetz über Auslieferung von Verbrechern für gewisse Fälle eine Modifikation der jetzt geltenden Bestimmung des Abs. 2 § 2 Kap. 1 des Strafgesetzes [2]) mit sich bringt. Da indessen die sachliche Beschaffenheit und Tragweite dieser Änderung unzweideutig aus dem § 3 in Vergleich mit § 24 des neuen Gesetzes und Abs. 1 § 7 Kap. 1 des Strafgesetzes [3]) in dessen vorgeschlagenem neuen Wortlaut hervorgeht, so ist eine veränderte Formulierung von Abs. 2 § 2 Kap. 1 des Strafgesetzes nicht als notwendig angesehen worden. Hierfür spricht besonders auch der Grund, daß, wenn der letztgenannten Gesetzesstelle eine neue Fassung

---

[1]) Bis hier Übersetzung aus dem Finnischen, die ich wie die folgenden der Freundlichkeit des finnländischen Konsuls in Königsberg i. Pr. Herrn Haslinger verdanke.

[2]) s. o. S. 323 und u. S. 428.

[3]) s. u. S. 428.

gegeben würde, hierbei auch Finnlands veränderte rechtliche Stellung im Verhältnis zu Rußland beachtet werden müßte, woraus wieder die Notwendigkeit folgen würde, auch verschiedenen anderen Gesetzesstellen des Strafgesetzes einen veränderten Wortlaut zu geben, worüber indessen in diesem Zusammenhange zweckmäßigerweise kein Vorschlag gemacht werden kann. Irgend eine praktische Ungelegenheit kann auch nicht davon erwartet werden, daß Abs. 2 § 2 Kap. 1 des Strafgesetzes unverändert gelassen wird. Würde man indessen meinen, daß eine entgegengesetzte Ansicht mehr Gründe für sich hätte, so könnte der fragliche Absatz z. B. folgenden Wortlaut erhalten:

»Ebenso findet dieses Gesetz auf einen Nicht-Finnländer Anwendung, der außerhalb des Gebietes Finnlands ein gegen Finnland oder einen Teil desselben oder gegen finnländische Bürger gerichtetes Verbrechen begangen hat, wenn er nachher in Finnland angetroffen und nicht an einen fremden Staat, um dort bestraft zu werden, ausgeliefert wird oder wenn er hierher ausgeliefert worden ist«.

(Hier folgt im Original der entsprechende finnische Text.)

Das Höchste Gericht hat anläßlich der vorgeschlagenen Bestimmungen des § 4 bemerkt, daß Verbrechen gegen Strafandrohungen in Spezialgesetzen dergestalt im allgemeinen nicht zur Auslieferung berechtigten. Ich für meinen Teil halte den Standpunkt des Gesetzentwurfs hier für vollkommen richtig. Das spezielle Kriminalgesetz ist meistens von Ausnahmenatur und durch besondere Orts- oder Zeitverhältnisse veranlaßt, seine Strafandrohungen besitzen grundsätzlich nicht internationalen Charakter, der einen Gesetzeserlaß über zwischenstaatliche Rechtshilfe bedingt. Hierzu kommt, daß die Strafsätze in abstracto, welche im Spezialgesetz bestimmt werden, kaum jemals so streng sind, daß sie zur Auslieferung berechtigten. In dem vom Höchsten Gerichtshofe beispielsweise erwähnten Gesetze vom 27. Juli 1918 wird allerdings für gewisse Fälle Verhängung von Zuchthausstrafe bestimmt; es ist aber zu beachten, daß dies nicht mit dem Gesetze der Fall ist, das unter dem 9. April 1920 erlassen worden ist, um unberechtigter Preissteigerung vorzubeugen, und aus dessen § 12 geht außerdem hervor, daß die strengeren Strafandrohungen des Gesetzes von 1918 keine weitere Anwendung finden. Ich erlaube mir schließlich noch zu erwähnen, daß auch die schwedischen und norwegischen Gesetze über Auslieferung von Verbrechern Auslieferung wegen Verbrechen gegen Spezialgesetze nicht in größerem Umfange als im Propositionsentwurf zu lassen. Für den Fall, daß die Auffassung des Höchsten Gerichtes in diesem Punkte Beifall finden sollte, erlaube ich mir hervorzuheben, daß die vom Höchsten Gericht vorgeschlagene Umstilisierung des Abs. 1 § 4 kaum als ganz glücklich angesehen werden kann. Einfacher wäre es in solchem Fall, die im Gesetzentwurf stehenden Worte: »gemäß dem allgemeinen Strafgesetz für Finnland oder dem finnländischen Seegesetz« ,»Suomen yleisen rikoslain tai Suomen merilain mukaan«, gegen die Worte: »gemäß dem finnländischen Gesetz«, »Suomen lain mukaan«, zu vertauschen.

Das Höchste Gericht macht schließlich geltend, daß der Inhalt des Abs. 1 und Abs. 2 des § 6 miteinander in Widerspruch stehen würden. Diese Bemerkung scheint mir auf einem Übersehen des wirklichen Inhalts der Gesetzesstelle zu beruhen. Im Abs. 1 wird die allgemeine Hauptregel ausgesprochen, von der Ausnahmen nicht zugelassen werden, daß Bewilligung eines Auslieferungsersuchens immer einen Haftbeschluß der dazu berechtigten Behörde in dem Staate voraussetzt, der darum ersucht, daß der Verbrecher ausgeliefert werde. Ein solcher Beschluß kann von einem Gericht oder einem Untersuchungsrichter oder in einigen Ländern auch z. B. vom öffentlichen Ankläger oder einer Polizeibehörde erlassen werden. Abs 2 des § 6 schreibt dagegen vor, daß, wenn ein Ersuchen um Auslieferung nicht auf ein verurteilendes Urteil eines Gerichts oder auf einen Beschluß auf Grund Untersuchung vor Gericht oder Voruntersuchung vor dem Untersuchungsrichter — in welchen Fällen besonderer Beweis für die kriminelle Schuld des Verdächtigen nicht beigebracht zu werden braucht — gegründet wird, einleuchtende Gründe hinsichtlich der Schuld des für das Delikt Angegebenen beigebracht werden müssen. Letzteres wäre z. B. nötig, wenn der Verhaftungsbeschluß vom öffentlichen Ankläger oder einer Polizeibehörde allein auf Grund einer Untersuchung gefaßt worden wäre, die von ihnen veranstaltet wäre. —— Inhalt und Fassung des § 6 entsprechen vollkommen den entsprechenden Gesetzesstellen des in Schweden in der Angelegenheit geltenden Gesetzes; und diese Gesetzesstelle hat, soweit ich weiß, niemals Schwierigkeiten bei der Anwendung hervorgerufen.

Ich stelle anheim, der Herr Präsident möge zustimmen, daß der ausgearbeitete, vom Staatsrate befürwortete Propositionsentwurf dem nächst bevorstehenden Reichstage vorgelegt wird.«

Danach beschloß der Präsident der Republik, daß dem Reichstage des Jahres 1921 eine folgendermaßen lautende Gesetzesvorlage in der Angelegenheit unterbreitet werden solle

. . . .

. . . .

Das Protokoll wurde sofort genehmigt.

In fidem:

Sique Vesamaa[1]).

---

[1]) Von »Danach« bis zum Schluß Übersetzung aus dem Finnischen.

1921 Rd. — U. B. — Prop. N: o 3.

(Rt. 1921 — G. A. — Prop. Nr. 3.)

Gutachten des Gesetzgebungsausschusses Nr. 6 aus Anlaß der Proposition der Regierung, betr. ein Gesetz über Auslieferung von Verbrechern.

Der Reichstag hat dem Gesetzgebungsausschusse die erwähnte Proposition Nr. 3 zur Vorbereitung übersandt.

In der Proposition wird hervorgehoben, daß — weil Verträge, welche Rußland früher mit fremden Mächten über gegenseitige Auslieferung von Verbrechern abschlossen hat und welche für finnländische Behörden, nach Promulgation in gesetzlicher Weise in Finnland, grundsätzlich bindend waren, nunmehr, seitdem Finnland ein unabhängiger, souveräner Staat geworden ist, nicht ohne weiteres als bindend für Finnland angesehen werden könnten —, es wahrscheinlich sei, daß zwischen Finnland und fremden Staaten eine Anzahl neuer Verträge über Auslieferung von Verbrechern geschlossen werden würde. Gegenwärtig ist nämlich in den Kulturstaaten die Auffassung herrschend, daß das Verbrechertum eine für alle Staaten gemeinsame Gefahr ausmache, zu deren Bekämpfung gemeinsame Maßnahmen seitens derselben notwendig seien. Dazu gehöre u. a. Auslieferung von Verbrechern an andere Staaten.

Übereinkommen über Auslieferung von Verbrechern können die Staaten allerdings untereinander eingehen, ohne daß gesetzliche Bestimmungen über die Sache sich bei den Kontrahenten fänden. Indessen in mehreren Ländern sind doch durch Gesetz die allgemeinen Prinzipien festgestellt worden, gemäß denen von den Behörden Verbrecher ausgeliefert werden. Dies habe nämlich auf der einen Seite den Vorteil im Gefolge, daß die Prinzipien in der Angelegenheit größere Gleichförmigkeit erhielten, und auf der anderen Seite, daß die Behörden, denen die Handhabung der Auslieferungsverträge obliegt, bei eventuellem Druck seitens fremder Staaten sich auf die bindende Kraft des Gesetzes berufen könnten. Da sich bei uns allgemeine Bestimmungen über Auslieferung von Verbrechern nicht finden, so besteht nach dem Gedanken des Ausschusses Grund, auch für Finnland solche zu erlassen.

In den Motiven der Proposition wird ausgesprochen, daß der in Frage stehende Gesetzentwurf in engem Anschluß an die Gesetze über die Sache ausgearbeitet worden sei, welche in Norwegen und Schweden in Geltung stehen. Übereinstimmend mit diesen ist im Gesetze keine Bestimmung in der Frage vorgeschlagen worden, wann Verbrecher ausgeliefert werden müssen, sondern nur in welchen Fällen Auslieferung stattfinden darf und wann sie verboten ist. Innerhalb der Grenzen, in denen Auslieferung nach dem Gesetz zugelassen ist, kommt es im einzelnen Falle auf die Entscheidung der betreffenden Behörden an, ob Verbrecher ausgeliefert werden sollen oder nicht. Nach dem Gesetzentwurfe kann Auslieferung ebensowohl an einen solchen Staat erfolgen, der mit Finnland keinen Vertrag über Auslieferung von Verbrechern abgeschlossen hat, wie an einen Staat, mit dem ein solches Übereinkommen eingegangen worden ist. Der Vertrag hat nur die Bedeutung, daß, wo ein solches Übereinkommen existiert, die Behörden nicht ohne Verletzung internationalen Rechts Auslieferung von Verbrechern verweigern können, zu deren Auslieferung das Übereinkommen verpflichtet und welche nach dem Gesetz ausgeliefert werden dürfen. Ist dagegen kein Vertrag mit dem Staate vorhanden, von seiten dessen das Auslieferungsersuchen gemacht worden ist, so liegt für die Behörden zwar keine Pflicht zur Auslieferung von Verbrechern vor, selbst wenn Hindernisse dagegen nach dem Gesetze nicht bestehen; doch sind sie hierzu wohl berechtigt, wenn dies als zweckmäßig erachtet wird. – Selbstverständlich ist, daß in einem Vertrage mit einem fremden Staate keine Verpflichtung eingegangen werden kann, Verbrecher in dem Falle auszuliefern, wo solches nach dem Gesetz nicht zugelassen ist.

Die Frage der Auslieferung von Verbrechern setzt, wie aus dem Angeführten hervorgeht, Prüfung in zwei Richtungen voraus: 1. ob die Auslieferung nach dem Gesetz stattfinden darf; und 2. ob Gründe zur Auslieferung von Verbrechern vorliegen. Die erste ist eine reine Rechtsfrage, deren Entscheidung ausschließlich auf dem Inhalt des Gesetzes beruht, die zweite dagegen von administrativer und politischer Natur und beruht in erster Linie darauf, ob eine auf ein Übereinkommen gegründete Auslieferungspflicht vorliegt und, wenn eine solche Pflicht nicht existiert, auf Zweckmäßigkeitsgesichtspunkten. Gemäß dem Gesetzentwurfe würde die endgültige Entscheidung der Rechtsfrage beim Höchsten Gerichte liegen, während der Staatsrat die zweite Frage zu entscheiden hätte, jedoch so, daß der Staatsrat in Fällen, in denen ein Ersuchen um Auslieferung sofort als solches erachtet wird, daß es gesetzlicherweise nicht bewilligt werden kann, oder, wenn der Staatsrat sonst der Meinung ist, daß kein Grund vorliege, einen Verbrecher auszuliefern, ohne Einholung einer Äußerung des Höchsten Gerichtes das Ersuchen verwerfen kann. Findet das Höchste Gericht, wenn die Angelegenheit zu seiner Behandlung gelangt ist, daß Auslieferung nach dem Gesetz nicht bewerkstelligt werden darf, so ist der Staatsrat nicht befugt, Verbrecher auszuliefern; hat aber das Höchste Gericht sich dahin ausgesprochen, ein gesetzliches Hindernis gegen die Auslieferung bestehe nicht, so liegt es beim Staatsrate zu entscheiden, ob Auslieferung erfolgen darf.

Nach dem Gesetzentwurfe können finnländische Bürger nicht ausgeliefert werden, um in einem fremden Staate verurteilt zu werden, und niemand wird ausgeliefert, um wegen Verbrechens verurteilt zu werden, das in Finnland oder auf finnländischem Fahrzeug verübt worden ist, während dieses sich auf offener See befindet. In der Regel kann Auslieferung also nur hinsichtlich ausländischer Bürger in Frage kommen, welche Delikte außerhalb Finnlands begangen haben. Auch in diesen Fällen kann Auslieferung sich nur an solche Delikte knüpfen, wegen derer nach finnländischem Gesetz schwerere Strafe als Gefängnis eintreten kann. In dem Gesetzentwurf sind weiter andere einschränkende Bestimmungen über militärische und politische Verbrechen enthalten.

Nach Prüfung des auf oben referierte Prinzipien gebauten Gesetzentwurfes über Auslieferung von Verbrechern hat der Ausschuß denselben gebilligt, jedoch unter Einführung einiger verdeutlichender und sprachlicher Berichtigungen.

Außer dem Gesetzentwurf über Auslieferung von Verbrechern enthält die Proposition auch Entwürfe zu einem Gesetz, betr. Änderung des Kap. 1 des Strafgesetzes [1]), und zu einem Gesetz, betr. veränderten Wortlaut der §§ 1 u. 3 der Verordnung vom 21. März 1892 über Vergütung an Zeugen im Strafprozeß aus öffentlichen Mitteln [2]). Die im letztgenannten Gesetzentwurf eingeführten Zusätze zum Gesetz vom Jahre 1892 [3]) sind notwendige Folgen der Annahme des Gesetzes über Auslieferung von Verbrechern; der Ausschuß hat im Hinblick auf sie nichts zu erinnern gehabt.

Was schließlich den Gesetzentwurf, betr. Änderung des Kap. 1 des Strafgesetzes [4]) betrifft, so ist der Ausschuß aus den Gründen, welche das Höchste Gericht in seinem Gutachten über die Proposition entwickelt hat, der Ansicht, daß in den Abs. 2 des § 2 Kap. 1 des Strafgesetzes eine Bestimmung einzuführen sei, aus welcher hervorgeht, daß dieser Gesetzesstelle eine sachliche Änderung gegeben worden ist. Im Hinblick hierauf kann der in die Proposition als erster Absatz eines neuen § 7 desselben Kapitels eingeführte allgemeine Hinweis auf Bestimmungen, betr. die Frage, wann Verbrecher an fremde Staaten ausgeliefert werden können, als unnötig mit um so mehr Grund gestrichen werden, als das Strafgesetz nicht der richtige Ort für eine solche zum Prozeßrecht gehörende Bestimmung ist.

Auf Grund dieser Ausführungen darf der Ausschuß ergebenst vorschlagen,

der Reichstag wolle folgende Gesetze annehmen:

(Hier folgen im Original S. 3—9 die Gesetzestexte in der vom Ausschusse gebilligten Fassung: s. u. Seite 419.)

Helsingfors, den 4. Oktober 1921.

Die Angelegenheit ist im Ausschuß behandelt worden von dem Wortführer Kaila, dem Vizewortführer Procopé, den Mitgliedern Hallsten, M. Hannula, Hiltunen, Kauppinen, Leino, Manner, Oja, Pehkonen, Piitulainen, Rapo, Roos, Saarelainen, Toivari und Tolonen sowie dem Vertreter Vilkemaa.

---

[1]) s. u. S. 428. [2]) s. u. S. 429.
[3]) s. u. S. 429. [4]) s. u. S. 428.

1921 Rd. — S. U. B. — Prop. N: o 3.

(Rt. 1921. — G. A. G. — Prop. Nr. 3.)

Gutachten des großen Ausschusses Nr. 27 anläßlich der Proposition der Regierung, betr. ein Gesetz über Auslieferung von Verbrechern.

Nach Behandlung der oben genannten Angelegenheit hat der große Ausschuß beschlossen, die in dem Gutachten Nr. 6 des Gesetzgebungsausschusses enthaltenen Gesetzentwürfe anzunehmen, und darf daher ergebenst vorschlagen,

der Reichstag wolle die in Frage stehenden Gesetzentwürfe annehmen.

Helsingfors, am 13. Oktober 1923.

1921 Rd. — Riksd. sv. — Prop. N: o 3.

(Rt. 1921. — Reichst.-Antw. — Prop. Nr. 3.)

Antwort des Reichstages auf die Proposition der Regierung, betr. ein Gesetz über Auslieferung von Verbrechern.

Dem Reichstage ist die Proposition der Regierung, betr. ein Gesetz über Auslieferung von Verbreche n, übersandt worden, und es hat der Reichstag, welcher in der Angelegenheit das Gutachten Nr. 6 des Gesetzgebungsausschusses empfangen hat, folgende Gesetze angenommen:

(Hier folgen im Original S. 1—7 die genannten drei Gesetze in der vom Reichstage angenommenen Fassung; s. u. S. 419).

Helsingfors, den 16. Oktober 1921.

(Die 3 Gesetze sind unter der Nr. 43 ff. der finnländischen Gesetzessammlung (Finlands Författningssamling) nach Unterzeichnung durch den Staatspräsidenten in der vom Reichstage angenommenen Fassung unter dem 11. Februar 1922 veröffentlicht worden; s. u. S. 419.)

Die drei nordischen Auslieferungsgesetze
und ihre Nebengesetze.

(Norwegisches) Gesetz.

über Auslieferung von Verbrechern.

(Vom 13. Juni 1908, Norsk Lovtidende No. 24, 1908, S. 148 ff.)

Wir Haakon, König von Norwegen, machen kund:

Daß Uns der Beschluß des jetzt versammelten, ordentlichen Stortings vom 13. Juni dieses Jahres vorgelegt worden ist, der so lautet:

§ 1. Wer in einem fremden Staate wegen einer strafbaren Handlung beschuldigt, angeklagt oder verurteilt ist, kann, sofern er nicht norwegischer Staatsbürger ist, unter Beachtung der in diesem Gesetz erlassenen Bestimmungen hier im Lande festgenommen und an den betreffenden fremden Staat ausgeliefert werden.

§ 2. Auslieferung darf nur wegen Verübung eines Verbrechens, das nach dem allgemeinen bürgerlichen Strafgesetze strengere Strafe als Gefängnis von 1 Jahre nach sich ziehen kann, oder einer strafbaren Handlung erfolgen, die — wenn in Norwegen und unter völlig entsprechenden Umständen begangen — nach dem bürgerlichen Strafgesetze als ein Verbrechen anzusehen sein und Strafe, wie erwähnt, nach sich ziehen können würde.

Jedoch soll Auslieferung auch wegen einer strafbaren Handlung erfolgen können, die nach norwegischem Gesetz als ein militärisches Verbrechen anzusehen sein würde, sofern sie, abgesehen von der Stellung des Täters oder den Umständen, unter denen sie begangen ist, Anlaß zur Auslieferung würde haben geben können. In diesem Falle darf Auslieferung nur unter der Bedingung erfolgen, daß das Verbrechen in dem betreffenden Staate nicht als militärisches behandelt werden darf[1]).

§ 3. Auslieferung darf nicht wegen eines politischen Verbrechens erfolgen, auch nicht wegen eines gemeinen Verbrechens, das in Verbindung mit einem politischen Verbrechen und in der Absicht verübt worden ist, den mit diesem erstrebten Zweck zu fördern.

Ein Verbrechen, das auf Mord oder Körperverletzung an einem Staatsoberhaupte oder einer zu seiner Familie gehörenden Person aus-

---

[1]) Der letzte Satz fehlt im Entwurfe, der übrigens nicht in 2 Absätze geteilt ist.

geht, kann Auslieferung begründen, soweit es nicht in Verbindung mit einem anderen politischen Verbrechen begangen worden ist [1]).

§ 4. Auslieferung darf nicht erfolgen:

1. wenn das Verbrechen, das in bezug genommen wird, nach norwegischem Gesetze als in Norwegen begangen anzusehen ist;
2. wenn schon vor Einlaufen des Ersuchens hier im Lande wegen des Verbrechens ein Urteil ergangen oder ein Anklagebeschluß ausgefertigt ist;
3. wenn die Möglichkeit, ein Strafverfahren einzuleiten, ein Strafurteil zu sprechen oder eine verhängte Strafe zu vollziehen, beurteilt nach den Verjährungsregeln des allgemeinen bürgerlichen Strafgesetzes, infolge Verjährung fortgefallen sein würde..

§ 5. Auslieferung darf nur unter der Bedingung erfolgen, daß der Ausgelieferte in dem Staate, an den er ausgeliefert wird, nicht wegen einer anderen, vor der Auslieferung begangenen strafbaren Handlung als der oder derer, wegen welcher er ausgeliefert ist, bestraft und auch nicht an einen dritten Staat weiter ausgeliefert werden darf, es sei denn, daß er in öffentlichem gerichtlichem Termin oder vor einer öffentlichen Behörde seine Zustimmung dazu gegeben oder daß er nach seiner endgültigen Freilassung es unterlassen hat, den Staat im Laufe eines Monats zu verlassen, oder dahin zurückgekehrt ist, nachdem er ihn verlassen hatte. Jedoch kann das Regierungsdepartement, welches die Auslieferung beschlossen hat (§ 17), später die Zustimmung dazu erteilen, daß eine solche Verfolgung oder Weiterauslieferung stattfinde, ohne daß die im vorhergehenden Punkte aufgestellten Bedingungen vorhanden wären, sofern es sich um ein Verbrechen handelt, welches nach diesem Gesetze Auslieferung hätte begründen können. Ob dies der Fall ist, wird durch Gerichtsentscheidung übereinstimmend mit § 14 entschieden. Die Regeln der §§ 15 und 17 finden entsprechende Anwendung [2]).

§ 6. Ist derjenige, um dessen Auslieferung ersucht wird, hier im Lande wegen einer anderen strafbaren Handlung als derjenigen, wegen welcher um Auslieferung ersucht wird, verurteilt oder unterVerfolgung, so darf Auslieferung erst erfolgen, nachdem die Verfolgung beendet und gegebenenfalls die Strafe verbüßt ist.

§ 7. Wenn gleichzeitig von mehreren Staaten um Auslieferung einer Person wegen desselben Verbrechens ersucht wird, so ist, sofern Auslieferung bewilligt wird, der Vorzug in der Regel dem Staate zu geben, wo das Verbrechen begangen worden ist, oder, wenn das Verbrechen in mehreren Staaten begangen worden ist, dem Staate, wo die Haupthandlung begangen worden ist.

§ 8. Wird von mehreren Staaten um Auslieferung einer Person wegen verschiedener Verbrechen ersucht, so ist, wenn nicht etwas anderes

---

[1]) Der § bildet im Entwurfe nur einen Absatz; der 2. Satz ist mit »Jedoch« eingeleitet. Sonst sind beide Fassungen gleich.

[2]) Der letzte Satz findet sich nicht im Entwurfe.

durch Vertrag mit einem der Staaten bestimmt ist, der Vorzug dem Staate zu geben, dessen Ersuchen um Auslieferung oder um Festnahme mit dem Ziele der Auslieferung vor Augen zuerst eingelaufen ist.

§ 9. Auslieferung darf nur erfolgen, wenn ein formelles Ersuchen darum auf diplomatischem Wege eingegangen ist.

Das Ersuchen hat eine Angabe über das staatsbürgerliche Verhältnis der betreffenden Person zu enthalten sowie begleitet zu sein von

1. einem vollständigen Signalement, sofern ein solches vorhanden;
2. soweit ein Urteil ergangen ist, dem verurteilenden Urteil oder sonst einem von einer zuständigen Behörde ausgefertigten Beschluß, der dieselbe Wirkung wie ein hier im Lande ausgefertigter Festnahme- oder Anklagebeschluß besitzt und eine Angabe von Zeit, Ort und Gegenstand des Verbrechens enthält — alles im Original oder in beglaubigter Abschrift;
3. Abschrift der in dem fremden Staate geltenden Strafbestimmungen, die auf das Verbrechen anwendbar sind.

Sofern nichts anderes durch Übereinkommen mit dem betreffenden fremden Staate bestimmt ist, sind außerdem derartige Beweise für die Schuld der betreffenden Person beizubringen, daß sich das Vorliegen triftigen Grundes zum Verdachte gegen sie ergibt.

§ 10. Findet das betreffende Regierungsdepartement, das Ersuchen erfülle die im § 9 festgesetzten formellen Bedingungen nicht oder aus dem Ersuchen gehe hervor, daß keine gesetzmäßige Auslieferungsmöglichkeit bestehe, so läßt es den fremden Staat auf diplomatischem Wege davon unterrichten, daß dem Ersuchen nicht entsprochen werden könne, ferner über den entsprechenden Grund.

§ 11. Findet das Departement, es bestehe die Möglichkeit, dem Ersuchen zu entsprechen, so hat es die Dokumente der Angelegenheit der Anklagebehörde mit dem Ersuchen zu übersenden, die fragliche Person verfolgen und festnehmen zu lassen, sofern sie nicht schon festgenommen worden sein sollte (vgl. §§ 19 und 20), und gegebenenfalls eine gerichtliche Entscheidung darüber herbeizuführen, ob eine gesetzliche Möglichkeit, sie auszuliefern, bestehe.

Hinsichtlich Verfolgung, (s. o. S. 206 Anm. 1) Festnahme und Stellung vor Anklagebehörde oder Richter gilt, was inden §§ 231, 233, 234, 235 und 237 sowie im § 250 des Strafprozeßgesetzes [1]) bestimmt ist, jedoch so, daß der Haftbefehl hier stets von der Anklagebehörde aus-

[1]) § *231*: Die Festnahme wird von der Polizei oder von dem, der sonst dazu besonders ermächtigt wird, gemäß Gerichtsbeschlußoder, wenn ein solcher nicht ohne Gefahr abgewartet werden kann, auf Befehl der Anklagebehörde vorgenommen.

Der Beschluß oder der Befehl soll möglichst Bezeichnung des Verdächtigten sowie Angabe der strafbaren Handlung, der er bezichtigt wird, des Grundes der Festnahme, des Ortes, an den er zu bringen ist, und des Richters, dem er vorzuführen ist, enthalten.

Hat dieser Richter den Beschluß nicht selbst ausgefertigt, so sollen ihm

zufertigen ist und auf Stellung vor den nächsten Verhörsrichter zu lauten hat sowie daß die Anklagebehörde stets Verfolgung (efterlysning; s. o. S. 206 A. 1) ohne Gerichtsbeschluß vornehmen kann.

§ 12. Die Behörde, vor die der Festgenommene vorläufig gestellt wird, kann diesen freilassen, sofern angenommen wird, es sei eine falsche Person festgenommen worden.

Der Verhörsrichter, dem der Festgenommene vorgeführt wird, hat in Übereinstimmung mit § 239 des Strafprozeßgesetzes [1]) einen Gefangen-

---

Abschrift desselben oder des Befehls sowie andere vorhandene Aufschlüsse sofort übersandt werden.

§ *233*: Bei der Festnahme oder sobald als tunlich soll der Beschluß oder der Befehl, wenn ein solcher vorliegt, auf Verlangen dem Festgenommenen vorgezeigt oder vorgelesen werden, der dabei das Recht hat, Abschrift zu verlangen,

§ *234*: Die Festnahme muß mit derjenigen Schonung bewerkstelligt werden, die der Zweck zuläßt.

Dinge, die zu Gewalt oder Entweichen benutzt werden können, sind dem Festgenommenen abzunehmen, und persönliche Untersuchung kann vorgenommen werden, soweit Grund zu der Vermutung besteht, daß er solche Dinge bei sich habe.

§ *235*: Der Festgenommene soll schnellstmöglich dem in dem Beschluß oder Befehl bestimmten Richter vorgeführt werden. Kann dies nicht spätestens am Tage nach der Festnahme erfolgen, so ist er berechtigt zu verlangen, vorläufig dem nächsten Verhörsrichter vorgeführt zu werden oder, wenn auch dies nicht geschehen kann, spätestens am Tage nach der Festnahme der nächsten Anklagebehörde. Ist die Vorführung vor einen Richter nicht binnen 24 Stunden nach der Festnahme erfolgt, so ist der Grund im Gerichtsbuche anzuführen.

§ *237*: Die Behörde, der der Festgenommene vorgeführt wird, soll in einem Termin oder im Beisein von Zeugen seine Erklärung entgegennehmen und die Aufschlüsse einholen, wozu im übrigen Gelegenheit sein könnte, sowie die abgegebenen Erklärungen und den gefaßten Beschluß aufzeichnen.

§ *250*: Entweicht jemand, der festgenommen oder im Gefängnis ist, oder ist jemand, dessen Festnahme beschlossen ist, nicht zu finden, so kann er, wenn er einer strafbaren Handlung verdächtig ist, die höhere Strafe als Gefängnis von 6 Monaten im Gefolge haben kann, vom Gerichte oder, sofern ein gerichtlicher Festnahmebeschluß oder ein Erkenntnis auf Gefangensetzung vorliegt, von der Anklagebehörde steckbrieflich verfolgt (efterlyses; s. o.) werden.

Zu diesem Zwecke wird auf geeignete Weise eine tunlichst genaue Beschreibung des Bezichtigten mit Angabe der strafbaren Handlung, deren er verdächtig ist, und mit Aufforderung an jeden, der seinen Aufenthaltsort kennen sollte, Auskunft darüber zu geben und notwendigenfalls selbst ihn zu ergreifen, bekanntgemacht. Sobald der Grund fortfällt, wird der Steckbrief (Efterlysningen) widerrufen.

[1]) § *239*: Ob der Festgenommene in Untersuchungshaft (varetaegtsfaengsel; s. o. S. 142) zu nehmen ist, wird durch Spruch des Gerichts entschieden, vor dem gerichtliche Voruntersuchung eröffnet, Anklage erhoben oder an das wegen der Sache appelliert ist. Ist ein Urteil ergangen und die Sache nicht vor eine höhere Instanz gebracht, so kommt die Entscheidung dem Gericht zu, welches zuletzt in der Sache geurteilt hat. Ist gerichtliche Verfolgung noch nicht eingeleitet, so wird der Spruch von dem Richter abgegeben, dem der Festgenommene nach dem Festnahmebeschlusse oder Befehl oder nach § 236 (Festnahme ohne Beschluß oder Befehl, ev. durch einen Privaten) vorgeführt worden ist. Auch sonst kann dieser Richter die Entscheidung treffen, wenn die Vor-

setzungsbeschluß auszusprechen, sofern angenommen wird, die festgenommene sei die richtige Person. Von der getroffenen Verfügung wird sofort an denjenigen Nachricht gegeben, der den Haftbefehl ausgefertigt hat. Dieser hat danach unverzüglich dem Verhörsrichter die Dokumente der Sache zuzustellen.

§ 13. Nach Empfang der Dokumente hat der Verhörsrichter in gerichtlichem Termin (vgl. Strafprozeßgesetz Kap. 11)[1]) den Festgenommenen mit dem gestellten Ersuchen bekanntzumachen und seine Erklärung dazu einzuholen.

Erkennt der Festgenommene an, die Person zu sein, um deren Auslieferung ersucht wird, und erklärt er unvorbehalten, daß er gegen die Bewilligung des Ersuchens nichts einzuwenden habe, so wird sofort Entscheidung verkündet, daß gesetzliche Auslieferungsmöglichkeit bestehe. Abschrift der Entscheidung ist durch die Anklagebehörde dem betreffenden Regierungsdepartement einzusenden.

Im entgegengesetzten Falle ist ein neuer gerichtlicher Termin mit so langer Frist anzuberaumen, wie erforderlich ist, damit die Anklagebehörde zum Termin erscheinen kann. Von der Anberaumung ist sofort der Anklagebehörde Nachricht zu geben.

§ 14. Dem neuen Termin wohnt die Anklagebehörde bei.

Der Festgenommene wird von einem Verteidiger unterstützt. Bestellung eines öffentlichen Verteidigers erfolgt nach den im § 101 des Strafprozeßgesetzes[2]) gegebenen Regeln[3]).

Nach stattgefundener Verhandlung entscheidet das Gericht durch Erkenntnis, ob gesetzliche Möglichkeit zur Auslieferung des Festgenommenen bestehe[4]). Das Erkenntnis ist sofort abzugeben. Abschrift desselben ist

---

führung des Festgenommenen vor das Gericht, durch das die Verfolgung stattfindet oder stattgefunden hat, mit größeren Ungelegenheiten verbunden sein würde, jedoch so, daß Abschrift des Protokollierten und die Akten der Sache unverzüglich diesem zugestellt werden.

Der Spruch wird möglichst vor Schluß des Termins abgegeben und sofort oder schnellstmöglich dem Festgenommenen verkündet, der binnen 24 Stunden Abschrift verlangen kann.

[1]) Kap. 11: »Gerichtliche Termine und gerichtliche Bücher« (in denen Zeit und Ort des Termins, Namen der Richter usw. aufgezeichnet werden; vgl. z. B. § 124).

[2]) § 101: In Fällen, die im § 100 behandelt werden (Verteidigung des Beschuldigten), ist ein öffentlicher Verteidiger zu bestellen, sofern der Beschuldigte nicht selbst gültig einen Verteidiger gewählt hat oder es im Interesse des Beschuldigten für nötig erachtet wird, daß jemand dem Gewählten zur Seite gestellt wird oder sofern der gewählte Verteidiger nach § 278 Abs. 3 von der Anwesenheit im Termin ausgeschlossen ist (§ 278 III: Kollusionsgefahr).

[3]) Absatz 2 lautet im Entwurf: »Der Festgenommene ist berechtigt, sich von einem Verteidiger unterstützen zu lassen. Unter den im § 102 des Strafprozeßgesetzes angegebenen Bedingungen kann das Gericht ihm einen öffentlichen Verteidiger bestellen.«

[4]) Im Entwurfe: »Nach stattgefundener Verhandlung entscheidet das Gericht durch Erkenntnis, ob nach den in diesem Gesetze aufgestellten Bedingungen gesetzliche Möglichkeit zur Auslieferung des Festgenommenen besteht usw.«

durch die Anklagebehörde dem zuständigen Regierungsdepartement einzureichen.

§ 15. Gegen den Beschluß auf Freilassung des Festgenommenen und gegen das Erkenntnis, daß er sofort in Untersuchungshaft zu nehmen sei (vgl. § 12), kann kein Rechtsmittel eingelegt werden.

Gegen das Erkenntnis, welches darauf hinausgeht, daß gesetzliche Möglichkeit zur Auslieferung des Festgenommenen bestehe oder nicht bestehe, kann übereinstimmend mit den Regeln des Kap. 29 des Strafprozeßgesetzes[1]) Berufung eingelegt werden, jedoch so, daß die Berufung hier stets sofort erklärt werden muß und stets aufschiebende Wirkung hat[2]).

§ 16. Ist durch endgültiges Erkenntnis entschieden, daß gesetzliche Möglichkeit zur Auslieferung des Festgenommenen nicht bestehe, so hat das zuständige Regierungsdepartement auf diplomatischem Wege den fremden Staat darüber zu unterrichten, daß dem gestellten Ersuchen nicht entsprochen werden könne. Der Nachricht ist eine Abschrift des verkündeten Erkenntnisses beizufügen.

§ 17. Ist durch endgültiges Erkenntnis entschieden, daß gesetzliche Möglichkeit zur Auslieferung des Festgenommenen bestehe, so hat das zuständige Regierungsdepartement darüber Beschluß zu fassen, ob dem Ersuchen um Auslieferung des Verhafteten entsprochen werden soll, und danach auf diplomatischem Wege den fremden Staat von dem gefaßten Beschlusse zu unterrichten.

Ein Beschluß, der auf Bewilligung des Ersuchens hinausläuft, hat das oder die Verbrechen, wegen welcher Auslieferung bewilligt wird, und die Bedingungen anzugeben, die an die Auslieferung geknüpft werden könnten. Der Mitteilung des Beschlusses ist eine Abschrift des ergangenen Erkenntnisses beizufügen wie auch eine den Umständen angemessene Frist anzugeben, binnen welcher der Festgenommene abgeholt oder entgegengenommen sein muß. Die Frist darf 3 Monate nicht übersteigen, kann innerhalb dieses Zeitraumes indessen auf Antrag verlängert werden.

§ 18. Der Festgenommene ist freizulassen:

1. Wenn durch endgültiges Erkenntnis entschieden ist, daß keine gesetzliche Möglichkeit, ihn auszuliefern, besteht;
2. wenn das zuständige Regierungsdepartement beschließt, dem Ersuchen um seine Auslieferung nicht zu entsprechen, und
3. wenn der betreffende fremde Staat ihn vor Ablauf der gesetzten Frist nicht abholen läßt oder entgegennimmt.

In dem unter Nr. 1 genannten Falle ist dem Festgenommenen auf Verlangen aus der Staatskasse Ersatz des durch die Untersuchungshaft erlittenen Schadens zuzuerkennen. Für die Entscheidung der Erstattungs-

---

[1]) Kap. *29*: »Berufung« (kjäremaal).

[2]) Im Entwurf noch folgender Nebensatz: ». . . . . Wirkung hat, sowie daß die Berufung nicht darauf gegründet werden kann, daß die Frage der Identität des Verhafteten unrichtig entschieden worden sei.«

forderung kommen die Regeln des § 471 und § 472, letzter Absatz [1]), des Strafprozeßgesetzes zur Anwendung.

§ 19. Bevor ein formelles Auslieferungsersuchen einläuft, kann, wer in einem fremden Staate wegen eines Verbrechens, das [2]) seine Auslieferung zu begründen vermag, beschuldigt, angeklagt oder verurteilt ist, vorläufig verhaftet werden, wenn der fremde Staat auf diplomatischem Wege oder durch einen Konsul bei dem zuständigen Regierungsdepartement ein Ersuchen darum stellt. Durch Übereinkommen mit einem fremden Staate kann auch bestimmt werden, daß ein solches Ersuchen von bestimmten untergeordneten Behörden des anderen Staates oder Norwegens ausgehen bzw. an solche Behörden gerichtet werden kann.

Das Ersuchen hat in jedem Falle zu enthalten:

1. eine Angabe der Zeit, des Ortes und des Gegenstandes des Verbrechens sowie der staatsbürgerlichen Stellung der betreffenden Person, dazu, wenn möglich, ihres Signalements,
2. eine Auskunft darüber, daß ein solches Urteil oder ein solcher Beschluß vorliege, wie im § 9, Abs. 2 Nr. 2 genannt, und
3. eine Erklärung darüber, daß später ein formelles Ersuchen um ihre Auslieferung werde gestellt werden.

Bei der Behandlung des Ersuchens finden die Regeln der §§ 10 und § 11, Abs. 1, entsprechende Anwendung, soweit Anlaß dazu besteht. Hinsichtlich Verfolgung (efterlysning; s.o.), Festnahme und Stellung vor Anklagebehörde oder Richter gelten die Bestimmungen der §§ 11 Abs. 2 und § 12.

Sobald die Festnahme stattgefunden hat, hat die Anklagebehörde sofort dem Departement zu berichten, welches unverzüglich dem fremden Staate eine Nachricht von der Festnahme unter Angabe einer bestimmten Frist zustellt, binnen welcher ein formelles Auslieferungsersuchen eingehen muß. Diese Frist, deren Länge mangels eines Übereinkommens mit dem betreffenden Staate vom Departement bestimmt wird, darf nicht länger als

---

[1]) § *471*: Zuerkennung der im § 469 behandelten Schadensersatzforderung (d. i. Schadensersatz an unschuldig Verurteilte oder für unschuldig erlittene Untersuchungshaft) kann in dem Urteil oder Erkenntnis verlangt werden, mit dem die Sache beendet wird.

Ist dies nicht geschehen oder wird die Verfolgung ohne Urteil oder Erkenntnis eingestellt, so kann der Beschuldigte binnen einem Monat nach Empfang der Mitteilung hierüber seinen Antrag an das Gericht richten, bei dem die Sache anhängig war, oder, wenn ein solches nicht da ist, bei jedem Gericht, bei dem ein Gerichtsstand für die Sache begründet ist. Die Entscheidung erfolgt durch Erkenntnis, nachdem der Anklagebehörde Gelegenheit gegeben worden ist, sich im Namen der Staatskasse zu äußern.

Wenn der Staatskasse eine solche Verantwortung, wie hier behandelt, auferlegt wird, so kann sie die Ansprüche geltend machen, welche der Beschuldigte in gleicher Veranlassung nach § 466 haben könnte (Verantwortlichkeit eines Richters und privaten Verteidigers für nachlässige Führung einer Strafsache).

§ *472* letzter Absatz: Wo die Verantwortungsfrage nicht nach obenstehenden Bestimmungen Gegenstand der Prüfung durch ein höheres Gericht ist, kann Berufung stattfinden.

[2]) Im Entwurfe: „. . . das nach diesem Gesetze seine . . . .“

6 Wochen sein, wenn der fremde Staat in Europa liegt, und nicht länger als 3 Monate, wenn er außerhalb Europas liegt.

Läuft kein Auslieferungsersuchen binnen der bestimmten Frist ein, so ist der Verhaftete sofort freizulassen. Die Bestimmung des § 18 Abs. 2 findet in solchem Falle entsprechende Anwendung.

§ 20. Wer in einem fremden Staat als wegen eines Verbrechens, das nach diesem Gesetze Auslieferung begründen kann, beschuldigt, angeklagt oder verurteilt, verfolgt (efterlyst; s. o.) wird, kann ohne besonderes Ersuchen oder ohne besonderen Befehl von der Polizei festgenommen werden. Hinsichtlich Festnahme und Stellung vor Anklagebehörde oder Richter gelten die Bestimmungen der §§ 233—237 des Strafprozeßgesetzes [1]) und des § 12 dieses Gesetzes.

Über die Festnahme ist sofort durch die Anklagebehörde an das zuständige Regierungsdepartement zu berichten, welches die Freilassung des Festgenommenen verfügt, wenn es annimmt, daß kein Grund zu seiner Auslieferung besteht. Im entgegengesetzten Falle kommen die Regeln des § 19 Abs. 4 und 5 zur Anwendung.

§ 21. Wenn eine Person nach einer der vorstehenden Bestimmungen festgenommen wird, so sind die Gegenstände, die sie bei der Verhaftung in ihrem Besitze hat und von denen angenommen wird, daß sie als Beweismittel für das betreffende Verbrechen von Bedeutung sind oder daß ihre Auslieferung von dem durch das Verbrechen Verletzten verlangt werden kann, in Beschlag zu nehmen und, sofern die Auslieferung beschlossen wird, den Behörden des betreffenden fremden Staats zu übergeben.

Wenn es von einer hier im Lande sich aufhaltenden Person verlangt wird, die glaubhaft macht, daß sie ein Recht auf die Gegenstände habe, und welche des behandelten Verbrechens nicht beschuldigt ist, so hat die Übergabe unter dem Vorbehalte zu erfolgen, daß die Gegenstände nach Beendigung der Strafsache kostenlos zurückzuliefern sind.

§ 22. Auf ein auf diplomatischem Wege gestelltes und von einem solchen Dokument, wie im § 9 Abs. 2 Nr. 2 genannt, begleitetes Ersuchen kann das zuständige Regierungsdepartement bewilligen, daß eine Person, deren Auslieferung von einem fremden Staate an einen anderen beschlossen und die nicht norwegischer Staatsbürger ist, während der Bewerkstelligung der Auslieferung über norwegisches Staatsgebiet geführt werden.

§ 23. Wenn die Anklagebehörde annimmt, daß an einen fremden

---

[1]) §§ *233—5* und § *237* s. o. S. 343 Anm. 1.

§ *236*: Wer ohne Beschluß oder Befehl festgenommen wird, soll dem nächsten Verhörsrichter vorgeführt werden, und, wenn dies nicht spätestens am Tage nach der Festnahme erfolgen kann, auf sein Verlangen vorläufig vor die nächste Anklagebehörde.

Ist die Festnahme von einem privaten Manne vorgenommen worden, so soll dieser, wenn die Vorführung vor Richter oder Anklagebehörde nicht unverzüglich erfolgen kann, den Festgenommenen dem nächsten Polizei- oder Gefängnisbeamten übergeben, der Beschluß faßt, ob die Festnahme vorläufig aufrechterhalten werden soll.

Staat ein Ersuchen um Festnahme und Auslieferung einer Person zu richten sei, die hier im Lande wegen eines Verbrechens beschuldigt, angeklagt oder verurteilt ist, so hat sie bei dem zuständigen Regierungsdepartement zu beantragen, daß die erforderlichen Verfügungen in dieser Hinsicht getroffen werden.

Das Departement prüft nach jeder Richtung, ob dem Antrage zu entsprechen sei. Das Ersuchen ist gegebenenfalls auf diplomatischem Wege oder durch einen norwegischen Konsul zu stellen.

Ein Ersuchen um vorläufige Verhaftung soll jedoch von der Anklagebehörde direkt an die betreffende untergeordnete Behörde in einem fremden Staate gerichtet werden können, wenn durch Übereinkommen mit diesem Staat ausdrücklich die Möglichkeit dazu eröffnet ist.

§ 24. Unter Voraussetzung der Gegenseitigkeit kann der König bestimmen, daß für die Kosten, die bei Behandlung und Ausführung der in diesem Gesetze behandelten Ersuchen fremder Staaten entstehen, ganz oder teilweise von dem ersuchenden Staate Ersatz nicht zu verlangen ist.

§ 25. Dies Gesetz findet auf Ersuchen um Festnahme und Anbordbringung flüchtiger Seeleute keine Anwendung.

Die in bestehenden Verträgen enthaltenen Bestimmungen bleiben weiter in Geltung, auch wenn sie mit diesem Gesetze in Widerspruch stehen sollten.

§ 26. Dies Gesetz tritt sofort in Kraft.

Nähere Vorschriften über die Durchführung des Gesetzes können vom Könige erlassen werden.

Denn Wir haben diesen Beschluß als Gesetz angenommen und bekräftigt, gleichwie Wir ihn hierdurch annehmen und bekräftigen, unter Unserer Hand und des Reiches Siegel.

Gegeben Kristiania, Schloß, am 13. Juni 1913.

Haakon

(L. S.)

Gunnar Knudsen. Hesselberg.

Die Novelle vom 16. Juni 1922 zum norwegischen Auslieferungsgesetz vom 13. Juni 1908.

(Norwegisches) Gesetz

über Abänderung des Gesetzes über Auslieferung von Verbrechern vom 13. Juni 1908.

(Norsk Lovtidende, Nr. 26, 1922, S. 290/1.)

Wir Haakon, König von Norwegen, machen kund:

daß Uns der Beschluß des Storthings vom 1. Juni 1922 vorgelegt worden ist, der so lautet:

In dem Gesetze über Auslieferung von Verbrechern vom 13. Juni 1908 soll § 2 folgendermaßen lauten:

Auslieferung darf [1]) wegen Verübung eines Verbrechens, das nach dem allgemeinen bürgerlichen Strafgesetze strengere Strafe als Gefängnis von 1 Jahr nach sich ziehen kann, oder einer strafbaren Handlung erfolgen, die — wenn in Norwegen und unter völlig entsprechenden Umständen begangen — nach dem bürgerlichen Strafgesetze als ein Verbrechen anzusehen sein und Strafe, wie erwähnt, nach sich ziehen können würde.

Auslieferung kann auch wegen Verübung eines Verbrechens gegen den § 200 des allgemeinen bürgerlichen Strafgesetzes erfolgen [2]).

Endlich [3]) soll Auslieferung auch wegen einer strafbaren Handlung erfolgen können, die nach norwegischem Gesetze als ein militärisches Verbrechen anzusehen sein würde, sofern sie, abgesehen von der Stellung des Täters oder den Umständen unter denen sie begangen ist, Anlaß zur Auslieferung würde haben geben können. In diesem Falle darf Auslieferung nur unter der Bedingung erfolgen, daß das Verbrechen in dem betreffenden Staate nicht als militärisches behandelt werden darf.

Denn [4]) Wir haben diesen Beschluß als Gesetz angenommen und bekräftigt, gleichwie Wir ihn hierdurch annehmen und bekräftigen, unter Unserer Hand und des Reiches Siegel.

Gegeben Kristiania, Schloß, am 16. Juni 1922.

Haakon

(L. S.)

O. Blehr. H. S. Fürst.

---

[1]) Nach »darf« ist das Wort »nur« des Gesetzes von 1908 gestrichen.

[2]) Neu

[3]) »Endlich« statt früher »Jedoch«.

[4]) Norwegisch »Ti«; s. auch vorige Seite. Das Wort ist ein altertümlicher gesetzestechnischer Ausdruck und bedeutet als solcher heute eigentlich nichts. Es ist auch in der modernen Sprache vorhanden und entspricht dem deutschen Worte »denn«. Auf Französisch ließe es sich im vorliegenden Zusammenhange vielleicht mit »or« wiedergeben.

Das schwedische
vom 4. Juni 1913
Svensk Författningssamling.

I. Entwurf des Justizdep. vom 3. V. 1912.	II. Königliche Vorlage vom 31. I. 1913.	III. Entwurf des Gesetzgbgs-aussch. vom 18. IV. 1913.
Entwurf eines Gesetzes, betr. **Auslieferung von Verbrechern.**		
Hierdurch wird verordnet, was folgt:		
Kap. I. **Von den Auslieferungsbedingungen.**		
§ 1.		
Auf Ersuchen der Regierung eines fremden Staates darf eine Person, die sich hier im Reiche aufhält und eines Delikts verdächtig, angeklagt oder verurteilt ist, nach den Bestimmungen dieses Gesetzes an den fremden Staat ausgeliefert werden.		
Auslieferung darf erfolgen, auch wenn zur Stütze des Ersuchens		

Auslieferungsgesetz
in seinen Entwicklungsphasen
1913, No. 68, S. 124 ff.

IV. Reservationen der Minderheit gegenüber III.	V. Das Gesetz nach den Reichstagsbeschlüssen.	VI. Das endgültige Gesetz vom 4. VI. 1913.
(Die Reservationen enthalten nur zum Teil formulierte Änderungsvorschläge; zu einigen §§ liegen mehrere Ändederungsvorschläge vor. Da infolgedessen eine Gegenüberstellung des Wortlautes nicht überall möglich ist, so ist hier überall lediglich auf die Seiten der Materialien verwiesen worden, wo die Reservationen stehen.)	**Gesetz,** betr. **Auslieferung von Verbrechern.**	**Gesetz,** betr. **Auslieferung von Verbrechern:** gegeben zu Stockholm, Schloß, am 4. Juni 1913. Wir GUSTAF, *mit Gottes Gnade, König von Schweden, der Goten und Wenden, geben kund*: daß Wir, mit dem Reichstage, für gut befunden haben, in Gnaden zu verordnen, was folgt:
		Kap. 1. Von den Auslieferungsbedingungen.
		§ 1. Auf Ersuchen der Regierung eines fremden Staates darf eine Person, die sich hier im Reiche aufhält und eines Delikts verdächtig, angeklagt oder verurteilt ist, nach den Bestimmungen dieses Gesetzes an den fremden Staat ausgeliefert werden. Auslieferung darf erfolgen, auch wenn zur Stütze des Ersuchens

I. Entwurf des Justizdep. vom 3. V. 1912.	II. Königliche Vorlage vom 31. I. 1913.	III. Entwurf des Gesetzgbgs-aussch. vom 18. IV. 1913.
ein Übereinkommen mit dem fremden Staate nicht vorliegt; jedoch soll, sofern nicht besondere Umstände eine Ausnahme herbeiführen, Auslieferung in diesem Falle nur unter der Voraussetzung bewilligt werden, daß der fremde Staat sich verpflichtet, in ähnlichem Falle einem schwedischerseits gestellten Ersuchen zu willfahren.		
§ 2. Schwedische Bürger dürfen nicht ausgeliefert werden.		
§ 3. Auslieferung darf nicht wegen eines Delikts erfolgen, das in Schweden oder auf schwedischem Fahrzeug außerhalb des Reiches verübt worden ist. Jedoch darf in besonderem Falle, ungehindert durch die Bestimmung des § 2 Kap. 1 StrG. [1]), ausgeliefert werden, wer in Schweden oder auf schwedischem Fahrzeug sich der Teilnahme	**§ 3.** Auslieferung darf nicht wegen eines Delikts erfolgen, das in Schweden oder auf schwedischem Fahrzeug außerhalb des Reiches verübt worden ist. *Wird um jemandes Auslieferung wegen Teilnahme an einem Delikt ersucht, das außerhalb des Landes begangen ist, so darf jedoch in besonderem Falle, ungehindert durch die Bestim-*	

[1]) § 2 Kap. 1 StrG.: Ein Ausländer, der hier im Reiche angetroffen wird, wird nach dem Gesetz Schwedens und vor schwedischem Gericht wegen Verbrechens verurteilt, das er im Reiche begangen hat, oder auf schwedischem Fahrzeug

IV. Reservationen der Minderheit gegenüber III.	V. Das Gesetz nach den Reichstagsbeschlüssen	VI. Das endgültige Gesetz vom 4. VI. 1913.
		ein Übereinkommen mit dem fremden Staate nicht vorliegt; jedoch soll, soweit nicht besondere Umstände eine Ausnahme herbeiführen, Auslieferung in diesem Falle nur unter der Voraussetzung bewilligt werden, daß der fremde Staat sich verpflichtet, in ähnlichem Falle einem schwedischerseits gestellten Ersuchen zu willfahren.
		§ 2. Schwedische Bürger dürfen nicht ausgeliefert werden.
		§ 3. Auslieferung darf nicht wegen eines Delikts erfolgen, das in Schweden oder auf schwedischem Fahrzeuge außerhalb des Reiches verübt worden ist. Wird um jemandes Auslieferung wegen Teilnahme an einem Delikt ersucht, das außerhalb des Landes begangen worden ist, so darf jedoch in besonderem Falle, ungehin-

außerhalb des Reiches, ebenso wegen Delikts, das er außerhalb des Reiches gegen Schweden oder einen Schweden begangen hat, sofern der König verordnet, daß wegen dieses Delikts hier im Reiche Anklage zu erheben sei.

I. Entwurf des Justizdep. vom 3. V. 1912.	II. Königliche Vorlage vom 31. I. 1913.	III. Entwurf des Gesetzgbgs-aussch. vom 18. IV. 1913.
an einem Delikt schuldig gemacht hat, das außerhalb des Landes verübt worden ist.	*mung des § 2 Kap. 1 StrG, Auslieferung bewilligt werden, auch wenn das Teilnahmedelikt als in Schweden oder auf schwedischem Fahrzeug außerhalb des Reiches begangen anzusehen ist.*	
§ 4. Auslieferung darf nicht erfolgen, wenn nicht die verbrecherische Handlung, beurteilt nach dem schwedischen allgemeinen Strafgesetz oder nach dem schwedischen Seegesetz, als ein Delikt anzusehen sein würde, an das sich strengere Strafe als Gefängnis knüpfen kann. Zu solchen Delikten sind auch Delikte zu rechnen, die nur, wenn sie mit erschwerenden Umständen verbunden sind, schwerere Strafe als Gefängnis begründen. Wegen einer Handlung, von der im Kap. 10 StrG[1]) die Rede ist, darf Auslieferung nicht bewilligt werden, wenn die Handlung, beurteilt	**§ 4.** *Auslieferung darf nicht erfolgen, wenn nicht die verbrecherische Handlung ein solches Delikt ist oder, wenn sie in Schweden und unter entsprechenden Verhältnissen begangen worden wäre, als ein solches Delikt anzusehen sein würde, an das sich nach dem schwedischen allgemeinen Strafgesetz oder nach dem schwedischen Seegesetz schwerere Strafe als Gefängnis knüpfen kann.*	

[1]) »Über Verbrechen gegen öffentliche Behörden«.

IV. Reservationen der Minderheit gegenüber III.	V. Das Gesetz nach den Reichstagsbeschlüssen.	VI. Das endgültige Gesetz vom 4. VI. 1913.
		dert durch die Bestimmung des § 2 Kap. 1 des Strafgesetzes, Auslieferung bewilligt werden, auch wenn das Teilnahmedelikt als in Schweden oder auf schwedischem Fahrzeug außerhalb des Reiches begangen anzusehen ist.
s. o. S. 249 ff.		**§ 4.** Auslieferung darf nicht erfolgen, wenn nicht die verbrecherische Handlung ein solches Delikt ist oder, wenn sie in Schweden und unter entsprechenden Verhältnissen begangen worden wäre, als ein solches Delikt anzusehen sein würde, an das sich nach dem schwedischen allgemeinen Strafgesetz oder nach dem schwedischen Seegesetz schwerere Strafe als Gefängnis knüpfen kann. Zu solchen Delikten sind auch Delikte zu rechnen die nur, wenn sie mit erschwerenden Umständen verbunden sind, schwerere Strafe als Gefängnis begründen. Wegen einer Hand-

I. Entwurf des Justizdep. vom 3. V. 1912.	II. Königliche Vorlage vom 31. I. 1913.	III. Entwurf des Gesetzgbgs-aussch. vom 18. IV. 1913.
nach dem StrG im übrigen, nicht als ein Delikt anzusehen sein würde, wegen dessen nach den Bestimmungen dieses § Auslieferung erfolgen darf.		
§ 5. Wenn ein Auslieferungsersuchen sich auf eine Handlung bezieht, die nach schwedischem Recht als Delikt gegen das Strafgesetz für die Wehrmacht zu beurteilen sein würde, so darf Auslieferung erfolgen, soweit die Handlung von der Beschaffenheit ist, daß, wenn sie von jemandem verübt worden wäre, der diesem Gesetz nicht unterworfen ist, Auslieferung nach den Bestimmungen des § 4 deswegen stattfinden könnte.	**§ 5.** *Sollte die Handlung, wegen derer um Auslieferung ersucht wird, nach schwedischem Recht als Preßfreiheitsdelikt anzusehen sein, so darf Auslieferung nicht bewilligt werden.* **§ 6.** (wie nebenstehender § 5, jedoch außer: ... für die Wehrmacht *anzusehen* sein würde ...)	

IV. Reservationen der Minderheit gegenüber III.	V. Das Gesetz nach den Reichstagsbeschlüssen.	VI. Das endgültige Gesetz vom 4. VI. 1913.
		lung, von der im Kap. 10 StrG. die Rede ist, darf Auslieferung nicht bewilligt werden, wenn die Handlung, beurteilt nach dem StrGB. im übrigen, nicht als ein Delikt anzusehen sein würde, wegen dessen nach den Bestimmungen dieses § Auslieferung erfolgen darf.
		§ 5. Sollte die Handlung, wegen derer um Auslieferung ersucht wird, nach schwedischem Recht als Preßfreiheitsdelikt anzusehen sein, so darf Auslieferung nicht bewilligt werden.
s. o. S. 249.		
		§ 6. Wenn ein Auslieferungsersuchen sich auf eine Handlung bezieht, die nach schwedischem Recht als ein Delikt

I. Entwurf des Justizdep. vom 3. V. 1912.	II. Königliche Vorlage vom 31. I. 1913.	III. Entwurf des Gesetzgbgs-aussch. vom 18. IV. 1913.
§ 6.	**§ 7.**	**§ 7.**
Auslieferung darf wegen politischen Delikts nicht erfolgen. Jedoch darf, wenn die Handlung, wegen derer um Auslieferung ersucht wird, zugleich ein Delikt von nicht-politischer Beschaffenheit umfaßt, Auslieferung bewilligt werden, soweit festgestellt wird, daß die Handlung mit Rücksicht auf die Umstände im besonderen Falle überwiegend den Charakter eines nicht-politischen Delikts besitzt.	(wie nebenstehender § 6).	
Als politisches Delikt ist in keinem Falle Mord, Mordversuch oder Totschlag an einem fremden Staatsoberhaupt oder einer zur Familie		Absatz 2 gestrichen.

IV. Reservationen der Minderheit gegenüber III.	V. Das Gesetz nach den Reichstagsbeschlüssen.	VI. Das endgültige Gesetz vom 4. VI. 1913.
		gegen das Strafgesetz für die Wehrmacht anzusehen sein würde, so darf Auslieferung erfolgen, soweit die Handlung von der Beschaffenheit ist, daß, wenn sie von jemandem verübt worden wäre, der diesem Gesetze nicht unterworfen ist, Auslieferung nach den Bestimmungen des § 4 deswegen stattfinden könnte.
s. o. S. 251.	§ 7.	§ 7.
		Auslieferung darf wegen politischen Delikts nicht erfolgen. Jedoch darf, wenn die Handlung, wegen derer um Auslieferung ersucht wird, zugleich ein Delikt von nichtpolitischer Beschaffenheit umfaßt, Auslieferung bewilligt werden, soweit festgestellt wird, daß die Handlung mit Rücksicht auf die Umstände im besonderen Falle überwiegend den Charakter eines nicht-politischen Delikts besitzt.
	Absatz 2 wiederhergestellt.	Als politisches Delikt ist in keinem Falle Mord, Mordversuch oder Totschlag an einem fremden Staatsoberhaupt oder einer

I. Entwurf des Justizdep. vom 3. V. 1912.	II. Königliche Vorlage vom 31. I. 1913.	III. Entwurf des Gesetzgbgs-aussch. vom 18. IV. 1913.
eines fremden Suveräns gehörenden Person anzusehen.		
§ 7. Auslieferung darf nicht bewilligt werden, wenn nicht zur Begründung des Ersuchens entweder ein von einem Gericht gefälltes verurteilendes Erkenntnis oder auch eine von einem Gericht oder einer anderen berufenen Behörde erlassene Verordnung, betr. Verhaftung, oder ein anderer Beschluß, der nach dem Gesetz des fremden Staates dieselbe Wirkung wie eine solche Verordnung mit sich bringt, beigebracht wird. In dem Dokument, wovon hier die Rede ist, ist die Beschaffenheit des Delikts sowie Zeit und Ort desselben genau anzugeben. Wird ein Auslieferungsersuchen anders als mit einem verurteilenden Erkenntnis oder einem solchen Beschluß begründet, dem eine Voruntersuchung vor Gericht oder Untersuchungsrichter vorhergegangen ist, und bestreitet der-	**§ 8.** (entspricht nebenstehendem § 7). Auslieferung darf nicht bewilligt werden, wenn nicht zur Begründung des Ersuchens entweder ein von einem Gericht gefälltes verurteilendes Erkenntnis oder auch ein von einem Gericht oder einer anderen berufenen Behörde verkündeter *Beschluß beigebracht ist, der eine Verordnung, betr. Verhaftung, enthält*; in dem Dokument ist die Beschaffenheit des Delikts sowie Zeit und Ort desselben genau anzugeben. Wird ein Auslieferungsersuchen anders als mit einem verurteilenden Erkenntnis oder einem solchen Beschluß begründet, dem eine Voruntersuchung vor Gericht oder Untersuchungsrichter vorhergegangen ist, und bestreitet derjenige, um dessen Auslieferung ersucht wird, sich des angegebenen Delikts schuldig gemacht zu	

IV. Reservationen der Minderheit gegenüber III.	V. Das Gesetz nach den Reichstagsbeschlüssen.	VI. Das endgültige Gesetz vom 4. VI. 1913.
		zur Familie eines fremden Suveräns gehörenden Person anzusehen.
S. o. S. 252.		§ 8. Auslieferung darf nicht bewilligt werden, wenn nicht zur Begründung des Ersuchens entweder ein von einem Gerichte gefälltes verurteilendes Erkenntnis oder auch ein von einem Gerichte oder einer anderen berufenen Behörde verkündeter Beschluß beigebracht ist, der eine Verordnung, betr. Verhaftung, enthält; in dem Dokument ist die Beschaffenheit des Delikts sowie Zeit und Ort desselben genau anzugeben. Wird ein Auslieferungsersuchen anders als mit einem verurteilenden Erkenntnis oder einem solchen Beschlusse begründet, dem eine Voruntersuchung vor Gericht oder Untersuchungsrichter vorhergegangen ist, und bestreitet derjenige, um dessen Auslieferung ersucht wird, sich des angegebenen Delikts schuldig gemacht zu haben, so darf Auslieferung nicht bewilligt

I. Entwurf des Justizdep. vom 3. V. 1912.	II. Königliche Vorlage vom 31. I. 1913.	III. Entwurf des Gesetzgbgs-aussch. vom 18. IV. 1913.
jenige, um dessen Auslieferung ersucht wird, sich des angegebenen Delikts schuldig gemacht zu haben, so darf Auslieferung nicht bewilligt werden, wenn nicht zugleich nachgewiesen wird, daß einleuchtende Gründe zu dem Verdachte vorliegen, daß er dessen schuldig sei. Der König kann jedoch unter Voraussetzung der Gegenseitigkeit Übereinkommen mit fremden Staaten treffen, in denen die Forderung nach Beweis nachgelassen oder auf bestimmte Weise eingeschränkt wird.	haben, so darf Auslieferung nicht bewilligt werden, wenn nicht zugleich nachgewiesen wird, daß einleuchtende Gründe zu dem Verdachte vorliegen, daß er dessen schuldig sei. *Jedoch darf nach Übereinkommen mit einem fremden Staate und unter Voraussetzung der Gegenseitigkeit Auslieferung an den Staat erfolgen, auch wenn ein Beweis von der eben genannten Art nicht beigebracht ist.*	
§ 8. Handelt es sich um ein Delikt, wegen dessen nach schwedischem Recht Anklage nur vom Verletzten oder nur nach dessen Anzeige erhoben werden darf, so darf Auslieferung nur erfolgen, wenn entweder Beweis, daß die Anzeige richtig erfolgt ist, oder schriftliche und behördlicherseits beglaubigte Erklärung des Klägers dafür beigebracht wird, daß er die	gestrichen.	

IV. Reservationen der Minderheit gegenüber III.	V. Das Gesetz nach den Reichstagsbeschlüssen.	VI. Das endgültige Gesetz vom 4. VI. 1913.
		werden, wenn nicht zugleich nachgewiesen wird, daß einleuchtende Gründe zu dem Verdachte vorliegen, daß er dessen schuldig sei. Jedoch darf nach Übereinkommen mit einem fremden Staate und unter Voraussetzung der Gegenseitigkeit Auslieferung an den Staat erfolgen, auch wenn ein Beweis von der eben genannten Art nicht beigebracht ist.

I. Entwurf des Justizdep. vom 3. V. 1912.	II. Königliche Vorlage vom 31. I. 1913.	III. Entwurf des Gesetzgbgs-aussch. vom 18. IV. 1913.
Verfolgung des Delikts wünsche.		
§ 9.		
Auslieferung darf nicht bewilligt werden:		
1. wenn schon vor Einlaufen des entsprechenden Ersuchens hier im Reiche wegen des Verbrechens, wegen dessen um Auslieferung ersucht wird, ein Urteil ergangen oder Anklage erhoben worden ist.		
2. wenn die Strafe für das Verbrechen nach schwedischem Recht als fortgefallen anzusehen ist.	— — anzusehen *sein würde*.	
§ 10.	**§ 10.**	
Ist derjenige, um dessen Auslieferung ersucht wird, hier im Reiche wegen eines anderen Delikts als desjenigen, auf welches das Auslieferungsersuchen abstellt, zu Strafe verurteilt, so darf Auslieferung nicht stattfinden, bevor er die verhängte Strafe voll verbüßt hat;	*es sich handelt*, hier im Reiche *endgültig* wegen — — —	
jedoch darf er zwecks Untersuchung an den fremden Staat ausgeliefert werden, sofern dieser sich verpflichtet, ihn unmittelbar nach seiner end-	— — — Untersuchung *provisorisch* an den — —	

IV. Reservationen der Minderheit gegenüber III.	V. Das Gesetz nach den Reichstagsbeschlüssen.	VI. Das endgültige Gesetz vom 4. VI. 1913.
		§ 9. Auslieferung darf nicht bewilligt werden: 1. wenn schon vor Einlaufen des entsprechenden Ersuchens hier im Reiche wegen des Verbrechens, wegen dessen um Auslieferung ersucht wird, ein Urteil ergangen oder Anklage erhoben worden ist; 2. wenn die Strafe für das Verbrechen nach schwedischem Recht als fortgefallen anzusehen sein würde. **§ 10.** Ist derjenige, um dessen Auslieferung es sich handelt, hier im Reiche endgültig wegen eines anderen Delikts als desjenigen, auf welches das Auslieferungsersuchen abstellt, zu Strafe verurteilt, so darf Auslieferung nicht stattfinden, bevor er die verhängte Strafe voll verbüßt hat; jedoch darf er zwecks Untersuchung provisorisch an den fremden Staat ausgeliefert werden, sofern dieser sich verpflichtet, ihn unmittelbar nach

I. Entwurf des Justizdep. vom 3. V. 1912.	II. Königliche Vorlage vom 31. I. 1913.	III. Entwurf des Gesetzgbgs-aussch. vom 18. IV. 1913.
gültigen dortigen Verurteilung schwedischen Behörden wieder zu überliefern. Ist derjenige, um dessen Auslieferung ersucht wird, hier im Reiche wegen eines anderen Delikts unter Anklage gestellt, so darf, soweit er deswegen in Haft gehalten wird, Auslieferung in keinem Falle vor der endgültigen Entscheidung der Sache erfolgen.		
§ 11. Bei einer Auslieferungsbewilligung sind folgende Bedingungen zu stellen: 1. der Ausgelieferte darf in dem Staate, an den die Auslieferung erfolgt, nicht wegen einer anderen vor der Auslieferung begangenen strafbaren Handlung als derjenigen, wegen welcher er ausgeliefert ist, angeklagt oder bestraft oder an einen dritten Staat weiter ausgeliefert werden es sei denn, daß besondere Bewilligung *dazu* gemäß § 32 *unten* erteilt ist oder daß der Ausgelieferte vor Gericht oder sonst	**§ 11.** Bei einer Auslieferungsbewilligung sind, *soweit anwendbar*, folgende Bedingungen zu stellen: 1. der Ausgelieferte darf in dem Staate, an den die Auslieferung erfolgt, nicht wegen einer anderen vor der Auslieferung begangenen strafbaren Handlung als derjenigen, wegen welcher er ausgeliefert ist, angeklagt oder bestraft oder, *abgesehen von dem im* § 13 *genannten Fall*, an einen dritten Staat weiter ausgeliefert werden, all dies, wenn nicht besondere Bewilligung gemäß § 32 erteilt ist oder der Aus-	— — — abgesehen von dem im § 13 Abs. 2 genannten Fall — — — — — gemäß **§ 27** erteilt — — —

IV. Reservationen der Minderheit gegenüber III.	V. Das Gesetz nach den Reichstagsbeschlüssen.	VI. Das endgültige Gesetz vom 4. VI. 1913.
		seiner endgültigen dortigen Verurteilung schwedischen Behörden wieder zu überliefern. Ist derjenige, um dessen Auslieferung ersucht wird, hier im Reiche wegen eines anderen Delikts unter Anklage gestellt, so darf, soweit er deswegen in Haft gehalten wird, Auslieferung in keinem Falle vor der endgültigen Entscheidung der Sache erfolgen. **§ 11.** Bei einer Auslieferungsbewilligung sind, soweit anwendbar, folgende Bedingungen zu stellen: 1. der Ausgelieferte darf in dem Staate, an den die Auslieferung erfolgt, nicht wegen einer anderen vor der Auslieferung begangenen strafbaren Handlung als derjenigen, wegen welcher er ausgeliefert ist, angeklagt oder bestraft oder, abgesehen von dem im § 13 Abs. 2 genannten Fall, an einen dritten Staat weiter ausgeliefert werden, all dies, wenn nicht besondere Bewilligung gemäß § 27 erteilt ist oder der Aus-

I. Entwurf des Justizdep. vom 3. V. 1913.	II. Königliche Vorlage vom 31. I. 1913.	III. Entwurf des Gesetzgbgs-aussch. vom 18. IV. 1913.
frei und öffentlich seine Zustimmung dazu gegeben hat oder, sobald er endgültig freigesprochen oder nach voller Abbüßung seiner Strafe auf freien Fuß gesetzt ist, entweder es unterlassen hat, das Land im Laufe eines Monats zu verlassen, oder auch dahin zurückgekehrt ist, nachdem er es einmal verlassen hatte;	gelieferte vor Gericht oder sonst frei und öffentlich seine Zustimmung dazu gegeben hat oder, sobald er endgültig freigesprochen oder nach voller Abbüßung seiner Strafe auf freien Fuß gesetzt ist, entweder, *wenn nicht Hindernisse im Wege standen*, es unterlassen hat, das Land im Laufe eines Monats zu verlassen, oder auch dahin zurückgekehrt ist, nachdem er es einmal verlassen hatte;	
2. während der Zeit eines Monats, wovon eben die Rede, darf, wenn der Ausgelieferte sich nicht eines neuen Delikts schuldig macht, ihm nicht das geringste Hindernis in den Weg gelegt werden, das Land zu verlassen, sofern er es wünscht;	2. während der Zeit eines Monats, wovon eben die Rede, darf, wenn der Ausgelieferte sich nicht eines neuen Delikts schuldig macht, ihm nicht das geringste Hindernis in den Weg gelegt werden, das Land zu verlassen, sofern er es wünscht;	
3. der Ausgelieferte darf nicht vor einem Gericht unter Anklage gestellt werden, das allein auf Grund außerordentlich erlassener Bestimmungen Befugnis besitzt, in der Sache zu urteilen.	3. der Ausgelieferte darf *wegen des in Frage stehenden Delikts nicht* vor einem Gericht unter Anklage gestellt werden, *dem nur vorläufig oder für besondere Ausnahmeverhältnisse die Befugnis verliehen ist, in Fällen solcher Art zu urteilen.*	

IV. Reservationen der Minderheit gegenüber III.	V. Das Gesetz nach den Reichstagsbeschlüssen.	VI. Das endgültige Gesetz vom 4. VI. 1913.
		gelieferte vor Gericht oder sonst frei und öffentlich seine Zustimmung dazu gegeben hat oder, sobald er endgültig freigesprochen oder nach voller Abbüßung seiner Strafe auf freien Fuß gesetzt ist, entweder, wenn nicht Hindernisse im Wege standen, es unterlassen hat, das Land im Laufe eines Monats zu verlassen, oder auch dahin zurückgekehrt ist, nachdem er es einmal verlassen hatte;
		2. während der Zeit eines Monats, wovon eben die Rede, darf, wenn der Ausgelieferte sich nicht eines neuen Delikts schuldig macht, ihm nicht das geringste Hindernis in den Weg gelegt worden, das Land zu verlassen, sofern er es wünscht;
		3. der Ausgelieferte darf wegen des in Frage stehenden Delikts nicht vor einem Gericht unter Anklage gestellt werden, dem nur vorläufig[1]) oder für besondere Ausnahmeverhältnisse die Befugnis verliehen ist, in Fällen von solcher Art zu urteilen.

[1]) s. u. Anm. 1 S. 421.

I. Entwurf des Justizdep. vom 3. V. 1915.	II. Königliche Vorlage vom 31. I. 1913.	III. Entwurf des Gesetzgbgs-aussch. vom 18. IV. 1913.
Wenn Auslieferung in Fällen bewilligt wird, von denen im § 4 Abs. 2 oder § 5 die Rede, so sind außerdem solche Bedingungen zu stellen, daß der Ausgelieferte wegen der Tat, die in Frage steht, nicht in weiterem Maße darf bestraft werden können, als sie geeignet war, Auslieferung zu veranlassen. Wird Auslieferung gemäß § 6 wegen einer Handlung bewilligt, die überwiegend den Charakter eines nicht-politischen Delikts besitzt, so ist die Bedingung zu stellen, daß der Ausgelieferte wegen der Tat nicht als wegen politischen Delikts bestraft werden darf.	Wenn Auslieferung in Fällen bewilligt wird, von denen im § 4 Abs. 2 oder **§ 6** die Rede, so sind außerdem solche Bedingungen zu stellen, daß der Ausgelieferte wegen der Tat, die in Frage steht, nicht in weiterem Maße darf bestraft werden können, als sie geeignet war, Auslieferung zu veranlassen. Wird Auslieferung gemäß **§ 7** wegen einer Handlung bewilligt, die überwiegend den Charakter eines nicht-politischen Delikts besitzt, so ist die Bedingung zu stellen, daß der Ausgelieferte wegen der Tat nicht als wegen politischen Delikts bestraft werden darf.	
§ 12. Werden Ersuchen um Auslieferung jemandes von mehreren Staaten gestellt und beziehen sich die Ersuchen auf ein und dasselbe Delikt, so möge der König bestimmen, an welchen Staat Auslieferung zu erfolgen hat; jedoch muß, wenn nicht besondere Umstände bewirken, daß man der		

IV. Reservationen der Minderheit gegenüber III.	V. Das Gesetz nach den Reichstagsbeschlüssen.	VI. Das endgültige Gesetz vom 4. VI. 1913.
		Wenn Auslieferung in Fällen bewilligt wird, von denen im § 4 Abs. 2 oder § 6 die Rede, so sind außerdem solche Bedingungen zu stellen, daß der Ausgelieferte wegen der Tat, die in Frage steht, nicht in weiterem Maße darf bestraft werden können, als sie geeignet war, Auslieferung zu veranlassen. Wird Auslieferung gemäß § 7 wegen einer Handlung bewilligt, die überwiegend den Charakter eines nicht-politischen Delikts besitzt, so ist die Bedingung zu stellen, daß der Ausgelieferte wegen der Tat nicht als wegen politischen Delikts bestraft werden darf. **§ 12.** Werden Ersuchen um Auslieferung jemandes von mehreren Staaten gestellt und beziehen sich die Ersuchen auf ein und dasselbe Delikt, so möge der König bestimmen, an welchen Staat Auslieferung zu erfolgen hat; jedoch muß, wenn nicht besondere Umstände bewirken, daß man der An-

I. Entwurf des Justizdep. vom 3. V. 1912.	II. Königliche Vorlage vom 31. I. 1913.	III. Entwurf des Gesetzgbgs-aussch. vom 18. IV. 1913.
Ansicht ist, die Auslieferung habe an den Staat zu erfolgen, dessen Untertan die fragliche Person ist, die Auslieferung regelmäßig an den Staat erfolgen, in dem das Delikt stattgefunden hat, oder, wenn das Delikt innerhalb des Gebiets mehrerer Staaten begangen ist, an den Staat, wo die Haupthandlung verübt worden ist.		
§ 13.	**§ 13.**	**§ 13.**
Haben mehrere Staaten um Auslieferung derselben Person wegen verschiedener Delikte ersucht, so ist der Vorzug dem Staate zu geben, der zuerst um ihre Verhaftung oder Auslieferung ersucht hat, wenn nicht Rücksicht auf die Lage der verschiedenen Staaten oder ein anderer besonderer Umstand eine Abweichung hiervon geboten erscheinen läßt. In Fällen, die dieser § im Auge hat, kann bei der Auslieferungsbewilligung vorgeschrieben werden, daß die Person, deren Auslieferung in Frage steht, nach Verbüßung der	— — — der zuerst um ihre *Auslieferung oder, in der im* **§ 29** *vorgesehenen Weise, um ihre Verhaftung ersucht hat*	— — in der im **§ 24** vorgesehenen Weise — —

IV. Reservationen der Minderheit gegenüber III.	V. Das Gesetz nach den Reichstagsbeschlüssen.	VI. Das endgültige Gesetz vom 4. VI. 1913.
		sicht ist, die Auslieferung habe an den Staat zu erfolgen, dessen Untertan die fragliche Person ist, die Auslieferung regelmäßig an den Staat erfolgen, in dem das Delikt stattgefunden hat, oder, wenn das Delikt innerhalb des Gebietes mehrerer Staaten begangen ist, an den Staat, wo die Haupthandlung verübt worden ist.
		§ 13.
		Haben mehrere Staaten um Auslieferung derselben Person wegen verschiedener Delikte ersucht, so ist der Vorzug dem Staate zu geben, der zuerst um ihre Auslieferung oder, in der im § 24 vorgesehenen Weise, um ihre Verhaftung ersucht hat, wenn nicht Rücksicht auf die Lage der verschiedenen Staaten oder ein anderer besonderer Umstand eine Abweichung hiervon geboten erscheinen läßt.
		In Fällen, die dieser § im Auge hat, kann bei der Auslieferungsbewilligung vorgeschrieben werden, daß die Person, deren Aus-

I. Entwurf des Justizdep. vom 3. V. 1912.	II. Königliche Vorlage vom 31. I. 1913.	III. Entwurf des Gesetzgbgs-aussch. vom 18. IV. 1913.
Strafe in dem einen an den anderen Staat weiter auszuliefern ist.		
Kap. II. **Von dem Verfahren in Auslieferungs-angelegenheiten.**		
§ 14. Ersuchen um Auslieferung haben auf diplomatischem Wege zu erfolgen.		
Das Ersuchen hat eine Angabe über die Staatsangehörigkeit der Person zu enthalten, auf die es sich bezieht, und	— — und	
es soll dem Ersuchen ein solches Dokument, *wie im § 7 Abs.* I *genannt, im Original oder in beglaubigter Abschrift* beigefügt sein *wie auch in Fällen, wie im § 8 behandelt, ein Dokument, von dem dort die Rede ist.*	es soll dem Ersuchen ein solches Dokument, *wie im § 8 Abs.* I *genannt, beigefügt sein.*	
Ein Signalement ist, wenn möglich, auch beizubringen.	Ein Signalement — —	
Entbehren die eingegangenen Dokumente der nötigen Vollständigkeit oder sind weitere Angaben in irgend einer Hinsicht erforderlich, so kann der fremde		

IV. Reservationen der Minderheit gegenüber III.	V. Das Gesetz nach den Reichstagsbeschlüssen.	VI. Das endgültige Gesetz vom 4. VI. 1913.
		lieferung in Frage steht, nach Verbüßung der Strafe in dem einen an den anderen Staat weiter auszuliefern ist. **Kap. II.** **Von dem Verfahren in Auslieferungsangelegenheiten.** **§ 14.** Auslieferungsersuchen haben auf diplomatischem Wege zu erfolgen. Das Ersuchen hat eine Angabe über die Staatsangehörigkeit der Person zu enthalten, auf die es sich bezieht, und es soll dem Ersuchen ein solches Dokument, wie im § 8 Abs. 1 genannt, beigefügt sein. Ein Signalement ist, wenn möglich, auch beizubringen. Entbehren die eingegangenen Dokumente der nötigen Vollständigkeit oder sind weitere Angaben in irgend einer Hinsicht erforderlich, so kann der fremde Staat ersucht werden, das Fehlende nachzureichen.

I. Entwurf des Justizdep. vom 3. V. 1912.	II. Königliche Vorlage vom 31. I. 1913.	III. Entwurf des Gesetzgbgs-aussch. vom 18. IV. 1913.
Staat ersucht werden, das Fehlende nachzureichen.		
§ 15.	**§ 15.**	
Geht aus den eingegangenen Dokumenten hervor, daß das Ersuchen offenbar nicht so beschaffen ist, daß ihm gesetzlich entsprochen werden kann, oder ergibt die Prüfung des Königs, daß sonst Anlaß vorliegt, das Ersuchen nicht zu bewilligen, so ist dasselbe unmittelbar abzulehnen.	— — daß das Ersuchen nicht so beschaffen ist — —	
§ 16.	**§ 16.**	**§ 16.**
Ergibt die Prüfung, daß Grund zur Ablehnung, in der im § 15 genannten Weise, nicht vorliegt, so möge der König anordnen, daß derjenige, um dessen Auslieferung ersucht wird, *sofort*, wenn es nicht schon geschehen ist, verhaftet und zum Verhör vor den Königlichen Befehlshabenden *in dem Län* gestellt werde, *wo die Verhaftung stattgefunden hat.*	— — — ersucht wird, *in der Angelegenheit*, wenn es nicht schon *gemäß den Bestimmungen des* **§ 29** *oder* **30** geschehen ist, verhaftet und zum Verhör vor den Königlichen Befehlshabenden gestellt werde.	— — des **§ 24** *oder* **25** — —
§ 17.	**§ 17.**	**§ 17.**
Beim Verhör vor dem Königlichen Befehls-	Beim Verhör vor dem Königlichen Befehls-	

IV. Reservationen der Minderheit gegenüber III.	V. Das Gesetz nach den Reichstagsbeschlüssen.	VI. Das endgültige Gesetz vom 4. VI. 1913.
		§ 15. Geht aus den eingegangenen Dokumenten hervor, daß das Ersuchen nicht so beschaffen ist, daß ihm gesetzlich entsprochen werden kann, oder ergibt die Prüfung des Königs, daß sonst Anlaß vorliegt, das Ersuchen nicht zu bewilligen, so ist dasselbe unmittelbar abzulehnen.
s. o. S. 252.		**§ 16.** Ergibt die Prüfung, daß Grund zur Ablehnung, in der im § 15 genannten Weise, nicht vorliegt, so möge der König anordnen, daß derjenige, um dessen Auslieferung ersucht wird, in der Angelegenheit, wenn es nicht schon gemäß den Bestimmungen des § 24 oder 25 geschehen ist, verhaftet und zum Verhör vor den königlichen Befehlshabenden gestellt werde.
Zu den §§ 17—23: s. u. S. 253		**§ 17.** Beim Verhör vor dem Königlichen Befehls-

I. Entwurf des Justizdep. vom 3. V. 1912.	II. Königliche Vorlage vom 31. I. 1913.	III. Entwurf des Gesetzgbgs-aussch. vom 18. IV. 1913.
habenden kann der Verhaftete, *wenn er es verlangt*, sich Beistandes bedienen. Gibt er an, selbst sich Beistand nicht verschaffen zu können, so bestimmt der Königliche Befehlshabende eine geeignete Person zu seinem Beistande; dieselbe erhält hierfür billige Vergütung aus öffentlichen Mitteln.	habenden *soll* der Verhaftete sich Beistandes bedienen. Gibt er an, selbst sich Beistand nicht verschaffen zu können, so bestimmt der Königliche Befehlshabende eine geeignete Person zu seinem Beistande; dieselbe erhält hierfür billige Vergütung aus öffentlichen Mitteln.	— — — *kann* der Verhaftete, *wenn er es verlangt*, sich — — — — — — zu seinem Beistande bestimmen. [»dieselbe . . . Mitteln« ist gestrichen]
Bestreitet der Verhaftete beim Verhör, die Person zu sein, um deren Verhaftung ersucht ist, und wird er auf Grund dessen nicht frei gegeben, oder bestreitet er sonst, daß die Auslieferung stattfinden dürfe, und beruft er sich zur Begründung dessen auf einen Sachverhalt, der nach den §§ 2, 3, 4, 5, 6, 7, 8 oder 9 ein Hindernis gegen die Auslieferung bedeutet, so ist die weitere Behandlung der Angelegenheit dem Ratshausgericht in der Stadt zu überweisen, wo das Verhör stattgefunden hat, unter schleuniger Überlieferung der Akten der Sache samt dem Protokoll über das Verhör an das Ratshausgericht.	*Gibt der Verhaftete bei dem Verhör zu, die Person zu sein, um deren Verhaftung ersucht ist, und erklärt er, gegen die Bewilligung des Auslieferungsersuchens nichts einzuwenden zu haben, so ist das Protokoll über dies Ergebnis samt den übrigen Akten der Sache dem Justizministerium einzusenden.* *Spricht der Verhaftete kein solches Zugeständnis und keine solche Erklärung, wie eben genannt, aus, so ist, soweit nicht der Königliche Befehlshabende findet, daß der Verhaftete nicht der sei, auf den sich das Ersuchen bezieht, und auf Grund dessen seine Freilassung verfügt, die weitere Behandlung der Sache dem Ratshausgericht in der Stadt zu*	— — *der Königlichen Majestät* einzusenden. Spricht der Verhaftete kein solches Zugeständnis und keine solche Erklärung aus, wie eben genannt, *so ist die Angelegenheit dem Gerichte zu überweisen* [»soweit nicht — — —

IV. Reservationen der Minderheit gegenüber III.	V. Das Gesetz nach den Reichstagsbeschlüssen.	VI. Das endgültige Gesetz vom 4. VI. 1913.
		habenden kann der Verhaftete, wenn er es verlangt, sich Beistandes bedienen. Gibt er an, selbst sich Beistand nicht verschaffen zu können, so bestimmt der Königliche Befehlshabende eine geeignete Person zu seinem Beistande. Gibt der Verhaftete bei dem Verhöre zu, die Person zu sein, um deren Verhaftung ersucht ist, und erklärt er, gegen die Bewilligung des Auslieferungsersuchens nichts einzuwenden zu haben, so ist das Protokoll über dies Ergebnis samt den übrigen Akten der Sache der Königlichen Majestät einzusenden. Spricht der Verhaftete kein solches Zugeständnis und keine solche Erklärung, wie eben genannt, aus, so ist die Angelegenheit dem Gerichte zu überweisen; und es ist deswegen das Protokoll über das Verhör samt den übrigen Akten der Sache dem Rathausgerichte in der Stadt zu übersenden, wo der Königliche Befehlshabende seinen Sitz

I Entwurf des Justizdep. vom 3. V. 1912.	II. Königliche Vorlage vom 31. I. 1913.	III. Entwurf des Gesetzgbgs-aussch. vom 18. IV. 1913.
Nachricht über das Ergebnis des Verhörs ist sofort dem Auswärtigen Amt einzusenden. Bestreitet der Verhaftete nicht, daß die Auslieferung stattfinden darf, oder erhebt er Einwendungen, die nach den obigen Bestimmungen nicht die Überweisung der Sache an das Gericht bewirken, so übersendet der König-Befehlshabende unverzüglich dem Justizdepartement das Protokoll über das angestellte Verhör samt den übrigen zu der Sache gehörenden Akten.	*überweisen, wo der Königliche Befehlshabende seinen Sitz hat; und es ist deswegen das Protokoll über das Verhör samt den übrigen Akten der Sache dorthin zu übersenden.* Nachricht über das Ergebnis des Verhörs ist sofort dem Auswärtigen Amte einzusenden.	— — — seinen Sitz hat« ist gestrichen]; und es ist deswegen das Protokoll über das Verhör samt den übrigen Akten der Sache dem Rathausgericht in der Stadt zu übersenden, wo der Königliche Befehlshabende seinen Sitz hat. Nachricht über das Ergebnis des Verhörs ist sofort dem Auswärtigen Amte einzusenden.
§ 18. Wird in Auslieferungssachen, die vor das Ratshausgericht gekommen sind, der Einwand erhoben, das in der Sache in Frage stehende Delikt sei von politischer Beschaffenheit, so kann das Rathausgericht nur in der Sache Untersuchung führen; und es soll die Prüfung dem Könige in Seinem Höchsten Gerichtshofe zukommen. Ist in Auslieferungssachen ein Einwand von	**§ 18.** — — — führen können, und es soll das *Rathausgericht die Prüfung dem Höchsten Gerichte überweisen.* *Liegt solcher Fall nicht*	**§ 18.** [gestrichen]

IV. Reservationen der Minderheit gegenüber III.	V. Das Gesetz nach den Reichstagsbeschlüssen.	VI. Das endgültige Gesetz vom 4 VI. 1913.
		hat. Nachricht über das Ergebnis des Verhörs ist sofort dem Auswärtigen Amte einzusenden.

I. Entwurf des Justizdep. vom 3. V. 1912.	II. Königliche Vorlage vom 31. I. 1913.	III. Entwurf des Gesetzgbgsaussch. vom 18. IV. 1913.
der genannten Art nicht erhoben worden, so soll es dem Ratshausgericht obliegen zu prüfen, ob in den übrigen Hinsichten, die § 17 Abs. 2 nennt, Auslieferungshindernisse bestehen oder nicht.	*vor, wie eben genannt, so soll das Rathausgericht prüfen, ob unter den Gesichtspunkten, von denen in den* **§§ 2–6, 8** *und* **9** *die Rede, Hindernisse gegen Auslieferung bestehen oder nicht.* *In jedem Fall soll, wenn der Verhaftete bestreitet, die Person zu sein, um deren Auslieferung ersucht ist, das Rathausgericht in Prüfung dessen eintreten; ergibt sich, daß der Verhaftete nicht derselbe ist, auf den sich das Ersuchen bezieht, so soll das Ratshausgericht wegen seiner Freilassung Verfügung treffen.*	
§ 19.	**§ 19.**	**§ 18.**
Für die Behandlung von Angelegenheiten, betr. Auslieferung, vor dem Rathausgericht gilt, soweit unten nichts anderes bestimmt ist, was für Untersuchung verhafteter Personen gilt. Ein besonderer Ankläger (åklagare) wird vom Königlichen Befehlshabenden bestellt, um in der Angelegenheit die Interessen des fremden Staats wahrzunehmen.	*In der Frage* der Behandlung von Angelegenheiten, betr. Auslieferung, vor dem Rathausgericht *soll,* soweit unten nichts anderes bestimmt ist, *entsprechende Anwendung finden,* was für Untersuchung verhafteter Personen gilt.	*In Angelegenheiten, die nach* **§ 17** *vor das Rathausgericht gekommen sind, hat das Rathausgericht zu untersuchen, ob ein Sachverhalt, der nach* **§§ 2–9** *ein Auslieferungrungshindernis bildet, vorliegt; und es soll in der Frage der Behandlung einer solchen Angelegenheit,* soweit unten nicht anderes gesagt ist, entsprechende Anwendung finden, was für Unter-

IV. Reservationen der Minderheit gegenüber III.	V. Das Gesetz nach den Reichstagsbeschlüssen.	VI. Das endgültige Gesetz vom 4. VI. 1913.
		§ 18. In Angelegenheiten, die nach § 17 vor das Rathausgericht gekommen sind, hat das Rathausgericht zu untersuchen, ob ein Sachverhalt, der nach §§ 2—9 ein Auslieferungshindernis bildet, vorliegt; und es soll in der Frage der Behandlung einer solchen Angelegenheit, soweit unten nichts anderes gesagt ist, entsprechende Anwendung finden, was für Untersuchung

I. Entwurf des Justizdep. vom 3. V. 1912.	II. Königliche Vorlage vom 31. I. 1913.	III. Entwurf des Gesetzgbgs-aussch. vom 18. IV. 1913.
Wünscht der Verhaftete bei der Führung seiner Sache Unterstützung und gibt er an, sich selbst keinen Beistand verschaffen zu können, so bestellt der Königliche Befehlshabende eine geeignete Person zu seinem Beistande.	*Der Verhaftete soll bei der Führung seiner Sache Unterstützung genießen.* Gibt er an, sich selbst keinen Beistand verschaffen zu können, so bestellt der Königliche Befehlshabende eine geeignete Person zu seinem Beistande.	suchung verhafteter Personen gilt. *Bei der Behandlung der Sache soll ein besonderer Ankläger, der vom Königlichen Befehlshabenden bestellt wird, anwesend sein,* um in der Sache die Interessen des fremden Staats wahrzunehmen.
Ankläger und Beistand, wie eben genannt, erhalten billige Vergütung aus öffentlichen Mitteln nach Bestimmung des Gerichts.	Staatanwalt und Beistand . . . . des *Rathausgerichts.*	Der Verhaftete soll bei der Führung seiner Sache Unterstützung genießen. Gibt er an, sich selbst keinen Beistand verschaffen zu können, so bestellt der Königliche Befehlshabende eine geeignete Person zu seinem Beistande.
Fordert im besonderen Falle Rücksicht auf den fremden Staat, daß die Sache hinter verschlossenen Türen behandelt wird, so trifft das Rathausgericht entsprechende Anordnung.	Fordert im besonderen Falle . . .	Fordert im besonderen Falle Rücksicht auf den fremden Staat, daß die Sache hinter verschlossenen Türen behandelt wird, so trifft das Rathausgericht entsprechende Anordnung.
Expedition in der Sache wird für jeden Gerichtstag spätestens vier Tage danach dem Ankläger geliefert sowie dem Königlichen Befehlshabenden zwecks Zustellung an den Verhafteten übersandt.	Expedition . . .	[Letzter Absatz gestrichen.]
§ 20. Sobald die Verhandlungen beendet sind, verkündet das Rathausgericht so schnell als		**§ 19.** *Dem Höchsten Gericht kommt die Prüfung zu, ob der Auslieferung Hindernisse, wie*

IV. Reservationen der Minderheit gegenüber III.	V. Das Gesetz nach den Reichstagsbeschlüssen.	VI. Das endgültige Gesetz vom 4. VI. 1913.
		verhafteter Personen gilt. Bei der Behandlung der Sache soll ein besonderer Ankläger, der vom Königlichen Befehlshabenden bestellt wird, anwesend sein, um in der Sache die Interessen des fremden Staates wahrzunehmen. Der Verhaftete soll bei der Führung seiner Sache Unterstützung genießen. Gibt er an, sich selbst keinen Beistand verschaffen zu können, so bestellt der Königliche Befehlshabende eine geeignete Person zu seinem Beistande. Fordert im besondeden Falle Rücksicht auf den fremden Staat, daß die Sache hinter verschlossenen Türen behandelt wird, so trifft das Rathausgericht entsprechende Anordnung. **§ 19.** Dem Höchsten Gerichte kommt die Prüfung zu, ob der Auslieferung Hindernisse,

I. Entwurf des Justizdep. vom 3. V. 1912.	II. Königliche Vorlage vom 31. I. 1913.	III. Entwurf des Gesetzgbgs-aussch. vom 18. IV. 1913.
möglich Entscheidung in der Sache, wenn es sich nicht um einen Fall handelt, wie in § 18 Abs. 1 genannt; in der Entscheidung ist anzugeben, was parteilicherseits zu beobachten ist, wenn eine Änderung der Entscheidung erstrebt wird. Nach Verkündung der Entscheidung ist diese mit dem Protokoll und den übrigen Akten der Sache so schnell als möglich dem Königlichen Befehlshabenden zu übersenden. In Fällen, wie im § 18 Abs. 1 genannt, übersendet das Gericht schleunigst nach Abschluß der Verhandlungen das Protokoll und die übrigen Akten der unteren Justizrevision.		*in den* **§§ 2—9** *genannt, im Wege stehen.* *Es liegt daher dem Rathausgericht ob, sobald die Behandlung dort beendet ist, das Protokoll und die übrigen Akten der Sache schleunigst der unteren Justizrevision einzusenden.* **§ 20.** *Fragen, betr. Vergütung an Zeugen oder andere Personen, die, um Auskunft in der Sache zu geben, zugezogen worden sind, oder an Dolmetscher, werden vom Höchsten Gericht in Verbindung mit der Hauptsache entschieden.*
§ 21. Wenn das Rathausgericht in seiner Entscheidung ausspricht, daß Hindernisse gegen die Auslieferung bestehen, soll der Verhaftete in Erwartung, daß die Entscheidung rechtskräftig wird, in Haft bleiben.		**§ 21.** *Darüber, wie Vergütung an Ankläger und Beistand, wovon in den* **§§ 17** *und* **18** *die Rede, festzusetzen ist, möge der König Bestimmung treffen.*

IV. Reservationen der Minderheit gegenüber III.	V. Das Gesetz nach den Reichstagsbeschlüssen.	VI. Das endgültige Gesetz vom 4. VI. 1913.
		wie in den §§ 2—9 genannt, im Wege stehen. Es liegt daher dem Rathausgerichte ob, sobald die Behandlung dort beendet ist, das Protokoll und die übrigen Akten der Sache schleunigst der unteren Justizrevision einzusenden. **§ 20.** Fragen, betr. Vergütung an Zeugen oder andere Personen, die, um Auskunft in der Sache zu geben, zugezogen worden sind, oder an Dolmetscher, werden vom Höchsten Gerichte in Verbindung mit der Hauptsache entschieden. **§ 21.** Darüber, wie Vergütung an Ankläger und Beistand, wovon in den §§ 17 und 18 die Rede, festzusetzen ist, möge der König Bestimmung treffen.

I. Entwurf des Justizdep. vom 3. V. 1912.	II. Königliche Vorlage vom 31. I. 1913.	III. Entwurf des Gesetzgbgs-aussch. vom 18. IV. 1913.
§ 22. Hat das Gericht sich während der Behandlung der Sache oder in Verbindung mit der Entscheidung über die Frage der Vergütung an Zeugen oder andere Personen, die, um Auskunft in der Sache zu geben, zugezogen worden sind, oder an Ankläger oder Beistand, wie im § 19 gesagt, geäußert, so soll gegen diesen Beschluß im Falle der Unzufriedenheit besonders Klage geführt werden. Solche Klage wird durch Beschwerde geführt, die an den König gerichtet und vor 12 Uhr am 30. Tage vom Tage des Erlasses des Beschlusses an bei der unteren Justizrevision eingereicht wird; im übrigen gilt für das Verfahren in solcher Sache, was im Kap. 27 der Prozeßordnung [1]) vor dem Appellgericht bestimmt ist, entsprechend. Gegen Beschlüsse, die während der Behandlung der Sache sonst vom Rathausgericht		**§ 22.** *Ergibt sich während der weiteren Entwickelung der Auslieferungsangelegenheit, daß der Verhaftete nicht die Person ist, um deren Auslieferung ersucht ist, so hat die Behörde, bei der die Sache anhängig ist, ihre Freilassung zu verfügen.* *Anderenfalls bleibt der Verhaftete in Erwartung der Entscheidung des Höchsten Gerichts in Haft.*

[1]) »Über das Verfahren in Sachen, die durch Beschwerde oder Vorlage vor das Hofgericht gekommen sind, wie auch in Sachen oder Angelegenheiten, die

IV. Reservationen der Minderheit gegenüber III.	V. Das Gesetz nach den Reichstagsbeschlüssen.	VI. Das endgültige Gesetz vom 4. VI. 1913.
		§ 22. Ergibt sich während der weiteren Entwickelung der Auslieferungsangelegenheit, daß der Verhaftete nicht die Person ist, um deren Auslieferung ersucht ist, so hat die Behörde, bei der die Sache anhängig ist, ihre Freilassung zu verfügen. Anderenfalls bleibt der Verhaftete in Erwartung der Entscheidung des Höchsten Gerichts in Haft.

anders als durch Klage unmittelbar dort anhängig gemacht worden sind« (so nach dem Gesetz vom 14. Juni 1901; s. Westring a. a. O. S. 515).

I. Entwurf des Justizdep. vom 3. V. 1912.	II. Königliche Vorlage vom 31. I. 1913.	III. Entwurf des Gesetzgbgs-aussch. v. 18. IV. 1913.
verkündet worden sind, darf besondere Klage nicht geführt werden.		
§ 23.	**§ 23.**	**§ 23.**
Klage gegen die Entscheidung des Rathausgerichts ist durch Beschwerde zu führen, die an den König gerichtet sowie spätestens vor 12 Uhr am 8. Tage seit dem Tage, an dem die Entscheidung erging, dem Königlichen Befehlshabenden eingereicht wird. Eine Fristverlängerung für die Einreichung der Beschwerde darf, wenn besondere Umstände es bedingen, vom Königlichen Befehlshabenden bewilligt werden, jedoch höchstens 14 Tage.	Klage gegen die *endgültige* Entscheidung . . — — — an den Königlichen Befehlshabenden abgeliefert wird. — — —	[Gestrichen.]
§ 24.		**§ 24.**
Jede der beiden Parteien kann, wenn sie es wünscht, der Verhaftete jedoch erst am 2. Tage nach dem Ergehen der Entscheidung, vor dem Königlichen Befehlshabenden die Erklärung abgeben, daß sie sich mit derselben begnüge. Eine solche Erklärung kann nicht widerrufen werden. Hat im Falle, daß		[Gestrichen.]

IV. Reservationen der Minderheit gegenüber III.	V. Das Gesetz nach den Reichstagsbeschlüssen.	VI. Das endgültige Gesetz vom 4. VI. 1913.

I. Entwurf des Justizdep. vom 3. V. 1912.	II. Königliche Vorlage vom 31. I. 1913.	III. Entwurf des Gesetzgbgs-aussch. vom 18. IV. 1913.
Nichtvorliegen von Hindernissen gegen Auslieferung ausgesprochen worden ist, der Verhaftete und im anderen Falle der Ankläger die genannte Erklärung abgegeben oder ist die Frist für die Klage verstrichen, ohne daß von einem der Teile Beschwerde eingelegt ist, so werden die Akten vom Königlichen Befehlshabenden sofort dem Justizdepartement eingesandt.		
§ 25.		**§ 25.**
Ist gegen die Entscheidung des Rathausgerichts Beschwerde eingelegt, so teilt der Königliche Befehlshabende unverzüglich der Gegenseite die Beschwerde unter dem Anheimstellen mit, sich ihm innerhalb einer bestimmten Frist zu erklären, die, wenn nicht besondere Umstände es bedingen, nicht länger als mit 8 Tagen anzusetzen ist, in keinem Falle aber länger als mit 3 Wochen.	..., *so läßt* ... ... *mitteilen*, ... *Frist über die Beschwerde zu erklären, auf die Gefahr hin, daß die Angelegenheit doch entschieden werde. Diese Frist darf, wenn nicht besondere Umstände es bedingen, nicht länger als mit 8 Tagen angesetzt werden und in keinem Falle 3 Wochen übersteigen.*	[Gestrichen.]
Nach Eingang der Erklärung oder nach Ablauf der Erklärungsfrist übersendet der König-		

IV. Reservationen der Minderheit gegenüber III.	V. Das Gesetz nach den Reichstagsbeschlüssen	VI. Das endgültige Gesetz vom 4. VI. 1913.

I. Entwurf des Justizdep. vom 3. V. 1912.	II. Königliche Vorlage vom 31. I. 1913.	III. Entwurf des Gesetzgbgs-aussch. v. 18. IV. 1913.
liche Befehlshabende alle Akten der Sache an die untere Justizrevision.		
§ 26. Ergibt die Prüfung der Sache, die beim Könige eingelaufen ist, die Notwendigkeit der Abhaltung eines Verhörs mit den Parteien, um über gewisse Umstände Klarheit zu schaffen, so gelten die Bestimmungen des Kap. 30, § 30 der Prozeßordnung [1]).		**§ 26.** [Gestrichen.]
§ 27. Die Entscheidung *des Königs* im Höchsten Gericht wird nach ihrer Verkündung mit den Akten der Sache dem Justizdepartement zugestellt.	**§ 27.** Die Entscheidung des Höchsten Gerichts . . .	**§ 27.** [Gestrichen.]
§ 28. Nach Eingang der Akten der Sache, betr. Auslieferung, beim Justizdepartement gemäß den §§ 17, 24 oder 27 prüft der König endgültig das Ersuchen. In	**§ 28.** — — *möge der König im Staatsrate seine Ent-*	**§ 23.** *Sobald die Entscheidung des Höchsten Gerichts ergangen ist oder, wenn die Angelegenheit dort nicht anhängig war, sobald die Akten der Sache vom Königlichen*

[1]) Kap. *30* § *30*: Was im Kap. 26 (Über das Verfahren in Berufungssachen wie auch in Streitsachen, die beim Hofgericht eingeklagt sind) und 27 (s. o. S. 390) in der Frage der Anstellung von Verhör im Hofgericht bestimmt ist, findet ent-

IV. Reservationen der Minderheit gegenüber III.	V. Das Gesetz nach den Reichstagsbeschlüssen	VI. Das endgültige Gesetz vom 4. VI. 1913.
		§ 23. Sobald die Entscheidung des Höchsten Gerichts ergangen ist oder, wenn die Angelegenheit dort nicht anhängig war, sobald die Akten der Sache vom König-

sprechende Anwendung, wenn der König es in einer Sache für nötig erachtet, daß zur Gewinnung von Aufschluß über einen bestimmten Umstand ein Verhör mit den Parteien abgehalten wird.

I. Entwurf des Justizdep. vom 3. V. 1912.	II. Königliche Vorlage vom 31. I. 1913.	III. Entwurf des Gesetzgbgs-aussch. vom 18. IV. 1913.
keinem Falle darf jedoch Auslieferung bewilligt werden, wenn durch Gerichtsentscheidung das Vorliegen von Hindernissen gegen die Auslieferung ausgesprochen worden ist.	*schließung über das Ersuchen geben. Dies darf dabei nicht bewilligt werden,* — — —	*Befehlshabenden eingegangen sind,* — — — wenn durch Entscheidung *des Höchsten Gerichts* — — —
In dem Beschluß, in dem Auslieferung angeordnet wird, ist außer den Bedingungen, die nach § 11 für Auslieferung gelten, sowie den weiteren Bedingungen, deren Aufstellung der König für nötig erachten kann, zugleich eine bestimmte Frist seit Empfang des Beschlusses anzugeben,	. . . *anzusetzen,* . . .	
in der der Verhaftete von dem fremden Staate abzuholen ist, mit der Maßgabe, daß er gegebenenfalls auf freien Fuß gesetzt wird. Diese Frist darf *im allgemeinen* nicht länger als mit einem Monat festgesetzt werden; jedoch kann sie, wenn besondere Umstände es verlangen, auf höchstens drei Monate erstreckt werden.	— — — abzuholen ist, *ebenso auch, daß er, wenn dies nicht geschieht,* auf freien Fuß gesetzt wird. Diese Frist darf nicht länger als mit einem Monat festgesetzt werden, *wenn nicht besondere Umstände es verlangen, und in keinem Falle drei Monate übersteigen.*	
Der König läßt durch Vermittelung des Auswärtigen Amtes dem fremden Staate Mitteilung von dem in der	[Gestrichen.]	

IV. Reservationen der Minderheit gegenüber III.	V. Das Gesetz nach den Reichstagsbeschlüssen	VI. Das endgültige Gesetz vom 4. VI 1913.
		lichen Befehlshabenden eingegangen sind, möge der König im Staatsrate seine Entschließung über das Ersuchen geben. Dieses darf dabei nicht bewilligt werden, wenn durch Entscheidung des Höchsten Gerichts das Vorliegen von Hindernissen gegen die Auslieferung ausgesprochen worden ist. In dem Beschlusse, in dem Auslieferung angeordnet wird, ist außer den Bedingungen, die nach § 11 für Auslieferung gelten, sowie den weiteren Bedingungen, deren Aufstellung der König für nötig erachten kann, zugleich eine bestimmte Frist seit Empfang des Beschlusses anzusetzen, in der der Verhaftete von dem fremden Staate abzuholen ist, ebenso auch, daß er, wenn dies nicht geschieht, auf freien Fuß gesetzt wird. Diese Frist darf nicht länger als mit einem Monat festgesetzt werden, wenn nicht besondere Umstände es verlangen, und in keinem Falle drei Monate übersteigen.

I. Entwurf des Justizdep. vom 3. V. 1912.	II. Königliche Vorlage vom 31. I. 1913.	III. Entwurf des Gesetzgbgs-aussch. v. 18. IV. 1913.
Auslieferungsfrage ergangenen Beschlusse zukommen.		
§ 29.		**§ 24.**
Auf Ersuchen der Regierung eines fremden Staates kann eine Person, bevor ein formelles Ersuchen um ihre Auslieferung eingegangen ist, in Erwartung desselben hier im Reiche verhaftet werden. Ein solches Ersuchen ist auf diplomatischem Wege zu stellen und hat die Angabe des Delikts zu enthalten, das der Person zur Last gelegt wird, ferner der Zeit und des Ortes desselben sowie die Mitteilung, daß ein Urteil oder Beschluß, wie im § 7 genannt, vorliege, ebenso, wenn möglich das Signalement der Person.	— — — wie im § 8 genannt, — — —	— — — vorliege. *Ein Signalement ist, wenn möglich, ebenfalls beizubringen.*
Unter Voraussetzung der Gegenseitigkeit kann der König mit fremden Staaten vereinbaren, daß ein Ersuchen, wie das hier genannte, von einer Behörde in dem fremden Staate unmittelbar bei einem Königlichen Befehlshabenden oder einer Polizeibehörde	*Nach Vereinbarung mit einem fremden Staate und unter Voraussetzung der Gegenseitigkeit kann der König verordnen, daß ein solches Ersuchen, das von einer Behörde in dem fremden Staate unmittelbar bei einer Polizeibehörde hier im Reiche gestellt wird, auch von dieser entgegenzunehmen ist.*	

IV. Reservationen der Minderheit gegenüber III.	V. Das Gesetz nach den Reichstagsbeschlüssen.	VI. Das endgültige Gesetz vom 4 VI. 1913.
§ 24. (s. o. S. 253.)		**§ 24.** Auf Ersuchen der Regierung eines fremden Staates kann eine Person, bevor ein formelles Ersuchen um ihre Auslieferung eingegangen ist, in Erwartung desselben hier im Reiche verhaftet werden. Ein solches Ersuchen ist auf diplomatischem Wege zu stellen und hat die Angabe des Delikts zu enthalten, das der Person zur Last gelegt wird, ferner Zeit und Ort desselben sowie die Mitteilung, daß ein Urteil oder Beschluß, wie im § 8 genannt, vorliege. Ein Signalement ist, wenn möglich, ebenfalls beizubringen. Nach Vereinbarung mit einem fremden Staate und unter Voraussetzung der Gegenseitigkeit kann der König verordnen, daß ein solches Ersuchen, das von einer Behörde in dem fremden Staate unmittelbar bei einer Polizeibehörde hier im Reiche gestellt wird,

I. Entwurf des Justizdep. vom 3. V. 1912.	II. Königliche Vorlage vom 31. I. 1913.	III. Entwurf des Gesetzgbgs-aussch. v. 18. IV. 1913.
hier im Reiche gestellt wird. Ein Ersuchen um Verhaftung wird, wenn es auf diplomatischem Wege eingegangen ist, vom Außenminister geprüft, im anderen Falle von der Behörde, bei der es gestellt ist. Besitzt das Ersuchen die erforderliche Vollständigkeit und scheinen Auslieferungshindernisse nicht im Wege zu stehen, so sind sofort Maßregeln zur Verhaftung zu treffen. Sobald Verhaftung erfolgt ist, ist Mitteilung davon unmittelbar dem Auswärtigen Amte zu erstatten. Binnen bestimmter Frist, die, wenn eine solche nicht im Vertrag mit dem fremden Staate angegeben ist, vom Außenminister bestimmt wird, hat in gewöhnlicher Weise Ersuchen um Auslieferung des Verhafteten zu erfolgen. Erfolgt es nicht, so wird der Verhaftete auf freien Fuß gesetzt. Diese Frist ist nicht länger als auf sechs Wochen zu bemessen oder, wenn es sich um Auslieferung an einen		

IV. Reservationen der Minderheit gegenüber III.	V. Das Gesetz nach den Reichstagsbeschlüssen.	VI. Das endgültige Gesetz vom 4. VI. 1913.
		auch von dieser entgegenzunehmen ist. Ein Ersuchen um Verhaftung wird, wenn es auf diplomatischem Wege eingegangen ist, vom Außenminister geprüft, andernfalls von der Behörde, bei der es gestellt ist. Besitzt das Ersuchen die erforderliche Vollständigkeit und scheinen Auslieferungshindernisse nicht im Wege zu stehen, so sind sofort Maßregeln zur Verhaftung zu treffen. Sobald Verhaftung erfolgt ist, ist Mitteilung davon unmittelbar dem Auswärtigen Amte zu erstatten. Binnen bestimmter Frist, die, wenn eine solche nicht im Vertrag mit dem fremden Staate angegeben ist, vom Außenminister bestimmt wird, hat in gewöhnlicher Weise Ersuchen um Auslieferung des Verhafteten zu erfolgen. Erfolgt es nicht, so wird der Verhaftete auf freien Fuß gesetzt. Diese Frist ist nicht länger als auf 6 Wochen zu bemessen oder, wenn es sich um Auslieferung an einen außereuropäischen Staat oder sonst Auslieferung

I. Entwurf des Justizdep. vom 3. V. 1912.	II. Königliche Vorlage vom 31. I. 1913.	III. Entwurf des Gesetzgbgs-aussch. vom 18. IV. 1913.
außereuropäischen Staat oder Auslieferung zwecks Stellung zur Untersuchung oder Bestrafung an einem Orte außerhalb Europas handelt, auf drei Monate, seit der fremde Staat Nachricht von der Verhaftung erhalten hat.	— — — oder *sonst* Auslieferung — — —	
§ 30. Wer in einem fremden Staate wegen eines Delikts verfolgt (efterlyst; s. o.) wird, welches nach diesem Gesetz Auslieferung veranlassen kann, darf hier im Reiche verhaftet werden, ohne daß ein besonderes Ersuchen darum vorläge. Meldung von der Verhaftung ist unverzüglich dem Außenminister zu machen, der, wenn Hindernisse gegen die Auslieferung nicht im Wege zu stehen scheinen, den fremden Staat von der Verhaftung unterrichtet und dabei unter Anwendung der im § 29 gegebenen Bestimmungen eine bestimmte Frist festsetzt, binnen welcher Ersuchen um Auslieferung des Verhafteten zu stellen ist.	— — Meldung von der Verhaftung ist unverzüglich dem *Auswärtigen Amte* zu machen. *Erachtet der Außenminister, daß Hindernisse gegen die Auslieferung des Verhafteten vorliegen, so trifft er Anordnung wegen seiner Freilassung. Wird erachtet, daß Hindernisse nicht vorliegen, so ist der fremde Staat von der Verhaftung zu unterrichten und dabei unter Anwendung der im § 29*	

IV. Reservationen der Minderheit gegenüber III.	V. Das Gesetz nach den Reichstagsbeschlüssen.	VI. Das endgültige Gesetz vom 4. VI. 1913.
		zwecks Stellung zur Untersuchung oder Bestrafung an einem Orte außerhalb Europas handelt, auf drei Monate, seit der fremde Staat Nachricht von der Verhaftung erhalten hat.
		§ 25. Wer in einem fremden Staate wegen eines Delikts verfolgt (efterlyst; s. o.) wird, welches nach diesem Gesetz Auslieferung veranlassen kann, darf hier im Reiche verhaftet werden, ohne daß ein besonderes Ersuchen darum vorläge. Meldung von der Verhaftung ist unverzüglich dem Auswärtigen Amte zu machen.
		Erachtet der Außenminister, daß Hindernisse gegen die Auslieferung des Verhafteten vorliegen, so trifft er Anordnung wegen seiner Freilassung. Wird erachtet, daß Hindernisse nicht vorliegen, so ist der fremde Staat von der Verhaftung zu unterrichten und dabei unter Anwendung der im § 24 gegebenen Bestim-

I. Entwurf des Justizdep. vom 3. V. 1912.	II. Königliche Vorlage vom 31. I. 1913.	III. Entwurf des Gesetzgbgs-aussch. v. 18. IV. 1913.
	gegebenen Bestimmungen eine bestimmte Frist anzusetzen, binnen derer Ersuchen um Auslieferung zu stellen ist.	— — — der im **§ 24** gegebenen Bestimmungen — — —
§ 31. Wenn jemand nach den Bestimmungen dieses Gesetzes verhaftet wird, so sind alle Gegenstände, die er dabei in seinem Besitze hat und die annehmbarerweise als Beweismittel für das Verbrechen, wegen dessen Auslieferung verlangt ist, von Bedeutung sein können oder deren Herausgabe der Geschädigte annehmbarerweise fordern wird, in Beschlag zu nehmen sowie, wenn Auslieferung bewilligt wird, Behörden des fremden Staates zu übergeben; der König kann hinsichtlich der genannten Gegenstände zum Schutze des Rechts Dritter die Vorbehalte machen, die erforderlich erscheinen.	— — — Verbrechen, *das ihm zur Last gelegt wird,* — — —	

IV. Reservationen der Minderheit gegenüber III.	V. Das Gesetz nach den Reichstagsbeschlüssen.	VI. Das endgültige Gesetz vom 4. VI. 1913.
		mungen eine bestimmte Frist anzusetzen, binnen derer Ersuchen um Auslieferung zu stellen ist.
		§ 26. Wenn jemand nach den Bestimmungen dieses Gesetzes verhaftet wird, so sind alle Gegenstände, die er dabei in seinem Besitze hat und die annehmbarerweise als Beweismittel für das Verbrechen, das ihm zur Last gelegt wird, von Bedeutung sein können oder deren Herausgabe der Geschädigte annehmbarerweise fordern wird, in Beschlag zu nehmen sowie, wenn Auslieferung bewilligt wird, Behörden des fremden Staates zu übergeben; der König kann hinsichtlich der genannten Gegenstände zum Schutze des Rechts Dritter die Vorbehalte machen, die erforderlich erscheinen.

I. Entwurf des Justizdep. vom 3. V. 1912.	II. Königliche Vorlage vom 31. I. 1913.	III. Entwurf des Gesetzgbgs-aussch. vom 18. IV. 1913.
Kap. III. **Von gewissen mit dem Auslieferungswesen in Verbindung stehenden Ersuchen fremder Staaten.**		
§ 32.		**§ 27.**
Will ein fremder Staat die Genehmigung einholen, daß jemand, der ihm ausgeliefert worden ist, ungehindert durch Bedingungen, von denen im § 11 unter 1 die Rede, zur Verantwortung gezogen oder an einen dritten Staat weiter ausgeliefert werden dürfe wegen eines anderen vor der Auslieferung verübten Delikts, als wegen dessen die Auslieferung erfolgt ist, so ist Ersuchen darum auf diplomatischem Wege zu stellen; das Ersuchen muß eine Angabe der Beschaffenheit des Verbrechens sowie der Zeit und des Ortes desselben enthalten oder von solcher Angabe begleitet sein.		— — — *wegen eines anderen vor der Auslieferung begangenen Delikts als wegen dessen zur Verantwortung gezogen wird, wegen dessen Auslieferung erfolgt ist, oder an einen dritten Staat weiter ausgeliefert wird, so* — — —
Eine Genehmigung, wie hier genannt, darf nicht erteilt werden, soweit nach diesem Gesetze gegen Auslieferung wegen des angegebenen Verbrechens Hinder-		

IV. Reservationen der Minderheit gegenüber III.	V. Das Gesetz nach den Reichstagsbeschlüssen.	VI. Das endgültige Gesetz vom 4. VI. 1913.
		Kap. III. **Von gewissen mit dem Auslieferungswesen in Verbindung stehenden Ersuchen fremder Staaten.** **§ 27.** Will ein fremder Staat die Genehmigung einholen, daß jemand, der ihm ausgeliefert worden ist, ungehindert durch Bedingungen, von denen im § 11 unter 1 die Rede, wegen eines anderen vor der Auslieferung begangenen Deliktes als wegen dessen zur Verantwortung gezogen wird, wegen dessen Auslieferung erfolgt ist, oder an einen dritten Staat weiter ausgeliefert wird, so ist Ersuchen darum auf diplomatischem Wege zu stellen. Das Ersuchen muß eine Angabe der Beschaffenheit des Verbrechens enthalten, sowie der Zeit und des Ortes desselben oder von solcher Angabe begleitet sein. Eine Genehmigung, wie hier genannt, darf nicht erteilt werden, soweit nach diesem Gesetze gegen Auslieferung wegen des angege-

I. Entwurf des Justizdep vom 3. V. 1912.	II. Königliche Vorlage vom 31. I. 1913.	III. Entwurf des Gesetzgbgs-aussch. vom 18. IV. 1913.
nisse im Wege stehen sollten; dergestalt jedoch, daß die Prüfung dessen unter keiner Voraussetzung die Frage nach der Schuld des Ausgelieferten umfassen darf.		
Wenn sich nicht klar ergibt, daß gesetzlicherweise Hindernisse gegen die Erteilung der Genehmigung bestehen, so ist diese Frage der Prüfung *des Königs in Seinem Höchsten Gerichte* zu unterwerfen.	— — — der Prüfung *des Höchsten Gerichts* zu unterwerfen.	
Sobald Erkenntnis in einer so überwiesenen Frage ergangen ist, nimmt der König im Staatsrate das Ersuchen zur Entscheidung vor; jedoch darf dieses in keinem Falle bewilligt werden, wenn durch das Erkenntnis des Gerichts das Vorliegen von Hindernissen gegen die Erteilung der Genehmigung ausgesprochen worden ist.	des *Höchsten* Gerichts	
§ 33.	**§ 33.**	
Hat ein fremder Staat jemandes Auslieferung an einen anderen Staat bewilligt, so kann, unter der Voraussetzung, daß er nicht	*Genehmigung zur Führung einer Person durch das Reich, die von einem fremden Staate an einen anderen ausgeliefert wird, kann der König unter der*	

IV. Reservationen der Minderheit gegenüber III.	V. Das Gesetz nach den Reichstagsbeschlüssen.	VI. Das endgültige Gesetz vom 4. VI. 1913.
		benen Verbrechens Hindernisse im Wege stehen sollten; dergestalt jedoch, daß die Prüfung dessen unter keiner Voraussetzung die Frage nach der Schuld des Ausgelieferten umfassen darf. Wenn sich nicht klar ergibt, daß gesetzlicherweise Hindernisse gegen die Erteilung der Genehmigung bestehen, so ist diese Frage der Prüfung des Höchsten Gerichtes zu unterwerfen. Sobald Erkenntnis in einer so überwiesenen Frage ergangen ist, nimmt der König im Staatsrate das Ersuchen zur Entscheidung vor; jedoch darf dieses in keinem Falle bewilligt werden, wenn durch das Erkenntnis des Höchsten Gerichts das Vorliegen von Hindernissen gegen die Erteilung der Genehmigung ausgesprochen worden ist. **§ 28.** Genehmigung zur Führung einer Person durch das Reich, die von einem fremden Staate an einen anderen ausgeliefert wird, kann der

I. Entwurf des Justizdep. vom 3. V. 1912.	II. Königliche Vorlage vom 31. I. 1913.	III. Entwurf des Gesetzgbgs-aussch. vom 18. IV. 1913
schwedischer Staatsbürger ist, seine Führung durch das Reich vom Könige bewilligt werden. Ersuchen darum ist auf diplomatischem Wege zu stellen, und es muß dem ein Dokument, das den Inhalt des Auslieferungsbeschlusses ausweist, oder auch ein Dokument, wie im § 7 Abs. 1 genannt, beigefügt sein.	*Voraussetzung erteilen, daß es sich nicht um schwedische Staatsbürger handelt.* Ersuchen darum ist auf diplomatischem Wege zu stellen, und es muß dem ein Dokument, das den Inhalt des Auslieferungsbeschlusses ausweist, oder auch ein Dokument, wie im **§ 8** Abs. 1 genannt, beigefügt sein.	
Kap. IV. **Sonstige Bestimmungen.**		
§ 34.	**§ 34.**	
Ungehindert durch die oben gegebenen Bestimmungen kann der König unter Voraussetzung der Gegenseitigkeit, soweit es sich um Auslieferung an Dänemark oder Norwegen handelt, Übereinkommen eingehen:	*Ungehindert durch das, was oben in diesem Gesetz bestimmt ist, darf, soweit es sich um Auslieferung an Dänemark oder Norwegen handelt, unter Voraussetzung der Gegenseitigkeit:*	
1. daß Auslieferung auch wegen Deliktes erfolgen darf, das nach § 4 keine Auslieferung veranlassen würde, soweit nach dem dort Gesagten das Delikt Gefängnisstrafe zur Folge haben kann;	1. *Auslieferung auch wegen solchen Deliktes bewilligt werden . . . .*	
2. daß, wenn Auslieferung wegen eines bestimmten Deliktes be-	2. *in Verbindung mit dem Beschluß der Auslieferung wegen bestimm-*	

IV. Reservation der Minderheit gegenüber III.	V. Das Gesetz nach den Reichstagsbeschlüssen.	VI. Das endgültige Gesetz vom 4. VI. 1913.
		König unter der Voraussetzung erteilen, daß es sich nicht um schwedische Staatsbürger handelt. Ersuchen darum ist auf diplomatischem Wege zu stellen, und es muß dem ein Dokument, das den Inhalt des Auslieferungsbeschlusses ausweist, oder auch ein Dokument, wie im § 8 genannt, beigefügt sein.
		Kap. IV. **Sonstige Bestimmungen.**
		§ 29.
		Ungehindert durch das, was oben in diesem Gesetz bestimmt ist, darf, soweit es sich um Auslieferung an Dänemark oder Norwegen handelt, unter Voraussetzung der Gegenseitigkeit:
		1. Auslieferung auch wegen solchen Delikts bewilligt werden, das nach § 4 keine Auslieferung veranlassen würde, soweit nach dem dort Gesagten das Delikt Gefängnisstrafe zur Folge haben kann;
		2. in Verbindung mit dem Beschluß der Auslieferung wegen bestimmten Deliktes

I. Entwurf des Justizdep. vom 3. V. 1912.	II. Königliche Vorlage vom 31. I. 1913.	III. Entwurf des Gesetzgbgs-aussch. vom 18. IV. 1913.
willigt ist, es nach § 32 dem Staat, an den die Auslieferung erfolgt ist, bewilligt werden kann, den Ausgelieferten auch wegen anderen Deliktes von der Art, daß deswegen Auslieferung nach § 4 nicht hätte stattfinden können, zu bestrafen, sofern sich nicht gegen Auslieferung wegen des Delikts auf Grund anderer Bestimmungen des Gesetzes Hindernisse erhoben haben würden.	*ten Deliktes oder, wenn Auslieferung wegen bestimmten Deliktes schon bewilligt ist, in der im* **§ 32** *bestimmten Ordnung Bewilligung erteilt werden, den Ausgelieferten* — — —	— — § 27 — —
§ 35. Alle Kosten, die infolge einer Maßnahme entstehen, von denen in diesem Gesetz die Rede, sind, wenn nicht gemäß Vertrag etwas anderes gilt, von dem Staate zu bestreiten, auf dessen Ersuchen die Maßregel vorgenommen worden ist.	**§ 35.** [Gestrichen.]	
§ 36. Die Bestimmungen dieses Gesetzes beziehen sich nicht auf Ersuchen um Zurückführung von Seeleuten, die aus dem Dienst entwichen sind.	. . . *finden* . . . . . . *keine Anwendung*	

IV. Reservationen der Minderheit gegenüber III.	V. Das Gesetz nach den Reichstagsbeschlüssen.	VI. Das endgültige Gesetz vom 4. VI. 1913.
		oder, wenn Auslieferung wegen bestimmten Deliktes schon bewilligt ist, in der im § 27 bestimmten Ordnung Bewilligung erteilt werden, den Ausgelieferten auch wegen anderen Delikts von der Art, daß deswegen Auslieferung nach § 4 nicht hätte stattfinden können, zu bestrafen, sofern sich nicht gegen Auslieferung wegen des Delikts auf Grund anderer Bestimmungen des Gesetzes Hindernisse erhoben haben würden.
		§ 30. Die Bestimmungen dieses Gesetzes finden auf Ersuchen um Zurückführung von Seeleuten, die aus dem Dienst entwichen sind, keine Anwendung.

I. Entwurf des Justizdep. vom 3. V. 1912.	II. Königliche Vorlage vom 31. I. 1913.	III. Entwurf des Gesetzgbgs-aussch. vom 18. IV. 1913.
Dies Gesetz tritt am 1. Juli 1913 in Kraft. Ist nach einer Bestimmung eines Vertrages, welcher dann in Kraft steht, eine Verpflichtung zur Auslieferung in Fällen bestimmt, in denen nach diesem Gesetze Hindernisse bestehen, oder steht sonst eine Bestimmung eines solchen Vertrages mit Vorschriften dieses Gesetzes im Widerspruch, so soll die Bestimmung zur Nachachtung gereichen.		

IV. Reservationen der Minderheit gegenüber III.	V. Das Gesetz nach den Reichstagsbeschlüssen.	VI. Das endgültige Gesetz vom 4. VI. 1913.
s. u. S. 253f.		Dies Gesetz tritt am 1. Juli 1913 in Kraft. Ist nach einer Bestimmung eines Vertrages, welcher dann in Kraft steht, eine Verpflichtung, zur Auslieferung in Fällen bestimmt, in denen nach diesem Gesetze Hindernisse bestehen, oder steht sonst eine Bestimmung eines solchen Vertrages mit Vorschriften dieses Gesetzes im Widerspruch, so soll die Bestimmung zur Nachachtung gereichen. Hiernach haben sich alle, die es angeht, gehorsam zu richten. Zu weiterer Gewißheit haben Wir dies mit eigener Hand unterschrieben und mit Unserem königlichen Siegel bekräftigen lassen. Stockholm, Schloß, am 4. Juni 1913. GUSTAF. (L. S.) (Das Justizdepartement.) Gustav Sandström.

Das schwedische Gesetz.

betr. Änderung des Kap. 1 des Strafgesetzbuches; gegeben Stockholm, Schloß, am 4. Juni 1913.

(Svensk Författningssamling, 1913, Nr. 69, S. 130).

Wir GUSTAF, mit Gottes Gnade, König von Schweden, der Goten und Wenden, geben kund: daß Wir, mit dem Reichstage, für gut befunden haben, in Gnaden zu verordnen, daß in Kap. 1 des Strafgesetzes ein neuer § von folgendem Wortlaute eingefügt wird:

§ 5.

In welchen Fällen Auslieferung von Verbrechern an einen fremden Staat erfolgen darf, ist besonders bestimmt.

Ist jemand als wegen eines Delikts verdächtig, angeklagt oder verurteilt von einem fremden Staate an Schweden ausgeliefert und sind bei der Auslieferungsbewilligung besondere Bedingungen hinsichtlich der Anklage gegen ihn sowie hinsichtlich seiner Bestrafung von dem fremden Staate aufgestellt worden, so sollen sie hier im Reiche zur Nachachtung gereichen.

Dies Gesetz tritt am 1. Juli 1913 in Kraft.

Hiernach haben sich alle, die es angeht, gehorsam zu richten. Zu weiterer Gewißheit haben Wir dies mit eigener Hand unterschrieben und mit Unserem königlichen Siegel bekräftigen lassen.

Stockholm, Schloß, am 4. Juni 1913.

GUSTAF

(L. S.)

(Das Justizdepartement.) Gust. Sandström.

Das Finnländische Gesetz[1])

über Auslieferung von Verbrechern

vom 11. Februar 1922.

(Finlands Författningssamling 1922, Nr. 43, S. 228ff.)

In Gemäßheit des Reichstagsbeschlusses wird hiermit verordnet:

Kap. I.

Auslieferungsbedingungen.

§ 1.

Auf Ersuchen eines fremden Staates darf eine Person, die sich in Finnland aufhält und eines Verbrechens verdächtig, angeklagt oder verurteilt ist, an den fremden Staat nach den Bestimmungen dieses Gesetzes ausgeliefert werden.

§ 2.

Finnländische Staatsbürger dürfen nicht ausgeliefert werden.

§ 3.

Auslieferung darf nicht wegen eines Delikts erfolgen, das in Finnland oder auf finnländischem Fahrzeuge verübt ist, während dies sich auf offenem Meere befindet.

§ 4.

Auslieferung darf nicht erfolgen, soweit nicht die verbrecherische Handlung ein solches Delikt ist oder, wenn sie in Finnland und unter entsprechenden Umständen begangen worden wäre, als ein solches Delikt anzusehen sein würde, worauf nach dem allgemeinen Strafgesetze für Finnland oder nach dem finnländischen Seegesetze schwerere Strafe als Gefängnis folgen kann. Zu den hier genannten sind auch Delikte zu rechnen, die nur, wenn sie mit erschwerenden Umständen verbunden sind, schwerere Strafe als Gefängnis nach sich ziehen.

Wenn ein Ersuchen um Auslieferung sich auf eine Handlung bezieht, die nach finnländischem Rechte als Delikt gegen das Strafgesetz für

[1]) Das finnländische Auslieferungsgesetz mit seinen Nebengesetzen und Materialien ist nach der offiziellen schwedischen Fassung wiedergegeben.

die Wehrmacht[1]) anzusehen sein würde, so darf Auslieferung doch erfolgen, soweit die Handlung von der Beschaffenheit ist, daß, wenn sie von jemandem verübt wäre, der nicht demselben Gesetze unterworfen ist, gemäß den Bestimmungen des Abs. 1 Auslieferung deswegen hätte stattfinden können.

§ 5.

Auslieferung darf wegen politischen Delikts nicht erfolgen. Jedoch darf Auslieferung bewilligt werden, wenn das Delikt besondere Roheit bei dem Verbrecher beweist, wie auch, wenn die Handlung zugleich ein Delikt von nicht-politischer Beschaffenheit umfaßt und wenn festgestellt wird, daß sie mit Rücksicht auf die Umstände im besonderen Falle überwiegend den Charakter eines nicht-politischen Delikts besitzt.

Als politisches Delikt ist in keinem Falle Mord oder Mordversuch anzusehen, der nicht im offenen Kampfe begangen ist.

§ 6.

Auslieferung darf nicht bewilligt werden, ohne daß zur Stütze des Ersuchens darum entweder ein von einem Gerichte erlassenes verurteilendes Urteil oder auch ein von einem Gerichte oder einer anderen zuständigen Behörde erlassener Beschluß, der eine Verordnung über Verhaftung enthält, beigebracht ist. In dem Dokument, von dem hier die Rede, ist die Beschaffenheit des Delikts sowie Zeit und Ort desselben genau anzugeben.

Wird ein Auslieferungsersuchen anders als auf ein verurteilendes Urteil oder einen solchen Beschluß gegründet, dem eine Untersuchung vor Gericht oder Untersuchungsrichter vorangegangen ist, und bestreitet der, um dessen Auslieferung ersucht wird, sich des angegebenen Delikts schuldig gemacht zu haben, so darf die Auslieferung nicht bewilligt werden, wenn nicht zugleich nachgewiesen wird, daß einleuchtende Gründe zu dem Verdachte vorliegen, er sei desselben schuldig. Jedoch darf nach Übereinkommen mit einem fremden Staate und unter Voraussetzung der Gegenseitigkeit Auslieferung an den Staat erfolgen, auch wenn kein Beweis, wie hier genannt, beigebracht worden ist.

§ 7.

Auslieferung darf nicht bewilligt werden:

1. wenn schon, bevor das Ersuchen darum gestellt wurde, in Finnland, betreffend das Verbrechen, wegen dessen um Auslieferung ersucht wird, ein Urteil ergangen oder eine Anklage anhängig gemacht worden ist;

2. wenn das Recht der Anklage wegen des Verbrechens oder der Vollziehung der dafür verhängten Strafe, beurteilt nach finnländischem Rechte, als fortgefallen anzusehen sein würde.

[1]) Finnlands Författningssamling 1919 Nr. 71 vom 30. Mai 1919.

§ 8.

Ist derjenige, dessen Auslieferung in Frage steht, in Finnland wegen eines anderen Delikts als desjenigen, auf welches sich das Auslieferungsersuchen bezieht, verurteilt oder unter Anklage gestellt, so darf Auslieferung nicht stattfinden, bevor er voll die Strafe verbüßt hat, die über ihn verhängt worden ist oder der er als verfallen befunden wird; jedoch kann der Staatsrat bei Vorliegen besonderer Gründe verordnen, daß derjenige, um dessen Auslieferung ersucht wird, zwecks Stellung unter Untersuchung provisorisch an den fremden Staat ausgeliefert werden kann, wenn dieser sich verpflichtet, den Betreffenden unmittelbar nach seiner dortigen endgültigen Verurteilung wieder finnländischen Behörden zu überliefern.

§ 9.

Bei Bewilligung einer Auslieferung sollen, soweit anwendbar, folgende Bedingungen gestellt werden:

1. der Ausgelieferte darf in dem Staate, an den die Auslieferung erfolgt, nicht wegen einer anderen vor der Auslieferung begangenen strafbaren Handlung als derjenigen angeklagt oder bestraft werden, wegen welcher er ausgeliefert ist, oder, abgesehen von dem im § 10 Abs. 2 genannten Falle, an einen dritten Staat weiter ausgeliefert werden, alles, sofern nicht besondere Bewilligung nach § 21 erteilt ist oder auch der Ausgelieferte vor Gericht oder sonst frei und öffentlich seine Zustimmung dazu gegeben hat, oder, wenn er, nach endgültiger Freisprechung oder voller Verbüßung der Strafe auf freien Fuß gesetzt, entweder, obgleich Hindernisse nicht bestanden, es unterlassen hat, das Land innerhalb eines Monats zu verlassen oder auch dahin zurückgekehrt ist, nachdem er es einmal verlassen hatte;

2. während der Zeit eines Monats, wovon eben die Rede, darf dem Ausgelieferten, sofern er sich nicht eines neuen Verbrechens schuldig macht, kein Hindernis irgendwelcher Art in den Weg gelegt werden, das Land zu verlassen;

3. der Ausgelieferte darf wegen des fraglichen Delikts nicht vor einem Gerichte unter Anklage gestellt werden, dem nur vorläufig[1]) oder für besondere Ausnahmefälle die Befugnis verliehen ist, in Sachen von solcher Beschaffenheit Recht zu sprechen.

Wenn Auslieferung in Fällen bewilligt wird, von denen in § 4 Abs. 2 die Rede, so ist außerdem eine solche Bedingung zu stellen, daß der Ausgelieferte wegen der Tat, die in Frage steht, nicht als wegen eines Deliktes gegen das Strafgesetz für die Wehrmacht bestraft werden darf. Wird Auslieferung nach § 5 wegen einer Handlung bewilligt, die überwiegend den Charakter eines nicht-politischen Verbrechens besitzt, oder auch wegen Mordes oder Mordversuchs, welcher nach möglicher Annahme in dem

[1]) för tillfället = meist: »vorläufig, zur Zeit, augenblicklich«, kann aber auch heißen: »für den Fall«; ebenso § 11 Nr. 3 des Schw. Ausl.G.

fremden Staate als politisches Delikt zu betrachten wäre, so ist die Bedingung zu stellen, daß der Ausgelieferte wegen der Tat nicht als wegen politischen Delikts bestraft werden darf.

§ 10.

Wird von mehreren Staaten ein Ersuchen um Auslieferung jemandes gestellt und beziehen sich die Ersuchen auf ein und dasselbe Delikt, so bestimmt der Staatsrat, an welchen Staat Auslieferung erfolgen soll; jedoch muß die Auslieferung in der Regel an den Staat erfolgen, wo das Delikt stattgefunden hat, wenn nicht besondere Umstände veranlassen, daß man der Ansicht ist, die Auslieferung müsse an den Staat erfolgen, dessen Bürger die fragliche Person ist.

Haben mehrere Staaten um Auslieferung derselben Person wegen verschiedener Delikte ersucht, so soll, wenn nicht besondere Umstände etwas anderes veranlassen, der Vorzug dem Staate gegeben werden, wo das schwerste Delikt verübt worden ist. Bei der Bewilligung der Auslieferung kann als Bedingung vorgeschrieben werden, daß die Person, deren Auslieferung in Frage steht, nach Verbüßung ihrer Strafe in dem einen Staat an den anderen weiter auszuliefern ist.

Kap. II.

Das Verfahren in Auslieferungsangelegenheiten.

§ 11.

Ein Ersuchen um Auslieferung hat auf diplomatischem Wege zu erfolgen.

Das Ersuchen hat die Angabe der Staatsangehörigkeit der Person, um deren Auslieferung, ersucht wird, zu enthalten und es muß möglichst zugleich ihr vollständiges Signalement beigebracht werden. Dem Ersuchen sind auch solche Dokumente beizufügen, von denen in § 6 die Rede [1]).

Die eingegangenen Dokumente sind dem Justizministerium zu überliefern, damit sie von diesem im Staatsrate vorgetragen werden. Entbehren die Dokumente der erforderlichen Vollständigkeit oder sind in irgend einer Hinsicht weitere Angaben erforderlich, so kann der fremde Staat ersucht werden, die fehlende Auskunft nachzureichen.

§ 12.

Geht aus den Dokumenten hervor, daß das Ersuchen nicht von der Beschaffenheit ist, daß ihm gesetzlicherweise entsprochen werden könnte, oder stellt der Staatsrat sonst das Vorliegen eines Anlasses fest, der Auslieferung nicht zu willfahren, so ist diese unmittelbar abzulehnen.

---

[1]) Im Regierungsentwurf hieß es: im § 6 Abs. 1. Die Änderung erfolgte auf Veranlassung des Gutachtens des Gesetzgebungsausschusses vom 4. Oktober 1921.

Wird festgestellt, daß Grund zur Ablehnung in der im Abs. 1 genannten Weise nicht vorliegt, so ersucht der Staatsrat den Landshövding in dem Län, wo die mit dem Ersuchen gemeinte Person sich aufhält, sie vor den Landshövding zum Verhör stellen zu lassen.

§ 13.

Beim Verhör vor dem Landshövding ist der zum Verhör Gestellte berechtigt, wenn er es wünscht, Beistand zu genießeen. Kann er sich selbst keinen Beistand verschaffen, so verordnet der Landshövding eine geeignete Person zu seinem Beistande.

Erkennt der zum Verhör Gestellte an, die Person zu sein, um deren Auslieferung ersucht ist, und erklärt er, nichts gegen die Auslieferung einzuwenden zu haben, so verordnet der Landshövding, daß er in der Angelegenheit in Haft gehalten werde. Das Protokoll über das Verhör ist samt den übrigen Akten der Sache dem Justizministerium einzusenden.

Wird eine solche Anerkennung und eine solche Erklärung, wovon eben die Rede, nicht abgegeben, so fallen, wenn der Landshövding findet, daß der zum Verhör Gestellte nicht derselbe sei, wie der mit dem Ersuchen Gemeinte, weitere Maßnahmen gegen ihn fort. Im anderen Falle ist die Angelegenheit den Gerichten zu überweisen und eine Verordnung zu erlassen, daß der zum Verhör Gestellte in der Sache in Haft gehalten werde [1]). Nachricht über das Ergebnis des Verhörs ist sofort dem Justizministerium einzusenden; es sind auch, wenn die Angelegenheit dem Gericht überwiesen ist, das Protokoll über das Verhör und die übrigen Akte der Sache unverzüglich dem allgemeinen Untergericht an dem Orte zu überliefern, wo der Landshövding seinen Sitz hat.

§ 14.

Bei der Behandlung der Sache vor dem Untergerichte soll ein besonderer Sachwalter [2]), der vom Landshövding bestellt wird, zugegen sein, um in der Angelegenheit die Interessen des fremden Staates wahrzunehmen. Der Verhaftete soll auch bei der Führung seiner Sache Unterstützung genießen. Kann er sich selbst keinen Beistand verschaffen, so hat das Gericht jemanden, der öffentlich Rechtsanwaltstätigkeit ausübt, zu verordnen, ihm Beistand zu leisten.

Findet das Gericht, daß der Verhaftete nicht die Person sei, die mit dem Ersuchen gemeint ist, so trifft es unmittelbar über seine Loslassung Verfügung und berichtet dem Justizministerium über die Sachlage.

Ist der Verhaftete nicht gemäß Abs. 2 freigelassen, so hat das Gericht zu untersuchen, ob ein Sachverhalt, der nach den §§ 2—7 ein Auslieferungs-

---

[1]) Vor dem Änderungsvorschlage des Höchsten Gerichts vom 11. Februar 1921 fehlten die Worte: »und eine Verordnung . . . gehalten werden«.

[2]) åklagare = Kläger, Staatsanwalt; ebenso §§ 18 Abs. 2 u. 21 Schw. Ausl.-Ges.

hindernis bildet, vorliegt; in der Frage der Behandlung einer solchen Angelegenheit findet entsprechende Anwendung, was für die Untersuchung einer verhafteten Person gilt. Das Protokoll und die übrigen Akten der Sache sind binnen 14 Tagen nach Beendigung der Untersuchung dem Höchsten Gericht einzusenden.

§ 15.

Dem Höchsten Gericht kommt die Prüfung zu, ob gegen die Auslieferung Hindernisse bestehen, wie in den §§ 2—7 genannt. Wird das Vorliegen solcher Hindernisse festgestellt, so verordnet das Höchste Gericht, daß der Verhaftete sofort auf freien Fuß gesetzt werde

Solche Klage gegen Maßnahmen des Untergerichts in Auslieferungsangelegenheiten, über die im Kap. 16 § 6 und Kap. 25 § 21 der Prozeßordnung sowie im § 30 der Verordnung vom 19. Dezember 1889, betr. Einführung des Strafgesetzes [1]), und was im Hinblick darauf zu beachten ist, bestimmt wird, wird vor dem Höchsten Gericht in der Ordnung geführt, die für solche Klage beim Appellgericht gilt, in jedem Falle jedoch spätestens innerhalb der in § 14 Abs. 3 bestimmten Frist [2]).

Auslieferungsangelegenheiten sind im Höchsten Gericht als eilig vor allen anderen Prozessen und Angelegenheiten zu führen.

§ 16.

Nach Verkündung der Entscheidung des Höchsten Gerichts oder, wenn die Angelegenheit dort nicht ahängig war, nach Eingang der Akten vom Landshövding trifft der Staatsrat über das gestellte Ersuchen seinen Beschluß. Dem Ersuchen darf dabei nicht entsprochen werden, wenn durch den Beschluß des Höchsten Gerichts das Vorliegen von Hindernissen gegen die Auslieferung festgestellt ist.

In dem Beschlusse, wodurch über die Auslieferung Verordnung getroffen wird, ist außer den Bedingungen, die nach § 9 für die Auslieferung gelten sollen, und den übrigen Bedingungen, deren Aufstellung der Staatsrat für erforderlich erachtet [3]), zugleich eine bestimmte Frist seit Empfang des Beschlusses festzusetzen, binnen welcher der Verhaftete von dem

[1]) § 30 dieser Verordnung lautet: »Gegen einen Haftbeschluß des Gerichts oder gegen die Haltung des Verhafteten in Haft kann von diesem Klage durch besondere Beschwerde geführt werden; jedoch wird der Beschluß nichtsdestoweniger vollstreckt. In solchen Sachen ist die Klage nicht auf eine bestimmte Zeit beschränkt«. Hinsichtlich der genannten Bestimmungen der Prozeßordnung vgl. die Bemerkung u. S. 431 A. 1.

[2]) Vor dem Änderungsvorschlage des Höchsten Gerichts vom 11. Februar 1921 hieß es: ». . . wird im Höchsten Gericht binnen der Zeit und in der Ordnung geführt, die für solche Klage beim Appellgericht vorgeschrieben ist . . .«

[3]) Im Regierungsentwurf hieß es: ». . . außer (den) Bedingungen, die nach § 9 für (eine) Auslieferung gelten sollen, und weiter den Bedingungen deren Aufstellung der Staatsrat für erforderlich erachten kann . . .«

fremden Staate abzuholen ist. Diese Frist ist nicht länger als mit einem Monat anzusetzen, wenn nicht besondere Umstände es erfordern, und darf in keinem Falle 3 Monate übersteigen.

Wird das Auslieferungsersuchen abgelehnt oder hat der fremde Staat innerhalb der festgesetzten Frist die in dem Ersuchen bezeichnete Person nicht abholen lassen, so ist der Verhaftete loszugeben.

§ 17.

Auf Ersuchen eines fremden Staates kann, bevor ein formelles Ersuchen um Auslieferung einer bestimmten Person erfolgt ist, diese in Erwartung desselben in Finnland verhaftet werden. Ein solches Ersuchen um provisorische Verhaftung ist auf diplomatischem Wege zu stellen und hat Angaben über das Verbrechen, das der Person zur Last gelegt wird, Zeit und Ort desselben sowie eine Mitteilung zu enthalten, daß eine Entscheidung oder ein Beschluß, wovon im § 6 die Rede, vorliege. Ein Signalement ist möglichst auch beizubringen.

Nach Abrede mit einem fremden Staat und unter Voraussetzung der Gegenseitigkeit kann der Präsident der Republik verordnen, daß solches Ersuchen von einer Behörde in dem fremden Staate unmittelbar bei einer Polizeibehörde in Finnland gestellt werden kann.

Ein Ersuchen um Verhaftung wird, wenn es auf diplomatischem Wege eingegangen ist, vom Justizminister und im anderen Falle von der Behörde geprüft, bei der das Ersuchen gestellt ist. Ist ein Ersuchen richtig gestellt und scheinen Auslieferungshindernisse nicht vorzuliegen, so sind sofort Maßregeln zur Durchführung der Verhaftung zu treffen. Nach erfolgter Verhaftung ist Nachricht hierüber unmittelbar dem Justizministerium einzusenden.

Innerhalb bestimmter Frist, welche, wenn eine solche nicht in einem Vertrage mit dem fremden Staate angegeben ist, vom Justizminister bestimmt wird, ist ein formelles Ersuchen um Auslieferung des Verhafteten zu stellen. Geschieht dies nicht, so ist derselbe auf freien Fuß zu setzen. Diese Frist darf nicht auf mehr als 6 Wochen oder, wenn es sich um Auslieferung an einen außereuropäischen Staat oder sonst zwecks Stellung zur Untersuchung oder zur Bestrafung an einem Orte außerhalb Europas handelt, drei Monate bemessen werden, seit der fremde Staat Nachricht von der Verhaftung erhalten hat.

§ 18.

Wer in einem fremden Staat wegen eines Deliktes verfolgt (efterlyst; s. o.) wird, das nach diesem Gesetz Auslieferung veranlassen kann, darf in Finnland verhaftet werden, ohne daß besonderes Ersuchen darum vorliegt. Nachricht von der Verhaftung ist unverzüglich dem Justizministerium zu geben.

Findet der Justizminister, daß Hindernisse gegen Auslieferung des Verhafteten vorliegen, so trifft er wegen seiner Freilassung Verordnungen.

Wird befunden, daß Hindernisse nicht vorliegen, so wird der fremde Staat von der Verhaftung unterrichtet; und es ist dabei unter Anwendung der im § 17 gegebenen Bestimmungen eine bestimmte Frist zu setzen, binnen welcher ein Ersuchen um Auslieferung des Verhafteten zu stellen ist.

§ 19.

Wenn jemand gemäß den Bestimmungen dieses Gesetzes verhaftet wird, so sind alle Gegenstände, welche er dabei in seinem Besitze hat und welche als Beweismittel hinsichtlich des Verbrechens dienen können, das ihm zur Last gelegt wird, oder die herauszubekommen der Verletzte annehmbarerweise fordern wird, in Beschlag zu nehmen, sowie, wenn Auslieferung bewilligt wird, an eine Behörde in dem fremden Staate zu überliefern; der Staatsrat ist berechtigt, hinsichtlich dieser Gegenstände zum Schutze des Rechts eines Dritten den Vorbehalt zu machen, der als notwendig angesehen werden kann.

Kap. III.

Auslieferungsersuchen seitens finnländischer Behörden.

§ 20.

Ein Ersuchen um Auslieferung einer Person, die sich in einem fremden Staate aufhält und in Finnland eines Deliktes verdächtig, angeklagt oder verurteilt ist, hat auf diplomatischem Wege zu erfolgen. Das Ersuchen soll von den Angaben begleitet sein, die in dem fremden Staate nötig sind, damit Auslieferung erfolgen kann.

Ein Ersuchen um provisorische Verhaftung kann jedoch von einer zur Verhaftung berechtigten Behörde in Finnland unmittelbar bei einer Polizei- oder einer anderen zuständigen Behörde in dem Staate, wo der Verbrecher sich aufhält, gestellt werden, wenn solches nach einem Vertrage mit dem fremden Staate oder nach dem Auslieferungsrechte dieses Staates zulässig ist.

Kap. IV.

Gewisse mit dem Auslieferungswesen in Verbindung stehende Ersuchen fremder Staate.

§ 21.

Will ein fremder Staat die Genehmigung dazu einholen, daß jemand, der an ihn ausgeliefert ist, ungehindert durch Bedingungen, von denen im § 9 Abs. 1 Nr. 1 die Rede, wegen eines anderen vor der Auslieferung begangenen Deliktes als desjenigen, wegen dessen Auslieferung erfolgte, zur Verantwortung gezogen oder an einen dritten Staat weiter ausgeliefert wird, so ist Ersuchen darum auf diplomatischem Wege zu stellen. Das Ersuchen hat auch eine Angabe der Beschaffenheit des Verbrechens, sowie der Zeit und des Ortes desselben zu enthalten oder davon begleitet zu sein.

Eine solche Genehmigung darf nicht erteilt werden, soweit nach diesem Gesetz gegen Auslieferung wegen des angegebenen Verbrechens Hindernisse bestehen sollten; jedoch darf die Prüfung die Frage nach der Schuld des Ausgelieferten nicht umfassen.

Wenn es sich nicht als offenbar herausstellt, daß gesetzlicherweise Hindernisse gegen die Erteilung der Genehmigung bestehen, so ist die Frage hiernach der Prüfung des Höchsten Gerichts zu unterbreiten.

Sobald die Äußerung des Höchsten Gerichts eingegangen ist, faßt der Staatsrat über das gestellte Ersuchen seinen Beschluß; indessen darf dieses gleichwohl in keinem Falle bewilligt werden, wenn das Höchste Gericht das Vorliegen von Hindernissen gegen die Erteilung der Genehmigung ausgesprochen hat.

§ 22.

Genehmigung zum Transport einer Person durch Finnland, die von einem fremden Staate an einen anderen ausgeliefert wird, darf vom Staatsrate unter der Voraussetzung erteilt werden, daß es sich nicht um finnländische Bürger handelt. Ersuchen hierum ist auf diplomatischem Wege zu stellen; demselben muß ein Dokument, das den Inhalt des Auslieferungsbeschlusses ausweist, oder auch ein Dokument beigefügt sein, wie im § 6 Abs. 1 genannt.

Kap. V.

Sonstige Bestimmungen.

Die Bestimmungen dieses Gesetzes finden auf Ersuchen um Zurückführung von Seeleuten, die aus dem Dienste entlaufen sind, keine Anwendung, sondern es gilt dafür, was darüber besonders vereinbart oder bestimmt ist.

§ 24.

Durch dies Gesetz wird die Verordnung vom 2. Juni 1826[1]) über die Prozeßordnung in Sachen, welche Verbrechen betreffen, die von Einwohnern Finnlands in Rußland oder von Einwohnern russischer Gouvernements in Finnland begangen worden sind, aufgehoben und außerdem werden die übrigen gegen dies Gesetz streitenden Bestimmungen einer Änderung unterzogen.

Dies gereicht allen, die es angeht, zur Nachachtung.

Helsingfors, den 11. Februar 1922.

Der Präsident der Republik.

K. J. STÅHLBERG.

Justizminister *Heimo Helminen.*

---

[1]) s. oben S. 323 Anm. 1.

(Finnländisches) Gesetz
über Änderung des Kap. 1 des Strafgesetzes.

(Finlands Forfattningssamling, 1922, Nr. 44, S. 234.)

(Regierungsentwurf)

In Gemäßheit des Reichstagsbeschlusses wird hiermit verordnet, daß in Kap. 1 des Strafgesetzbuches ein neuer § 7 folgenden Wortlautes eingeführt wird:

§ 7.

In welchem Falle Auslieferung von Verbrechern an einen fremden

(Entwurf des Gesetzgebungsausschusses und endgiltiges Gesetz)

In Gemäßheit des Reichstagsbeschlusses wird hiermit § 2 Kap. 1 des Strafgesetzes *geändert, wie er in der Verordnung vom 21. April 1894 lautet, und verordnet, daß in das genannte Kapitel* ein neuer § 7 eingeführt wird.

§ 2[1]).

Ein Nicht-Finnländer wird wegen eines Deliktes, das er in Finnland oder auf finnländischem Fahrzeuge begangen hat, während es sich auf offenem Meere befindet, nach diesem Gesetze abgeurteilt, sofern nicht hinsichtlich der Aburteilung einer solchen Person anderes besonders bestimmt ist.

Ebenso findet dies Gesetz auf einen Nicht-Finnländer, der außerhalb *Finnlands* ein gegen *Finnland* oder einen Teil desselben oder gegen einen Finnländer gerichtetes Delikt begangen hat, Anwendung, wenn *er zur Aburteilung hierher überliefert worden ist oder hier angetroffen und nicht, nach besonderen Bestimmungen darüber, an einen fremden Staat ausgeliefert wird.*

§ 7.

[gestrichen]

[1]) § 2 lautete in der im Kopf bezeichneten Fassung:
Abs. 1: statt »in Finnland« hieß es »im Großfürstentum«.
Abs. 2: Ebenso findet dies Gesetz auf einen Nichtfinnländer, der außerhalb *des Gebietes des russischen Reiches* ein gegen *das russische Reich* oder einen Teil desselben oder gegen einen Finnländer *oder gegen einen anderen Untertan des russischen Reiches* gerichtetes Delikt begangen hat, Anwendung, wenn er *hernach in Finnland angetroffen wird oder* zur Aburteilung hierher überliefert worden ist.

Staat erfolgen darf, ist besonders bestimmt.

Ist jemand als wegen eines Deliktes verdächtig, angeklagt oder verurteilt von einem fremden Staate an Finnland ausgeliefert und sind bei der Bewilligung der Auslieferung besondere Bedingungen hinsichtlich seiner Anklage und Bestrafung von dem fremden Staate gestellt worden, so sollen diese in Finnland zur Nachachtung gereichen.

[wie nebenstehend]

Dies gereicht allen, die es angeht, zur Nachachtung.

Helsingfors, am 11. Febr. 1922.

Der Präsident der Republik.

K. J. STÅHLBERG.

Justizminister *Heimo Helminen*.

1892. Storfurstendömet Finlands Författningssamling N: o 15.

Seiner Kaiserlichen Majestät gnädige Verordnung, betr. Vergütung aus öffentlichen Mitteln an Zeugen im Strafprozeß.

Gegeben, Helsingfors, den 21. März 1892.

Wir Alexander der Dritte, mit Gottes Gnade, Kaiser und Selbstherrscher über ganz Rußland, Tsar von Polen, Großfürst zu Finnland usw. usw. machen kund: Auf untertänige Vorstellung der Stände Finnlands wollen Wir, betr. Vergütung

1922. Finnlands Författningssamling. N: o 45.

Gesetz

über Änderung des Wortlautes der §§ 1 und 3 der Verordnung vom 21. März 1892, betr. Vergütung aus öffentlichen Mitteln an Zeugen im Strafprozeß.

Gegeben, Helsingfors, am 11. Februar 1922.

In Gemäßheit des Reichstagsbeschlusses erhalten die §§ 1 und 3 der Verordnung vom 21. März 1892, betr. Vergütung aus öffentlichen Mitteln an Zeugen im Strafprozeß, der erstgenannte Paragraph, wie er im Gesetze vom 24. März 1920 [1])

[1]) s. Finlands Författningssamling, 1920 Nr. 60, S. 121 f.; die Änderungen der Fassung von 1922 waren z. T. schon in derjenigen von 1920 enthalten. Neu sind in der vorliegenden Fassung die Stellen, die sich auf Auslieferungsangelegenheiten beziehen.

aus öffentlichen Mitteln an Zeugen im Strafprozeß, hierüber in Gnaden verordnen, was folgt:

§ 1.

In Prozessen, in denen der öffentliche Ankläger dienstlich jemanden wegen eines Verbrechens angeklagt hat, auf das Todesstrafe oder Zuchthaus auf Lebenszeit oder höchstens sechs Jahre oder darüber folgen kann, oder auch wegen Diebstahls oder wegen Teilnahme an solchem Delikt, ist derjenige, auf den der Ankläger sich als Zeugen berufen hat und der zur Abgabe der Zeugenerklärung vor Gericht erschienen ist, berechtigt, auf darum gestellten Antrag und sofern der Richter Solches als billig erachtet, für sein Erscheinen zum Lebensunterhalt für jeden Tag, der für die Reise und das Verweilen vor Gericht erforderlich ist, bis höchstens eine Mark fünfzig Pfennig Vergütung aus öffentlichen Mitteln zu genießen. Beträgt die Wegelänge, die der Zeuge zurücklegen muß, um vor dem Gerichte zu erscheinen, fünfzen, Kilometer oder darüber, so kann dem Zeugen außerdem nach Prüffung des Gerichts Fahrgeld hinzugefügt werden, jedoch nicht in höherem Betrage als demjenigen, der der Fahrgebühr für ein Pferd hin und zurück, oder, wenn Eisenbahn- oder Dampfschiffsgelegenheit während der Reise benutzt werden kann, dem Fahrpreise für den billigsten Platz auf Eisenbahn oder Dampfschiff entspricht.

lautet, folgenden veränderten Wortlaut:

§ 1.

In Prozessen, die unter öffentliche Anklage gehören, wie auch in Angelegenheiten, die Auslieferung von Verbrechern betreffen, ist derjenige, auf den der öffentliche Ankläger *oder, in Auslieferungsangelegenheiten, der für eine solche Angelegenheit bestellte Ankläger* sich als Zeugen berufen hat und der zur Abgabe der Zeugenerklärung vor Gericht erschienen ist, berechtigt, auf darum gestellten Antrag und sofern *das Gericht* Solches als billig erachtet, für sein Erscheinen zum Lebensunterhalt für jeden Tag, der für die Reise und das Verweilen vor dem Gericht erforderlich ist, bis höchstens *zu dem Betrage, der an Traktament Beamten bei Reisen in Dienstangelegenheiten nach der untersten Klasse zukommt,* Vergütung aus öffentlichen Mitteln zu genießen. Beträgt die Wegelänge, die der Zeuge zurücklegen muß, um vor dem Gerichte zu erscheinen, *zehn* Kilometer oder darüber, so kann dem Zeugen außerdem nach Prüfung des Gerichts Fahrgeld hinzugefügt werden, jedoch nicht in höherem Betrage als demjenigen, der der Fahrgebühr für ein Pferd hin und zurück, oder, wenn Eisenbahn- oder Dampfschiffgelegenheit während der Reise benutzt werden kann, dem Fahrpreise für den billigsten Platz auf Eisenbahn oder Dampfschiff entspricht.

Das gleiche Recht auf Vergütung kommt in Sachen von der genannten Art Zeugen zu, die gemäß

[Absatz 2 wie nebenstehend]

Gerichtsverordnung geladen sind, wie auch demjenigen, der auf Vorladung des Anklägers oder gemäß Verordnung des Gerichts erschienen ist, um zur Aufklärung gehört zu werden.

[Absatz 3 in der alten Fassung nicht vorhanden]

Obengenannte Vergütung darf jedoch nicht einem Bediensteten oder Beamten bei der Polizei gezahlt werden, wenn er bei dem Untergericht, innerhalb dessen Gerichtskreises sich sein Dienstsprengel befindet, als Zeuge aufgetreten oder zur Aufklärung gehört worden ist, sondern, wenn er zu solchem Zwecke vor einem anderen Gericht erschienen ist, kann ihm gemäß den im Abs. 1 bestimmten Gründen Vergütung für Reisekosten und Verpflegung gezahlt werden.

[Absatz 4 wie nebenstehend]

Wird Vergütung für Reisekosten und Verpflegung in höherem Betrage verlangt, als ein Zeuge aus öffentlichen Mitteln gezahlt bekommt, und wird der Anspruch als billig erachtet, so kann, ungehindert durch die obigen Bestimmungen, eine solche Vergütung gemäß § 5 Kap. 17 der Prozeßordnung [1]) dem Zeugen zugesprochen werden, wenn bei der Endentscheidung der Sache gemäß § 3 dieser Verordnung erachtet wird, daß die Vergütungsverpflichtung einem anderen als der Krone zur Last fällt.

§ 3.

In der Endentscheidung hat das Gericht zu prüfen, ob die Kosten,

---

[1]) Mit »Prozeßordnung« habe ich das Wort »Rättegångsbalk» übersetzt. Finnland hat keine eigene »Strafprozeßordnung«. Der »Rättegångsbalk« des alten schwedischen Gesetzes von 1734 steht noch in Geltung, natürlich mit sehr vielen Änderungen und Ergänzungen; diese sind aber nicht kodifiziert. Als Sonderdruck ist der »Rättegångsbalk« nicht erschienen. Die in Finnland z. Zt. geltende Fassung der oben genannten Stelle habe ich nicht feststellen können.

§ 3 wie nebenstehend; doch fehlt der nebenstehende Absatz 2]

Dies gereicht allen, die es angeht, zu untertäniger Nachachtung.

Helsingsfors, den 21. März 1892.

Gemäß Seiner Kaiserlichen Majestät eigenem Beschluß [und in Seinem Hohem Namen.

Sein verordneter Senat für Finnland:

[Namen]

die nach dieser Verordnung aus öffentlichen Mitteln ausgezahlt worden sind, dem Staatshaushalt zu erstatten sind, sei es vom öffentlichen Ankläger oder von einer einzelnen Partei. Der Ankläger darf nicht anders dazu verpflichtet werden, als wenn die Anklage grundlos erhoben worden ist.

Kosten, die in Angelegenheiten der Auslieferung von Verbrechern ausgezahlt worden sind, fallen dem Staatshaushalte zur Last.

Dies gereicht allen, die es angeht, zur Nachachtung.

Helsingfors, am 11. Febr. 1922.

Der Präsident der Republik.

K. J. STÅHLBERG.

Justizminister *Heimo Helminen.*

Anlagen

I. Auslieferungsgesetz und Auslieferungsvertrag in der Praxis.

[Die folgenden beiden Beispiele veranschaulichen, wie sehr ein Auslieferungsvertrag vereinfacht wird, wenn er auf seiten beider Kontrahenten im Rahmen relativ gleichlautender Auslieferungsgesetze abgeschlossen wird.]

1. Beispiel eines auf seiten beider Kontrahenten im Rahmen eines Auslieferungsgesetzes abgeschlossenen nordischen Auslieferungsvertrages.

[Die deutsche Übersetzung ist zur Veranschaulichung norwegischer gegenüber französischer Ausdruckweise in diesen Angelegenheiten nach der norwegischen Übersetzung angefertigt, und zwar bis in die Wortstellung hinein so genau, wie mit deutscher Ausdrucksweise verträglich.]

Konvention zwischen Norwegen und Finnland über gegenseitige Auslieferung von Verbrechern, unterzeichnet zu Helsinki, am 10. Nov. 1925.

(Norwegische Sammlung der »Abkommen mit fremden Staaten« [Overenkomster med fremmede stater] 1926, S. 42 ff.)

	Übersetzung (nach der norwegischen Übersetzung).
Sa Majesté le Roi de Norvège et Le Président de la République de Finlande ont résolu de conclure une Convention d'extradition réciproque des malfaiteurs et ont désigné	Seine Majestät, der König von Norwegen, und der Präsident der Republik Finnland haben beschlossen, eine Konvention über gegenseitige Auslieferung von Verbrechern

[1]) Ratifiziert von norwegischer Seite durch königliche Resolution vom 26. November 1925 und von finnländischer Seite am 20. ds. M. Die Ratifikationsurkunden wurden zu Oslo am 21. Januar 1926 ausgewechselt.

à cet effet comme leurs Plénipotentiaires, savoir:

Sa Majesté le Roi de Norvège:

M. H. H. Bachke, Son envoyé extraordinaire et ministre plénipotentiaire à Helsinki.

Le Président de la République de Finlande:

M. le Dr K. G. Idman, ministre des Affaires Etrangères.

Lesquels Plénipotentiaires, après s'être communiqué leurs pleins-pouvoirs trouvés en bonne et due forme, sont convenus des articles suivants:

Article 1er.

Les Parties contractantes s'engagent à se livrer réciproquement les malfaiteurs, dans les cas et sous les conditions déterminés dans la présente Convention.

Article 2.

Le Gouvernement de Norvège pourra demander l'extradition des individus condamnés, mis en accusation ou en prévention à raison d'une infraction qui aura été commise en dehors de la Finlande et qui est passible, d'après le Code pénal ordinaire norvégien, d'une peine supérieure à l'emprisonnement (»fengsel«) d'un an, pourvu que le fait délictueux, s'il avait été accompli en Finlande dans des conditions identiques, eût pu, soit en soi, soit dans le cas qu'il aurait

(*forbrydere*) einzugehen, und haben zu diesem Zwecke zu ihren Bevollmächtigten ernannt:

Seine Majestät, der König von Norwegen:

Seinen außerordentlichen Gesandten und bevollmächtigten Minister in Helsinki, Herrn H. H. Bachke.

Der Präsident der Republik Finnland:

Den Außenminister, Herrn Dr. K. G. Idman.

Nach Auswechselung ihrer Vollmachten, die in guter und gehöriger Form befunden wurden, sind diese Bevollmächtigten über folgende Artikel übereingekommen:

Artikel 1.

Die kontrahierenden Parteien verpflichten sich, einander gegenseitig Verbrecher in den Fällen und unter den Bedingungen auszuliefern, die in dieser Konvention festgesetzt sind.

Artikel 2.

Die norwegische Regierung wird Auslieferung von Personen fordern können, die wegen eines außerhalb Finnlands begangenen Verbrechens verurteilt, angeklagt oder desselben bezichtigt (*domfelt, tiltalt eller siktet*) sind, das nach dem norwegischen allgemeinen bürgerlichen Strafgesetze strengere Strafe als Gefängnis (*fengsel*) von einem Jahre im Gefolge haben kann, sofern die strafbare Handlung — wenn in Finnland und unter vollkommen entsprechenden Umständen (*fuld tils-*

été accompagné de circonstances aggravantes, entraîner, d'après le Code pénal finlandais ou la loi maritime finlandaise, une peine supérieure à celle d'emprisonnement.

Le Gouvernement finlandais pourra demander l'extradition des individus condamnés, mis en accusation ou en prévention à raison d'une infraction qui aura été commise en dehors de la Norvège et qui, soit en soi, soit dans le cas qu'elle aurait été accompagnée de circonstances aggravantes, pourra, d'après le Code pénal finlandais ou la loi maritime finlandaise, entraıner une peine supérieure à celle d'emprisonnement, pourvu que le fait délictueux, s'il avait été accompli en Norvège dans des conditions identiques, serait à considérer, d'après le Code pénal ordinaire norvégien, comme une infraction passible d'une peine supérieure à l'emprisonnement («fengsel») d'un an.

Les Parties contractantes pourront en outre demander l'extradition des invidus condamnés, mis en accusation ou en prévention pour complicité ou tentative d'une des infractions mentionnées ci-dessus, pourvu que le fait délictueux soit punissable d'une peine aussi forte que celle indiquée plus haut.

Si l'infraction donnant lieu à la demande d'extradition a été commise en dehors du territoire de l'Etat requérant, l'extradition sera accordée seulement dans le cas où la législation de l'Etat requis admettrait, dans des circonstances analogues, la poursuite d'un fait similaire commis en dehors de son territoire.

varende forhold) begangen — nach dem finnländischen Strafgesetze oder dem finnländischen Seegesetze, sei es an und für sich, sei es bei erschwerenden Umständen, strengere Strafe als Gefängnis hätte im Gefolge haben können.

Die finnländische Regierung wird Auslieferung von Personen fordern können, die wegen eines außerhalb Norwegens begangenen Verbrechens verurteilt, angeklagt oder desselben bezichtigt sind, das nach dem finnländischen Strafgesetze oder dem finnländischen Seegesetze, sei es an und für sich, sei es bei erschwerenden Umständen, strengere Strafe als Gefängnis im Gefolge haben kann, sofern die strafbare Handlung — wenn in Norwegen und unter vollkommen entsprechenden Umständen begangen — nach dem norwegischen allgemeinen bürgerlichen Strafgesetze als ein Verbrechen zu beurteilen sein würde, das strengere Strafe als ein Jahr Gefängnis im Gefolge haben kann.

Die kontrahierenden Parteien werden außerdem Auslieferung von Personen fordern können, die wegen Teilnahme (*medvirkning*) an einem der oben genannten Verbrechen oder wegen Versuchs desselben verurteilt, angeklagt oder dessen bezichtigt sind, sofern die strafbare Handlung so strenge Strafe, wie oben angegeben, im Gefolge haben kann.

Wenn das Verbrechen, das ein Ersuchen um Auslieferung veranlaßt, außerhalb des Territoriums des ersuchenden Staats begangen ist, so wird dem Ersuchen nur entsprochen werden in Fällen, in denen die Gesetzgebung des Staates, an den das Ersuchen gerichtet wird, unter entsprechenden Umständen (*tilsvarende forhold*) gerichtliche Verfolgung (*rettsforfölgning*), wegen derselben Handlung (*for den samme handling*) zuläßt, wenn sie außerhalb seines Territoriums begangen ist.

Article 3.

Les Parties contractantes ne se livreront pas leur propres nationaux.

Artikel 3.

Die kontrahierenden Parteien werden einander ihre eigenen Staatsangehörigen (*sine egne statsborgere*) nicht ausliefern.

Article 4.

L'extradition ne pourra être réclamée pour un crime politique ni pour un crime commun qui est connexe à un crime politique et a été commis en vue d'en faciliter le but.

L'attentat contre la personne d'un Chef d'Etat ou contre celle d'un membre de sa famille constituant le fait d'assassinat ou de tentative d'assassinat, pourra donner lieu à l'extradition pourvu que le crime ne soit pas commis en combat ouvert ou qu'il ne constitue pas un fait connexe à un crime qui, aux termes du premier alinéa du présent article, ne peut donner lieu à l'extradition.

L'Etat requis décidera dans chaque cas particulier de la question de savoir si un crime sera réputé crime politique ou non.

Artikel 4.

Um Auslieferung wird nicht wegen eines politischen Verbrechens (*for noen politisk forbrydelse*) ersucht werden können, auch nicht wegen eines gemeinen Verbrechens, das in Verbindung mit einem politischen Verbrechen und in der Absicht, den mit diesem verfolgten Zweck zu fördern, begangen ist (*almindelig forbrydelse, som er forövet i forbindelse med en politisk forbrydelse og i hensikt å fremme det ved denne tilsiktede mål*)

Ein Verbrechen, das auf überlegte Tötung eines Staatsoberhauptes oder einer zu dessen Familie gehörenden Person ausgeht (*Forbrydelse som går ut på overlagt drap av et statsoverhode eller noen til dettes familie hörende person*) oder auf einen Versuch dazu, wird Auslieferung begründen können, sofern das Verbrechen nicht in offenem Kampfe oder in Verbindung mit einem Verbrechen verübt ist, das in Rücksicht auf den ersten Absatz des gegenwärtigen Artikels Auslieferung nicht begründen kann.

Der Staat, an den das Auslieferungsersuchen gerichtet ist, entscheidet in jedem einzelnen Falle, ob ein Verbrechen als politisches Verbrechen wird angesehen werden oder nicht (skal anses).

Article 5.

L'extradition n'aura pas lieu:

1) si l'infraction dont il s'agit, étant commise sur le territoire d'un Etat tiers, a donné lieu à une demande d'extradition de la part de cet Etat;

2) si l'infraction donnant lieu à la demande a déjà été l'objet d'un jugement ou d'un acte d'accusation dans l'Etat requis avant que celui-ci soit saisi de la demande d'extradition;

3) si, d'après les lois de l'Etat requis, ne peuvent plus être effectuées l'instruction du procès, la prononciation d'un arrêt de condamnation ou l'exécution de la peine.

Artikel 5.

Auslieferung wird nicht stattfinden:

1) Wenn die fragliche strafbare Handlung auf dem Territorium eines dritten Staates begangen und ein Ersuchen um Auslieferung von diesem Staate gestellt worden ist;

2) wenn in dem Staate, an den das Ersuchen gerichtet ist, schon vor Eingang des Ersuchens ein Urteil ergangen oder ein Anklagebeschluß, betr. dieselbe strafbare Handlung, ausgefertigt ist, anläßlich derer um Auslieferung ersucht wird;

3) wenn die Möglichkeit, ein Strafverfahren einzuleiten, ein Urteil ergehen zu lassen oder die Strafe zu vollziehen, nach den Gesetzen des Staates fortgefallen [1]) ist, an den das Ersuchen gerichtet ist.

Article 6.

Un individu extradé ne pourra être poursuivi ou puni, dans l'Etat auquel il aura été livré, pour un fait délictueux antérieur à l'extradition et autre que celui qui a motivé l'extradition, ni être livré à un Etat tiers, à moins qu'il n'y ait consenti devant un tribunal ou une autorité publique ou que, après

Artikel 6.

Niemand, der von dem einen an den anderen Staat ausgeliefert ist, soll in diesem wegen einer anderen vor der Auslieferung begangenen strafbaren Handlung als derjenigen, wegen welcher er ausgeliefert ist, verfolgt oder bestraft oder an einen dritten Staat weiter ausgeliefert werden können, es sei denn, daß er

[1]) Das Wort »fortgefallen« entspricht genau dem Ausdrucke »förfallen« des finnländischen Gesetzes (§ 7); dagegen ist der Ausdruck des norwegischen Gesetzes (§ 3, Nr. 3): »bortfaldt ved foräldelse« (fortgefallen durch Verjährung) enger.

avoir été definitivement remis en liberté il n'ait négligé de quitter le pays dans le délai d'un mois, tout en ayant eu l'occasion de le faire, ou bien qu'il n'y soit retourné après l'avoir quitté.

L'Etat qui aura accordé l'extradition pourra cependant acquiescer postérieurement à une telle poursuite ou à une extradition ultérieure sans égard aux conditions mentionnées à l'alinéa précédent, pourvu qu'il s'agisse d'un crime qui aurait pu motiver l'extradition.

vor einem Gericht oder einer öffentlichen Behörde seine Zustimmung dazu gegeben hat, oder daß er nach endgültiger Freilassung es unterlassen hat, den Staat im Laufe eines Monats zu verlassen, obwohl er die Möglichkeit dazu besaß, oder daß er dahin zurückgekehrt ist, nachdem er ihn verlassen hatte.

Jedoch wird der Staat, der die Auslieferung beschlossen hat, später darin einwilligen können, daß solche Verfolgung oder Weiterauslieferung stattfinde, ohne daß die im vorigen Absatze aufgestellten Bedingungen vorlägen, sofern es sich um ein Verbrechen handelt, das Auslieferung würde begründet haben können.

Article 7.

Si l'individu réclamé est poursuivi ou s'il a été condamné pour un fait délictueux autre que celui qui a donné lieu à la demande d'extradition, son extradition sera différée jusqu'à la fin des poursuites ou, dans le cas d'une condamnation sans suspension de la peine, jusqu'à ce qu'il ait subi sa peine.

Artikel 7.

Steht derjenige, um dessen Auslieferung ersucht wird, wegen einer anderen strafbaren Handlung als derjenigen, wegen welcher um Auslieferung ersucht wird, unter Verfolgung, oder ist er wegen einer solchen verurteilt, so kann Auslieferung erst erfolgen, nachdem die Verfolgung abgeschlossen oder verhängte Strafe, die nicht bedingt ist, verbüßt ist.

Article 8.

Si l'individu dont l'extradition est demandée aux termes de la présente Convention par l'une des Parties contractantes, est en même temps réclamé par un autre ou par d'autres Gouvernements à raison de la même infraction, la préférence sera donnée, dans la règle, à l'Etat sur le territoire duquel l'infraction a été commise, ou, si l'infraction a été commise sur le territoire de plusieurs

Artikel 8.

Wenn um Auslieferung einer Person, um deren Auslieferung gemäß dieser Konvention von einer der kontrahierenden Parteien ersucht ist, zugleich wegen desselben Verbrechens von einer oder mehreren anderen Regierungen ersucht wird, so wird der Vorzug in der Regel dem Staate gegeben werden, wo das Verbrechen begangen ist, oder wenn das Verbrechen in mehreren Staa-

Etats, à l'Etat où l'acte principal a été perpétré.

Article 9.

Si l'individu dont l'extradition est demandée aux termes de la présente Convention par l'une des Parties contractantes, est en même temps réclamé par un autre ou par d'autres Gouvernements pour un autre ou d'autres crimes, la préférence sera donnée à l'Etat dont la demande d'extradition, ou d'arrestation en vue de l'extradition, aura été reçue en premier lieu, à moins qu'une convention spéciale avec quelqu'un de ces Etats ne s'y oppose.

Article 10.

La demande d'extradition sera faite par la voi diplomatique.

La demande devra indiquer la nationalité de l'individu réclamé et être accompagnée:

1) si possible, d'un signalement complet de l'individu réclamé;
2) de l'arrêt de condamnation, ou si la condamnation n'a pas été prononcée, d'un mandat d'arrestation ou d'un acte d'accusation décerné par l'autorité compétente et contenant l'indication précise de la date, du lieu et de l'objet de l'infraction; les pièces devront être produites en original ou en copies certifiées conformes;
3) d'une copie des dispositions pénales qui sont en vigueur

ten begangen ist, dem Staate, wo die Haupthandlung begangen ist.

Artikel 9.

Wenn um Auslieferung einer Person, um deren Auslieferung gemäß dieser Konvention von einer der kontrahierenden Parteien ersucht ist, zugleich von einer oder mehreren anderen Regierungen wegen eines anderen oder wegen anderer Verbrechen ersucht wird, so wird, sofern nichts anderes durch besonderes Abkommen mit einem dieser Staaten bestimmt ist, die Auslieferung dem Staate bewilligt werden, dessen Ersuchen um Auslieferung oder um Festnahme (*pågripelse*) mit Auslieferung vor Augen zuerst eingelaufen ist.

Artikel 10.

Ein Ersuchen um Auslieferung wird auf diplomatischem Wege gestellt.

Das Ersuchen soll Angabe der staatsbürgerlichen Verhältnisse (*statsborgerlige forhold*) der betreffenden Person enthalten und begleitet sein von:

1) vollständigem Signalement, wenn man ein solches hat;
2) soweit ein Urteil ergangen ist, von verurteilendem Urteil, und sonst einem von zuständiger Behörde ausgefertigten Festnahme- oder Anklagebeschluß, mit genauer Angabe von Zeit, Ort und Gegenstand des Verbrechens — alles im Original oder beglaubigter Abschrift.
3) Abschrift der im ersuchenden Staate geltenden Strafbestim-

dans l'Etat requérant et qui s'appliquent à l'infraction.

Article 11.

En cas d'urgence et notamment s'il y a lieu de craindre l'évasion de l'individu dont il s'agit, les autorités de Police ou le ministère public de l'une des Parties contractantes pourront, avant l'expédition d'une demande formelle d'extradition, adresser directement par la poste ou le télégraphe, aux autorités de Police ou au ministère public de l'autre Partie contractante, une demande d'arrestation provisoire. La demande devra indiquer la date, le lieu et l'objet de l'infraction, la nationalité de l'individu réclamé et, autant que possible, son signalement. La demande devra de plus donner avis de l'existence d'un arrêt de condamnation ou d'un mandat d'arrestation ou d'un acte d'accusation conforme aux dispositions de l'article 10, deuxième alinéa, n° 2. Il y sera notifié, en outre, qu'une demande formelle d'extradition sera présentée ultérieurement.

Si, dans le cas d'une arrestation provisoire effectuée conformément aux dispositions ci-dessus, une demande formelle d'extradition n'a pas été présentée au ministère des Affaires étrangères de l'Etat requis dans un délai de six semaines à partir de la date à laquelle avis de l'arrestation a été adressé à l'Etat requérant, le détenu sera immédiatement remis en liberté.

Article 12.

Tous les objets saisis que l'individu réclamé avait en sa possession

mungen, die auf das Verbrechen anwendbar sind.

Artikel 11.

Bevor ein formelles Auslieferungsersuchen gestellt wird, werden in dringenden Fällen, und besonders, wenn Entweichen zu befürchten ist, die Polizei- und Anklagebehörden der kontrahierenden Parteien in direktem Benehmen miteinander vermittelst Post oder Telegraph um vorläufige Gefangensetzung (*forelöbig fengsling*) eines Verbrechers ersuchen können. Das Ersuchen soll Angabe von Zeit, Ort und Gegenstand des Verbrechens, der staatsbürgerlichen Verhältnisse der fraglichen Person und, wenn möglich, deren Signalement enthalten. Weiter soll das Ersuchen eine Angabe enthalten, daß ein solches Urteil, ein solcher Festnahme- oder Anklagebeschluß, wie im Artikel 10, Abs. 2 genannt, enthalten sowie erkennen lassen, daß später ein formelles Auslieferungsersuchen gestellt werden wird.

Hat eine vorläufige Gefangensetzung (fengsling) gemäß den vorstehenden Bestimmungen stattgefunden und ist binnen 6 Wochen nach Benachrichtigung des ersuchenden Staates von der Gefangensetzung kein formelles Auslieferungsersuchen an das Auswärtige Amt des anderen Staates gestellt, so wird der Festgenommene sofort freigelassen werden.

Artikel 12.

Alle in Verwahrung genommenen Gegenstände, die die reklamierte

au moment de l'arrestation et qui pourraient avoir quelque importance comme pièces de conviction pour la constation de l'infraction à lui imputée, ou dont la remise pourrait être réclamée par la partie lésée par le crime, seront livrés en même temps que l'individu réclamé aux autorités compétentes de l'Etat requérant.

Toutefois, si une personne résidant dans le pays qui a accordé l'extradition en fait la demande en rendant probable qu'elle a acquis des droits sur ces objets, la remise en sera effectuée sous réserve que les objets soient restitués sans frais après la clôture du procès criminel, pourvu que cette personne ne soit pas condamnée pour l'infraction dont il s'agit.

Person bei der Festnahme in ihrem Besitze hatte und die als Beweismittel für das fragliche Verbrechen werden von Bedeutung sein können oder deren Auslieferung von dem durch das Verbrechen Verletzten wird verlangt werden können, werden zugleich mit der reklamierten Person an Behörden des ersuchenden Staates übergeben werden.

Sofern es von einer Person, die in dem Lande wohnt von dem aus Auslieferung stattfindet, und welche glaubhaft macht (*sannsynliggjör*), ein Recht auf die Gegenstände zu besitzen, verlangt wird, soll die Übergabe jedoch unter dem Vorbehalte erfolgen, daß die Gegenstände nach Beendigung der Strafsache kostenlos zurückgeliefert werden, sofern die fragliche Person nicht des fraglichen Verbrechens schuldig erkannt werden sollte.

Article 13.

Si, à l'occasion de l'instruction d'une affaire criminelle non-politique dans l'un des Etats contractants, l'audition de témoins résidant dans l'autre Etat est jugée nécessaire, ou qu'il soit jugé nécessaire qu'une enquête y soit entreprise, la demande en sera faite par la voie diplomatique, et il y sera donné suite dans la mesure que permettent les lois de l'Etat dans lequel l'audition des témoins ou l'enquête devra avoir lieu. Il incombera aux autorités compétentes de l'Etat où l'audition des témoins ou l'enquête aura lieu de

Artikel 13 [1]).

Wenn es in dem einen der kontrahierenden Staaten bei der Behandlung einer Strafsache, betr. ein nichtpolitisches Verbrechen, für notwendig erachtet wird, Zeugen zu vernehmen, die in dem anderen Staate wohnen, oder dort eine andere Untersuchung anzustellen, wird Ersuchen darum auf diplomatischem Wege gestellt werden, und dem Ersuchen wird in der Ausdehnung entsprochen werden, zu der nach den Gesetzen des Staates Möglichkeit besteht, wo die Zeugenvernehmung oder die Untersuchung vor sich gehen soll. Es liegt den Be-

[1]) Vgl. S. 114 oben.

prévenir en temps utile, dans la mesure du possible, les autorités de l'Etat requérant du temps et du lieu fixés pour l'exécution de la commission rogatoire.

hörden des Staates, wo die Zeugenvernehmung oder die Untersuchung vor sich gehen soll, ob, soweit möglich, den Behörden des Staates, der das Ersuchen gestellt hat, rechtzeitig Nachricht über Zeit und Ort der Vornahme (*for forretningens avholdelse*) zukommen zu lassen.

Article 14.

Lorsque, à l'occasion de l'instruction d'une affaire criminelle non-politique dans l'un des Etats contractants, la comparution d'un témoin séjournant dans l'autre Etat sera jugée nécessaire ou utile, une demande directe pourra être adressée à cet effet aux autorités de Police ou au ministère public de l'autre Etat, en Norvège par le tribunal ou le procureur du Roi compétents et en Finlande par le tribunal ou le procureur de la République compétents, lesquelles autorités inviteront le témoin à se rendre à la demande. En cas de consentement, il sera accordé au témoin une indemnité pour les frais de voyage et de séjour d'après les tarifs et règlements en vigueur dans l'Etat où l'audition aura lieu, à moins que l'autorité compétente de cet Etat ne croie devoir lui accorder une indemnité plus élevée.

Aucun témoin, de quelque nationalité qu'il soit, qui, sur l'invitation ci-dessus mentionnée, se sera rendu volontairement sur le territoire de l'un des Etats contractants, ne pourra, tant que son séjour y est motivé par la comparution dont il s'agit ou qu'il est lé-

Artikel 14 [1]).

Wenn es in dem einen kontrahierenden Staate bei der Behandlung einer Strafsache, betr. ein nichtpolitisches Verbrechen, für nötig oder nützlich erachtet wird, einen Zeugen persönlich aus dem anderen Staate vor Gericht erscheinen zu lassen (*å fremstille et vidne personlig fra den annen stat*), so kann ein direktes Ersuchen (*henvendelse*) darum an die Polizei- oder Anklagebehörden des anderen Staates gerichtet werden, in Norwegen seitens des zuständigen Gerichts oder Staatsadvokaten, in Finnland seitens des zuständigen Gerichts- oder der zuständigen »öffentlichen Anklagebehörde« (»*allmän åklagaremyndighet*«), und diese Behörden werden den Zeugen auffordern, der Ladung (*anmodning*) Folge zu leisten, die an ihn gerichtet wird [2]). Im Falle der Zustimmung sollen die Kosten bei der Reise und dem Aufenthalte dem Zeugen gemäß den Sätzen und Vorschriften zugebilligt werden, die in dem Staate gelten, wo das Verhör stattfinden soll, es sei denn, daß die zuständige Behörde hier findet, eine höhere Vergütung bewilligen zu müssen.

Kein Zeuge, von welcher Nation

[1]) Vgl. S. 114 oben.
[2]) S. o. S. 114.

gitimement empêché de le quitter, y être poursuivi ou arrêté, ni pour un fait délictueux ou une condamnation antérieure, ni pour une prétendue complicité du fait ou des faits qui font l'objet de la cause où il a été invité à figurer comme témoin.

auch immer, der nach einer Ladung, wie oben genannt, freiwillig in einem der kontrahierenden Staaten erschienen ist (*har avgitt möte*), wird, solange sein Aufenthalt in dem genannten Termin (*rettsmöte*) begründet ist oder solange er gesetzlich (*lovlig*) verhindert ist, den betreffenden Staat zu verlassen, dort anläßlich älterer strafbarer Handlungen oder Verurteilungen oder anläßlich behaupteter Teilnahme an der Handlung oder den Handlungen verfolgt oder gefangengesetzt (*fengles*) werden können, die Gegenstand der Strafsache (*rettssak*) ist (sind), in welcher ersucht worden (*anmodet*) ist, eine Zeugenaussage zu machen (*avgi vidneforklaring*).

Article 15.

Si, à l'occasion de l'instruction d'une affaire criminelle non-politique dans l'un des Etats contractants, la production de pièces de conviction ou de documents en la possession des autorités de l'autre Etat contractant est jugée nécessaire ou utile, une demande à cet effet pourra être adressée directement aux dites autorités, en Norvège par le tribunal ou le procureur du Roi compétents et en Finlande par le tribunal ou le procureur de la République compétents, et il y sera donné suite, à moins que de considérations particulières ne s'y opposent.

Artikel 15.

Wenn es in dem einen kontrahierenden Staate bei der Behandlung einer Strafsache, betr. ein nicht-politisches Verbrechen, für notwendig oder nützlich erachtet wird, Beweismittel oder Dokumente, die bei den Behörden des anderen kontrahierenden Staats beruhen (*b: ror*), mitgeteilt zu erhalten, so kann ein direktes Ersuchen darum an die genannten Behörden gerichtet werden, in Norwegen seitens des zuständigen Gerichts oder Staatsadvokaten, in Finnland seitens des zuständigen Gerichts oder der öffentlichen Anklagebehörde (»*allmän åklagaremyndighet*«) und einem solchen Ersuchen ist zu entsprechen, sofern nicht besondere Bedenken im Wege stehen.

Article 16.

Lorsqu'un individu sera livré par l'une des Parties contractantes

Artikel 16.

Wenn eine Person von der einen kontrahierenden Partei an einen

à un Etat tiers et qu'il soit nécessaire de le faire passer par le territoire de l'autre Partie, celle-ci ne pourra s'opposer au passage, à moins qu'il ne s'agisse d'un de ses nationaux. La demande de passage sera faite par la voie diplomatique, et elle sera accompagnée des pièces prévues à l'article 10, deuxième alinéa, n⁰ 2. La même règle s'appliquera au cas où un individu sera livré par un Etat tiers à l'une des Parties contractantes. Le passage aura lieu sous escorte d'un agent au service de l'Etat sur le territoire duquel il s'effectue.

dritten Staat ausgeliefert werden soll und es notwendig ist, sie über das Territorium der anderen kontrahierenden Partei zu transportieren, so wird diese sich dem Durchtransporte nicht widersetzen können, vorausgesetzt, daß die fragliche Person nicht einer ihrer eigenen Bürger ist. Das Ersuchen um Durchtransport wird auf diplomatischem Wege gestellt und wird von solchen Dokumenten begleitet sein, wie sie im Artikel 10 Abs. 2 Nr. 2 genannt sind. Die gleiche Regel gilt, wenn eine Person von einem dritten Staate an eine der kontrahierenden Parteien ausgeliefert werden soll. Der Durchtransport geht unter Begleitung eines Beamten (*tjenestemann*) vor sich, der dem Staate angehört, durch dessen Gebiet der Transport stattfindet.

Article 17.

Les frais occasionnés par l'exécution des mesures prévues par la présente Convention seront à la charge de l'Etat sur le territoire duquel les mesures en question auront été prises, exception faite des frais de passage suivant l'article 16.

Artikel 17.

Kosten, welche durch die in dieser Konvention behandelten Maßregeln (*forföininger*) entstehen, werden von demjenigen Staate bestritten, in dem die Maßregel getroffen wird, ausgenommen die Kosten infolge Durchtransports gemäß Artikel 16.

Article 18.

Les documents produits dans les affaires visées par la présente Convention devront être rédigés en langue norvégienne ou en langue suédoise, ou bien être accompagnés d'une traduction en langue norvégienne ou en langue suédoise.

Artikel 18.

Dokumente in Sachen, die in dieser Konvention behandelt werden, sollen auf Norwegisch oder Schwedisch abgefaßt oder von einer Übersetzung ins Norwegische oder Schwedische begleitet sein.

Article 19.

La présente Convention sera ratifiée et entrera en vigueur dix

Artikel 19.

Diese Konvention soll ratifiziert werden und tritt zehn Tage nach

jours après l'échange des ratifications. Elle restera en vigueur jusqu'à l'expiration d'un délai de six mois à partir du jour où l'une ou l'autre des Parties contractantes l'aura dénoncée.

En foi de quoi, les Plénipotentiaires respectifs ont signé la présente Convention et y ont apposé leurs cachets.

Fait en double expédition à Helsinki, le 10 novembre 1925.

(s.) H. H. Bachke. (L. S.).
(s.) K. G. Idman. (L. S.).

der Auswechselung der Ratifikationen in Kraft. Sie bleibt binnen Ablaufs von 6 Monaten in Kraft, nachdem sie von der einen oder der anderen der kontrahierenden Parteien gekündigt ist.

Zur Bekräftigung dessen haben die respektiven Bevollmächtigten diese Konvention unterzeichnet und mit ihren Siegeln versehen.

Ausgefertigt in zwei Exemplaren zu Helsinki, am 10. November 1925.

(gez.) H. H. Bachke. (L. S.).
(gez.) K. G. Idman. (L. S.).

Die Richtigkeit der Übersetzung wird bestätigt.

Auswärtiges Amt, Oslo.
29. Januar 1926.
G. von Tangen.
Expeditionschef [1].

---

[1]) Entspricht unserem heutigen »Staatssekretär«.

2. Beispiel eines Auslieferungsvertrages eines nordischen Staates mit einem fremden Staate, der nur auf seiten des nordischen Staates im Rahmen eines Auslieferungsgesetzes abgeschlossen worden ist.

Konvention zwischen Norwegen und Österreich über gegenseitige Auslieferung von Verbrechern, unterzeichnet zu Berlin, am 17. Dezember 1925[1]).

(Norwegische Sammlung der »Abkommen mit fremden Staaten« [Overenskomster med fremmede stater], 1926, S. 181 ff.)

Sa Majesté le Roi de Norvège et le Président Fédéral de la République d'Autriche ont résolu de conclure une convention pour l'extradition réciproque des malfaiteurs, et ont désigné à cet effet comme leurs Plénipotentiaires, savoir:

Sa Majesté le Roi de Norvège: Monsieur Arne Scheel, Son Envoyé Extraordinaire et Ministre Plénipotentiaire près le Prèsident Fédéral de la République d'Autriche.

Le Président Fédéral de la République d'Autriche: Monsieur Felix Frank, docteur en droit, Envoyé Extraordinaire et Ministre Plénipotentiaire de la République d'Autriche près Sa Majesté le Roi de Norvège.

Lesquels, après s'être communiqué leurs pleins pouvoirs, trouvés en bonne et due forme, sont convenus des articles suivants:

Article premier.

Les Hautes Parties contractantes s'engagent — conformément aux règles contenues dans cette Convention — à se livrer réciproquement les individus qui sont condamnés, mis en accusation ou en prévention pour l'une des infractions ci-après énumérées, pourvu qu'elle ait été commise hors du territoire de l'Etat auquel l'extradition sera demandée, et qu'elle soit punissable, en Norvège et en Autriche, d'une peine plus forte que celle d'une année de prison, savoir:

1) Crimes commis dans l'exercice des fonctions publiques;
2) Crimes contre l'autorité publique;
3) Crimes contre l'ordre et la tranquillité publics;
4) Crimes constituant un danger public;
5) Fausses déclarations;
6) Fausses accusations;
7) Faux monnayage;
8) Falsification de titres ou de pièces, y compris:

[1]) Die Konvention wurde ratifiziert durch königliche Resolution vom 8. Januar 1926, und die Ratifikationen wurden zu Berlin am 16. April 1926 ausgewechselt.

a) Le fait de fabriquer, acheter ou de se procurer des outils ou instruments pouvant servir à la falsification de titres ou de pièces;
b) Déni d'une signature apposée à un document par l'inculpé, ou destruction, soustraction ou le fait d'avoir rendu inutilisable, en tout ou en partie, un titre ou une pièce;
c) Enlèvement, déplacement ou destruction de bornes ou d'autres marques de propriété foncière ou de droits fonciers, ou placement de bornes ou de marques fausses;
d) L'action de faire enregistrer dans des pièces ou des registres officiels ou dans des certificats de médecin une mention contraire à la vérité, ou de faire usage d'une telle mention comme étant vraie;

9) Attentats aux mœurs;
10) Soustraction illégale d'un mineur âgé de moins de 18 ans à l'autorité de ses parents ou d'autres personnes tenant lieu de parents;
11) Bigamie;
12) Crimes contre la liberté personnelle;
13) Attentats contre la vie, injures corporelles et crimes contre la santé;
14) Injures prononcées de mauvaise foi;
15) Détournement, vol, extorsion, vol commis à l'aide de violence, escroquerie et abus de confiance, y compris la disposition d'un objet, dont la propriété ou l'usufruit a déjà été transféré à un tiers, ou disposition d'une reconnaissance d'une dette acquittée en tout ou en partie;
16) Crimes en matière de dette;
17) Dommages aux biens ou à la fortune d'autrui;
18) Crimes en matière maritime;
19) Recel et aide donnée à un coupable après la perpétration d'un crime.

L'extradition pourra être demandée dans le cas où l'infraction en question n'est punissable d'une peine plus forte que celle d'une année de prison qu'en présence de circonstances aggravantes et même si de telles circonstances ne se trouvent pas établies.

Les Hautes Parties contractantes pourront en outre demander l'extradition des individus qui ont été condamnés ou mis en accusation ou en prévention pour complicité ou tentative d'une des infractions énumérées ci-dessus, pourvu que l'acte criminel soit punissable d'une peine aussi forte que celle indiquée plus haut.

L'extradition pourra également, et sans égard à la rigueur de la peine prévue, être demandée pour une des infractions visées aux articles 1 et 2 de la Convention internationale du 4 mai 1910 relative à la repression de la traite des blanches.

Si l'infraction donnant lieu à la demande d'extradition a été commise hors du territoire de l'Etat requérant, il ne sera pas donné suite à cette demande, à moins que la législation de l'Etat requis n'autorise, dans ce cas, la poursuite des mêmes infractions commises hors de son territoire.

Article 2.

L'extradition pourra de plus être demandée dans le cas des individus condamnés, mis en accusation ou en prévention pour un crime militaire, pourvu que l'acte criminel, commis par un individu non assujetti au Code pénal militaire, eût motivé une demande d'extradition aux termes de l'article premier. L'extradition ne pourra dans ce cas être accordée qu'à la condition que la Partie requérante ne poursuive pas la cause comme infraction militaire.

Article 3.

Les Parties contractantes ne se livreront pas leurs propres nationaux.

Article 4.

L'extradition ne pourra être demandée pour un crime politique ni pour un crime commun, connexe à un crime politique et commis en vue d'en faciliter le but. Attentats, ou injures corporelles contre la personne d'un Chef d'Etat ou contre celle d'un membre de sa famille pourront donner lieu à l'extradition, pourvu que l'infraction ne constitue pas un fait connexe à un autre crime, d'ordre politique.

En cas de doute l'Etat requis décidera sur la question de savoir si un crime devra être réputé crime politique ou non.

Article 5.

L'extradition ne pourra avoir lieu:

1) Si l'infraction donnant lieu à la demande d'extradition est considérée selon les lois du pays auquel la demande est adressée, comme ayant été commise dans ce pays;
2) Si l'infraction donnant lieu à la demande a déjà été l'objet d'un jugement ou d'un acte d'accusation dans l'Etat requis avant qu'il soit saisi de la demande d'extradition;
3) Si la prescription de la mise en accusation, de l'arrêt de condamnation ou de la mise en exécution de la peine prononcée est acquise d'après les lois de l'Etat auquel la demande d'extradition a été présentée.

Article 6.

Un individu extradé ne pourra être puni dans l'Etat auquel il aura été livré pour aucune infraction antérieure à l'extradition, autre que celle ou celles qui ont motivé l'extradition, ni être livré à un tiers Etat, à moins qu'il n'y ait consenti devant un tribunal en séance publique ou devant une autorité publique ou qu'il n'ait négligé — après être mis définitivement en liberté — de quitter le pays avant l'expiration d'un délai d'un mois, ou qui'il n'y soit retourné de nouveau après l'avoir quitté. L'Etat qui aura accordé l'extradition pourra cependant consentir postérieurement une telle poursuite ou une extradition ultérieure sans égard aux conditions de l'alinéa précédent, pourvu qu'il s'agisse d'un crime qui aurait pu motiver une extradition.

Article 7.

Si l'individu réclamé a été condamné ou poursuivi pour une infraction autre que celle, qui a donné lieu à la demande d'extradition, celle-ci sera différée jusqu'à la fin des poursuites ou, le cas échéant, jusqu'à ce qu'il ait subi sa peine.

Article 8.

Si l'individu dont l'extradition est demandée aux termes de la présente Convention par l'une des Parties contractantes est, en même temps, réclamé par un autre ou par d'autres Gouvernements à raison du même crime, il sera de préférence et en règle générale livré à l'Etat, sur le territoire duquel le crime a été commis, ou — si le crime a été commis sur les territoires de plusieurs Etats — à l'Etat où l'infraction principale a été commise.

Article 9.

Si l'individu dont l'extradition est demandée aux termes de la présente Convention par l'une des Parties contractantes est, en même temps, réclamé par un autre ou par d'autres Gouvernements pour d'autres crimes, il sera livré — à moins qu'une convention spéciale avec un de ces Etats ne s'y oppose — à l'Etat, qui aura, le premier, demandé l'extradition ou l'arrestation en vue d'une extradition.

Article 10.

La demande d'extradition devra être faite par la voie diplomatique. La demande devra indiquer la nationalité de l'individu réclamé et être accompagnée

1) autant que possible d'un signalement complet de l'individu réclamé;
2) du jugement ou de l'arrêt de condamnation, ou, si la condamnation n'a pas été prononcée, d'un mandat d'arrêt ou d'un acte d'accusation décerné par l'autorité compétente et contenant l'indication précise de la date, du lieu et de l'objet de l'infraction; les pièces ci-dessus indiquées devront être produites en original ou en copies certifiées conformes;
3) d'une copie des dispositions pénales, qui sont en vigueur dans l'Etat requérant et qui s'appliquent à l'infraction.

Article 11.

En cas d'urgence, et notamment s'il y a lieu de craindre une évasion, le Ministère Public de l'une des Parties contractantes pourra, avant l'expédition d'une demande formelle d'extradition, adresser directement par la poste ou par voie télégraphique, au Ministère Public de l'autre des Parties contractantes, une demande d'arrestation provisoire. La demande devra indiquer la date, le lieu et l'objet de l'infraction, la nationalité de l'individu réclamé et autant que possible son signalement. La demande devra de plus, faire mention de la condamnation, du mandat d'arrêt ou de l'acte d'accusation qui, suivant l'article 10, deuxième alinéa, no. 2, aurait été décerné contre l'individu réclamé, et donner avis qu'une demande formelle d'extradition sera présentée plus tard.

Si, dans le cas d'une arrestation provisoire conformément aux dispositions ci-dessus, une demande formelle d'extradition n'est pas présentée au Ministère des Affaires Etrangères de l'Etat requis dans un délai de 6 semaines à partir de la date de l'arrestation, le détenu sera immédiatement mis en liberté.

Article 12.

Tous les objets saisis, que l'individu réclamé avait en sa possession au moment de l'arrestation et qui pourraient servir de pièces à conviction pour l'infraction commise ou qui pourraient être réclamés par la partie lésée par le crime, seront livrés en même temps que l'individu réclamé aux autorités compétentes de l'Etat requérant.

Toutefois, si des tiers non impliqués dans la poursuite et résidant dans le pays qui a accordé l'extradition, en font la demande et rendent probable qu'ils ont acquis des droits sur ces objets, la remise en sera effectuée sous la réserve que les objets soient rendus sans frais après la fin des poursuites.

Lorsque, dans la poursuite d'une affaire pénale, l'un des Gouvernements respectifs jugera nécessaire l'audition de témoins résidant dans l'autre Etat ou jugera nécessaire qu'une enquête y soit entreprise, une commission rogatoire sera envoyée a cet effet, par la voi diplomatique, et il y sera donné suite dans la mesure autorisée par les lois du pais dans lequel l'audition des témoins ou l'enquête devront avoir lieu. Il incombera aux autorités compétentes du pays où l'audition des témoins ou l'enquête auront lieu, de prévenir, en temps utile, dans la mesure du possible, les autorités du pays requérant du temps et du lieu fixés pour l'exécution de la commission rogatoire.

Article 14.

Lorsque, dans une cause pénale instruite par l'un des Etats respectifs, la production de pièces à conviction ou de documents en la possession des autorités de l'autre Etat sera jugée nécessaire ou utile, une demande directe à cet effet pourra être présentée aux autorités judiciaires de l'autre Partie, en Norvège par le tribunal ou le Procureur du Roi compétents, en Autriche par le tribunal compétent. Il y sera donné suite, à moins que des considérations particulières ne s'y opposent.

L'exécution des demandes visées par les articles 13 et 14 pourra être refusée si les circonstances de l'affaire justifiaient, conformément aux stipulations de la présente Convention, le refus de l'extradition, au cas où celle-ci aurait été demandée.

Article 15.

Lorsqu'un individu devra être livré par l'une des Hautes Parties contractantes à une tierce puissance et qu'il faudra le faire transporter sur le territoire de l'autre Partie, celleci ne s'opposera pas au transit si les circonstances de l'affaire sont telles qu'elles comportent, le cas échéant, l'extradition en conformité des stipulations de la présente Convention, et pourvu que l'individu en question ne soit pas sujet de cet Etat. La demande de transit sera envoyée par la voie diplomatique et devra être accompagnée des pièces ou documents mentionnés à l'article 10, deuxième alinéa, no. 2. La même règle s'appliquera aux individus livrés par une tierce puissance à la Norvège ou à l'Autriche. Le transit des extradés sera effectué sous la surveillance de fonctionnaires de l'Etat sur le territoire duquel le transit aura lieu.

Article 16.

Les frais occasionnés par les dispositions de cette Convention seront à la charge du Gouvernement sur le territoire duquel les mesures en question seront prises, exception faite des frais de transit suivant l'article 15.

Article 17.

La présente Convention sera ratifiée et entrera en vigueur 10 jours après l'échange des ratifications. Elle restera en vigueur jusqu'à 6 mois à partir du jour où l'une ou l'autre des Hautes Parties contractantes l'aura dénoncée.

En foi de quoi, les Plénipotentiaires respectifs ont signé la présente Convention et y ont apposé leurs cachets.

Fait à Berlin, en deux exemplaires, le 17 décembre 1925.

A. Scheel. (L. S.) **Dr. Felix Frank.** (L. S.)

Protocole final.

Au moment de procéder à la signature de présente convention, les deux Hautes Parties contractantes declarent être d'accord sur le point suivant:

Sous la dénomination de «prison» il y a lieu de comprendre la peine privative de liberté nommé «fengsel» dans le droit pénal norvégien et «Kerker» dans le droit pénal autrichien.

En foi de quoi les Plénipotentiaires respectifs ont signé le présent protocole.

Fait à Berlin, en deux exemplaires, le 17 décembre 1925.

A. Scheel. **Dr. Felix Frank.**

II. Die in den Parlamenten usw. kritisierten Hauptpunkte der nordischen Regierungsentwürfe.

A. Geordnet nach Ländern und Instanzen.

I. Norwegen.

Nur der Auslieferungsgesetzentwurf vom 25. April 1907 war in einigen Punkten Gegenstand von Kritik, nicht der Entwurf der Novelle vom 31. März 1922, und zwar in

1. dem Bericht des Justizkomitees:
   a) die Frage der Militärverbrechen (§ 2; o. S. 155);
   b) die Frage des politischen Asyls (§ 3; o. S. 155);
   c) die Frage des Verteidigers für den Inkulpaten (§ 14; o. S. 155).
2. den Verhandlungen des Odelstings durch den radikalen Staatsrat Castberg, dem der Wortführer des Justizkomitees Stang antwortete:
   a) die Frage des Gesetzes überhaupt (o. S. 157);
   b) die Frage des politischen Asyls, insbesondere die Attentatsklausel (§ 3; o. S. 158 ff.);
   c) die Frage der sog. »zweiten Auslieferung« (§ 5; o. S. 160 f.);
   d) die Frage der Rechtsmittel (§ 15; o. S. 162 f.).

II. Schweden.

Nur der Auslieferungsgesetzentwurf war umstritten, nicht der Entwurf eines Gesetzes, betr. Änderung des Kap. 1 des Strafgesetzes, und zwar in

1. dem Gutachten des Gesetzgebungsrates:
   a) die Frage der Teilnahme (§ 3; s. o. S. 221);
   b) die Frage, ob Strafbarkeit auch nach anderen Gesetzen als dem allgemeinen Strafgesetz (Seegesetz; Preßdelikte, Beamtendelikte) Auslieferung solle bewirken können (§ 4; s. o. S. 222);
   c) die Frage der Auslieferungsdokumente (§ 7; s. o. S. 224);
   d) die Frage der Anklage durch Dritte usw. (§ 8; s. o. S. 224);
   e) die Frage der Verhaftung im ersuchten Staate als eines Auslieferungshindernisses (§ 9; s. o. S. 225);
   f) die Frage der Verurteilung im ersuchten Staate (wie e; § 10; s. o. S. 225);

g) die Frage der bei einer Auslieferung zu stellenden Bedingungen (§ 11; s. o. S. 226);
h) eine Frage der Auslieferungshaft sowie des Verhörs (§ 16; s. o. S. 226);
i) die Frage des Auslieferungsverfahrens, bes. der fraglichen zu beteiligenden Gerichtinstanz (§§ 17—27; s. o. S. 227 ff.);
k) die Frage der provisorischen Verhaftung (§ 29; s. o. S. 205);
l) die Frage der Gegenstände (§ 31; s. o. S. 231);
m) die Frage der Durchlieferung (§ 33; s. o. S. 231);
n) die Frage des Auslieferungs-Verkehrs mit Norwegen und Dänemark (§ 34; s. o. S. 232);
o) die Frage der Kosten (§ 35; s. o. S. 232);

2. im Staatsrat am 31. Januar 1913 (zu den vorstehenden Punkten der Justizminister o. S. 232—234);
3. in der Motion Persson-Sandler:
   a) die Frage des politischen Asyls (§ 7 (6); s. o. S. 235);
   b) die Frage der Auslieferungsdokumente (§ 8 (7); s. o. S. 236);
   c) die Frage der bei einer Auslieferung zu stellenden Bedingungen (§ 11; s. o. S. 237);
   d) die Frage der provisorischen Verhaftung, insbesondere der Frist, innerhalb welcher das formelle Auslieferungsersuchen zu stellen ist, sowie diejenige, ob die Polizeibehörden zu sachlicher Prüfung genügend befähigt seien (§ 29; s. o. S. 237);
   e) die Frage des Verhältnisses zwischen Auslieferungsgesetz und älteren Auslieferungsverträgen (Schluß des Entwurfs; s. o. S. 237).
4. im Gesetzgebungsausschuß des Reichstages:
   a) die Frage, ob nur nach dem allgemeinen Strafgesetz strafbare Handlungen Auslieferung sollen im Gefolge haben können (§ 4; s. o. S. 241);
   b) die Frage des politischen Asyls (§ 7; s. o. S. 242);
   c) die Frage der Auslieferungsdokumente (§ 8; s. o. S. 243);
   d) die Frage der bei einer Auslieferung zu stellenden Bedingungen (§ 11; s. o. S. 244);
   e) die Frage des Auslieferungsverfahrens, insb. der fraglichen zu beteiligenden Gerichtsinstanz (§§ 17—27; s. o. S. 244 ff.);
   f) die Frage der provisorischen Verhaftung, wie 3 d (§ 29; s. o. S. 247);
   g) die Frage des Verhältnisses zwischen Auslieferungsgesetz und älteren Auslieferungsverträgen (Schluß des Entwurfs; s. o. S. 248).
5. in den Reservationen von Ausschußmitgliedern:
   a) die Frage, ob nur nach dem allgemeinen Strafgesetz strafbare Handlungen Auslieferung sollen im Gefolge haben können (§§ 4 u. 6; s. o. S. 249);
   b) die Frage des politischen Asyls (§ 7; s. o. S. 251);
   c) die Frage der Auslieferungsdokumente (§ 8; s. o. S. 252);

d) die Frage, welches Gericht am Auslieferungsverfahren zu beteiligen sei (§§ 17–23; s. o. S. 253);
e) die Frage der Fristen bei provisorischer Verhaftung (§ 24; s. o. S. 253);
f) die Frage des Verhältnisses zwischen Auslieferungsgesetz und älteren Auslieferungsverträgen (Schluß des Gesetzes, s. o. S. 253).

6. in der Ersten Kammer:
a) die Frage des politischen Asyls (§ 7; s. o. S. 255).

7. in der Zweiten Kammer:
a) die Frage, ob nur nach dem allgemeinen Strafgesetz strafbare Handlungen Auslieferung sollen im Gefolge haben können (§ 4; s. o. S. 262 ff.);
b) die Frage des politischen Asyls (§ 7; s. o. S. 267 ff.);
c) die Frage der Auslieferungsdokumente (§ 8; s. o. S. 301 ff.);
d) die Frage des am Auslieferungsverfahren zu beteiligenden Gerichts (§§ 17–23; s. o. S. 308 ff.);
e) die Frage der Fristen bei provisorischer Verhaftung (§ 24, s. o. S. 311 ff.);
f) die Frage des Verhältnisses zwischen Auslieferungsgesetz und älteren Auslieferungsverträgen (Schluß des Entwurfs; s. o. S. 317 ff.).

III. Finnland.

In Finnland waren nur wenige Fragen umstritten, und zwar

1. seitens des Höchsten Gerichts:
a) die Frage der persönlichen Geltung des Gesetzes (§§ 1–3; s. o. S. 330);
b) die Frage, ob nur nach dem allgemeinen Strafgesetze strafbare Handlungen sollen Auslieferungen im Gefolge haben können (§ 4; s. o. S. 330);
c) die Frage der Auslieferungsdokumente (§ 6; s. o. S. 331);
d) die Frage der Berufung (§ 15; s. o. S. 331).

2. seitens des Justizministers im Staatsrate, der sich zu den Fragen sub 1 äußerte (s. o. S. 332 ff.).

3. im Gesetzgebungsausschuß des Reichstages:
nur verdeutlichende und sprachliche Berichtigungen.

4. im Großen Ausschuß:
keine sachlichen Bemerkungen.

5. im Reichstage ebenso.

B. Geordnet nach dem Gegenstand der Fragen.

Gegenstand der umstrittenen Fragen waren:

1. das Problem des Gesetzes überhaupt (s. o. S. 157);
2. das fragliche Strafgesetz (ob nur nach dem allgemeinen Strafgesetz strafbare Handlungen Auslieferung sollen im Gefolge haben können) (s. o. S. 222, 235, 241, 249, 262, 330);

3. das politische Asyl (s. o. S. 155, 235, 242, 251, 255, 267);
4. der Verteidiger für den Inkulpaten (s. o. S. 155);
5. die sog. »zweite Auslieferung« (s. o. S. 160);
6. die Rechtsmittel (s. o. S. 162, 331);
7. die Teilnahme (s. o. S. 221);
8. die Auslieferungsdokumente (s. o. S. 224, 236, 243, 252, 301, 331);
9. die Anklage durch Dritte (s. o. S. 224);
10. die Verhaftung im ersuchten Staat als Auslieferungshindernis (s. o. S. 225);
11. do. die Verurteilung im ersuchten Staat (s. o. S. 225);
12. die bei einer Auslieferung zu stellenden Bedingungen (s. o. S. 226, 237, 244);
13. die Auslieferungshaft und das Auslieferungsverhör (s. o. S. 226).
14. das Auslieferungsverfahren, bes. das zu beteiligende Gericht (s. o. S. 227, 244, 253, 308);
15. die provisorische Verhaftung, insbes. die Fristen (s. o. S. 237, 247, 253, 311);
16. die Gegenstände (s. o. S. 231);
17. die Durchlieferung (s. o. S. 231);
18. der Auslieferungsverkehr mit Grenzländern (s. o. S. 232);
19. die Kosten (s. o. S. 232, 304/5);
20. das Verhältnis zwischen Auslieferungsgesetz und älteren Auslieferungsverträgen (s. o. S. 237, 248, 253, 317);
21. die persönliche Geltung des Strafgesetzes (s. o. S. 330).

III. Die an den Verhandlungen der Zweiten schwedischen Kammer über die Klausel, betr. das politische Asyl, beteiligten Abgeordneten und ihre Parteizugehörigkeit usw.

Die Verhandlungen der Zweiten schwedischen Kammer über das politische Asyl sind so fesselnd gewesen und haben so sehr persönliches Gepräge getragen, sie bieten ferner wegen der Art des Stellungswechsels der liberalen Partei so starkes Interesse, daß Einzelheiten über die Redner, ihre Parteizugehörigkeit usw., soweit sie bei der Kürze der zur Verfügung stehenden Zeit beschafft werden konnten, mitgeteilt werden dürfen, wenn auch, wie oben hervorgehoben, die Entscheidung gerade nicht nach Parteigesichtspunkten, sondern aus sachlichen Gründen erfolgt ist. Folgendes ließ sich feststellen:

Es gehörten zur liberalen Partei und damit zur Regierungspartei von 1913 die Abgeordneten

1. Widén, ehemaliger Innenminister, früher eine der führenden Persönlichkeiten der liberalen Partei, auch ehemaliger Präsident der Zweiten Kammer des Reichstages (s. o. S. 279);
2. Pettersson in Södertälje, gegenwärtig Minister des Innern (s. o. S. 281, 298);
3. Edén, ehemaliger Professor der Geschichte an der Universität Uppsala, Oberpräsident der Provinz Stockholm-Land, Ministerpräsident 1917—1920, im Jahre 1913 Führer der liberalen Partei; hat sich jetzt vom politischen Leben zurückgezogen (s. o. S. 286, 295).

Liberaler Politiker ist auch der an den Verhandlungen beteiligte Minister des Auswärtigen von 1913

1 (4). Graf Ehrensvärd, Außenminister 1911—1914, jetzt Gesandter in Paris (s. o. S. 268).

Zur konservativen Partei gehörten

1. Pettersson in Bjälbo, Landwirt, ehemaliger Landwirtschaftsminister (s. o. S. 279);

2. Pettersson in Lidingö villastad, Jurist, Justizminister im Kabinett Lindmann 1906—1911 (s. o. S. 275);
3. Lundström, Professor (s. o. S. 289);
4. Nydal (s. o. S. 290).

Zur sozialdemokratischen Partei gehörten

1. Lindhagen, der bekannte Bürgermeister von Stockholm [1]); hat mehrfach die Abschaffung der Monarchie und andere weitgehende staatsrechtliche Veränderungen beantragt (s. o. S. 274, 293, 300);
2. Branting, der bekannte verstorbene Politiker (s. o. S. 281, 290, 299);
3. Winberg, heute Kommunist (s. o. S. 286).

Über den Abgeordneten Wallin (s. o. S. 286) ließ sich nichts feststellen.

[1]) Das Bürgermeisteramt ist in Schweden ein Richteramt.

IV. Verzeichnis der in Geltung stehenden Auslieferungsverträge der drei nordischen Staaten.

I. Norwegen[1]):

Norwegen hat außer den in der Schrift und in Anlage I genannten Verträgen nur noch einen Auslieferungsvertrag abgeschlossen: mit Dänemark. Der Vollständigkeit dieses Verzeichnisses halber werden hier alle Auslieferungsverträge Norwegens aufgeführt. Es handelt sich um Verträge mit folgenden Ländern:

1. Portugal: Vertrag vom 17. Dezember 1863; RI S. 503.
2. Italien: Vertrag vom 20. September 1866; vgl. Deklaration vom 28. Mai 1878, enthaltend einen Zusatz zum Vertrage; RI S. 387.
3. Frankreich: Vertrag vom 4. Juni 1869; vgl. Deklaration vom 5. Mai 1897, durch die die Geltung des Vertrages auf Tunis erweitert wurde, und Noten vom 5. März und 5. April 1904, enthaltend eine Auslegung einiger Bestimmungen des Vertrages; RI S. 293, 311, 318.
4. Belgien: Vertrag vom 26. April 1870; vgl. Protokolle vom 15. Juli 1870 und Deklaration vom 6. November 1877, enthaltend Zusätze zur Konvention; RI S. 130, 135.
5. Großbritannien und Irland: Vertrag vom 26. Juni 1873; vgl. Deklaration vom 18. Februar 1907, enthaltend Zusätze zum Vertrage; RI S. 352, 368.
6. Deutschland: Vertrag vom 19. Januar 1878; vgl. Deklaration vom 7. März 1907, enthaltend Zusätze zur Konvention; RI S. 3, 29.
7. Die Niederlande: Vertrag vom 11. März 1879; RI S. 484.
8. Luxemburg: Vertrag vom 21. Juli 1883; RII S. 422.
10. Spanien: Ver rag vom 15. Mai 1885; vgl. Noten vom 6. April und 10. Dezember 1904, enthaltend Auslegungen einiger Bestimmungen des Vertrages; RI S. 212, 236.

---

[1]) In Quellenangaben bedeutet:

1. »RI«: Recueil des Traités de la Norvège, Kristiania, Gröndahl & Fils, 1907;
2. »RII«: Recueil des Traités de la Norvège, Tome II, Oslo, Gröndahl & Sön, 1926;
3. »O. m. f. S., 1926«: Overenkomster med fremmede stater, Oslo, Gröndahl & Sön.

11. Vereinigte Staaten von Amerika: Vertrag vom 7. Juni 1893; vgl. den Vertrag vom 10. Dezember 1903, betr. einige Änderungen des Vertrages; RI S. 263, 273.
12. Schweden: Vertrag vom 21. Februar 1907; vgl. sub II Schweden Nr. 12.
13. Dänemark: Vertrag vom 1. Dezember 1909; RII S. 58.
14. Finnland: Vertrag vom 10. November 1925; O. m. f. S. 1926. S. 42.
15. Österreich: Vertrag vom 17. Dezember 1925; O. m. f. S. 1926, S. 181.

II. Schweden.

Die Liste ist aufgestellt nach den Mitteilungen der Regierungsdenkschrift o. S. 180 und nach dem »Recueil des Traités, Conventions et autres actes diplomatiques de la Suède entièrement ou partiellement en vigeur au 1er janvier 1926. Publié par le comte Sten Lewenhaupt, conseiller de légation etc. Tome II. Stockholm 1927«. (Kungl. Boktrykkeriet. P. A. Norstedt & Sönner). Die Seitenzahlen unten je bei den einzelnen Verträgen usw. sind diejenigen dieser Sammlung. Die Liste ist au courant.

In dem »Préface« des »Recueil« steht der auch für die Frage, welche Auslieferungsverträge Schwedens von Schweden als geltend behandelt werden, interessante allgemeine Satz: »Concernant la validité des traités pour les États nés du démembrement d'autres États, on connaît la thèse du Gouvernement suédois: c'est que, à moins de stipulation spéciale expressément contraire, lorsqu'un État s'est constitué en se détachant d'unité politique déjà existante, les droits et obligations conventionnels de cette dernière vis-à-vis des Puissances étrangères passent de plano au dit État, sauf dans le cas où il s'agit d'accords qui, en raison de leur nature même, ne sauraient lier que le Gouvernement de l'État qui les a conclus« (vgl. auch unten die Bemerkung zum schwedisch-finnländischen Auslieferungsvertrage vom 29. Nov. 1923).

1. Portugal: Vertrag vom 17. Dezember 1863 (S. 880 ff.).
2. Italien: Vertrag vom 20. September 1866 (S. 579 ff.) mit Zusatz-Deklaration vom 28. Mai 1878 (S. 584).
3. Österreich: Vertrag vom 2. Juni 1868. Dieser Vertrag ist im »Recueil« nicht mehr aufgeführt, wohl aber für
4. Ungarn (S. 562 ff.).
5. Frankreich: Vertrag vom 4. Juni 1869 (S. 431 ff.), mit Zusätzen in ministeriellen Noten vom 24. Mai / 10. Juli 1905, 28. Februar / 19. April 1910, 24. April / 22. Oktober 1912 (S. 455, 459, 460).
6. Belgien: Vertrag vom 26. April 1870 (S. 99 ff.), mit Zusatz-Deklaration vom 6. November 1877 (S. 105 ff.).
7. Groß-Britannien und Irland: Vertrag vom 26. Juni 1873 (S. 499 ff.), mit ministeriellen Zusatznoten vom 16. und 24. Mai 1882 (S. 509) und Additionalakte vom 2. Juli 1907 (S. 513).
8. Deutsches Reich: Vertrag vom 19. Januar 1878 (S. 1 ff.), mit ministeriellen Zusatznoten vom 24. April 1890 und 2. Januar 1891 (S. 21), 26. Oktober 1897 und 28. Februar 1898 (S. 34), 5. September 1922 und 19. Januar 1923 (S. 54), bzw. einer Deklaration

vom 18. Juni 1913, betr. die Aufnahme von Fahndungsersuchen in den beiderseitigen Fahndungsblättern (S. 50 ff.).

7. Luxemburg: Vertrag vom 21. Juli 1883 (S. 632 ff.).
9. Spanien: Vertrag vom 15. Mai 1885 (S. 286 ff.).
10. Vereinigte Staaten von Amerika: Vertrag vom 14. Januar 1893 (S. 323 ff.).
11. Niederlande: Vertrag vom 26. Juni 1895 (S. 835 ff.).
12. Norwegen: Vertrag vom 21. Februar 1907 (S. 681 ff.).
14. Dänemark: Vertrag vom 17. Juni 1913 (S. 224 ff.).
15. Finnland: Vertrag vom 29. November 1923 (S. 389). — Der o. S. 180 genannte Vertrag mit Rußland vom 27. Dezember 1860 wird S. 353 ff. des »Recueils« unter den in Kraft stehenden Verträgen Schwedens mit Finnland aufgeführt. Vgl. dazu die »note ministérielle concernant la validité pour la Finlande des traités conclus entre la Suède et la Russie« vom 11. Nov. 1919 (S. 372 ff.); hier (ein Notenwechsel!) werden außer dem genannten 12 weitere, früher mit Rußland geschlossene Verträge als für Finnland bis zur Ersetzung durch neue Verträge geltend namentlich aufgeführt, vorbehaltlich des Kündigungsrechts nach den alten Verträgen. Vom gleichen Tage ein zweiter Notenwechsel (S. 374/5) grundsätzlichen Inhalts über die Frage der Weitergeltung der früheren russischen Verträge für Finnland im Verhältnis zu Schweden; Schweden hat hier seinen oben in der Vorbemerkung wiedergegebenen Standpunkt — i. w. wörtlich gleich — ausgesprochen. Finnland hingegen hat ausgeführt: »daß Finnlands Regierung weiter an dem Standpunkte festhält, der schon in der Note des damaligen Außenministers an den Herrn Minister vom 19. Dezember 1918 betont worden ist, nämlich, daß die Verträge, die das Russische Reich früher mit Schweden oder mit anderen Mächten abgeschlossen hat, nicht an und für sich ohne besonderes Übereinkommen nunmehr als für Finnland verpflichtend angesehen werden können« (der Notenwechsel hat in Helsingfors in schwedischer Sprache stattgefunden).

Außer in diesen Auslieferungsverträgen i. e. S. finden sich Einzelbestimmungen über Auslieferung von Verbrechern noch in Verträgen wie

16. dem Handels- und Schiffahrtsvertrage mit China vom 20. März 1847 (S. 136 ff.),
17. dem Freundschafts-, Handels- und Schiffahrtsvertrage mit Siam vom 18. Mai 1868 (S. 900 ff.),
18. der Brüsseler Antisklavereiakte vom 2. Juli 1890.

Diese Übersicht über die schwedischen Auslieferungsverträge ist u. a. durch die Veranschaulichung interessant, daß von den alten vor dem Erlaß des Auslieferungsgesetzes abgeschlossenen Verträgen kein einziger Modifikationen erfahren zu haben scheint, wie es der Reichstag in seinem oben S. 319 wiedergegebenen Schreiben an den König als Wunsch zum Ausdrucke gebracht hatte. Es wird sich das Beharrungsvermögen als zu stark erwiesen haben, das diesen internationalen Angelegenheiten ebenso sehr innewohnt wie die Schwierigkeit, eine erste vertragliche Ordnung zustande zu bringen — eine Schwierigkeit, die aus der einfachen Vergegenwärtigung erhellt, wie klein der Kreis der Staaten ist und welche Staaten an diesem Kreise Anteil haben, in dem der Abschluß gegenseitiger Auslieferungsverträge sich hat ermöglichen lassen. Darin dürfte weiter zurück dann eine weitere Mahnung zu höchster Vorsicht und Akribie beim Erlaß eines Auslieferungsgesetzes zu finden sein.

III. Finnland.

Finnländischerseits werden als in Geltung stehend (vgl. die Bemerkung oben unter II. Schweden, Nr. 15) nur Auslieferungsverträge angegeben, die seit der Begründung Finnlands als selbständiger Staat abgeschlossen worden sind, und zwar die Verträge mit [1])

1. Dänemark: Vertrag vom 2. Mai 1923 (Finlands Författningssamling Nr. 169/1923);
2. Schweden: Vertrag vom 30. Dezember 1924 (F. F.-s. Nr. 30/1924);
3. Großbritannien: Vertrag vom 30. Mai 1924 (F. F.-s. Nr. 349/1924);
4. Vereinigte Staaten: Vertrag vom 23. März 1925 (F. F.-s. Nr. 145/1925);
5. Lettland: Vertrag vom 24. Oktober 1925 (F. F.-s. Nr. 337/1925);
6. Estland: Vertrag vom 5. Dezember 1925 (F. F.-s. Nr. 387/1925);
7. Norwegen: Vertrag vom 21. Januar 1926 (F. F.-s. Nr. 51/1926).

---

[1]) Das Datum ist jeweils das Datum der Auswechselung der Ratifikationsurkunden.

V. Das französische Auslieferungsgesetz vom 10. März 1927[1]).

Loi relative à l'extradition des étrangers.

Le Senat et la Chambre des députés ont adopté,
Le Président de la République promulgue la loi dont la teneur suit:

Titre Ier

Des conditions de l'extradition

Art. 1er. — En l'absence de traité, les conditions, la procédure et les effets de l'extradition sont déterminés par les dispositions de la présente loi.

La présente loi s'applique également aux points qui n'auraient pas été réglementés par les traités.

Art. 2. — Aucune remise ne pourra être faite à un gouvernement étranger de personnes n'ayant pas été l'objet de poursuites ou d'une condamnation pour une infraction prévue par la présente loi.

Art. 3. — Le Gouvernement français peut livrer, sur leur demande, aux gouvernements étrangers tout individu non Français ou non ressortissant français qui, étant l'objet d'une poursuite intentée au nom de l'Etat requérant ou d'une condamnation prononcée par ses tribunaux, est trouvé sur le territoire de la République ou de ses possessions coloniales.

Néanmoins, l'extradition n'est accordée que si l'infraction, cause de la demande, a été commise:

Soit sur le territoire de l'Etat requérant par un sujet de cet Etat ou par un étranger;

Soit en dehors de son territoire par un sujet de cet Etat;

Soit en dehors de son territoire par un individu étranger à cet Etat, quand l'infraction est au nombre de celles dont la loi française

[1]) Journal Officiel de la République Française No. 59, S. 2874—2876. — Frankreich ist sub specie des Auslieferungswesens in den nordischen Materialien häufig genannt worden. Der Abdruck seines neuen Auslieferungsgesetzes wird sich darum empfehlen, wenngleich er formal nicht in diese Publikation gehört.

autorise la poursuite en France, alors même qu'elles ont été commises par un étranger à l'étranger.

Art. 4. — Les faits qui peuvent donner lieu à l'extradition, qu'il s'agisse de la demander ou de l'accorder, sont les suivants:

1° Tous les faits punis de peines criminelles par la loi de l'Etat requérant;

2° Les faits punis de peines correctionnelles par la loi de l'Etat requérant, quand le maximum de la peine encourue, aux termes de cette loi, est de deux ans ou audessus, ou, s'il s'agit d'un condamné, quand la peine prononcée par la juridiction de l'Etat requérant est égale ou supérieure à deux mois d'emprisonnement.

En aucun cas l'extradition n'est accordée par le Gouvernement français si le fait n'est pas puni par la loi française d'une peine criminelle ou correctionnelle.

Les faits constitutifs de tentative ou de complicité sont soumis aux règles précédentes à condition qu'ils soient punissables d'après la loi de l'Etat requérant et d'après celle de l'Etat requis.

Si la demande a pour objet plusieurs infractions commises par l'individu réclamé et qui n'ont pas encore été jugées, l'extradition n'est accordée que si le maximum de la peine encourue, d'après la loi de l'Etat requérant, pour l'ensemble de ces infractions, est égal ou supérieur à deux ans d'emprisonnement.

Si l'individu réclamé a été antérieurement l'objet, en quelque pays que ce soit, d'une condamnation défiinitive à deux mois d'emprisonnement, ou plus, pour un delit de droit commun, l'extradition est accordée, suivant les règles précédentes, c'est-à-dire seulement pour les crimes ou délits, mais sans égard au taux de la peine encourue ou prononcée pour la dernière infraction.

Les dispositions précédentes s'appliquent aux infractions commises par des militaires, marins ou assimilés lorsqu'elles sont punies par la loi française comme infractions de droit commun.

Il n'est pas innové, quant à la pratique relative à la remise des marins déserteurs.

Art. 5. — L'extradition n'est pas accordée:

1° Lorsque l'individu, objet de la demande, est un citoyen ou un protégé français, la qualité de citoyen ou de protégé étant appréciée à l'époque de l'infraction pour laquelle l'extradition est requise;

2° Lorsque le crime ou délit a un caractère politique ou lorsqu'il résulte des circonstances que l'extradition est demandée dans un but politique.

En ce qui concerne les actes commis au cours d'une insurrection ou d'une guerre civile, par l'un ou l'autre des partis engagés dans la lutte et dans l'intérêt de sa cause, ils ne pourront donner lieu à l'extradition que s'ils constituent des actes de barbarie odieuse et de vandalisme défendus suivant les lois de la guerre, et seulement lorsque la guerre civile a pris fin;

3° Lorsque les crimes ou délits ont été commis en France ou dans les possessions coloniales fançaises;

4° Lorsque les crimes ou délits, quoique commis hors de France ou des possessions coloniales françaises, y ont été poursuivis et jugés définitivement;

5° Lorsque, d'après les lois de l'Etat requérant ou celles de l'Etat requis, la prescription de l'action s'est trouvée acquise antérieurement à la demande d'extradition, ou la prescription de la peine antérieurement à l'arrestation de l'individu réclamé et d'une façon générale toutes les fois que l'action publique de l'Etat requérant sera éteinte.

Art. 6. — Si, pour une infraction unique, l'extradition est demandée concurremment par plusieurs Etats, elle est accordée de préférence à l'Etat contre les intérêts duquel l'infraction était dirigée, ou à celui sur le territoire duquel elle a été commise.

Si les demandes concurrentes ont pour cause des infractions différentes, il est tenu compte, pour décider de la priorité, de toutes circonstances de fait et, notamment:

De la gravité relative et du lieu des infractions, de la date respective des demandes, de l'engagement qui serait pris par l'un des Etats requérants de procéder à la réextradition.

Art. 7. — Sous réserve des exceptions prévues ci-après l'extradition n'est accordée qu'à la condition que l'individu extradé ne sera ni poursuivi, ni puni pour une infraction autre que celle ayant motivé l'extradition.

Art. 8. — Dans le cas où un étranger est poursuivi ou a été condamné en France, et où son extradition est demandée au Gouvernement français à raison d'une infraction différente, la remise n'est effectuée qu'après que la poursuite est terminée, et, en cas de condamnation, après que la peine a été exécutée.

Toutefois, cette disposition ne fait pas obstacle à ce que l'étranger puisse être envoyé temporairement pour comparaître devant les tribunaux de l'Etat requérant, sous la condition expresse qu'il sera renvoyé dès que la justice étrangère aura statué.

Est régi par les dispositions du présent article le cas où l'étranger est soumis à la contrainte par corps par application des lois du 22 juillet 1867 et du 19 décembre 1871.

Titre II

De la procédure de l'extradition

Art. 9. — Toute demande d'extradition est adressée au Gouvernement français par voie diplomatique et accompagnée, soit d'un jugement ou d'un arrêt de condamnation, même par défaut ou par contumace, soit d'un acte de procédure criminelle décrétant formellement ou opérant de plein droit le renvoi de l'inculpé ou de l'accusé devant la juridiction répressive, soit d'un mandat d'arrêt ou de tout autre acte ayant la même force et décerné par l'autorité judiciaire, pourvu que ces derniers actes renferment l'indication précise du fait pour lequel ils sont délivrés et la date de ce fait.

Les pièces ci-dessus mentionnées doivent être produites en original ou en expédition authentique.

Le gouvernement requérant doit produire en même temps la copie des textes de loi applicables au fait incriminé. Il peut joindre un exposé des faits de la cause.

Art. 10. — La demande d'extradition est, après vérification des pièces, transmise, avec le dossier, par le ministre des affaires étrangères au ministre de la justice, qui s'assure de la régularité de la requête et lui donne telles suites que de droit.

Art. 11. — Dans les vingt-quatre heures de l'arrestation, il est procédé, par les soins du procureur de la République ou d'un membre de son parquet, à un interrogatoire d'identité, dont il est dressé procès-verbal.

Art. 12. — L'étranger est transféré dans le plus bref delai et écroué à la maison d'arrêt du chef-lieu de la cour d'appel, dans le ressort de laquelle il a été arrêté.

Art. 13. — Les pièces produites à l'appui de la demande d'extradition sont en même temps transmises par le procureur de la République au procureur général. Dans les vingt-quatre heures de leur réception, le titre, en vertu duquel l'arrestation aura eu lieu, est notifié à l'étranger.

Le procureur général, ou un membre de son parquet, procède, dans le même délai, à un interrogatoire dont il est dressé procès-verbal.

Art. 14. — La chambre des mises en accusation est saisie sur le champ des procès-verbaux susvisés et de tous autres documents. L'étranger comparaît devant elle dans un délai maximum de huit jours, à compter de la notification des pièces. Sur la demande du ministère public ou du comparant, un délai supplémentaire de huit jours peut être accordé, avant les débats. Il est ensuite procédé à un interrogatoire dont le procès-verbal est dressé. L'audience est publique, à moins qu'il n'en soit décidé autrement, sur la demande du parquet ou du comparant.

Le ministère public et l'intéressé sont entendus. Celui-ci peut se faire assister d'un avocat inscrit et d'un interprète. Il peut être mis en liberté provisoire à tout moment de la procédure, et conformément aux règles qui gouvernent la matière.

Art. 15. — Si, lors de sa comparution, l'intéressé déclare renoncer au bénéfice de la présente loi et consent formellement à être livré aux autorités du pays requérant, il est donné acte par la cour de cette déclaration.

Copie de cette décision est transmise sans retard par les soins du procureur général au ministre de la justice, pour toutes fins utiles.

Art. 16. — Dans le cas contraire, la chambre des mises en accusation, statuant sans recours, donne son avis motivé sur la demande d'extradition.

Cet avis est défavorable, si la cour estime que les conditions légales ne sont pas remplies, ou qu'il y a erreur évidente.

Le dossier doit être envoyé au ministre de la justice dans un délai de huit jours à dater de l'expiration des délais prévus à l'article 14.

Art. 17. — Si l'avis motivé de la chambre des mises en accusation repousse la demande d'extradition, cet avis est definitif et l'extradition ne peut ètre accordée.

Art. 18. — Dans le cas contraire, le ministre de la justice propose, s'il y a lieu, à la signature du Président de la République, un décret autorisant l'extradition. Si, dans le délai d'un mois à compter de la notification de cet acte, l'extradé n'a pas été reçu par les agents de la puissance requérante, il est mis en liberté, et ne peut plus être rêclamé pour la même cause.

Art. 19. — En cas d'urgence et sur la demande directe des autorités judiciaires du pays requérant, les procureurs de la République peuvent, sur un simple avis transmis, soit par la poste, soit par tout mode de transmission plus rapide laissant une trace écrite, ou matériellement équipollente, de l'existence d'une des pièces indiquées par l'article 9, ordonner l'arrestation provisoire de l'étranger.

Un avis régulier de la demande devra être transmis, en même temps, par voie diplomatique, par la poste, par le télégraphe ou par tout mode de transmission, laissant une trace écrite, au ministère des affaires étrangères.

Les procureurs de la République doivent donner avis de cette arrestation au ministre de la justice et au procureur général.

Art. 20. — L'individu arrêté provisoirement dans les conditions prévues par l'article 12 peut, s'il n'y a pas lieu de lui faire application des articles 7, 8 et 9 de la loi du 3 décembre 1849, être mis en liberté, si, dans le délai de vingt jours, à dater de son arrestation, lorsqu'elle aura été opérée à la demande du gouvernement d'un pays limitrophe, le Gouvernement français ne reçoit l'un des documents mentionnés à l'article 9.

Le délai de vingt jours précité est porté à un mois, si le territoire du pays requérant est non limitrophe, à trois mois si ce territoire est hors d'Europe.

La mise en liberté est prononcée sur requête adressée à la chambre des mises en accusation, qui statue sans recours, dans la huitaine. Si ultérieurement les pièces susvisées parviennent au Gouvernement français, la procédure est reprise, conformément aux articles 10 et suivants.

Titre III

Des effets de l'extradition

Art. 21. — L'extradé ne peut être poursuivi ou puni pour une infraction antérieure à la remise, autre que celle ayant motiveé l'extradition.

Il en est autrement, en cas d'un consentement spécial donné dans les conditions ci-après par le gouvernement requis.

Ce consentement peut être donné par le Gouvernement français, même au cas où le fait cause de la demande ne serait pas l'une des infractions déterminées par l'article 4 de la présente loi.

Art. 22. — Dans le cas où le gouvernement requérant demande, pour une infraction antérieure à l'extradition, l'autorisation de poursuivre l'individu déjà livré, l'avis de la chambre des mises en accusation devant laquelle l'inculpé avait comparu peut être formulé sur la seule production des pièces transmises à l'appui de la nouvelle demande.

Sont également transmises par le gouvernement étranger et soumises à la chambre des mises en accusation, les pièces contenant les observations de l'individu livré ou la déclaration qu'il entend n'en présenter aucune. Ces explications peuvent être complétées par un avocat choisi par lui, ou qui est désigné ou commis d'office.

Art. 23. — L'extradition obtenue par le Gouvernement français est nulle, si elle est intervenue en dehors des cas prévus par la présente loi.

La nullité est prononcée, même d'office, par la juridiction d'instruction ou de jugement dont l'extradé relève, après sa remise.

Si l'extradition a été accordée en vertu d'un arrêt ou d'un jugement définitif, la nullité est prononcée par la chambre des mises en accusation dans le ressort de laquelle cette remise a eu lieu.

La demande en nullité formée par l'extradé n'est recevable que si elle est présentée dans un délai de trois jours à compter de la mise en demeure qui lui est adressée, aussitôt après son incarcération, par le procureur de la République. L'extradé est informé, en même temps, du droit qui lui appartient de se choisir ou de se faire désigner un défenseur.

Art. 24. — Les mêmes juridictions sont juges de la qualification donnée aux faits qui ont motivé la demande d'extradition.

Art. 25. — Dans le cas où l'extradition est annulée, l'extradé s'il n'est pas réclamé par le gouvernement requis, est mis en liberté et ne peut être repris, soit à raison des faits qui ont motivé son extradition, soit à raison des faits antérieurs, que si, dans les trente jours qui suivent la mise en liberté, il est arrêté sur le territoire français.

Art. 26. — Est considéré comme soumis sans réserve à l'application des lois de l'Etat requérant, à raison d'un fait quelconque antérieur à l'extradition et différent de l'infraction qui a motivé cette mesure, l'individu livré qui a eu pendant trente jours à compter de son élargissement définitif la possibilité de quitter le territoire de cet Etat.

Art. 27. — Dans le cas où, l'extradition d'un étranger ayant été obtenue par le Gouvernement français, le gouvernement d'un pays tiers sollicite à son tour du Gouvernement français l'extradition du même individu à raison d'un fait antérieur à l'extradition, autre que celui jugé en France, et non connexe à ce fait, le Gouvernement ne défère, s'il a y lieu, à cette requête qu'après s'être assuré du consentement du pays par lequel l'extradition a été accordée.

Toutefois, cette réserve n'a pas lieu d'être appliquée, lorsque l'individu extradé a eu, pendant le délai fixé à l'article précédent, la faculté de quitter le territoire français.

Titre IV

De quelques procédures accessoires

Art. 28. — L'extradition par voie de transit sur le territoire français, ou par les bâtiments des services maritimes français, d'un individu de nationalité quelconque, livré par un autre gouvernement, est autorisée, sur simple demande par voie diplomatique, appuyée des pièces nécessaires pour établir qu'il ne s'agit pas d'un délit poiltique ou purement militaire.

Cette autorisation ne peut être donnée qu'aux puissances qui accordent, sur leur territoire, la même faculté au Gouvernement français.

Le transport s'effectue sous la conduite d'agents français et aux frais du gouvernement requérant.

Art. 29. — La chambre des mises en accusation décide s'il y a lieu ou non de transmettre en tout ou en partie les titres, valeurs, argent ou autres objets saisis, au gouvernement requérant.

Cette remise peut avoir lieu, même si l'extradition ne peut s'accomplir, par suite de l'évasion ou de la mort de l'individu réclamé.

La chambre des mises en accusation ordonne la restitution des papiers et autres objets énumérés ci-dessus qui ne se rapportent pas au fait imputé à l'étranger. Elle statue, le cas échéant, sur les réclamations des tiers détenteurs et autres ayants droit.

Les décisions prévues au présent article ne sont susceptibles d'aucun recours.

Art. 30. — En cas de poursuites répressives non politiques dans un pays étranger, les commissions rogatoires émanant de l'autorité étrangère sont reçues par la voie diplomatique, et transmises au ministère de la justice, dans les formes prévues à l'article 10. Les commissions rogatoires sont exécutées s'il y a lieu et conformément à la loi française.

Au cas d'urgence, elles peuvent être l'objet le communications directes entre les autorités judiciaires des deux Etats, dans les formes prévues à l'article 19. En pareil cas, faute d'avis donné par voie diplomatique au ministère français des affaires étrangères par le gouvernement étranger intéressé, les communications directes entre les autorités judiciaires des deux pays n'auront pas de suite utile.

Art. 31. — Au cas de poursuites répressives exercées à l'étranger, lorsqu'un gouvernement étranger juge nécessaire la notification d'un acte de procédure ou d'un jugement à un individu résidant sur le territoire français, la pièce est transmise suivant les formes prévues aux articles 9 et 10, accompagnée, le cas échéant, d'une traduction française. La signification est faite à personne à la requète du ministère public, par les soins d'un officier compétent. L'original constatant la notification est renvoyé par la même voie au gouvernement requérant.

Art. 32. — Lorsque, dans une cause pénale instruite à l'étranger, le gouvernement étranger juge nécessaire la communication de pièces à conviction, ou de documents se trouvant entre les mains des autorités françaises, la demande est faite par la voie diplomatique. Il y est donné suite, a moins que des considérations particulières ne s'y opposent, et sous l'obligation de renvoyer les pièces et documents dans le plus bref délai.

Art. 33. — Si, dans une cause pénale, la comparusion personnelle d'un témoin résidant en France est jugée nécessaire par un gouvernement étranger, le Gouvernement français, saisi de la citation par la voie diplomatique, l'engage à se rendre à l'invitation qui lui est adressée.

Néanmoins, la citation n'est reçue et signifiée qu'à la condition que le témoin ne pourra être poursuivi ou détenu pour des faits ou condammations antérieurs à sa comparution.

Art. 34. — L'envoi des individus détenus, en vue d'une confrontation, doit être demandé par la voie diplomatique. Il est donné suite à la demande, à moins que des considérations particulières ne s'y opposent, et sous la condition de renvoyer lesdits détenus dans le plus bref délai.

Art. 35. — Les gouverneurs des colonies françaises peuvent, sous leur responsabilité, et à charge d'en rendre compte à bref délai au ministre des colonies, statuer sur les demandes d'extradition qui leur sont adressées soit par des gouvernements étrangers soit par les gouverneurs des colonies étrangères.

La demande est formée soit par le principal agent consulaire de l'Etat requérant, soit par le gouverneur de la colonie.

La demande n'est accueillie qu'aux conditions prévues par les articles 3, 4 et 5 de la présente loi. La réciprocité peut être exigée.

Les gouverneurs peuvent exercer, en outre, les droits conférés par les articles 28, 29, 30, 31, 32, 33 et 34.

La présente loi, délibérée et adoptée par le Sénat et par la Chambre des députes, sera exécutée comme loi de l'Etat.

Fait à Paris, le 10 mars 1927.

GASTON DOUMERGUE.

Par le Président de la République:

Le garde des sceaux, ministre de la justice,
LOUIS BARTHOU.

Le ministre des affaires étrangères,
ARISTIDE BRIAND.

Le ministre de l'intérieur,
ALBERT SARRAUT.

VI. Entwurf eines Deutschen Auslieferungsgesetzes.

Der Reichstag hat das folgende Gesetz beschlossen, das mit Zustimmung des Reichsrats hiermit verkündet wird, nachdem festgestellt ist, daß die Erfordernisse verfassungsändernder Gesetzgebung für § 53 erfüllt sind:

Erster Abschnitt.

Auslieferung und Durchlieferung.

§ 1. Ein Ausländer, der von der Behörde eines ausländischen Staates wegen einer strafbaren Handlung verfolgt wird oder verurteilt worden ist, kann der Regierung dieses Staates auf Ersuchen einer zuständigen Behörde zur Strafverfolgung oder Strafvollstreckung ausgeliefert werden.

§ 2. (1) Die Auslieferung ist nur wegen einer Tat zulässig, die nach deutschem Rechte ein Verbrechen oder Vergehen ist.

(2) Die Auslieferung ist nicht zulässig, wenn die Tat nach deutschem Rechte nur nach den Militärstrafgesetzen strafbar ist oder nur mit einer Vermögensstrafe geahndet wird, die nicht in eine Freiheitsstrafe umgewandelt werden kann.

§ 3. (1) Die Auslieferung ist nicht zulässig, wenn die Tat, welche die Auslieferung veranlassen soll, eine politische ist oder mit einer politischen Tat derart im Zusammenhange steht, daß sie diese vorbereiten, sichern, decken oder abwehren sollte.

(2) Politische Taten sind die strafbaren Angriffe, die sich unmittelbar gegen den Bestand oder die Sicherheit des Staates, gegen das Oberhaupt oder gegen ein Mitglied der Regierung des Staates als solches, gegen eine verfassungsmäßige Körperschaft, gegen die staatsbürgerlichen Rechte bei Wahlen oder Abstimmungen oder gegen die guten Beziehungen zum Ausland richten.

(3) Die Auslieferung ist zulässig, wenn die Tat unter Berücksichtigung aller Umstände besonders verwerflich erscheint.

§ 4. Die Auslieferung ist nicht zulässig:

1. wenn die Gegenseitigkeit nicht verbürgt ist;
2. wenn die Strafverfolgung oder Strafvollstreckung wegen der Tat nach deutschem Rechte infolge Verjährung oder Gnadenerlasses oder aus anderen Gründen unzulässig sein würde;

3. wenn für die Tat die deutsche Gerichtsbarkeit begründet und gegen den Verfolgten von deutschen Behörden ein Urteil erlassen oder die Eröffnung des Hauptverfahrens abgelehnt ist.

§ 5. Die Auslieferung ist nur zulässig, wenn ein Haftbefehl oder das vollstreckbare Straferkenntnis einer zuständigen Behörde des ausländischen Staates wegen der Tat vorgelegt ist.

§ 6. Die Auslieferung ist nur zulässig, wenn Gewähr dafür besteht, daß der Ausgelieferte in dem Staate, an den er ausgeliefert worden ist, ohne deutsche Zustimmung weder wegen einer vor der Auslieferung begangenen Tat, für welche die Auslieferung nicht bewilligt ist, zur Untersuchung gezogen, bestraft oder an einen dritten Staat weitergeliefert noch aus einem anderen, vor der Auslieferung eingetretenen Rechtsgrund in seiner persönlichen Freiheit beschränkt wird, es sei denn, daß er das Gebiet der ausländischen Regierung innerhalb eines Monats nach dem Tage seiner Freilassung nicht verläßt oder daß er, nachdem er es verlassen hat, zurückkehrt oder von einer dritten Regierung von neuem ausgeliefert wird.

§ 7. Dei Auslieferung darf nur bewilligt werden, wenn das Gericht sie für zulässig oder der Verfolgte sich zu Protokoll eines Richters mit ihr einverstanden erklärt hat.

§ 8. (1) Die Auslieferung wird von dem Staatsanwalt bei dem Oberlandesgericht vorbereitet und durchgeführt.

(2) Für die gerichtliche Entscheidung über die Zulässigkeit der Auslieferung ist das Oberlandesgericht zuständig.

§ 9. (1) Örtlich zuständig sind der Staatsanwalt und das Oberlandesgericht, in deren Bezirk der Verfolgte ergriffen oder, falls eine Ergreifung nicht erfolgt, ermittelt wird.

(2) Werden mehrere Personen, die wegen Täterschaft, Teilnahme, Begünstigung oder Hehlerei bei derselben Tat ausgeliefert werden sollen, in den Bezirken verschiedener Oberlandesgerichte ergriffen oder ermittelt, so haben der Staatsanwalt oder das Oberlandesgericht die Sache zu bearbeiten, die zuerst mit ihr befaßt werden.

(3) Ist der Aufenthalt des Verfolgten nicht bekannt, so bestimmt das Reichsgericht den Staatsanwalt und das Oberlandesgericht, welche die Sache zunächst zu bearbeiten haben. Wird der Verfolgte ergriffen oder ermittelt, so richtet sich die örtliche Zuständigkeit für das weitere Verfahren nach Abs. 1.

§ 10. (1) Ein Ausländer kann zum Zwecke der Auslieferung an eine ausländische Regierung nach dem Eingang des Ersuchens um Auslieferung in Haft genommen werden, wenn die Gefahr besteht, daß er sich dem Auslieferungsverfahren oder der Durchführung der Auslieferung entziehen oder in dem gegen ihn schwebenden Strafverfahren die Wahrheitsermittlung erschweren werde, es sei denn, daß die Auslieferung von vornherein unzulässig erscheint (Auslieferungshaft).

(2) Die Auslieferungshaft kann unter den Voraussetzungen des Abs. 1 schon vor dem Eingang des Ersuchens um Auslieferung angeordnet werden,

wenn eine zuständige Behörde des ausländischen Staates darum ersucht oder wenn ein Ausländer einer Tat, für welche die Auslieferung zulässig ist, dringend verdächtig erscheint (vorläufige Auslieferungshaft).

§ 11. Über die Anordnung, Aufrechterhaltung, Vollstreckung oder Aufhebung der Auslieferungshaft und der vorläufigen Auslieferungshaft entscheidet das Oberlandesgericht.

§ 12. (1) Die Auslieferungshaft und die vorläufige Auslieferungshaft werden durch schriftlichen Haftbefehl angeordnet.

(2) In dem Haftbefehl ist der Verfolgte und der Grund der Verhaftung zu bezeichnen. Auch ist anzugeben, an welchen Staat und wegen welcher Tat der Verfolgte ausgeliefert werden soll.

§ 13. (1) Der Haftbefehl ist dem Verfolgten, wenn möglich, bei der Verhaftung bekanntzumachen. Geschieht dies durch Verkündung, so ist der Verfolgte darauf hinzuweisen, daß ihm auf Verlangen eine Abschrift erteilt wird. Ist die Bekanntmachung bei der Verhaftung nicht erfolgt, so ist dem Verfolgten der Grund der Verhaftung vorläufig mitzuteilen. Die Bekanntmachung des Haftbefehls ist in diesem Falle unverzüglich nachzuholen.

(2) Dem Verfolgten ist Gelegenheit zu geben, Angehörige und, soweit er daran ein wesentliches Interesse hat, andere Personen von der Verhaftung zu benachrichtigen, sofern der Zweck der Haft dadurch nicht gefährdet wird.

§ 14. Der Verfolgte ist unverzüglich, spätestens am Tage nach der Ergreifung, dem nächsten Amtsrichter vorzuführen. Der Richter hat ihn unverzüglich, spätestens am nächsten Tage, zu vernehmen.

§ 15. (1) Bei der Vernehmung sind die persönlichen Verhältnisse des Verfolgten, insbesondere seine Staatsangehörigkeit, zu ermitteln; es ist ihm Gelegenheit zu geben, sich zu der gegen ihn erhobenen Anschuldigung zu äußern.

(2) Bei der Vernehmung ist der Verfolgte ferner zu befragen, ob er Einwendungen gegen den Haftbefehl erhebe, und gegebenenfalls aufzufordern, die Tatsachen geltend zu machen, die gegen den Haftbefehl oder seine Vollstreckung sprechen.

(3) Ergibt sich bei der Vernehmung, daß der Haftbefehl aufgehoben oder der Ergriffene nicht der in dem Haftbefehle bezeichnete Verfolgte ist, so ist der Ergriffene unverzüglich freizulassen.

§ 16. (1) Über die Einwendungen des Verfolgten gegen den Haftbefehl entscheidet das Oberlandesgericht.

(2) Das Oberlandesgericht kann anordnen, daß die Vollstreckung des Haftbefehls unterbleibt, wenn der Verfolgte Sicherheit dafür geleistet hat, daß er sich dem Auslieferungsverfahren und der Durchführung der Auslieferung nicht entziehen werde.

(3) Die §§ 118 bis 121 und § 122 Abs. 1, Abs. 2 Satz 1 und Abs. 3 der Strafprozeßordnung gelten entsprechend.

(4) Die Entscheidungen sind dem Verfolgten bekanntzumachen.

§ 17. (1) Der Haftbefehl ist aufzuheben, wenn der angegebene Grund der Verhaftung weggefallen ist oder wenn die Auslieferung für unzulässig erklärt wird.

(2) Der Haftbefehl ist ferner aufzuheben, wenn der Staatsanwalt es beantragt. Gleichzeitig mit dem Antrag kann der Staatsanwalt die Freilassung des Verfolgten anordnen.

§ 18. (1) Befindet sich der Verfolgte in vorläufiger Auslieferungshaft, so hat das Oberlandesgericht nach Eingang des Ersuchens um Auslieferung unverzüglich über die Fortdauer der Auslieferungshaft zu beschließen.

(2) Der Staatsanwalt beantragt die Aufhebung des Haftbefehls, wenn der Verfolgte sich seit dem Tage der Verhaftung zwei Monate in vorläufiger Auslieferungshaft befunden hat, ohne daß ein Beschluß des Oberlandesgerichts über die Fortdauer der Haft ergangen ist.

(3) Das Oberlandesgericht kann auf Antrag des Staatsanwalts die Dauer der vorläufigen Auslieferungshaft um zwei Monate verlängern, soweit ein außereuropäischer Staat um die Festnahme ersucht hat.

(4) Die Entscheidungen sind dem Verfolgten bekanntzugeben.

§ 19. Ist die vorläufige Auslieferungshaft infolge Fristablaufs nach § 18 Abs. 2 und 3 aufgehoben worden, so darf sie nicht von neuem angeordnet werden.

§ 20. Befindet sich der Verfolgte in Auslieferungshaft, so hat der Staatsanwalt, solange der Auslieferungsantrag noch nicht erledigt ist, einen Beschluß des Oberlandesgerichts über die Fortdauer der Auslieferungshaft vor Ablauf von je zwei Monaten seit dem Tage der Verhaftung oder seit dem Tage des letzten, die Fortdauer der Auslieferungshaft anordnenden Beschlusses des Oberlandesgerichts aufs neue zu beantragen.

§ 21. (1) Liegen die Voraussetzungen der vorläufigen Auslieferungshaft oder der Auslieferungshaft vor, so kann der Staatsanwalt und jeder Beamte des Polizei- und Sicherheitsdienstes einen Ausländer festnehmen oder festnehmen lassen; unter den Voraussetzungen des § 127 Abs. 1 der Strafprozeßordnung ist jedermann zur Festnahme berechtigt.

(2) Die §§ 14 und 15 Abs. 1 und 2 gelten entsprechend. Ergibt sich bei der Vernehmung, daß das Festnahmeersuchen zurückgenommen oder daß der Festgenommene nicht die in dem Ersuchen bezeichnete Person ist, so ist er unverzüglich freizulassen.

(3) Über die Anordnung der vorläufigen Auslieferungshaft oder der Auslieferungshaft entscheidet das Oberlandesgericht.

§ 22. Für die vorläufige Auslieferungshaft und die Auslieferungshaft sowie für die Haft nach § 21 gilt der § 116 der Strafprozeßordnung entsprechend. Die erforderlichen Verfügungen trifft der Vorsitzende des Gerichts.

§ 23. (1) Ist die vorläufige Auslieferungshaft oder die Auslieferungshaft angeordnet, der Aufenthalt des Verfolgten aber nicht bekannt, so kann der Staatsanwalt bei dem Oberlandesgericht einen Steckbrief erlassen.

(2) Der Steckbrief soll, soweit dies möglich ist, eine Beschreibung des Verfolgten enthalten und den Grund der Verhaftung angeben.

(3) Wird der Verfolgte auf Grund des Steckbriefs ergriffen, so richtet sich das weitere Verfahren nach den §§ 13 bis 15.

§ 24. Nach dem Eingang des Ersuchens um Auslieferung beantragt der Staatsanwalt bei dem nach § 162 der Strafprozeßordnung zuständigen Amtsrichter die Vernehmung des Verfolgten. Bei der Vernehmung ist dem Verfolgten Gelegenheit zu geben, sich zu dem Ersuchen zu äußern. Er ist auch zu befragen, ob er sich mit der Auslieferung einverstanden erklärt.

§ 25. (1) Hat sich der Verfolgte nicht zu Protokoll eines Richters mit der Auslieferung einverstanden erklärt, so beantragt der Staatsanwalt die Entscheidung des Oberlandesgerichts darüber, ob die Auslieferung zulässig ist.

(2) Der Staatsanwalt kann die Entscheidung des Oberlandesgerichts auch dann beantragen, wenn sich der Verfolgte mit der Auslieferung einverstanden erklärt hat.

§ 26. (1) Das Oberlandesgericht kann vor der Entscheidung den Verfolgten vernehmen und Beweise über die Zulässigkeit der Auslieferung erheben; es kann die Vernehmung und die Beweiserhebung durch einen beauftragten oder ersuchten Richter veranlassen.

(2) Das Oberlandesgericht kann eine mündliche Verhandlung anordnen. Von Ort und Zeit der Verhandlung sind der Staatsanwalt, der Verfolgte und sein Rechtsbeistand zu benachrichtigen. Ist der Verfolgte nicht auf freiem Fuße, so ist er zu der Verhandlung vorzuführen, es sei denn, daß er auf die Anwesenheit in der Verhandlung verzichtet oder daß der Vorführung weite Entfernung oder Krankheit des Verfolgten oder andere nicht zu beseitigende Hindernisse entgegenstehen. Wird der Verfolgte zur mündlichen Verhandlung nicht vorgeführt, so muß ein Rechtsbeistand seine Rechte in der Verhandlung wahrnehmen. Der Staatsanwalt muß anwesend sein. Den Beteiligten ist in der Verhandlung Gelegenheit zu geben, sich zur Sache zu äußern. Art und Umfang der Beweisaufnahme bestimmt das Gericht, ohne durch Anträge, Verzichte oder frühere Beschlüsse gebunden zu sein. Über die Verhandlung ist ein Protokoll aufzunehmen.

§ 27. (1) Hält das Oberlandesgericht eine Entscheidung des Reichsgerichts für geboten, um eine Rechtsfrage von grundsätzlicher Bedeutung zu klären, oder will es von einer nach dem Inkrafttreten dieses Gesetzes ergangenen Entscheidung des Reichsgerichts über eine Rechtsfrage in Auslieferungssachen abweichen, so begründet es seine Auffassung und holt die Entscheidung des Reichsgerichts über die Rechtsfrage ein.

(2) Die Entscheidung des Reichsgerichts wird auch eingeholt, wenn der Oberreichsanwalt oder der Staatsanwalt sie zur Klärung einer Rechtsfrage beantragen.

(3) Die Entscheidung des Reichsgerichts ist in der Sache für das Oberlandesgericht bindend. Sie ergeht ohne mündliche Verhandlung.

§ 28. Der Beschluß über die Zulässigkeit der Auslieferung ist zu begründen. Er ist nicht anfechtbar. Er wird dem Staatsanwalt und dem Verfolgten bekanntgemacht.

§ 29. (1) Treten, nachdem das Gericht die Auslieferung für zulässig erklärt hat, Umstände ein, die es zweifelhaft erscheinen lassen, ob die Voraussetzungen der Zulässigkeit noch bestehen, so hat das Gericht auf Antrag des Staatsanwalts über die Zulässigkeit der Auslieferung aufs neue zu beschließen.

(2) Für das Verfahren gelten die §§ 26 bis 28.

§ 30. Ist der Verfolgte auf freiem Fuße, so kann der Staatsanwalt gegen ihn zum Zwecke der Durchführung der Auslieferung einen Vorführungs- oder Haftbefehl erlassen. Entzieht sich der Verfolgte der Durchführung der Auslieferung, so kann der Staatsanwalt auch einen Steckbrief erlassen.

§ 31. (1) Ist die Auslieferung durchgeführt und ersucht die ausländische Regierung um die Zustimmung zur Strafverfolgung, Strafvollstreckung oder Weiterlieferung wegen einer Tat, für welche die Auslieferung nicht bewilligt ist, ohne daß der Ausgelieferte sich zu Protokoll eines Richters des ausländischen Staates hiermit einverstanden erklärt, hat so beantragt der Staatsanwalt, der mit der Auslieferung befaßt gewesen ist, die Entscheidung des Oberlandesgerichts, ob die Auslieferung wegen der Tat zulässig ssin würde.

(2) Die gerichtliche Entscheidung kann auch dann herbeigeführt werden, wenn das Einverständnis des Ausgelieferten vorliegt.

(3) Für das Verfahren gelten die §§ 26 bis 29 entsprechend mit der Maßgabe, daß die Vernehmung oder Vorführung des Ausgelieferten nur mit Zustimmung des Staatsanwalts angeordnet werden kann.

(4) Die Zustimmung darf nur erteilt werden, wenn der Ausgelieferte sich mit der Ausdehnung der Strafverfolgung oder Strafvollstreckung oder der Weiterlieferung einverstanden erklärt oder wenn das Gericht beschlossen hat, daß die Auslieferung zulässig sein würde.

§ 32. (1) Der Verfolgte kann sich in jeder Lage des Verfahrens des Beistandes eines Rechtsanwalts oder eines Rechtslehrers an einer deutschen Hochschule bedienen. Die Wahl des Rechtsbeistandes ist dem Staatsanwalt bei dem Oberlandesgericht anzuzeigen.

(2) Hat das Oberlandesgericht nach § 26 Abs. 2 eine mündliche Verhandlung angeordnet und von der Vorführung des nicht auf freiem Fuße befindlichen Verfolgten abgesehen, so hat der Vorsitzende des Gerichts dem Verfolgten, der noch keinen Rechtsbeistand gewählt hat, für die Verhandlung einen Rechtsanwalt als Rechtsbeistand beizuordnen. Auch in anderen Fällen, in denen ein besonderes Bedürfnis vorliegt, kann der Vorsitzende des Gerichts auf Antrag oder von Amts wegen dem Verfolgten einen Rechtsanwalt als Rechtsbeistand beiordnen.

(3) Der Rechtsbeistand kann die dem Gerichte vorliegenden Akten über das Auslieferungsverfahren einsehen. Ihm ist schriftlicher und mündlicher Verkehr mit dem verhafteten Verfolgten gestattet. Der Vorsitzende

des Gerichts kann schriftliche Mitteilungen zurückweisen, wenn deren Einsicht ihm nicht gewährt wird. Er kann anordnen, daß Unterredungen mit dem Rechtsbeistand in seiner Gegenwart oder in Gegenwart eines beauftragten oder ersuchten Richters stattfinden.

(4) Der beigeordnete Rechtsanwalt ist verpflichtet, die Beistandsleistung zu übernehmen.

§ 33. (1) Ein Ausländer, der von der Behörde eines ausländischen Staates wegen einer strafbaren Handlung verfolgt wird oder verurteilt worden ist, kann auf Ersuchen einer zuständigen Behörde dieses Staates durch das Gebiet des Deutschen Reiches durchgeliefert werden, wenn die Auslieferung des Verfolgten zulässig sein würde (§§ 1 bis 6).

(2) Für das Verfahren gelten die §§ 8, 32 Abs. 1 und 3 entsprechend mit folgender Maßgabe:

1. Einer gerichtlichen Entscheidung über die Zulässigkeit der Auslieferung bedarf es nicht. Auf Antrag des Staatsanwalts hat das Oberlandesgericht über die Zulässigkeit der Auslieferung zu beschließen. Die §§ 26 bis 31 gelten entsprechend; die Vernehmung oder Vorführung des Verfolgten kann nur mit Zustimmung des Staatsanwalts angeordnet werden.
2. Die Reichsregierung regelt mit Zustimmung des Reichsrats die örtliche Zuständigkeit des Staatsanwalts und des Oberlandesgerichts.

(3) Die Durchlieferung darf nicht bewilligt werden, wenn das Gericht erklärt hat, daß die Auslieferung unzulässig sein würde.

Zweiter Abschnitt.

Herausgabe von Gegenständen

§ 34. (1) Auf Ersuchen einer zuständigen Behörde eines ausländischen Staates können der Regierung dieses Staates herausgegeben werden:

1. Gegenstände, die als Beweismittel für ein ausländisches Strafverfahren von Bedeutung sein können,
2. Gegenstände, die in einem ausländischen Strafverfahren der Einziehung oder Verfallerklärung unterliegen,
3. Gegenstände im Besitze des Verfolgten, die er oder ein Teilnehmer im Ausland durch die strafbare Handlung, wegen deren er verfolgt wird, oder als Entgelt für solche Gegenstände erlangt hat,
4. Gegenstände, die bei einer Durchlieferung mit dem Verfolgten übernommen werden.

(2) Die Herausgabe ist nur zulässig, wenn die Gegenseitigkeit verbürgt ist und in dem Strafverfahren, für das die Herausgabe geschehen soll, eine Auslieferung nach den §§ 2, 3 und 4 Nr. 2 und 3 zulässig sein würde.

§ 35. (1) Die Herausgabe ist nur zulässig, wenn die ausländische Regierung verpflichtet ist, die Rechte dritter Personen unberührt zu lassen und im Falle eines bei der Übergabe gemachten Vorbehalts die herausgegebenen Gegenstände auf Verlangen unverzüglich zurückzugeben.

(2) Soll die Herausgabe ohne Zusammenhang mit der Auslieferung oder Durchlieferung eines Verfolgten geschehen, so ist sie nur zulässsig, wenn ein Beschlagnahmebeschluß vorliegt, der von einer zuständigen Behörde des ausländischen Staates erlassen ist.

§ 36. Bei der Herausgabe ist Beteiligter, wer an dem Gegenstand ein Recht geltend macht.

§ 37. (1) Der Staatsanwalt bei dem Oberlandesgericht bereitet die Herausgabe vor und führt sie durch.

(2) Das Oberlandesgericht entscheidet über die Zulässigkeit der Herausgabe, wenn der Staatsanwalt oder ein Beteiligter es beantragt.

(3) Erklärt das Gericht die Herausgabe für zulässig, so kann das Gericht dem Beteiligten, der die gerichtliche Entscheidung beantragt hat, die der Staatskasse erwachsenen Kosten auferlegen.

§ 38. (1) Örtlich zuständig sind, wenn die Herausgabe im Zusammenhange mit der Auslieferung oder Durchlieferung eines Verfolgten geschehen soll, der Staatsanwalt und das Oberlandesgericht, die in dem Verfahren über die Auslieferung oder Durchlieferung zuständig sind, wenn die Herausgabe ohne Zusammenhang mit einer Auslieferung oder Durchlieferung geschehen soll, der Staatsanwalt und das Gericht, in deren Bezirk sich die begehrten Gegenstände befinden. Wird die Herausgabe mehrerer Gegenstände begehrt, die sich in verschiedenen Bezirken befinden, so haben der Staatsanwalt und das Gericht die Sache zu bearbeiten, die zuerst mit der Sache befaßt werden.

(2) Die §§ 26 bis 29 und 32 Abs. 1 und 3 Satz 1 gelten entsprechend; an die Stelle des Verfolgten treten die Beteiligten.

§ 39. (1) Gegenstände, deren Herausgabe an eine ausländische Regierung zulässig ist, können nach Eingang des Ersuchens um Herausgabe sichergestellt oder beschlagnahmt werden.

(2) Die Entscheidungen nach § 159 des Gerichtsverfassungsgesetzes erfolgen auf Antrag des Staatsanwalts bei dem Oberlandesgericht.

§ 40. Die Herausgabe darf nicht bewilligt werden, wenn das Gericht sie für unzulässig erklärt hat.

Dritter Abschnitt.

Sonstige Rechtshilfe in Strafsachen.

§ 41. (1) Rechtshilfe in Strafsachen ist auch in anderer Weise als durch Auslieferung, Durchlieferung oder Herausgabe von Gegenständen zulässig, wenn eine zuständige Behörde eines ausländischen Staates darum ersucht und die Gegenseitigkeit verbürgt ist.

(2) Auf Antrag des Staatsanwalts entscheidet das Oberlandesgericht darüber, ob diese Voraussetzungen vorliegen. Die Vorschriften

der § 26 Abs. 1, §§ 27 bis 29 gelten entsprechend. Die Rechtshilfe darf nicht gewährt werden, wenn das Gericht sie für unzulässig erklärt hat.

(3) Rechtshilfe kann insbesondere dadurch gewährt werden, daß

1. behördliche Auskunft, namentlich Auskunft aus dem Strafregister, erteilt wird,
2. die ein Strafverfahren betreffenden Schriftstücke zugestellt und Ladungen bewirkt werden,
3. Untersuchungshandlungen vorgenommen werden, namentlich die Vernehmung von Beschuldigten, Zeugen und Sachverständigen, die Beschlagnahme und Durchsuchung und die Einnahme des richterlichen Augenscheins,
4. verhaftete Personen ausländischen Behörden zugeführt werden, damit sie als Zeugen vernommen oder anderen Personen gegenübergestellt werden.

§ 42. Die zur Leistung der Rechtshilfe berufene Behörde hat dem Ersuchen zu entsprechen, wenn die Voraussetzungen vorliegen, unter denen von ihr eine deutsche Behörde Rechtshilfe beanspruchen könnte. Die Entscheidungen nach § 159 des Gerichtsverfassungsgesetzes erfolgen auf Antrag des Staatsanwalts bei dem Oberlandesgerichte.

§ 43. (1) Die Ladung von Zeugen oder Sachverständigen zum Erscheinen vor ausländischen Behörden ist nur zulässig, wenn diese verpflichtet sind, die geladenen Personen ohne Rücksicht auf ihre Staatsangehörigkeit weder wegen Täterschaft, Teilnahme, Hehlerei oder Begünstigung bei der den Gegenstand der Untersuchung bildenden oder einer anderen vor der Ausreise aus dem Gebiete des Deutschen Reichs begangenen Straftat zu verfolgen oder zu bestrafen, noch aus einem sonstigen vorher eingetretenen Rechtsgrund in ihrer persönlichen Freiheit zu beschränken, es sei denn, daß diese innerhalb einer Woche nach dem Tage, an dem sie entlassen werden und die Ausreise möglich ist, das Gebiet der ausländischen Regierung nicht verlassen.

(2) Die Zuführung einer verhafteten Person ist nur unter entsprechenden Bedingungen zulässig.

Vierter Abschnitt.

Schlußbestimmungen.

§ 44. Kosten der Rechtshilfe in Strafsachen, die bei deutschen Behörden entstehen, können deutscherseits übernommen werden, wenn die Gegenseitigkeit verbürgt ist.

§ 45. (1) Vereinbarungen mit ausländischen Regierungen über die Rechtshilfe in Strafsachen bedürfen nicht der Zustimmung des Reichstags, soweit sie sich in den Grenzen dieses Gesetzes halten.

(2) Die Vereinbarungen sind im Reichsgesetzblatt zu veröffentlichen und dem Reichstag bei seinem nächsten Zusammentritt zur Kenntnis zu bringen.

§ 46. Für das Verfahren nach diesem Gesetz gelten, soweit es nicht anderes bestimmt, die Vorschriften des Gerichtsverfassungsgesetzes und der Strafprozeßordnung.

§ 47. Die in diesem Gesetze dem Reichsgericht oder den Oberlandesgerichten zugewiesenen Geschäfte erledigt der Strafsenat, die dem Vorsitzenden des Gerichts zugewiesenen Geschäfte der Vorsitzende des Strafsenats.

§ 48. Durch die Gesetzgebung eines Landes, in dem mehrere Oberlandesgerichte errichtet sind, können die nach diesem Gesetze den Oberlandesgerichten und den bei diesen bestehenden Staatsanwaltschaften zugewiesenen Aufgaben ausschließlich einem der Oberlandesgerichte und der bei diesem bestehenden Staatsanwaltschaft oder an deren Stelle dem Obersten Landesgericht und der bei diesem bestehenden Staatsanwaltschaft übertragen werden.

§ 49. Die Strafprozeßordnung in der Fassung vom 22. März 1924 Reichsgesetzbl. I S. 322) wird wie folgt geändert:

1. Hinter § 154 wird folgender § 154a eingestellt:

§ 154 a.

Von der Erhebung der öffentlichen Klage kann abgesehen werden, wenn der Beschuldigte wegen der Tat einer ausländischen Regierung ausgeliefert wird.

Das gleiche gilt, wenn er wegen anderer Taten einer ausländischen Regierung ausgeliefert wird und die Strafe, zu der die inländische Verfolgung führen kann, neben der Strafe, zu der er im Ausland rechtskräftig verurteilt worden ist oder die er im Ausland zu er warten hat, nicht ins Gewicht fällt.

Ist in den Fällen des Abs. 1 und 2 die öffentliche Klage bereits erhoben, so stellt das Gericht auf Antrag der Staatsanwaltschaft das Verfahren vorläufig ein. § 154 Abs. 3 bis 5 gilt mit der Maßgabe entsprechend, daß die Frist im Abs. 4 ein Jahr beträgt.

2. Hinter § 456 wird folgender § 456 a eingestellt:

§ 456 a.

Von der Vollstreckung der Freiheitsstrafe kann abgesehen werden, wenn der Verurteilte wegen einer anderen Tat einer ausländischen Regierung ausgeliefert wird.

§ 50. Die Gebührenordnung für Rechtsanwälte in der Fassung der Bekanntmachung vom 20. Mai 1898 (Reichsgesetzbl. S. 369, 692) wird wie folgt geändert:

Hinter § 75 wird folgender Abschnitt 4 a eingestellt:

4a. Abschnitt.

Gebühren für Beistandsleistung im zwischenstaatlichen Rechtshilfeverkehr.

§ 75a. Der Rechtsanwalt erhält für die Beistandsleistung nach §§ 32, 33 oder 38 Abs. 2 des Deutschen Auslieferungsgesetzes 40 Mark.

Für die Beistandsleistung bei einer mündlichen Verhandlung erhält er 80 Mark. Erstreckt sich die Verhandlung auf mehrere Tage, so erhöht sich die Gebühr für jeden weiteren Tag um fünf Zehnteile.

§ 75b. Die im § 75a festgesetzten Gebühren umfassen die Anfertigung der Anträge, Gesuche und Erklärungen an alle beteiligten Behörden.

§ 75c. Ist ein Rechtsanwalt gemeinschaftlicher Rechtsbeistand für mehrere Verfolgte, so erhöhen sich die Gebühren um fünf Zehnteile.

§ 51. Die Bestimmungen des Gesetzes über vorübergehende Rechtspflegemaßnahmen im Hinblick auf das Saargebiet vom 10. März 1922 (Reichsgesetzbl. I S. 241) bleiben unberührt.

§ 52. Der Reichsminister der Justiz kann bestimmen, daß die Zulässigkeit der Rechtshilfe im Verhältnis zu einzelnen ausländischen Regierungen von weiteren Voraussetzungen abhängig ist. Er kann auch für die Tätigkeit der Gerichtsbehörden Gebühren bestimmen.

§ 53. Verpflichtungen, die bei der Annahme von Rechtshilfe für ihre Verwertung übernommen werden, sind im inländischen Verfahren zu beachten.

§ 54. Dieses Gesetz tritt mit dem .... in Kraft.

Zum deutschen Entwurf.

Unser Entwurf eines Reichsauslieferungsgesetzes enthält keine Bestimmungen über die Zuständigkeitsverteilung zwischen Reich und Ländern, ist also, anders als die nordischen Gesetze, nicht mit dem speziellen Vorbehalt des Gesetzes ausgestattet (s. o. S. 44). Den Grund ergibt eine Erklärung des Reichsministers des Innern Dr. von Keudell mit anschließenden Erklärungen der Reichsratsvertreter Bayerns, Württembergs und Badens anläßlich der Beratungen des Reichsrats über den Entwurf. Diese Erklärungen werden nachstehend nach der Niederschrift des Reichsrats wiedergegeben, da ohne sie der Entwurf nicht voll verständlich sein dürfte.

Reichsrat Tagung 1927

Niederschrift der dreiunddreißigsten Sitzung.

(§§ 415 bis 448)

Geschehen Berlin, den 14. Juli 1927.

Gegenwärtig:

Vorsitz

§ 415. Den Vorsitz führte der Reichsminister des Innern Dr. von Keudell...

....

....

Entwurf eines Deutschen Auslieferungsgesetzes.

§ 445. Ministerialrat Schäfer berichtete namens des VII., III. und I. Ausschusses über den Entwurf eines Deutschen Auslieferungsgesetzes — Nr. 94 der Drucksachen von 1925 —.

Reichsminister des Innern Dr. von Keudell gab namens der Reichsregierung folgende Erklärung ab:

> Dem von der Reichsregierung vorgelegten Entwurf eines Auslieferungsgesetzes liegt die Auffassung zugrunde, daß es einer Entscheidung der Frage, ob das Recht zur Bewilligung einer Auslieferung dem Reich oder den Ländern zusteht, in dem Auslieferungsgesetze nicht bedarf. Die Reichsregierung ist hierbei von der Auffassung ausgegangen, daß sich die Entscheidung dieser Frage bereits aus der Reichsverfassung ergibt. Die Entschließungen über ausländische Rechtshilfeersuchen bilden ein Teilgebiet der Pflege der Beziehungen zu den auswärtigen Staaten, die nach Artikel 78 Abs. 1 der Reichsverfassung ausschließlich Sache des Reichs sind. Aus dieser Zuständigkeit des Reichs ergibt sich indessen nach Auffassung der Reichsregierung nicht notwendig, daß die Bearbeitung der einzelnen Rechtshilfeersuchen nur durch Reichsbehörden erfolgen könnte. Es ist vielmehr mit der Rechtslage durchaus vereinbar, daß bei der Bearbeitung dieser Geschäfte Reichsbehörden und Landesbehörden zusammenwirken. Ein solches Zusammenwirken entspricht der jahrzehntelangen, auch nach dem Inkrafttreten der neuen Reichsverfassung fortgesetzten Übung; es ist auch praktisch unentbehrlich, da das Reich bei der Erledigung ausländischer Rechtshilfeersuchen in weitem Umfang auf die Organe der Länder angewiesen ist. Die Reichsregierung beabsichtigt nicht, nach dem Inkrafttreten des Auslieferungsgesetzes eine Änderung der bisherigen Übung bei der Erledigung von Rechtshilfeersuchen, insbesondere auch der Auslieferungsersuchen, anzustreben und die Mitwirkung der Landesregierungen auf diesem Gebiet auszuschalten. Die Reichsregierung geht übrigens davon aus, daß etwaige Meinungsverschiedenheiten zwischen dem Reich und den Ländern nach dem Inkraft-

treten des Auslieferungsgesetzes nur noch in weit geringerem Umfang praktische Bedeutung gewinnen können als jetzt. Entschließungen der* Verwaltungsstellen* über die Bewilligung von Rechtshilfe an das Ausland werden dann überhaupt nur noch in engen Grenzen in Frage kommen können. Es scheiden alle die Fälle aus, in denen das Gericht die Zulässigkeit der Rechtshilfe, insbesondere die Zulässigkeit einer Auslieferung verneint hat. Es bleiben also nur noch die Fälle übrig, in denen das Gericht eine Auslieferung für zulässig erklärt und entweder die Reichsregierung oder die beteiligte Landesregierung [1]) gegen die Durchführung der Auslieferung Bedenken hat. In Fällen dieser Art werden sich Meinungsverschiedenheiten zwischen dem Reich und den Ländern jedoch nur selten ergeben. Soweit sie hervortreten, werden sie, wie dies auch bisher in der Regel der Fall gewesen ist, durch ein Benehmen zwischen der Reichsregierung und der beteiligten Landesregierung unschwer ihre Erledigung finden. Die Reichsregierung ist nach wie vor bereit, etwaigen Bedenken der Landesregierungen nach Möglichkeit Rechnung zu tragen.

Aus Artikel 78 Abs. 1 der Reichsverfassung ergibt sich auch das Recht des Reichs, über die Rechtshilfe mit dem Ausland Verträge abzuschließen. Die Reichsregierung ist indessen gewillt, wie bisher schon auch bei dem Abschluß solcher Verträge der Tatsache Rechnung zu tragen, daß die Länder an dem Inhalt der Verträge ein lebhaftes Interesse haben können und das Reich bei ihrer Durchführung vielfach auf die Organe der Länder angewiesen ist. Die Reichsregierung wird daher vor dem Abschluß irgendwie bedeutsamerer Vereinbarungen die Landesregierungen auf dem laufenden erhalten und in Anwendung des Artikel 67 der Reichsverfassung die zuständigen Ausschüsse des Reichsrats hören.

Gesandter Dr. von Preger gab folgende Erklärung ab:

„Die Bayerische Staatsregierung nimmt, unbeschadet ihres abweichenden, dem Reichsjustizministerium erneut bekanntgegebenen Standpunktes in der Zuständigkeitsfrage, von der Erklärung der Reichsregierung Kenntnis."

Die Vertreter Württembergs und Badens schlossen sich der vorstehenden Erklärung an.

Im Verfolg von § 324 b der Niederschriften von 1925 wurde in erster und zweiter Lesung mit Zweidrittelmehrheit der Stimmen

beschlossen,

dem Entwurf in der aus der Anlage ersichtlichen Fassung zuzustimmen.

---

[1]) Kommentar zum § 8 Abs. 1? Vergl. o. S. 106 ff.

Register.

Druck von Walter de Gruyter & Co., Berlin W 10.

FSC
www.fsc.org
MIX
Papier | Fördert gute Waldnutzung
FSC® C083411

Kolibri 360 GmbH
Ferdinand-Jühlke-Straße 7
99095 Erfurt, Deutschland
produktsicherheit@kolibri360.de